U0560641

荊楚文庫

〔同治〕續輯漢陽縣志

〔清〕黄式度　王庭楨　修

〔清〕王柏心　纂

〔同治〕漢陽縣志校

〔清〕許盛春　張行簡　撰

（下）

荊楚文庫編纂出版委員會

崇文書局

續輯漢陽縣志卷之二十一

文苑志敘

炳長江廣漢之英靈而嵯峨大別復崇峙於其間以是揚清漄淑吐納菁華洩諸人文則必有大雅宏達銜華佩實者蒸然蔚起矣蓋地氣然也夫均之文也而能立言者尙焉必其闡明乎道德經緯乎事功始足預於不朽之列不然雖窮極侈麗雕琢粤詞譬若金舟玉馬僅足飾觀安能取道行遠哉惟夫俊偉鴻通之士仰探聖賢遺緒而包舉體

國匡時之大略然後發爲文章施之當世適於用傳之後世其詞義雄深猶足與起乎後來之豪傑如是乃堪不朽耳至其體則有兼長亦有專家不能一也大率分著述詞章爲兩途今萃而錄之以此爲先後蓋英彥之藪雖才爲多矣志文苑

唐

鄭鍚字正則其先滎陽人季父官於漢遂家焉大歷中舉進士詩在十才子伯仲閒樂府五言尤工

五代

王仁裕字德輦漢陽人初爲秦州判官入蜀從王建畱蜀歸唐後歷晉漢充翰林承旨一時制誥皆出其手劉漢時知貢舉取士二百一十四人王溥爲狀元和凝范質皆在選後俱爲名相漢加兵部尙書周加太子少保致仕有紫泥西江集十國春秋記仁裕少時夢剖腸胃以西江水滌之顧見江中砂石皆成篆文由是文思日進平生作詩逾萬首

宋

楊大昌字正之居魯山下與姜夔白石交夔懷以詩

曰促紘調寶瑟哀詩感人多可想見其爲人矣

辛泌字克清善詩卜築滄浪之曲頗參禪理姜白石亟稱之

元

景厚字德載領鄉薦至京師中書左丞許有壬師之

明

趙蕃敎授弼之子服膺家學頗有文名舉正統辛酉鄉試戊辰成進士授主事未究其用卒士林惜之

伍偉字艮臣博學能文朱御史寵曾僉事庭芝皆出

其門嘉靖壬午中省試教授建甯聘爲江西分考
由縣令遷府同知所至有聲受業者接踵
蔡幾字國成舉嘉靖壬子鄉試令望江量田均賦縣
人賴之爲人孝友沈毅篤志好學嘗手纂先儒語
錄題曰守身通論子三近貢生三復舉人衢州知
府孫溶如
蔡溶如字元度博雅能文以貢爲湘陰教諭流離湞
越晚乃歸里嘗大雪絕炊作四無詩以見志學者
爭相傳寫性耿介不妄取雖困窮洎如也一夕無

病卒
朱宇字彰野爲邑諸生有聲以恩貢任訓導免歸風
調俊整議論英發官不償才人惜之
吳極字元無萬歷丙辰進士就南武學教授歷南監
助教戶部主事員外出知揚州府未任改廣南旋
引歸性恬退居官每辭劇差林下二十年刻意著
述所編有經大學疏旨等書皆有功學教者
劉成美字大鄉博覽多學尤工詩刻意三唐多驚人
語萬歷中舉於鄉由河源知縣歷官蘇州同知

李自玉字無瑕少侍父官舍聞榜掠聲輒流涕不自
安未幾告歸讀書邑蝙蝠山下以明經就職不赴
攻苦喪明猶日夕陳書使人朗誦於前嘗曰吾學
得力於盲後者居多子以芬邑庠生精醫有賢名
避仇徙孝昌
陳明德以歲貢爲辰州教授能文有行師範卓然萬
歷間重修郡志佐秦聚奎載筆稱勤篤云
勞長祚字元錫自少爲諸生有文名與熊彥升計開
之堵四南諸人爲別山一社萬歷丙午科得而俛

失遊其門者多成名進士年四十卒識者惜之詳
載孫必達家傳
王光裕字謙甫少奇雋發言成章既長留心理學與
山張緒負氣節慎交遊獨喜與光裕往來講論以
貢官州同
熊鳴盛字彥升閒學該博中天啓辛酉鄉試座主繆
昌期器重之辛未下第歸忽忽不樂語人曰天下
事可知矣遂不復上公車未幾卒子伯龍見鄉賢
王衫字章甫少英異從蕭良有郭正域學爲詩文搆

水明樓闕葵園與李贄謝三秀潘之恒袁宏道兄弟流連唱和詩清麗有晚唐風以貢入太學官華州牧遷成都同知卒子應振貢士官教諭

劉元命字赤存舉天啓甲子鄉試以詩文名江漢間縱遊吳越聲望益起久困公車不遂其志而卒

魏晉封字賞廷工舉業兼善歌詩崇正丙子中鄉試獻賊破武昌晉封作戰城南哀江南詞以寫其憤草檄討闖起義以母老不果旋夭死弟晉疆見後

陳東之字百川性耽經史喜吟咏以歲貢任西安訓

導

袁楫字汝濟蕭司成艮有甥少與齊名司成魁天下爲祭酒楫尚頹然諸生行歌坐嘯意殊不屑也晚好談兵究經濟之學萬歷中朝鮮陷於倭來請救士爭以韜畧自見其友王袗徵風楫楫報書甚有識

王家謨字爾範靖難死節翰林修撰王叔英七世孫也少孤事母李氏艱苦備至性聰敏讀書過目不忘十一補弟子員十二食餼天啓間崔魏擅權東林禍作遂絕意進取嘗曰吾忠貞後豈可隨時俯仰然當此而危言危行是速其禍以貽寡母憂也授衡州府學教授不赴隱居講學尋祉諸君子師事之子世顯見鄉賢世篤辰溪訓導

國朝

蕭企昭字文超少穎悟十行俱下順治丁酉副榜貢太學著燕臺制義名動公卿相國熊文端尤器重之崑山顧林亭炎武學盖一時企昭往復討論於周易河洛圖性理諸書頗有解悟嘗作已說以闡

五子之奥又以學莫先於辨志作定志說年三十二卒子元亭歲貢生

吳宗翰工詩詞尤善繪事得宋元人筆意好篆刻凡金石遺文必考究摹擬期於逼肖乃止性揮霍常思得一任繁劇以展抱負後由歲貢謁選授彭澤知縣南還赴任過橋馬驚沒於水

吳鍾潞字介仲順治四年選貢廷試第一授通判補常州職司水利鍾潞廉隅自矢公項微不足即以耗羨充之絲毫不入私橐致政歸以經學訓後進

踰八旬卒

王文林字瓊浪歲貢生嗜學善談名理高攀龍檄入濂溪書院名稱甚盛順治中除知武平抗直與上官忤致仕歸

堵維垣字四甫八歲喪父事母孝從世父受學好皇極洪範河洛諸書不欺暗室嘗還賈客遺金以歲貢官教諭子嶷乙未進士官陝西學道未任

王士乾字懷人陝州牧家貧子嗜學有大志夜燃二香課讀母憐之暗截其半士乾乃暗爇香待母寢復燃以讀崇正己卯舉於鄉爲賊梗未與計偕入

國朝兩赴春官不第任孝感教諭受廸訓者皆有名久之移長沙府教授令有以墨被劾者仗士乾排解不得波及成獄子戩徒步走京師訴父寃事乃解士乾潛心述作文居尋社之首所至諸巨公皆折節下之官不償才顚躓抑鬱以歿戩見後

李以篤字雲田太倉守世燾孫性骯髒坦率嗜讀經史諸子百家從衡案閒文多奇邁不屑科舉程式長垣郜公煥元督楚學謂人曰吾按視十五郡漢

陽李生其最也以資深貢太學輦下名人爭相招致篤落落然也久之不中益放情詩酒自號老蕩子縱遊吳越傾橐不惜置姬寶鐙婢掃鏡相與博奕飲酒賦詩合肥龔端毅作老蕩子失意行贈之子序韓寶鐙出見方技弟以籍亦有文名

蔣鳴奎字西章幼通孝經小學十歲陷賊中凍餓四十餘日得疾父母不忍令就學嘗竊燈夜讀補郡諸生益肆力六經性理子史諸書所坐一室顏曰思過閒有感發隨註於冊皆身心性命之要書法似米得者寶之子二次魯傳見後

李國甯字萬咸少穎悟讀書五行俱下年二十通六經一日作十數藝貢太學舉順治辛卯京闈鄉薦會試不第歸閉戶著書不與外事郡守邱公俊孫極重之嘗致書稱其文沈鬱淵摯力抉理奧能補注疏所不及至其徵事論古尤中機要知言者韙之

盧乾元字萬資順治己亥進士由庶吉士改刑部主事遷工部員外郎博學能詩五律號長城書得鍾

王法年四十一卒於官子祿祺皆有聲黌序

劉貢受字魯浦戶部正郎成治子年十五隨父官南都會學使合試天下流寓貢受首選入國朝舉康熙戊午鄉試任會同教諭兵燹後士習文風皆靡貢受講明倫理嚴立課規其俗爲變嘗曰文以明道何分古今於制藝尤精晚年爲詩歌古文詞自運機軸子一鵬一鳳皆有名卒年七十二王徵君戩志其墓

王三登字來碩少孤篤志沈誦遠大自期十九補邑

諸生秋比副卷者再不獲舉刻厲爲詩古文能窺名家閫奧晚年參繹佛乘於郎邑郎空之旨自謂頗有會心年七十無子卒之夕朗吟曰有兒固好無兒奈何唐陵漢寢究竟消磨白雲堆裏笑呵呵打破麵糊盆王來碩原不是我

龔臺字南白邑諸生少與王三登齊名相砥礪爲先輩大家之文嘗自敘畧曰求聖賢神理所在不至踰越尺寸而又不沾沾於近小竭才窮力一暢其欲罷不能之樂有抄集散在藏書家無子不傳

黃道開字圯書少穎能文弱冠餼於庠屢應鄉舉不中以資深貢太學與同里王三登朱天慶李以篤盧乾元講求古學郡守陳公國儒聘修府誌有稱詩清麗似宋人古文詞安雅可誦

李必果字仁熟大理卿昌祚子幼敏慧十歲入庠博學有智畧嘗預修省郡二志性孝友撫弟睦族鄉里亟稱之子咸有乙丑拔貢安化教諭西有鄖陽訓導孫能哲

劉一泰字亨人光祿署丞覲光子覲光遇盜於室驚

悸卒葬孝感一泰慟之因號念還生平好學多厚德宗祠家譜竭力創修裁成族中子姪不遺餘力劉氏人文之盛一泰有力焉中順治丁酉副榜例任學官不就康熙壬午年七十一復以副薦功名之志乃已又十四年卒子嘉詠丙子舉人任安陸教諭有文名與同里勞必達孫章稱禹峯三子嘉讀湘陰教諭嘉註主簿

朱國俊字甸方川東兵備副使祚宏子崇正中補邑諸生兩舉不第遂棄去性嗜詩好遊因父殉難蜀

中益肆志遊覽滇黔蜀晉吳越豫章所至輒成集晚結茅眞山精研佛乘詮釋元奥足跡不及城市年七十五無病卒幼子士曾亦善詩

譚鳳翔字韶成少孤依兄鳳楨割股愈母疾弱冠食餼郡庠詩清新似劍南書法尤近南宮以貢深膺歲薦兩爲飲賓卒年七十七子理有癎疾著述多散佚不傳

王職字孟穀少好學自命不苟十二補邑諸生有名遊長沙作嶽麓詩新城王尚書士正激賞之中康

熙戊子副榜舉山林隱逸未赴生平驚手爲活足跡半天下落筆千言脫稿輒流傳尤刻意詩歌源流派別瞭如指掌士正序其集謂根柢經史傳以興會啣華佩實大放厥詞其沌陽山行之作馳驟筆力突過歐陽廬山高譚藝家韙之年逾七十卒

江澐字天際幼孤撫遺編輒涕泗年十六食餼郡庠以貢深貢成均性孤介舌耕養母不圖非分制舉業根柢六經旁貫諸家遊其門者悉有稱十八棘闈不中遂澹進取肆力詩古文辭得作者閫奥年六十卒

蔣曾傳字東衍性澹泊不樂舉子業究心詩古文詞及金石文字出筆悲壯多自得語書法尤有師承嘗言玩古鼎而字學益進著易經備義嘗攜遊江左蘇撫張公伯行見而善之

龔相字軒六勤學夜讀達旦食餼膠庠有聲從遊數百人多知名者相有至性卜先人宅兆未吉輒垂泣同祖兄宰安邑以事去官相往省傾山谿驟漲徒跣涉之得風恙卒

彭心錦字擬陶幼冒熊姓晚乃復誓敏好學年十齡就傅僧舍雞鳴即起竊佛香照讀師奇之二十八貢太學爲黃岡王少宰封灤所知嘗爲編次華寶集商推之益居多康熙己卯已中京闈時孝感居政府以舉其家子弟爲嫌折卷易去晚入蜀大僚延爲子師兩月託病歸未幾大僚官敗幕多株連錦獨免識者比之唐子畏云

王宵字子安少補諸生有名邑讀書家以宵擁臯比爲重詩文清麗如精金美玉書法出入洛神樂毅

識者尤愛之年五十七卒

許之楨字甯友爲諸生高第先後督楚學者咸招致衡文有明鑒稱郝守郝公士鐸聘主江漢書院訓士首重行業最喜羅孝廉鳴序能服膺師教後鳴序以州牧死苗難人皆推楨教澤之深云年六十餘貢太學後十年卒邑令閻公錪以禮樂君子旌其廬

羅世珍字以爋能詩遊江左名遂大起由歲貢任通道訓導縣屬苗彝梗化世珍教之漸就範惜未久

卒於官

江本湆字方山少食邑餼負才不羈常隻身出遊經句忘歸康熙癸酉舉於鄉同考姜公橚稱爲國士扶植良殷後姜卒京邸本湆爲詩哭之眞摯稱傑作焉晩得孝感教諭羈職數載鬱抑以終著述多零落僅存雲夢澤攷極該博

楊嗣縉字似山博覽羣書爲文不染時趨年四十補邑諸生授生徒多名儁爲人謹飭盛暑必冠帶口吃言他事訥訥至剖析聖賢精藴沛若江河顧以數奇未竟所學而卒

文師汲字賓門嗜讀負氣性文疎爽峭勁詩沈鬱喜揮霍里有儲妻子鬻身營父喪師汲捐貲贖歸遇不義必面斥晩好談武奮袂低昂兩腋骨珊珊鳴欲從戎任邊事不得請乃走吳越豫章燕齊秦晉述懷弔古悉發於詩文惜卒後散逸

汪遜于名穎以字行少貧年二十折節向學喜談經濟康熙甲寅湖南梗化獻策當事檄掌度支有能旣平敘功固辭殫力於詩遍遊南北名勝有作一

囊論者謂在樊川鄖川之閒篤交誼吳門程開瀛客死遜于招其孤秉禮於家字以女秉禮力學補弟子員蓋其敎也

涂僑字鄭良爲張公禹木表弟從之遊張公嘆爲畏友補弟子員有聲庠序然諾不欺取予不苟尤善相士所許可者皆有成就

方文啟字梅巖邑諸生爲體庵給諫從兄端凝和易無崖岸之行好古帖名畫藏書數千卷工吟咏未嘗留草曰詩以適性情甯求後世知耶卒年八十

子璲丙午副榜任長陽教諭預修全省通志

錢韓雲字景琦歲貢生積學能文出其門者多名士十應秋舉不中無子詩俊邁惜散佚易簣吟曰烈火湯中走一場爲誰辛苦爲誰忙道人了卻黃粱夢一枕松風夜夜凉擲筆而逝

龍起鳳字韶九性傲岸人目爲狂書一寓目輒再讀而爲文含英咀華究莫窺其涯涘康熙乙酉舉於鄉再上春官不第遂澹於進取焉

張倫元字天一號琴山砥行礪名居家孝友十九補

弟子員三十食餼於庠屢試冠軍講學以朱程爲宗莊蘇子史百家之書無所不讀視青紫澹如也閩黃州陶開九名負笈三年晝夜無懈登癸巳賢書窗課經書文梓行於世

張世任字汝肩康熙己丑進士少失怙事母以志養家徒壁立甘旨無缺釋褐署岳州教授謹身育士著岳陽課藝行世以疾卒

熊正笏字元嶽康熙戊午舉人學士伯龍長子懷胚家學睥睨一世所與皆知名士酉迪文酒風流宏長不愧佳公子云子二祖旋知縣次祖旂

熊祖旂字魯觀學士伯龍次孫少通六經閱廿一史凡數過詩清新敏捷嘗限盃酒作玉蘭長句吟成而酒尚溫生平和易坦率與人交數十年如一日年五十七卒

王翰字東自少嗜學工制舉業試輒前茅爲諸生高第康熙壬午中副榜一時學者多以文請質評次謹嚴遇賞心處擊節不已著有四書心解發前人所未發有抄本行世

唐裔潢字澤元貢生工詩文與王翰相上下兩人亦深相結學者稱王唐二先生爲文派別師承者不問可知其兩人門徒也年六十刊文稿數百篇行世子冕戊子舉人

王銘臣字於常貢生詩學杜甫畫蘭蕭疏淡遠得者珍之弟銓臣工書好吟咏與其兄名噪一時里中有二王之目

彭一楷字端樹一字秋堂貢生驚才絕艷於書無所不窺古文詞奇麗宗徐庾詩出入樊川丁卯開時

約在所居左側世俊出鋤頭仍還座曰居果燬我倉忙歸亦無濟不如靜以待之俄火熄居亦無恙其瀟定類如此及年益高學益進所著詩文制藝俱藏於家

吳若梅字香林天資豪邁涉獵今古不求進取就筆墨工四體書嘗夢遊少華山遇羽士授秦珠鑑一冊觸目琳瑯古體文字由是以八分書名世

李能哲字惠伯號無隱又號酒龍號夢隱李仁熟孫也才思俊逸性情豪邁不屑於科第遨遊燕易南至吳越探禹穴登會稽與賢士大夫遊縱酒賦詩聲氣翕然前修省志多所裁訂有夢隱集心遠堂詩集

龔書宸字雲來號紫峯生平酷好杜詩註有杜詩問津能於拂水德水外別具一解詩亦蒼凉健壯有蔗味集弟書田字玉圃亦以詩名有閑渫堂草

方璲字玉山號樸堂又號深柳道人雍正己酉副榜任長陽縣教諭有南遊草同時有段嘉梅云是太尉後人詩亦清空流利得自然之致有寶𢖍堂集

做劍南不名一格著有晰雲堂集數十卷南海陳元孝吳門蔡方炳序之足跡遍天下所交皆一時勝流遺老其衡岳記最工曾輯天海奇觀補景純所未備

張坦謨字一士母孕時夢幢幡鼓吹送一偉人至而生康熙癸巳與兄坦讓天讀同舉於鄉再上春官不第益攻苦於古今體悉心研究年三十二病中見如母夢時儀衛來迎遂卒

江庥封字龍門七歲入家塾授書三五遍即成誦不復讀而終身不忘稍長落筆千言立就恥爲帖括章句之學未二十即往來燕趙吳越滇黔間詩文豪放悲歌慷慨有古烈士風事堂上曲盡孺慕與其兄垂老友恭無閒後以都門世誼除授臨安守再四堅延入幕款留十年年六十餘卒於滇子姪扶櫬還

宋世俊字大千負雋才文追古人不落蹊徑雖難於一衿而志不稍衰年三十餘始補博士弟子員益奮於學性坦率居漢鎮舌耕郡城有傳鎮上火發

熊如岡字喬齡鍾陵裔孫庠生學問通博與里中朱
相裴梓王鄂玉結謙林社以文章節義相高
李芳蕃字丹巖乾隆己未進士官知縣有聲藝苑有
蓼阮餘鈔詩集
阮龍光字見亭號元侯司空爾詢裔孫庠生富于縹
緗嚴于素履游蜀越吳豫與諸名下士唱酬江西
蔣心畬太史以國士目之有錦江吟珠江吟第二
碑紅藥齋諸稿
張萬璧字符五號柳塘庠生博覽羣書善詩古文詞

於春秋譜系穿貫分晰作春秋世系通攷易石坪
太史其高足弟子也著於斯堂集
吳廷珣字東美號楞原別號藕花居士吳文僖孫汝
州牧宗豐子監生幼擅家學詩亦沖淡有王儲丰
韻
王本郁字寶原號東谷老人歲貢生官教諭善畫墨
蘭不輕予人縣令晉人某墨而鄙索畫屏風傲不
予令怒投劾歸一日過肆見有端溪老坑青華石
硯細膩潤澤心欲之顧囊錢無以償旁睨架上軸
題東谷蘭詢其值倍於硯乃曰吾即畫蘭者也以
蘭易石可乎主人延入就硯磨墨一揮而就迎風
數枝瀟灑秀逸旁置拳石古瘦淸蒼主人大喜治
酒核將以他紙進東谷滌硯置懷中拂衣而去
徐聰字潛溪貢生博學善詩與弟志字鵠庭庠生一
時有二徐之目嘗遊虎邱集唐詩紀遊一卷大江
南北稱之有古槎集鵠庭詞賦淸麗兼工丹青性
放誕宋中丞爲學使愛其才命繕其所作代爲授
梓且約計偕入都辭不赴亦不呈稿說者兩賢之

有肖情集
朱在鎭字定山號蘭田布衣善書工詩遊金陵與諸
名士限韻賦鳥夢詩蘭田詩先就後四句云草滿
黃陵廟春深白帝祠如何無住著一樣柳絲絲諸
名下皆擱筆
雷烈字纘武號漪亭又號衡若庠生敦孝友究心典
墳早歲稱詩與龔之岵輩五人號五若爲南州騷
壇冠冤詩集爲人竊去予楚材規矩高曾深情博
古蒐羅漢陽名集凡二十餘年始裒然成編

葉正達字達九乾隆戊子舉人任安陸教諭經籍淹通文思敏捷一日成十數藝時號文虎從遊者皆以學問顯有趙湘者字秋坪美容止寡言笑詩才清雋亦以敏速擅長

衛天民號伯耕乾隆庚寅舉人初任當陽校官歷官浙江壽昌貴州清溪積學能文通籍後以循吏著文名遂爲所掩

許立瓊字鸞亭一字文木又號漱雲乾隆辛卯舉人有漱餘集北遊集

魏楚翹字及亭號松雲諸生魏晉疆之孫性敏學博品格清癯操履篤實省試首薦者再以主試爭甲乙見遺遂棄科舉而習岐黃詩抒胸臆能不墨守品彙唐派漢南詩約以之殿其集

彭大勳字蓀謙優廩生祖居漢陰山後移居蔡埳幼即手不釋卷比長學益充文筆高老理法清眞言皆有物十八入庠二十食餼設教漢上砥礪名節人敬服之著弟子籍者多掇科第以去小試每與彭大成爭甲乙時人語曰漢陽甲乙兩大專之目爲熊劉後勁惜早卒子振華擬刻其文未果亦卒

龔之沾字恆若號篠塘府學生持己治家一準禮法博通古今能文章善詩歌與張嵩若唐岱若吳華若雷衡若結會漢陽江漢書院山長王遠池太史張柏山中丞咸器之一時江漢知名士凡十六人而五若其最著也屆鄉試分校官皆糞出其門下惜七薦棘闈不得一雋有篠塘藏稿二集亦圃詩集一卷碧山詩草一卷

易雍字邵子諸生幼讀書山中不干吏祿唯研精於

五經暨論語孟子取儒先說之精粹者抄錄成帙筆法嚴整尤粹於易於理數諸家轇轕聚訟者譚言微中理境融如遠近就講者如市疑難無不發之覆註有易經心詮行世

戴喻讓字思任號景皋弱冠即以詩古文鳴於漢上乾隆七年辛酉受知於陳星齋詹事擢棘人皆以得人賀之蓋喻讓蜚名場執牛耳者已十餘年矣再上春官就房縣教諭保薦擢山東惠民縣令益肆力於學上下古今穿貫史籍有聽鸝堂春草吟

重陽有籬空黃菊少酒罄白衣無之句年五十卒
有吳佃者字書山亦善詩工隸言行不苟馮國瑞
居漢上不慕榮名亦能詩有三道人詩稿十卷
黃從龍字子雲歲貢生性嚴急遇後進喜曲成日講
手畫於四子書極精研兒鶴鳴成進士任教授恫
以文名噪於時鶴鳴尤長於詩
胡德潤字身川乾隆己卯舉人任知縣改鹽利教諭
纂述最富於有明制藝手選二百餘首皆摘其疵
類其攻苦有人所不能及者子五人少子長光應

童試有聲相繼卒
徐士玫字瑤圃康熙三十七年歲貢任郎西寶慶訓
導性嚴正訓諸生有法於貧者不受贄殁之日諸
生中有圖像以祀之者
徐大麟字廣亭性耿介族中無嗣者合族析其財產
大麟不受乾隆辛卯中副車為應山校官文字詩
歌多為人傳誦有芫存草一卷
李璠字東山庠生性謹嚴學淵博書法顏琅琊碑版
屏幛爭以得其書為幸教子弟尤有法人爭延之

春聲堂各集行世
王文甯字櫟門先世陝西蒲城以業鹺移家漢上孤
介自許與人交坦白平易躭吟咏手右丞集一卷
嘗曰學右丞貴得其淸矯淡遠之致又性嗜友朋
文酒讌會無虛日家以此落嘗有句云藥貴達兒
願家貧仗婦支人以為達好施予不少吝有不能
償者輒焚券蓋其性然也有挹樓露軒詩集
張萬石字長人明張肖甫之裔孫幼讀書通夕不寐
博通經史敏於為文應童子試每題輒作二篇一

日成十四藝直草備具文筆雙美學使宋綱師謂
人曰此行書厨也補諸生旋食餼未三十卒著有
鄖麓詩文集周易講義未刊
尚錦堂字香雪居漢口性不苟同所訂交終身如一
於後進有小善誘掖奬勸有小不善即加以聲色
如訓子弟者然人以是多之屢試不售遊豫章以
詩酒自娛有東遊草
彭炳南字星衢庠生善歌詩爛詞賦屢試不第與尚
香雪廬瀨春唱酬刊有綴閑詩草曾館於僻壤度

彭湘懷字棟堂監生博覽多識於邑中掌故尤究心前邑志半出其手善詩古文詞屢蹶棘闈一時提衡鉅公比之蘇文忠之於李端叔而棟堂殊不介意薄遊吳越再至都門出居庸至俺答舊部山川關隘詩筆益高有三山遊草西湖紀遊獨持阜廡諸集弟桀字亦堂詩筆淸絕有輟耕吟畫亦澹遠有致漢上稱二彭云

姜昆字山峯嗜經學於先儒注疏及宋元以來詁經之辭研究鉤沈穿穴貫串而衷於一是漢上譚經

者首推之

柏勳字功一武庠生文章奇偉書法遒媚課子弟書史不沾沾於時文帖括是能以根柢爲學者

廖大椿字東皐庠生爲時文宏深肅括高挹羣言桐城張愷次宮詹泰裕堂太守課江漢擊節賞其文名噪一時攻苦得疾死無子遺稿亦不存

程殿璋字奉莪庠生勤苦好學頗有著述無子文集散失

黃祖崑字問源詩文淸利四試於郡守咸冠其曹事親孝交友信博士師將舉其優行未上病卒

江大炘字士徵幼業儒屢試不售益學爲詩古文詞鉢心棘口司文衡者厭薄之其蘄至於古人之心益厲遂發憤而卒

聶顯庠生幼慧經書成誦後即能言其委折以優等食餼試輒冠其曹三薦未售以訓迪後進爲事寄居僧舍啖粟度日讀書不輟著有分國左傳楚史晉乘一望釐然易經纂義取前人精義薈萃成編年五十四卒

李漢滋字卓雲幼穎悟讀書數行並下弱冠補邑庠生作文自成機杼晚年沈酣經籍凡廿一史暨諸子百家皆纂要成帙家貧未付剞劂長子鑑食餼郡庠無書不覽爲文渾厚工書法名噪一時刊有凌滄閣制藝三人堂詩集世居懷二里水洪口子孫多列膠庠

楊律字季同號菊澗雍正癸卯舉人喜考訂著有六經井見多古人所未發者謁選陝西郃陽令以儒術飾吏治改官鹽大使在長蘆數年致仕歸以著

作自娛年九十六卒

陳時懋字敬哉號耕原少孤力學工古文尺牘有晉唐人風度尤擅詩篇遊中州登臨弔古慷慨淒涼有王處仲之風著負米紀程等集

瞿謙字吉人博學多聞詩亦工與王來碩集詩社名噪一時著楚書王柴溺爲敘

江巽堂江玫子幼有聲場屋詩賦尤擅長制院考古學冠兩湖旋以優行貢成均未幾卒

張惠邑庠生聰穎絕倫讀書十行俱下試輒冠軍秋

闈擬元數日主試欲以他卷易之本房忿遂索還其卷揭曉後告之故惠亦不以介意歸渡江船首閱文忽繂斷舟橫飄沒

張任湛號雪崖歲貢生長於詩有月湖百詠

夏之勳號芳原恬澹端飭性嗜金石文字博綜淹雅能詩工隸士林推重歲已已汪稼門制軍聘書耕織圖進呈

乙覽刊有載酒園詩話律韻辨通行世其先大父石癯江右人好吟詠愛交遊一時名士互相唱和晚至楚愛晴川山水之勝遂占籍漢陽買田歸老焉著有煙鬟閣詩草

俞焯號勉齋少穎異於書靡不窺補弟子員有聲庠食餼家貧授徒門下士多掇巍科以去年五十以明經卒所著詩文待剛

吳仕潮字鳳浦父其瑩多懿行仕潮篤友愛嗜學不倦工詩古文詞著有灤器軒文集野餘閣詩草尤喜激揚善類同邑李以篤王戩彭心錦文師汲汪穎先後以詩名仕潮輯爲漢陽五家又有彭湘懷

者詩集散佚亦爲付梓其與人爲善類如此

李鑑字摹嶷雍正時廩貢生屢試優等著有凌滄閣文稿尤工書筆力遒古曾題漢陽鐵門關橫額天地正氣四字

吳志遠字超陵索河人賦質遲鈍苦心鑽研百倍其功博聞強識郎旅次舟中嘗手一卷咿唔弗輟爲文渾灝詩古文詞皆精好書法摹顏米王董諸家罔不畢肖弱冠補弟子員食餼歲科輒冠軍數奇不遇齋志以沒

吳自遷字于喬索河人性聰穎讀書等身攻苦不少休値大暑蚊盛以燈火匿帳中伊唔達旦工詩律古文尤精舉子業著有環山蔓草全稿

吳遠鴻字于逵索河人初授書卽能文塾師驚爲異才及長子史諸家靡不誦習其最嗜者方樸山稿故所作多相肖尤力學不倦嘗於吟咏自得時家人進饘繼之以飴乃以饘蘸於硯而食之食竟唇齒皆墨而不自知也

吳遠逵字于九索河人少穎悟好學叔祖銘常由郎

陽司鐸解組歸於諸子姪輩中獨稱其文弱冠遊郡庠考辨詁疏博通子史披研無間寒暑中嘉慶丁卯舉人同時如宋瑤溪林穆堂諸名下皆與爲莫逆交咸敬服之

葉志庠字伯庚精容成大撓之術推步考驗窮極杪忽試欽天監算學第一補肄業生性馳寂靜恒兀坐一室手一編不窺戶牖於九章六觚心解神悟當其沈思雖雷霆當空不之聞泰山在前不之見也積稾數寸未及成書因是以瘵卒年甫二十有八

朱衣字柳塘邑庠生性孝友慷慨有君子風著有尊道堂文集詩集並醒世詩其弟如白字曉東工詩律尤精書法以漢唐隸名家安貧自守人稱二難

王承道字春帆歲貢生性馳經史博洽淹貫無書不讀工制藝稿甫脫傳誦遍江漢詩古文詞卓然名家生平授徒爲業親其口講指畫者半膺靑紫著作甚富燬於燹士論至今推重之其配劉氏漢川劉珊之妹能詩文工書畫有閨中唱和集亦不傳

劉傳瑩字實甫一字茮雲　封徵仕郎正柏之子資

稟絕人四歲能爲詩補弟子員食餼猶髫齡也學使吳其濬賦詩獎之目以奇童道光己亥舉於鄉考授宗學漢教習國子監誠心堂學正爲學初熟於德清胡渭太原閻若璩之書篤嗜若渴治之三反既與當世多聞長者遊益得盡窺　國朝六七鉅儒之緒所謂方輿六書九數之學及古號能文詩者之法皆得要領采名人之長義與已所攷證雜載於書冊之眉旁求秘本鈎校朱墨並下達旦

不休久之稍損心氣又再喪婦遂疾作不復食飲自傷年少羸弱又所業繁雜無當於身心發憤歎曰凡吾之所學者何爲也哉舍孝弟取與之不講而旁騖瑣瑣不以慎乎於是痛革故常取濂洛以下切己之說以意時其離合而反復之先是娶於江陵鄧氏婦翁重其才致數千金佽之傳瑩曰得無傷義乎反之婦亦贊之卒反金鄧氏移疾去官將家居食力以爲養蓋浩然自得以歸歸未數月竟不起年三十有一始娶湯繼娶陳終娶鄧無子

以兄子世圭嗣又殤以兄子世堪爲後庠生著有文集二卷詩一卷覺書一卷日記二卷漢魏石經考一卷搜得朱子所輯孟子要略五卷今侯相湘鄉曾公最重傳瑩與論學尤合爲刊其孟子要略行於世

熊琰字聖田定遠同知熊煉之三子也學淹博敦孝友且精岐黃年二十四以縣試冠軍入泮爲邑名諸生著有四書提綱大學精旨發明聽彝軒詩鈔等書

張先振先授兄弟廪生節婦胡氏之孫孝子郡廪生承晉之子蚤歲有聲黌序顧澹懷仕進不屑爲帖括家家居授徒游其門者率掇科第成顯宦授肆力史遷之學作文不落恒蹊時罕知者江夏宿儒鮑書田見而契之曰韓學史得其峭嶙歐學史得其宕逸斯人殆兼有其長惜古器今難售爾振則研心經學寒暑手一卷晝忘餐夜忘寢雖室如懸磬泊如也著有周易互卦圖說禹貢水土便覽周禮詳釋律呂考遺草散歸門弟子手兵後子架純

始從族孫國子監助教陸封邑庠拱北處搜獲禹貢水土便覽稿梓行吉光片羽士林寶之

劉振源字茂初邑庠生有文名不樂仕進隱居教授性嗜茶工詩著有洗心集四卷十一種古文粹明文粹　國朝文粹歷朝詩粹待梓

姚彬儒字璘軒家世業儒以貧故棄而服賈然闤闠中猶手一卷不忍釋道光庚子以冠軍入郡庠授徒自給性耿介不妄取與惟咿唔相對以永朝夕制藝及詩詞皆不落恒徑咸豐壬子科以優行貢

末與
廷試值髮逆之亂避居邑之西鄉猶恃舌耕度日卒以攻苦致疾年三十八歲卒無子其著作亦散佚不傳

著述

經部

吳氏易學五卷　明吳極著

自序曰宋蘇季明以治經爲傳道之實而六經之道尤莫實於易程正叔亦云治經實學也極幼治詩長好讀易尋究萬思然先生易原等篇實獲我心焉三仕南中官邸多暇日以樂玩爲業研證既久縉摟亦後其不甚異意者宋程先生易傳外惟楊敬仲蘇子瞻明焦弱侯鄒汝光四家而已顧

其書猶囿訓詁例予欲不遺訓詁更以擬議發明爲主乃歲擇衆解并出素所契於理學諸儒者參以己見鎔會而爲此本因憶幼讀夫子五十以學易語未知劉元城以五十作卒竟何所據而朱晦翁據史記稱是時孔子年七十直判五十字之誤洵如年已七十矣又安知非轉思無過於五十之年以道學之所歷乎而加我數年則顯然過此以往未之或知也之深意矣夫易窮理盡性以至於命也而夫子不自道五十而知天命乎即五十以

前夫子何嘗不學易或如仁者見之謂之仁智者見之謂之智以至命不無有閒至於五十夫子通體是命則通體是易通體是易則通體是學了不作二見矣要以神窮知化非韋編三絕而學之不厭不及此則志道者之於易有終身焉云爾若語夫褆躬涉世洞機赴節理無不備然皆道之用學之事也故曰學莫實於易而學人務以道之見實體易學之微而已

石經大學疏旨一卷 明吳極著

聖學統宗 吳極著

朱學裁益 吳極著

詩經詳說 明伍偉著

詩經演 明李若愚著

大學衍義節要 明王旦生著

春秋纂傳四卷 明蕭良有著

國朝

五經彙纂 汪僎著

周易本義晰 胡良顯著

四庫全書提要曰是編皆推衍朱子本義之旨而經傳次序仍用王弼之本至於經文字句如坤卦初六小象履霜堅冰句上增初六字文言傳後得主而有常句中增入利字漸卦象傳漸之進也句刊除之字雖說本於朱子然本義但注於句下未敢遽改良顯乃據以筆削亦可謂信傳不信經矣

易經心詮 易雍著

四書心會 王翰著

孟子要略 劉傳瑩著

史部

江漢英雄記 魏王粲著

南紀集 元于霆施士衡著

南紀後集 元聶豐編

郎官湖小志 元黎崱著

大別禹柏圖小志 元許有壬著

江漢叢談二卷續談一卷 明陳士元著

武漢紀遊 明阮漢聞著

以上皆因有關邑中掌故雖非邑人亦併登錄

靜學集 明王叔英著

通鑑雪航膚見 明趙弼著

楝署餘聞 明戴金著

使蜀稿 戴金著

海防稿 戴金著

碧里雜存 明董穀著

碧里續存 董穀著

漢陽府志 明秦聚奎著

漢陽府志三卷 明朱衣著又李本固王世顯著

過庭代對錄 明蕭良譽著

宣城紀遊 蕭良譽著

國朝

醉史荒言 李以籍著

通史聯珠 李自玉著

九江府志 江殷道著

太常紀要 江蘩著、自序

四譯館考十卷 江蘩著 自序

太和殿紀事 江蘩著 自序

樂府史芳 彭心錦著

十六國纂要 江雲著

昭文縣志 勞必達著 馮景夏序

楚南苗志六卷 段汝霖著

四庫全書提要前五卷皆載苗人種類風俗物產言語衣服及歷朝控禦撫治之法末一卷附錄猺人土人及粵西六寨蠻而六寨蠻尤爲簡略以非楚所治故也體例冗雜敘述亦不甚雅馴而得諸見聞事皆質實惟首載星野與苗蠻土人皆無所

涉未免沿地志之陋格耳

子部

黃氏政敎錄 宋黃幹著

修城守禦議 黃幹著

師友問答錄 宋劉剛中著

名賢政績 關繫邑事尤重雖非邑人亦宜登錄

守身通論 明蔡經著

德慧書 明李應楠著

二永錄 明屠斯立著

國朝

學古錄 李昌祚著

就正篇 蔣鳴奎著

朱子外紀 葉繼雯著

四子義 葉繼雯著

集部

漢上題襟集 唐段成式溫庭筠周繇韋蟾今編

于從事集 唐于鵠著

鄭正則集 宋鄭錫著

貞山民集 宋貞山民著

守溪集 宋楊時著

月湖詞 宋李那著見竹垞書目

白石集 宋姜夔著

南行集 王仁裕著讀書志王仁裕被命使高季興自汴至楚道途賦咏及飲宴酬唱殆百餘篇

安南集 元陳益稷著見元百家詩

黎僉事集 元黎崱著

靜樂稿 黎崱著見元百家詩

賴益歸集 元賴益歸著

晴川樂府 元程鉅夫跋

易菴集 明李德著

沙黃集 明湯士奇著

黃鶴樓詩傳 毛會建著

五遊草 毛會建著

漢口叢談 范鍇著

谷音集 宋江涯著

擬騷 明王叔英著作於今署見碧里續存

以上雖非邑人亦以有關邑事故並登錄

效顰集 明趙弼著

魯齋小稿 明伍偉著

閑閑草 明劉成美著

大樗集 明李若愚著

三難軒質正 明蕭金著

四庫全書提要僉自以力行責已克終三者甚難因取以名軒而徵集同時士大夫所爲詩辭序記論說銘贊彙成是篇然學在實踐既知三者之難則自勉而已矣徵文刻集何爲也且以是三者爲

難雖聖賢不以爲非本無疑義又安用質正乎
江西詩紀 明戴金著
宦滁集 明戴金著
還齋稿 明秦聚奎著
玉堂遺稿 明蕭良有著
四庫全書提要良有在史局十五年長於當時制誥之文規模宏敞有承平臺閣之體是集爲其曾孫廷昭等所編分類排比不分卷數末有補遺及葉向高所撰墓志一篇

事戎軒稿 明蕭驪彥著
問青軒飛來集 明謝湄培著
樸菴草 謝湄培著
文嵐草 謝湄培著
國朝
貽穀堂詩文集 熊伯龍著
四庫全書提要其古文較勝劉子壯詩雖直抒胸臆而五言古體亦時有滄古之音惟刻板漫漶篇葉倒亂遂至於斷爛而不可讀

增廣貽穀堂詩文集 熊伯龍著
宛念堂詩存 劉必昌順昌著
晴湄存稿 易道沛著
詩家全體 張三異著
古文彙纂 汪琠編
惟貢集 汪琠編
九真山人前後集 李昌祚著
昔友集 李昌祚著
文起堂集 韓昌著

性理譜五卷 蕭企昭著
四庫全書提要稱其喜講性命之學與熊賜履友善故賜履著書嘗引其說所著有客牕隨筆一卷再筆二卷閒修齋日記一卷雜筆一卷企昭卒後其兄廣昭裒爲一編總名之曰性理譜亦曰蕭季子語錄其書大旨在於申程朱而斥陸王與賜履閑道錄所見同
閒修齋稿一卷 蕭企昭著
四庫全書提要是集凡文三十二篇前有其兄廣

昭序述企昭始末甚詳企昭爲學之梗概則見於與熊賜履書中蓋無所師承而篤志自立之士也然企昭雖尊法朱子排斥王氏心平氣和無明人喧閧之習故與賜履書中有某平昔講學不欲立門戶肆口耳之語其東林要錄序曰當其始也出於士大夫意見之相歧聲名之相奪而其後也舉國家之大命隨之其同時尙論錄書後曰當日東林魏璫之門戶牢結而不可破一勝一敗正不敵邪遂至殺戮忠良斵削元氣感召災祲醞釀盜賊

雖食小人之肉而寢其皮甯足以紓其恨哉然而小人不足責也彼所稱爲君子者持意見快恩仇以和衷易處之事爲辞語相加之行激而生變禍貽於國又安得盡歸罪於小人乎均可謂平心之論至其文章則不及汪琬諸人之深厚觀所著性理譜中論讀書之序稱始於小學四書五經而性理大全二程遺書朱子文集語類魯齋遺書薛氏讀書錄胡氏居業錄高子遺書次之西山大學衍義又次之通鑑綱目十七史詳節吾學編又次之韓文歐文陶詩杜詩文章正宗及宋金華歸震川文集又次之則其學問根柢可見矣

東野樓集　蕭企昭著

病餘詩存　蕭企昭著

醉白堂集　李以篤著

菜根堂集　李以篤著

雙清堂集　李以籍著

江漢百咏集　嚴士直著

培風堂集　黄道開著

敦夙堂集　王三登著　盧乾元序

漢詩音註　張叔珽著

鄒嘯齋詩文集　張叔珽著

世清堂詩集　盧乾元著

晴雪草堂集　楊嗣緒著

穩帆文集　李必果著

華黍堂集　龔台著

明文八家　王士乾著

明文中　王士乾選

信古堂集 彭俊著

補山園詩鈔 許之豫著 王戩序

仙潛文集 王世顯著

湘中草 吳㶷著

望雲堂集 彭心錦著 王封溁序

長嘯編 龔滔孚著

星帶堂集 朱士曾著

穩帆軒詩鈔 江蘩著

問鶴亭詩鈔 江溁著

雲在樓集 王甯著

晴山堂集 陳國祝著

昨非堂稿 朱國俊著 何詢之序

哭星閣詩鈔十五卷 王戩著 王士正序

四庫全書提要新城王士正最稱其沚陽山行長句以爲哭過歐陽修廬山高蓋士正於歐陽不喜廬山高是以見有長句崛起者即謂能過之其實未能也是集前有士正序云出前後詩屬予論序而戩自跋云排纘續集前集共六卷其姪楠跋云前五卷阮亭附梓後九卷朱愷仲董養齋所輯末一卷則許謙次諸人所刻蓋此本合前後諸刻彙輯成篇也

尺木堂集 王彭澤著

金陵倡和集 張璜孫章張璨合著

爐餘稿 曾簑著

心遠堂詩鈔 李能哲著

西湖百咏 李能哲著 張璨序

吉石堂詩集 李猶龍著

綠溪草堂駢體 張宏殿著

寶笏堂詩 段嘉梅著 夏力恕序

鶴關詩鈔 吳邦治著 汪薇序

梯雲集 項大德著

四庫全書提要是集凡賦二十七首詞四十一首吐屬頗韶秀而得年僅二十有六功候未深故骨格未能成就焉

春聲堂集七卷 戴喻讓著

陳兆崙序曰漢陽戴生余辛酉楚闈所得士撤棘

後凡賀余得人者輙首推生年未三十踐名場執牛耳已十有餘載余心竊喜自負已念生之文千百人皆見胡迺進之又久而後遇耶殆非余之能知生直由生之文之神明氣燄當於是時發見於世而余適邁其會也明年春生偕計車謁余邸舍余以努力取第一勗之未幾試南宮報罷世以此益多余能知生余謂不然殆天將大有造於生而不欲其限於所以去留者余謂之皆善禘眎其神明氣燄一如其所爲時文嗟乎生亦仍勉爲其待時發見者而已矣夫詩之爲教最古而有韻之文感人尤深方今六宇安平百昌滋息統傳列聖化洽百年宜有以揚推休明如商周魯頌被管絃而施金石而文章著作之庭迄未有發憤而奮筆者則吾輩之辠也如生之年如生之才宜可自到於古倘其潛而深之淵渟而嶽負之先時而藏待時而發蔚乎炳乎烈爲國典詎止以時文著世而已哉

耕雲堂集 彭一楷著

慧圓文集 易廷堃著

耕芸小草 熊再侶著

擷棠亭詩存 熊正笏著

紡山草堂集 文師汲著

東濟草堂集 汪遜于著

願學堂集 蔣魯傳著

柳州存稿 蔣魯封著

擷潤堂集 勞必達著

松岩詩稿 熊祖旂著

叢桂堂稿 熊祖旂著

杜詩問津 龔書宸著

旅中詩草 胡志潔著

漢陽五家詩 吳仕潮輯

滌器軒文集 吳仕潮著

詩文秘要 程思樂著

石芝堂稿 汪以湣著

花餘亭詩存 葉廷芳著

峪林館集 葉繼雯著

御覽集　葉志詵著

桐陰小樹詩賦鈔　史珮瑲著

敦夙好齋詩稿　葉名澧著

附方外

栲栳集　釋東白著

辨滴園集　釋寂洛著

半衲道人詩　釋一光著

月堂小草　釋超乘著

口頭禪　釋旦菴著

丁卯詩集　釋練江著

附女史

江漢遊草　明女士王修微著

倚雲樓詩鈔　女士江蘭著

丁樓詩鈔　女士徐如蕙著

容光樓詩存　女士劉宜詠著

鎖窗閒詠　余氏著

無波詩草　陳貞女著

水明樓詩鈔　女士戴夢月著

蜨香閣詩鈔　女士江半嵐著

雜部

西漢奇語　宋劉剛中著

萬姓彙備　王元禮著

字韻　毛會建著

以上亦以有關邑事登錄

東甌爰書　明李若愚著

闡幽錄　明李應椅著

祝其存稿　明李俊有著

聞見錄　明秦聚奎著

國朝

雪史　張三異著

南窗雜錄　江華孫著

居稽隨筆　江華孫著

江州治略　江殷道著

種花小效　江蘩著

巖泉一勺　江蘩著

盧賓字辨　程思樂著

痘疹慈航 唐裔漢著

保幼新書 唐裔漢著

地理大全 李國木著

讀禮雜記 葉繼雯著

西園獵紀 彭之杞著

蘊奇錄 葉志詵著

金山鼎攷 葉志詵著

神農本草經贊 葉志詵著

分韻指南 史珮瑲著

詩韻通考 張運榘輯

續輯漢陽縣志卷之二十二

隱逸志敘 流寓附

古之肥遯者蓋有不得已者乎秦四皓漢龐公是已若巢許値賡颺之世不起贊襄此何以稱焉說者曰上有堯舜箕潁可容高蹈矣而六朝之士如何氏三高雷次宗陶貞白之流往往以聲名動人主或往來闕廷又何與匿跡銷聲者異哉究而論之其不得已者宜長往不顧矣其有雅志棲冲甘心塵外合於幽人貞吉高風逸軌可以回奔競矯榮利矣又烏可少乎茲邑潛光隱耀之流摭其高尚庶幾把臂向禽者焉又山水勝區流寓多賢其聲華詞翰畱輝映於煙波巖壑間者低徊莫盡也並繫於末以無忘景行志隱逸

漢

廖扶字文起永初中父官北地太守坐羌沒郡下獄死扶感父以法喪身遂憚爲吏習韓詩歐陽尚書教授常數百人州郡公府交辟皆不應嘆曰老子有言名與身孰親吾豈爲名乎居先人塚側數十

年不入城府太守謁煥先爲諸生從扶學後臨郡修門人禮甚謹欲擢扶子弟固不肯時號爲北郭先生年八十終子孟舉偉皆有名

宋

鄭仁舉字次皐隱居郎官湖上不求聞達善言名理姜堯章夔贈句云文章作遲庭功用見造次無庸垂磬嗟遺安鹿門意

明

蕭遜字於敏父珊生四子遜運以節俠顯達諸生有

聲遜獨隱居自適品行重於鄉里前後二千石請赴賓筵皆不應王秩張緒雅敬之子艮舉

王鳳奇高尚不仕介踽自甘其後人咸以儒著

高文譽少業儒以親老不應舉隱於市爲菽水之養暇則讀書接友壓居三十年足不出戶鄉人稱之

方鎮字台蕭貢生崇正時由江夏徙居於漢陰鄉時丁末造絕意仕進有山田數畝躬耕自給足跡不履市塵風雨蓬廬中輒手一編歌聲若出金石翠竹紅泉脩然自得當事聞其名每物色之即鑿坏以遁眞不愧高士云

國朝

黃大忠字藎臣少貧苦學太守邱公俊孫拔冠郡試不售遂絕意進取閉戶授徒從之遊者多名儁嘗拾遺金於道立候覓者還之父應奎年九十六大忠亦漸近大耋猶依依膝下若忘老焉子士奇武舉人有才名

姚熊載字西卜明侍御朱衣裔孫以攣生乳於姚因嗣焉性澹泊不樂榮利以醫隱究心靈素諸書治

奇疾往往多應郡北月湖爲往來要津艱於渡熊載心擬隄之乃撰文倡衆言甚愷切大工竟就孝廉張掄元爲作築隄首功記將鐫之石堅辭曰吾已老於林澤詎徽名何爲乃止年七十九將終遺命必依嗣父處卿墓志存姚祀也

蓮舫子李姓避地漢陽郭外蓮池築室似舫因自號蓮舫子或曰明勳戚李曹國之裔言恭孫也丰神古樸制行清高門無雜賓二三故舊至縱譚今古成敗娓娓數千言若燭照若枚數十不爽一於勝

國典章能道其因革之故首尾俱備客去留連煙水堂養心神唯日與妻黃氏拈韻賦詩前後詠史詩凡數百篇無子卒詩篇亦爲人持去

陳樹翰字芳洲曾任黃州訓導不樂仕進投劾歸年未三十而隱於漁釣艇一隻來往煙波間慕張志和之風生平於漁具釣竿之屬備見之吟咏有續蕭集行世

流寓附

漢

禰衡字正平平原人少有才辯尚氣節曹操使爲鼓吏衡恣言辱之操怒遣使送劉表表不能容江夏太守黃祖性褊急乃送衡於祖祖長子射尤善衡時大會賓客人有獻鸚鵡者射舉酒屬衡曰願先生賦之以娛賓衡筆不停綴文不加點後以辱祖祖殺之射奔救不及時年二十六祖爲葬鸚鵡洲上

唐

于鵠貞元間詩人嘗爲諸府從事隱居漢陽作買山吟以見志

杜詮字謹夫以祖岐國公蔭仕至江夏令清介不名一錢罷官築别業於漢上自號漢陽老人烈日笠首自督耕夫十五年起於墾荒不假人一毫之助至成富家嘗曰忍恥入仕不緣妻子衣食者舉世凡幾人彼忍恥我勞力等衣食爾顧我何如後授復州司馬不就卒年六十返葬長安

宋

歐陽修字永叔少孤年二十餘以所爲文見長沙胥元衡公於漢陽公一見奇之曰子當有名於世爾之門下偕至京師因妻一女累官太子少師卒謚文忠

吳昌裔字季永中江人早孤得程頤張載所著之書輒研繹不倦嘉定七年舉進士聞漢陽守黃幹得關閩之學往師之卒業焉

姜夔字堯章鄱陽人姊家居九真山下夔嘗省之愛郎官大别山水因寓焉白石集載漢陽詩甚多

眞山民建甯人西山之孫或曰西山子常往來湖湘

閒最後隱居漢陽詩甚秀潔髣髴永嘉四靈

元

陳益稷安南國王日烜之弟也元至元十四年用兵占城諭日烜使助軍糧不從遂移兵伐之日烜戰敗走益稷率妻子官吏以降乃封爲安南國王命鎮南王脫驩等引兵送之不納益稷隨師還楚遂留於鄂嘗往來漢陽寓居鳳棲山之梅巖自號梅巖叟武宗朝累進金紫光祿大夫儀同三司天歷二年卒壽七十六謚曰忠懿益稷以羈旅降王能

爲詩歌與中朝文士相頡頏史冊稱之

黎崱字景高號東山安南人在本國仕至侍郎至元中益稷內附崱隨班赴闕後益稷歸國弗納崱亦還居漢陽累加奉議大夫僉歸化路宣撫司事崱入中國垂五十年閒居漢陽與同人賴歸吟咏甚多惜不盡傳

賴歸字益歸安南人陳益稷表叔益稷內附歸遂安插漢陽善詩其送傳與礪作最傳

國朝

毛會建字子霞武進人由縣令歷儀曹郎罷官不歸性好遊足跡幾遍天下晚至楚愛晴川黃鶴之勝乃預築墓於大別南額曰萬里青山復建一杯亭於其側以居之久之竟卒於漢會建好奇嗜古書法蒼勁樸拙得力魯公嘗遊嶽麓攀援岣嶁之巔摹禹碑重刊於大別山頭又嘗傾貲爲晴川補樹皆稱雅事云

李必春字耀明江都人貿遷於漢好善樂施予鎮易火貧居小戶延燒輒數千百家必春爲置席片按

戶予之久行不倦子天祐守南昌迎養於郡必春恐去後事寢鳩同人預捐貲買貯於寶林菴名曰廣庇會遇災則給頒缺仍補之定約而去合數十年相沿無替鎮人畫像於寺壁尸祝焉

袁廷芝字爾秀順天大興人罷官僑於漢陽遂家焉性剛勇有智略康熙壬子武舉甲乙閒三藩不廷廷芝仗劍從軍積功授麻鎮右營遊擊轉福建雲霄叅將計擒賊首董漢龍等台灣海倭陳申勾通三十六社七十二番相爲蟠結久不歸化廷芝穿

岩縋險直探巢穴諭以禍福賊皆駭服久之調兩廣水師參將旋歷陝西延安城守乞休歸

張至曙字晴舫蒲圻人幼穎異讀書目五行下十五縣試文冠一邑恥吏抱牘呼其名遂終身不復試肆力爲詩古文詞古雅典贍絕去恆蹊遊半天下名動公卿然不善積錢晚益貧僑寓漢陽十餘年藉賣賦金供饘粥年六十四卒孫承萬髮逆初火陷漢陽不屈死遺稿遭燹無存

范至渥歙之獅塘人家素封援例授州司馬職後中

落不屑依人生活常隻身往來即襄閒販鮮鬻果以自給詩文書畫琴棋而外音樂演劇刺繡雕塑無不能膂力近千觔手技能却五六十人客漢口時其友爲怨家所逼矛梃交舉逋竄負友揭樓瓦飛身直下沖突重圍而出無少傷嘉慶初卒於沙市

黃承增字心盦歙人偉貌修髯交遊甚廣工作詩詞文思斐然好客遊所至公卿倒屣爭相延致爲江湖上客三留漢口與江漢人士爲文酒會將有終焉之志著漢口漫志得二十三卷未竣而卒

黃均字穀原吳縣人山水蒼秀得宋元人法尤長寫石淡遠軼塵詩詞書法亦饒雅潔薄宦楚鄂性情疏散後贅於漢口周氏頗得隨寓而安之趣

范錯字白舫烏程人性喜吟咏工詞曲廣交遊著有漢口叢談六卷

吳邦治字尤康號鶴關歙邑人僑寓漢口與段寒香彭念堂稱漢陽三老好學多藝性頗耿介居有鶯飛樓自作小記甚佳

胡元字善培客漢皋好善不倦嘗糾同志捌立敦本同善兩堂救生卹死惠及存歿值經費不支則傾家貲以協濟之遇邑中大災親勸辦賑務必求踐實事焉道光庚子年督修永豐堤閘慨然獨肩其任宿工次年餘不避勞怨事藏尚絀數千金稱貸以足之不重募也嗣復培修江堤以固外內至今居民猶立私祠以尸祝之

續輯漢陽縣志卷之二十三

藝術志敘

古之隱君子抱道蓄德往往託於雜家以自晦蘊天人之奧賾察邦家之治忽淵淵乎非淺識所能窺也如司馬季主倉公扁鵲史家錄其論與所診治之方以貽來者而後世方技之家自此起焉茲邑幽尚之士專精孤詣占一藝以自名者顧爲不之皆有隨至立應之效而無繆悠荒怪之說此其所以足重者也至於書畫金石或擅專門亦名流

藝苑所移情而動色一事流傳均資清賞比而附之志藝術

國朝

陳五太字健夫精岐黃術預知人生死凡胗視隨手輒應不趨權貴御史吳達及郡縣屢請俱鑿坏而遁喜與寒士交年八十卒子泌孫夢龍俱善醫

李庌韓字原漢官橋舊家也善畫花鳥畫成張壁閒蹲立四旁遠近靜窺其偏反飛鳴之態身自作勢以曲摩之少不如意即碎去性介潔畏見俗人片語不合輒作色而遁常有監司持金索畫力卻不應監司怒命役往拘潛匿古廟龕下三日不食終弗就晚年能書工作詩月假季煉有唐人風年六十餘卒無子

余文楚字南珍桐城令伯翹子少補諸生有名性好學凡山經地志醫藥種樹之書無不究心尤攻青烏術相葬地卜禍福纖毫不爽邑學宮與大別文昌祠舊以朝坐失宜士多蹭屈康熙庚午郡守戴夢熊造廬敦請文楚爲擇期命工辨正方位科名

視昔更盛晚年三舉鄉飲正賓子尚鈺另有傳

金鵬字選士少倜儻能文累舉不中遂棄去精堪輿選擇諸術尤長於風鑑金壇許公振以布衣遊楚鵬遇之驚曰鼎元也越五年果魁天下又嘗許周太史天祐當官翰苑以郡守終後俱驗武昌太守章公培基敬禮之一日叩生平笑曰且勿求遠十日內當防火未幾廳事果災他奇應多類此卒年八十四子祖謙以廩貢官武甯丞孫文元丙午舉人皆鵬庭訓之

黃雲字眉山以畫名邑令招之至出厚貲使畫燈屏擲筆出曰燈可久傳耶平生孤介不妄與人交亦不輕受人贈炊煙不繼怡然也人以徐渭方之

蔡楨字聲菴世家子性淡泊不樂仕進少年見王概畫好之概遊楚執贄受學遂得其傳漢上有畫中三絕之目謂魯震人物李㫤韓花鳥及楨山水也年六十九卒無子

涂廷棟號漢南庠生善畫龍蜿蜒夭矯煙雲出沒一鱗片甲皆有生動意性耿介不屑與富人畫貧士

有乞之者則彈指而出不宿片素

高祚裕工畫山水學高房山約略數筆即神情畢肖嘗雨中舟過蔡店寫九眞山圖雲煙飄渺縹影參差如有如無可入逸品又善寫敗荷酒酣耳熱以指蘸墨圖之儼然如生

王彭澤字五柳幼穎悟善丹青精於醫能巳沈疴性豪放懸壺漢口不論貧富皆往其貧人貰藥不責償嘗東走邘江西走滇粵故人所贈遺囊中累千金歸召朋舊酣飲竟月生產不計也貰罄仍寓蕭寺中黃虀白粥與苦行頭陀同飲食其豪如故著有尺木詩集行世同時有劉于堂之子劉秉銓者亦善醫質直篤學爲諸生有聲庠序間早歿

白敦信字誠齋工詩畫精六書之學志潔行方不求人知嘗於由義坊闢地爲園隨其基之高下爲小樓曲榭位置楚楚襄河故道當其前春日芳草蒙茸黃花滿目夏秋之交煙波浩渺釣艇漁帆可指而數也子玉世其家學亦工篆隸漢唐碑版皆手自摩勒分刊合度又善射能開六鈞弓

李人望號九峯大理卿李昌祚五世孫善書能不囿於宋四家之法力追晉唐

譚一經幼敏悟誦讀之餘兼工藝事善人物花卉尉萼枝幹衣褶冠佩均有生動之致設色最鮮麗片紙尺幅人皆珍之居常閉門却掃自安貧約不隨人俯仰有古名士風

黃樞字筠齋庠生祖崑之父父子皆工山水樞益放情邱壑於所見雲峰磊落江流浩瀚悉蘊之胸中爲粉本興至潑墨滿紙淋漓雖尺幅而具千里之

勢會有至戚宦遠地招之樞不肯往曰腕底青山無須遠售也晚更號曰且客山人

李國木字喬伯庠生生而穎異通經史博涉九流與弟國林究心堪輿之學相傳鄉里之卜葬者經其指擇無不昌吉纍衍郎達官廳事經其移改亦莫不遷擢以去南都阜西門在石頭之左地有山脈難築易圮喬伯相視規畫至今屹然著有地理大全一書雖薈萃郭楊曾賴之書而國木所撰圖說居其大半郎所收疑龍撼龍諸經亦與高文良所

校不同蓋國木多所刪改焉

李維翰性樸誠事親以孝聞祖貿湘南攜家往相繼歿於衡州厝於義塚父回漢措旅費期往迎柩未行而卒維翰傷父志之未遂徒步至衡陽棺已壞白骨暴露急以衣掩之逐一拾洗易櫬扶歸冒洞庭風波之險無幾微自詡之色人皆稱之曰孝業歧黃以利濟爲心貰藥者往往不取其值人更以此多之云

黃祚憲字汝南住柏泉習舉子業有聲場屋不售去而學醫博綜岐黃家言好爲人製方以藥餌施人概不受值病愈亦不任謝平生好施予積有贏餘即散之於人曰吾以濟其不足也年八十六卒鄉人之病而不能延醫者至今猶念之

曾顯模字季序幼孝友兼善岐黃術有患齒痛者年餘偏醫罔效延之診視曰不須藥割可也割之立愈又有耳痛廢寢食者曰此蛇影之疑耳爲之解其疑而病痊一人素雄偉望其色曰將有殤患人不之信未幾如其言咸以扁鵲目之其他奇效甚

多江漢諸大僚聞名相延悉顏以額如姚撫軍贈以技檀越人汪糧憲贈以仁心仁術劉太守贈以術妙青囊其餘題贈難以枚舉年八十餘卒

劉如龍字雲峯善書四方索書者戶外屨滿爲人淡泊寡言笑所交者名下數人而已子珩號硯樵亦善書工畫

吳家璨號慎士少聰穎喜讀書尤敦孝友出應童試屢拔前茅而未青一衿遂棄帖括爲醫疾者盈門車無停軌遇貧苦無力者輒解囊濟之爲世推重

後遊京師名噪一時考授太醫院醫士卒年七十
六
周逢盛字時可世居周家邦學畫於閔貞能得其法
凡寫眞繪圖佛道人物樓閣樹石設色淡雅意趣
閒逸片紙尺縑人爭寶之
常道性字芝仙自蕪湖遷漢上已歷三世少英敏耽
情文史長工書畫晉唐宋元諸大家之法無不神
領意造精賞鑑能歷指其瑕疵以定眞僞作詩專
寫性靈時謂詩書畫爲三絕云

吳承膏字雨亭幼習舉業工詩屢試不售援例入成
均從太醫院朱提士遊盡其傳活人無算著有吳
氏醫案一書行世桑檢 詩集待梓

續輯漢陽縣志卷之二十四

列女志敘

昔者聖人刪詩而錄柏舟蓋名義綱常之砥礪也
意深遠矣自是以還歷代女士多能以貞信自持
若桓嫠之頌寡鵠之歌流傳竹冊豈非名敎之助
與我
朝於閨幃節行
褒寵彌優常恐有遺亦所以激揚風紀也茲邑諸媛服
膺圖訓履潔懷清凡以高節著稱者溢于簡篇矣

盛哉煒管之貞標矣乎析其已未被
旌以類相從有以孝稱者以未嫁矢貞者以貞烈聞者
各因其行之所近爲之名又近自寇難以來巾幗
中潔身抗節仰藥投繯與相攜沈於水者采其姓
氏附諸貞烈志列女

賢母

宋

江舊志作汪楚紀作江母子涯以忤賈似道撾死母哭曰汝死於忠我則不辱可以下報先君矣亦自沈於江

國朝

胡廷齡妻龔氏庠生遂女幼聰慧四書毛詩女誡俱能成誦母家素封而廷齡甚貧氏事孀姑以孝聞興衣鬻釵毫無德色五旬夫登甲第官中秘氏隨夫至都時子志潔復成進士令直隸鹽山縣迎養

至署氏每聞鞭朴聲卽愀然不樂曰豈爾教之不豫乎是何犯法之多也夫殁子復令陝西米脂縣臨行囑曰汝家固貧我已安之愼無以我之羞饍子孫之封殖置念枉索民財致我食不下咽而汝父銜恤於地下也其子卒爲賢令

周張氏性淑愼家故貧事姑勤侍湯藥售璫珥以供衣食夫歿獨任婚嫁教子朝謨成立生孫光甲逢盛光甲中武舉逢盛布政司理問曾孫文彬元孫汝蘇五世一堂嘉慶八年氏年一百八歲神明不衰請旌於

朝准坊賜上方銀二十兩文綺二疋孫逢盛工繪事見藝術門

許周氏州同許鎭副室性仁孝恭敬生四子嫡子潢直隸州知州氏長子浚庚子舉人長寗知縣長孫枝庚申舉人曾孫燾元孫城次子涫貢生三子源以子玉柯封朝議大夫四子溥以禦寇功議敘江西義寗州州同氏治家有法御下以慈尤好施予歷久不倦嘉慶十二年舉氏五世同堂請旌於

朝

蕭定光妻喻氏之貴女生於乾隆丙戌年教子孫以勤儉忠厚一門和順子繹綵紳三人孫金啟銀榮曾孫明德元孫鈴五世同堂現年一百零二歲

羅艾氏年百歲嘉慶八年

給銀建坊如例

周張氏年一百五歲嘉慶十年

給銀建坊如例以上二名遵通志增入

賀國茂妻龔氏年二十于歸越十二年夫故家貧紡

續操作不辭勞瘁事衰姑以孝稱生子文漢文彬教以義方庚午歲鄰不戒於火氏方寢疾火已及門子彬冒火入救咸謂無復生理俄而風反火滅母子俱全有徐義發者貧不能娶氏資助之得完姻其他卹貧周乏類如此孫男七曾孫男十四元孫男一和順雍睦五世同堂享年百有二歲大府聞於

朝

賜銀帛並額曰貞壽之門

劉馮氏孝感廩生廷變女庠生傳爔之妻安徽卽補同知世墀之母少卽秉禮度女紅尤精絕適傳爔後以婉淑聞事舅姑接娣姒惟孝且和井臼紡績黽勉忘勞生子五衣履皆手製不外假也訓子必以謹厚叔沒無子既援氏子世圭爲嗣矣已而殤舅姑意在世堪亦氏出也慮難割愛氏自請曰雖姑息其若戚吾舅姑何且叔安可不置後吾子猶多其必以世堪爲叔後議遂定已而傳爔卒舅姑老矣子幼家益絀氏攻苦食澹上奉高堂下撫孤稚卒以克濟舅姑繼逝經營葬祭哀禮備至人皆賢之寇作世墀起從戎幕或瀕危或經歲一歸氏雖倚閭望切然必勉以忠義世墀權蕪湖令乃迎養官舍入境見兵後孑遺民皆癯瘠藍縷卽大感動食不下咽語世墀曰此嗷嗷者殘喘僅屬耳汝必厚卹之緩追呼寬獄訟或者白骨可肉也語竟泣下沾衣故世墀卒爲皖循吏氏以疾終蕪湖官舍

誥贈太宜人子五長卽世墀

洪汝寬繼妻蕭氏名藻慶蔡甸蕭玉亭女幼讀書性敏悟孝經小學能通其義年二十一于歸事奉翁姑孝敬備至歲時祭祀必躬必誠教子女跬步必循禮法長子彬郡庠生次子杭監生皆有聲膠庠蓋得氏之教爲多初子杭聘胡氏有廢疾或勸別擇配氏曰聘後得疾棄之不義及娶尤加體卹焉又好施與戚族有窮餓者不吝衣飾貸之中表蔡氏少寡無子氏曲成之以終其節其他淑行甚多茲舉其大者

孝婦

明

汪眷妻徐氏漢陽人崇正中姑病刲肝救之知縣楊四知旌焉

丁氏庠生瞿猶龍妻家貧氏奉繼姑王氏曲盡婦道每凍餒自甘而供姑如禮姑患惡疾不可嚮邇氏奉盥滌穢進藥具饍必躬親之歷久如一日年五十九卒子謙有聲庠序

周文郁繼室倪氏夫故撫前妻子新命如已出家貧

翁老病氏扶掖起居身親湯藥翁病篤忽呼新命曰汝母舉孝呈至矣家人驚異覓之則氏私割臂肉正烹也後新命入邑庠氏年七十一乃卒

國朝

周氏庠生宗德裕妻夫病篤刲臂肉愈之生子四紹懿邑諸生紹澤紹開舉人紹彝丙辰成進士授保昌知縣氏遇

覃恩始卒

張氏貢生吳國琮妻事祖姑及翁曲盡孝敬相夫教子必協禮法長子士錫官主事次子士鏊官同知氏贈宜人

項生誠妻孫氏翰林孫臯第四女及誠由戶部郎官出守順慶府計程已抵棧道而姑李氏陡染危疾誠未知也氏涕泣禱天姑病隨愈後誠卒於京師氏聞訃絕而復甦者再攜二子大復大德由蜀歸漢誠居官清白囊無長物氏拮据辛苦篝燈課二子恆達旦不休子甫弱冠同入膠庠人以爲賢孝之報

彭纘泚妻龔氏姑黃氏少寡無子纘泚嗣焉龔氏與夫問安視饍必求其歡心及姑六十喪明八十八歲姑卒三十年內姑康强言笑幾忘無目之苦者氏之力也氏生五子娶五婦皆婉順和樂能遵氏教

朱兆龍妻段氏事翁姑以孝聞家中落益勤儉持家而奉親愈謹季子昆鉉克盡孝養且辛苦勤勞家道日隆一日中夜鄰里忽聞車馬臨門聲羣往觀之始知氏無疾終矣年五十五歲

闞邱氏舉人闞發奎妻名瓊華字蓮月早失怙依母唐氏以居未嫁時唐病篤醫言不治瓊華情迫涕泣禱神引刀截左手食指一節和藥以進母沈疴立起瓊華生時不欲人言及以其近於自炫也嘉慶二十一年八月病卒年二十三

徐顯達妻楊氏生員徐應標母孝敬翁姑能先意承志姑患失血醫禱罔效氏割股以進姑病霍然久之姑詢其故撫其瘡而哭傷處頓合夫遠賈歸旋卒氏體姑志嫁其小姑撫幼子成立族黨歎其純

孝

洪立正妻譚氏譚思泰女在室能孝厥父母嫁後翁患風癱手拳不能自食氏朝夕進食克代姑勞數年翁故姑亦病氏焚香祝天刲臂肉和藥以進姑病頓愈後十年姑歿氏創猶未合不以爲苦也與子業豐坐臥姑櫬前三月餘夫歸乃營葬哀毀終身

張任蕃妻徐氏雲南糧道蘄水徐本僊女年十八贅滇臬張坦熊子任蕃爲壻時氏翁已罷官鬻田產償債旋卒家頓貧氏念姑衰病迎至蘄水定省甘旨無怠姑眷念少子幼女氏亦迎至母家視若同胞任蕃餬口於外數十年病歸卒姑亦繼卒所遺二子四女及姑之少子幼女氏皆竭盡心力爲之完婚畢嫁又訓孤姪與已子咸成立盍氏生長富貴備歷艱難戚族稱賢孝焉

張致遠妻涂氏性孝謹夫病氏割右股療之愈姑病復割其左亦愈姑享年九十七卒夫七十五氏六十九俱無疾終

彭田氏鼎著妻性純孝姑趙氏病氏割股和藥一服即愈子佑沚孫萱皆邑庠生

張天明繼室何氏子壽女年十九歸張性淑慎篤孝行時翁年逾八十其冢婦供饍未能稱翁意氏潛助之則稱善遂專委焉翁每食氏與夫左右侍食畢始退翁喜生梨以齒搖屢廢而歎氏碎梨以紗囊濾汁進翁喜出意外其先意承志類如此翁年九十三卒家道中落夫亦病歿欲以身殉父母力勸乃止明年父病隔宿不能語氏呼號泣血父忽

應聲始瞑越三年毋復病氏侍奉湯藥數月目不交睫及卒水漿不入口者五日子湛泣諫勉進粥而病作矣盖四年三喪過哀故也年餘卒其他孝行不具載

魏楚安妻張氏家貧甚其夫逐末他方堂上之養取辦十指舅患危證醫束手氏割臂和羹以進疾若失後夫病亦如之其孝敬蓋出於至性焉

孟宗舜妻路氏其夫慷慨樂施凡解衣推食氏皆樂成夫志性純孝翁姑祭日輒流涕傷心悲逮事之

年無多也諸姑有刻待氏者常以火具咨之族黨爲之不平氏事之如事姑焉

程紹周妻汪氏年二十一于歸二十九夫亡家極貧勤紡績以事舅姑姑性嚴急氏事之能得歡心姑病危割右股和藥進不效而歿告貸母家始畢姑葬舅病治罔效氏復割左臂和藥進舅旋起奉事十餘年舅歿貸棺以殮忍飢紡績償之勤苦凍餒不堪言迯守節三十九年卒年六十七歲

姚黃氏名桂英浙江慈溪知縣黃兆台女歸庠生姚棣事姑以孝聞性聰慧嫻吟咏著有繡餘吟琴綺樓詩集

以上見舊志

張鶴田妻易氏

陳劉氏武生陳相瑤妻

王德滄妻朱氏

俞光先妻劉氏

張承治妻劉氏

劉振緒妻李氏

以上均於道光二十九年題　旌

潘玉成妻高氏其姑目瞽而舌蹇氏目之舌之者二十年弗衰親滌濯潔唾涕能體飲食動作於無言從不假手於子婦恐嫌其穢而隱怨也其待娣姒和而讓撫孤姪如已出猶其餘事耳

林國標妻魏氏年二十一于歸數年翁與夫繼亡越八年姑病中風手足不仁氏滌穢溫席歷十五年無倦撫二子成立現年七十八歲

李生蕃妻劉氏事姑孝姑病篤氏焚香祀天者數日

不痊割臂肉和藥進姑病頓愈鄰里悉聞異香其
孫行範入郡庠
徐澤厚妻王氏奉事舅姑能敬且和一日姑病篤夫
外出不能延醫氏割臂肉療之立愈後姑以壽終
夫詢及始知
易王氏貫陽直隸州知州易學超之妻割臂療姑出
於至誠同治五年奉
上諭照例旌表建坊入祠
曾明貴妻吳氏舉人吳諧女事姑至孝其姑素患氣

痛一日危迫氏割股肉療之疾立愈十餘年不復
作戚族皆謂誠孝所感
馬謹之妻黃氏庭一女事姑孝姑病篤藥罔效氏割
股肉進之立愈
熊紹興妻范氏公茂女事姑至孝姑病危篤醫禱無
靈氏晝夜服役寢食俱廢不得已剖腹割肝以進
姑病立愈不尋日氏創亦合親族咸異之以爲至
孝所感

孝女

國朝
王三姑例封中憲大夫王恂女母趙氏愛女不忍離
三姑遂矢志不嫁奉母四十二年而終鄉里稱孝
焉
朱靜姑朱榛之女親老兄澄遠客陝西有議聘者姑
曰親老病兄遠賈吾何忍離及父母相繼亡則曰
親歿吾心若死灰矣終身不嫁
周一姑周靜之女年十七父病篤割左臂煎藥以療

父病旋瘳十九于歸沔邑張緒珩亦患沈痾復割
右臂以療人或非之曰吾生平蜂蠆偶螫輒痛楚
連心指爪偶傷亦悲酸墮淚今至性一發持刃不
怯痛亦不覺即吾亦不解何故吾誠愚昧尚能計
較何者爲巧而行之乎
以上見舊志
劉大明女大姑
張翠華女大姑
耶渭川女大姑

邛世亮女蘭姑
以上均於道光二十九年題　旌
周三姑名正容周兆全女幼而純孝長方擇配之時
三姑以父母衰病不忍離矢志守貞以養親年七
十二歲卒
李二姑明輝女父母爲擇配二姑以親老矢志奉養
紡剌度日以供菽水現年六十四歲存
黃姑士相女性純孝願終身事親不字晝針黹夜紡
績以供甘旨親歿哀感鄰里現年六十五歲

劉九姑乙照女天性純孝不忍與父母頃刻離守貞
終身年八十二歲卒
熊引姑楚書女年四歲盲及笄父母欲字之女不從
願守貞養親母衰老引姑出入扶持歷五十年現
年五十七歲存
陳有姑洪瑤女性至孝父母衰病有姑願終身不字
以養親及父母相繼亡哀痛泣血兩目皆盲年四
十一卒
郭大姑大林女秉性純孝矢志守貞以養父母及二
親繼歿撫兄子邦榮代理家計俾至成立現年六
十歲存同治二年　旌
彭大姑貢生坦長女性純篤奉事父母不忍須臾離
長屆擇配大姑願終身不字以養親現年五十六
歲存
梁大姑向春女事親不字躬親操作以供甘旨現年
五十三歲存
李耀姑李朝英之室女孝事父母矢志不嫁紡績所
入以供菽水之資現年六十歲存

守志者且室中屢有光景其兄疑有鬼物置三姑於樓去其梯二姑墜樓下高丈餘固無所損其兄貞之於卜詞曰女能守貞玉潔金精順之無阻形管有聲遂送女蕭氏與孀姑同臥中夜起自縊姑覺止之後十載姑歿葬畢曰吾今可以無事矣家人忽其言是夕自縊死

王姣姑王清冰女幼字馬光祖未嫁光祖遊蕩不歸逾八九載女矢志守貞願依母以紡績度日值母貧甚將奪其志女聞之悲痛赴水死年二十二歲

王寶姑王明提孫女幼字張祖堯受聘待歸道光二十七年祖堯病故女聞訃涕泣不食晚分投繯死時年十六歲

節婦

元

武僉事妻陳氏夫卒父母迫氏嫁氏對鏡以墨刺痛念夫情四字於面誓死不貳

劉通判妻梁氏夫早卒紡績自給終身足不出戶事聞旌表

明

鄭必貞妻廖氏年十六夫卒姑哀其少寡無子欲嫁之氏翦髮立誓養姑至老不衰洪武中旌

李貞妻黃氏夫早死家貧氏敬謹養姑教子成立四十二年貞潔如一日景泰中旌

李周氏生員李純妻夫亡養姑教子恕成名歷官同知苦節五十餘年成化中旌

劉省川妻梁氏夫從軍亡誓不嫁紡績自給終身不出閫門事聞旌表

張敬妻董氏夫死氏年二十一無子苦節五十年卒

陳氏舍人胡鎮妻年十九喪夫遺腹生子端甘貧守節撫孤承蔭宏治中題旌

戴惠妻唐氏夫卒氏年二十五撫孤伯宣成立娶蘇氏生女方週伯宣死姑婦守志一門雙節

蕭氏生員楊國甯妻年二十七喪夫矢志不嫁家貧訓孤成立張介肅緒登其堂輒下拜

蕭氏生員朱之采妻年二十五喪夫守節三十年卒司成蕭良有銘其墓

易氏生員胡化中妻百歲節婦也年十九夫卒遺孤遵道遵義氏教以義方嘗鋤園得金不顧掩之苦節八十一年督學高世泰著有百歲節孝傳孫瞻翼麟皆有聲庠序

于氏生員蔡三命妻年十七夫故守節卒張介肅緒銘其墓

李若英妻姚氏年十九夫故遺孤貞才甫一月拮据奉姑教子入泮五孫兩列縣庠年九十四無疾卒

李若谷妻雷氏年十八夫故子應柏甫數月後貢成均夫婦繼死氏痛甚不食卒年六十七歲

王儁士妻宋氏年二十四而寡子徵奇四歲家貧甚氏紡績撫子爲名諸生守節四十餘年

王道立妻李氏夫歿撫子會篇登賢書苦節三十餘年

張氏舍人吳佺妻夫歿誓死撫孤年八十八卒

鄧昇妻王氏年二十二夫歿撫孤苦節七十歲卒

朱襄妻羅氏年二十五夫故撫子之藩娶婦牟氏牟年二十二之藩死奉姑撫子昌爲諸生姑婦雙節

王武英妻高氏年十八夫故苦節至八十一歲卒知府王公禮葬之

張瀌妻許氏年十八適張二年而夫歿遺女數月長嫁吳氏遂依女苦節終身年七十七歲卒

張瑚妻田氏年二十二夫以救父死於盜氏割耳截髮誓志撫孤年八十餘卒

陳啓妻彭氏年十七夫死子甫數月氏鞠幼孤事尊嫜四十餘年卒

吳守一妻黃氏年二十五夫故事姑恭人伍氏孝撫孤紹先紹名補弟子員守節四十年旌表

王氏生員張完妻年十七歸完興年完卒撫二孤次博先成弟子員值兵燹能全其家年七十卒

朱氏生員許元贈妻年二十七夫卒遺子國俊甫三
歲氏奉姑教子子後爲邑諸生
許氏生員俞泰生妻年二十六夫歿遺腹生子都家
貧依孀母居教都入庠苦節四十餘年
江起龍妻湯氏年二十一而寡遺孤甫一歲奉姑彭
氏事葬盡禮子中盤入邑庠
樊維極妻袁氏年二十六夫故遺孤仲三歲仲長娶
婦張氏生孫林錦甫六齡仲死張年二十二姑婦
共訓林錦成立爲諸生

吳永鎮妻　氏生子文選甫八月夫亡茹貧撫孤艱
苦備嘗選中順治丁酉鄉試
金氏知縣蔡幾妻年二十九守節教子及孫俱成名
以子貴封恭人年八十卒
羅嘉賓妻瞿氏年十七守節七十三歲卒
丁思銳妻葉氏年二十五夫故守節至九十五歲卒
徐氏贈知府王巽妻撫孤一鵬成立守節歷五十九
年卒
蔡璜妻陳氏年十八于歸二十四夫故無子刻志守
節年六十餘卒
黃語妻崔氏生子甫歲餘夫病臥牀數載氏侍藥餌
不懈夫卒苦節撫孤
王文魁妻李氏年二十一夫亡撫數月孤貧甚後孤
食餼於庠生孫世顯氏無疾卒
胡倫妻王氏年二十七歲守節年七十卒
蔡氏生員吳元嘉妻早寡甘貧守節年九十餘卒子
崇孝廉
張仲武妻熊氏夫死無子撫姪及幼孫成立年七十

餘卒
吳榛妻張氏夫死撫遺孤成立守節三十年
王之鳳妻易氏夫死撫遺孤成立年八十有五有司
給以米布
高岑妻王氏夫以吏客死京師氏破家歸葬茹貧撫
子年八十餘卒
龔氏生員李鏴妻夫死無子苦節四十六年
傅愈妻張氏
朱贊皇妻蕭氏

王大文妻張氏
李氏孝廉江如紀妾年十八同紀避難舟中遇賊氏赴水流數里遇救越半載紀死子南材被擄氏守節待兒哭不絕聲後十二年子果歸氏教之成立
吳石氏庠生吳甯妻年二十于歸二十六歲夫故無子苦節三十載卒年五十六歲
吳尙妻沈氏年二十九夫故撫子可期成立
吳䀜妻葛氏年二十五夫故教子可鎭成立
吳可篤妻高氏年二十六夫故茹荼終身

吳傅氏舉人吳可大妻年三十夫故教子溥潋讀書溥邑庠生
吳程氏生員吳可捷妻年三十一夫故遺腹生子漢津撫之成立年六十一歲
吳李氏生員可策妻年三十夫故與妾安氏矢志守節教子漢文成諸生年俱六十餘卒
吳蔡氏生員可權妻衢州太守三復女年二十九夫故遺孤甫二齡教之成立卒年四十歲
吳戴氏生員漢龍妻庠生玉成女年二十五歲夫故無子氏事姑以孝撫姪以慈紡績度日艱窘備嘗年六十四卒
吳蔡氏生員之鴻妻年二十八歲夫故撫子自雍成立卒年五十有八

國朝

吳氏生員蕭興秀妻年二十闖賊掠其夫去子壽昌在襁褓撫育成立苦節四十餘年順治間　旌
胡世珍妻朱氏年十九夫故生子紹安甫一歲時亂兵屠城被執脅以刃迫以火不屈受創氣絕越日

始甦逃匿山閒得免紹安年十一被掠氏自經者數後紹安歸中庚子副榜仕曲靖府經歷康熙三十二年　旌
郭維甸妻劉氏少寡撫孤成立孤死復撫孫守節數十年康熙四十六年　旌
姚士偉妻蕭氏夫亡子在襁褓氏事舅姑罄奩貲以辦喪事夫弟亦早卒遺子女幼氏撫之如已出康熙四十六年　旌
劉燕臣妻黎氏夫死守節奉姑孝夫弟卒撫幼姪成

立康熙四十七年　旌

胡宏文妻尹氏夫故家貧勤紡績以養舅姑守節數十年

鄒氏生員張之璧妻事舅姑盡禮夫卒遺腹生男行寬教之卒成端士其翁晚納妾生二女翁逝撫而嫁之

張大成妻魯氏夫死家貧姑歿脫簪營葬事衰翁撫弱子數十年

陳氏生員梅長春妻翁姑繼亡夫以哀毀卒氏訓兩孤宏俊宏儒爲庠生忽相繼夭偕兩媳苦節課諸孫荃爲庠生菁太學生

程天成妻萬氏夫卒孝事孀姑家貧歲歉嘗食野菜教子濂爲諸生

胡氏生員袁方宏妻幼聰慧曉大義敬事翁姑夫早卒撫姪成名

陳儀彩妻涂氏事嫡庶祖姑咸得歡心夫早卒撫孤盡瘁旋卒於療

以上七人康熙五十六年　旌

夏氏生員周光侯妻夫早卒事翁姑盡孝及歿毀衣物營葬盡禮康熙五十九年　旌

鄢氏生員王維賁妻年二十四而寡遺孤宏錫甫六齡姑老病氏事上撫下咸盡其道子後有名國學康熙五十九年　旌

彭燦妻朱氏夫早卒氏撫孤事舅姑常甘凍餒紡織積資以備舅姑棺衾教子卒成正人

周氏生員李家祥妻夫早亡紡績奉舅姑甘旨姑歿敬事繼姑如姑

黃中和妻曾氏夫早卒氏罄奩治喪撫孤娶婦而孤卒復教孫成立竭力以奉老姑

彭氏生員黃文憲妻夫卒氏自甘藜藿謀甘旨以奉姑撫孤成立苦節終身

吳氏生員曾鎔妻夫早死事姑純孝氏有疾姑命療之泣曰未亡人生死俟天命何用醫爲

蕭正烈妻陳氏于歸未久烈從軍於滇音問不通者十餘年氏紡績自安正烈死始知娶妾有子矣氏書壁自誓曰妾去妻當留夫亡妻應守撫妾子成

立
周錫蕃妻李氏夫亡舅姑老病氏勤苦備甘旨醫藥
撫孤爲諸生
吳氏貢生熊志洛妻故大學士文僖公女洛孝感人
少有文行氏年十九歸洛三年夫亡無子事姑孝
姑患乳癰氏數以酒吮其毒旋愈後撫嗣子紹祖
中雍正乙卯舉人一女適翰林院編修夏力恕
以上八人雍正元年　旌
朱氏生員勞甯國妻年二十而寡子必達甫週晬氏

紡紝教育備極艱苦及登第令昭文縣氏已先逝
計苦節四十年雍正三年　旌
洪氏生員徐合度妻夫早卒家貧子幼復遭火燬其
盧氏仰事俯育備極艱虞雍正三年　旌
周士昌妻彭氏年二十三夫卒子易甫三歲氏勤苦
敎育弱冠入邑庠年六十七卒雍正四年　旌
文璇妻王氏夫歿哀毀不欲生家人慰勸乃勉撫幼
子成立雍正四年　旌
李氏生員許邦屏妻夫以勤學亡氏水漿不入口者

數日奉翁姑育稚子二十餘載絕無笑容雍正六
年　旌
吳念祖妻程氏年十九于歸夫故氏年僅二十一歲
遺孤康孫甫三月氏撫孤事舅姑竭盡心力守節
五十三年雍正六年題
旌以子職封恭人
孫景懋妻張氏姑湯氏守節撫景懋氏歸五年而寡
遺孤昌裔昌琦爲之婚娶而子婦又繼亡遺孫廷
桂娶孫媳又夭時姑年逾六旬計氏經理七喪劬

勞三世苦節五十八載
王氏生員周肇岐妻年二十八夫故遺子有乾二歲
有豫甫三月氏上事舅姑下撫二子艱苦備嘗子
後皆成立
曾曰忠妻楊氏年二十八而寡無子奉姑孝姑歿夫
弟亦繼逝氏撫姪爲子三世僅一綫之延卒綿厥
祀氏之力也
張坦咨妻董氏聘後夫得惡疾兩姓願寒盟氏誓死
不可年十八歸咨病愈厲腥穢淋漓絕無怨嫌五

戴夫歿無子翁姑繼亡依毋以居張族爲氏製一
衣各書名於上春秋祭祀著以入祠堂以示尊敬
且勵衆也
以上四人雍正七年　旌
李俊雲妻馬氏年二十六夫歿翁姑衰老二子俱在
襁褓氏竭力養教守節五十四年
曾思謙妻彭氏夫與弟分爨久弟貧力請於夫合之
年二十九而寡翁衰子穉克盡事蓄致翁登上壽
二子成立

熊正棻妻蕭氏年二十九夫故事孀姑克孝課孤兒
祖武讀書自坐案旁中宵不倦子卒膺歲薦
以上三人雍正八年　旌
劉弼賢妻高氏性至孝姑病臥不能起氏以口哺食
久而不懈年二十五夫歿教子國成國任俱遊泮
夫弟妹婚嫁皆身任壽八十三卒雍正九年　旌
馬蘇氏夫亡紡績度日每祭必親詣葬所盡哀而歸
里黨敬之雍正十一年　旌
王田氏夫歿無子奉翁姑極孝雍正十一年　旌

羅李氏夫病典釵環以供醫藥夫亡事翁姑撫幼子
數十年無懈雍正十一年　旌
羅三位妻曾氏夫亡氏年二十九家貧紡績以奉舅
姑子幼撫教成立雍正十一年　旌
汪曾氏夫亡誓以身殉撫前妻之子如己出孝事翁
姑矢志不渝雍正十二年　旌
項氏生員劉昌裕妻性貞靜克修婦職夫亡截髮毀
容苦節數十年雍正十二年　旌
張氏生員徐珩妻歸珩九年夫亡撫子則舒成立後

爲名諸生氏年八十九卒雍正十三年　旌
劉乾佑妻王氏夫亡子幼絕粒數日以翁姑年老勉
起侍養撫遺孤成立雍正十三年　旌
劉芳京妻黄氏夫歿毀容守志奉孀姑克孝撫孤成
立雍正十三年　旌
尹氏生員胡澤遠妻夫歿姑老子幼撫孤完娶復夭
與媳汪氏同守節一室乾隆元年　旌
吳張氏性婉順姑馭下嚴峻氏能得其歡心姑歿葬
以禮苦節數十年乾隆元年　旌

蔣氏監生劉世班妻貢生蔣之升女年十七歸劉五載生二子夫故氏延師課子能繼夫志年四十一卒

吳自試妻李氏夫亡舅姑衰老十指所出以供甘脆自安藜藿數十年

吳正國妻張氏年十五于歸二十八夫卒氏撫孤子事寡姑嘗爲姑葬父母姑卒營葬皆氏之力孤子二邦甯邦治治國學生有詩名

李楊氏夫早歿家貧紡績以佐翁姑饔飧拮据艱難

數十年如一日

金祖勳妻馬氏于歸六載夫歿無子截髮毀容與孀姑同寢處三十五年姪文瑞嗣

郭應斗妻張氏年十九于歸二十五夫故遺孤立宗方歲餘氏事高堂撫孤子備嘗辛苦守節三十一年

許蕭氏早寡事孀姑紡績以供甘旨族黨咸以孝稱

楊家澄妻宋氏夫亡氏年二十四歲苦節三十九載卒

以上八人乾隆二年　旌

易敏玆妻王氏年二十適易二十八夫故撫姪塏爲嗣守節二十二年卒年四十八歲乾隆三年　旌

曾子藩妻魏氏年二十一歲夫卒遺孤方晬及翁姑亡子亦繼夭氏苦節至五十九歲卒乾隆三年
旌

余氏生員尹正言妻年二十歸尹甫二年夫故氏上事俯蓄兼盡其道年五十二卒子成威歲貢生

熊氏生員蕭燕春繼妻年十五歸蕭數載夫卒撫孤

國甯爲諸生年七十七卒

項氏舉人吳燦妻幼知書年十六歸燦事上接下悉中禮法燦卒遺孤山斗娶媳有孫未幾父子俱逝族黨憫其苦以族孫振鉅承祀焉

程氏蘄州牧吳焯妻年十六歸吳恐夫質弱艱於嗣勸以姪山齊爲子後焯得寒疾致仕歸死氏年三十九苦節終身

許氏吳燦側室年十六歸吳十九燦卒同嫡項氏撫孤孫振鉅苦節三十餘年族黨嘉其純節

以上五人乾隆四年　旌
羅湛妻王氏
劉芳踪妻王氏
何經艮妻徐氏
以上三人乾隆五年　旌
蕭氏主事項鍾建妻年十八爲建繼室二十八夫故遺孤三長子愈方九歲氏奉姑教子竭盡心力子後皆成名長愈官平武丞次俞蘇州同知季合候選州同

高昶妻陸氏守節三十年
倪早榮妻呂氏守節四十二年
周用吉妻李氏守節二十三年
夏恆吉妻葉氏守節五十七年
夏承賢妻王氏守節四十二年
張懷俊妻丁氏守節三十五年
韓綺妻劉氏守節三十五年
邱氏生員楊清妻守節三十六年
以上均乾隆六年　旌

羅以愷妻胡氏
尹嗣成妻劉氏
吳純其妻羅氏
朱家錦妻韓氏
張維林妻劉氏
吳範友妻羅氏
張廷一妻綦氏
以上七人乾隆七年　旌
沈氏邑庠生汪之晉妻年二十三而寡子靜甫一歲

守節三十年五十三歲卒乾隆八年　旌
熊必翔妻馬氏年十九于歸二十二夫亡僅一女事孀姑備盡孝養守節三十六年乾隆八年　旌
李天柱妻韋氏
王應祚妻姚氏
金維中妻譚氏
黃世圪妻姚氏
蕭璞妻胡氏
汪錦文妻舒氏

張之培妻甘氏
章氏候選知縣張坦謌妻
熊正篆妻陳氏
楊氏儒童孫承謨妻
以上十人乾隆十年　旌
鄭氏貢生方聚斌妻
藏超英妻邵氏
汪璟妻曾氏
高帝弼妻李氏

孫宗極妻李氏
張氏舉人郇鵬妻
藏氏原任直隸大名府知府吳允謨側室
孫承謨妻李氏
周文郁妻倪氏
以上九人乾隆十三年　旌
張任瑚妻　氏生一女而瑚卒家貧如洗夫弟璉亦
貧甚時翁衰朽氏與叔分任供饍每半月一輪氏
針黹紡績採藿而食而半月饍脩必預備也氏面

常菜色族黨憐其苦賙之咸拒不受年八十四卒
乾隆十四年　旌
余德又妻周氏
袁自超妻應氏
邵國憲妻葉氏
以上乾隆十四年　旌
徐永慶妻彭氏
胡大本妻曾氏
以上乾隆十五年　旌

王璸妻陳氏
朱文燦妻楊氏
以上乾隆十七年　旌
王世槐妻蕭氏
余啟昶妻朱氏
汪淇妻徐氏
以上乾隆十八年　旌
余鍏妻江氏
余正位妻彭氏

以上乾隆十九年　旌
王曠妻陳氏年二十六夫亡紡績自給教子繡章成
立年七十六卒乾隆二十年　旌
郭雲龍妻黃氏乾隆二十一年　旌
唐占元妻袁氏
汪德溥妻劉氏
江信中妻方氏
以上乾隆二十二年　旌
甘灝妻李氏乾隆二十三年　旌

樂國順妻曾氏
傅紹虞妻石氏
陳上珍妻吳氏
李永譽妻陳氏
以上乾隆二十四年　旌
張自平妻胡氏乾隆二十五年　旌
曾以禮妻張氏乾隆二十六年　旌
陳應封妻蕭氏乾隆二十七年　旌
曾先魁妻傅氏乾隆二十七年　旌

李容兆妻燕氏乾隆二十七年　旌
曹元魁妻傅氏年十六于歸甫三載夫歿矢志苦節
四十餘年子燦邑庠生乾隆二十八年　旌
鄧欲立妻陳氏乾隆二十八年　旌
葉世光妻鄧氏乾隆二十九年　旌
張恂妻許氏乾隆三十年　旌
劉可鈞妻戴氏庠生戴元寵女年十七于歸十九夫
歿苦節數十年乾隆三十一年　旌
管楊氏訓導管正琮嫡母夫歿苦節三十年乾隆三

十二年　旌
管康氏訓導管正琮生母夫歿隨嫡矢志苦節歷五
十年乾隆三十二年　旌
徐諒妻劉氏
管師甯妻楊氏
以上乾隆三十三年　旌
張繼鉞妻俞氏
王德賢妻湯氏
張恂妾徐氏

以上乾隆三十五年　旌
劉長綬妻王氏
陳會增妻張氏
王天相妻蕭氏
歐陽璜妻王氏
勞敦善妻黃氏
歐陽錫佑妻王氏
方之瑞妻李氏
以上乾隆三十七年　旌

汪能哲妻張氏年十九于歸二十二歲夫亡遺腹閱半月生子名任重恩勤教養後入邑庠苦節數十年乾隆三十九年
旌表建坊
張式融妻費氏年十九于歸二十二夫亡苦節五十三年子銑補邑庠生乾隆四十年　旌
潘肇楚妻劉氏
鮑楚妻張氏
李開泰妻金氏

以上乾隆四十二年　旌
吳其鑾妻蕭氏乾隆四十四年　旌
周嘉淇妻高氏
江瓚妻張氏
張憼妻魏氏
龔珽妻李氏
以上乾隆四十五年　旌
張胡氏江夏翰林胡潤之孫女年十九歸張任運甫三載而寡子承晉時在襁褓氏雖處闤闠田廬僅

供衣食承晉數歲皆氏教讀十齡乃延名師課訓每手錄先正嘉言懿行諄諄誨誡以故承晉食餼膠庠爲名諸生孫先振先授亦有聲黌序乾隆四十六年建坊明年氏乃卒
楊名元妻臧氏乾隆四十六年　旌
孫旭東妻金氏乾隆四十八年　旌
陳光紛妻邵氏夫亡守節四十五年乾隆五十年
旌
王湘妻李氏乾隆五十三年　旌

鄭宏潤繼妻張氏廷彩女嫁八年而潤故氏年二十八歲事舅姑克孝舅先病歿姑病期年乃歿氏皆侍湯藥不怠撫孤子成立將謀請旌氏辭曰夫死不嫁婦道之常何足誇耀哉子再四泣請乃諾乾隆五十四年　旌

劉廷瑞妻盧氏年十八于歸逾年而寡生子有誼甫數月氏撫有誼成立娶媳徐氏生二孫偉度偉才而有誼歿迨娶孫媳程氏朱氏而度才亦相繼歿於是盧氏徐氏程氏朱氏相依茹苦實一門四節

焉乾隆五十四年　旌

魯鳴高妻岳氏乾隆五十四年　旌

李呂氏乾隆五十四年　旌

王亨妻李氏年十八歸王二十一夫故無子自經者屢因舅姑衰老乃撫姪爲嗣紡績以供甘旨翁亡哀禮兼盡閱十五載姑歿其艱苦又倍於葬翁既子娶婦生孫而子亦亡及撫孫成立而茹蘗飲冰固不堪殫述矣苦節五十九年卒

鄭廷選妻徐氏選死氏僅二十三歲上奉孀姑下撫幼子備極艱辛鄉里至今稱之

以上乾隆五十五年　旌

孫東武妻許氏歙人東武卒於亳州學博官舍氏營葬於亳攜子歸漢陽子生甫六月翁姑老氏甘貧茹苦守節數十年以子廷士貴贈東武爲儒林郎氏爲太安人以孫兆麟貴贈東武爲中議大夫氏爲太淑人

周嘉璨妻張氏年十九歸周二十八而璨死子德鎬僅九齡撫之成立生孫道旭甫三年鎬亦故率媳

守志享年八十八歲

以上乾隆五十六年　旌

王用岐妻李氏年二十一夫亡事孀姑孝謹撫姪維培爲子養老撫幼躬勤紡績子亡撫三弱孫勤儉持家諸孫日臻豐裕氏之教也苦節六十二年享年八十二歲

傅鍾妻程氏年十九于歸二十一夫故夫故之次日生一子矢志撫孤苦節五十餘年

吳德富妻羅氏

孫崇實妻殷氏

以上乾隆五十七年　旌

黃瀾妻徐氏徐俊公女年十八適黃八月而夫故年僅十九水漿不入口者三日翁姑力勸乃進食姑卒哀號感動鄰里翁娶繼室李氏生幼子多病無乳氏以糕餅雜飼之四月繼姑亡衰翁弱子皆氏奉養調護艱難萬狀直至幼叔黃準娶妻生子士保始撫以爲瀾嗣

王兆龍妻盧氏

以上乾隆五十八年　旌

姚王氏性淑慧喜誦孝經列女傳年十九歸姚國鑑二十八鑑卒將殉之母止之曰死易耳是三子者將誰託也乃復進食數日長子以哀毀殞氏課子光漢光海讀書後皆補弟子員海議敘州同能以忠厚誠信世其家氏終身勤女工或勸少息氏曰此婦職也勤如故年六十卒蕭崑田給諫爲立傳孫模棣榛檁俱遊泮且有聲

張理妻封氏大紱女年十五歸理十七理歿遺腹生子繼昌食貧苦節三十二年

以上乾隆五十九年　旌

潘運揚妻方氏乾隆六十年　旌

董氏

吳光謨妻戴氏

吳其鋆側室蕭氏生子仕汾未週而寡氏矢志撫子慈嚴兼盡卒以成立苦節數十年諸子婦咸敬禮之

以上乾隆年　旌

劉錦玉妻毛氏達兆女錦玉病衣不解帶者累月及玉卒欲以身殉翁姑以藐孤爲囑乃截髮苦守事舅姑存歿盡禮督子嚴而有法値家祭日呼天慘怛哀感鄰里數十年弗衰嘉慶元年　旌

張景昌妻林氏芳英女年十八歸張次年夫故無子撫姪星平爲子夫葬廬於墓側三年其弟婦章氏適景思二十二歲而寡章頗敏讀書知大義夫死投繯者三林氏勸止之越四月遺腹生子星聚及星聚成立娶媳徐氏而星聚旋卒徐氏遺腹生孫

張氏不絕者如綫林氏章氏徐氏相依爲命蓋一門三節云嘉慶二年　旌

王隆光妻劉氏占魁女年十七歸王三十夫歿自經以殉遇救免氏篝燈恤緯以供舅姑朝夕越一歲遺孤復殤乃撫姪汝立爲嗣翁姑以壽終竭哀盡禮苦節五十餘年嘉慶四年　旌

顏有彩妻戴氏上珍女年十八歸顏克盡婦道二十七夫亡長子甫五齡幼子在腹翁姑衰病氏翦髮自誓事親以孝教二子慈嚴並濟卒皆成立

陳元徵妻任氏年十九于歸翁姑早逝事姆如姑年二十六夫歿誓不欲生母李力勸乃諾時長子宗泗甫五齡次子宗淮甫週歲遂攜雙孤依母以居饘粥束脩皆氏刺繡以供二十餘載子成立而氏雙目瞽矣

吳芳儒繼妻黃氏開運女年二十二生一子甫六月夫故氏痛絕逾時始甦姑苦勸乃制淚進食事姑姑以孝聞撫子成立因謀地緩葬氏寢柩旁者三年每遇忌日輒飲血不食

江劉氏庠生劉邦彥女年十七歸江璉爲妻孿生二子毓材毓楨年二十八夫歿氏事姑能得歡心姑喪典售衣奩殆盡

以上嘉慶五年　旌

許善膺妻戴氏家良女膺亡氏年二十五歲苦節三十年嘉慶八年　旌

張王氏年十七適張應魁爲妾二十五歲魁歿遺腹生子守節三十年嘉慶十年　旌

朱子雲妻許氏善迪女雲亡氏年二十歲事舅姑及

繼姑以孝撫姪克純殤復以克發爲嗣布衣蔬食苦節終身

吳信賢妻謝氏士尚女年二十二歲夫亡欲以身殉翁姑力勸乃止教子敏篝燈課讀無間寒暑敏十八歲入邑庠

以上嘉慶十一年　旌

方純德妻吳氏士簡女年十九于歸夫病禱天願以身代及歿典奩具以供葬事撫二歲孤廷墉膏火饔飱悉於十指取辦子長竭心力爲之婚

戴德滋妻王氏候選州同王霦女年十七適戴夫歿矢志守節嗣姪永相爲嗣孝於翁姑撫育孤姪三十餘年如一日也

衛坦妻張氏年二十一于歸二十三夫歿氏痛不欲生翁姑勸止立夫弟子人叙爲嗣制淚承歡含酸訓子苦節以終

鄢光德妻張氏貢生張大源女夫亡矢志守節四十三年勤苦萬狀

衛程氏性聰慧明大義年十八適生員衛琦年二十

七琦卒事翁克孝撫姪人駒爲嗣養老育幼貧皆出於十指苦節三十八年

以上嘉慶十四年　旌

金國艮妻黃氏年十六于歸二十五夫故遺孤子八歲女六歲氏孝以事舅姑慈以蓄子女自甘荼苦艱難備至

燕山農妻李氏國楨女年十九于歸二十七夫故子甫三歲翁姑年老夫弟婦早亡氏教姪子與己子同教姪女爲之畢嫁翁姑繼歿喪葬如禮辛苦持門戶五十年如一日

以上嘉慶十七年　旌

李朝玉妻胡氏年十六適李二十一夫故氏撫孤事親孝慈兼盡及子甫娶而歿氏復撫弱孫焉

蔡吳氏年十八適蔡文烈二十一歲而寡家貧以女紅奉翁姑甘旨自安糠糲教子正養成立

以上嘉慶二十一年　旌

衛天申妻徐氏

衛天和妻熊氏

楊貴發妻黃氏

熊文進妻劉氏

熊大鼎妻戴氏

張慶華妻黃氏

宋正奎妻李氏

張和偉妻陳氏

張紹和妻鍾氏

金國槐妻江氏

鄧何氏

鄔胡氏

黃志道妻李氏

黃志孔妻楊氏

黃志初妻吳氏

鄔大棠妻孫氏

方世堅妻戚氏

方肇銓妻周氏

張宣德妻李氏

許德溥妻周氏

張黃氏

李黃堂妻呂氏

蕭耀文妻劉氏

以上嘉慶年　旌

黃璧妻王氏文甯女年十七歸黃十九夫歿苦節四

十三年卒

許景修妻朱氏庠生朱際昌女年二十四夫亡長子

錫學四歲錫嘏二歲氏事姑撫子竭盡心力年七

十七歲卒

許作輔妻胡氏旭臨女輔亡氏年二十八遺孤三長

子賓八歲善頌四歲善交二歲氏事姑撫子皆成

立年五十七卒

許善相妻丁氏時可女年二十三夫亡苦節三十五

年

王詡妻孫氏年十八夫亡撫遺腹子世懷成立苦節

四十八載年六十六卒

謝仁椿妻劉氏年二十二于歸二十九而寡有子不

育撫兄子爲嗣堅貞勤儉終始不渝

葉本隆妻吳氏隆遠貿氏寄居母家以紡績自食迎

孀姑就養姑歿自鬻奩物爲葬具年二十五夫亡

數百里外氏跋涉扶櫬歸葬子榮僅四齡後入郡

庠生氏年五十四以憂勞痼疾終

吳德昭妻楊氏年二十一歸吳姑歿翁老病氏助夫

治藥餌每終夜不寐翁故德昭哀毀過情嘔血二

載而歿氏年二十七遺孤二長子甫成立死撫次

子能保其家

郭陳氏生員郭文源母年十八歸郭姑右手患瘡欲

食臥迴皆氏扶持又日舐患處三載無閒年二十
四夫亡遺孤源甫四月備嘗辛苦然後教之成立
錢朝紳妻趙氏廷耀女年二十六夫歿孤子榮照甫
數月姪榮煦失怙亦在襁褓氏撫養教誨無歧視
延師課讀曰錢氏五世單傳二藐孤未亡人責也
後皆成立
陳朱氏舉人朱晉秩女年十八歸陳光祀祀幕遊瑞
州凡八年卒於外氏年二十八無子舅年六十哀
痛垂絕逾年光祀柩歸越十日而繼姑舉一子名

光政氏與繼姑同撫幼叔至十八授室舅姑相繼
歿又五年生子乃爲生後又三年生子爲光政後
氏皆親見之年六十五卒
胡允杞妻鄒氏胡采玉女結褵二載生一女又四年
而寡撫堂姪遠德爲嗣氏課子訓女節操凜然好
賑恤貧之家以中落其女亦年十七歸蕭峻和生
一女甫二載而和卒蕭氏貧甚女乃歸母家守志
年五十矣母亦六十有八猶相依共守云
趙次寬妻胡氏經章女生一女年二十三而寡撫姪
爲嗣度日之資取辦十指
聶大浩妻黃氏昇平女年十七于歸十九夫亡誓以
身殉翁姑力勸乃止氏事翁姑備極誠敬立夫弟
大溶子爲嗣夫弟大滙婦劉氏亦早寡氏與同寢
食共勵冰霜嘉慶六年十月二十四日火左右鄰
皆燼氏居屋中寸椽未損咸謂節義之報苦節三
十七載年五十六歲卒
聶大滙妻劉氏大順女年十八于歸二十二歲夫卒
撫夫兄大溶次子爲嗣及德桂成立已心力三十

餘年矣
韓鶴年妻姜氏增生姜豈凡女庠生鳳藻之母也十
八歸韓家貧姑病氏事姑克盡孝道婚未三年生
子甫歲餘而鶴年亡氏欲殉翁姑勸而止韓居濱
河夫柩在殯忽洪水驟至急載柩他避甫至中流
風濤大作榜人失措氏血淚交幷繞纜於身期與
柩俱浮忽風息得抵岸人以爲精誠直貫於神明
張先珍妻陳氏年十九嫁二十一而寡氏甘貧訓子
棐成成立事翁姑孝謹苦節四十年六十一卒

孫大炳妻王氏年二十五夫亡遺子方燕方焜氏偕事孀姑教養二子孝慈兼盡長孫秉書入邑庠年六十五卒

孫方烈妻徐氏年十八歸孫二十歲夫亡遺子又亡僅一女苦節四十五載卒

熊炳妻蕭氏蕭蕙女年二十四歲夫亡二子俱幼氏教養成立守節三十二年卒

陳璜妻雷氏年二十九夫亡無子紡績度日飢寒交迫矢志彌堅姨甥丁位楠迎養於家年七十八卒

卒前二日猶手不輟紉云

徐鳳閣妻甘氏生子甫八月而夫歿氏事翁姑以孝教子興爲庠生苦節終身

徐榮光妻杜氏十八于歸二十九夫歿事翁姑能得歡心敎子朝桂以歲貢授司訓好賑貧乏至典簪珥以與之

陽山氏農家女年二十餘夫歿伯兄謀嫁之氏覺挈二子走漢口使其子傭作身爲大姓家執爨以自活後二子奉迎歸雙媳侍養羣孫繞膝氏猶以紡績佐之

周光廷妻蕭氏年十九歸周二十八夫歿衰親弱子賴氏一身事蓄子錦榮後爲邑庠生

徐艮棟妻何氏事翁姑極孝年二十五夫死僅一女矢志守節因傷心太過益以勤苦年三十七歲氣鬱而亡

胡王氏庠生胡椿妻年二十二夫亡氏悲悼欲殉者數翁姑力止且防護甚密次年五月生一子氏以禋祀至重撫子德超備極艱辛德超甫冠能文後入邑庠

張萬全妻唐氏年二十八夫亡子甫週歲苦志守節年八十卒

宗裕秀妻尹氏年二十歸宗二十八夫亡遺一子孀姑在堂氏事姑撫子不憚艱辛及子成立爲子完娶年七十餘卒

楊榮宗妻宗氏二十于歸二十四夫亡僅一女時翁姑已逝夫弟二人俱幼教養嫁娶皆氏辛苦支持之力後二叔析居紡績自供備嘗艱難年五十卒

姚培芝妻胡氏年二十七夫故無子遺女三矢志苦守孝事翁姑養葬皆如禮撫姪輩若己出常出己貲建支祠續夫祀於祭費外各房皆受惠焉

宗裕輝妻張氏十八于歸二十七夫亡僅一女撫姪爲子勤紡績以事翁姑及歿哀禮兼盡子女嫁娶艱辛備至歷三十餘年不少替

龔廷芨妻蔡氏年十八于歸二十六夫歿子多病飲食藥餌俱從氏十指出芨死欲身殉翁姑勸乃止事生送死備極艱辛苦節四十三年卒

龔廷篤妻王氏年十九于歸逾年生子僅兩月夫亡事翁姑撫弱息不憚勤苦母家欲奪其志誓死不從苦節四十七年卒

龔之濟妻衛氏年二十二于歸濟病瘵三年氏扶持備至濟歿氏年二十五歲遺腹五月生男家日益貧翁姑繼逝氏擇師課子爲之完娶守節五十三年卒

龔紹弼妻蕭氏十八于歸二十七而寡遺一子一女氏事衰姑養生送死艱苦萬狀撫子女完嫁娶至子又生孫猶勤苦不倦守節五十二年卒

陳秀哲妻姜氏年二十適陳生子甫五月夫就試漢陽城遇風溺死氏年僅二十三時孀姑在堂紡績以奉甘旨撫孤成童擇師教讀資皆從十指中出歷三十年如一日

蕭亮之妻唐氏年二十歸亮二十四夫亡遺一子甫週而夭撫姪爲嗣教養成立爲之娶婦未一年嗣子死媳亦繼死復撫姪孫以延夫祀家計蕭條氏紡績勤勞歷五十三年不倦

劉大萬妻唐氏年十九歸萬婚僅十日而萬亡孀姑以年少家貧屢諷再適氏之死靡他撫姪爲嗣二年嗣子妖氏紡績度日艱辛備歷而節益懋

陳學山妻唐氏年十九歸陳甫半載夫亡堅貞自矢至老不衰

黃芝妻姜氏事翁姑孝謹年二十芝歿撫姪爲嗣慈嚴兼盡年七十餘卒

孟黃氏年二十五而寡苦節自守所居有枉死者久爲厲氏遷處數十載無恙及氏他徙其祟如故鄉

里以此益欽之

王霨妻勞氏庠生勞寶恭女年二十六夫故氏事姑克孝教子名立成立足不出戶者四十年

王陳氏江夏歲貢陳聖誥女修職郎王雲之媳優貢王名全之妻也全死氏年二十九矢志守節

陳士翰妻張氏明德女十六爲士翰妻十八夫歿事翁姑以孝撫子宏材成名慈嚴兼盡

周宏烈妻陳氏年二十八夫亡撫子開第娶媳朱氏生孫文藻後開亡朱氏年二十七姑媳相依食貧

守志孫文藻邑增生

趙惟和妻尹氏幼通文義年十七適趙事孀姑孝謹和家貧遠貿饔飧不繼氏晝夜刺繡以甘旨奉姑自甘藜藿子士玢數歲親自課讀年二十六夫歿事姑無少懈戚族或餽姑飲食則受錢財則辭又十年姑亡百計經營始得葬其治家之肅教子之嚴有古烈女風子士玢冠入邑庠氏年七十七終

尹廷經妻郭氏性聰慧幼喜讀書嘗手鈔孝經及列女傳年十七適經二十八經歿二子有暉有曦幼家貧氏調羹事翁姑篝燈課子二子甫長命學賈以謀口食守節五十年

蕭守中妻郭氏十七于歸十八夫病氏割股合藥十九夫故撫夫弟遺腹子承祧教養完婚後嗣子故氏長齋茹素

蕭景中妻張氏十八歸蕭十九夫病危氏割股藥病尋愈二十一夫故遺腹生子承祧夫兄爲嗣氏年三十一卒

劉兆鶴妻蕭氏年十八歸劉二十一鶴卒事衰姑孝

敬撫嗣子成立年六十餘卒

俞某氏余正儒之母年二十六而寡以方正禮法教其子年八十五歲孫聯芳業儒曾孫人英郡庠生

童士佑妻周氏周全璧女十八適士佑二十生女而夫故氏奉養翁姑撫教弱女竭盡心力苦節五十五載年七十四卒

吳祝齡妻畢氏十七歲歸吳夫亡無子哭踊傷足成跛時翁年逾八十翁歿事孀姑兒孝撫夫兄子國傑成立

葉本昂妻張氏年二十一歸昂二十九昂死紡績奉翁姑教孤子成立年七十六卒

盧文錡妻劉氏年十八歸錡事親孝事夫敬二十七夫亡遺一子教之成立年八十餘卒

劉大裕妻高氏幼嫻禮則年二十歸劉生三子夫亡氏上奉翁姑下撫弱子凡經喪葬備歷艱辛

王薛氏本姓楊贅儒童王式業爲壻業死氏矢志守節課子用揚成立有文名克世其家

姜玿玉妻張氏黃陂張學聖女年十六于歸十八生

子二十四夫亡撫子世豪成立娶媳余氏未久世豪卒余氏承姑志紡績度日兩世苦節姑歿年八十四歲守節五十八年氏守節五十餘撫猶子爲嗣苦節以終

王霽妻孫氏年二十七夫亡苦節四十五年七十二歲卒

吳汪氏職員吳坤之妻邑增生吳培之堂嫂襄陽縣訓導吳世銓之堂伯母也歸吳逾年坤亡氏年二十一歲撫遺腹子讀書及冠子復歿艱難萬狀守節三十六年卒

張劍書妻李氏二十于歸閱二載夫亡撫遺腹子在位娶媳蕭氏年十七而位亡撫遺腹子忠煥成立李年八十三歲卒蕭年七十餘卒蓋兩世苦節焉

向琳妻鄔氏年二十八夫亡家貧一子甫週歲氏紡績自給撫子成立年六十歲卒子開泰國學生

楊士鳳妻陳氏年二十夫故家貧遺孤幼氏紡績度日閉門不出子女長成氏爲之婚嫁始與至親接見苦節至七十九歲卒

陳文運妻張氏年二十夫故遺子國鈞甫三歲氏事姑饔飧極腆已則口絕肥甘姑强之仍留其美者復進撫子成立爲之娶婦蕭氏子又故立姪家騆爲嗣蕭氏愛逾己出事姑孝敬兩世雙節門內凜若冰霜

向京妻夏氏年二十夫故遺子賜恩甫二歲氏勤針黹撫育成立翁姑年耄貧甚氏變妝奩以濟其匱年六十子恩歿遺孫男二孫女五氏爲之撫養成立皆完婚娶年七十猶勤補綴七十七歲卒

劉胡氏國子監劉應鳳妻訓導胡延祥女十八歸劉生子四珍珠瑚珽年二十八夫歿守節至七十八歲卒

蕭璉妻羅氏庠生羅若琨女年十九適璉二十七璉亡無子家貧舅姑衰老有鄰婦屢勸姑奪其志氏微聞其言跪神前立誓謂姑曰姑勿聽浮言則媳得終事姑矣舅姑相向哭氏力操作勤紡績供舅姑飲食無缺舅姑卒殮葬賴氏之力自謀口食倍極拮据苦節五十一載七十五歲卒

蕭宋氏雲夢庠生某女給諫蕭芝長子延恭妻也生一子而延恭卒氏躬自操作事上以孝撫孤以慈歷事翁姑暨給諫繼配之程恭人皆得歡心卒年六十歲其子某已仕矣

劉康氏舉人劉艮璵子方麟之妻二十一于歸二十四生子三十歲夫故矢節課子讀書孫傳藻亦業儒能文氏苦節四十四年七十三歲卒

羅瀚妻宋氏瀚奮志詩書氏勤內助無使分心後瀚以父歿過哀而殞氏年二十九子瓊僅歲餘事姑孝謹備至姑臨終執氏手曰汝居心孝順雖所歷艱苦子孫必有昌者氏對曰此皆未亡人分內事耳子孫倘不負其先皆舅姑厚德及先逝者苦志所致未亡人何與焉其貞淑如此年八十六終子瓊克世其德

衛人瑞妻朱氏州同朱鴻緒女瑞患中風疾篤氏割股療之少閒逾年死氏年二十七柏舟自矢能以節終

吳家珍妻曾氏庠生曾玥女珍年十九入邑庠娶氏

僅七日而珍死氏矢志守節奉親克孝撫姪泰暉爲嗣守節五十四年七十三歲卒

吳家瑞妻宋氏瑞博學有聲漢皐二十五歲入邑庠娶氏次年病革氏兩次割股和藥卒不瘳遺腹生子泰交氏時年二十二與嫂同守節歷五十年而終蓋一門雙節云

陶映璧妻劉氏十八歲歸陶年二十八夫故遺子克敏七歲苦節四十九年七十七歲卒

陶克敏妻許氏年十九于歸二十九歲夫故遺子甫

八月氏守節五十四年年八十餘乃卒兩世苦節鄉里欽之

張粱倬妻姚氏年二十于歸二十七夫故遺孤方晬夫弟僅十歲時祖姑年八十翁姑年俱六十踰年夫弟亡子亦夭宗祀無託氏矢死靡他鬻屋基爲翁娶妾翁復疾氏割臂肉和藥病旋愈翁生子名定光甫歲餘祖姑及翁姑皆喪氏奉庶姑育夫弟甘貧茹苦二十餘年

楊俞氏貢生俞焯姊年二十歸楊翁姑俱逝生一女

殤二十四夫故兄弟利其產欲奪其志氏集戚族盡出產散與之自甘貧守節夫弟產女而婦卒氏懷哺之長嫁李姓克盡婦道皆氏教之也年五十五卒

邵士清妻汪氏年二十四歸邵甫十月而邵亡家極貧無嗣針黹度日撫姪爲子姪患痘氏保護備至後姪先氏亡轗軻益不堪年八十一無疾終葬城西棉花山邵汪兩姓後嗣乏人戚里恐氏節湮沒無傳乃樹大碑墓前鐫苦節流芳四字以識之

胡蕭氏庠生胡秉鈞妻增生蕭紹緒女甲戌科進士蕭德宣之姑母也年二十秉鈞亡氏誓不欲生因有遺腹冀生男可續胡氏一線詎遺腹子未成童而殤氏悲泣不自勝號曰吾命至此死何足惜但恐徒死與草木同腐耳乃撫夫弟歲貢生秉成子爲嗣

李以楷妻季氏年二十五夫亡遺孤繼夭夫弟欲奪其志氏嚙指噀血以誓遂紡績自給晚得族孫志賢撫之苦節七十年嘉慶十一年卒

王廷颺妻董氏颺讀書氏篝燈紡績以伴之年二十三夫故氏事翁姑孝敬撫遺孤成立嘗嘆曰王氏有吾曾祖母李氏守貞已請　旌建坊矣我命不辰願效其志

王蕭氏福允妻于歸二載而夫亡氏事翁姑生葬盡禮撫遺孤成立完娶苦節五十餘年

熊經邦妻李氏邦贅氏家二載卒氏年二十四扶櫬歸厝撫孤復夭閉帷苦守紡績自給事翁姑存歿盡禮苦節四十六年

李嘉謨妻姜氏年二十餘謨卒欲以身殉閱半日夫目不瞑姑泣曰吾兒不瞑目者念爾將舉子也爾其體夫志氏諾乃瞑越三月生子旭氏紡績供翁姑甘旨課旭積學有聲苦節五十三年

蕭昇泰妻方氏年二十五夫故遺子二家貧勤女工以度日撫子成立家道漸裕氏好施予貧苦親族鄰里有感泣者晚年二子先殞羣孫奉養惟謹焉年七十餘卒

蕭安國妻鄺氏十八于歸事翁姑能盡婦道姑病割股和藥以療年二十夫亡及翁姑病殁貧無以殮哀告母家佽助始得葬自此境愈艱苦年四十八以疾卒無子一女適李氏子

王佮妻陳氏陳峻之女年十九歸佮二十三夫卒家貧甚藉女工以度日常啻日一食戚族敬其苦節以從堂姪光錫嗣之教養如己出年六十七嚴肅之氣猶見於眉睫云

劉光宗妻蕭氏劉應陵女嫁五年光宗溺死家貧一子甫四歲績麻自給撫孤成立

韓羅氏名大姑羅朝選女年十七歸韓宗玉年十九生子夫亡家亦貧父以年少諷其改適氏曰昔聞父言婦人從一而終我年少操守在我父無過慮也且翁老多病不當代子職乎事翁極孝越十七年翁故葬如禮苦節四十餘年悉貧於十指焉

王廷權妻孫氏名二姑孫上架女年二十嫁權二十二歲夫亡氏忍貧矢志績麻線以爲生常凍餒經日口不言苦守節四十五年

孫登榮妻顏氏名二姑孫上槃子婦也十七歸孫二十二歲夫亡母氏囑鄰媪探其意氏誓死無貳以後無敢再言者其平日事翁姑能得歡心有疾則晝夜侍奉翁姑死喪葬盡禮晚年家益落日食淡粥一盂無出嗣子亦逝

羅朱氏鹽大使羅善徵妻年十九歸徵二十九徵死遺腹生女立夫弟子調陽爲嗣苦節三十餘年

鄒王氏漢川人適邑庠生鄒貽謨年二十九而寡矢志堅守以兄子爲嗣苦節四十餘年

李聲周妻馮氏年二十于歸生一子名之蘭甫週李

故家貧氏孝養舅姑甘旨無缺苦節三十餘年
黃思安妻官氏年二十三夫故勤紡剌孝敬翁姑年七十有五卒
黃思齋妻馮氏年二十一夫故與官氏相約苦守年六十九歲卒
黃上書妻耿氏年二十八夫故守節三十餘年與官氏馮氏蓋一門三節焉
劉天才妻曹氏年二十六歲夫亡以夫弟子德釗爲嗣孝敬翁姑姑病篤割股以進姑卒不欲生妯娌苦勸乃止然語及姑未嘗不流涕也
黃定祥妻徐氏年二十歸祥生子珍春而夫亡氏矢志撫孤苦節四十餘年
黃珍春妻唐氏年二十八夫亡無子家貧如洗紡剌奉養孀姑徐氏姑婦相依無子可繼兩世節孝里黨欽之
孫盧氏御史孫漢側室年十七侍漢生子廷槼二十六歲漢卒氏矢志守節教子讀書俾克成立
馮丁氏庠生馮紹異妻年二十八守節族黨立鈞高竹節額美之
馮紹京妻呂氏年二十五守節嘉慶癸酉年卒族黨立節孝雙全額美之
鄧洪讓妻呂氏夫故立志守節撫遺腹子家松訓誨成立姑病割股肉以愈其疾其孝思尤摯云
鄒之琥妻曾氏年二十三琥卒家貧一子方在襁褓茹苦含辛撫子成立娶媳生四孫年九十一卒
陳鐸妻朱氏年十九于歸二十九夫亡家貧紡剌自給事衰姑盡禮撫子滙國成立苦節三十七年六十六歲卒
呂有邦妻陳氏年二十二夫亡家貧子本恕方在襁褓茹苦含辛訓子成立年八十七卒孫楷邑庠生
吳紘賞妻李氏李魏山女年二十七夫故苦節六十五歲年九十二卒
吳王氏庠生吳緒燦妻王光泗女年二十四夫亡苦節五十一年卒
胡子龍妻王氏十九于歸生子九載而子龍卒氏苦節撫孤三十年如一日

周家賢妻王氏文彩女生子八歲夫亡氏苦節撫孤
冰霜自勵
王圻懋妻邵氏邦泗女年十九嫁甫一月而懋卒氏
苦守三載年二十二哀毀致疾亡
胡方潤妻吳氏吳良義女年十九歸潤越三載生二
女而寡矢志苦守年五十一卒
胡志泉妻歐陽氏年十九歸胡生二子甫四年而泉
卒氏苦志撫孤年五十四卒
王如魁妻唐氏明徵女年二十二于歸二十三而寡

守節四十餘載年七十卒
唐萬春妻丁氏年二十歸春二十七寡苦守四十二
載而節愈勵
程義厰妻葉氏武昌葉導光女年十五歸程二載而
寡氏苦志守節年四十七卒
韓承驁妻潘氏蓮梓女年二十五夫故守節四十一
載年六十六卒
楊景東妻李氏年十九夫故撫嗣子成立苦節三十
三載卒

吳芳餘妻黃氏年二十七夫故奉姑撫子孝慈兼盡
年六十一歲苦節三十四年
李大均妻蕭氏年二十三夫故奉翁姑撫弱嗣苦節
三十餘年
李大堂妻張氏年二十七夫故奉姑撫子苦節三十
年子儀尊孫四八邑庠者三國賓鍾祥訓導
蕭朱氏拔貢蕭文熙妻年二十八夫亡撫孤子通治
成立苦節三十九載年六十七歲卒
江廷秀妻許氏乾隆庚辰年夫故至嘉慶丙子年計

苦節五十六載年八十餘始卒
李蕡有妻林氏年二十二夫亡奉姑撫子苦節五十
年卒
彭熊氏貢生彭湘妻年二十八夫故撫姪彭肅爲子
年八十五卒
張陶如妻蕭氏年二十五夫故事姑撫子年七十六
卒苦節五十二年
周光奎妻許氏許三魁女年二十四夫故守節二十
二年子凌雲凌漢

周光棨妻金氏時行女二十二夫亡守節二十一年
子惟亮
周葛氏貢生葛璠女適布經歷周詳年二十九夫故
守節五十五年子光鼇庠生光前監生
王壽之妻朱氏年二十八夫故撫遺孤名全嗣子名
修守節三十二年
周光殿妻王氏王正之女年二十八夫故守節三十
一年撫夫兄子英爲嗣後入邑庠
張自農妻余氏年十九歸張七年生一子夫亡窮約

堅貞艱苦備至
王徐氏郡庠生王名顯妻年十五于歸十八歲夫亡
矢志守節二十四年卒
王天彩妻周氏年二十四夫故守節六十一年八十
四歲卒
文運妻楊氏年二十九夫亡守節四十一載年七十
餘卒
李與權妻盛氏年二十四夫故子幼苦節五十八載
嘉慶十三年督學使者涂　給額獎之

宋桃之妻李氏年三十夫亡子弱苦節六十載學使
涂　給額獎之
宋道傳妻彭氏年二十八夫亡子大畏幼氏苦節五
十二年大畏爲邑庠生
周日順妻李氏年二十適周甫十年夫亡矢志撫孤
苦節四十餘年教子成立
張何氏職員張會之妻年二十八夫亡不週歲二子
皆亡零丁孤苦六十一歲卒
黃亮之妻夏氏年二十二夫歿奉翁姑孝敬訓子金

甲成立守節五十二年七十餘歲卒
陳宏妻周氏年二十九而寡矢志守節年七十一卒
汪耀龍妻劉氏嫁三年而夫故氏事姑克孝訓遺腹
子亦可克承其家嘉慶甲戌年卒
程義昶妻葉氏東昇女年十八夫歿無子事翁姑克
孝謹不懈年四十九歲卒
許璜妻傅氏西源女年二十歸璜二十二夫故僅一
子矢志守節始終不渝
涂玉光妻許氏瑚之女年十七歸涂十九夫亡無子

立嗣守志不二
劉自强妻穆氏年二十一歸劉二十八夫歿無子矢
志守節年六十六卒
陳光玉妻張氏監生九同女年十八歸陳夫故撫二
子苦節三十二年六十歲卒
裴愈昌妻劉氏年二十五夫故矢志守節四十二年
聶來鳳妻劉氏年十九歸鳳二十二夫故苦節五十
六年撫子文悼成立乾隆四十三年卒
聶學禮妻鄭氏年二十歸聶三十六禮卒撫遺孤家

王令望妻胡氏年二十九夫亡遺孤治疆甫歲餘家
隆苦節四十六年
貧苦節年八十四卒
張仁遠妻周氏年二十夫亡僅一女矢志守節七十
歲卒
江中孚妻田氏年十九夫亡矢志撫孤清操自勵
劉斑妻張氏年十九歸斑二十五夫歿無子立姪耀
先爲嗣愛逾己出
潘文銑妻任氏年二十三銑亡無子撫嗣子步堂成

立年七十餘卒
蔡朱氏年二十于歸二十六歲夫故遺子二矢志守
節撫二子成立子又病歿遺孤孫二貧困益甚氏
以紡績度日逮孫能自謀口食而氏年已七十七
矣以壽終
吳慶榜妻楊氏乾隆庚子舉人楊世琳之女年二十
六夫故守節歷四十餘年卒
吳慶棟妻方氏方正健女年二十五夫故守節四十
年卒

唐曾氏唐文元妻武昌府訓導曾學達之姑也年二
十七夫故氏艱難險阻克以節全年八十三始卒
守節歷五十餘年
姚光彩妻嚴氏年二十七夫故苦節歷五十載淑慎
貞靜遠邇稱之
嚴成憲妻許氏年二十歸憲一載夫歿家貧紡績以
事舅姑撫姪兆鶴爲嗣年八十四卒守節六十三
年
劉經洛妻戴氏年二十三夫亡紡刺自給立姪邦謙

爲嗣年八十三卒入府學節孝祠
李人瑤妻姚氏年二十三夫亡遺腹生子家貧事孀姑克孝撫子授室子復死撫孫艱苦備歷者四十五年
許胡氏庠生許宏遠妻胡宗治女十九歸許二十三歲夫亡無子紡刺自給苦節三十餘載
舒光煥妻陳氏年十九夫亡事翁姑孝順撫嗣子成立苦節數十年矢志不二
汪劉氏職員汪澤雲妾年十七夫亡子廷梿甫六月

矢志守節撫子成立
徐之屏妻田氏苦節五十載以孫寶麟貴封安人
徐鍾妻羅氏嗚序女適徐未期而寡苦節三十年以子寶麟貴贈封安人
黃德謙妻汪氏年二十夫亡撫孤子永基勤苦以事翁姑二十餘年不懈
張郭氏二十一歲夫亡撫子紹文成立完娶生孫琇琳氏年近八十而貞操至老愈厲
劉周氏庠生劉秉堅妻年二十八夫亡遺子文緩家貧紡刺度日撫孤讀書文緩補邑庠生
張應忠妻孫氏年二十八夫亡奉姑撫子孝慈兼盡以苦節終
劉文郁妻向氏年十六于歸生四子年二十五夫亡撫孤苦節四十餘年
杜吳氏庠生杜夢龍妻訓導吳諧女年二十適杜二十九夫卒遺孤三人氏欲殉以翁衰子幼而止至嘉慶甲子茹古香學使額獎之子發第食餼邑庠次子早逝媳王氏亦苦節撫孤二十餘年節義萃

於一門里黨稱之
沈熊氏幼字孝感沈開祚甫嫁而沈已臥病母家阻其行不可禮成而沈病益篤氏侍湯藥百餘日割股以進而開祚終不起遂奉衰翁依諸姑以居凡四十年撫堂姪爲嗣復殤又立堂姪孫履澤以嗣之年七十七卒
姚必璋妻讓氏年十五適姚夫多病屢醫不效氏割股合藥病旋愈次年復病遂不起氏欲殉以勸止翦髮自矢苦節終身

龔德昌妻喻氏敎諭喻本恕女年十八于歸二十九夫歿矢志守節撫三遺孤成立初氏母弟喻朗早卒勸父娶妾父六十九歲生一子龔喻二姓所以不餒者氏之力也

楊王氏舉人楊文鈺子湞蔚之妻蔚早死氏撫子啟槐成立後遵例封宜人

舒光燦妾楊氏年二十六夫歿嫡妻江氏已先亡氏孝養孀姑撫嫡子文瑞子文瓏婚娶成立苦節數十年

徐曾氏徐德澍妻年十九澍故遺孤承根氏紡刺度日撫孤成立

段某妻謝氏輔國次女年二十一段死撫孤恩勤兼至苦節六十八年四世一堂及見曾孫人以爲孝義之報

康金輝妻戴氏年二十適輝朞年輝死遺腹生子履泰氏撫育艱苦戊辰泰入邑庠氏年五十七矣

涂開泰妻戴氏戴卓菴女年二十九夫故遺子經濟守節課子四十七年至老益堅

泰開國妻王氏年二十四夫亡守節終身

彭賀氏庠生彭國材妻年二十四夫亡遺一子苦節五十餘年卒

李春臺妻周氏年二十三夫亡遺子文魁苦志撫育年四十四歲卒

孫天昌妻盧氏年二十八守節五十年七十餘始卒

蕭楚洪妻丁氏年十九于歸洪病瘵調藥煮糜無間寒暑越五載洪逝奉衰姑撫幼子足不出門者數十年子光鼇貢生

張承訓妻涂氏年二十于歸生子先珠二十六歲夫故撫孤子備極艱辛年六十五病革氣絕已三日甫蓋棺忽呼息復生又十餘年享年八十有二卒

王子相妻張氏年二十八夫故遺子思任九齡家貧紡刺度日子少多病延醫頗勞費稍長敎讀謹嚴子雖棄儒就賈而忠厚誠實爲一鄉善士皆氏訓誨力也年六十九歲卒

姜賜齊妻程氏孝感增生程義元女年十八夫故事翁姑克孝撫猶子以慈守節三十餘年

鄭雲鴻妻彭氏年十八適鄭閱二載鴻卒奉翁姑撫
幼子辛勤備至守節三十二載年五十二卒
劉章佑妻袁氏年二十五夫故遺子燦文六歲家貧
針黹度日教子嚴肅苦節終身
晁基允妻李氏士坤女年十七適晁生三子年二十
九夫亡奉翁姑撫弱子孝養無缺子崇璋崇璧崇
瑞
潘桂妻劉氏年二十七夫卒氏閫範端肅事翁姑以
一孝聞歷四十餘載不懈

歐陽方晨妻易氏年十八于歸二十七夫亡子啟亨
甫七歲氏上事翁姑生死盡禮下撫弱子教養成
立啟亨入邑庠娶媳田氏年三十亨卒姑婦紡績
自給易氏苦節四十五載年七十二猶存田氏以
節繼之兩世雙節里閭共式
張文輝妻夏氏孝感夏力恕孫女年十九夫亡苦節
五十四年撫嗣子光宗成立
許思麟妻葉氏年二十九而寡子四女一俱幼氏紡
績撫育子有業漁者嘗較他人多數倍獲咸以爲

天佑苦節焉
張吳氏都司張雄繼妻布經歷錫齡繼母縣學生員
大恢大馨生母年二十八守節七十二歲卒
勅封安人
張朝連妻王氏縣學生員張大麟嗣母年十八歲守
節九十二歲卒
劉魁之妻雷氏年二十九夫故勤苦紡織教子章等
以義方守節四十五載年七十四卒
張萬石妻熊氏庠生熊暹女也年二十九夫死氏敬

事舅姑撫成二子其長子婦鍾氏亦早寡苦節焉
張鍾氏年二十八夫故家貧紡織敬事舅姑撫子應
辛食餼於庠兩世雙節後嗣寖昌
沈熊氏庠生熊暹次女適孝邑沈先沈病篤氏衣不
解帶者三月夫歿家貧氏艱苦自守年七十餘卒
陳光亨妻姚氏紹成女年二十七夫亡氏欲殉以舅
姑防護勸勉止氏克盡婦道先意承志撫姪元賓
爲嗣賓年二十八入縣庠復善丹青氏年六十七
卒賓追寫其像易太史元善贊曰義門陳氏唐宋

累旌而今後代猶垂令名節孝如母玉潔冰清子
親摹像儼若生平應傳不朽懿範昭明
陳符占妻朱氏舉人朱某之長女年二十四夫亡無
嗣事翁姑以孝聞年六十八歲卒
葉祁周妻易氏太史易元善女年二十一歸葉堂上
俱逝惟祖姑在貧甚年二十四祁周卒僅一女氏
哀慟欲絕以老幼無所託乃止越三年女殀氏與
祖姑相依爲命艱苦備嘗姑歿喪葬盡禮自後孑
然一身歸母家以終

劉顧氏從九劉代傳妻庠生劉家瑛母年二十于歸
二十八而寡訓子課孫至老不倦
熊克新妻黎氏庠生黎開運女年二十夫亡遺孤正
烜正灼氏甘貧撫子成立苦節三十餘年
蔡爲豎妻俞氏年十四適蔡二十四夫亡遺子善策
方二歲氏撫之完娶生子矣策復早死氏偕其婦
瞿氏孫傳允拮据艱辛年七十七以鬱瘁卒
蕭世鉉妻蘇氏曰璋女年二十歸鉉二十四夫亡遺
腹生子自成氏矢志撫孤自成年弱冠得惡疾氏
抑鬱以死年五十三成傷毋苦節未報亦號泣而
亡相去未一月
蕭企聖妻黃氏處士蕭應奎女幼讀孝經毛詩識大
義年十八歸蕭四年生子錫祚而企聖卒罄所有
營葬而家益貧往依母家辟纑以自食苦節五十
一載年七十三卒
黃大緯妻汪氏年十九歸緯數年緯以勤學死翁衰
老孤子幼氏支持門戶撫孤成立備極艱辛年七
十七卒

吳昭聰妻鄒氏年二十二夫病以老母孤子爲託聰
卒教子緒敎成立事八十餘孀姑調護備至
張淩閣妻吳氏年二十歸張二十五而寡舅姑衰老
孤子在襁褓氏養生送死備極艱苦子長娶婦甫
生子夫妻相繼亡氏撫孤孫紡刺度日年六十七
卒
蔡爲愓妻張氏年二十歸蔡二十五夫故遺子善獻
方六月家貧鮮叔伯氏抱孤啼泣欲死或謂死不
如撫孤乃以紡績爲生機聲晝夜不輟逮孤子成

立置腴田二十畝以遺之皆勤苦所積也年七十四卒

黃劉氏劉景行女年十八歸庠生黃章爲繼室二十四章卒孀姑老病動須扶掖氏十年無懈容撫前妻子與己子無異年七十卒其子熙伯娶徐氏五年而鰥卽不更娶有女一許字楊勝宗宗夭女年十四卽赴楊宅守貞刲股愈姑疾里人咸欽敬之

黃廷茂妻楊氏年二十五夫死遺孤甫五齡貧甚以十指供朝夕恆閉戶忍飢戚族周之不受卒頼辛

勤成門戶乾隆丁巳年六十子欲舉其節於官辭不許

張應龍妻周氏夫死無子夫弟甫六齡饔飧莫給鄰母勸再醮泣曰吾年十八歸張事夫七年翁姑旣逝叔孤而幼吾棄之張氏斬矣日夜紡績辛紉以爲生撫夫弟成人年六十七猶勤苦如少壯云

唐文豹妻羅氏年十九歸文豹二十五而寡時豹妾胡氏年僅二十一亦矢志奉姑撫子三十餘年同居無閒言

胡唐氏年二十一夫亡事翁姑曲盡其孝撫子士哲慈而嚴卒能立門戶年六十邑令閻　額獎之

胡德隅妻蕭氏年二十一而寡其夫弟德輝妻張氏亦二十一而寡蕭無出張遺腹子元音娣姒同堂食貧守志機聲日夕相應共撫孤子蕭年六十七張年六十三猶相依爲命云

王必榮妻杜氏漁人杜昆陽女也童養於王王以編箬笠爲業婚五年夫死遺孤庚兒甫二歲氏襲爲箬笠以供饘粥庚兒長復轉教之里人稱箬笠節

婦

吳自旦妻胡氏貢生胡壽齡女弟年十九歸吳二十七夫亡遺孤昭烈三歲撫之恩勤備至烈年五十三卒有子僅二齡氏復忍飢撫孫苦不堪言年八十七卒

朱光鳳繼妻許氏年二十四夫故遺子明文二歲教誨成名貢入成均事哀翁年八十二喪祭盡禮及氏年已邁猶躬親操作紡績不輟

王艮元妻屠氏年二十歸王二十二夫故撫遺腹子

方起授室生孫不數月子與孫相繼病亡氏紡紉自食苦不堪言而節益勵

張任鋐妻高氏嫁十載而夫歿遺三子祖業屋數椽與伯兄共伯欲售屋婦泣諍伯曰爾能長餓乎氏曰甯餓死屋不可售也伯怒折賣大半以一房畀之氏安焉紉織爲生忍饑哺兒未幾二三兩子亡惟長子承齊得完娶卒亦無嗣氏年九十餘卒

張承昇妻陳氏年十八歸張夫勤讀書氏以針黹佐之生二子年二十五而寡撫子備歷艱辛機杼聲

常徹夜年六十四病革囑子若孫曰無忘爾祖父讀書志也言訖卒

汪龍光妻張氏于歸二載生一子又二載而寡夫病篤時以老母幼子爲託婦泣受命姑素多病因悲甚臥牀不起婦拭淚慰之姑曰吾卽死此弱息誰肯存者氏驚曰姑苦節二十餘載兒獨不能效也由是姑憂頓釋病旋起氏年五十九猶紡績奉衰姑焉

黃掄才妻張氏嫁四年而寡遺腹子光楚家貧甚鄰媪有商其姑謀他適者姑令探其意氏碎盞於地曰吾適他姓碎首有如此盞媪慚退氏紡績撫子成立苦節四十餘年

鄭隆緒妻胡氏嫁數年緒患弱病甚篤氏割股療之卒不起時氏年二十有七苦節五十餘年

尹尚志妻王氏年二十五夫以勤學死無子苦節四十八年七十三歲卒

徐澤厚妻王氏奉翁姑篤孝一日夫外出姑暴病欲絕氏急割股療之疾若失夫亡守節三十載卒

喻道謙妻吳氏性孝謹奉兩世甘旨俱得歡心年二十四夫亡撫猶子爲嗣貧苦不堪年五十四卒

周文慧妻趙氏慧久患弱疾漸篤氏割股療之卒不起撫猶子正宗爲嗣六十生辰鄉黨高其節以操篤松筠額奉之

蔡家榜妻余氏年二十四而寡撫姪子懷爲嗣娶婦鄒氏數年子懷死鄒亦無出年僅二十二歲煢煢二寡相依爲命余氏年八十餘卒鄒年六十餘卒

高廷榜妻戴氏年二十九夫亡獨居一樓女紅自給

淩霜額

傅大年妻陳氏詩人陳時懋女贅大年於家生一女而夫亡家貧依兄光海以針黹爲生撫其女適葉某一年女死氏哀不欲生母梁氏年八十三以大義責之乃止然自此淚無燥時矣

蕭坦妻周氏周子頁女坦得異疾數年不瘳氏奉湯藥晨夕無倦坦死無子氏年僅二十四立姪藻爲嗣其姪芝官給諫以

覃恩貤贈封坦如其官氏封宜人年八十六卒

謝應麟妻張氏年二十適謝二十四夫故子光熙甫三歲氏以孀姑弱子事蓄無資檢故夫衣物罄嫁時奩具權子母以爲生且勤針黹以裹困乏舉室免於凍餒者氏之力也年五十一卒

盧顯榮妻張氏年十八歸顯貧甚氏以針紉佐饘粥顯患弱疾逾年罔痊氏割股肉煎湯進卒不起撫二女艱苦備至先是氏忍飢積蓄月以升斗資其父自夫死益困失父望父囑鄰媪諷其再醮氏誓死不從里兒涎其美啗父以金父許焉及期詐以鄰火及門氏誓不出火尋滅長女寡而無子覊與同居撫姪孫世域以奉夫祀

涂開勳妻魏氏魏瀌田女贅開勳於其家數月後勳出貿久不歸或傳已死其家欲令再醮氏不可苦節四十二年卒

王維則妻柴氏年二十六夫故遺孤二長德鄰次德年甫生四月家貧紡績撫孤紡車之軸凡三斷年六十七卒

薛定遠妻吳氏生員吳覲光女年二十歸薛數年而

定遠死遺腹一子撫至十九而亡氏還母家依兄以居針黹度日苦節以終

謝開垣妻葉氏年二十一夫死撫猶子爲嗣事祖姑及舅姑克孝貧苦自甘守節五十六年卒

戴朝暉妻吳氏博觀經史通曉大義年二十于歸二十三夫亡子甫晬氏欲殉以姑老子幼止前學使朱　給苦節懿型額

謝應玉妻蕭氏年十九夫亡撫姪爲子事翁姑撫嗣子歷盡艱辛紡績至老不倦前學使初　給勁節

疾召氏歸察其狀有異懼甚至夜聞叩門聲急氏
即自啟門潛身門後衆擁入氏乘閒出蹌踉走荆
棘中顛踣數四僅達夫家而免其父旋亦悔遂成
其志乾隆某年氏壽終於盧氏之廬年八十有三
毛生釗妻胡氏年十九歸釗甫二載夫歿家貧守義
孝養翁姑撫子承瀛成立苦節三十一年
孫萬邦妻曹氏年二十四夫歿孝養公姑撫姪之玫
爲嗣娶婦於氏甫一載玫死姑婦相依針黹自給
劉廷楷妻楊氏年十九歸楷夫亡無子舅姑衰病煎
藥滌穢晝夜不倦嗣子本宗早亡氏矢志苦守茹

一門兩節備歷艱辛
苦甘辛者四十餘年
楊若蘭妻王氏年二十六夫亡遺孤贊思甫四齡氏
守節撫孤四十餘年七十七歲卒
吳徐氏員外郎吳士鏊妾年十六歸吳八載夫亡家
貧歷盡艱辛撫嫡孫肇棟成立補弟子員苦節三
十四年卒
胡遠瞻妻王氏年二十三夫亡家貧撫猶子爲嗣艱

苦備嘗教以成立年七十四卒
劉琥妻龍氏年二十而寡家貧撫弱子成立艱難萬
狀年八十九卒
劉琨妻朱氏年十八于歸夫死撫孤與孀姑同寢處
者數十載年七十三卒
張劉氏庠生劉大成女年二十夫以勤學死矢志堅
守一婢供使令嚴肅莊敬苦節五十餘年卒
張某妻劉氏庠生劉遵義女夫死惟一女復夭氏無
所歸依母苦節三十餘年

姚培光妻宰氏年二十四夫亡遺孤二氏長齋素服
撫二子成立年四十七卒長子鋐入成均
朱世聖妻劉氏年二十三而寡家貧遺孤甫兩月有
勸之改適者氏誓死不從紡紉事舅姑生死悉如
禮夫弟幼氏與己子同撫養畢婚娶苦節數十年
卒
王文龍妻劉氏年二十夫亡遺孤僅數月家貧紡織
以事翁姑氏父母憫其苦欲接氏母子同居氏以
翁姑衰老辭遂四十年未一歸甯子應選業儒精

曹元功妻王氏年十六歸曹二十六元功歿立姪孫
之灝奉夫歿苦節五十七載年八十二卒灝捐授
從九品
吳閎庚妻蕭氏年二十九夫亡家貧姑歿紡績事翁
翁卒葬如禮撫子大鴻成立苦節三十八載年六
十七卒
劉邵氏理問劉家琪妻年二十四夫亡家貧孝事孀
姑訓子士鍾業儒有聲年六十卒
張漢佑妻徐氏年二十八佑亡家貧子稚勤紡紉撫
子成立娶媳章氏子亦早歿卒章守節困苦備至

姑婦各七十餘歲卒
張光箎妻祝氏年二十五夫亡姑老病氏割股以療
旋愈家貧紡績供舅姑甘旨撫姪爲嗣愛如己出
魏登林妻韓氏年二十七夫亡姑病割股以愈紡紉
訓子成立苦節三十五年六十歲卒
劉自得妻吳氏年二十六而寡紡刺自給嗣子亦早
卒氏年六十一卒
鄔明述妻艾氏年二十三守節撫孤貧苦數十年卒

醫孫亦授室年六十卒
劉人吉妻蕭氏恩貢蕭文烈女嫁一年而吉死苦節
三十餘載
劉人茂妻蕭氏拔貢蕭因女嫁三年而茂死苦節三
十年卒
陳本昭妻趙氏適陳五月夫亡氏年甫二十二矢志
守節三十年卒
張士橋妻許氏夫卒遺子如龍氏撫之成立娶婦黃
氏逾年如龍死氏與黃相依爲命贅孫壻於室以

支門戶許氏年八十餘卒黃氏年六十餘卒
何文魁妻張氏進士張彥昌孫女年二十于歸二十
二夫亡事孀姑撫嗣子孝慈兼盡家貧紡織勤苦
年五十八卒
李清妻吳氏巡檢吳國筌女年二十六夫亡遺孤僅
數月無所歸依母兄盛元善元任所守節撫子桂
芳清操自矢
聶維國妻董氏年二十夫亡三十子又亡備嘗艱苦
耆二十餘年五十三歲卒

陳源之妻鄔氏年二十三夫亡無子以姪爲嗣苦節四十餘年

李起義妻譚氏年二十八夫亡遺孤振鈴五歲恩勤撫育爲之娶婦盧氏鈴早亡盧年二十九遺孫壽齡姑婦相與苦守兩世雙節鄉里欽之

劉瑩妻留氏年三十夫故舅姑旣歿更無伯叔紡刺自給一女適鄭依之以終年六十餘卒

劉德生妻郭氏年二十夫死遺孤一歲家貧勤十指以爲生飢寒交迫處之恬如年七十餘卒

朱世義妻周氏年十八于歸十九夫亡遺腹生子甘貧守節年八十卒

李振紀妻胡氏年二十二夫卒生子僅數月每抱之泣曰非此吾何以生耶子娶未久復歿乃撫姪爲嗣守節五十餘年

李前陳妻王氏年二十五而寡遺二女氏事姑教女紡刺度日身不出戶親族罕見其面守節五十餘年卒

李升烈妻艾氏年十八歸李甫三月而夫亡遺腹生男力勤紡刺撫孤成立

李振朝妻張氏年二十三夫卒事姑孝教子嚴與孀姑同處閨靜寡言苦節歷五十年

李森然妻樊氏年二十夫卒事翁姑撫孤子孝慈兼盡守節五十餘年

辛某妻蕭氏年二十夫亡僅一女雙親欲奪其志以死誓之年七十餘卒

黃振聲妻李氏年二十八夫亡苦節四十年嘉慶十八年卒

姜裕之妻胡氏年二十一而寡無子女惟伯嫂是依有勸之再適者誓死拒之後家道日益式微嫂夫孟子兆供養之時年五十餘矣生平禮法嚴肅戚黨憚之年七十一無疾終

周光灝妻吳氏年二十適周二十一生子子生五月而夫亡矢志苦節教子嚴而有法年六十二卒

袁全義妻張氏年二十適袁二十二生一女夫遠貿於川病故氏撫女畢嫁終身無笑容年六十三歲卒

張咸綵妻鍾氏年二十四夫亡僅一女教養有方氏
以夫溺死每見春夏水漲輒嗚咽流涕里黨稱之
張咸湖妻王氏年二十一夫亡遺孤甫四月家赤貧
勤紡績以事姑撫子矢志不二
龔銘之妻閔氏年十九于歸二十二夫亡遺子文蔚
甫週歲撫育成立事翁姑以孝聞年七十二卒
黃國治妻劉氏年十八夫亡撫姪培德爲嗣苦節三
十五年卒
鄭宗鑑妻藏氏年二十八夫亡茹柏飲冰苦節四十

餘年年七十卒
柏必容妻林氏年二十八夫歿時姑死舅遠出無嗣
可立依叔姑以居有勸他適者以死卻之年七十
卒
廖錫爵妻張氏年二十六夫亡投繯欲殉姑止之曰
兒有遺腹死則絕吾後矣乃不死七月生子福謙
教以成立守節終身
龔嘉文妻劉氏年二十七而寡守節撫子艱苦備嘗
年八十五卒

陳起雲妻王氏年二十八夫亡矢志苦節年六十餘
卒
廖蕃錫妻艾氏年二十二夫亡苦節三十餘載矢志
靡他
詹澤桐妻彭氏夫亡僅一姪流落爲他人子訪歸承
嗣苦節四十五載年七十餘卒
魏大炳妻劉氏名月蕙熟經史能詩文年二十九夫
死無子矢志守節茹苦數十年
彭鼎芬妻黃氏年二十九夫亡苦志守節撫姪纘述

爲嗣孫宗堃食餼於庠
柏序才妻胡氏年二十七夫亡苦節食貧年九十五
卒
周正虎妻徐氏年二十二夫亡家貧苦節年六十八
卒
周正榜妻許氏年二十六夫亡家貧苦節年七十一
卒
毛鑑妻丁氏年二十四夫亡子生甫半月撫育教養
成立苦節四十餘年卒

張志學妻史氏夫歿撫孤子管成立苦節五十年壽
八十終
萬迪祺妻劉氏夫早歿苦節撫子年九十四歲卒
張光照妻王氏年二十四夫亡事姑孝撫子於琦成
立年六十一卒
朱以仁妻彭氏年二十五夫亡撫子孔珍成立年七
十一卒
胡德溥妻馬氏年二十六夫亡撫子永清成立年七
十卒

馮華樞妻傅氏年二十三夫死撫嗣子有安成立苦
節四十二年卒
朱盛淮妾王氏年二十七夫亡生子鼎數齡氏苦志
撫教後子鼎任貴州平遠州知州氏封宜人年六
十二卒
夏元泉妻羅氏年二十九夫亡家貧撫姪爲嗣耕織
自給苦節三十餘載卒
楊體華妻梅氏年二十二夫亡事舅姑孝謹撫子思
禹至於成立年七十二卒

計紹憲妻唐氏年二十八夫亡紡績自給苦節歷四
十年
李文玉妻萬氏年二十二夫亡撫子章周備歷艱苦
年六十餘卒
李文燦妻王氏年二十七夫亡子章楷甫兩月恩勤
撫養至於成立
曾紹達妻張氏年二十四夫亡遺孤德風甫五月家
貧撫子艱辛備歷守節四十餘年
袁驥仁妻曾氏年二十三夫亡家貧子道鐸甫三月

氏紡紉撫孤苦節四十餘年
劉禹聖妻李氏年二十八夫亡苦節五十八載年八
十六歲卒
易啟迪妻陳氏年二十八夫亡紡績自給撫子成立
年八十二卒
徐宗溥妻沈氏年二十五夫亡苦節四十餘年七十
餘卒
汪海山妻熊氏年二十四夫亡矢志苦節年八十歲
卒

續輯漢陽縣志卷之二十四

節婦

王朝銘妻左氏年十八于歸二十五夫亡家貧針黹自給撫子之文成立苦節五十二載年七十七卒

劉蒼舟妻曾氏年十九歸劉二十四夫歿持家勤謹撫子嘉坤嘉珍成立苦節三十七載年六十三卒

魏登材妻余氏年二十四夫亡勤績撫子成立苦節四十五載年六十八卒

張志有妻李氏年二十五夫亡家貧勤紡刺以撫子

苦節五十餘載

王畢達妻許氏年二十四夫亡苦節撫子年七十四卒

蔡遠揚妻易氏年二十三夫亡紡績自給撫子成立苦節數十載始終如一

曹禮妻嚴氏年十七于歸禮力學早喪氏矢志撫二歲孤成立年六十四卒

陳沈氏庠生陳世正妻年二十九夫歿家貧子經國幼苦節三十一載年六十卒

高汝止妻鄭氏年二十四歲夫歿家貧撫子碩仕碩仁勤勞備至年七十八卒

陳萬明妻黃氏年二十三夫歿孝事舅姑苦節三十年撫姪爲嗣不異所生

胡學醴妻萬氏年二十九夫亡撫子曰恕成立年七十餘卒

吳廷釗妻許氏年二十七夫亡家貧無子苦節四十七載年七十四卒

張宗仁妻許氏年二十七夫亡撫子光潤成立苦節

近六十載年八十餘卒

周文楷妻鄭氏夫亡家貧無子苦節三十餘年

鄒玳妻黃氏年二十七夫亡撫子德揚靜處一室親族罕見其面享年九十七卒

鄒德揚妻黃氏年二十八夫亡依姑守義兩世雙節閨門之內嚴若朝廷

黃祖詰妻徐氏年二十九夫亡孝養公姑恩勤撫子年逾六十卒

范治國妻陳氏年二十九夫亡紡績事姑撫子成立

年六十餘卒
曹之湄妻葉氏年十六于歸十七夫亡孝事舅姑苦
節三十二年卒
陳王氏年十七夫亡無嗣叧立紡績自給節操凜然
年八十卒
羅張氏張琯女年二十四夫亡苦節年七十一卒
龍星妻朱氏年二十九夫亡苦節至九十餘歲卒
張星樞妻余氏年十八歸張二十一歲夫亡撫子慶
福成立苦節三十三年卒

張文源妻吴氏年二十三夫亡生子僅彌月事孀姑
曲盡婦道撫子成立節孝兼至
梁校妻張氏年二十七夫亡撫姪煜爲子苦節二十
五年乾隆十一年　學使批准入志
陳蔡氏庠生陳潛妻年二十六夫亡撫子時懋成立
懋聰穎好學以詩名一時氏年六十　學使胡
給潛德馨香額
王開昌妻邱氏生二子夫死先是夫在日亦無宿儲
氏甘之飢劬寒苦年七十三卒

王梅妻李氏年二十七夫亡苦節六十五歲卒
胡文龍妻王氏年二十夫亡苦節歷四十餘年
王陳氏生員王蓁妻年二十七夫亡苦節五十九歲
卒
倪祖安妻王氏年二十三夫亡撫子景寬爲邑庠生
年六十三卒
蕭述業妻王氏副榜王郢女年二十七夫亡苦節七
十二歲卒
徐鳳全妻王氏年二十八夫亡苦節七十五歲卒

王學純妻胡氏年二十四夫亡矢志苦節年七十餘
卒
趙履嶠妻熊氏夫早歿遺子洋氏撫之成立年五十
二卒
趙履嶧妻秦氏嫁六年而夫亡撫孤子澤茹成立苦
節六十九歲卒
應環妻唐氏年十七歸環二十三而寡撫遺孤成禧
能興其家年八十餘卒
王炎妻蕭氏年二十八夫亡矢志苦節茹苦自甘

段開培妻楊氏年二十五夫亡守節七十五歲卒

高志達妻張氏張梅之女年二十一夫亡苦節撫嗣子成立守節歷四十年

馮華容妻丁氏年二十九夫歿矢志苦節年七十餘卒

柏序業妻張氏年二十七夫亡苦節七十八歲卒

柏之廉妻呂氏年三十夫亡堅貞苦節年六十餘卒

廖林氏庠生廖大升妻年二十九夫亡艱難守節年近八十卒

呂本著妻鄒氏年二十七夫亡勤苦自甘年七十七卒

呂遠鳳妻白氏年二十四夫亡苦節至嘉慶乙亥年卒

冷馮氏庠生冷紹春妻年三十守節嘉慶二十一年卒

胡安仁妻劉氏年二十七夫亡苦節年六十餘卒

胡尊富妻焦氏年二十一夫亡無子撫姪爲嗣艱苦萬狀而節益勵

董朝相妻穆氏年十九夫亡家貧無子苦節六十九歲卒

周登瀛妻楊氏年二十九夫亡苦節撫子成立享年九十歲卒

朱容榜妻周氏年十八于歸二十七夫亡家貧撫子宏燾十年燾復妖氏苦節三十八年六十五歲卒

金胡氏雍正丙午舉人金鑑妻歲貢生華岳之母年二十五夫故苦節撫子成立年六十歲卒

蕭珠妻劉氏年二十八夫亡紡績自給撫子成立苦節四十年六十八歲卒

伏光第妻龔氏年二十九夫亡家貧無子紡績度日年六十二卒

伏光遠妻劉氏年二十四夫亡家貧紡紉自給艱難撫子至於成立

彭行堯妻傅氏年二十五夫死於蜀家貧無子苦節五十餘年

龍萬氏庠生龍昌琺妻子龍賓亦入邑庠苦節二十餘年

戴枚之妻胡氏年二十八夫故撫子成立苦節近六十年年八十餘始卒

熊大鼐妻戴氏戴自立女年二十九夫亡苦節六十二歲卒

余廷璠妻姚氏姚大昌女年二十三夫亡苦節以終

陳紹祖妻何氏守節六十四年年九十四歲　學使王　給柏節松齡額

楊世勳妻王氏王萬鎰女孝子楊致清之母庠生燮南祖母也年二十一夫故孝事舅姑能得歡心夫

姊適陳而寡無依養生送死數十年無倦容撫孤埸成立訓子嚴慈並用前　學使施以清標彤管額奬之娶婦劉生孫四一爲職員一入邑庠曾孫崑銑入成均元武庠五世同堂建坊入祠享年九十三歲易太史元善傳贊之

陳義和妻朱氏年二十二歲夫亡無子苦節六十載年八十一歲卒

陳之俊妻石氏年二十八夫亡無子苦節五十年七十八歲卒

陳德觀妻徐氏年二十六夫亡守節四十五年七十歲卒無子

陳德璉妻李氏年二十六夫亡守節四十餘年

陳之楷妻吳氏年二十八夫亡守節三十餘年

陳德紀妻劉氏年二十六夫亡守節四十餘年

萬人鳳妻尹氏繼盛女年二十四歲夫亡無子可嗣年六十餘歲卒

張文鐸妻萬氏庠生萬迪功女年二十四夫亡撫子映滋成立守節三十餘年

葉應先妻江氏年二十七夫亡苦節三十餘載

陳廷秀妻舒氏年二十八夫亡守節三十六年六十三歲卒

黃余氏庠生黃駿之妻余懋昭女年二十四夫亡守節三十餘年

李戴氏庠生李師孔妻年二十八夫亡苦節五十六年九十四歲卒

李克成妻陳氏年二十七夫亡苦節自誓三十餘年

李人琇妻吳氏年二十八夫亡立志苦節至老彌篤

姚清元妻楊氏夫病篤氏割股以療卒不起時氏年二十四立志苦節誓死靡他

楊致煌妻徐氏徐士杰女年二十九夫亡貧苦自甘守節不變

蔣周氏庠生蔣士堂妻年二十二夫亡無子艱苦萬狀能以節終

戴家剛妻宋氏宋華祖女年三十夫亡勤儉苦節年六十餘卒

甘堯咨妻徐氏年二十八夫亡守節年八十七歲卒

孫聰貞妻方氏方崑璧女年二十六夫亡矢志守節年八十餘卒

余名斗妻殷氏年二十五夫亡氏有學識藏夫著作以遺後嗣年七十三卒

康懋蘭妻鄒氏維璜女年二十九夫亡遺孤二撫之成立苦節五十五歲卒

葉馮氏馮國瑞女聰慧能詩年二十三而寡與其妾守節終身

孫鑠妻徐氏年二十八夫亡矢志撫孤年六十歲卒

謝發潛妻余氏年二十四夫亡苦節五十年七十餘卒

馮文進妻李氏年二十夫亡苦節五十餘年七十餘卒

姚清賢妻王氏年二十夫亡無子苦節自誓歷四十餘年

姚清萬妻蔡氏年二十三夫亡無子苦節逾四十年

劉伯元妻楊氏年二十九夫亡撫二子恩勤備至二子授室皆先亡僅一孫氏年八十餘卒

徐學章妻周氏年二十二夫亡守節無子善事舅姑年五十七卒

畢良燦妻熊氏年二十三夫亡遺子廷魁氏苦節撫孤四十餘載

王學易妻顏氏年二十四夫亡苦節年五十八歲卒

魏濬田妻王氏年二十八夫亡苦節年七十七歲卒

蔡家楷妻余氏年二十四夫亡守節年八十一歲卒

王修已妻余氏訓導余兆龍女年二十歸王甫六月而夫亡矢志守節之死靡他

江震堂妻孫氏生員孫錦女年二十二夫亡女工度日撫姪鍊金成立年五十六卒

黃均妻羅氏羅奏善女年十九于歸二十一夫亡撫嗣子以奉祀年八十一歲卒

尹張氏年二十三夫亡撫遺腹子成立年七十卒

黃鐸妻江氏江九仁女年二十歸黃二十三夫亡撫姪爲嗣年八十八卒

吳慶楫妻黃氏黃梅女年二十于歸二十二夫亡無子苦節備歷艱苦

張蘇氏生員張德滋妻蘇光熙女年二十八夫亡守節歷四十餘年

徐鳳耀妻張氏年十九夫亡撫遺腹子成立苦節二十六載年四十五卒

張楷妻萬氏年十九歸萬二十夫亡苦節二十一年卒

蕭耀先妻劉氏年二十六而寡遺孤僅數月甘心守志年五十後學使給匾額旌之

馮詩學妻朱氏青年苦志守節歷三十餘年

楊行坤妻余氏年二十四夫亡守節年六十餘卒

黃志剛妻陳氏年十八夫亡苦節年七十餘卒

戴家貴妻周氏年二十七夫亡艱苦守節年逾七十卒

王岱宗妻陳氏年二十九夫亡無子苦節年六十六歲卒

劉相一妻戴氏年二十九夫亡守節年七十餘歲卒

孫明揚妻秦氏年二十三夫亡苦節堅貞年八十卒

徐時敏妻劉氏年二十一夫亡守節年七十五歲卒

戴家佐妻潘氏年二十三夫亡無子苦節六十五歲卒

戴家佑妻王氏年二十四夫亡守節年六十八歲卒

楊錫萬妻李氏年二十七夫亡守節年七十八歲卒

高俊之妻楊氏年二十一夫亡守節年六十三歲卒

李茲明妻戴氏年二十二夫亡守節年七十餘卒

高明方妻李氏年二十七夫亡守節年七十餘卒

周錫璠妻王氏年二十四夫亡守節年七十一歲卒

吳義華妻王氏年二十四夫亡無子守節年六十歲

卒
張應坤妻彭氏年二十八夫亡守節年七十餘卒
萬發憲妻周氏年三十夫亡守節年六十餘卒
萬宜先妻楊氏年二十七夫亡苦節年五十四歲卒
萬宜德妻王氏年二十八夫亡年六十餘卒
萬世貴妻鮑氏年二十九夫亡苦節年七十四歲卒
周昌祚妻孫氏年十九夫亡苦節年七十三歲卒
周昌蕃妻劉氏年三十夫亡苦節年八十一歲卒
姚培信妻戴氏年三十夫亡苦節年八十歲卒

唐文宇妻康氏年三十夫亡守節年七十餘歲卒
唐文思妻熊氏年二十九夫亡守節年六十餘歲卒
劉發祖妻王氏年三十夫亡守節年六十餘卒
王在中妻李氏年二十夫亡守節四十年
丁人智妻周氏年二十五夫亡苦節年六十歲卒
丁人倫妻涂氏年二十九夫亡守節年七十餘卒
涂景章妻周氏年二十夫亡苦節年六十五歲卒
張觀漠妻孫氏年二十四夫亡守節年六十餘卒
張蔓句妻徐氏年二十二夫亡守節年六十餘卒

孫瑞鼇妻尹氏年二十八夫亡守節年六十餘卒
徐蕭氏生員徐錡妻年二十四夫亡守節年八十卒
蕭培仁妻宗氏年二十七夫亡苦節年七十九歲卒
羅王氏進士羅俊子婦夫不慧又早喪苦節五十餘
年卒
楊文杰妻蔡氏年十九夫亡守節歷四十餘年
呂本明妻周氏年二十八夫亡苦節年九十四歲卒
吳方懋妻劉氏夫早亡守節五十年年八十四歲卒
鄔正薰妻郭氏年二十五夫亡無子守節四十餘年

江正朝妻張氏年三十夫亡事親孝撫遺孤四成立
苦節四十七載年七十七卒
施廷光妻江氏年二十廷光贅其家二十九夫亡無
子苦節數十年卒
屠長齡妻張氏張承椿女年二十歸屠二十五夫亡
遺孤金賜二歲氏持家以勤事孀姑克孝教子有
方與姒熊氏何氏俱以節著
周錫奇妻戴氏年二十二夫亡苦節年七十二歲卒
王仲之妻李氏年二十五夫亡撫姪光熙爲嗣苦節

七十六歲卒
管子才妻李氏年二十二夫亡守節年六十餘卒
王倬妻陳氏年二十一歸王二十九夫歿以猶子爲嗣辛勤撫養至於成立
王朝傑妻劉氏夫歿家貧撫孤子丹峯成立苦節七十歲卒
吳世芴妻蕭氏年二十適吳二十一夫亡家貧姑老紡績度日撫族人子爲嗣授室後子復卒卒孀婦胡氏撫育孤孫苦節五十餘載年七十八歲卒
孫王氏庠生孫鶴書妻生員王朝棟女年二十九夫

歿紡績事姑生死盡禮守節三十餘載苦有不堪言者
余蔚妻陳氏年二十五夫亡遺孤甫兩齡家貧親老針黹度日翁姑相繼歿盡哀盡禮氏夫姊陳余氏者苦節婦也氏勞苦成疾臨死託孤於陳余氏而卒年三十七歲
葉世榮妻劉氏年二十九夫亡撫三子成立七十六歲疾篤次子茂割股救愈年七十九卒

王紹珍妻周氏年十七于歸二十九夫亡苦節五十三載年八十一卒
余大材妻李氏年二十七夫亡僅一女家貧依母家紡紉度日母家旋亦貧其姪李枝亭高其節迎養之年六十九卒
李負瑤妻許氏庠生許必煌女年二十而寡遺腹生子家貧如洗氏勤紡績奉舅姑撫子恩勤備至苦節數十年
李魯峯妻潘氏年二十一夫亡遺孤甫數月舅姑衰

老氏事親克孝撫孤完娶生兩孫而子亡復撫兩孫成立苦節數十年
程行彩妻高氏年二十四夫亡欲以身殉以姑老子幼止勤紡績晝夜不輟孝慈兼盡竟以勞傷疾卒
曾孔傳妻余氏年二十四夫亡遺孤元洪元漢撫教成立苦節五十三歲卒
孫吳氏年十八歸孫某婚九月而夫亡撫夫弟邑庠生孫讓之子爲嗣苦節三十餘載年五十餘卒
許文質妻陳氏年十九歸許二十四夫亡遺子宗伯

家貧紡績度日孝事翁姑慈撫弱子苦節三十餘
年
姚廷栻妻馮氏年二十六夫歿無子矢志苦節四十
年
姚廷楨妻汪氏年三十夫歿苦節訓子年七十餘卒
姚廷槐妻饒氏年三十夫歿無子守節四十餘年
王文位妻吳氏年十九夫亡遺孤歲餘夫兄益位嫂
周氏憐其貧苦待之厚撫育孤子將成立忽卒以
姪孫東川繼之苦節數十年

吳輔植妻項氏州同項奉宣女幼嫻女訓年十六歸
吳事舅姑以孝稱生子烈勳烝年二十八夫歿氏
苦節撫子俱得成立年七十餘卒
李前惠妻王氏王德亮女年十九夫歿無子撫猶子
新烈爲嗣紡刺度日苦節終身
況榮先妻李氏年二十八夫卒一子在襁褓氏茹荼
飲蘗撫孤成立苦節四十八載
李定潔妻程氏夫早卒氏矢志守節孝事舅姑撫孤
子興鉅成立

楊越之妻周氏周明遠女年十九夫亡氏勤苦度日
延師課子守節數十年
周觀上妻楊氏楊仲臯女年二十夫卒無子紡績度
日事姑克孝撫嗣子兆麟承祧嗣孫林立人謂苦
節之報
易嘉詮妻劉氏年二十七夫亡茹荼食蓼教子言浩
孫心芝成人苦節四十三載壽六十九歲卒
郭國順妻鍾氏年十九于歸二十八夫亡撫二子嘉
章嘉相成立苦節四十餘載

李望漢妻某氏年十九于歸二十夫故苦節三十餘
載
楊洪禮妻吳氏年二十三夫亡奉侍舅姑事葬盡禮
撫子開榜婚娶苦節三十五載年五十八歲卒
孫寶樹妻蔡氏年二十于歸生子大中年二十四夫
亡欲殉者再皆以救免時姑年近百歲遂與諸姑
楊氏相依守節卒年五十一舉人余方呂贊其墓
碑曰一門兩節一存一亡有姑百歲五世同堂存
者獨養亡者永傷宜乎學憲兩爲表揚

蕭方猷妻魏氏年二十六夫亡家貧紡績度日事舅姑誠孝苦節六十七歲卒

孫振玉妻陳氏陳文舒女年二十八夫故撫族姪爲子家貧針黹爲生與夫姊許孫氏同居後子復殀孫氏宗祧無依乃與孀姊同居勤苦度日

范家慶妻陳氏文舒少女年二十三夫亡無子撫族姪爲嗣姑性嚴氏能曲盡婦道初夫負欠纍纍氏以姑命售遺產償之至是拮据益甚茹苦飲辛守節數十年終

江國勳妻葉氏年十八于歸十九夫亡氏欲殉者再四姑苦勸乃止於是撫姪爲子教養成立姑得以樂其餘年者皆氏之力也

曹之濱繼妻王氏年二十七夫故遺子女各一逾年子殤事衰姑孝謹撫前出二子一女成立竭心力以畢婚嫁苦節數十年

劉克寬妻袁氏年十九適劉二十夫亡矢志守節紡績養姑立祠以奉夫祀艱苦備嘗數十年如一日

徐韻齋妻李氏年十九歸徐二十七夫故氏勤苦度日撐持門戶撫遺孤成立苦節數十年

劉自明妾李氏年十八歸劉十九生子邦綏甫十月夫歿勵志存孤苦節二十餘年

汪丁氏修職郎汪豐繼妻鍼黹自給苦節五十餘年

吳登榜妻李氏年十九夫故苦節二十八載年五十七卒

以上見舊志

劉玉麟妻高氏其成女年十七于歸十八歲夫故守節乾隆元年　旌

劉瑞玉妻蔣氏守節五十二年建坊於洪山廟墓前

劉傳章妻夏氏年二十三夫故無子翁在堂家貧甚紡刺爲活值歲凶歸母家度日猶時儲甘旨遺人奉翁嘗偕女伴禱木蘭山有飛紅繞身之異非帛非棉如游絲之粘著異香觸人摘少許可愈疾人以爲節孝之驗道光六年　旌

常士海妻余氏成章女夫故守節三十五載卒道光六年　旌

司煌妻沈氏年十八于歸二十歲夫故矢志守節訓

子成立卒年五十歲道光九年　旌
司煥妻吳氏年十八于歸二十一歲夫故無子撫姪
以續夫祀年五十二卒道光九年　旌
史文彬妻劉氏年十九夫故敬事舅姑矢志守節後
舅娶繼室連生三子氏相助撫養辛勤操持婦道
能兼子道焉年五十六卒道光十八年　旌
史甘氏監生文瑛妻郡庠生寶勤之母也年二十夫
故遺腹二月生寶勤氏盡心撫教至於成立卒年
六十六歲道光十八年　旌

許自超妻王氏道光十八年　旌
陳應明妻楊氏國啟女年二十八夫故守節五十二
年卒道光二十年　旌
黃連妻林氏廣厚女年二十二夫故矢志守節歷六
十載卒年八十歲道光二十一年　旌
陳大受妻羅氏年二十五夫故欲身殉以子幼舅姑
在而止氏事親極孝教子成立苦節四十餘年卒
道光二十六年　旌
王家榮妻許氏大維女年二十九夫故遺腹生男芝

光撫養完娶光旋逝遺一孫氏親教養依以爲命
現年八十四歲道光二十七年　旌
胡昌龍繼妻余氏年二十九夫故守節四十七年卒
年七十六歲道光二十八年　旌
謝啟萬妻曾氏宏道女年十九于歸二十八歲夫故
撫二子成立苦節五十年道光二十八年　旌
劉正榮妻韓氏韓家禹女年十八于歸二十一歲夫
故苦節四十四年卒
丁觀華妻胡氏守節四十七年卒

衛人恭妻丁氏守節四十六年卒
趙陳氏庠生趙開楹妻年二十于歸二十九夫故苦
節二十三年卒
李克泰妻劉氏起高女年二十夫故生女甫三月艱
苦備嘗撫以畢嫁卒年七十三歲
李人鋕妻劉氏年二十九夫故撫孤克玉完姻生孫
玉早卒氏與孀婦吳氏竭力撫孫蓋一門雙節焉
年六十九卒
周光海妻李氏瑚哲女年二十九夫故家貧紡績度

日事姑撫子孝慈兼盡屢遭凶歉艱苦異常
羅德滋妻朱氏錫佩女年二十八夫故家貧事舅姑撫孤子能盡其道咸豐辛酉年卒
李人直妻蕭氏年二十六夫故家貧女紅度日撫子克雲成立
張庭樹妻蕭氏志善女年二十于歸二十八歲夫故翁衰老氏生事葬祭備子道焉歲值饑饉挑菜負薪貧苦自甘撫遺孤成立卒年五十餘歲
閔志文妻余氏東山女年二十一于歸二十八歲夫故事舅姑孝順喪葬如禮朝鋤夜織勤苦異常卒年九十有二
楊仁樊妻吳氏德遠女年二十九夫故家貧無子艱苦萬狀年七十六歲卒
曾廷標妻張氏先德女年二十九夫故事舅姑孝撫孤成立苦節三十五年卒年六十三歲
李振儒妻雷氏虎文女年二十九夫故遺孤三家貧紡績以事舅姑及卒喪葬如禮爲季子娶婦陳生一孫而季卒氏復撫孫卒年七十有三

楊正魁妻戴氏開學女年二十六夫故僅一女事舅姑孝紡績度日艱苦備至卒年七十六歲
劉文奇妻韓氏玉明女年二十九夫故數月後舅姑復相繼棄世氏悲不欲生時遺孤僅數月艱苦萬狀撫之成立年八十三歲卒
劉文策妻李氏有交女年二十八夫故遺孤二延師教讀事孀姑能得歡心卒年五十一歲
劉文謨妻吳氏景山女年二十八夫故遺孤幼忍饑撫教至於成立氏卒年四十一歲
陳相楷妻程氏大倫女年二十五夫故遺孤甫數月孀姑衰老事上撫下各盡其道卒年四十二歲
曾廷茂妻袁氏志寶女年三十夫故舅姑衰病事之克孝遺孤甫四歲撫之成立後孫曾繞膝四世同堂年八十一卒
李階榮妻鄢氏升海女年二十五夫故紡績以奉舅姑遺孤甫半歲撫之成立克振家聲卒年八十三歲
張培新妻周氏振光女年二十八夫故撫猶子爲嗣

娶婦生二孫猶勤苦不輟卒年六十七歲
張維文妻謝氏必佐女年二十二夫故撫姪爲嗣生
孫作禮姪與禮早亡撫曾孫二以承禋祀卒年八
十三歲
張光新妻王氏世秀女年二十四夫故事舅姑孝撫
姪爲嗣勤儉自苦紡績終身卒年六十六歲
蕭徐氏武生蕭必琳妻徐梅女年二十六夫故孝事
舅姑撫四歲孤成立娶媳戴氏生孫而子亡與婦
戴共守節卒年五十二歲

蕭必釗妻彭氏仲皇女年二十八夫故舅姑在堂孤
子甫四歲孝慈兼盡孤子完婚而殀撫姪爲嗣卒
年六十有四
蕭得運妻劉氏振動女年二十八夫故事嫡姑孝順
撫二孤成立艱苦萬狀卒年七十歲
蕭必銡妻向氏夢熊女夫早故事舅姑孝敬撫姪爲
嗣氏與夫嫂劉氏彭氏徐氏一堂四節卒年六十
八歲
張學成妻王氏啟明女年二十七夫故家貧撫二孤

成立卒年七十三歲
張學純妻謝氏明誠女年三十夫故遺孤早殤撫姪
爲嗣卒年七十九歲
彭啟商妻張氏文媞女年三十夫故事衰翁孝敬撫
姪成立備嘗辛苦卒年七十八歲
李廷烈妻徐氏以惠女年二十四夫故姑衰病起居
皆氏扶持者十餘年撫孤成立娶婦石氏生孫而
殤孤亦旋卒氏苦不堪言卒年五十歲
黃建才妻王氏玉安女年二十七夫故紡績以事舅
姑撫姪爲嗣卒年六十六歲

董明善妻尹氏松茂女年二十七夫故遺腹生子撫
之完娶生孫後子殀孫亦殤舅姑生養死葬皆氏
一身經理曲當卒年七十有四
董明度妻謝氏謝茂女夫故家貧生子甫三日撫以
成立事舅姑極孝歿則盡禮卒年七十有一
許自隆妻董氏昌齡女年三十夫故事舅姑孝撫孤
完娶孤卒依母家以終年七十二卒
楊正義妻陳氏德清女年二十八夫故事舅姑不辭

勞瘁撫二子成立卒年七十二歲

楊家治妻陳氏必恕女年三十夫故紡績以事舅姑及舅姑逝事祖姑王氏生死盡禮撫二子三女完婚嫁卒年七十歲

周大勇妻劉氏開明女年三十夫故紡績以奉舅姑僅一女撫之畢嫁皆氏十指之所積卒年六十有六

文東谷妻丁氏永林女年二十九夫故家貧撫三子成立長子娶婦郭氏早卒卒婦守節紡績度日卒

年八十三歲

宋彭氏庠生宋子興妻珍麟女年二十七夫故舅姑衰病事之盡禮撫兩孤而次子早殀卒年五十歲

李昌鼇妻徐氏汝明女年三十夫故苦節四十四年卒年七十四歲

丁松鶴妻萬氏兆魁女年二十五夫故故之日生一子撫之娶婦生孫而子亡氏復撫孫艱苦萬狀卒年八十四歲

李治官妻蕭氏珠遠女年二十六夫故事孀姑曲盡孝道女工度日之死靡他卒年八十五歲

鄧楚材妻吳氏慶玉女年二十六夫故孝事雙親慈撫二孤卒年七十五歲

李儀廷妻胡氏年二十九夫故苦節年六十一卒

羅旦妻鄔氏光慶女年二十六夫故苦節年七十一歲卒

程家鏞妻王氏王斌女年二十九夫故遺孤學德幼撫養教備歷艱苦學德補郡增生氏年七十六卒

王邦士妻毛氏中盛女年二十八夫故苦節四十年卒年六十七歲

蕭均和妻趙氏金山女年二十七夫故守節三十三年卒年六十歲

周家永妻萬氏萬鑑女年二十八夫故苦節年六十五歲卒

葉金萱妻廖氏明光女年二十七夫故苦節年五十九歲卒

周必高妻王氏大昌女年二十六夫故守節年五十八歲卒

王邦佐妻鄧氏達一女年三十夫故苦節年七十一歲卒

張廷士妻黃氏紹忠女年二十六夫故苦節年七十二歲卒

楊師高妻胡氏文堃女年二十四夫故苦節年五十三歲卒

陳則忠妻江氏芝蕃女年二十九夫故守節年七十歲卒

萬廷蘭妻王氏成章女年二十六夫故苦節五十九

年卒年八十二歲

李精義妻李氏全璧女年二十三夫故守節年七十四歲卒

李旭之妻賀氏有章女年二十四夫故家貧紡績度日年三十三歲卒

李輔仁妻戴氏生華女年二十八夫故擇師教子紡績佐讀後孫曾滿室家道寖昌卒年九十歲

李官義妻劉氏任河西縣邦殿孫女年二十一夫故立姪爲嗣撫教成立卒年五十五歲

李行恕妻龍氏天愷女年二十三夫故子幼教養成立卒年八十一歲

李大材妻余氏學紹女年二十七夫故子幼姑衰勤儉治家慈孝兼盡卒年六十有九

李日瑤妻陳氏贊元女年二十四夫故撫猶子爲嗣慈如己出年七十二卒

李蘭青妻李氏必魁女年二十六夫故勤儉持家義方教子卒年三十六歲

全正華妻康氏兆英女年二十一夫故孝事舅姑兩

夫弟幼貧姑教養至於成立卒年七十一歲

孫大謀妻樊氏西榮女年二十三夫故夫弟幼氏經理家事勤苦自甘卒年五十七歲

全天健妻謝氏英敏女年二十七夫故姑繼亡氏事翁孝撫夫弟成人亡年七十七歲

沈連瑚妻全氏年二十七夫故立姪爲嗣勤儉持家卒年五十七歲

全正居妻周氏志倫女年二十六夫故事姑孝撫嗣慈自甘勤苦卒年五十歲

段兆泰妻姚氏大壽女年二十四夫故撫孤辛苦持

家儉約卒年六十六歲

張和忠妻章氏年二十六夫故菽水娱親孤苦以終

年六十五卒

張承佩妻劉氏年二十八夫故上事舅姑下撫二子

孝慈兼盡卒年七十歲

劉正乾妻胡氏天明女年二十四夫故苦節年七十

七歲卒

張映奎妻馮氏庠生光文女年二十八夫故子女各

一女工度日撫之以畢婚嫁卒年六十有二

楊炳妻余氏庠生余龍女年二十二夫故翁跛姑衰

朝夕奉養躬親無閒撫姪爲嗣卒年七十七歲

戴艮梅妻黄氏大耀女夫早故子四歲孀姑年五十

氏仰事俯蓄曲盡其道卒年七十一歲

戴璠妻高氏正中女夫早故遺孤甫三月針黹度日

撫子成立卒年九十八歲

余澄妻馮氏庠生秀墀女年三十夫故撫姪爲嗣姪

卒率婦撫族孫爲嗣一堂三代孤孀相依卒年八

十四歲

余光釗妻蕭氏光烈女年二十九夫故家貧紡績度

日撫夫弟子爲嗣卒年七十有六

孫以彰妻李氏年二十六夫故遺腹生子撫之成立

連舉二孫後曾孫九人三入膠庠初田不滿三畝

漸增至五百畝卒年九十一歲

王毓環妻孫氏子高女年二十三夫故奉孀姑極孝

撫姪爲嗣後入成均卒年七十九歲

蕭光煥妻陳氏崇堯女年二十五夫故生子僅月餘

姑衰病事之孝謹後子早逝立姪孫以承祀卒年

七十二歲

丁應選妻蔡氏定遠女年二十三夫故生子甫歲餘

或以青年勸其再適者氏抱子哭訴於祖祠剪髮

自誓遂不敢言卒年八十六歲

胡正藻妻李氏德鑑女年二十八夫故子幼家貧紡

績度日卒年五十八歲

吴昭申妻文氏方伯女年二十九夫故家貧子幼孀

姑衰病氏慈孝兼盡備歷艱辛卒年八十五歲

謝金策妻吳氏芝秀女年二十九夫故舅姑衰老撫姪爲子仰事俯蓄貧乎紡績年七十七卒

吳慶觀妻譚氏正朝女年三十夫故衰翁在堂四子俱幼氏以十畝之田事蓄無缺其苦有不堪言者卒年七十五歲

明爾思妻何氏文光女年二十四夫故紡績度日督課二子力於農事家道漸昌孫曾日盛卒年八十一歲

楊詢妻蔣氏子文女年十九夫故遺腹六月生子氏

孝事舅姑置嬰兒於側以伴紡績子稍長教以禮法後生孫四曾孫益蕃成巨族卒年九十歲

倪景陽妻劉氏開成女年二十三夫故事舅姑孝敬勤苦自甘年七十七卒

羅王氏庠生濂堂妻文華女年二十九夫故立志守節

劉光照妻李氏李滔女年二十八夫故守節四十四年卒

倪家華妻溫氏如海女年二十六夫故苦節年六十九卒

倪家駜妻周氏秉喬女年二十夫故守節年七十一歲卒

鍾光棟妻劉氏年二十于歸三十歲夫故矢志守節撫子福田成立年七十二卒

孟人驥妻龍氏奎光女年十七于歸十九歲夫故遺腹生子文松娶婦周氏生二孫後子婦相繼早歿次孫亦殤惟長孫存粵匪擾漢口長孫亦擄去氏因流離凍餒以終年七十歲卒

熊君昭妻王氏前閭女年二十六夫故事姑克孝紡績爲生撫嗣子以奉夫祀守節四十七年卒

高楊氏生員高慕李妻進士維論女年十八于歸二十八歲夫故守節撫子後子以積學早逝氏無所依因歸母家事母以孝稱卒年七十四歲

彭聖瑤妻韓氏世楊女年二十六夫故上事翁姑下撫孤兒勞苦不堪卒年七十一歲

謝宗璠妻龔氏增生雨亭女年十九于歸二十五歲夫故事孀姑孝敬僅一女撫姪爲嗣茹荼飲蘗數

十年如一日守節四十二年卒學憲給心堅
金石額
胡汝義妻傅氏文魁女年十九贅義於家數月義出
亡竟歿於外氏生不逢辰苦節三十餘年毫無怨
言年五十一卒於母家
葉宗義妻張氏崇銘女年十八于歸二十四歲夫故
生子甫八月氏事舅姑孝敬撫子成立紡剌度日
不辭勞瘁卒年八十餘歲
楊明善妻胡氏元華女年二十六歲夫故立志守節
事親孝敬備歷艱辛卒於道光戊戌年
萬理粹妻黃氏庭一女年二十九夫故家貧子鵬幼
孀姑衰老氏事之曲盡其孝凡進膳奉盥侍立於
側畢而後退姑病衣不解帶者屢月處娣姒讓而
和教子慈嚴並用鵬後食餼於庠氏年七十五卒
萬文志妻程氏程德女年二十一于歸二十三歲夫
故守節四十三年卒年六十六歲
蕭定芳妻喻氏之貴女年二十于歸二十四歲夫故
苦節六十年卒年八十四歲

劉艮琗妻范氏儀鳳女年二十二于歸二十五歲夫
故遺腹生子氏訓以義方延師課讀卒以成立年
七十二歲卒
劉正玫妻謝氏年二十一于歸二十五歲夫故遺孤
三齡翁年六十有三氏事上撫下備極艱辛卒年
六十一歲
王艮輔妻屠氏年十九于歸二十二歲夫故遺孤二
歲氏以節自矢貧苦萬狀紡績終身卒年七十一
歲
劉正樸妻魏氏學蘭女年二十一于歸二十八歲夫
故氏事親以孝教子以義卒年八十二歲
劉正楫妻高氏奉天女年二十二于歸二十七歲夫
故遺二男一女皆在襁褓氏勤苦持家撫孤授室
年七十一卒
劉正晳妻王氏年二十于歸二十七歲夫亡子甫三
齡家貧甚氏紡績營生撫孤授室年七十二卒
劉傳僎妻張氏年二十于歸二十五歲夫故子甫二
歲氏孝事孀姑撫孤皆取給一身之操作遂積勞

成疾年四十三歲卒
王鳳成妻蕭氏年二十于歸二十八歲夫故遺孤賢
信甫二歲撫之成立守節五十餘年年八十歲卒
林大榕妻劉氏年十九于歸二十六夫亡遺子女各
一氏養葬翁姑嫁娶子女經營衣食歷五十年不
衰年七十八卒
林光藜妻劉氏安亭女年十八于歸二十七夫故氏
欲殉念姑老子幼二女在襁褓矢志守節支持門
戶四十年艱苦備嘗卒年六十七歲

林左山妻張氏年二十于歸二十五夫故遺孤一氏
事孀姑孝教子成立茹苦含辛聞者墮淚年七十
一卒
劉傳迺妻周氏明羣女年二十于歸二十七夫故遺
一子遺腹生一子貧甚能以節自安事孀姑孝撫
孤成立卒年七十二歲
劉景崇妻蕭氏士魁女年二十于歸二十八歲夫故
守節五十七載卒年八十六歲
劉知松妻胡氏相雷女年二十于歸二十九歲夫故
氏持身勤儉敬養翁姑守節三十年五十九歲卒
王壽本妻龍氏登鼇女年十八于歸二十二歲夫故
時親老子幼氏竭力事蓄孝慈兼盡年三十八卒
李階盛妻戴氏香圃女年二十三夫故矢志守節年
五十三卒
蕭澐妻唐氏年二十于歸二十六歲夫故遺孤繩祖
華祖氏奉翁姑曲盡孝道撫子成立年五十二卒
王廷浩妻余氏余桂女年十七于歸二十三歲夫故
氏撫孤守志備歷艱辛年六十五卒

許履祥妻王氏光遠女年二十一于歸三十歲夫故
子二尚幼孀姑老病氏紡剌度日事蓄無缺子皆
成立卒年六十三歲
周益勳妻石氏文恆女年十九于歸二十八歲夫故
矢志苦節撫姪爲嗣卒年七十有四
張承合妻高氏哲猷女年三十夫故卒年五十一歲
張廷文妻余氏釆藻女年二十九夫故卒年八十四
歲
張承書妻馮氏正起女年二十九夫故卒年六十有

七
張和韻妻魏氏延元女年二十七歲夫故卒年六十
有九
張渠宗妻章氏元守女年三十夫故卒年六十有九
彭正陽妻張氏宏起女年二十八歲夫故卒年五十
九歲
馮元成妻周氏祖德女年三十夫故卒年六十二歲
余樸妻蕭氏文蔚女年十七于歸二十三歲夫故卒
年四十三歲

劉文妻王氏公海女年十八于歸二十二歲夫故守
節五十七年卒年八十歲
熊滕妻吳氏年二十于歸夫故守節四十餘年
蕭輝祖妻劉氏家相女年十八于歸夫故守節五十
餘年
蕭耀祖妻李氏國林女年十九于歸夫故守節四十
餘年
李光華妻周氏文照女乾隆壬子年二十一于歸守
節三十餘年卒

萬文進妻宋氏宋銑女嘉慶丙辰年十九于歸守節
四十餘年卒
許治妻劉氏文運女乾隆癸丑年十六于歸守節三
十年亡年五十歲
劉錦章妻余氏成桀女嘉慶戊午年十八于歸二十
八歲夫故守節三十餘年
蕭延本妻顏氏嘉慶戊午年十八于歸二十七歲夫
故守節四十餘年
李克明妻胡氏光裕女乾隆壬午年十九于歸二十

六歲夫故守節四十年卒年六十九歲
孫光前妻張氏福貴女乾隆辛亥年十九于歸二十
六歲夫故守節四十年
汪文鑾妻鄭氏薪傳女年十七于歸守節五十七年
卒年八十七歲
汪光煥妻王氏世茂女嘉慶丙辰年二十于歸夫故
守節三十餘年
周培鎬妻陳氏載道女雍正辛亥年二十于歸夫故
守節卒年七十八歲

陳嘉猷妻吳氏文榜女乾隆辛亥年十八于歸二十五歲夫故守節三十餘年

孫光裕妻賈氏如才女乾隆己酉年十八于歸二十七歲夫故守節四十年卒

孫段氏廪生廷樞妾志祥女乾隆癸巳年十八于歸二十八夫故守節卒年六十歲

應文茂妻胡氏希林女乾隆壬子年十八于歸守節三十餘年卒

錢文秀妻蕭氏尚魁女乾隆甲辰年十八于歸夫故

守節四十六年卒

喻道城妻吳氏瀚炳女乾隆丙午年十九于歸二十七歲夫故守節三十五年卒

曾寶元妻宋氏定邦女乾隆壬辰年二十于歸二十九歲夫故守節四十八年卒

陳陶章妻謝氏天福女年十七于歸二十六歲夫故姑亡舅存氏奉養能代子職孤兒甫四歲撫以成立年五十四卒

宋心學妻葉氏用周女守節六十年卒

王貞顯妻蔡氏大德女乾隆乙卯年十八于歸二十七歲夫故守節三十餘年卒

王正艮妻汪氏榮兆女乾隆乙卯年十九于歸二十六歲夫故守節三十餘年

徐世勳妻王氏祿田女乾隆乙卯年十七于歸二十七歲夫故守節卒年四十七歲

陳璡妻張氏國霖女乾隆庚子年十九于歸二十一歲夫故守節卒年五十四歲

吳廷標妻黃氏東滙女年三十四夫故矢志守節自

安勤儉撫姪大陵爲嗣教育辛勤至於成立年六十一歲卒

明純妻余氏子生甫五月夫故事孀姑孝撫子成立年六十卒

李艮華妻徐氏光明女生子甫六月而夫故孝事舅姑和睦妯娌年三十三以瘵卒

李士楷妻張氏大經女年二十一夫故事舅姑孝敬遺孤甫三月教養成立孫甚繁衍卒年六十七歲

余光翰妻明氏照之女年二十六夫故遺孤一撫養

成立年七十一卒
吳自京妻張氏年二十二于歸二十九歲夫故守節卒年五十八歲
吳自迴妻胡氏年二十五于歸三十歲夫故遺孤三歲撫之成立卒年八十有二
宋心傳妻陳氏聲朝女守節五十六年卒
劉光治妻馮氏年三十夫故守節撫子成立數十年杜門不出年七十二歲卒
吳遠耀妻劉氏年二十六于歸二十九歲夫故教子

慶達成人卒年六十歲
吳遠泳妻尹氏年十九于歸二十五歲夫故遺孤慶問甫生二十餘日艱難辛苦撫之成立卒年八十有二
吳長書妻王氏崇義女年二十于歸二十八歲夫故紡績自給撫猶子賢熾爲嗣卒年六十有九
袁志立妻吳氏天芝女年二十于歸二十八歲夫故卒年七十歲
蕭必鐸妻劉氏國縉女年二十二于歸越五月夫故

撫猶子得灝爲嗣卒年五十四歲
酆楊氏光祿寺署正啟鏞妻楚池女年十八于歸十九夫故守節三十二年卒
呂超林妻王氏王貴女年二十一于歸二十九歲夫故守節五十八年卒
耶古聖妻陳氏厚齋女年二十于歸三十歲夫故守節五十一年卒
熊作斌妻劉氏周岐女年十七于歸二十六歲夫故翁亡姑存事之如母教子以義方至於成立卒年七十有五

陳淸士妻李氏廷珍女年十七于歸二十九歲夫故守節氏事親撫子孝慈兼盡其後翁姑棄世二子亦相繼亡氏憂傷成疾年五十二歲卒
張衍周妻李氏耀廷女年十七于歸二十三歲夫故無子立夫兄子爲嗣撫之成立年七十卒
呂鳳遠妻梁氏學廉女年二十八歲夫故撫子大宏大昭成立卒年七十有三
呂大岺妻陳氏正發女年十八于歸三十歲夫故撫

子成祚成璉皆爲端人年四十一卒
呂陳氏副榜凝希妻有爲女年十八于歸二十六歲
夫故守節卒年六十四歲
胡光道妻康氏大德女年二十于歸二十三歲夫故
家貧氏事姑及庶姑能得歡心教子大安成立卒
年五十九歲
張先商妻李氏大華女年二十一于歸二十三歲夫
故上事衰親下撫遺孤克孝克慈年六十卒
張架蕙妻高氏高誠女年十八于歸二十四歲夫故

事親撫孤備極艱辛年七十卒
汪朱氏吏員大馥妻年二十于歸二十六歲夫故矢
志守節撫夫兄子昀爲嗣年五十二卒
汪大檬妻陳氏正全女年二十于歸二十五歲夫故
撫子守節二十年卒
張士楷妻江氏承憲女年二十二于歸二十六歲夫
故每言節之所以不終者不安命耳知此身爲未
亡人則守定矣苦節十餘年卒
李大啟妻黃氏年十八于歸二十五歲夫故守節孝

侍衰姑教子光璉成名年七十三卒
李光漣妻黃氏年十九于歸二十一歲夫故守節奉
姑撫子克孝克慈年五十六卒無以爲斂尸停四
日面體如生時六月初四日也學憲王　顏其門
曰兩世貞操
陳元海妻鄔氏天才女年十八于歸明年夫故守節
人罕覿其面卒年八十有三
戴家楷妻徐氏年二十五夫故守節備歷艱辛撫孤
成立年六十三卒　王學憲額獎之

戴玫妻胡氏延瑞女年二十七夫故守節年九十四
歲卒
戴閎紀妻朱氏家德女年二十八夫故守節年七十
卒
戴閎縉妻王氏大啟女年十八夫故守節年四十一
歲卒
陳黃氏庠生陳勳妻年十六于歸二十九歲夫故守
節三十年卒年五十九歲
孫大德妻黃氏河涇女年二十于歸二十八歲夫故

守節年七十一歲卒

范祖賢妻李氏觀成女年二十五夫故守節五十三

年卒年七十九歲

周開第妻朱氏年十八于歸二十八歲夫故撫子文

藻入邑庠卒年六十六歲

童本璜妻秦氏士讚女年二十三贅童爲壻甫七旬

而夫亡遺腹九月而生男名洪貴氏立志苦守撫

孤成立年五十有二卒

王菘室妻朱氏正銀女年二十于歸二十一夫故守

節五十年卒年七十有三

何正朝妻張氏大宗女年二十于歸數月夫故無子

立志守節卒年六十八歲

鄧洪佐妻呂氏超福女年二十一于歸數月夫故遺

腹生子家松苦節撫之成立卒年七十有八

何正輝妻胡氏立榜女年十八于歸二十一夫故撫

遺孤開貴成立備嘗艱辛卒年四十三歲

蕭治炳妻胡氏廣佑女年十八于歸二十八夫故氏

事親極孝撫孤成立後家道日裕孫兩列膠庠人

謂苦節之報年七十三卒

葉懷珍妻徐氏世模女年十九于歸二十四歲夫故

守節三十餘年卒

李鍾珏妻何氏明志女年十九夫故遺腹生子撫教

成立機杼度日澹泊自甘年七十卒

陳大元妻蕭氏國鼎女年十八于歸二十九歲夫故

家貧紡績爲生孝慈兼至年四十七卒

王天佐妻陳氏生員陳聚五次女于歸四載而夫歿

僅遺一女氏事翁姑以孝聞勤操作不苟言笑年

七十二卒

吳大材妻盧氏年二十四夫故持家訓子備極勤勞

年七十八卒

王方純妻張氏如洋女年二十四夫故守節撫孤成

立年六十一卒

易言準妻張氏光遠女年二十二夫故守節年六十

一歲卒

韓家楷妻王氏王霖女年二十九夫故家貧子幼氏

朝夕紡績勤苦萬狀及子成立家漸裕而勤苦如

故享年七十五卒
毛正東妻姜氏德元女年二十六夫故守節撫孤成立卒年七十有二
朱東昇妻吳氏國棟女年二十六夫故無嗣苦守敬養公姑年六十七卒
夏鴻元妻鍾氏大松女年二十六夫故事繼姑極孝撫子成立年五十八卒
蔡光先妻黃氏應魁女年二十于歸三十夫故矢志撫孤守節五十餘年

李克著妻梁氏年二十八夫故撫姪爲嗣艱貞自守同治元年卒
李克培妻陳氏德勝女年二十七夫故能甘艱苦撫子勤功成立現年七十六歲
張國炳妻蘇氏文志女年二十于歸二十九歲夫故遺孤甫四月氏經理家務撫孤成立備極艱辛現年八十二歲
陳大魁妻張氏張瑚女年二十六夫故子女各一氏事親撫兒孝慈備至現年六十七歲

李勳來妻甘氏正楚女年二十八夫故家貧紡織以事孀姑僅一女撫之畢嫁現年七十歲
蘇傳儐妻周氏兆麟女年三十夫故事舅姑孝撫子祖琳已應童試現年七十歲
陳宏義妻戴氏文霓女年二十四夫故事舅姑孝謹撫猶子爲嗣現年七十歲
戴開謨妻涂氏宗禮女年二十七夫故爲傭以撫孤及兒娶生孫而孤早死氏復率婦撫孫現年七十三歲

楊家彥妻高氏定中女年二十八夫故家貧姑老遺孤幼及孤生孫家道漸順皆氏教訓力也現年七十歲
劉總章妻蕭氏宗仁女夫故子幼孀姑在堂氏事上撫下各盡其道苦節四十五載現年七十三歲
蔡新亮妻葉氏懷信女年十八于歸二十七歲夫故守節現年七十二歲
顧學翰妻涂氏昭煒女年二十九夫故事翁姑孝謹撫孤子娶婦石氏石事氏亦孝謹數年子殀與婦

相依爲命現年八十八歲
顧方玉妻石氏家楠女夫故事孀姑孝紡績度日守節四十三年現年七十一歲一門雙節鄉里敬之
劉開明妻鄭氏洪浩女年二十五夫故家貧織屨爲業舅年七十一目瞽氏竭力事奉至九十四歲卒撫子完婚娶陳氏生孫而子殀姑婦相依一門雙節現年八十二歲
姚漢晃妻李氏維玉女年二十四夫故遺腹五月生子艱辛撫養爲之授室事姑孝敬不衰現年七十

一歲
李傳壽妻王氏大鼇女年二十八夫故孝事舅姑撫二子完娶現年七十歲
張學譽妻徐氏家柱女年三十夫故事衰姑孝撫子承俊成立現年七十九歲
黃炳妻王氏芝桂女年二十七夫故針黹以事舅姑撫孤子完姻現年六十三歲
吳慶壽妻胡氏世棠女年二十于歸二十四歲夫故無子撫姪爲嗣現年八十歲

李徐氏武生華春妻紹綱女年二十七夫故事親撫子孝慈兼盡現年六十八歲
王佑紳妻許氏詩盛女年二十九夫故守節四十五年現年七十四歲
楊國梅妻蔡氏之盛女年二十九夫故守節三十九年現年六十七歲
王佑林妻熊氏世林女年二十八夫故守節六十二年現年九十歲
李士魁妻張氏思仁女年二十三夫故苦節自矢現

年八十有四
黃宗聖妻劉氏銘之女年二十二于歸二十八歲夫故守節現年七十二歲
張寶先妻周氏大元女年二十八夫故事姑孝撫孤慈茹蘗飲氷以自甘現年六十一歲
張于觀妻韓氏家楷女年三十夫故僅一女先是于觀教讀於外姑歿翁瞽氏艱難支持菽水無缺後翁歿就養母家以族姪爲嗣現年七十二歲
蕭明儒妻毛氏才本女年二十八夫故遺孤甫週紡

績以給衣食孀姑卒哭盡哀子長勤於農圃家漸裕孫曾亦繁現年七十九歲

宋以烈妻王氏誠之女年二十八夫故孝事舅姑及歿喪葬盡禮撫孤成立連舉五孫現年七十歲

蕭之傑妻向氏文哲女年二十八夫故無子與其妾湯氏矢志守節撫姪爲嗣現年七十一歲

李貴妻章氏廣華女年二十三夫故姑孀子幼家貧紡績以供朝夕姑歿葬如禮撫子成立現年八十九歲

彭暄妻蕭氏庠生蕭瑛女年二十八夫故無子矢志苦守撫姪孫兆麟爲己孫教訓成立娶孫媳生曾孫四現年七十歲

蕭道煥妻羅氏玉書女年十九于歸二十九歲夫故一子甫週氏立志守節屢遭奇荒經營操作無苦不嘗現年六十四歲

余維坦妻吳氏年十八于歸二十三歲夫故撫猶子爲嗣現年五十八歲

涂昭烜妻俞氏德璜女年十九于歸二十二夫故無子以姪爲嗣守節四十六年現年六十八歲

余德全妻王氏光炳女年十八于歸十九歲夫故守節五十一年現年六十九歲

羅明灝妻彭氏萬同女年十九于歸二十歲夫故遺腹生子毀容絕飾勤儉自苦現年七十三歲

彭德壽妻宋氏光宗女年二十二于歸二十七歲夫故家貧甚氏勤紡績忍饑寒撫三歲孤成立克綿禋祀現年七十二歲

劉正潢妻易氏國政女年二十于歸二十八歲夫故

無出撫嗣子傳榜如己子家務紛繁竭力支持四十餘年如一日現存年七十一歲

康大陞妻劉氏正位女年二十一于歸二十九夫故生子三氏事姑教子孝慈兼盡操持門戶克儉克勤現年七十二歲

閔倫妻楊氏啟榮女年二十于歸二十八夫故姑老子幼氏孝慈兼盡艱苦備嘗現年七十有二

劉家琇妻高氏雙玉女年二十于歸二十四夫故撫姪如己出紡績所餘常以分潤姪輩之貧者守節

四十六年現年七十歲
馮嘉猷妻周氏立藩女年三十夫故守節五十一年
現年八十歲
張承惠妻李氏澤普女年三十夫故守節四十一年
現年七十歲
孫大俊妻張氏大榮女年十九于歸二十九歲夫故
守節四十七年現年六十六歲
孫承封妻王氏正光女年十九于歸二十二夫故家
貧苦節撫姪成立現年八十歲

蕭朱氏庠生德沽妻正坤女年十八于歸二十九歲
夫故家貧紡績自給艱難萬狀現年七十三歲
余開雲妻雷氏福澤女年十九于歸二十四夫故守
節現年七十六歲
姜懷澍妻蔡氏知榮女年二十一于歸二十七歲夫
故紡績度日支持門戶里黨稱苦節焉
劉文鳳妻陳氏曰瑚女年二十于歸三十歲夫故方
夫病時氏割股療之現年七十八歲
楊九龍妻胡氏恬順女年二十于歸二十六歲夫故

守節現年六十五歲
田昌茂妻鄒氏宏觀女年二十于歸二十四歲夫故
矢志守節撫子成立現年六十一歲
蔡家瑤妻俞氏紹虎女年二十二于歸二十五歲夫
故家貧紡績度日事翁姑撫幼子皆氏勤苦所出
現年六十九歲
熊紹書妻程氏登仕女年十八于歸二十三歲夫故
撫孤成立現年七十一歲
黃金芝妻楊氏夫故守節數十年現年七十一歲子
有謨有訓孫男八人有訓子入邑庠

張澤萬妻熊氏用儒女年二十于歸二十二歲夫故
守節現年七十九歲
張世瓚妻王氏咸殿女年十九于歸二十一歲夫故
矢志守節數十年如一日現年六十四歲
楊鳳翥妻王氏銘盤女年二十于歸二十九歲夫故
守節現年八十歲
徐光孝妻韓氏德位女年二十一于歸二十三歲夫
故無子撫姪爲嗣現年七十八歲

孫大中妻楊氏士超女年十八于歸二十六歲夫故
守節現年七十三歲
徐家隆妻孫氏傳仁女年十九于歸二十四歲夫故
矢志守節現年七十一歲
張行暉妻涂氏年二十于歸二十四歲夫故守節撫
子成立孫枝日蕃現年六十有八
張桀銀妻吳氏年十九于歸三十歲夫故事舅姑以
孝闘撫二子成立現年七十八歲
李家賓妻蕭氏年二十四夫故家貧苦守撫子成立

四十餘年節操益厲
耶繼璜妻陳氏國熾女年二十一于歸二十七歲夫
故立志守節現年六十有七
陳正紀妻喻氏年十七于歸越三載夫故矢志守節
特十指爲事蓄資恆忍飢無怨言現年六十七歲
汪萬玉妻吳氏正全女年二十八夫故守節撫姪爲
嗣現年六十五歲
楊清昌妻葉氏萬青女年二十八歲夫故守節撫孤
成立現年七十五歲

何艮駒妻王氏光輿女年二十九歲夫故守節撫孤
紡績度日現年六十有五
趙學漢妻王氏至九女年二十二歲夫故守節撫姪
以承夫祀現年八十有七
吳振源妻韓氏正凡女年二十七夫故養姑撫子艱
苦備嘗現年七十歲
鄭厚澍妻陳氏梅新女年三十夫故親老子幼矢志
苦節現年七十歲
楊福昌妻徐氏光前女年二十七夫故矢志苦守現

年七十七歲
周振大妻熊氏大秀女年二十四夫故矢志撫孤子
復中年殤折困苦顛連不堪罄述現年八十六歲
鍾友寅妻李氏用計女年二十于歸二十六歲夫故
無子立嗣以繼夫祀現年七十八歲
蔡登本妻繆氏楚華女年二十九夫故守節現年七
十一歲
周正茂妻田氏朝剛女年二十九夫故矢志守節現
年七十一歲

向本興妻張氏夫故矢志守節前學使王　以節孝
可風額奬之
吳慶佑妻張氏玉堂女年三十夫故三子俱幼紡績
爲生氏撫子成立各執一業現年七十六歲
王必達妻許氏年二十一于歸二十六歲夫故僅二
女氏矢志守節苦不堪言年八十一卒
尹思訓妻劉氏自讓女年二十九夫故勤女工以事
孀姑撫子先珍先儐成立現年七十二歲
孫兆奇妾喻氏代舉女年三十夫故遺孤二盡心撫

養恩勤備至後士元士魁並列膠庠氏卒年七十
八歲
張元皓妻李氏年十九歲于歸二十三歲夫故守節
四十九年卒
彭鳳池妻李氏年二十一于歸二十五歲夫故守節
二十五年卒
向德珏妻劉氏正意女年二十八夫故卒年七十有
八
王德涓妻朱氏星慶女年二十于歸三十歲夫故事
繼姑以孝聞年五十五歲卒
戴孫氏監生戴俊妻福建崇安知縣昌文之母年二
十九夫故守節二十二年卒前學使王給節媲松
筠額奬之
閔敦明妻李氏德榜女年二十六夫故孀姑衰病事
之盡禮遺孤稚弱撫之成立年八十餘卒
劉德魁妻劉氏年二十九夫故遺一子甫四歲艱難
苦守力葆貞操年七十六卒
蕭鼎臣妻尹氏思道女年十九于歸二十九歲夫故

守節三十五年
金克有妻劉氏光遠女年二十于歸二十九歲夫故
守節三十八年卒年六十七歲
陳光福妻朱氏傳臚女年二十一于歸二十七歲夫
故守節二十三年卒
陳正運妻徐氏徐連女年二十一夫故守節三十年
卒
趙履隆妻李氏夫故守節撫孤成立年五十二歲卒
王廷臯妻李氏大忠女年二十九夫故奉慈姑孝撫

予有成現年七十一歲

馮駐妻吳氏夫故守節備歷艱阻里黨敬之

劉大懷妻汪氏矢志守節艱貞不渝數十年如一日

李天辟妻周氏年二十守節六十七歲卒

謝嘉惠繼妻夏氏孔嘉女湖南候補知縣謝墀之祖母守節四十餘年孝慈淑慎里黨稱之

鄭際盛妻田氏　鄭永溢妻邵氏

鄭成秀妻姜氏　鄭明璔妻彭氏

李來猷妻陳氏　李克申妻謝氏

李加枝妻王氏　李元會妻畢氏

李加隑妻盧氏　李　渾妻田氏

李加賓妻盧氏　李開秀妻易氏

李明試妻魏氏　李丹容妻易氏

李天明妻石氏　李明棻妻潘氏

李　峄妻楊氏　李明心妻董氏

李　岂妻潘氏　李用貞妻方氏

李成熙妻張氏　李超琪妻王氏

李德昌妻彭氏　李生琇妻許氏

李加修妻曾氏　李良憲妻曾氏

李明法妻阮氏　李必高妻童氏

李明揚妻王氏　李招譽妻童氏

李天佑妻易氏　李文燦妻黃氏

李清璋妻王氏　李德元妻龔氏

李行俊妻彭氏　李加穀妻陳氏

李茲旭妻魏氏　李用松妻熊氏

李仁茂妻江氏　李用滋妻潘氏

李兆烱妻劉氏　李繩佑妻韓氏

李金朋妻楊氏　李台耀妻王氏

李德甲妻董氏　李銓側室潘氏

李明葛妻韓氏　李顯榮妻潘氏

李德純妻劉氏　李敦愷妻全氏

李鐘玫妻周氏　李兆來妻李氏

李世安妻周氏　李紹先妻李氏

李正琳妻張氏　李紹周妻張氏

李烈文妻王氏　李大釗妻王氏

李大英妻黃氏　李正榮妻黃氏

李知剛妻許氏　李正撰妻朱氏
李　琛妻陳氏　李爲標妻徐氏
李士炳妻裴氏　李應謀妻曾氏
李　蕙妻汪氏　李魁賢妻吳氏
李玉堂妻彭氏　李剛來妻戴氏
李台清妻李氏　李宗賓妻袁氏
李杜楷妻江氏　李德萬妻王氏
李燦瑶妻葉氏　李希賢妻徐氏
李許仲妻張氏　李步文妻季氏

李國祥妻魏氏　李用興妻韓氏
李本鉢妻程氏　李用茂妻何氏
李繼光妻劉氏　李大倫妻韓氏
李許大妻高氏　李金榮妻黃氏
李前熙妻劉氏　李人杰妻汪氏
李煥斗妻曾氏　李　妻楊氏
李士榮妻李氏　劉有誼妻徐氏
李萬德妻徐氏　劉偉才妻朱氏
李玉長妻劉氏　劉偉度妻程氏

李之英妻陳氏　劉秉輝妻李氏
李祖訓妻姜氏　劉德生妻郭氏
李文漢妻彭氏　劉開仕妻李氏
李大榮妻余氏　劉昌泰妻蔡氏
劉守先妻朱氏　劉繩章妻舒氏
劉大啟妻楊氏　劉開運妻李氏
劉德貴妻俞氏　劉德淋妻周氏
劉知進妻吳氏　劉之椿妻楊氏
劉維榮妻朱氏　劉獻洲妻任氏

劉正光妻張氏　劉　瑩妻陳氏
劉光勳妻陳氏　劉大洪妻熊氏
劉　漢妻史氏　劉玉珍妻馮氏
劉復初妻李氏　劉應湖妻廖氏
劉自昭妻李氏　劉國鴻妻李氏
劉自瑶妻姚氏　劉正峒妻林氏
劉振權妻姜氏　劉傳桂妻林氏
劉邦顯妻蔡氏　劉正湘妻魏氏
劉邦建妻李氏　劉正凱妻周氏

劉應高妻周氏　劉正傅妻林氏
劉應遴妻高氏　劉方洲妻范氏
劉應照妻胡氏　劉正節妻黄氏
劉茂如妻周氏　劉正燦妻張氏
劉文道妻徐氏　劉則萬妻任氏
劉春岱妻安氏　劉知和妻易氏
劉廷珍妻朱氏　劉佑勳妻朱氏
劉正棨妻牛氏　劉能保妻孫氏
劉良佶妻張氏　劉大貴妻楊氏

劉良任妻熊氏　劉慶齡妻潘氏
劉傅茂妻魏氏　劉寶仁妻李氏
劉正伯妻游氏　劉昌裕妻丁氏
劉伯偕妻林氏　劉大任妻李氏
耿紹蘭妻許氏　劉大章妻李氏
紀光照妻章氏　劉大鳳妻湯氏
劉應桐妻鄔氏　劉朝順妻黄氏
劉永泰妻吳氏　劉德昌妻殷氏
劉開甲妻華氏　劉行泰妻涂氏

劉昌廣妻龍氏　劉熙纘妻封氏
劉遇銀妻李氏　劉之仁妻胡氏
劉芝坤妻姚氏　劉有球妻潘氏
劉　斌妻李氏　劉光炳妻朱氏
劉知啟妻周氏　劉能宗妻汪氏
劉德欽妻楊氏　劉大醋妻鍾氏
劉運亨妻鄭氏　劉大成妻王氏
劉德信妻王氏　劉冉金妻易氏
劉大智妻邛氏　劉昌坦妻蕭氏

劉文榜妻邛氏　劉德綉妻張氏
劉應翰妻余氏　劉其仁妻陳氏
劉　惠妻朱氏　劉應文妻楊氏
劉昌秀妻張氏　劉昌會妻吳氏
劉昌煥妻曾氏　劉鳳藻妻汪氏
劉廷暄妻胡氏　劉世年妻康氏
劉永佑妻魯氏　劉世烈妻陳氏
劉偉炘妻熊氏　劉振裕妻湯氏
劉世海妻王氏　劉國昌妻朱氏

劉能元妻曹氏 劉文秀妻張氏 劉文煥妻江氏 劉傳綸妻李氏 張叔廷妻江氏 張斑側室徐氏 張任秀側室孫氏 張景思妻章氏 張星聚妻徐氏

張廣華妻黃氏 張承觀妻黃氏 張炳林妻劉氏 張守裕妻李氏 張白隆妻余氏 張材德妻孫氏 張自明妻劉氏 張家儒妻鍾氏 張和慶妻周氏

劉成瑛妻黃氏 劉世起妻余氏 劉世耀妻彭氏 劉啟忠妻李氏 劉自片妻田氏 張智綱妻王氏 張維珩妻田氏 張　鑑妻程氏 張成治妻羅氏 張行敏妻王氏 張希孟妻劉氏 張文炤妻謝氏 張益先妻姚氏 張士朝妻唐氏 張星運妻楊氏 張正華側室胡氏 張廷獻妻胡氏 張承韶妻周氏

張承桂妻朱氏 張元璧妻馮氏 張像如妻陳氏 張德英妻郭氏 張先治妻彭氏 張先庚妻楊氏 張承厚妻李氏 張先管妻周氏 張承琅妻楊氏

張光普妻王氏 張自超妻劉氏 張大林妻鄭氏 張大亨妻龍氏 張德貴妻劉氏 張德明妻萬氏 張家紀妻吳氏 張德洋妻劉氏 張承綬妻尹氏

張遐珠妻許氏 張建極妻周氏 張承遠妻盧氏 張承綺妻章氏 張漢藎妻劉氏 張振剛妻姚氏 張明魁妻江氏 張天極妻余氏 張承璸妻黃氏 張有爲妻喻氏 張元仁妻袁氏 張世熙妻陳氏 張世燾妻王氏 張明榜妻劉氏 張希周妻王氏 張開宗妻劉氏 張世學妻馮氏 張慶爵妻陳氏

張子玉妻姚氏　張世純妻黃氏
張士睿妻李氏　張咸漓妻胡氏
張正經妻尹氏　張崇華妻袁氏
張先成妻高氏　張臨春妻余氏
張先揆妻趙氏　張架鴻妻向氏
張架光妻韓氏　張咸海妻劉氏
張架治妻蕭氏　張恢緒妻彭氏
張架洽妻王氏　張于瑾妻熊氏
張架洛妻熊氏　張行濬妻吳氏

張架元妻陳氏　張行諫妻李氏
張架琳妻彭氏　張行澍妻尹氏
張大燗妻朱氏　張行灝妻鄭氏
張鍾鯤妻鄭氏　張鍾英妻鄔氏
張守禮妻徐氏　張　妻劉氏
張臨極妻蕭氏　胡澤遠妻尹氏
張正倫妻章氏　胡大經妻唐氏
張耀興妻余氏　胡光德妻劉氏
張開榜妻楊氏　胡尊相妻王氏

張正達妻謝氏　胡長逵妻洪氏
張　妻陶氏　胡正泰妻密氏
張　妻章氏　胡　聯妻吳氏
胡遠洪妻蕭氏　胡　樸妻王氏
胡光珠妻胡氏　戴必先妻黃氏
胡正富妻黃氏　戴開橚妻王氏
胡文才妻李氏　戴開芝妻康氏
胡名揚妻蕭氏　戴開仁妻吳氏
胡光錡妻屈氏　戴德山妻許氏

胡正津妻李氏　戴逢芹妻張氏
戴開據妻萬氏　戴德鑑妻楊氏
戴開烈妻李氏　戴廷桂妻張氏
戴家忠妻周氏　戴仁泰妻童氏
戴成基妻黃氏　戴宗周妻胡氏
戴洪道妻冷氏　戴開臣妻周氏
楊洪禮妻吳氏　戴有義妻郭氏
楊兆文妻李氏　楊洪烈妻俞氏
楊國芳妻張氏　楊兆嵩妻陳氏

楊盛宗妻馮氏　楊文綬妻涂氏
楊漢弼妻蔡氏　楊起玉妻陳氏
楊煥章妻范氏　楊宗文妻范氏
楊培泰妻王氏　楊鴻祚妻黃氏
楊大旭妻胡氏　楊仁安妻易氏
楊兆年妻田氏　楊天德妻劉氏
楊盛佑妻李氏　楊國光妻何氏
楊光裕妻王氏　楊遠思妻華氏
楊兆明妻俞氏　楊廷光妻曾氏

楊尙志妻饒氏　楊大貴妻彭氏
楊塏章妻彭氏　楊鴻礽妻王氏
楊仁壽妻高氏　楊秉忠妻尹氏
哈上選妻伍氏　楊裕昌妻徐氏
楊起富妻彭氏　楊士楷妻王氏
楊宗顯妻蕭氏　楊必萬妻顧氏
楊維鍊妻劉氏　楊維澴妻周氏
朱容榜妻周氏　楊維鈞妻劉氏
朱開淇妻王氏　朱天秩妻吳氏

朱兆雄妻胡氏　鄭世延妻胡氏
朱廷颺妻戴氏　朱業書妻陳氏
朱雲祥妻余氏　朱才堂妻汪氏
朱錫章妻李氏　朱世明妻宋氏
朱正綸妻王氏　朱盛亭妻李氏
朱戴天妻王氏　朱家福妻徐氏
朱光泗妻紀氏　朱明璉妻張氏
朱士賢妻劉氏　朱錫承妻蔡氏
朱才典妻蔡氏　朱克　妻李氏

朱光泰妻王氏　朱克信妻楊氏
朱開甲妻張氏　朱克丕妻王氏
朱宗椿妻陳氏　朱朝煥妻王氏
蔡德書妻吳氏　朱昌後妻胡氏
蔡明義妻吳氏　王法純妻張氏
鄭志詒妻姜氏　王宏萬妻蔡氏
蔡傳鄖妻謝氏　王修治妻王氏
蔡映喬妻鄭氏　王霖川妻李氏
蔡傳貴妻吳氏　王士驥妻李氏

蔡光先妻黃氏　王士垩妻胡氏
蔡萬全妻王氏　王佑經妻楊氏
蔡登本妻繆氏　王曰豐妻尹氏
王秀學妻胡氏　王德林妻袁氏
王本浩妻漆氏　王尙進妻張氏
王萬象妻孫氏　王澤高妻毛氏
王道隆妻左氏　王元裕妻曹氏
王德元妻魏氏　王洪蛟妻黃氏
王開榜妻魯氏　王崑山妻胡氏

王宜謀妻吳氏　王守義妻吳氏
王德和妻龔氏　王世貴繼妻胡氏
王德仁妻梁氏　王成章妻陳氏
王　澴妻王氏　王克捷妻范氏
王文鄰妻董氏　王朝約妻許氏
王宗幹妻蔡氏　王旭光妻任氏
王天紱妻張氏　王脩泰妻劉氏
王垂恕妻張氏　王紹先妻胡氏
王快昌妻余氏　王德新妻李氏

王后柏妻陽氏　王后鳳妻戴氏
王佑芝妻陳氏　王崑富妻蔡氏
王　芝妻方氏　王正柱妻粲氏
王正霞妻吳氏　吳星海妻葉氏
王全相妻陳氏　吳一林妻李氏
王良瓚妻黃氏　吳大坤妻王氏
王良騎妻蕭氏　吳以信妻周氏
王應華妻胡氏　吳大章妻陳氏
王前植妻蕭氏　吳士茂妻宋氏

鄭國全妻劉氏　吳洪側室張氏
吳應銓妻俞氏　吳國棟妻朱氏
吳自隆妻黃氏　吳　權妻李氏
吳天錫妻王氏　吳興載妻朱氏
吳興疆妻田氏　吳貞鈞妻王氏
吳貞純妻沈氏　吳文潤妻陳氏
吳慶珠妻張氏　吳起泰妻王氏
吳韶川妻尹氏　吳天相妻王氏
吳傳甯妻劉氏　吳鵬程妻張氏

吳玉藻妻周氏　吳正壽妻梁氏
吳兆龍妻周氏　陳能祥妻李氏
吳懷禮妻張氏　陳經邦妻朱氏
吳　鉉妻張氏　陳　桂妻龍氏
吳信堅妻李氏　陳光炘妻朱氏
吳敏學妻張氏　陳明義妻李氏
吳良惠妻張氏　陳虞全妻李氏
鄧大衡妻李氏　陳祖義妻蕭氏
陳貽和妻蕭氏　陳光延妻蕭氏

陳義和妻朱氏　陳思忠妻謝氏
陳　啟妻彭氏　陳敦典妻李氏
陳廷元妻宋氏　陳明信妻楊氏
陳國順妻朱氏　陳國材妻梁氏
陳國泰妻彭氏　陳有智妻龍氏
陳光第妻姚氏　陳燕譽妻錢氏
陳繼周妻孫氏　陳燕懷妻胡氏
陳弟傳妻劉氏　陳光晏妻王氏
陳文選妻丁氏　陳學賢妻袁氏

陳大源妻蕭氏　陳繼豹妻劉氏
陳先達妻姚氏　陳大文妻吳氏
陳第用妻梁氏　陳正友妻周氏
陳正安妻陳氏　陳正華妻蕭氏
陳文忠妻周氏　陳光耀妻楊氏
陳如瑄妻劉氏　陳光富妻萬氏
陳文和妻周氏　陳光緒妻涂氏
陳必元妻劉氏　陳明烜妻彭氏
陳其殷妻袁氏　陳繼璐妻王氏

陳祖信妻楊氏　陳德馨妻王氏
陳正明妻彭氏　陳大銓妻朱氏
陳東旭妻羅氏　許　浩妻羅氏
陳士貴妻胡氏　許善學妻姜氏
陳功明妻張氏　許思義妻俞氏
許自禮妻羅氏　許秀村妻蕭氏
許思先妻劉氏　許培文妻蕭氏
許德環妻李氏　許培英妻楊氏
許迎祥妻劉氏　許純繼妻戈氏

許　祐妻余氏　許士鏊妻吳氏
許　崧妻梁氏　許德純妻何氏
許　玫妻陳氏　江　灃妻程氏
許　楙妻李氏　江永繁妻姜氏
許　潯妻余氏　江永傳妻李氏
俞正濂妻吳氏　江大元妻楊氏
俞先型妻余氏　江大麟妻張氏
俞明奇妻何氏　江大鐸妻楊氏
俞先智妻許氏　江志揚妻王氏

俞先純妻吳氏　江紹堂側室黃氏
江正璧妻查氏　江正賓妻郭氏
樊貞揚妻魯氏　羅光鴻妻張氏
羅開福妻張氏　羅　寬妻王氏
羅　暘妻王氏　羅生漢妻李氏
羅宗謙妻彭氏　羅雲新妻孫氏
羅大彩妻陳氏　羅光湖妻張氏
羅友洪妻駱氏　羅代桓妻陳氏
羅方貴妻黃氏　羅文治妻孫氏

羅全義妻曾氏　羅登榜妻朱氏
丁上金妻龍氏　丁上元妻張氏
丁士濂妻王氏　黃　漢妻余氏
丁文柱妻唐氏　黃光壽妻潘氏
丁祖翼妻李氏　黃士佳妻吳氏
黃志剛妻陳氏　黃光珍妻李氏
黃發憲妻周氏　黃德忠妻張氏
黃思訓妻馮氏　黃　曙妻張氏
黃國藩妻張氏　黃　璋妻劉氏

黃士倫妻吳氏　黃邦憲妻張氏
黃　捷妻劉氏　黃邦柱妻韓氏
黃紹前妻程氏　黃德璋妻王氏
黃聲遠妻姚氏　黃大學妻張氏
黃維綱妻金氏　黃志孟妻羅氏
黃金連妻張氏　黃起雲妻陳氏
黃元芳妻楊氏　黃正釗妻程氏
黃大亨妻魏氏　黃正錦妻周氏
黃德恩妻高氏　黃道華妻劉氏

黃闕文妻粱氏　高偉人妻曾氏
高爲鍵妻汪氏　高爲鐙妻林氏
高庠人妻彭氏　高名儒妻劉氏
高于益妻黃氏　高名俊妻吳氏
高于祥妻張氏　高名柏妻黃氏
高名珠妻蔣氏　高義長妻戴氏
高哲輔妻李氏　高哲卿妻李氏
高郁在妻石氏　高哲發妻殷氏
高爲經妻萬氏　高哲燮妻任氏

高世連妻王氏　高名菊妻粱氏
高遇龍妻吳氏　高爲富妻李氏
高哲澄妻汪氏　高名恕妻謝氏
高哲貴妻張氏　高名堯妻徐氏
高爲鉚妻周氏　高名超妻吳氏
高名獻妻范氏　高宗題妻謝氏
傅文燦妻彭氏　徐承遠妻周氏
傅士清妻張氏　徐文英妻范氏
徐鳳閣妻甘氏　徐正福妻張氏

徐東光妻田氏　徐世林妻閔氏
徐有德妻周氏　徐光雨妻秦氏
徐彥修妻龍氏　徐正國妻蕭氏
徐恭文妻樊氏　徐必寬妻朱氏
徐貴吾妻王氏　徐如泰妻黃氏
徐正全妻劉氏　徐如彬妻寇氏
徐德先妻俞氏　徐盈滋妻汪氏
徐　裔妻鄔氏　袁志第妻周氏
徐　復妻劉氏　蕭方猷妻魏氏

徐新益妻黃氏　蕭峻和妻胡氏
徐善富妻劉氏　蕭明德妻鄭氏
蕭治中妻許氏　蕭　輳妻李氏
蕭禮國妻汪氏　蕭正義妻龔氏
蕭玉田妻胡氏　蕭遇運妻王氏
蕭德剛妻李氏　蕭大禮妻顏氏
蕭學嶼妻程氏　蕭方信妻周氏
蕭大德妻傅氏　蕭　澍妻倪氏
蕭　正妻王氏　蕭光斌妻唐氏

蕭忠禹妻李氏　蕭治楚妻鄧氏
蕭昌國妻蔡氏　蕭必貴妻余氏
蕭正發妻葉氏　王朝儀妻龍氏
蕭忠雲妻徐氏　孫宗極妻呂氏
蕭永國妻俞氏　孫之玫妻於氏
蕭家文妻吳氏　孫兆定妻陳氏
蕭經文妻劉氏　孫鴻逵妻鄭氏
蕭德潤妻周氏　孫德潤妻胡氏
蕭國壽妻張氏　孫光殿妻楊氏

蕭振常妻吳氏　孫楚煥妻周氏
蕭明友妻邱氏　孫楚堂妻杜氏
孫鴻翔妻劉氏　孫耀祖妻劉氏
孫世寬妻張氏　孫光全妻曹氏
孫材德妻申氏　孫之泌妻熊氏
孫傳禮妻黃氏　孫洛書妻燕氏
孫方洋妻程氏　項厚坤妻潘氏
項令側室謝氏　項紹仁妻張氏
項之琬妻余氏　項天富妻沈氏

項成相妻朱氏　汪嘉猷妻李氏
汪廷松妻戚氏　汪士佐妻李氏
汪道清妻劉氏　汪宗選妻易氏
汪閣書妻葉氏　汪著光妻徐氏
汪如紀側室李氏　汪運楠妻劉氏
汪應璋妻羅氏　汪大鍊妻李氏
汪楚望側室李氏　汪大銘妻潘氏
汪大醕妻駱氏　汪大理妻戴氏
汪國蔚妻王氏　汪道湘妻李氏

汪士儀妻丁氏　汪大椿妻余氏
汪士佳妻嚴氏　姚大全妻余氏
汪泰升妻穆氏　姚任元妻王氏
郭國榮妻吳氏　姚朝雲妻朱氏
郭　壽妻張氏　姚金楷妻許氏
郭映椿妻倪氏　姚遇春妻蔡氏
郭　環妻徐氏　姚作霖妻馮氏
郭大錕妻李氏　姚艮璠妻蕭氏
鄭　晰妻江氏　姚　愷妻陳氏

姚之琛妻魏氏　姚正昇妻江氏
姚愔德妻楊氏　程義興妻魯氏
姚志道妻王氏　程開元妻李氏
姚大明妻徐氏　程澤廷妻馮氏
姚必運妻鄧氏　程金台妻吳氏
梅紹魁妻劉氏　程明貞妻李氏
梅耀先妻宋氏　程志禮妻張氏
程正玘妻尹氏　程殿瑛妻汪氏
程朗亭妻朱氏　程昌齡妻胡氏

李　暘妻羅氏　袁應忠妻楊氏
李文煌妻朱氏　袁文耀妻楊氏
華念明妻劉氏　袁德高妻張氏
宋之采妻蕭氏　袁仁遠妻龍氏
宋掄一妻汪氏　袁全義妻張氏
宋仁恕妻熊氏　袁道照妻王氏
宋時雍妻黃氏　袁春和妻陳氏
宋大銓妻鄧氏　陳士義妻朱氏
宋倘忠妻陳氏　周文煜妻蕭氏

宋彩長妻傅氏　汪　妻曾氏
袁厚彝妻黃氏　周明斷妻魏氏
汪　異妻徐氏　周定榮妻曾氏
周　洮妻趙氏　周世黼妻張氏
周　泳妻鄢氏　周學至妻高氏
周文勳妻劉氏　周可元妻涂氏
周　密妻陳氏　周鵬翼妻胡氏
周光鼎妻尹氏　周明潤妻易氏
周文秀妻張氏　周大炳妻張氏

周文正妻黃氏　周景元妻孫氏
周成鰲妻張氏　周興安妻黃氏
周文祖妻張氏　周昌坤妻伍氏
周鵬越妻李氏　周　銘妻胡氏
周汝鸞妻張氏　周鳳書妻楊氏
周維謹妻張氏　周正德妻屠氏
周文明妻費氏　周明釗妻李氏
周定遠妻陳氏　周光福妻童氏
周汝曉妻楊氏　周文純妻趙氏

周道愷妻高氏　彭德國妻劉氏
周光有妻張氏　彭玉美妻董氏
彭大璜妻余氏　彭兆榜妻喻氏
彭大年妻鍾氏　彭洪裕妻俞氏
彭　悅妻胡氏　彭　灝妻李氏
彭正選妻范氏　彭天鳳妻章氏
彭德昌妻張氏　曾光廷妻張氏
彭賓光妻劉氏　曾居起妻章氏
彭明志妻林氏　曾雲龍妻姜氏

曾開學妻馮氏　馬占魁妻張氏
曾大權妻朱氏　尹廷經妻郭氏
曾東昭妻蕭氏　尹待聘妻張氏
熊正文妻楊氏　尹曰璋妻鄭氏
熊明春妻高氏　尹起釗妻魯氏
熊　津妻王氏　尹顯德妻孔氏
熊正國妻蕭氏　尹介中妻方氏
熊開運妻曾氏　尹嘉英妻姜氏
熊立亭妻田氏　易周定妻彭氏

馬存忠妻王氏　易兆槐妻余氏
馬振泰妻楊氏　易兆黼妻田氏
金德勳妻劉氏　易發元妻江氏
金宗有妻許氏　易兆興妻田氏
金定榜妻張氏　易　坦妻王氏
易兆松妻黃氏　韓德聯妻羅氏
易兆書妻毛氏　韓家宥妻陳氏
易開曉妻袁氏　韓德辭妻張氏
易開旭妻田氏　夏洪發妻魯氏

易兆橘妻田氏　夏贊昌妻陳氏
易開照妻余氏　夏大廷妻戚氏
韓德浴妻劉氏　夏道型妻鄔氏
韓先哲妻萬氏　夏大明妻蕭氏
韓德揚妻王氏　倪東陽妻許氏
韓德惠妻王氏　董昌遂妻馮氏
韓德湧妻王氏　董元福妻龔氏
韓德芬妻彭氏　董昌雲妻蕭氏
韓家貴妻江氏　何詩賢妻徐氏

夏大貴妻蔡氏　何孔標妻李氏
夏大楷妻彭氏　何正發妻張氏
董德萬妻周氏　方希超妻朱氏
何正金妻王氏　方中桂妻張氏
何志雄妻尹氏　方文熾妻包氏
何良棟妻張氏　鄔國順妻鍾氏
何萬興妻張氏　鄔信宣妻閔氏
何良釗妻易氏　葉志詢妻余氏
何逢漣妻鄔氏　顏正權妻張氏

何應春妻余氏　顏正鈞妻沈氏
何國全妻毛氏　顏正謨妻張氏
葉本昂妻張氏　衛應貴妻曹氏
葉周璜妻劉氏　衛應秀妻蔡氏
葉澤久妻潘氏　文國龍妻傅氏
葉本梅妻蕭氏　文大順妻劉氏
葉宗琳妻何氏　管學彥妻宋氏
葉宗琪妻張氏　余光玉妻劉氏
葉啟駿妻吳氏　余成璧妻胡氏

葉宗綱妻張氏　余士芳妻劉氏
曹開先妻余氏　余榮琪妻張氏
管　繼妻康氏　余應萬妻吳氏
余世楷妻許氏　余能澤妻閔氏
余世彩妻易氏　余　妻俞氏
余德有妻田氏　唐萬春妻丁氏
余光第妻徐氏　唐大銀妻傅氏
余士果妻龔氏　潘世昌妻何氏
余學純妻溫氏　潘天榜妻梁氏

余金騰妻蕭氏　潘天奇妻陳氏
余泰生妻許氏　潘運洗妻李氏
甘昌祺妻胡氏　潘運注妻趙氏
歐陽啟宣妻田氏　潘正榜妻張氏
龔家茂妻李氏　潘明玉繼妻陳氏
邱述先繼妻何氏　潘天迪妻方氏
邱繼璋妻周氏　趙開楨妻彭氏
邱永華妻李氏　涂經緯妻張氏
邱永薪妻朱氏　涂開統妻魏氏

潘運陽妻張氏　涂昭椿妻羅氏
趙開應妻張氏　涂昌言妻陳氏
涂愔章妻王氏　涂昌泰妻張氏
涂經李妻張氏　范正鑑妻葉氏
涂仁章妻張氏　范正揚妻曾氏
涂伊章妻潘氏　范運逵妻李氏
涂國相妻李氏　謝盛周妻黃氏
涂光祖妻潘氏　聶摩紳妻彭氏
涂宗茂妻楊氏　聶開周妻盧氏

涂昌明妻劉氏　聶兆綵妻胡氏
謝大志妻朱氏　廖光遠妻徐氏
謝惠蕃妻吳氏　廖彩富妻辛氏
謝中孚妻程氏　廖錫爵妻張氏
謝起元妻李氏　萬邦孚妻王氏
謝德華妻邱氏　萬交孚妻高氏
歐陽啟太妻蕭氏　萬才安妻熊氏
歐陽艮佐妻周氏　康大愷妻楊氏
歐陽艮忠妻劉氏　康金蘭妻魏氏

陽　銑妻何氏　康大晉妻謝氏
萬　楷妻張氏　康　誥妻高氏
蘇傳德妻胡氏　康宗輝妻戴氏
蘇大明妻鄢氏　康洪吉妻王氏
宗昌後妻涂氏　林廣伯妻魏氏
宗若椿妻兪氏　林支均妻楊氏
明廷玉妻康氏　林國彩妻劉氏
明廷棟妻彭氏　林興國妻劉氏
明士鉉妻萬氏　林方苞妻余氏

明之洪妻張氏　林有光妻劉氏
明廷柱妻張氏　林光漢妻宋氏
盧振桂妻燕氏　姜懷洙妻蕭氏
盧光大妻李氏　姜德韶妻朱氏
陶文楷妻劉氏　姜德紹妻朱氏
陶正填妻周氏　姜德萬妻黃氏
陶開桂妻陳氏　姜懷楷妻夏氏
向正德妻劉氏　裴家秀妻鍾氏
向正琨妻黃氏　裴愈昌妻劉氏

魯以質妻夏氏　章心田妻劉氏
姜景新妻張氏　章順萬妻李氏
姜宗秀妻蕭氏　章心惠妻袁氏
姜宗灝妻吳氏　童宗林妻胡氏
馮瑩卓妻江氏　童開子妻夏氏
馮茂修妻蔡氏　童開惠妻邱氏
馮崇哲妻李氏　童開廉妻鄧氏
馮定仁妻李氏　呂芳華妻王氏
馮賢祖妻張氏　符　煌妻莊氏

馮　彝妻王氏　符　耀妻蔡氏
呂特萬妻蔡氏　屠長炳妻何氏
呂孔適妻蔡氏　屠長榮妻盧氏
鄒衍鸞妻彭氏　屠長焰妻熊氏
鄒士元妻盛氏　屠長照妻易氏
鄒洪壽妻王氏　嚴文炳妻張氏
鄒世萱妻周氏　嚴國璜妻余氏
鄒洪準妻蕭氏　雷世元妻魏氏
鄒廷瑞妻羅氏　沈允漢妻陶氏

畢　增妻嚴氏　沈景紳妻譚氏
嚴玉書繼妻劉氏　沈昌合妻雷氏
嚴國泰繼妻周氏　沈明俊妻魏氏
魏登科妻余氏　沈景溥妻張氏
魏學太妻余氏　沈繼承妻胥氏
魏宗海妻高氏　沈坤六妻彭氏
魏明暘妻高氏　舒頂漣妻皮氏
魏登棠妻何氏　段士晃妻董氏
魏輝全妻戴氏　鄧啟迨妻黃氏

雷方貴妻何氏　杜大文妻趙氏
舒志義妻張氏　杜巨豐妻曾氏
舒長祺妻談氏　杜文惠妻鄭氏
舒元淇妻徐氏　杜梓元妻孫氏
舒楚明繼妻朱氏　杜大有妻阮氏
舒發福妻余氏　柏正培妻吳氏
鍾光烈妻蕭氏　柏　彤妻吳氏
鍾本榮妻田氏　田光連妻易氏
鍾光昕妻王氏　田昌英妻余氏

鍾光照妻周氏　田光璨妻張氏
燕　琪妻丁氏　田開墀妻陳氏
燕　璠妻鄭氏　冷治元妻張氏
燕　琴妻李氏　全正義妻段氏
田文勳妻林氏　毛遠翔妻程氏
田開基妻張氏　計能聖妻陳氏
田開壁妻李氏　計德基妻王氏
田開城繼妻江氏　計能雲妻華氏
田洪凱妻文氏　盛豐盈妻江氏

田新甫妻王氏　盛紹坡妻韓氏
龍玉珩妻朱氏　盛　銀妻陳氏
龍　霈妻阮氏　溫德瑞妻羅氏
蔣　達妻韓氏　溫榮祖妻劉氏
蔣如仁妻陳氏　溫欽祖妻劉氏
蔣正鳳妻龍氏　賀學久妻王氏
梁祖訓妻宋氏　賀明佐妻羅氏
梁之光妻江氏　伍文奎妻龍氏
泰映爛妻吳氏　殷德裕妻張氏

泰來堂妻張氏　練知義妻李氏
崔比南妻宋氏　祝賢輔妻廖氏
崔光富妻李氏　任岐毓妻曹氏
湯明玉妻李氏　柳之成妻李氏
湯世哲妻李氏　蔄艮士妻魏氏
艾正芳妻柯氏　左　忠妻涂氏
艾維學妻馮氏　石應庚妻王氏
華有宗妻朱氏

以上道光二十九年　旌

按道光己酉年係由邑人葉志詵倡率同志採訪彙題擬建總坊未果今取其有事實者詳載餘均按名錄存

張鴻妻羅氏漢川前任河北道羅正墀女年二十三于歸三十歲夫故事翁姑以孝稱撫遺孤成立卒年七十五歲咸豐九年　旌

蘇傳玫妻王氏年二十六夫故遺子女各一家極貧艱窘萬狀飢寒不形於色撫子成立苦節二十四年卒年四十九歲

徐世林妻張氏懷德女年十七于歸二十六歲夫故
守節三十二年卒年五十七歲
金炳南妻衞氏清之女年二十一于歸二十九歲夫
故守節四十三年卒年七十有一
李翰聲妻程氏漢川觀察程暘川女年二十六夫故
事姑至孝撫猶子爲嗣現年七十四歲
曾位哲妻李氏楚貴女年二十六夫故遺腹生子教
養成立娶名家女爲婦事舅姑事葬如禮現年七
十八歲

蔡傳詔妻吳氏長松女年十九于歸二十一歲夫故
遺孤甫數月撫之成立事衰姑能得歡心現年七
十三歲
謝玉山妻龔氏庠生兆臨女年十九于歸二十三歲
夫故事孀姑曲盡孝道守節四十一年卒年六十
四歲
黃光標妻姚氏培華女年十七于歸二十九歲夫故
守節三十年卒年五十八歲
吳景昌妻周氏傳隍女年十九于歸二十三歲夫故
守節三十三年卒年五十有七
劉文儒妻張氏堂升女年十九于歸二十三歲夫故
守節四十三年卒年六十有五
劉德祺妻彭氏玉起女年十七于歸二十八夫故守
節三十八年卒年六十有五
蕭兆斌妻戴氏朝晉女年十九于歸數月夫故守節
事翁姑以孝稱撫姪爲嗣以續夫祀年五十二卒
戴錤妻張氏國懷女年二十于歸二十六歲夫故守
節二十七年卒

蕭啟佑妻冷氏文賢女年十八于歸二十七歲夫故
守節三十一年卒
曹啟忠妻祝氏德純女年十九于歸二十四歲夫故
現年六十八歲
姚金宣妻程氏庠生誌堂女年十七于歸二十一歲
夫故事姑撫子備極艱辛守節二十五年卒
吳尚墳妻羅氏雲騎尉羅開陽女年二十一于歸二
十九歲夫故守節五十年
張國典妻陳氏紹祖女年二十于歸二十九歲夫故

針紉度日奉姑甘旨無缺撫遺孤早殤終身無笑
容年八十存　撫院胡　給凜若秋霜額
許璋妻葉氏棻蓁女年十九于歸三年夫遘疾百方
醫治背出十指夫歿子亦繼殤守節六十三年
學憲王　給額獎之
吳仁詳妻李氏正恆女年十七于歸二十歲夫故守
節四十二年卒
高志艮妻羅氏兆華女年十八于歸二十九歲夫故
守節　撫院胡　給額獎之年七十四卒

葉大周妻余氏晴溪女年二十于歸二十八歲夫故
守節六十年卒年八十八歲
高方義妻蕭氏自江女年十九于歸二十九歲夫故
守節　撫憲胡　給額獎之苦志三十七年卒
唐必章繼妻路氏宏廷女年十九于歸二十歲夫故
事翁姑能得歡心現存年五十九歲
唐選欽妻葉氏德懷女年十八于歸十九歲夫故撫
姪爲嗣教之成立現存年五十八歲
熊紹乾妻曾氏世莊女年二十一于歸二十二歲夫

故守節年六十五歲
吳以約妻聶氏式可女年二十五于歸二十七歲夫
故事舅姑奉兄嫂孝友兼盡現存年六十有一
王艮玫妻勞氏學海女年二十一于歸二十九歲夫
故守節年六十五存
高廷璋妻張氏悅仁女夫故守節三十年現存年六
十六歲
吳孔雄妻陳氏文元女年十九于歸二十五歲夫故
家貧逮翁繼歿無所依倚歸母家守節紡績度日

現存年六十八歲
宋心源妻胡氏成德女年二十五歲夫故矢志守節
方其夫疾篤時氏割臂肉療之　胡撫憲給龐姜
遺範額以獎焉現存年七十七歲
劉德裕妻甯氏繩武女年二十于歸二十五歲夫故
事姑教子克盡孝慈守節四十七年卒
蕭德貞妻劉氏映堂女年二十二于歸二十九歲夫
故家貧無子氏欲以身殉弟婦王氏以次子爲之
嗣遂不死　學憲王　因氏與弟婦同居守節獎

以雙節流芳額卒年七十三歲

宋天明妻蔡氏夫故守節紡績以事舅姑艱窘備嘗卒年六十一歲

甯承璠妻雷氏天成女夫故守節撫孤成立後入邑庠茹苦含辛者四十年始卒

宋天峻妻管氏世德女年二十二于歸二十九歲夫故守節四十七年現存年八十三歲

張新記妻甯氏錫光女年二十于歸二十七歲夫故因夫兄無嗣以己子出承大宗之祧其明大義類

如此現存年六十九歲

閔寶賢妻祝氏起富女年十七于歸十九歲夫故撫遺孤十歲而殤撫姪爲嗣現存年六十歲

徐雄文妻劉氏秉植女年十七于歸十八歲夫故奉衰姑生事葬祭皆如禮現存年五十八歲

晏大英妻劉氏乙亭女年二十于歸二十五歲夫故矢志堅守現存年七十一歲

楊謝氏庠生之瀚妻巡檢鍾英女年二十五夫故家貧無子紡績爲生現存年六十歲

丁大泰妻劉氏正龍女年十九于歸二十四歲夫故守節　胡撫院以勁節長存額獎之現存年六十六歲

胡德堃妻郭氏壽堂女年二十五于歸二十九歲夫故守節　胡撫院給冰霜清操額獎之現存年五十八歲

陳宗堯妻黄氏宗德女年二十一于歸二十三歲夫故守節現存年七十歲

蕭德鼎妻王氏有孚女年二十于歸二十四歲夫故

矢志守節事翁姑孝撫二孤成立晝作夜績至老不倦子新魁新榜孫毓琛庠生毓璠貢生毓瑨監生家道日興皆氏苦節之報

徐瀛妻龔氏增生雨亭女年二十二于歸二十八歲夫故無子撫姪兆松爲嗣現年七十歲

吳仁山妻羅氏景現女年十七于歸十九歲夫故守節五十一年現年六十九歲

宋順柏妻徐氏光林女年二十一于歸二十六歲夫故無子撫姪光雲爲嗣現年五十八歲

蔡家椿妻姜氏懷泗女年二十一于歸二十三歲夫故事奉翁姑能得歡心嘗割股以愈姑病無子撫姪芬蓮成立現年六十二歲　胡撫憲給額獎之

潘大煜妻湯氏士隆女年二十于歸數月夫故守節現年六十有二

涂正垣妻黃氏尊德女年二十五于歸二十七歲夫故越數年翁姑繼亡奔喪之費皆出紡績苦不堪言現年六十八歲

葉宗環繼妻徐氏年十九于歸二十歲夫故事翁姑孝養備至前妻遺一女愛如己出數年復殤撫姪德清爲嗣教養婚娶歷盡艱辛現年七十一歲

葉德潤妻張氏年十九夫故無子撫姪澤元爲嗣事翁姑以孝稱與叔姑徐氏一門之中稱雙節焉現年五十九歲

朱家珍妻蕭氏蕭貴女年二十于歸二十九歲夫故守節孀姑無目扶持就養氏一身任之姑竟忘其無目也現存年六十八歲

蕭啟廸妻謝氏開國女年二十于歸二十一歲夫故家貧針黹度日事姑至孝姑卒典盡衣物以畢喪事無子撫姪爲嗣現存年六十歲

朱光綬妻楊氏楊釗女年十八于歸二十九歲夫故翁姑老病奉侍湯藥不假於人子四女二撫之皆畢婚嫁現年七十七歲

雷鳴玉妻謝氏開泰女年十七于歸二十七歲夫故家貧無嗣氏針黹自給事祖舅姑生死盡禮與其姻親節婦吳李氏蔡吳氏吳羅氏盟心矢志窮餓自甘現存年七十有四

劉應弼妻蕭氏國彪女年二十二夫故家貧紡績度日事姑撫子孝慈備至現存年五十有八

牆孫氏舉人翊運妻龍光女年二十九夫故事舅姑生事葬祭皆如禮撫子開瀛及一女成立牆氏本籍江陵因僑居漢陽遂附籍焉氏現年六十八存

以上咸豐十年　旌

戴有然妻張氏殿武女年二十二于歸二十七夫故寡言笑勤紡績奉舅姑甘旨無缺年六十九卒

王文龍妻劉氏明倫女年十八于歸二十歲夫故守

節四十一年卒
劉傳綖妻許氏尙珍女年二十一于歸二十九夫故
無子撫三女畢嫁守節三十三年卒
葉渭川妻劉氏生員儀亭女年十八于歸二十七夫
故家貧截髮自誓守節終身年七十有三卒
李人芳妻胡氏二十八歲夫故家貧勤作以撫諸孤
苦難罄述年四十七卒
李文治妻季氏夫早歿氏欲殉以姑老子幼止姑病
痿痺不能舉動氏起則抱之食則哺之數年姑歿

喪葬如禮子名勤淦業儒氏嚴慈並用後有聲膠
庠氏年六十有四卒
李人盛妻蕭氏應泰女年二十三夫故家貧紡績度
日奉舅姑備極辛苦撫孤克經慈而有法現年六
十二歲
項令妾鄒氏維禮女年二十四于歸二十九夫故守
節三十五年卒
周萬豫妻劉氏允文女年十七于歸二十六夫故矢
志守節現年六十八歲

周萬育妻鄢氏貢生鄢楷女年十九于歸二十二夫
故守節三十一年現年六十歲
陳國忠妻魏氏夫故守節現存年五十有八
李克玉妻吳氏緒杰女家貧事孀姑孝謹姑性嚴急
稍不如意輒杖繫之氏卒能得其歡心撫二子授
室次子早殤孫亦殤其憂愁艱難更不堪言
王化行妻朱氏庠生朱衣女年二十于歸二十七夫
故守節現存年六十二歲
邱麟士妻劉氏國永女年十八于歸二十九夫故遺

二子一女氏課讀課耕備極辛苦長子長清爲郡
庠生次子力農鄉里稱善人現年六十五歲
汪輔臣妻桂氏朝光女年十八于歸二十歲夫故守
節孝以事姑存歿如禮現存年五十七歲
吳遠灝繼妻張氏學善女年十九于歸二十七夫故
守節現存年六十六歲
余成仁妻王氏維業女年十九于歸二十二夫故家
貧遭世多艱紡績爲生勤苦備至現存年六十歲
黃金增妻甘氏元貞女年二十八夫故守節孝慈貞

淑現存年八十三歲
蕭國善妻江氏世清女年二十五夫故矢志守節子又隨殤艱苦撫孫至於成立現存年七十三歲
以上咸豐十一年　旌
胡照奎妻劉氏景春女年十八于歸二十八夫故矢志守節現存年六十五歲
蕭德清妻許氏治志女年二十四夫故家貧事翁姑皆出於紡績撫猶子爲嗣教以義方現年六十七歲

蘇張氏生員萬青妻業駿女年十九于歸二十四歲夫故守節三十八年卒
蘇渭璜妻王氏海曙女年二十于歸二十四夫故生子甫五月撫之成立卒年三十九歲
張忠相妻甯氏錫光女夫故守節三十三年撫孤子成立
黃光燦妻張氏正裕女年十九于歸二十四夫故家貧事姑孝敬年六十歲卒
王玉珩妻文氏緒明女年十七于歸十九歲夫故守節現存年六十四歲
劉天成妻龔氏茂先女年十九于歸二十九歲夫故事翁姑以孝聞現存年六十六歲
何兆春妻彭氏年十八于歸二十八歲夫故守節現存年六十五歲
蕭新甲妻尹氏履坦女年二十于歸二十八歲夫故守節現存年六十七歲
張行川妻吳氏遠騶女年十九于歸二十五歲夫故守節撫子成立現年七十三歲

甘儒傳妻程氏家政女年二十于歸三十歲夫故守節現年六十歲
劉本鈞妻周氏天章女年十九于歸二十歲夫故遺腹生子立貴氏紡績營生上事孀姑下撫孤子孝慈兼盡立貴六歲殤姑命立夫兄本祥第三子立訓爲嗣氏視如己出現年五十九歲
胡熙哲妻熊氏熊璧女年二十夫故翁姑早逝夫家無依歸母家度日克孝其親現年五十八歲
以上同治元年　旌

夏名達妻燕氏燕玥女年十七于歸二十二歲夫故
守節四十三年現年六十七歲
曾宏春妻蕭氏蕭俊女年十六于歸十七歲夫故孝
敬翁姑立姪爲嗣現年六十四歲
李鴻義妻陳氏朗亭女年二十一于歸二十二夫故
守節現年五十七歲
楊天沛妻陳氏至惠女年十九于歸二十七夫故守
節現年五十四歲
陳遇春妻宋氏立三女年十七于歸二十二夫故守

節事姑以孝稱現年五十七歲
劉德麟妻汪氏汪基女年十九于歸二十五歲夫故
守節艱苦備嘗現年五十五歲
蔡于周妻王氏士達女年十九于歸二十四歲夫故
家貧針黹以奉姑現年五十六歲
吳承高妻姚氏姚璜女年二十四于歸二十九歲夫
故孝養翁姑久而弗衰現年六十五歲
熊明高妻左氏秉衡女年十九于歸二十七歲夫故
家貧紡績度日現年五十五歲

萬文津妻文氏光明女年二十于歸二十八夫故家
貧紡績度日事翁姑以孝聞現年五十五歲
廖之銘妻徐氏徐鏞女年十八于歸二十四夫故守
節二十三年卒
閔學詩妻丁氏廣濟縣訓導燕春女年十九于歸二
十五歲夫故守節十六年卒
吳正初妻陳氏大珊女年二十三夫故家貧苦紡績
爲生現年五十九歲
以上同治二年　旌

涂宗相妻戴氏香圃女年十七于歸二十九歲夫故
守節現年七十四歲
馮開勳妻劉氏校書女年二十于歸二十二歲夫故
守節紡績爲生僅免凍餒現年五十八歲
馮開第妻裴氏家寬女年二十一于歸二十六夫故
守節現年五十六歲
胡聲揚妻王氏朝選女年二十一于歸二十三夫故
守節現年六十四歲
羅生鑁妻湯氏世彬女年二十一于歸二十六夫故

守節現年六十三歲
劉應第妻尹氏尹中女年二十三于歸越明年夫故
無子矢志苦節現年五十九歲
高爲鈺妻林氏志修女年十八于歸二十二夫故守
節辛苦備嘗現年五十七歲
宋俊卿妻沈氏甯一女年二十于歸二十二歲夫故
守節現年六十九歲
陳正遴妻黃氏仁山女年二十二于歸二十四夫故
守節年四十九歲卒

蔡恕增妻祝氏秉鑑女年二十四于歸二十九夫故
守節事親撫子克盡孝慈現年五十六歲
陳周氏庠生正迪繼妻恆善女年二十四于歸二十
九歲夫故守節現年五十七歲
萬光海妻胡氏文治女年十九于歸二十八歲夫故
守節現年六十四歲
楊德敬妻文氏緒明女年二十一于歸二十七歲夫
故守節現年五十九歲
黃敏忠妻酉氏鑣女年二十于歸二十四歲夫故無
子撫姪爲嗣孝慈兼盡現年六十歲
吳興銀妻戴氏家松女年二十八夫故矢志守節現
年六十六歲
宋自英妻宗氏景山女年二十于歸二十三歲夫故
守節現年五十五歲
張行琳妻朱氏年十九于歸二十六歲夫故撫一子
成立守節三十年
蘇祖琇妻丁氏纘武女年二十于歸二十二夫故針
黹度日僅一女教之有方守節三十七年存

陳國炳妻劉氏兆賢女年二十于歸二十六歲夫故
遺腹五月生子魁運氏撫之婚娶連舉三孫年七
十一卒
王名卿妻戴氏貢生戴開瑨女年二十二夫故事翁
姑孝謹撫猶子爲嗣年七十六卒
田文運妻余氏德先女年二十八夫故柏舟自矢針
黹爲生現年五十七歲
李德志妻高氏士金女年二十八夫故矢志守節孝
事公姑能代子職現年五十七歲

劉耀榮妻田氏泰昌女年十九夫故奉親撫子艱辛苦守現年五十八歲

朱進榜妻陳氏正德女年二十六夫故矢志苦守現年六十一歲

朱進芳妻劉氏國政女年二十七夫故無子繼姪以續夫祀守節三十餘年現年六十歲

周光文妻張氏國全女年二十八夫故矢志守節現年五十八歲

以上同治四年　旌

蘇傳理妻王氏行簡女夫歿無依歸母家守節紡績自給後立堂姪爲嗣以延夫祀年五十一卒

劉鑑章妻田氏榮祖女年十九于歸二十九夫故守節二十三年卒

蕭德彩妻姜氏宗彩女年十九于歸二十七歲夫故守節事奉翁姑能代子職撫二子成立長子早死婦寡亦如其志氏性好施與戚鄰有急必竭力賙之至老不怠現存年五十八歲

陳應鼇妻李氏繩烈女年二十四夫故値歲凶荒有奪其志者堅拒之野蔬充饍恆不給寄孤於同族忍飢而卒守節十四年

汪肇疆妻吳氏應麒女年二十一夫故孝事孀姑慈撫幼子年五十五歲存

蘇祖鉞妻陳氏廩生陳任女年二十九夫故生子女俱殀善事翁姑撫姪爲嗣守節二十七年存

王宜萃妻高氏年十九于歸二十四歲夫故守節現年六十一歲

王光華妻黃氏大伸女年二十一于歸二十四歲夫

故守節十二年而姑沒舅存舅復得偏枯疾氏飲食起居事之六年無倦色子幼撫之成立連得三孫家亦漸裕現年五十四歲

朱升鍾繼妻李氏超然女年十七于歸二十九歲夫故守節現年六十六歲

張先植妻章氏超閣女年二十于歸二十九歲夫故守節現年五十九歲

張繩桂妻姚氏年十八于歸二十三歲夫故矢志守節現年五十二歲

袁上龍妻蕭氏必昇女年十八于歸二十一歲夫故
守節現年五十三歲
王體仁妻萬氏瀛東女年十七于歸二十歲夫故守
節現年六十三歲
徐廷樑妻萬氏瀛東女年十八于歸二十歲夫故守
節三十三年撫遺腹子成立現年五十三歲
萬宗本妻湯氏新虎女年十八于歸十九歲夫故守
節現年五十四歲
陳宗杰妻楊氏朝榮女年十九于歸二十一歲夫故
遺腹生子撫養成立年五十二卒
涂國安妻李氏生員李國祥女年十九夫故孝事翁
姑撫子成立現年五十五歲
蕭大全妻周氏年十五于歸二十三歲夫故守節現
年五十五歲
田繼運妻胡氏大忠女年二十于歸二十九歲夫故
守節現年五十五歲
趙立琪妻黃氏華之女年二十于歸二十九歲夫故
守節現年七十八歲

趙立玲妻周氏光中女年十八于歸二十九歲夫故
守節現年七十六歲
郭家珍妻傅氏廣泰女年十八于歸二十五歲夫故
守節現年五十四歲
朱光文妻周氏國棟女年二十于歸二十八歲夫故
守節現年六十九歲
蔡家彬妻屠氏之淪女年二十一于歸二十九歲夫
故事翁姑恂謹敎二女賢淑　撫憲曾　給節懍
秋霜額現年五十三歲
陳天培妻周氏承道女年二十一于歸二十九歲夫
故家貧翁姑衰老氏曲意承歡及卒喪葬皆出於
勤儉所蓄撫一子成立現年七十五歲
羅德本妻易氏得善女年二十于歸二十八歲夫故
家貧無子矢志守節現年五十四歲
姚成芳妻朱氏文彬女年二十于歸二十二歲夫故
守節現年六十二歲
楊光元妻崔氏大章女年十七于歸二十六歲夫故
守節現年五十四歲

吳定邦妻柴氏柴明女年二十于歸二十八歲夫故

守節現年六十九歲

朱有亮妻羅氏公之女年二十于歸二十四歲夫故

守節現年五十九歲

黄開駿妻龔氏嘉萬女年二十九夫故遺腹四月生

男以養以教至於成立現年五十四歲

吳長暄妻蕭氏必達女年十九于歸二十七歲夫故

家貧撫子成立現年七十二歲

許鴻恩妻張氏和婉女年二十一于歸二十二夫故

守節現年五十六歲

蕭元英妻楊氏天池女年十九于歸二十五歲夫故

孝養翁姑撫嗣子以承禋祀現年五十二歲

周振湖妻陳氏祖鴻女年二十一于歸二十九歲夫

故守節現年五十五歲

倪遠惇妻王氏大有女年二十于歸二十九歲夫故

守節現年六十歲

熊開泰妻俞氏崇明女年十九于歸二十三歲夫故

事親克孝撫子成立現年五十九歲

陳光先妻林氏文玉女年二十于歸二十八歲夫故

事翁姑撫遺孤孝慈兼盡現年五十四歲

左嵩妻王氏任湖南辰州府王見煒女年十九于歸

二十三歲夫故守節現年五十五歲

徐光純繼妻張氏慶雯女年二十六于歸三十歲夫

故守節現年五十歲

龔紹志妻曹氏子椿女年十八于歸二十一歲夫故

家貧苦節現年五十八歲

談必珠妻龔氏光煦女年十九于歸二十一歲夫故

事姑教子婦代子職現年八十歲

談必貴妻李氏開泰女年十九于歸二十二歲夫故

守節現年五十三歲

劉昌鼎妻龔氏自新女年二十一于歸二十九歲夫

故事姑撫子備極辛勤現年五十二歲

沈文福妻潘氏希祖女年十七于歸二十九歲夫故

守節現年六十七歲

胡仁祥妻黄氏遠聰女年二十九夫故事舅姑撫遺

子孝慈兼盡現年六十四歲

江日馴妻李氏李瑞女年十九于歸二十九歲夫故
無子撫三女畢嫁守節二十二年卒
張世亮妻程氏庠生程鵬翥女年三十夫故奉姑能
代子職紡績課兒艱苦備嘗
龔正煜妻楊氏汝德女年二十九夫故遺孤二撫之
完娶生孫家道漸裕皆氏勤苦所致也現年七十
有五
趙有松妻胡氏大富女年十九于歸二十七歲夫故
事翁姑生養死葬皆如禮撫遺孤至於成立現年

六十歲
余德著妻彭氏聖翼女年二十八夫故守節言笑不
苟動靜以禮現年六十三歲
劉士進妻胡氏靈培女年二十于歸二十七歲夫故
矢志守節現年五十三歲
陳有綗妻蔣氏正福女年二十二夫故撫子英松成
立現年五十四歲
姚正棟妻易氏谷善女年二十七夫故矢志守節現
年五十七歲

蕭國寶妻劉氏光裕女年二十五夫故守節現年五
十六歲
楊定楷妻彭氏應相女年十八于歸二十二歲夫故
守節四十二年卒
劉文品妻秦氏應雄女年二十七夫故守節遺腹生
子撫之成立現年七十四歲
呂大明妻朱氏容之女年二十六夫故矢志守節清
苦自甘現年六十有六
呂承敍妻杜氏儒士杜紹芝女年二十七夫故守節

困苦不渝現年六十有八
馮國全妻楊氏文禮女年二十九夫故守節現年五
十有四
朱宗碧妻陳氏待珍女年二十八夫故勤苦矢志現
年六十有四
曾紹義妻萬氏純理女年二十七夫故守節現年六
十有六
袁宏楷妻李氏宗泰女年二十九夫故矢志守節現
年六十有二

焦伯權妻張氏文秀女年二十九夫故矢志養姑撫
子艱苦自守現年七十有九
馮國椿妻鄧氏黃陂舉人鄧儀女年二十七夫故矢
志苦節孝慈兼至年七十五卒
呂大榜妻陳氏洪運女年二十五夫故善事翁姑守
節三十三年卒
呂大桂妻王氏天泗女年二十九夫故勤儉貞靜守
節三十八年卒
曾文蔚妻趙氏大義女年二十夫故艱苦備嘗守節

十三年卒
陳正朝妻程氏嘉謨女年十八于歸三十夫故矢志
守節現年五十九歲
蕭德鴻妻臧氏光源女年二十于歸二十八歲夫故
撫子成立現年六十二歲
李德璋妻繆氏楚書女年二十九夫故矢志守節機
杼度日現年五十六歲
朱博海妻李氏
以上同治五年　旌

易賀氏翰林院侍讀學士易元善之妾繼芳女年十
七于歸二十歲夫故守節現年五十九歲
李家撤妻孫氏兆麟女年二十于歸二十二歲夫故
守節現年六十一歲
宋長裕妻姜氏康伯女年二十于歸二十四歲夫故
守節現年五十四歲
夏福康妻錢氏耀南女年二十于歸二十八歲夫故
守節現年六十歲
彭必繡妻楊氏宏章女年二十六夫故守節事翁姑

孝撫二子成立現年六十一歲
以上同治六年　旌

續輯漢陽縣志卷之二十四

節婦

高爾鳳妻李氏夫卒守節四十六年夫黨盡絕歸養
母家篤孝苦節

袁家讓妻李氏劉氏　夏光湘妻蕭氏
何文奎妻張氏妾劉氏　李必思妻盧氏
李廷弼妻歐陽氏　裴廷揚妻余氏
徐志進妻余氏　江　杭妻董氏
蕭　漢妻胡氏　鄭　妻徐氏

羅秀芝妻彭氏　田時登妻饒氏
金國用妻袁氏　呂文彬妻余氏
許德基妻屠氏　孟宏伋妻桂氏
項一緯妻黃氏　張可銘妻許氏
劉攜公妻張氏　汪殿元妻沈氏
張嘉謨妻張氏　江　妻章氏
李桐毓妻張氏　魯如璧妻程氏
盧　嗣妻蕭氏　汪時泰妻顧氏
郭之仁妻魯氏　岳　嵩妻袁氏

彭　妻吳氏　吳大節妻李氏
周淩雲妻張氏　胡志迪妻吳氏
王宏進妻劉氏　易聖學妻嚴氏
蔡兆楨妻胡氏　潘士鼎妻李氏
鄭廷銳妻胡氏　魏晉垌妻顏氏
蔡善登妻蕭氏　汪山鳳妻蕭氏
王　化妻何氏　陳樹坦妻張氏
蕭臨山妻徐氏　張　瑤妻魏氏
劉晉受妻王氏　周能青妻汪氏

葉兆元妻蕭氏　潘文海妻陳氏
朱　詠妻王氏　許維申妻徐氏
陳初烙妻張氏　蕭宗元妻李氏
陳光試妻吳氏　吳必齊妻李氏
李維均妻吳氏　衛　妻吳氏
李大綬妻郭氏　羅　熊妻李氏
龔士沛妻胡氏　黃　珍妻魯氏
周兆卜妻戴氏　李起徵妻黃氏
黃士宏妻蔡氏　彭　炳妻楊氏

潘士清妻李氏　徐則裕妻劉氏
陳　位妻繆氏　胡廷正妻徐氏
阮應魁妻張氏　李廷縉妻吳氏
王　屏妻韓氏　劉西安妻阮氏
劉廷碩妻鄒氏　彭文熹妻羅氏
李　富妻葛氏　李南有妻熊氏
梁禹倫妻張氏　徐德榮妻梅氏
竇　妻吳氏　朱宏變妻周氏
李懷仲妻盧氏　王　于妻居氏

趙大載妻龔氏　蕭元鼎妻李氏
胡　妻唐氏　許　堵妻朱氏
易維熙妻魯氏　陳植培妻潘氏
項鍾薾妻裴氏　程敦純妻洪氏
吳憲齋妻汪氏　王宅揆妻吳氏
陳常旭妻師氏　駱　珣妻敖氏
徐可傳妻蔡氏　余光宗妻羅氏
吳慶濂妻葉氏　王　緒妻雷氏
陳　銓妻郭氏　蕭文煇妻張氏

唐　鶴妻陳氏　陳晨才妻葉氏
汪述貢妻徐氏　蔡　璜妻陳氏
吳　妻張氏　許　妻蕭氏
宋　妻王氏　程禮南妻汪氏
路遵王妻王氏　劉武基妻王氏
楊　溥妻李氏　宗開璉妻姜氏
胡　通妻陳氏　蕭丁泰妻方氏
徐昌慶妻彭氏　張　湘妻李氏
王世播妻彭氏　彭朝述妻楊氏

劉來熊妻王氏　劉大紱妻李氏
韓正常妻鄔氏　胡　楧妻王氏
劉有倫妻彭氏　羅文明妻簡氏
熊以愷妻李氏　郭正椿妻李氏
周再東妻劉氏　高偉人妻曾氏
高世璉妻王氏　劉廷梅妻王氏
黃志誠妻宗氏　余士彥妻胡氏
田應道妻余氏　陳書衡妻鄔氏
劉　室妻彭氏　龔廷萬妻楊氏

胡長生妻王氏　蕭　義妻萬氏
劉明理妻彭氏　姚曙初妻戴氏
龍宗耀妻黃氏　張　妻彭氏
張大林妻鄭氏　劉師向妻方氏
江濬宗妻陳氏　馮學海妻吳氏
陳以昭妻朱氏　葉周傑妻張氏
鄭穀傳妻陳氏　鄒之綬妻曾氏
余士煜妻金氏　張在莠妻孫氏
杜國佐妻竇氏　勞文烈妻許氏

王暉光妻易氏　許培仁妻繆氏
蔣昌祺妻羅氏　曾　琳妻劉氏
陳德斌妻王氏　陳高基妻田氏
尹世棟妻王氏　王　翼妻章氏
龍克類妻王氏　鄧欲敏妻王氏
余世緇妻張氏　夏澍楷妻張氏
張光瀛妻李氏　杜夢龍妻吳氏
徐林望妻汪氏　易維乾妻郭氏
李　妻陸氏　張如珖妻彭氏

孫文杲妻金氏　高　妻王氏
楊　妻喻氏　胡　妻彭氏
趙　妻秦氏　張　妻李氏
張　富妻郭氏　戴　妻胡氏
陳　妻宋氏　劉自得妻吳氏
宗裕得妻吳氏　孫萬邦妻曹氏
潘　妻任氏　朱　妻彭氏
楊洪烈妻俞氏　張崇柱妻吳氏
胡方瀾妻吳氏　蕭澤玉妻陳氏

劉楚望妻陳氏　易　鐙妻徐氏
張星聚妻徐氏　孫方焜妻岳氏
張在位妻蕭氏　劉遂志妻謝氏
鄔明述妻艾氏　鄔正勳妻郭氏
萬本濂妻袁氏　萬廷颺妻龔氏
吳振鑣妻王氏　梁世英妻劉氏
尹大海妻蔡氏　胡玉文妻戴氏
張維申妻戴氏　路方亨妻李氏
張　壎妻魏氏　易道沛妻吳氏

項占龍妻吳氏　袁敏文妻童氏

周家柱妻衛氏　姚國鑑妻王氏

以上均遵通志增入其年代事蹟及已未旌表無從採訪謹補錄於此次彙題之前以備考

江應忠妻孫氏年十八于歸十九歲夫故苦節十一年卒

葉逢春妻丁氏紹莘女年十八于歸十九歲夫故苦節三十二年卒

趙學選妻丁氏貢生丁育峻女年二十九夫故苦節

嬭姑在堂嫂性妬悍氏能曲盡其道苦節十三年年六十一歲卒

朱方耀妻曾氏年二十一夫故遺孤永昌在襁褓時

龍必達妻劉氏國棟女年二十九夫故無子家極貧年三十三歲卒

紡績營生以憂傷太過目雙瞽母弟庠生劉振源迎之年六十九卒

張國任妻王氏世賢女年二十九夫故事舅姑孝撫五子皆成立年八十二卒

劉正明妻王氏王賢女年二十九夫故事祖姑極孝

勤女紅撫子女子不幸夭亡苦節五十八歲卒

張志瑶妻黃氏黃雲女年二十八夫故遺二男一女

家貧紡績以事舅姑勤苦以畢婚嫁年八十五卒

宋開林妻陳氏如森女年二十九夫故上事翁姑下撫孤兒孝慈兼盡守節十二年卒年四十歲

萬宗銘妻余氏芝開女年二十八夫故一子甫三歲

家貧紡刺度日苦不堪言子成人後家道漸裕子姓亦繁今一門男女三十八頗稱晚福年八十三卒

宋光耀妻陳氏源先女年二十六夫故家貧無子孀姑年近六十氏藜藿自甘姑必米食紡績傭工艱苦萬狀後頻年水災氏計無所出乞食以養姑年八十三歿氏沿門叩頭乞棺以葬次年氏窮餓死戚里哀其節孝爲之棺葬計苦節事姑三十四年亡年五十九歲

黃國舉妻陳氏聲武女年三十夫故紡績以養舅姑備歷艱辛守節三十九年卒年六十九歲

胡光鶴妻朱氏傳遴女年二十七夫故撫子授室甫
生孫而子亡氏復撫孫備歷艱苦年六十三卒
董永昌妻吳氏緒國女年二十九夫故家貧撫孤子
授室子卒與孀婦駱氏竭力撫孫年六十八卒
唐李氏生員唐雲門繼妻年二十七夫故家極貧針
黹度日依母兄以居年六十九卒
蔡有文妻朱氏傳貴女年二十三夫故誓死守節三
十五年如一日年五十八卒
李克相妻程氏應明女年三十夫故家貧紡績度日

撫子授室諸孫繞膝氏猶勤苦助之年七十歲卒
李一元妻朱氏家明女年二十九夫故子甫三齡氏
事舅姑撫孤兒孝慈兼盡年三十九歲卒
陳家値妻王氏自綱女年二十四夫故事姑孝教子
以義方苦節四十六年卒年七十歲
田富哲妻劉氏芳模女年二十七夫故事舅姑孝謹
撫一歲孤成立年六十六歲卒
劉振格妻李氏人俟女年二十七夫故撫孤子完娶
生孫逾年子亡孫亦繼逝苦不堪言守節二十三

年卒年五十歲
李一明妻朱氏永年女年二十八夫故家貧無子針
黹度日年七十三卒
向崇金妻段氏年二十六夫故僅一女家貧女紅度
日艱苦萬狀年五十二卒
蔡仁玉妻李氏宗輝女年二十九夫故紡績度日艱
難辛苦守節四十四年卒年七十三歲
張維壬妻章氏正國女年二十九夫故事親育孤孝
慈兼盡年五十卒

傅汝振妻吳氏長太女年二十九夫故家貧立志守
節年五十五歲卒
吳世交妻謝氏惟五女年二十五夫故次子存撫以
成立卒年五十六歲
陳育春妻王氏朝榮女年二十五夫故撫孤英海完
姻生孫而子亡卒婦葉氏持家苦守卒年七十三
歲
陳英海妻葉氏學文女年二十三夫故撫孤娶婦張
氏生孫三子卒氏率婦苦節卒年五十一歲

徐紹紳妻李氏生益女年二十五夫故苦節六十一
年卒年八十六歲
吳奎週妻徐氏年三十夫故遺孤五歲撫之成立卒
年五十六歲
蘇傳佐妻張氏昇彩女年二十四夫故撫姪娶婦生
孫而嗣子爲賊擄不歸氏與孀嫂周氏同撫孫卒
年六十有一
劉學爽妻錢氏錦榮女年二十六夫故遺孤五撫之
成立卒年六十歲
吳遠麟妻曾氏廷才女年二十五夫故苦節五十二

年卒年七十六歲
楊華祖妻李氏照槐女年二十三夫故紡績撫孤子
成立年七十一歲卒
王守信妻曾氏廷才女年二十九夫故苦節四十二
年卒年七十一歲
李前鍾妻金氏志道女年二十三夫故苦節三十年
卒年五十三歲
李冀烈妻劉氏守仁女年二十九夫故苦節二十六
年卒年五十四歲
李振鈐妻盧氏德厚女年二十九夫故苦節二十六
年卒年六十二歲
徐世彬妻曾氏廷瑜女年三十夫故苦節十八年卒
年四十七歲
李實秀妻蔡氏榮遠女年二十八夫故撫姪爲嗣苦
節四十三年卒年七十二歲
曾廷楠妻戴氏戴颺女年二十五夫故守節四十一
年卒年六十六歲
楊永龍妻陳氏必德女年二十九夫故撫子完娶生

孫而子婦繼亡復撫孫完娶生曾孫卒年八十六
歲
楊之芹妻劉氏作霖女年二十六夫故遺孤三齡撫
養成立事舅姑及繼姑皆能得歡心同治六年卒
王艮治妻戴氏庠生文康女年二十九夫故苦節二
十一年卒年五十歲
李昌瑚妾朱氏正宗女年二十四夫故繼姑與正室
皆存氏事之各盡其道後相繼歿喪葬如禮夫弟

二甫鄗齡氏延師教讀撫之授室立姪以延夫祀卒年四十五歲

王垂青妻李氏善成女年二十一夫故苦節五十年卒年七十歲

宗若瀚妻蘇氏光有女年二十九夫故苦節二十六年卒年五十四歲

李田氏庠生李長庚妻萬中女年二十六夫故無子守節三十六年卒年六十二歲

俞澤芬妻許氏元湖女年二十七夫故遺腹生子撫

之成立子孝敬人以爲苦節之報卒年五十九歲

謝文有妻孫氏年二十三夫故家貧紡績撫孤及孤殁而苦節彌堅卒年五十八歲

謝英梓妻魏氏家昕女年十八于歸二十二夫故晝夜紡績撫孤娶婦生孫後婦死孫殤子亦被賊擄不歸而氏更苦不可支矣年六十一卒

屈昌言妻胡氏志超女年二十九夫故事姑孝勤苦操作撫孤成立孫作賓邑庠生家亦漸裕氏卒年八十六歲

屈應貞妻金氏光大女年二十九夫故家貧無子矢志苦節卒年八十四歲

屈應魁妻程氏志大女年二十八夫故無子目亦瞽親族周卹僅免寒餒年七十四卒

屈定初妻淩氏天順女年二十二夫故家貧無子苦節自誓卒年四十四歲

屈昌明妻李氏茂彩女年二十九夫故無子家貧氷蘗自勵卒年五十一歲

李正廣妻黃氏萬春女年三十夫故紡績撫孤成立卒年八十四歲

李福賢妻淩氏國富女年三十夫故欲以身殉轉計云一死易撫孤難吾當爲其難者强起操持孤子卒以成立卒年七十一歲

黃章烈妻李氏宗萬女年二十三歲夫故遺孤在襁褓苦貧撫之成立卒年四十四歲

陳第安妻余氏士海女年二十六夫故僅一女撫夫弟子爲嗣逮授室後氏猶晝夜勤苦佐之年八十三歲卒

蔡家安妻陳氏復初女年二十八夫故撫姪爲子孝事翁姑艱苦備至卒年六十四歲

尹顯宗妻蔡氏家富女年三十夫故撫孤成立卒年六十八歲

袁必顯妻吳氏慶道女年二十九夫故奉舅姑孝撫二子業儒卒年六十六歲

袁大觀妻吳氏緒業女年二十四夫故遺孤幼恩勤撫養事舅姑能得歡心卒年八十二歲

李明壽妻鄧氏文相女年二十九夫故遺孤三恩勤

撫養十年天其二又十年盡天撫孫至於成立卒年七十九歲

李生玉妻朱氏昌順女年二十八夫故紡績以撫孤兒苦不堪言卒年六十歲

李明福妻龔氏西海女年二十八夫故孝事舅姑慈撫孤子年八十二歲卒

李生容妻胡氏方懷女年二十四夫故遺孤一撫未成人而氏忽逝年三十七歲

周培信妻董氏玉美女年二十八夫故撫子成立卒年五十二歲

曹正諫妻許氏許上通女年二十七夫故遺孤祜九歲時孀姑吳衰病氏事之極孝撫孤二十歲爲諸生二十五生孫而卒氏復撫孫娶孫婦石生曾孫稱神童七歲殤氏痛哭而歿其後連舉曾孫三氏不及見矣歿年七十四歲

李都賢妻余氏德煖女年二十二夫故遺孤幼及稍長延師訓讀飲食必躬親之今子學將有成立品正直皆氏善教力也卒年五十二歲

李楊氏庠生李國祥妻楊正綱女年二十九夫故苦志守節性甘恬退敬事舅姑和睦妯娌撫孤子成立卒年四十七歲

陳兆蘭妻吳氏年二十七夫故事舅姑孝養備至持家勤儉卒年三十八歲

劉光耀妻曾氏年二十八夫故矢志苦節寄居母家閉戶紡織卒年七十四歲

羅光桂妻楊氏年二十八夫故無子女針黹度日屢歷艱窘年六十卒

明定魁妻王氏年二十六夫故矢志守節紡績終身卒年五十九歲

劉光俊妻李氏年二十八夫故家貧矢志守節疊遭兵災艱苦備至卒年六十有二

張玉榮妻龔氏年二十七夫故遺孤幼撫教成立卒年五十四歲

張玉泰妻周氏年二十八夫故矢志守節勤儉食貧年三十六歲卒

朱遠楷妻吳氏年二十五夫故撫女贅壻勤苦紡績

以佐之卒年六十二歲

石文勇妻張氏年二十一夫故事姑以孝撫子以慈誓志守節備嘗辛苦卒年六十歲

史元琳妻吳氏年二十九夫故苦節操作撫二子成立家計日裕年六十卒

丁志昀妻黃氏年二十四夫故苦節以終

尹思道妻邱氏年二十四夫故苦志守節卒年四十有六

曾宏信妻章氏士興女年二十三夫故守節四十四

年卒年六十六歲

李春華妻黃氏志文女年二十九夫故苦節四十三年卒

王光慶妻江氏興學女年二十九夫故苦節年七十一歲卒

王大論妻丁氏文光女年二十四夫故家貧紡織度日撫二子成立卒年六十三歲

羅祖懷妻王氏家茂女年二十八夫故家貧無子紡績度日年七十卒

李兆賓妻王氏配元女年二十三夫故苦節二十三年卒年四十五歲

王林氏武生定泰妻宗華女年二十九夫故遺孤甫三月撫教成立卒年六十二歲

陳大倫妻馬氏忠道女年二十七夫故苦節年七十八歲卒

張金成妻陳氏正義女年二十六夫故守節年六十三歲卒

萬廷茂妻劉氏漢祖女年十八于歸二十歲夫故勤

儉自甘撫子成立年五十六歲卒

李本荅妻施氏玉懷女年二十九夫故家貧紡績度日卒年七十八歲

李遠金妻江氏正耀女年二十五夫故守節十一年卒年三十六歲

李敦書妻王氏邦定女年二十七夫故遺孤夭矢志守節卒年五十七歲

李敦詩妻徐氏之坤女年二十四歲夫故家貧子亡其族孫李賓三憫其孤苦迎而養之卒年八十三

歲

李敦信妻曹氏仁才女年二十五夫故家貧無子立志守節族姪庠生李揚聲敬其節飲食衣服按時給之年八十歲卒

李自柄妻王氏兆棠女年二十七夫故紡織以事舅姑後子故孫夭苦不堪言年六十五卒

李懷仁妻杜氏年二十七夫故遺孤五歲教養成立卒年五十五歲

余德祥妻杜氏國英女年二十九夫故家貧無子寄居戚家苦不可言卒年六十五歲

李希賢妻夏氏光華女年二十六夫故善事舅姑和睦娣姒卒年六十二歲

全國槐妻江氏山川女年二十七夫故撫姪為嗣卒年七十六歲

姜德釗妻黄氏德忠女年二十九夫故事舅姑孝謹撫一子成立卒年五十一歲

趙學道妻韓氏芝圃女年十九于歸未一載夫故遺腹生子撫至二十七歲生女孫一而子卒孝事舅

姑數十年卒年七十三歲

張元欽妻彭氏輝前女年二十二夫故艱難支持撫嗣子成立卒年七十歲

彭子鳳妻周氏承江女年二十六夫故紡績撫孤艱苦備嘗卒年三十二歲今子錦彪已入邑庠

潘韓氏庠生潘開甲妻正松女年二十六夫故甘心勤苦教子成立年五十七卒

黄起鳳妻汪氏師明女年二十九夫故義方教子現入邑庠氏卒年八十七歲

陶金麟妻彭氏壽三女年二十九夫故晝夜紡績孝
以事姑撫子將成而夭卒年七十三歲
張元書妻周氏光明女年三十夫故家貧艱辛萬狀
撫子成立年六十五卒
宋先訓妻王氏良煥女年十七于歸十八歲夫故氏
絕而復甦者再欲以身殉翁姑泣勸乃止能以婦
代子職戚里咸稱其孝年五十八卒
嚴興起妻李氏承龍女年十八于歸二十九歲夫故
遺孤二氏訓之有方事孀姑能曲盡孝道年六十

二卒
劉秦氏庠生炳林妻秦應女年二十于歸二十八歲
夫故無子以姪爲嗣針黹度日艱苦備嘗卒年三
十九歲
王必輔妻宗氏宗恭女年二十于歸二十八歲夫故
守節四十五載卒年七十三歲
楊必相妻姚氏紹先女年二十于歸二十八歲夫故
氏藜藿自甘撫一子成立守節四十九年卒年七
十一歲

易學昭妻袁氏世揚女年二十于歸二十九歲夫故
遺子二女一家計艱難晝夜紡績婚嫁之需皆十
指所出卒年六十有七
劉忠書妻葉氏正清女年二十一夫故立志守節卒
年五十一歲
倪家鍪妾馮氏年二十一夫故事姑至孝撫孤中夭
苦阨萬狀卒年五十四歲
張克敏妻黎氏年二十八歲夫故苦節二十四年卒
年五十一歲

李楊氏候選教諭李賢俊之繼妻湖南同知李棠之
母貢生楊芳之女也年二十九夫故辛苦撫孤俾
克成立年四十八卒以子棠貴
誥封太恭人
向賜閣妻吳氏懷智女年二十七夫故守節四十餘
年咸豐五年賊燬漢口全節赴水死
黃光友妻李氏仁才女年二十夫故苦節四十七年
亡年六十七歲
劉正全妻王氏文鎮女年二十九歲夫故鍼黹度日

撫姪爲嗣

沈方城妻李氏大明女年十八于歸閱八月夫故撫姪承繼勤苦自持年五十九卒

黃明高妻張氏文輝女年十九于歸二十九夫故守節年五十七歲卒

段開成妻劉氏文元女年二十于歸二十二歲夫故守節二十一年卒年四十三歲

王敦元妾李氏年十六于歸三十歲夫故守節三十七年六十七歲卒

羅際江妻林氏朝太女年十八于歸二十三歲夫故無子時翁亡姑存矢志不二躬勤紡績卒年六十八歲

羅際淮妻李氏大煜女年二十于歸二十六歲夫故遺孤甫三齡艱苦萬狀撫之成立卒年七十四歲

馮孔彰妻王氏祿志女年二十四夫故苦守四十六年卒年七十歲

劉方贇妻彭氏夫病割股救治及歿勵志撫孤有偪嫁者潛逃獲免終身紡績甘貧如飴年五十九卒

劉正偉妻張氏年二十于歸二十五歲夫故氏苦節自厲有傳志其行

王艮沂妻趙氏庠生學詩女年二十三于歸二十五歲夫故欲以身殉翁姑勸止遂以婦代子職孝聲彰於里黨茹蘖飲冰三十年如一日卒年五十三歲

劉琊光妻程氏年二十六歲賊破村砦其夫遇害遺腹五月生子家貧矢志撫孤授室七孫競美年六十八歲卒

劉艮進妻陳氏年二十四夫故矢志守節事舅姑克孝撫孤子成立卒年六十一歲

劉正聰妻林氏艮元女年二十于歸二十七歲夫故時翁老子幼氏紡績以供饘粥雖歷艱苦終身無倦

劉傳做妻張氏乾三女年二十于歸二十五歲夫故子甫二歲氏孝事孀姑撫孤成立皆取給一身之操作遂積勞成疾年四十三歲卒

劉寬之妻周氏年十八于歸夫亡子進賢甫四齡氏

食貧茹苦教進賢爲邑庠生

劉艮棟妻張氏年二十于歸二十八歲夫故遺腹生子家貧依伯氏守節孝事孀姑教子成立卒年四十八歲

劉時撰妻羅氏年二十五夫亡紡績度日常苦飢然孝事翁姑甘旨不缺遺孤三歲撫之成立年六十卒

黃祚進妻李氏年十八于歸無出二十一歲夫亡家貧矢志苦節積勞病重年三十八卒

趙敦沱妻陳氏陳信女年二十于歸二十八歲夫故經營操作無苦不嘗卒年七十二歲

彭朝儒妻宗氏若龍女年十九于歸二十八歲夫故孝敬翁姑和睦妯娌而勤儉尤所罕聞卒年四十歲

劉楚才妻羅氏生煥女年十九于歸二十三歲夫故矢志守節勤苦萬狀卒年四十八歲

李台耀妻王氏兆珠女年十九于歸二十四歲夫故僅一子教以義方守節四十一年卒年六十五歲

胡光紱妻宋氏庠生序之女年二十于歸二十七夫故撫姪爲嗣視如己出卒年七十一歲

宋存德妻余氏天奎女年十九于歸二十八歲夫故子女各二氏茹苦含辛撫以成立年七十二卒

周恒煦妻程氏顯仁女年十八于歸二十歲夫故守節卒年四十五歲

曾敦文妻李氏國炳女年十九于歸三十歲夫故先生男女各一遺腹四月復生一男家貧甚紡績以撫子女婚嫁均出十指苦不堪言年五十二歲無疾卒

趙葑妻李氏繩淵女年二十一于歸二十九夫故遺一子一女氏矢志守節撫子女成立卒年五十七歲

朱張氏年十八于歸二十二夫故生三子孀姑在堂氏奉姑撫子守節以終享年八十二歲

朱方墉妻劉氏守節三十六年卒

朱方秀妻董氏守節三十四年卒

吳自邠妻宗氏年十八于歸二十五歲夫故無子撫

姪爲嗣卒年五十二歲
吳自僴妻艾氏年二十五于歸二十九歲夫故無子守節十一年卒
吳自炤妾趙氏年十九于歸二十六歲夫故無子撫猶子爲嗣卒年六十有一
吳昭賢妻王氏年十九于歸二十五歲夫故遺孤緒裕僅三月氏撫之成立爲之娶婦李氏王氏年七十一卒
吳緒裕妻李氏年十九于歸二十六歲夫故與姑王

氏勤紡績以撫弱孫成立守節四十三年卒年六十九歲
吳昭益妻張氏年二十于歸二十六歲夫故守節卒年五十四歲
吳王氏生員昭庚妻年二十于歸二十八歲夫故茹荼紡績撫子成立卒年七十有六
吳昭質繼妻王氏年二十于歸二十六歲夫故守節五十八年卒年八十有四
吳緒煥妻黃氏觀光女年二十于歸二十五歲夫故

豪某慕氏賢能欲以多金謀爲繼室浼小姑勸之氏曰吾聞餓死事小失節事大再醮幸生孰若從一速死小姑語塞豪謀亦寢厥後翁姑遐齡棄世棺衾皆氏勤十指所積年五十九卒
吳緒珊妻張氏年二十于歸二十四歲夫故撫子遠貴成立卒年四十九歲
吳緒湯妻李氏年二十四歲于歸三十歲夫故守節撫子遠來遠服成立年七十七歲卒
吳緒琪妻張氏年二十三于歸二十九歲夫故撫子

遠松成立卒年四十五歲
吳緒敨妻張氏年二十一于歸三十歲夫故撫子遠進成立年七十有五卒
吳緒觀妻陳氏年二十三于歸二十八歲夫故無子矢志守節卒年五十二歲
吳緒祀妻袁氏年十九于歸二十四夫故苦節二十七年卒年五十有一
吳緒祿妻胡氏年十八于歸二十五歲夫故守節卒年八十一歲

呉緒文繼妻張氏年二十一于歸二十歲夫故撫子
遠臻成立卒年五十有九
呉緒敎妻江氏年二十一于歸三十歲夫故子遠贇
四齡撫以成立躬理家務巨細有法雖橫逆時來
舊業賴以不墜卒年七十有八
呉遠大妻殷氏年二十于歸三十歲夫故撫子慶宗
慶貴成立卒年八十歲
呉遠貴妻李氏年十九于歸二十七歲夫故僅二女
家貧畢嫁後依二女以居卒年五十有八

呉遠源妻葉氏年十九于歸三十歲夫故無子女織
紝度日有不足賴叔翁緒坤賙濟之卒年五十有
七
呉慶筠妻黃氏黃梅女年十七于歸三十歲夫故守
節卒年八十歲
呉長澤妻嚴氏生員作珍女年二十一于歸三十歲
夫故撫二子成立一業儒一服賈卒年四十有九
呉賢聚妻黃氏年十八于歸二十一歲夫故茹荼飲
蘖撫子成立卒年六十一歲

陳德泰妻周氏鼎泰女年十九于歸二十五歲夫故
撫子成立卒年五十八歲
蕭一萬妻胡氏國貞女年十六于歸二十八歲夫故
撫一子成立卒年七十有五
袁思謀妻吳氏成章女年十九于歸二十七歲夫故
守節卒年七十歲
袁上儒妻張氏宏健女年二十一于歸二十五歲夫
故守節卒年六十三歲
尹思鑑妻胡氏德秀女年二十一于歸二十三歲夫

故家貧紝刺度日撫子先超成立超完姻甫一年
死遺腹生孫傳忠氏復撫之成童卒年五十八歲
呉昭奏妻李氏魏山女年二十三于歸二十八歲夫
故守節卒年九十三歲
姜呂氏庠生玉麟妻壽超女年十七于歸二十六歲
夫故守節二十四年卒年五十歲
曹新正妻曾氏家榮女年十八于歸二十八歲夫故
守節五十二歲卒
陳文義妻高氏天民女年十九于歸二十九歲夫故

守節六十五年卒
陳相桓妻李氏文煥女年十八于歸二十八歲夫故
守節三十四年卒
王授書妻張氏生員張馨女年二十于歸二十七歲
夫故守節四十六年卒
劉棟妻李氏大材女年十八于歸二十八歲夫故守
節四十八年卒
李耀遠妻方氏東高女年二十一于歸三十歲夫故
遺孤二公姑早逝氏恩勤課子一業醫一服賈苦

節七十年享年九十九歲卒
游宗韶妻翟氏純如女年十七于歸二十三歲夫故
遺孤一撫養成立今孫枝林立矣卒年六十歲
邵增義妻胡氏朝桂女年二十于歸二十九歲夫故
事姑至孝訓遺孤以義方苦節四十四年卒
吳長福妻周氏月川女年十八于歸二十一歲夫故
遺孤甫一歲翁姑衰老氏事親克孝撫孤以慈艱
苦備至卒年五十九歲
彭德全妻蕭氏志芳女年二十一于歸二十七歲夫

故氏上事翁姑能得歡心撫子成立守節二十六
年卒
王與玉妻何氏鏡亭女年二十于歸三十歲夫故守
節四十八年亡年七十七歲
蕭正茂妻葉氏應太女年二十一于歸二十五歲夫
故敬事翁姑慈撫幼子辟纑自給備極艱苦年近
七十而卒
鍾友桃妻李氏玉山女年二十一于歸三十歲夫故
守節四十一年亡年七十一歲

陳聲貴妻楊氏光林女年十九于歸三十歲夫故僅
一女贅壻支持門戶卒年五十五歲
周家廣妻蕭氏文斗女年十九于歸三十歲夫故守
節三十八年亡年六十八歲
吳廷鏞妻王氏年十七于歸二十八歲夫故立志守
節茹苦含辛年三十九卒
王志綺妻萬氏方清女年十七于歸十九歲夫故立
志守節卒年五十一歲
宋仁泰繼妻王氏年二十二于歸二十八夫故遺孤

一撫之成立年五十九卒
李敦典妻沈氏應中女年十八于歸二十九歲夫故
守節三十三年卒年六十二歲
陳榜妻李氏端士女年十九于歸二十八歲夫故守
節後避難飢寒交迫以故年五十一歲
蔡正魁妻趙氏才茂女年十七于歸二十八歲夫故
守節三十五年卒年六十三歲
錢聚義妻胡氏芳瀚女年十九于歸二十二歲夫故
守節二十年四十一歲卒

楊文鈺妻黃氏慶華女年二十一于歸二十九歲夫
故事翁姑孝敬不苟言笑不出閨闥年四十有六
卒
傅德泗妻夏氏年十八于歸二十二歲夫故守節撫
子維善維儀成立年七十學憲王獎以砥節懷清
額年八十二歲卒守節六十年
余開瑤妻毛氏光義女年十八于歸二十四歲夫故
守節四十年而卒
彭聖耀妻姚氏萬超女年二十一于歸二十六歲夫
故守節四十年而卒
盧玉榜妻蕭氏光德女年二十于歸二十九歲夫故
氏事姑以孝撫孤以慈紡績度日艱苦異常卒年
六十九歲
嚴劉氏庠生楚漳祖母守節撫孤百歲時蒙　旌表
嚴辛氏楚漳毋亦守節撫孤兩世貞操里鄰咸稱
頌之
戴用庠妻吳氏德昭女年十八于歸二十九歲夫故
家貧事上撫孤曲全孝慈守節五十九年卒
戴品三妻俞氏先德女年二十于歸二十九歲夫故

守節撫孤艱辛備歷卒年三十一歲
陳德澤妻李氏凌祥女年十八于歸二十歲夫故事
翁姑孝謹家貧乏食針黹爲生守節九年以勞苦
卒
何有德妻陳氏紹祖女年十八于歸二十二歲夫故
家貧僅一女無衣寄食母家以終計守節三十年
余必泰妻楊氏靜亭女年十八于歸二十歲夫故守
節撫孤食苦茹貧卒年五十有三

楊宗順妻閔氏年十八于歸二十一歲夫故矢志撫孤險阻備嘗守節二十七年卒

熊世昌妻陳氏崇元女年二十于歸二十八歲夫故上事翁姑下撫幼子孝慈兼盡守節五十六年卒

張忠偉妻葉氏周書女年十八于歸二十五歲夫故撫二子成立次子林義郡庠生守節三十一年卒

江洋金妻王氏年二十于歸二十六歲夫故守節二十八年而卒

歐陽宏道妻高氏明播女年二十于歸二十九歲夫

故守節年六十四歲卒

熊永銘妻李氏行尚女年二十于歸二十九歲夫故守節三十九年卒

王樹芳妻吳氏光先女年二十四于歸二十八歲夫故守節三十二年卒

吳賢智妻張氏本純女年二十于歸二十六歲夫故守節十二年卒

吳賢能妻許氏玉成女年二十六于歸二十七歲夫故守節十六年卒

陳德銹妻曾氏東輝女年十九于歸二十九歲夫故守節三十九年卒

朱正紀妻李氏性之女年二十于歸二十三歲夫故孝親教子皆出紡績苦不堪言守節五十三年卒

宋傳燕妻朱氏家壹女年二十五于歸二十七歲夫故守節屢遇荒年蔾藿自甘年五十三卒

曾體妻吳氏吳信女年十九于歸二十四歲夫故守節撫孤針黹度日茹苦四十年卒

高韶亮妻熊氏年十七于歸二十歲夫故守節四十

七年卒

王文植妻朱氏年二十一于歸二十九歲夫故守節四十六年卒

江正佩繼妻李氏秉乾女年二十一于歸二十八歲夫故守節二十八年卒年五十五歲

丁德齋妻張氏年十六于歸十七歲夫故守節四十二年卒年五十八歲

陶逢治妻高氏年十九于歸二十四歲夫故守節二十二年卒年四十五歲

劉文楨妻方氏國楨女年二十于歸二十一歲夫故守節三十五年卒年五十五歲

馮錦崑妻徐氏寶林女年二十于歸二十九歲夫故守節二十七年卒年六十六歲

舒大鉞妻徐氏佑烒女年十七于歸十八歲夫故守節二十三年卒

劉光瀛妻郭氏郭榮女年十六于歸二十六歲夫故守節卒年五十一歲

張世福妻王氏王純女年二十于歸二十七歲夫故守節卒年六十六歲

吳順之妻張氏臨行女年十八于歸十九歲夫故親老子幼孝慈兼盡卒年六十九歲

洪潤之妻張氏光煥女年二十二于歸二十三歲夫故守節年六十五歲卒

吳開運妻王氏年二十一于歸二十八歲夫故矢志守節年三十九卒

劉應元妻李氏李玉女年二十一于歸二十九歲夫故守節紡績度日苦不堪言年七十四卒

張承潤妻王氏宗順女年二十一于歸二十三歲夫故家貧無子撫姪爲嗣守節十六年卒年三十八歲

陳履中妻姜氏光斌女年二十于歸二十八歲夫故守節數十年卒

劉紹德妻吳氏自盛女年十八于歸二十九歲夫故守節三十八年卒

尹必壽妻謝氏謝楮女年十八于歸二十八歲夫故守節十七年卒

杜宗榜妻冷氏朝貴女年二十于歸二十五歲夫故家貧守節二十八年卒

江朱氏庠生學忠妻環九女年十八于歸二十六歲夫故終養翁姑撫二子不幸皆早殤氏年六十一歲卒

燕光鏞妻陳氏庠生陳坦女年二十三于歸次年九月夫故家貧翁姑在堂遺腹三月生男矢志守節依母兄陳育仁以居年三十六疾革託孤於兄嫂以殁子現成立人以爲苦節之報

王大光妻燕氏年二十一于歸二十九歲夫故矢志守節值咸豐五年髮逆燬漢鎮義不受辱全節而死

謝鄉賢妻章氏章熙女年二十一于歸二十九歲夫故守節二十二年卒年五十有一

張正春妻宋氏天璋女年二十于歸二十二歲夫故苦節二十一年卒年五十有三

宋心一妻彭氏景源女年二十一于歸二十七歲夫故事姑撫子孝慈兼盡年五十卒

劉文綬妻許氏庠生許侮女年十八于歸二十七歲夫故守節撫孤成立年五十卒

許觀海妻詹氏元升女年二十五于歸二十八歲夫故針黹度日撫子成立卒年五十二歲

徐光德妻許氏觀瀾女年二十二于歸二十八歲夫故上事孀姑下撫嗣子能盡孝慈年三十六歲卒

柴志廣妻高氏天民女年二十于歸二十八歲夫故守節四十六年卒

王德明妻潘氏舜臣女年二十六夫故事姑克孝撫于以慈卒年五十有四

張宣梅妻章氏仲文女年二十四夫故矢志守節年五十九歲卒

王邦新妻徐氏庠生炳南之母年二十八歲夫故家貧苦守教子成名年五十八卒

陳常沅妻張氏正富女年十六于歸二十五歲夫故事姑撫子姑歿子亦隨逝撫孫以居簞瓢屢空卒年六十有八

楊文昱妻魏氏立剛女年二十于歸二十九歲夫故守節撫子宗和成立年七十七卒

管錦城妻項氏年二十于歸二十三歲夫故守節六十一年卒年八十有四

戴文江妻冷氏文賢女年二十于歸二十三歲夫故守節善事孀姑撫孤成立卒年七十有五

鍾光勳妻戚氏東山女年十八于歸二十六歲夫故守節三十五年卒

萬大琇妻戚氏春亭女年二十三歲夫故立志守節事翁姑以孝聞越十年乃卒

朱詩裕妻羅氏恒泰女年十九于歸二十七歲夫故
守節五十一年卒
張培志妻王氏王恒女年二十一于歸二十五歲夫
故守節二十一年卒
張能妻王氏善譜女年十九于歸二十二歲夫故守
節十一年卒
羅開治妻鄒氏國勳女年二十一于歸二十四歲夫
故守節六十五年卒
周正貴妻潘氏開運女年二十于歸二十二歲夫故

甘貧苦守年六十歲卒
胡隆萃妻余氏尙垣女年十六于歸二十六歲夫故
艱苦撫孤守節三十年卒
鍾晉妻熊氏庠生熊光燿女年二十于歸二十九歲
夫故遺孤僅三齡矢志苦守咸豐五年髮逆陷漢
鎮義不受辱投水殉難守節十六年
王承鶴妻運氏大明女年十九于歸二十八歲夫故
矢志守節年七十三歲卒
陳大愛妻劉氏年十六于歸十九歲夫故無子矢志

守節年五十七歲卒
燕光桂妻陳氏年二十四于歸二十九歲夫故無子
守節十六年卒
哈志衡妻賽氏如榮女年十八于歸二十歲夫故無
子守節四十六年卒
王德輝妻高氏國俊女年十八于歸二十四歲夫故
守節三十五年卒
楊萬鍾妻蕭氏艮貴女性幽貞知禮義年二十三夫
亡苦節四十四年現年六十七歲

胡大紱妻王氏循惠女年二十一于歸二十九歲夫
故苦節三十年現年五十九歲
徐仕先妻陳氏明新女年二十五夫故家貧女紅度
日事舅姑孝敬撫遺腹女完嫁守節三十三年現
年五十八歲
姚奎妾倪氏世興女年二十歸姚二十八歲夫故苦
節五十三年現年八十一歲
李繩浩妻胡氏年十九于歸二十五歲夫故苦節四
十年現年六十五歲

郭順存妻黃氏黃子千女年十八于歸二十二歲夫故守節三十六年現年五十八歲

李金榜妻黃氏士元女夫早歿立志守節現年五十一歲

吳鼎康妻劉氏有銑女年十九于歸二十三歲夫故守節二十八年現年五十一歲

謝朝紀妻何氏正元女苦節三十一年現年六十歲

李禎祚妻孫氏錦豐女年二十九夫故遺孤二俱幼家貧紡績以供朝夕現年五十一歲

舒光全妻張氏傳九女年二十八夫故家貧紡績度日撫嗣子成立現年五十一歲

高宗元妻周氏光溥女年二十八夫故僅一女紡刺爲生苦節撫女畢嫁現年六十五歲

尹先玥妻張氏耀國女年二十八夫故遺孤二俱幼家貧撫孤成立現年五十一歲

蔣正高妻宋氏雙秀女年二十九夫故遺孤尚在襁褓撫養成童不幸而殤苦節三十四年現年六十二歲

李勤秀妻周氏梅慶女年二十九夫故遺腹生子家亦貧兼歲歉艱苦撫孤成立今生孫矣現年五十四歲

朱方德妻石氏家樹女年三十夫故無子事翁姑克孝拮据以嫁其女現年六十三歲

劉振潛妻牛氏德全女夫歿遺孤四歲家貧事姑孝謹教子成立守節三十一年現年五十八歲

戴永標妻劉氏振達女年二十六夫故事翁姑孝教子有方現年五十三歲

吳慶良妻戴氏光進女年二十九夫故遺腹生子苦節撫孤俾得成立現年六十歲

劉世鎬妻周氏坦驥女年三十夫故二子俱幼氏勤苦操作撫子成立現年五十一歲

劉世桃妻周氏于岡女年二十九夫故遺孤二在襁褓頻年水災氏歷盡艱苦撫孤成立現年五十九歲

朱周氏庠生朱淦妻德煥女年二十四夫故無子僅遺一女立姪爲嗣事舅姑和妯娌勤紡績苦節二一

十九年現年五十二歲
李爲勳妻劉氏正宗女年二十八夫故遺男女各二事翁與繼姑皆得歡喜備嘗辛苦爲兒女畢婚嫁現年六十七歲
蘇傳先妻戴氏秀山女年二十六夫故遺男女各一事舅姑克孝撫男女畢婚嫁又助孀婦撫孤成立現年七十四歲
蘇祖復妻胡氏教諭胡香樹女年二十七夫故生一男二女撫養成立事孀姑孝待姪輩慈現年五十

五歲
袁新禮妻劉氏添祥女年二十九夫故事舅姑撫孤兒備極勤苦現年五十有二
龍業全妻危氏宗舉女年二十九夫故家貧無子紡績辛勤苦節二十七年現年五十五歲
王登祿妻唐氏大仁女年二十六夫故遺孤二俱幼以箴工度日忍飢撫孤成立現年五十一歲
劉宗椿妻張氏行梓女年二十九夫故二子俱幼遺腹復生一子家貧勤苦撫養皆得成立現年五十

二歲
朱名璜妻吳氏遠次女年二十八夫故遺孤甫一齡紡績辛勤撫孤成立現年六十五歲
王朝佩妻蘇氏世成女年二十九夫故家貧無嗣苦節五十年現年七十八歲
董明仁妻駱氏良高女年三十夫故仰事俯蓄孝慈兩全守節三十年現年六十九歲
蕭峻忠妻許氏秀山女年二十九夫故遺孤未週孀孤衰老加以水旱頻仍氏竭盡心力老幼僅免凍

餒姑歿貸棺而葬數年始畢其價現年五十一歲
周作培妻王氏惟新女年二十八夫故遺三男一女家貧女紅度日後中男出繼少男殤男女各一撫至成立現年八十三歲
王應相妻張氏國望女年二十七夫故遺孤僅數月氏雖藜藿度日孤兒不使凍餒今兒已完婚氏現年五十四歲
羅利貴妻王氏惠保女年三十夫故紡刺度日苦節三十五年現年六十五歲

陳玉鳳妻楊氏德勳女年二十五夫故家貧無子紡績爲生現年六十一歲

田榮哲妻趙氏趙和女年二十九夫故家貧無子針黹營生現年六十八歲

萬純一妻張氏慶宗女年二十九夫故子在襁褓依夫兄嫂居逮兄嫂歿饑寒交迫矢志彌堅現年六十七歲

袁思潤妻楊氏彥武女年三十夫故事舅姑孝敬僅一女教養畢嫁現年六十六歲

楊厚俊妻冷氏文有女年三十夫故無子家貧矢志守節現年六十八歲

李克琚妻戴氏必達女年三十夫故家貧針黹自給事姑孝撫孤慈寡言笑現年六十八歲

李克憲妻唐氏世斌女年二十六夫故家貧氏茹苦含辛者三十一年現年五十六歲

楊家穀妻陳氏必懷女年二十一夫故甘淡泊勤紡織現年五十一歲

陳金潤妻劉氏國厚女年二十三夫故無子舅姑在堂勤紡績以養之現年六十三歲

王一鼇妻段氏大富女年二十四夫故撫遺孤授室子復早卒氏與婦零丁孤苦針黹爲生現年五十四歲

劉英六妻宗氏裕喜女年十八于歸越四年夫蕩遊不歸數年無耗或勸解適氏以死拒不許事舅姑能先意承志歿則哀毀不衰現年五十二歲

蔣天海妻朱氏家喜女年二十二夫故守節三十二年現年五十二歲

蔣天潤妻蔡氏知餘女年二十四夫故備嘗艱苦撫子成立現年五十五歲

張明善妻蕭氏明雨女年十八于歸閱五月夫故年猶十八也茹苦含辛守節三十年現年四十八歲

李希賢妻尹氏國臣女年二十一夫故苦志守貞艱難萬狀現年五十一歲

張承順妻張氏青錢女年二十八夫故守節現年七十一歲

陳大文妻劉氏國權女年二十八夫故撫夫弟長男

王國富妻楊氏兆義女年二十六夫故事舅姑孝謹
教子成立現年七十六歲
蔡有方妻陳氏聲剛女年二十一夫故僅一女善事
孀姑撫女贅壻現年五十二歲
黃承芝妻羅氏宏玥女年二十五夫故遺孤數月紡
刺爲生撫之成立現年五十四歲
楊家模妻宗氏裕嶧女年二十九夫故紡織以撫孤
子逮子已生孫氏猶勤苦不倦現年六十二歲
陳華貴妻張氏光前女年二十九夫故遺孤三撫之

成立氏祖姑王姑葉與氏三世皆苦節云現年六
十六歲
方定遠妻朱氏文鼎女年二十七夫故守節四十七
年現年七十四歲
侯安照妻李氏大純女年二十四夫故撫姪爲嗣勤
儉持家現年六十二歲
梅章輿妻田氏萬治女年二十六夫故子二長習醫
幼業儒皆氏教養之力現年五十一歲
施心旺妻王氏佑承女年三十夫故無子家貧現年

爲嗣數歲殤現年七十五歲
劉遇熾妻周氏家駿女年二十三于歸二十五歲夫
故守節二十五年現年五十歲
吳全美妻龔氏志起女年二十五夫故撫姪爲子授
室後子復逝婦寡孫孤境更難堪現年五十九歲
吳全景妻李氏克秀女年二十五夫故事親撫子孝
慈兼盡與嫂龔氏有一門雙節之稱現年五十六
歲
葉玉鎰妻李氏人植女年二十八夫故家貧無子紡

績以事舅姑現年六十八歲
向桃元妻李氏人煥女年二十八夫故立志守節艱
苦異常現年七十四歲
尹生順妻李氏人仁女年二十八夫故遺孤一早卒
針黹度日艱苦萬狀現年八十二歲
劉遇衡妻王氏守逵女年二十于歸二十四歲夫故
矢志守節端莊靜默親族罕覯其面現年五十歲
李克恭妻朱氏天順女年二十九夫故事姑孝謹教
子以義方勤苦自甘現年六十七歲

五十六歲

張大昭妻謝氏仁光女年二十九夫故撫二子成立現年五十七歲

周正松妻黃氏黃滿女年二十六夫故撫週歲孤成立現年六十三歲

楊盛瑚妻李氏應榮女年三十夫故舅七十餘目瞽侍奉不衰子五殀其二苦節撫之成立現年六十一歲

楊家宏妻王氏有玉女年二十九夫故孝事舅姑紡續度日撫姪爲嗣現年六十歲

葉貴妻汪氏家謨女年二十九夫故守節二十六年現年五十四歲

吳周氏武生吳兆春妻昌華女年二十九夫故苦節二十一年現年五十歲

吳世琦妻舒氏金裕女年二十七夫故守節三十五年現年六十二歲

陳聲樹妻朱氏天玉女年二十五夫故無子守節三十三年現年五十八歲

陳育剛妻蕭氏大華女年二十五夫故守節三十四年現年五十八歲

王后淮妻范氏正全女年二十六夫故守節三十年現年五十六歲

周昌璠妻王氏昆鴻女年二十二夫故守節二十九年現年五十一歲

葉天爽妻朱氏聲鴻女年二十九夫故守節四十年現年六十九歲

戴德泮妻李氏階棉女年二十五夫故守節二十八年現年五十二歲

余光信妻曹氏邦達女年二十六夫故立姪爲嗣教養成立現年五十一歲

昝廷福妻劉氏春泉女年二十一夫故苦節三十三年現年五十二歲

姚朝愷妻康氏必海女年二十五夫故守節三十載現年五十五歲

周太順妻張氏正國女年二十七夫故守節五十四年現年八十歲

鄭國材妻劉氏文炳女年二十四夫故撫子成立守節五十三年現年七十六歲

李定化妻嚴氏大成女年二十九夫故守節五十五年現年八十三歲

李興代妻張氏巡進女年二十六夫故守節三十五年現年六十一歲

劉正邦妻吳氏慶安女年二十六夫故守節四十二年現年六十八歲

曾廷衡妻張氏士魁女年二十八夫故守節四十四年現年七十二歲

曾位餘妻李氏李新女年二十七夫故守節二十四年現年五十一歲

涂世彩妻劉氏知美女年二十九夫故守節四十三年現年七十歲

宋先緒妻李氏台鈞女年二十一于歸二十八夫故事奉翁姑孝養不倦撫姪爲子視如己出現年五十五歲

胡正紀妻歐陽氏與軒女年三十夫故無子守節四十九年現年七十九歲

劉大華妻曾氏德貴女年三十夫故撫姪爲嗣紡績力穡爲生現年六十六歲

熊大祥妻陳氏一相女年二十九夫故子二俱幼撫養成立現年六十三歲

陳順茂妻蔡氏聲立女年二十三夫故無子僅遺女三事舅姑孝撫三女畢嫁守節三十二年現年五十七歲

周大相妻徐氏楚芬女年二十八夫故立姪爲嗣勤儉自苦現年五十一歲

王后忠妻雷氏光祖女年二十九夫故守節二十六年現年五十四歲

周時興妻李氏台清女年二十九夫故家貧子幼紡績度日守節二十二年現年五十一歲

馬光明妻周氏興相女年二十八夫故守節二十七年現年五十四歲

劉寶魁妻張氏大志女年二十九夫故無子守節三十四年現年六十三歲

劉全林妻章氏正國女年二十三夫故事舅姑孝敬
僅一女守節二十六年現年四十九歲
劉庸文妻程氏全材女年二十二夫故守節三十一
年現年五十二歲
曾永宏妻楊氏東儒女年二十八夫故無子母兄穆
迎養焉現年七十歲
徐傳賢妻張氏公明女年二十二夫故守節三十九
年現年六十一歲
李元榮妻田氏祥運女年二十九夫故守節二十二

年現年五十歲
計德釗妻李氏善明女年二十七夫故上事舅姑下
撫遺孤孝慈兼盡守節三十二年現年五十一歲
戴德永妻楊氏有道女年二十八夫故事舅姑孝敬
撫孤成立現年六十四歲
熊紹政妻曾氏世純女年二十一夫故事舅姑孝謹
撫遺腹子成立現年六十四歲
宋德先妻田氏有豐女年二十七夫故守節三十一
年現年五十八歲

郭長發妻張氏進賢女年十七于歸二十歲夫故守
節三十一年現年五十八歲
陳明太妻李氏廷槐女年二十四夫故遺孤二撫養
成立守節三十六年現年六十歲
陳明煌妻程氏有光女年二十八夫故守節三十五
年現年六十三歲
李傳楷妻吳氏秀山女年十六于歸十七歲夫故立
姪爲嗣守節三十四年現年五十一歲
俞澤明妻鄒氏廣文女年二十六夫故守節三十三

年現年五十九歲
丁芳振妻李氏定彬女年二十四夫故家貧苦節撫
孤成立現年五十一歲
屈昌貴妻張氏廣福女年三十夫故矢志撫孤辛苦
備嘗現年六十四歲
李艮木妻余氏作洪女年二十八夫故遺孤二撫養
成立現年五十二歲
羅明秀妻張氏年十九于歸二十三歲夫故子甫二
齡氏引刀斷一指誓不再醮苦志守節雖戚族罕

見其面現年五十二歲
李良柱妻吳氏佩忠女年三十夫故僅二女艱難苦
作撫之畢嫁時就養於女家逮年逾五旬而二女
俱逝零丁孤苦更不可言現年六十七歲
黃章富妻何氏廷揚女年三十夫故無子夫弟甫二
歲而姑亡氏以嫂而兼母道撫之完娶生兩男以
一爲氏子現年六十五歲
朱昌禮妻曾氏光典女年二十六夫故以夫弟子爲
嗣紡績以供衣食以子出就外傅今學將有成矣

氏現年六十六歲
朱昌亭妻李氏定吉女年三十夫故家貧撫孤子成
立現年五十五歲
郭全材妻王氏國建女年二十九夫故遺二男一女
俱幼撫之完婚嫁今僅存一子現年七十四歲
余惟坦妻王氏國宗女年二十八夫故遺腹三月生
男與姑勤儉茹苦撫以成立子中年殀僅存一孫
現年六十一歲
陳相海妻林氏以楝女年二十九夫故舅姑老病事

奉孝謹撫夫弟子爲嗣弟婦李氏年二十四而寡
氏同撫二子至於成立現年五十一歲
陳蕭氏武生陳相瓚妻賜年女年三十夫故遺孤多
病撫至十齡殤立夫兄子爲嗣艱苦備嘗現年五
十一歲
蔡知榮妻尹氏鳳祥女年二十六夫故家貧遺孤歲
餘艱苦萬狀撫之成立現年五十一歲
彭中桂妻張氏敦傑女年二十三夫故事舅姑孝遺
孤在襁褓夫弟與弟婦後夫一歲亡遺孤姪一撫

之無異己子蓋天性仁慈矣現年七十一歲
彭崇堅妻尹氏曰堯女年二十八夫故紡績度日撫
姪爲嗣姪亡撫孫現年五十八歲
袁上瑞妻張氏添眞女年二十四夫故事舅姑以孝
撫二孤子以慈現年五十一歲
程惟瑤妻周氏茂國女年二十九夫故王父年邁孀
姑在堂遺孤幼氏仰事俯蓄曲盡其道現年五十
一歲
宋輔純妻許氏成業女年二十九夫故事衰姑孝立

姪以承夫祀現年五十五歲
黃六皆妻劉氏庠生金圃女年二十九夫故家貧撫孤完姻生孫子甚孝孫亦賢苦節之報現年五十二歲
王光榮妻劉氏士偉女年二十八夫故撫子娶婦生孫而子三十亡孫復冠而殀煢煢苦節艱辛萬狀現年七十有五
張伯典妻黃氏培山女年二十九夫故事舅姑孝敬撫三子皆成立現年七十一歲

劉名驤妻王氏遐昌女年二十九夫故上事舅姑下撫二子孝慈兼盡現年五十五歲
鄭克繩妻方氏士信女年二十四夫故孝事姑嫜慈撫孤兒現年五十六歲
張鍾璜妻王氏國秀女年三十夫故織席度日事舅姑孝撫孤子成立現年五十二歲
朱業鼎妻劉氏玉寬女年二十四夫故撫姪爲嗣事舅姑能先意承志現年八十歲
龔相堯妻傅氏金華女年二十四夫故家貧苦節事親克孝現年五十一歲
吳慶恕妻方氏士信女年二十八夫故家貧無子苦節自誓現年五十一歲
陳孫禮妻沈氏金榜女年二十九夫故守節二十三年現年五十二歲
李成俊妻鄭氏名立女年二十九夫故上事舅姑下撫子女孝慈備至現年五十五歲
蕭冉書妻聶氏廩生聶墉女年二十八夫故守節二十三年現年五十一歲

鄭士信妻張氏鍾奇女年二十三夫故教子慈而嚴事舅姑誠敬現年五十六歲
鄭信章妻余氏德昇女年二十九夫故事舅姑撫遺孤孝慈兼盡現年六十有八
許鍾貴妻王氏垂化女年二十九夫故毀容茹苦之死靡他現年五十二歲
劉名烈妻張氏光照女年三十夫故夫兄以歲饑勸改適氏以死拒之後無復敢言者現年五十二歲
晏明山妻楊氏定國女年二十七夫故矢志守節繼

姑待氏虐敬謹事之不衰現年五十八歲
蕭得恆妻徐氏以海女年二十九夫故撫遺孤數年而殤立猶子以承夫祀現年六十六歲
蕭必鳳妻袁氏必暹女年三十夫故事姑嫜孝敬撫姪爲嗣生孫現年八十一歲
葛嘉祿妻周氏方盛女年十七于歸二十歲夫故繼姑欲再適以獲多金屢虐逼之誓死不從現年五十四歲
張玉珍妻羅氏年二十九夫故家貧勤操作倚姪度

日現年五十歲
曾元殿妻萬氏年二十八夫故事舅姑孝撫孤成立現年五十一歲
童大縉妻謝氏年二十八夫故事舅姑養葬盡禮撫嗣子成立現年六十四歲
朱家珍妻潘氏年二十二夫故父母強之改適誓終身不歸甯其堅操如此奉舅姑能曲盡其孝族黨敬之現年五十一歲
吳右春妻李氏年二十四夫故家貧撫孤成童而殤有促其改適者誓死不從守節三十七年現年六十歲
周邦焜妻彭氏庠生彭榮光第四女年二十六于歸越六月夫故針黹度日孝事雙親現年五十一歲
蘇楊氏武生祖蕙妻體俊女年二十九夫故紡績度日姑病篤割左股合藥進病頓愈現年六十歲
晏中清妻陳氏年二十九夫故針黹度日依母家以居艱苦備嘗現年六十三歲
周邦榮妻陶氏年二十四夫故孝事舅姑持家勤儉

現年五十一歲
李繩緒妻陳氏年二十四夫故無子依母家以居矢志守節茹苦含辛現年七十一歲
鄭厚澐妻韓氏年二十澐病篤舅姑促日迎氏奉澐湯藥月餘澐故氏泣血三年誓不再適敬事高堂勤苦操持現年五十一歲
黃叔培妻鄔氏吏目鄔廷琇女年二十于歸越六月夫故姑病癱瘓侍奉嘗廢寢食伯姑卒無以爲葬氏鬻釵釧助之現年五十七歲

史開茂妻張氏年二十九夫故事親敬謹撫子成立
日夕紡織不倦現年五十歲
魏仁昆妻劉氏年三十夫故無子立志守節紡刺度
日備歷艱辛現年六十有九
郭光銓妻楊氏君谷女年二十七夫故遺一男一女
敬事舅姑撫子娶婦王生孫而子殀婦年二十三
歲氏率婦守節同力撫孫現俱存
徐振堂妻楊氏振新女年十七于歸十九夫故矢志
守節現年五十二歲

陳光友妻郭氏應楷女年二十七夫故苦志守節現
年六十六歲
王光泰妻周氏泌之女年二十七夫故守節四十四
年現年七十二歲
曾錦昌妻陳氏有德女年二十五夫故守節二十七
年現年五十二歲
羅正貫妻張氏渠海女年二十一于歸二十四歲夫
故無出氏矢志守節現年六十五歲
羅生逵妻王氏光國女年二十八夫故矢志守節現
年五十一歲
王修登妻劉氏劉粹女年二十九夫故立志守節現
年五十一歲
黃聖言妻辛氏遵道女年二十九夫故守節三十八
年現年六十六歲
萬恆金妻蔡氏光耀女年二十九夫故守節四十年
現年六十八歲
王日儒妻王氏慶春女年二十九夫故家貧三女俱
幼一子未週氏撫之皆畢婚嫁現年六十八歲

王相祿妻郤氏家才女年二十五夫故子雙目失明
積柴爲屋以居苦不堪言現年七十七歲
王廷松妻劉氏廷桂女年十八于歸數月夫故撫姪
爲嗣教之成立現年六十八歲
王盛遠妻余氏龍章女年二十七夫故奉姑孝謹教
子業儒現年六十二歲
王衡遠妻謝氏仁美女年二十九夫故茹苦含辛現
年五十三歲
余德修妻王氏承杰女年二十四夫故矢志守節現

年六十一歲
余正鼇妻王氏德遠女年二十五夫故苦節自誓現
年五十八歲
王和遠妻嚴氏廷有女年二十九夫故守節三十二
年現年六十歲
余正瀛妻廉氏光裕女年三十夫故堅貞守節現年
五十七歲
陳光潤妻唐氏大仁女年二十四夫故立志守節現
年五十一歲

王吳氏武生王步瀛妻大萬女年二十六夫故子弱
女幼撫教以畢嫁娶孫四現年五十四歲
王智繁妻楊氏君右女年二十九夫故僅一女撫之
畢嫁現年五十一歲
程安邦妻胡氏光遠女年二十二夫故撫姪爲嗣現
年五十一歲
王朝瑛妻唐氏國樞女年二十八夫故家貧勤苦撫
子成立現年六十四歲
王萬啟妻周氏發坤女年二十二夫故守節四十年

現年六十一歲
王萬全妻吳氏紹桂女年二十六夫故守節四十五
年現年七十歲
王萬相妻謝氏純友女年二十三夫故守節三十五
年現年五十七歲
吳定榜妻周氏昌麒女年二十九夫故守節三十年
現年五十八歲
楊正茂妻葉氏宗錕女年二十三夫故家貧無子依
親族以居現年六十有八

尹起麟妻黃氏金鼎女年二十五夫故撫諸姪成立
現年七十八歲
王德忠妻陳氏庠生陳邦穀女年二十九夫故苦節
現年五十一歲
曾位照妻危氏年二十九夫故守節撫子良忠成立
入武庠慈誨兼至現年五十有六
王廷珊妻姚氏承前女年二十七夫故撫夫兄子爲
嗣現年五十一歲
易有謙妻吳氏文藻女年二十六夫故守節二十八

年現年五十有三
劉國才妻羅氏代全女年二十五夫故矢志守節現年六十一歲
蔡遠德妻張氏正芳女年二十一夫故立志守節現年六十五歲
陳詠仁妻劉氏舉人元慶姪女年二十五夫故家貧無子依夫兄育仁以居矢志堅守現年五十一歲
周任育妻曾氏武生有光女年三十夫故自矢苦節撫子有成現年五十六歲

韓允芬妻王氏正沚女年二十九夫故撫子成立甘貧苦守現年五十一歲
胡朗長妻丁氏正明女年三十夫故事孀姑孝敬撫子女教養有法現年五十五歲
楊榮智妻王氏國興女年二十六夫故遺孤二幼忍饑甘貧撫子成立現年七十五歲
楊權智妻劉氏立忠女年三十夫故撫姪爲嗣愛如已子現年五十二歲
楊經智妻朱氏光第女年三十夫故事舅姑曲盡其孝及歿喪葬如禮教子力農以繼先業現年五十一歲
楊洪禮妻劉氏應祚女年二十八夫故遺孤幼教之習射不成遂專力於農而衣食不匱現年五十七歲
楊貴禮妻劉氏應起女年二十九夫故子幼翁姑俱逝躬勤操作撫孤成立現年五十一歲
王名灝妻吳氏天緒女年二十八夫故僅一女家貧歲荒紡績自給現年五十六歲

張紹訓妻陳氏朝國女年二十九夫故無子女守節艱苦備嘗現年六十四歲
皮學珍妻周氏宏湘女年二十八夫故誓死守節現年五十一歲
劉文培妻張氏良梅女年二十九夫故矢志守節現年五十一歲
李能奄妻陳氏正義女年二十三夫故守節五十一年現年七十四歲
吳應植妻江氏正漢女年二十九夫故勤苦自勵撫

子成立現年七十六歲
全天爵妻郭氏如棠女年二十三夫故善事舅姑撫姪如子現年五十九歲
李行珍妻曾氏紹緒女年二十三夫故守節三十六年現年五十八歲氏奉姑盡孝撫嗣成立
江之洋妻王氏楚善女年二十九夫故事舅姑孝撫一子成立現年七十歲
吳津妻張氏自新女年二十六夫故家貧無子立志守節現年六十一歲

張光前妻魏氏學周女年二十夫故苦守三十四年不怨不尤現年五十三歲
周培倫妻熊氏文壽女年三十夫故遺孤一撫教成立現年八十歲
盧天棟妻夏氏德元女年十七于歸數月夫故誓死守節事姑孝敬現年八十歲
張渠明妻高氏鵬程女年二十八夫故矢志守節撫孤成立現年五十九歲
趙學經妻曾氏義興女年二十九夫故事舅姑孝敬終身孤苦之死靡他現年五十一歲
余詩興妻王氏方笠女年二十七夫故孝以事舅姑育嗣子如己子現年五十歲
黃文樸妻杜氏學述女年三十夫故含辛茹苦守節彌堅現年五十三歲
黃邦訓妻李氏年二十二夫故苦節清操現年五十一歲
唐明友妻胡氏成材女年二十五夫故事親孝謹撫子成立現年五十七歲

黃大義妻周氏承遠女年二十一夫故撫子完娶生孫而子故撫孫而孫亡終身孤苦現年五十六歲
潘開培妻易氏法宗女年二十二夫故紡績度日撫子有成現年五十九歲
周承嶠妻黃氏年二十五夫故奉舅姑事葬盡禮苦節無嗣可立現年六十有一
周祖滿妻陶氏樹棠女年十七于歸二十一夫故苦節自誓拮据異常現年五十四歲
陳文台妻孫氏任桐女年二十四夫故事親終養教

子有成現年五十一歲
張承松妻練氏年二十七夫故事舅姑撫孤子紡績
以供朝夕現年五十七歲
彭家楨妻易氏承繡女年二十三夫故事舅姑孝謹
一孤週而殤立嗣以繼夫祀現年五十一歲
周益鴻妻黃氏年二十二夫故矢志守節終身貧苦
現年六十歲
劉兆璠妻孫氏光祖女年二十五夫故姑老子幼紡
績度日現年五十七歲

李大德妻劉氏漢佐女年二十七夫故貧苦堅守紡
織爲生現年六十四歲
李大綱妻譚氏大忠女年二十八夫故家貧無子苦
節彌堅現年五十八歲
周大選妻陳氏以爽女年二十四夫故苦節現年五
十一歲
劉士文妻李氏傳福女年二十四夫故勤苦紡織守
節自誓現年五十八歲
劉應舉妻王氏義魁女年二十五夫故甘守貧苦矢

志不渝現年五十一歲
余大順妻羅氏紹永女年二十五夫故矢志守節現
年五十二歲
張承興妻吳氏大林女年二十四夫故守節自誓現
年五十一歲
蕭長明妻劉氏明爽女年二十四夫故家貧立志苦
守現年五十一歲
倪張氏增生倪家修妾年二十四夫故貞靜幽閒苦
節不渝現年五十五歲

柏建鄉妻范氏金遠女年二十三夫故撫養遺孤至
於成立現年五十五歲
朱榮學妻項氏司友女年二十八夫故貧苦無子紡
績營生現年六十歲
呂遠寬妻李氏宗友女年三十夫故勤操女工養姑
撫子現年五十一歲
蕭有逵妻夏氏傳賓女年二十七夫故勤苦操持撫
二子成立現年六十二歲
史正元妻楊氏金國女年二十五夫故家貧無子立

志守節現年五十六歲
李大福妻曾氏元隆女年二十六夫故子幼備歷辛
苦撫之成立現年六十五歲
劉學仁妻聶氏光祖女年二十七夫故立志守節撫
姪爲嗣現年五十一歲
李德廣妻燕氏萬鎰女年二十二夫故矢志守節現
年六十一歲
宋李氏庠生宋彪妻李恆太女年二十八夫故遺孤
邦殿始命讀書長習弓馬成名氏猶以不列儒林

爲歉現年六十歲
王遠鼇妻鄒氏士越女年二十一于歸二十九夫故
苦節三十五載現年六十三歲
李章昭妻唐氏加玉女年十九于歸二十七夫故矢
志苦節現年六十歲
程大乾妻周氏正義女年二十于歸二十九夫故守
節四十一年現年七十二歲
喻正祥妻萬氏國貢女年十九于歸二十九夫故苦
節五十二年現年八十一歲

王文炳妻萬氏國祚女年二十一于歸三十歲夫故
守節三十三年現年六十二歲
萬大順妻劉氏周章女年十六于歸二十一夫故守
節三十五年現年五十六歲
葉天才妻周氏正彩女年二十二于歸二十六夫故
守節三十九年現年六十五歲
胡熙奎妻黃氏年二十二夫故守節現年五十六歲
蕭順啟妻彭氏庠生文斌女年十九于歸甫三月夫
故家貧姑存氏矢志守節奉姑甘旨皆由紡績刺
繡而出姑歿遭粵寇焚其室無所歸依母家現年

五十二歲
林國溥妻周氏明忠女年十八于歸二十八夫故遺
子女各一氏事翁姑以孝撫子女以恩操作自甘
紡剌度日現年七十三歲
劉傳綸妻袁氏文學女年二十于歸二十六夫歿遺
子女各一氏事姑孝敬撫子女畢婚嫁現年五十
四歲
胡有周妻彭氏德文女年十七于歸二十二夫故無

出氏孝事舅姑勤苦操作從無疾言怒色現年五十八歲

劉傳膠妻林氏光俊女年十七于歸二十九夫以凶年死於道路訃聞氏不欲生時以子甫五齡遂流離忍死無役不服撫孤成立授室現年七十二歲

劉傳遵妻蔡氏尚謨女年二十于歸二十七夫故守節五十年現年七十七歲

劉馮氏廩生世斗妻陂邑庠生崇遴女年二十一于歸二十八歲夫亡僅二女氏孝事孀姑撫教二女

紡績度日饑苦備嘗現年五十二歲

劉正泗妻李氏用禮女年十七于歸二十八歲夫故生三子氏事親克孝教子以義方卒皆成立現年六十二歲

王世傑妻易氏承謨女年十八于歸十九歲夫故苦節五十四載現年七十三歲

林方坦妻趙氏排之女年十七于歸年二十夫故矢志苦節教子成立現年七十歲

劉傳選妻黃氏大春女年二十于歸二十九歲夫故撫孤成立苦節二十八年現年五十七歲

劉世誼妻胡氏昌懷女年二十一于歸二十四歲夫故家貧無子矢志苦節現年五十九歲

易承繡妻張氏渠輝女年二十于歸二十五歲夫故守節四十四年現年六十八歲

易承旺妻劉氏正榜女年十九于歸二十三歲夫故善事翁姑撫孤成立現年五十八歲

劉張氏庠生克誠妻承璞女年十六于歸二十六歲夫故事翁姑孝謹教二子以義方經理操作辛苦

備嘗次子世翔爲邑庠生現年五十八歲

蕭劉氏庠生之馥妻其煥女年十七于歸二十八歲夫故遺孤六歲家貧甚紡績度日撫孤成立現年六十四歲

劉傳遠妻高氏維朝女年二十一于歸二十九歲夫亡遺孤二撫之成立事後母以孝聞經理家計艱苦備嘗後兩子繼逝惟孫是依現年五十五歲

林方蔚妻蕭氏光烈女年十七于歸二十二歲夫故遺孤二氏撫之艱苦萬狀年四十餘兩子相繼而

亡零丁孤苦服役營生現年七十四歲
劉作貴妻羅氏年十八于歸二十六歲夫故子甫五歲姑亡翁存家貧如冼氏服役紡織忍饑以事翁撫子現年五十六歲
林國澍妻周氏勳奇女年十九于歸二十歲夫故無子以兄子爲嗣氏事翁姑能代子職撫子如己出其艱苦不可名狀現年六十七歲
袁思玉妻張氏正堂女年十九于歸二十三歲夫故遺子女各一氏課耕課織寒暑無閒閭里賢之現

年七十八歲
黃儒憲妻劉氏文奇女年二十于歸二十九歲夫故一子在繈褓氏紡績度日撫孤成立而家道日裕現年六十五歲
黃思忠妻彭氏應祥女年二十于歸二十九歲夫故僅三女撫姪爲嗣愛如己出現年六十二歲
何景栗妻鄭氏之太女年十九于歸二十八歲夫故家貧無子矢志守節義命自安艱苦備嘗現年六十四歲

程興祥妻熊氏士志女年二十二于歸二十三歲夫亡矢志守節撫姪爲嗣現年五十二歲
吳承智妻楊氏君茂女年二十四于歸二十七歲夫故遺孤甫數月氏事二親克孝延師課子成立現年五十二歲
李台彥妻戴氏開貴女年二十于歸二十八歲夫故遺孤二氏思撫養歷盡艱辛現年七十九歲
劉兆松妻俞氏德玉女年十八于歸二十九歲夫故僅二女嫁長而贅其夫以守門戶紡績度日克儉

克勤現年五十一歲
周光海妻王氏安懷女年二十于歸二十七歲夫故氏事翁姑以孝撫孤至於成立今孫枝蕃衍家道漸裕氏之力也現年五十三歲
田廣運妻李氏台華女年二十二于歸二十六歲夫故遺孤一氏撫之慈嚴並用至於成立現年六十二歲
張繩炳妻李氏端灝女年二十于歸二十八歲夫故遺一男一女氏上事翁姑下教子女曲盡其道遭

世大難兼以家貧其操愈堅現年六十一歲
吳興璡妻周氏治楝女年十八于歸二十六歲夫故
遺子女各一皆教訓有方現年五十一歲
張承萬妻王氏興傳女年十六于歸二十七歲夫故
僅一女氏立志守節貧賤自甘現年五十歲
劉華筆妻余氏余楷女年二十于歸二十七歲夫故
家貧子幼氏紡績度日寒暑無間現年五十歲
劉傳保妻余氏奉顯女年十八于歸二十六歲夫故
守節二十六年現年五十二歲

宋先謙妻李氏合華女年二十于歸二十七歲夫故
事孀姑孝敬持家勤儉現年五十三歲
宋克猷妻周氏光沛女年二十于歸二十九歲夫故
一子幼氏矢志守節教子以義方至於成立現年
六十二歲
李甫炳妻胡氏庠生炎鼎女年十九于歸二十六歲
夫故僅一女氏上事翁姑下撫幼女孝慈兼盡現
年五十一歲
李甫甲妻杜氏廷高女年十九于歸二十八歲夫故

家貧一子尚幼氏傭工度日撫之成立現年五十
一歲
宋先誠妻李氏合榮女年二十于歸二十二歲夫故
一子甫五月翁姑衰老氏仰事俯蓄教子成立今
子已生孫矣現年五十一歲
顧學銓繼妻黃氏黃光女年十七于歸十九歲夫故
僅一女家貧紡績度日撫子成立現年六十三歲
朱開慶妻毛氏廣財女年十九于歸二十八歲夫故
一子甫五齡翁老家貧氏寒暑紡績奉翁以壽終
教子至於成立現年六十二歲

蕭明敬妻許氏文錦女年二十于歸二十七歲夫故
子幼家貧氏機杼營生甘苦備嘗守節三十二載
現年五十八歲
朱家駒妻董氏昌明女年十九于歸二十九歲夫故
氏立志撫孤紡刺度日藜藿自甘教子成立現年
五十一歲
吳興桂妻劉氏艮材女年十九于歸二十九歲夫故
遺一子一女氏紡績度日勤儉自勵而子知義方

女嫻內則皆氏之教也現年五十五歲
蔣天太妻羅氏開模女年二十一于歸二十八歲夫
故子二家貧紡績爲生撫子成立現年五十一歲
張存緒妻舒氏法仁女年二十一于歸二十六歲夫
故家貧紡績度日撫二子成立現年五十六歲
沈方炳妻李氏金銓女年二十于歸二十九歲夫故
懷清履潔撫孤成立現年五十一歲
葉秉鈞妻許氏廷贊女年十八于歸二十九歲夫故
守節現年六十歲

熊均妻丁氏育夏女年十九于歸二十歲夫故姑老
氏事姑極其誠敬現年六十四歲
鍾朝純妻鄭氏永怡女年二十五夫故守節現年五
十九歲
陳國彥妻王氏庠生樹穀女年二十四夫故守節現
年五十五歲
劉應祺妻曾氏元福女年二十七夫故矢志堅守現
年五十七歲
吳慶達繼妻劉氏德美女年十九于歸二十九歲夫

故撫猶子長照爲嗣今孫曾林立矣現存年七十
四歲
吳慶祚妻鄭氏年十九于歸二十九歲夫故撫子長
善成立現年五十有七
尹思任妻謝氏紹弼女年二十二于歸二十八歲夫
故氏事舅姑盡禮撫三子成立後孫曾繁衍家亦
漸裕現年七十五歲
朱劉氏監生朱家慶妻年二十九夫故事姑維謹矢
志不渝現年五十八歲

吳長瑋妻萬氏必先女年二十于歸二十八歲夫故
無子守節現年五十四歲
程前茂妻吳氏年十八于歸二十二歲夫故矢志守
節現年七十一歲
曾紀成妻張氏正秀女年二十三于歸二十八歲夫
故撫子憲元成立現年六十九歲
涂能禋妻殷氏啟壽女年十六于歸二十八歲夫故
家貧撫子儀鏞成立現年五十三歲
李良元妻胡氏正逵女年十七于歸二十八歲夫故

紡績度日撫三子成立現年五十有八
李龍賢妻朱氏東文女年十七于歸二十五歲夫故
撫二子成立現年七十有四
丁芳策妻郭氏全貴女年十九于歸二十九歲夫故
撫一子成立現年五十有九
陳相林妻鄒氏希成女年十九于歸二十七歲夫故
撫三子成立現年五十五歲
蕭培烈妻李氏齊爽女年十七于歸二十九歲夫故
撫二子成立現年六十有三

張學蘭妻何氏求璜女年二十二于歸二十五歲夫
故無子矢志守節針黹度日現年五十二歲
喻名聲妻吳氏錫藻女年十七于歸二十九歲夫故
守節現年五十四歲
蕭得澍妻王氏武生天爵女年十九于歸二十三夫
故家貧守節現年六十有三
蕭得澄妻王氏殿瑤女年二十于歸二十九歲夫故
矢志守節現年五十一歲
蕭得位妻楊氏名迪女年二十二于歸二十九歲夫

故針黹自給現年五十二歲
蕭位相妻胡氏德瀛女年二十一于歸二十九歲夫
故現年六十有二
楊成中妻袁氏志洋女年二十一于歸二十五歲夫
故守節現年七十二歲
王國炳妻李氏人傑女年二十于歸二十九歲夫故
守節現年七十歲
劉其榮妻許氏廷贊女年十六于歸二十七歲夫故
守節現年五十五歲

李修春妻張氏行諫女年十九于歸二十七歲夫故
守節現年五十二歲
劉學灝妻吳氏年十四于歸二十七歲夫故守節現
年五十六歲
常魏氏庠生平章妻順明女年十八于歸二十九歲
夫故守節現年五十八歲
文洪銑妻張氏德符女年二十一于歸二十六歲夫
故守節現年五十一歲
宋光澤妻韓氏春城女年二十八夫故矢志苦守現

年五十二歲
胡錦章妻吳氏楚光女年十八于歸二十一歲夫故
守節三十四年存
張月正妻周氏瓊圃女年十八于歸二十歲夫故事
姑以孝聞現年五十五歲
龔寶森妻郭氏華衮女年二十四夫故安貧矢志現
年五十二歲
高哲鎰妻陳氏振遠女年二十于歸二十八歲夫故
無子苦守現年六十一歲

熊正魁妻李氏國棟女年二十一于歸二十七歲夫
故矢志守節現年六十四歲
何龔氏舉人何文質繼妻雲波女幼習詩書長嫻內
則年十七于歸三十歲夫故家貧守節現年五十
八歲
楊文琪妻汪氏守基女年二十一于歸二十八歲夫
故遺孤一撫教成立守節三十一年現存年五十
九歲
汪德謙妻朱氏光隆女年十八于歸二十八歲夫故

守節撫一子成立現年八十五歲
王鳳章妻徐氏允昇女年十七于歸二十七歲夫故
僅一女家貧守節艱苦備嘗現年七十一歲
皮隆榮妻楊氏日華女年十七于歸二十七歲夫故
守節撫孤成立現年五十九歲
鄭自芳妻曾氏運高女年十九于歸二十九歲夫故
姑亡舅存事之如父撫子成立現年八十三歲
周新彝妻萬氏裕章女年十八于歸二十八夫故子
女幼姑老多病氏事姑孝撫子完娶後子歿依母

爲命現年六十六歲
周新蘭妻潘氏大貴女年十八于歸二十八歲夫故
遺孤三歲氏矢志守節家赤貧以漁爲生戚族憐
其苦時周恤之遂得撫孤成立現年七十三歲
郭廷禮妻馬氏光林女年二十于歸夫妻灌園食力
相敬如賓氏二十九歲夫故無子女矢志守節現
年七十二歲
謝盛璉妻夏氏自得女年十六于歸二十歲夫故遺
腹生子撫養成立後子忽短折氏矢志彌堅現年

五十一歲

譚正元妻蔡氏仁山女年二十于歸二十四歲夫故先一子遺腹復生一子數年俱殤氏無依歸家養父克全孝道勤苦特甚現年五十九歲

張承鎬妻葉氏齊桐女年二十九夫故事姑生葬盡禮撫三子備嘗辛苦皆至成立現年五十七歲存

石德佑妻張氏承友女年二十于歸三十歲夫故上奉二親下撫二子曲盡其道現年五十一歲

夏自傅妻翟氏大銀女年二十于歸二十五歲夫故無子撫姪勤持家政現存年六十七歲

江光琦妻趙氏理雲女年二十一于歸二十四歲夫故守節無子現存年七十一歲

王貴林妻蕭氏啟榮女年十七于歸二十歲夫故撫姪爲子隨殤家漸蕭條針黹度日苦不堪言現存年六十九歲

王貴廉妻李氏有章女年十九于歸二十七歲夫故子一爭天奉姑孝謹與孀嫂同居藉紡織以爲生現存年五十一歲

管良杜妻尹氏思立女年二十于歸二十七歲夫故守節家貧無子女紡績爲生現存年五十九歲

劉世誠妻牛氏德芹女年二十一于歸二十九歲夫故守節晝夜紡績撫一女畢嫁現存年五十歲

楊宗盛妻高氏必聰女年十六于歸二十七歲夫故氏事姑極孝姑病篤割股以療未痊復割右臂以療之疾頓瘳撫二子皆成立現存年五十九歲

吳賢泰繼妻楊氏廩生與春女年二十二于歸三十歲夫故前妻子二氏子一教養無異視今諸孫林立矣現存年五十三歲

吳賢哲妻姚氏金海女年二十一于歸二十三歲夫故僅一女撫姪爲嗣教誨成立現存年五十四歲

蕭德揚妻黃氏大治女年十八于歸二十七歲夫故事翁姑克孝撫孤完娶年二十八子卒遺三孫其婦紀氏亦勤儉矢志支持門戶能遵氏教焉現存年五十九歲

熊王氏從九熊正經妻監生王雲川女年二十一夫故無子矢志守節針黹度日勤儉堅貞現年五十

二歲

蕭德正妻韓氏成益女年二十二于歸二十八歲夫故紡績以事孀姑撫子新太成立現存年六十七歲

蕭德旺妻王氏德萬女年二十于歸二十九歲夫故家貧事親之資皆賴紡績撫一子成立現存年五十四歲

周昌驅妻劉氏文華女年二十于歸二十八歲夫故撫二子皆列成均現年五十二歲

龔必鴻妻周氏廷試女年十九于歸二十四歲夫故僅一女撫姪爲嗣教之成立現年五十歲

張天柱妻彭氏超靈女年十七于歸三十歲夫故家貧姑老子女幼針黹度日撫子女畢婚嫁現存年五十歲

蕭明國妻焦氏年十八于歸二十七歲夫故家貧二子幼紡績度日備歷艱辛現存年八十二歲

宋光炳妻蕭氏賜燕女年二十于歸二十九歲夫故矢志守節現存年五十二歲

吳長雲妻戴氏戴愷女年二十于歸二十九歲夫故事翁姑克孝撫孫子成立現存年六十一歲

黃大士妻胡氏廷順女年二十于歸三十歲夫故翁在堂事之克孝撫一子一女成立現存年七十六歲

丁光祖妻吳氏長清女年二十一于歸二十九歲夫故家貧孝敬翁姑紡績爲生現存年五十五歲

蕭錫繼妻李氏李衡女年十七于歸二十八歲夫故矢志守節現存年六十二歲

彭德高妻王氏明炯女年二十于歸三十歲夫故僅一女撫姪爲嗣教之成立現存年七十歲

彭德衷妻何氏世官女年二十于歸二十九歲夫故矢志守節紡績度日撫子成立現存年六十三歲

李正榮妻季氏季巖之女年十九贅士榮爲壻二十一歲榮亡長子歲餘遺腹月餘生次子李翁屢逼嫁不從二子復相繼歿幸長子有孫一人曾孫三人氏年八十一尚存

王宣說妻吳氏生員長林女年二十五于歸三十歲

夫故守節現存年六十三歲
龔在海妻蕭氏定國女年二十于歸二十八歲夫故
立志守節現存年五十九歲
李家珣妻宋氏文梅女年二十六夫故矢志苦守現
年六十八歲
張承錦妻王氏禹山女年二十一于歸二十九歲夫
故守節現存年五十二歲
王訓行妻鄧氏如鈺女年十九于歸二十四歲夫故
守節現存年五十八歲

劉遠奎妻蕭氏起熾女年二十于歸二十八歲夫故
守節現存年五十四歲
楊文榮妻吳氏朝榮女年十九于歸二十九歲夫故
奉事舅姑紡刺爲生一子長殤撫姪成立現存年
五十一歲
田士進妻鄧氏大先女年二十一于歸二十六歲夫
故無子女願守節奉姑紡績度日備歷艱辛現存
年六十二歲
余成奎妻潘氏正光女年二十于歸二十九歲夫故

守節三十六年現存年六十五歲
胡明易妻鍾氏光烈女年二十于歸二十九歲夫故
守節三十年現存年五十九歲
戴文星妻余氏成珊女年二十于歸二十七歲夫故
守節現存年五十一歲
易玉田妻鍾氏光照女年十九于歸夫故守節三十
二年現存年六十一歲
陳宗啟妻余氏世訓女年十七于歸夫故守節二十
二年現存年五十一歲

楊大美妻吳氏惠賢女年二十于歸三十歲夫故守
節現存年六十七歲
陳明性妻吳氏惠賢女年十七于歸二十三歲夫故
守節現存年五十七歲
李元泰妻曾氏元湝女年二十二于歸二十九歲夫
故守節二十二年現存年五十一歲
萬光起妻楊氏盛林女年十九于歸二十一歲夫故
翁姑在堂子女俱無氏紡績養親能代子職現存
年五十一歲

唐德瑤妻向氏維則女年十九于歸二十六歲夫故子幼家貧矢志守節現存年五十六歲

余德普妻張氏運林女年十七于歸二十八歲夫故事親克孝撫姪以慈現存年五十一歲

姚芳耀妻蔡氏禮安女年二十于歸二十九歲夫故守節現存年五十四歲

何孔書妻劉氏世茗女年十八于歸二十九歲夫故守節家貧無子女現存年五十一歲

嚴文儀妾蕭氏承譁女年十八于歸二十六歲夫故矢志守節撫子成立現存年五十二歲

劉廷樑妻陳氏錫齡女年二十一于歸二十七歲夫故守節現存年六十四歲

陳正煌妻李氏文耀女年二十一于歸二十六歲夫故守節現存年六十四歲

陳璐章妻張氏祥麟女年二十于歸二十四歲夫故守節現存年五十八歲

張之楓妻萬氏理周女年二十六于歸二十九歲夫故家貧守節歷盡艱辛現年六十六歲

張聯鈺妻許氏儀本女年二十三于歸二十九歲夫故事翁姑孝謹夫病篤割股肉療之子早殤僅一女遂以女之子奉夫祀焉現存年五十二歲

續輯漢陽縣志卷之二十四

節婦

周邦泰妻祁氏大士女年十七于歸十八歲夫故守
節撫姪家順爲嗣現存年五十七歲
郭朝年妾湯氏湯中女年十七于歸二十七歲夫故
矢志守節現存年六十七歲
王松齡妻楊氏貢生楊芳女年二十于歸三十歲夫
故事孀姑克孝撫幼子成立現存年六十四歲
張景揚妻夏氏年二十于歸二十八歲夫故遺子賢

棟六歲賢楨三歲賢相生甫三月家貧針紉度日
避寇鄉村艱苦備嘗及粵逆焚漢口長子被擄氏
投後湖水中賢楨賢相牽衣號救得不死現存年
六十歲
昭宗瑞妾陳氏安齡女年十五于歸二十六歲夫故
矢志守節勤儉操作至老不倦現存年七十歲
史開玉妻王氏克霖女年十八于歸十九歲夫故守
節三十一年現存年五十歲
汪祖洪妻黃氏正錦女年二十于歸二十八歲夫故
家貧無子依母家守節現存年五十歲
劉永森妻陳氏宏章女年二十一于歸二十八歲夫
故家貧子幼紡刺度日値窘餒則依母家每私蓄
甘旨歸遺孀姑子文燦今爲邑庠生氏現年六十
七歲
謝德魁妻王氏大勳女年二十于歸二十五歲夫故
事孀姑孝敬撫嗣子成立現存年六十三歲
嚴金楷妻田氏光棟女年二十于歸二十九歲夫故
僅二女氏奉姑以孝教女以禮現依女家以居年

五十一歲存
蕭大相妻羅氏敦五女年十八于歸二十四歲夫故
守節現六十八歲存
箕昌珍妻黃氏生員黃正海女年十九于歸二十九
歲夫故無子事奉翁姑以孝稱現年五十六歲
楊茂林妻張氏天爵女年十七于歸二十四歲夫故
守節現存年五十二歲
王正瀛妻吳氏克昌女守節三十年現存年五十一
歲

蔡家潤妻黃氏安仁女年二十于歸二十八歲夫故
守節現存年五十一歲
余鳳鳴妻易氏開榜女年十六于歸二十八歲夫故
守節現存年五十六歲
史開茂妻張氏文燦女年二十夫故矢志守節現年
五十一歲
楊盛起妻胡氏紹雄女年二十一于歸二十八歲夫
故守節現存年五十五歲
鍾明敖妻龔氏賢佐女年十七于歸二十八歲夫故

守節現年五十二歲
戴文錦妻許氏國珍女年二十一于歸二十九歲夫
故守節現存年五十一歲
彭富言妻朱氏克福女年十九于歸二十四歲夫故
守節現存年五十五歲
彭作昆妻俞氏紹照女年十八于歸二十七歲夫故
守節現存年七十九歲
黃名榮妻李氏芳富女年二十一于歸二十四歲夫
故守節現存年六十七歲

朱光禮妻胡氏光縉女年二十于歸二十八歲夫故
家貧紡績度日事翁姑甘旨無缺撫子成立現存
年六十七歲
蕭應厚妻黃氏清遠女年二十于歸二十九歲夫故
氏事八十衰翁甘旨無缺費皆出於紡績撫孤本
俊成立現存年五十一歲
戴際升妻蕭氏必敏女年二十于歸二十九歲夫故
守節現存年五十一歲
陳訔聲妻胡氏象五女年二十二于歸二十九歲夫

故守節現存年五十一歲
龔萬敵妻周氏大余女年十九于歸二十四歲夫故
守節現存年五十一歲
蕭承厚妻龔氏訏謨女年二十一于歸二十九歲夫
故守節現年五十二歲存
蕭光燦妻劉氏朝華女年二十一于歸二十八歲夫
故勤儉度日動靜有禮現存年七十三歲
徐萬富妻蕭氏良元女年二十于歸二十四歲夫故
貧苦萬狀撫子成立苦節三十二年

吳應第妻余氏明德女年二十一于歸二十七歲夫故無子貧極依其姨妹蕭余氏爲生現存年五十一歲

姚萬逵妻蕭氏賜晏女年二十五夫故事哀親撫弱女孝慈兼至現年五十三歲

李德仁妻羅氏年十五于歸十六歲夫故守節現存年五十二歲

劉家桂妻張氏承譜女年二十于歸二十六歲夫故守節撫遺孤成立現存年五十二歲

劉振浩妻戴氏庠生開杰女年二十二于歸二十八歲夫故家貧紡績度日矢志不渝現存年五十九歲

戴際慶妻葉氏朝德女年十七于歸二十六歲夫故紡績度日事翁姑甘旨無缺撫子成立現存年五十一歲

熊大炳妻龔氏用謨女年二十于歸二十五歲夫故赤貧無依寄食母家數十年無怨言現存年五十一歲

黃直宗妻鄔氏年十九于歸二十歲夫故無子守節已三十七年現存年五十七歲

葉志龍妻彭氏宗德女年二十于歸二十九歲夫故事親撫孤備歷艱辛現存年五十四歲

俞澤浦妻許氏祥順女年二十一于歸二十八歲夫故無子撫姪爲嗣現存年五十九歲

徐作彥妻李氏年二十一于歸二十六歲夫故家貧女紅度日現存年六十歲

俞先浣妻曾氏會彥女年二十二于歸二十七歲夫故守節事翁姑孝順撫孤子澤深成立娶婦吳氏生孫崇善甫八歲澤深卒吳氏時年二十八歲姑婦相依撫崇善已入邑庠姑曾氏現存年七十四歲婦吳氏現存年五十三歲

王用舟妻余氏士楷女年十八于歸二十九歲夫故撫二子成立後相繼病卒偕兩孀婦撫幼孫茹辛含苦數十年如一日現存年七十二歲

劉光祖妻牛氏文愷女年十九于歸二十三歲夫故守節撫孤成立現存年七十五歲

王福昌妻項氏天相女年二十于歸二十八歲夫故家貧守節撫孤成立現存五十二歲

王宏富妻蔡氏知榮女年十八于歸十九歲夫故矢志苦節紡績自給現存年六十四歲

蘇克建妻鄧氏邑庠生爲堂女年二十四于歸二十八歲夫故撫孤成立備歷艱辛現存年五十九歲

劉遇燦妻楊氏庸五女年二十一于歸二十七歲夫故奉姑以孝撫幼以慈現存年五十二歲

鄧如佩妻張氏子敬女年二十一于歸二十五歲夫

故紡績度日以奉衰姑撫遺孤成立現存年六十歲

王金鎧妻曹氏正榮女年二十一于歸二十七歲夫故家貧乏食澣衣爲生上奉孀姑下撫二子皆氏勤苦所出現存年五十三歲

楊大榜妻李氏士高女年十五于歸十八歲夫故無子立嗣以承夫祀艱辛苦百折不回現存年五十歲

許張氏庠生定遠妻明經女年十八于歸二十七歲夫故無子撫姪天才爲嗣現存年五十二歲

吳萃峯妻王氏二順女年二十一于歸二十三歲夫故立志守節現存年八十三歲

張儒衣妻楊氏維祺女年十九于歸二十一歲夫故事翁姑以孝稱現存年五十二歲

吳德澍妾周氏士恒女年十九于歸二十四歲夫故守節現存年五十七歲

楊致堂妻嚴氏正方女年二十四于歸二十八歲夫故守節現存年五十一歲

謝廷緒妻劉氏元槐女年二十二于歸三十歲夫故守節現存年六十七歲

丁大梅妻徐氏尙興女年二十一于歸二十八歲夫故守節四十四年現存年七十二歲

劉宏愷妻潘氏大德女年二十一于歸二十九歲夫故守節現存年五十一歲

易紹中妻張氏世煥女年二十于歸二十九歲夫故奉姑能代子職撫孤能兼父道現存年五十二歲

陳書彰妻孫氏開盛女年二十二于歸二十七歲夫

故守節紡績自給現存年五十一歲
姜宏烈妻黃氏黃仁女年二十二于歸二十七歲夫故翁存目雙瞽氏孝敬弗衰生養死葬皆出十指立嗣以奉夫祀現存年五十一歲
曾輔郭妻蔡氏增生殿齊姊年二十三于歸二十五歲夫故無子事姑以孝稱現存年五十一歲
劉大綬妻朱氏傳義女年二十于歸二十九歲夫故撫孤守節艱苦備嘗現存年六十六歲
吳與賢妻姚氏金章女年二十于歸二十八歲夫故

守節現存年五十二歲
紀洪勳妻宋氏文遠女年二十七夫故守節勤儉備至現存年六十一歲
姚治坤妻吳氏庠生遠驤女年二十七夫故守節撫姪爲嗣現存年五十一歲
簡議道妻龔氏必相女年二十一于歸二十四歲夫故守節現存年五十一歲
姚吳氏庠生姚洪鈞妻訓導吳世銓女年十七于歸二十九歲夫故守節已三十年現存年五十九歲

蕭儕柏妻王氏有律女年十八于歸十九歲夫故已守節三十二年現存年五十一歲
龍作霖妻汪氏年二十一于歸二十四夫故守節四十二年現存年六十五歲
衛人達妻朱氏年二十二于歸二十七歲夫故守節三十二年現存年五十八歲
王文彬妻畢氏年十七于歸三十歲夫故守節三十六年現存年六十五歲
俞澤深妻吳氏年十八于歸二十八歲夫故與姑俞

先浣之妻曾氏相依苦守人稱雙節
李陶氏運同銜艮憲妻正謙女年二十于歸二十四夫故守節現存年五十四歲
劉文光妻周氏維相女年十八于歸二十六歲夫故守節三十四年現存年五十九歲
劉光彬妻姚氏順清女年十七于歸二十一歲夫故守節三十一年現存年五十一歲
劉文裕妻周氏大貴女年十八于歸二十二歲夫故守節三十年現存年五十四歲

殷家齊妻程氏志仁女年二十七夫故矢志苦守撫
二子國鈞國勳成立現年五十一歲
高傳理妻張氏映崇女年二十一于歸二十八歲夫
故守節二十四年現存年五十一歲
王正才妻汪氏文彩女年十九于歸二十五歲夫故
守節現存年五十五歲
張樹英妻熊氏萬鎰女年二十于歸二十四歲夫故
守節現存年五十六歲
陳文鉒妻蔡氏錦忠女年二十一于歸二十九歲夫

故守節四十年現存年六十八歲
方江妻吳氏世錡女年二十一于歸二十六歲夫故
守節三十一年現存年五十七歲
張有綸妻舒氏正馨女年十九于歸二十五歲夫故
守節現存年五十七歲
吳世銑妻燕氏燕珩女年二十五歲夫故守節四十
年現存年六十六歲
楊鳳儀妻胡氏有章女年二十于歸二十九歲夫故
守節現存年七十一歲

姚鉞妻汪氏黍敷女年二十于歸二十八歲夫故守
節三十二年現存年五十九歲
姚鉉妻黃氏紹祿女年十九于歸二十五歲夫故守
節現存年五十五歲
孫傳芬妻李氏錦榮女年二十于歸二十四歲夫故
守節現存年五十二歲
孫傳祺妻李氏大文女年十八于歸二十八歲夫故
事翁姑以孝稱現存年七十歲
胡量臣妻朱氏振先女年十八于歸二十八歲夫故

守節三十年現存年五十有七
汪慶本妻陳氏文錦女年二十五于歸二十七歲夫
故守節三十五年現存年六十一歲
汪小峯妻涂氏浩如女年十六于歸二十五歲夫故
守節二十六年現存年五十一歲
劉永富妻王氏正芳女年十九于歸二十九歲夫故
守節三十六年現存年六十五歲
戴心正妻王氏王潔女年二十一于歸二十八歲夫
故守節現存年五十五歲

劉立垣妻王氏王池女年二十于歸二十一歲夫故
守節奉姑以孝撫姪爲嗣現存年五十一歲
韓周氏庠生韓國圻妻道成女年十九于歸二十一
歲夫故孝事翁姑慈撫猶子現存年五十七歲
劉方必妻宋氏盛暘女年二十于歸二十五歲夫故
家貧紡績爲生撫孤成立現存年七十三歲
劉光潤妻楊氏兆金女年十六于歸二十四歲夫故
守節現存年七十歲
盧澤璜妻周氏家光女年二十于歸二十四歲夫故
守節現存年五十三歲
李賢傑妻劉氏方遠女年十八于歸二十五歲夫故
守節年五十八歲存
李賢佐妻唐氏永齊女年十八于歸二十歲夫故守
節現存年五十一歲
李余氏敎諭李賢俊妾茂林女年二十于歸二十七
歲夫故守節現存年五十一歲
張繩聰妻王氏名士女年二十于歸二十七歲夫故
守節現存年五十五歲

周元福妻曹氏新安女年二十四于歸二十七歲夫
故守節現存年五十歲
金學璧妻黃氏明志女年十七于歸二十三歲夫故
守節現存年五十八歲
易家興妻劉氏先憲女年十九于歸二十八歲夫故
守節現存年六十七歲
易兆晉妻張氏光玉女年二十于歸二十六歲夫故
守節現存年六十一歲
梁治佑妻郭氏宏象女年十六于歸二十三歲夫故
守節現存年六十八歲
梁治祥妻余氏士海女年二十一于歸二十三歲夫
故守節現存年五十二歲
朱大椿妻劉氏正朝女年十八于歸二十七歲夫故
守節現存年六十六歲
蕭光啟妻劉氏能先女年十八于歸二十八歲夫故
守節現存年五十六歲
何應廉妻楊氏光宗女年十六于歸三十歲夫故守
節現存年六十一歲

徐松遠妻黃氏汝安女年二十于歸二十七歲夫故
守節現存年五十八歲
徐正倫妻王氏文光女年十九于歸二十五歲夫故
守節現存年五十七歲
徐正明妻黃氏志昇女年二十于歸二十八歲夫故
守節現存年五十六歲
劉道遠妻湯氏裕春女年二十于歸二十九歲夫故
守節現存年六十五歲
王玄奎妻汪氏大年女年二十一于歸二十五歲夫

故守節現存年五十二歲
周先智妻鄧氏希瑚女年十七于歸二十六歲夫故
守節現存年七十三歲
葉漢妻趙氏年十七于歸二十六歲夫故守節現存
年五十四歲
梁金芝妻劉氏志榮女年二十于歸二十三歲夫故
守節現存年五十一歲
徐德泮妻王氏庭璋女年十九于歸二十歲夫故守
節現存年五十一歲

黃明坦妻王氏敦儒女年十六于歸二十四歲夫故
守節現存年五十四歲
李大福妻蕭氏文琪女年二十五于歸二十九歲夫
故守節現存年五十七歲
李士清妻孫氏傳祉女年十九于歸二十八歲夫故
守節現存年六十三歲
易家才妻蕭氏天楷女年二十三于歸二十八歲夫
故守節現存年五十一歲
易家福妻羅氏大順女年二十一于歸二十七歲夫

故守節現存年五十六歲
朱德本妻王氏兆成女年十九于歸二十七歲夫故
家貧撫子應元成立現存年七十七歲
張學漢妻梁氏曰懷女年二十一于歸二十五歲夫
故遺孤一氏備歷災患撫之成立現存年六十二
歲
李國城妻李氏克美女年十八于歸二十三歲夫故
家貧紡績度日遺孤甫週歲撫之成立現存年五
十一歲

葉清華妻江氏山才女年二十于歸二十九歲夫故
事姑以孝子甫二歲撫之成立現存年五十六歲
涂德林妻張氏元富女年十八于歸二十九歲夫故
守節現存年六十三歲
楊兆烈妻謝氏紹元女年十九于歸三十歲夫故守
節現存年七十歲
李德明妻羅氏開德女年二十一于歸二十三歲夫
故守節現存年五十六歲
尹必全妻劉氏啟盛女年二十二于歸三十歲夫故

守節現存年五十一歲
劉其燦妻蔣氏起貴女年十九于歸二十三歲夫故
守節現存年五十一歲
蕭必芳妻張氏耀堂女年二十一于歸三十歲夫故
守節現存年五十六歲
李維實妻胡氏士萬女年十九于歸二十五歲夫故
守節現存年五十歲
李仁壽妻楊氏紹統女年二十九歲夫故守節現存
年五十六歲

劉宏聲妻李氏李榮女年十九于歸二十七歲夫故
守節現存年六十二歲
王德明妻張氏年十八于歸二十七歲夫故上奉翁
姑下撫子女孝慈兼盡子忽殀依姪以居現存年
七十一歲
胡燦春妻錢氏年十八于歸二十一歲夫故家貧子
幼女工度日困阨不堪撫子成立現存年五十一
歲
李光洪妻劉氏敦書女年十八于歸二十六歲夫故

守節現存年五十五歲
張明璽妻王氏用先女年二十三于歸二十九歲夫
故守節現存年六十歲
朱正明妻蕭氏志貴女年十八于歸二十八歲夫故
遺腹生子進寶矢志守節撫孤成立現存年六十
歲
楊炳妻謝氏鍾英女年二十于歸二十一歲夫故守
節現存年六十一歲
徐映節妻蕭氏起厚女年二十一于歸二十五歲夫

故守節現存年五十一歲
陳士材妻宋氏心學女年二十于歸二十七歲夫故
守節紡織自給現存年五十七歲
廖光薇妻文氏榮祖女年二十一于歸三十歲夫故
事姑孝敬撫姪爲嗣現存年五十歲
陳光赴妻楊氏應燦女年二十三于歸二十六歲夫
故事親撫孤備極艱辛現存年六十一歲
羅生芳妻王氏克玉女年十八于歸二十九歲夫故
守節現存年五十歲

田昌福妻羅氏英昌女年十九于歸二十九歲夫故
守節現存年五十九歲
王蕭氏庠生王桂林妻庠生占春女年二十于歸二
十九歲夫故守節事姑極孝撫子家雄家貴成立
現存年五十歲
彭式言妻明氏明高女年二十于歸二十九歲夫故
遺孤三人躬勤紡績教之成立現存年六十四歲
王選士妻胡氏心烈女年二十一于歸二十六歲夫
故翁姑年衰生事死葬能曲全孝道現存年五十
六歲
張萬年妻王氏光庭女年十八于歸二十五歲夫故
守節現存年六十歲
鄧開文妻王氏起雲女年十八于歸二十八歲夫故
紡績度日苦節堪欽現存年五十四歲
曾開第妻蔣氏大營女年十六于歸二十三歲夫故
虔奉姑嫜勤撫孤子守節三十一年
高爲必妻劉氏年二十于歸二十五歲夫故守節撫
遺孤成立現存年五十有九

周奕蓉妻余氏年二十一于歸二十五歲夫故事親
撫子孝慈兩盡現存年五十七歲
汪甫梅妻余氏年二十于歸三十歲夫故紡績度日
撫夫兄子爲嗣現存年六十有二
仇傳道妻汪氏有章女年二十于歸二十五歲夫故
翁姓卞急喪明氏奉之能得歡心子二延師課讀
撫之成立現存年五十歲
汪大相妻劉氏年十八于歸三十歲夫故奉姑教子
皆出紡績其苦節有不忍述者現存年八十二歲

張士珍妻李氏年二十于歸二十六歲夫故倩人書苦節二字數十紙懸卧榻及戸牖間晨夕辟纑對之弗他顧也撫子成立現存年六十一歲

李發愷妻張氏方炳女年十九于歸二十四歲夫故氏欲殉姑謂氏曰凡人烈易而節難汝勉其難者可耳氏泣受命撫子成立現存年五十一歲

韓家琳妻張氏澤爲女年二十于歸二十八歲夫故守節現存年五十八歲

張正富妻鄭氏德新女年十八于歸二十一歲夫故

守節嘗有鄰婦勸其改醮氏正色拒之夜即投繯遇救得免現存年五十四歲

潘開元妻韓氏家台女年二十于歸二十九歲夫故守節勤苦異常現存年五十二歲

程可亭妻韓氏家開女年二十一于歸二十四歲夫故守節禮法嚴肅雖女伴亦不假以詞色現存年五十九歲

王德正妻周氏承揆女年十九于歸二十八歲夫故守節事姑能敬且勤教子慈嚴並濟現存年六十八歲

李相忠妻王氏金相女年二十二于歸三十歲夫故事親撫子備極艱辛現存年六十歲

謝鳳山妻田氏天佑女年十九于歸二十六歲夫故事翁姑撫子女能代夫職現存年五十九歲

徐正芳妻楊氏君旺女年三十夫故姑亡翁老僅遺一女矢志苦守孝養弗衰現存年五十二歲

王純廣妻劉氏正旺女年二十一于歸三十歲夫故守節紡績自給撫遺孤成立現存年五十一歲

郭逢源妻魏氏廷揚女年十八于歸二十六歲夫故

守節事姑沒存盡禮撫姪爲嗣現存年五十歲

胡孔皆妻鄭氏興官女年十九于歸二十九歲夫故守節窮餓萬狀毫無怨言撫子成立現存年五十歲

胡孔儀妻彭氏世賢女年十九于歸二十七歲夫故守節現存年五十四歲

周季年妻劉氏方正女年十六于歸二十四歲夫故無子矢志苦節歸依母家針黹度日現存年五十

一歲

戴開楚妻楊氏庭芷女年十八于歸二十七歲夫故奉姑撫子勤苦萬端現存年六十六歲

戴文濤妻劉氏年十九于歸二十歲夫故遺孤僅三月紡績度日撫之成立現存年七十一歲

曾正國妻蕭氏年十七于歸十九歲夫故遺腹生子家順撫養完娶生孫二而家順亡氏率婦吳氏勤苦撫孫蓋一門雙節焉現存年五十七歲

燕光畇妻黃氏年二十于歸二十九歲夫故守節現

存年五十一歲

鄔行晉妻孫氏希德女年十七于歸二十九歲夫故守節撫子成立現存年六十有六

董昌本妻萬氏玉龍女年十九于歸二十九歲夫故守節克儉克勤現存年五十有七

蕭保和妻孫氏錦豐女年二十于歸二十九歲夫故守節鍼黹度日現存年五十六歲

張其祉妻王氏與仁女年二十于歸二十一歲夫故守節三十三年現存年五十四歲

張傳信妻王氏咸輔女年二十九歲夫故苦志四十餘年現存年七十有二

王方晏妻易氏必海女年二十九歲夫故家貧矢志守節現存年五十一歲

蕭光友妻曾氏文玉女年二十二歲夫故守節撫孤現存年五十歲

熊名照妻陳氏順中女年二十四歲夫故養親撫孤曲盡其道現存年五十有三

易言泮妻吳氏興仁女年二十九歲夫故守節現存

年六十有七

韓家庶妻張氏和是女年二十五歲夫故守節撫孤成立現存年七十有六

韓國洲妻李氏之玉女年二十五歲夫故守節現存年五十有一

陳傳興妻徐氏光先女年二十九歲夫故守節撫孤成立現存年六十歲

胡大庭妻趙氏世明女年二十六歲夫故守節孝事姑嫜撫孤成立現存年六十有一

石茲銓妻潘氏天鼇女年二十九歲夫故守節撫孤
機杼度日現存年六十有五
毛登起妻葉氏應同女年二十八歲夫故守節撫孤
成立現存年五十有一
謝自祥妻涂氏金庭女年二十五歲夫故守節現存
年五十歲
陳明燦妻李氏明翥女年二十八歲夫故守節現存
年六十八歲
王萬明妻李氏壽菴女年二十歲夫故守節現存年
五十六歲

賽國基妻金氏芝美女年二十一于歸二十五歲夫
故無子守節四十年現存年六十五歲
張文斗妻余氏朝楨女年十七于歸二十九歲夫故
守節四十四年現存年七十二歲
廖棟選妻陳氏國士女年十七于歸二十一歲夫故
矢志守節現年五十七歲
廖良選妻翁氏國賓女年十六于歸二十三歲夫故
守節現年五十四歲

陳正漣妻萬氏茂林女年二十一于歸二十六歲夫
故矢志守節現年五十一歲
周正懷妻鄭氏乾道女年二十一于歸二十八歲夫
故清貧苦守現年七十一歲
鄒克昌妻姜氏錦華女年二十二于歸二十五歲夫
故矢志守節現年五十歲
鄧兆棠妻劉氏玉麟女年十八于歸二十七歲夫故
茹荼飲蘗堅貞矢志現年五十二歲
徐家國妻舒氏智女年十九于歸二十二歲夫故
守節奉事哀姑撫子成立現年五十五歲

郭萬元妻黃氏年二十于歸二十八歲夫故守節現
年七十六歲
尹生春妻劉氏定鴻女年十七于歸二十九歲夫故
現年五十歲
黃雲昌妻劉氏應善女年十九于歸二十五歲夫故
遺子子逾年又殤矢志苦守鍼黹度日現年五十
四歲
黃前偉妻李氏成義女年二十一夫故子甫三齡矢

志守節現年五十二歲
黃光選妻李氏大福女年二十三夫故守節三十一年存
黃光桐妻陳氏思鉅女年二十五夫故艱貞自矢苦守不渝現年五十二歲
黃前佑妻羅氏明艮女年二十六夫故甘貧矢志現年五十四歲
陳膺善妻謝氏謝瑤女年二十二夫故艱辛矢志苦節三十二年卒

傅光濂妻胡氏運治女年二十七夫故守節二十六年存
吳名揚妻向氏川化女年二十五夫故矢志守節現年六十五歲
姚萬祥妻呂氏德凡女年二十五夫故遺一子矢志守節孝慈兼盡現年五十四歲
劉李氏河南汝寧通判劉倫之妻年二十七夫故矢死靡他守節歷三十七年存
江學增妻常氏監生常天授女年二十五夫故立志堅守年五十一存
陳維綱妻秦氏年二十六夫故艱貞矢志茹苦含辛現年八十一歲
黃柏春妻艾氏年二十五夫故遺子德明僅三齡傭工撫子矢志不移守節三十四年存
金鄭氏監生紹曾妻增生振起之母年二十八紹曾故矢志守節撫子成立現年六十三歲
聶天佑妻宋氏年二十三夫故遺腹生一子矢志守節現年五十一歲

張明妻楊氏子璵女年二十五夫故無子家貧苦守依夫兄煜度日孝事公姑年五十六卒
王兆麟妻張氏大義女年二十四夫故矢志守節現年六十有六存
王瑞龍妻劉氏大楨女年二十六夫故守節二十五年存
王志謙妻姜氏德瑤女年二十八夫故守節三十四年存
燕李氏武生燕開甲繼妻二十七歲夫故撫夫元配

所出之子二均教誨成立家貧苦守歷四十餘年
現年六十有九存
張仁連妻唐氏光文女年二十四夫故無子僅遺一
女氏矢志堅守貧幾無以爲生後乃依壻度日苦
節歷五十載現存年七十有四
以上均於同治六七兩年分三次彙案題
旌
吮錦文妻羅氏善慶女年二十八夫故立志守節撫
姪爲嗣鍼黹度日教之成立現年七十存道光二

十九年 旌
陳文舉妻蕭氏年二十四夫故守節五十餘年艱苦
備至現年七十有八存道光二十九年 旌
陳光超妻劉氏年三十夫故矢志守節現存年七十
有三道光二十九年 旌
陳光逵妻李氏錦文女年二十七夫故守節四十三
年存道光二十九年 旌以上補輯
曾大楷妻朱氏年二十二夫故孝慈勤儉撫嗣子成
立守節四十一年卒

黃祖盛妻彭氏艮善女年十九夫故矢志守節茹苦
含辛歷六十餘年屆九十二歲卒
周于岡妻戈氏宗芳女年三十夫故事姑撫子節以
貧堅年七十一卒
張文治妻耶氏年二十四夫故織紝爲活誓以死守
現存年八十有七
蕭新善妻游氏德泰女年二十二夫故堅志不移守
節歷三十餘年
萬方澤妻周氏德輝女年二十九夫故家貧無子依
母家苦守藜藿自甘現存年六十有二

鄔士芳妻謝氏邑增生謝澤女年二十九夫故艱難
苦守節孝不衰現存年五十有一
陳明壁妻王氏年二十九夫故事孀姑撫遺子孝慈
兼盡矢志靡他現年七十有三存
何煜開妻尹氏升明女年二十九夫故矢志苦守老
而益勵現年六十存
以上同治八年 旌

貞女

國朝

李大姑士義女幼字曾必達達死女年甫十七泣請於父母往弔卽留不歸勤十指以奉舅姑撫嗣子大本成立三十年如一日焉

萬一姑舉人萬兆傑女幼字張顯詔年十九顯詔死女聞訃往弔遂不歸守貞至六十一歲

李二姑許字楊日聰未嫁聰卒時年十九泣請往弔遂不歸事舅姑以孝撫姪如春爲子教以義方終

身斂衣毀容未嘗見齒族黨敬之

衛大姑許字劉雯未嫁雯死姑年十四誓往守貞父母舅姑同勸數日不聽遂從其志奉親以孝撫姪文絢爲子食苦以終

徐四姑字李宗榜榜死四姑年十五聞訃欲往守貞父母力阻舅姑辭以貧姑誓欲死殉投繯者數許以夫弟生子嗣之乃不死後舅姑歿皆衰麻泣血三年撫夫弟子祖書成立教誨婚娶皆姑十指所積

蕭三姑許字陳帝光年十九婚有期而光卒初姑聞壻病已憂幽成疾聞訃力疾弔喪矢志守貞終身毀容縞素在夫家五載翁姑湯藥襚贈皆姑十指所出因無嗣可立仍歸依母家茹苦終身

胡姑孝感人許字漢陽蕭質質年十五扶父櫬自京歸以勞死姑聞闔戶自經救免乃自孝感趨漢陽矢志守貞立夫兄子鍾健爲嗣教育三十餘年

葉三姑葉繼雯女十齡許字雲夢許兆椿子承熙爲婦熙病故三姑未知也越數年兆椿妻屠氏至葉

邸見三姑憶及承熙爲淚下三姑始知其亡也卽請至壻家守貞繼雯不許三姑悲泣毀容誓死不復字歷十五年病歿病中屢以歸骨許氏爲請死而不瞑許以合葬乃瞑嘉慶十七年　旌

陳五姑名涵字無波穎敏好學工詩幼字宋正學年二十二于歸有日學病歿女誓欲從死翁姑力勸乃不死竭力紡績孝養翁姑卒還居母家坐臥一室數十年足不出戶雖至戚罕見其面其自述詩云我生最孤苦我心劇悲傷十二折雁影廿二卽

紅粧及今三十二父病母又亡十年逢一哭一哭一斷腸又題白石云白石粼粼瑩澗底分明秋月映秋水昨宵風浪拍天來此石不隨風浪起年四十九歿所著無波詩草卒之前夕悉焚之其載於漢南詩約詩篇悉傳誦之作也

唐二姑唐藻女幼字蕭兆延蕭年二十病歿二姑嚙指矢志守貞時姑已卒事祖姑及翁甚備盡孝撫嗣子家誠嗣孫惟一亦極仁慈年六十一歲歿

劉二姑

汪四姑

汪二姑

周二姑

陳　姑

魏大姑劉裴之聘妻

戴　姑

余大姑余宏安女許字王氏子年二十王卒余守貞不字五十二年卒

程阿壽程之洛女幼許字黃德年二十未嫁而黃卒女赴黃成禮誓死守貞年八十歲卒

劉二姑幼許字江兆蘭江卒姑年甫十七父母欲另字姑聞誓死往江宅守貞母與姑憫其誠許之茹苦終身

李姑庠生大鑑女許字鄭雲鵬未嫁而鄭卒姑欲往守父母不許姑憂鬱成疾越八年而卒病篤以與鄭同穴請後遂合葬

張姑張蒼培女幼字熊如崑鍾陵五世孫也崑以羸疾卒姑年甫十五聞訃欲奔喪父母不許姑投繯

者再於是送歸熊氏時崑葬已逾月姑上塚哭拜忽大嗽一聲嘔紫血團如雞卵大者五六枚昏久始甦居熊宅半載母氏愛憐甚私議婚姑覺截兩耳血流如注及愈而兩耳缺矣姑能讀女訓事姑極孝謹姑死始歸事母氏凡數十年享年八十一歲卒

衛姑許字庠生孫文桂子未娶子夭姑誓死守貞投繯者屢遂往孫氏事姑嫜十餘載勤儉如一日卒以略血死葬地去壻塚數里再夢於姑欲合葬焉

遂合葬之

勞歡姑勞嶑之女王名修之聘室未娶修死姑年甫十八矢志守貞克盡婦道

王二姑漢川庠生以蕃次女許字葉本禾方納采禾死二姑年甫笄誓死守貞倚母以鍼黹度日終焉

徐大姑徐步周長女許字萬啟義啟義死大姑誓死守義終身

王三姑王霈之女周蔚天聘室年十八而蔚天死三姑守貞數十年而歿

吳二姑程克裕聘妻未嫁而程卒二姑年十八誓死守貞程氏無可倚之人族姪庠生吳舉迎養終身二姑生於康熙戊戌卒於嘉慶乙丑守貞六十八載

李一姑李東陽長女幼許陳姓陳貿易遠出二十年無音耗陳父母囑他擇配一姑之死弗從倚親守貞以終年六十四卒

潘姑幼許字蕭卓鑑鑑卒姑年十七求往壻家易服不可泣繼以血父母乃送至蕭宅未幾父母相繼歿姑設二親木主於室並夫之主晨夕焚香拜奠以終其身壽七十族人昆田綸諫欲以其事請旌於朝女曰節乃女子庸行願欲以之自炫乎不許及卒與卓鑑合葬於南鄉以夫兄子某爲嗣

李四姑戴家佑聘室年十九佑卒四姑聞訃欲往弔誓以身殉舅姑勸止之年五十五歲卒臨歿囑其姪曰必與爾叔父同穴比及葬日者謂五月毒不宜開塚離壻塚三尺爲壙迨穴成其壻塚土忽裂露其棺鄉鄰聚觀以爲異遂合葬焉

李大姑李萬順之姊聘夫某私窺其貌陋不肯娶女誓不他適貧苦紡績以自養年六十歲卒

魏姑魏楚材女許字江夏張壎張遠貿蜀中十餘載不歸絕音耗兩家父母合議請於有司另爲擇壻女覺欲自盡遂止依母守志荼蓼自甘年七十三卒

魏姑魏正觀女素識大義年十九許字吳光彥彥卒白衣往弔卽留事舅姑食貧茹苦若固有同巷二次火災至姑所居輒風迴焰息人皆異之年六十

夫弟生員觀光請於學使邊給清如冰玉額

傅二姑生員傅大魁女幼字梁某女年二十未嫁梁蕩遊不知所往五十餘年無音耗二姑矢志守貞依弟人瑞紡績度日弟外貿姑代理家事勤儉嚴肅里黨咸欽敬之年七十三歲猶康健如中年人

雷前姑生員雷聯霄女讀書識大義許字生員袁潤長子未嫁而袁歿年二十父母欲另字女聞絕粒不欲生諭之則曰生雖不爲袁氏婦而身已屬袁氏矣此父母之初命也議遂寢初欲依其弟鳴盛以終及鳴盛歿終日於邑竟以鬱死年二十七

張一姑許字舉人高人驥長子爲瑤爲室未嫁而高亡姑聞盡焚妝奩欲以身殉父母勸止之乃以縗經赴高宅守貞時瑤父母俱歿弟妹稚幼姑盡心撫字支持門戶嫁娶皆曲盡其禮年七十八歲卒

鄒姑廈門同知鄒召南女生而端重識大義許字天門龔醇齋觀察子未嫁而壻卒女以縗經往奔喪觀察憫女之苦節命其孫世元爲之嗣會醇齋卒女罄奩以助喪具上奉衰姑下撫嗣子弱冠補諸生後議敘鹽大使未選卒遺孤八歲貞女仍撫之未期年亦卒女以悲傷死年五十三歲

羅姑羅導川女許字涂姓未嫁而壻亡女泣血自誓守貞不字年逾七十雖貧苦無怨悔云

楊姑楊登鳳之姊守貞七十餘載

方姑方敬亭女幼字王敏中中挾資隨糧艘北上不歸姑守貞不字立族子王日位爲嗣年四十一歲時鮑學使題額旌之卒年七十九歲

王姑王承德女許字蕭莀未娶而殀姑奔喪成禮遂

留不歸立姪延福爲嗣依其世母居甘辛咽苦凡三十二年壽五十三卒嗣子延福以孝聞母病經年不入內寢母卒哭泣死焉

劉大姑秀三女許字嘉魚孫宗餘孫父早喪家計奇寒復困試不售久出無蹤女依餘叔父守貞紡績自給足繭手龜後省父疾聞有奪志之命即夕投繯死年三十四歲

劉一姑劉環女許字蕭振遠蕭年十七病故女矢志守貞誓不再字奉養振遠父母生死盡禮日夜紡

刺以爲食給諫蕭芝之一姑堂伯也作詩贊之

以上見舊志

陳姑伯予女　汪二姑

李姑李珠女　宋　姑

胡五姑　張　姑

韓四姑

以上由通志增入

周姑劉正璜聘妻未嫁璜以弱疾死訃聞姑三日不食欲往劉門守貞父母許之乃起劉母病臥牀褥

璜復有幼弟妹姑事母撫幼備極勤苦逮璜父母歿弟妹就婚嫁姑已竭盡心力疾不可瘳矣卒年五十一歲與曾祖姑高氏合建祖節孫貞之坊

陳幺姑以高女幼許字江成蛟蛟年十四逃於外姑年及笄江姓令其改字幺姑誓死不從後聞蛟死於外幺姑屢欲身殉父母泣勸乃止遂守貞終身年七十六歲卒道光元年　旌

黨姑幼字廖文俊廖亡矢志守貞年八十七歲卒道光七年　旌

向小姑名金烈幼字易姓易遠貿數十年不歸耗絕女立志守貞冰玉同操

王二姑芝桂次女性穎悟讀書知大義幼字喻先試喻蕩遊歿於閩二姑願事父母不肯再字及父母歿兄亦繼逝遺姪六歲二姑偕嫂熊氏撫養授室支持門戶漸有起色皆二姑經理力也年六十五卒

丁大姑丁之緯女庠生人獻之姊幼字許姓子將娶而許卒大姑願守貞以終養父母許之遂縞衣茹

素終身足不出閫卒年七十歲

丁有姑應昌女幼字陳姓子甫卜吉而陳亡時有姑年十九誓不再字諸兄哀其遇遂成其志卒年七十有四

王四姑監生王光炳女幼字倪遂欽爲室未嫁而倪亡時姑年十五過門守貞奉倪氏父母極孝後返母家值髮逆陷省垣遂自縊死時年四十歲咸豐十年　旌

馮檢姑庠生馮光文孫女儒士守典女國學生尊五

之姊也幼字湯同會甫諏吉而湯卒誓往湯姓守貞湯以貧辭檢姑念親老子幼遂終身不字逮父歿母衰弟尊五尚幼檢姑操持勤苦俾弟壹志誦書其後尊五子道薰道英入膠庠皆姑之力也卒年四十四歲道光二十九年 旌

賀姑幼字吳自肅吳童年適滇音問不通女誓死守貞以終其身

高姑志賢女幼字趙姓子年二十趙故女過門守貞年五十二猶存

李姑建侯女幼字歐陽善鎰年二十鎰病死時李姑父母俱歿惟兄嫂是依聞訃欲往歐陽家守貞兄嫂止之不可其媒從父也止之亦不可遂如其志計守貞二十二年而卒邑人劉傳曾傳其事甚詳

陳　姑陳紹煌聘室　　宋　姑王俊林聘室
陳　姑韓秀繼聘室　　熊　姑余　聘室
陳　姑王全恕聘室　　楊二姑敖中尾聘室
劉庚姑陳東曉聘室　　熊二姑胡中連聘室
劉九姑謝　鋒聘室　　楊　姑王　聘室
張大姑戴　聘室　　廖　姑黃文榜聘室
張二姑宋應光聘室　　廖二姑江德照聘室
宋二姑曹大焌聘室　　鄒二姑孫宏照聘室
吳　姑龔義德聘室　　趙　姑周文滙聘室
吳昭姑張　聘室　　梅毛姑周　遠聘室
朱　姑許　元聘室　　馬　姑高　恆聘室
高　姑趙本信聘室　　蕭大姑　　羅　姑
王二姑　　黃小姑　　羅　姑　　吳　姑
王巧姑　　張大姑

以上道光二十九年 旌

羅大姑羅霈女幼字劉際恆年十八未嫁而劉死太姑聞訃縞素往弔誓守貞不歸然劉貧甚姑晝夜針黹事劉父母如生父母焉現年六十二歲咸豐十年 旌

羅姑蔓麟女生於乾隆六十年父早亡母老多病矢志守貞養親現年七十四歲咸豐十年 旌

蘇金姑祖芳女幼字覃文炳未婚而覃亡時姑年十五歲立志守貞以養親越十四年卒年二十有八

同治二年　旌
張大姑日仁女父歿母鄭氏年老無子姑矢志不嫁紡績針黹供母甘旨母卒葬如禮皆姑勤苦所積也同治五年　旌
張惠姑國賢女幼字胡銓年十五歲銓病亡姑立志守貞誓不再字紡績針黹晝夜辛勤年四十歲卒同治五年　旌
胡姑宗懿女幼字楊奇章未嫁而楊亡姑聞訃願守貞以養父母終身不字同治五年　旌

王大姑庠生學海女幼字張宣林年十七未嫁而林死姑立志守貞奉父母孝順以勤勞致疾年二十九歲卒同治五年　旌
石三姑名世秀石明魁女幼許字劉明榮未嫁榮卒三姑立志守貞依父母以居四十餘年清操不易
朱姑家太女幼字俞先綱年十九于歸有日而綱卒姑矢志守貞歷二十二年現年五十歲
王四姑承德女幼字蕭氏子未嫁蕭故女年二十二過門守貞亡年五十二歲

吳姑大德女幼字龔氏子龔忽逃去久無音耗女矢志守貞年五十一猶存
王大姑紹卿女幼字蕭氏子女年二十一未嫁蕭故女遂絕粒越八日投繯死
丁三姑廩貢生丁耀南女性穎悟激烈言笑不苟年十四許字王德同越數月而王殤三姑聞訃水飲三日不入口欲殉焉父母泣勸乃止與母同處三十餘年代諸兄理家務孝而能舉家咸敬憚之現年五十歲

劉姑士宏女幼而能孝稍長願依父母侍養不字紡績所入以供甘旨閭里賢之
吳四姑許字張姓子年十九未嫁而張亡四姑往弔喪次旋歸母家守貞終日樓居姑素雖家人亦不常見卒年七十有二
李鎮姑德生女幼字姚芳煩姑年十七時芳煩故立志守貞針黹度日奉姚氏父母甘旨能代子職先是生母病篤醫禱無靈姑割臂肉療之病立愈後貧無所依住貞節堂以終年二十六歲守貞十年

鄒三姑人玉女幼字嚴姓子年十七嚴故三姑願依父母守貞終身不復字現年五十五歲

王大姑文杰女幼字金聚康年十九金故大姑願事奉父母終身不復字現年五十五歲

郭大姑逢泰女幼字張作霖年十九張故大姑立志守貞孝事父母卒年六十三歲

余大姑德懋女幼字許天貴年十八未嫁而許亡姑即過門守貞孝養許氏父母撫嗣奉祀現年五十九歲

黄三姑鵬九女幼字吳光炘姑年十五吳卒聞訃即往吳門痛哭欲殉吳父母力勸乃止自此不歸母家奉吳父母如生父母焉守貞三十三年三十七歲卒

胡二姑瀾若女幼字楊氏子年二十甫諏吉而楊亡二姑願守貞以養父母事兄嫂以敬勤紡績甘澹泊兄嫂繼逝善撫姪輩教以勤儉俾克成立其姪婦胡吳氏年二十四喪夫與二姑同室相伴事之如姑現年六十四歲

王璐姑正魁女幼字袁超志逮諏吉甫定而志亡璐姑欲往守貞父母力止之數月髮逆大至姑恐爲所汚投門前池中死時年十八歲

萬長姑幼字李洪才年十九才亡姑立志守貞勤苦操作爲兄弟扶持家計闔家感其賢慈現年六十歲

周姑大經女幼字黄成德未嫁而德卒姑聞訃願終身事父母以守貞父母憐其意待之如子以成其志現年六十四歲

李姑光賓女幼字張成禮母家貧童養於張未婚而張夭年屢荒苦飢有以三十金啗其姑令改字者李知之泣以頭搶地流血誓死守貞姑憐其孝立族姪爲嗣三載而殤艱難更甚現年七十一歲

周姑名嫲嫲用吉女幼字孝感沈姓子將諏吉而沈夭姑聞訃欲往沈家守貞父母止之遂自縊死

吳姑元富女幼字余姓子未嫁而余亡時母病瀕危姑矢志終身不字以事母現年六十六歲

以上同治六年 旌

李姑江蘇溧水縣知縣李蕚之女幼字浙江杭嘉湖道姚必遠之子候選同知姚景崇年二十諏吉有日景崇以時疫亡姑聞之縗絰入門矢志守貞現年五十歲存同治七年　旌

管姑庠生管粤俊之女幼字歲貢生左承禮之子先麟未冠而殀姑年甫十八聞訃號泣誓以身殉過門守貞侍舅姑夫弟之母以針黹助家計含辛茹苦歷變逾堅

烈婦

明

江氏周伏受妻孝感人嫁四年而寡護軍林某欲聘爲妾江氏呼翁與夫兄曰老官大哥不得輕易陷我某迫之氏毀園籬走夫墳痛哭沈漳湖死知府劉本用遷伏受與江氏合葬於漢陽西橋之西爲作贊曰美哉江氏一死就義追躅古人流芳百世

王石氏生一子夫卒遺腹有子未生豪民某慕其色計奪之不從一日氏舟過南湖豪劫之氏抱子投水死有烈婦碑在幺鋪路側

熊任氏舉人熊鳴盛妻江夏待詔家相女夫歿孀居教子癸未獻賊破武昌氏適避亂季女家聞賊至死之女亦從死以子伯龍貴贈淑人後晉贈一品夫人

易可久妻陳氏勸夫納妾生子兆義開義撫如己出俱遊泮獻賊陷漢陽氏被執罵不絕口賊磔殺之

周烈婦李大理宅婢也爲賊掠至梅子山別墅犯之不可臨以刃氏伸頭就之突起抓賊面流血遂遇

害

李徐氏生員李垿妻闖賊之亂偕女避於樠山賊突至欲犯之俱不從被殺槁葬山麓子生員如琬刻其狀

羅漢鼎妻喻氏左兵侵掠氏挾二子避月宮橋水邊賊劫之加以刃血流被體而死

劉對生妻李氏太僕若愚女闖賊敗走入山李徒跣奔竄遇逼者至投水死二子樹範樹駿殉焉

王維侃妻佘氏獻賊亂夫婦俱爲賊所掠氏紿兵釋

夫遠去引頸就殺侃感其義烈終身不娶

周何氏生員周詖母癸未被左兵掠獲大罵不屈被殺

杜皖妻吳氏避流賊水側聞兵聲急語夫曰少緩無及矣遂投水死

鄭氏生員李克杜妾流寇破漢陽人俱逸氏被擄罵不絕口賊支解之堂楹血迹至今猶存

鄔氏蔡坫民家婦明末隨夫避亂江夏長山破屋中夫病死三日無棺鄔遇老農泣請曰夫不幸道斃望長者棺斂之因獻雙環農慘然爲殯山麓甫畚土婦投身抱夫骸呼曰我從君下矣農驚去翼日里人爭至扶令起卒不動以死累感動大其塚後貢生蕭企昭過其墓伐石表之

張伯祥妻周氏有殊色歸未一載賊至將辱之婦觸牆而死半月方殮顏如生

李君愛妻高氏隨夫避亂遇賊擄縛舟中氏私謂夫曰君自爲計吾死不辱也夫去詭云渴投水死

國朝

周立勳妻蔡氏年十九歸周三月勳病卒烈婦取勳筆硯及已鍼黹悉焚之以示必死周家貧疎於防護越三日忽聞室中顛仆聲窗紙颯颯如紅雨急奔視則烈婦以短刀自殺矣時康熙二十七年十二月二十四日也

吳大申妻潘氏年二十四夫歿無子決志從死家人密防乃依靈几泣守三年服除投繯死

熊正荀妻王氏名希貞讀書嫻女史夫死欲殉姑語之曰孝順婦猶吾女也既失子又失女我且從女

逝矣乃强起執喪不敢夜哭數年姑歿遂不食數
日撫棺一慟而絶
王文綸妻田氏幼讀書明大義十七適王夫卒無出
泣語毋曰兒已許從王郎地下矣毋命二婢守之
伺少倦乃束髮紉衣書絶命詞三首自縊死其詞
曰與君白首共爲期誰料分飛慘別離我命豈同
風絮落矢從泉路更相隨辭予父母與諸昆莫話
傷心早斷魂兒是西原陌上草雪凌霜姤已吞聲
窅路悠悠可緩行君歸我肯惜微生甯甘地下同

埋玉豈學啼鵑怨五更
方廣微妻夏氏夫卒以身殉知府程公填建坊以表
其墓
姚之璟妻魏氏年十九歸姚夫病風攣左足成疽每
潰裂氏爲吮舐醫須人血和藥氏刺臂出盌許璟
卒數縊皆救免舅姑歿服闋語弟世鑑世銓曰我
爲姚家婦事已畢矣遂整衣端坐絶粒五日而死
年三十有五時有羣鴉繞柩哀鳴之異
衛昌裕妻龔氏生三子夫病劇婦禱神曰願死我無
以夫死傷舅姑心及裕卒絶而復蘇者數家人嚴
伺之已九日偶稍懈投繯死年二十七歲
蕭汪氏十八歲適蕭賜明四年夫卒無子氏縊死時
賜明猶未殮也事在康熙四十五年
羅彭氏父兄皆庠生十六適羅鼎臣二十六羅亡僅
一女謀嗣於族衆無應者氏以雖生無益夫家免
喪日哭拜木主一慟而絶逾刻蘇嘔血數升醫診
曰肝已裂矣張目視木主而絶
商氏孝感人生於漢口十五嫁徽客某生一女食貧

無怨某故不肖欲氏倚門氏誓不許又約惡少挑
之且受惡少衣飾金帛誘之氏恐終爲所污自縊
死
王體明妻張氏年二十二歸王家貧無子夫病數載
命婦改適以爲葬具夫氣絶未歛婦卽自縊死夫
忽甦見之大慟逾十日體明仍亡
沈王氏名四姑幼許字沈槐十四歲童養夫家十六
完婚貧甚槐病嗽血四姑割股和藥療之疾革執
四姑手曰我死汝乏活計曷嫁諸四姑指天誓曰

同生同死不遺汝羞也槐頷之及槐亡母家欲强嫁之並有乘夜潛掠之謀四姑持夫所遺帶自縊死時年甫二十歲蓋乾隆甲寅年也

熊汪氏年二十二歸熊如嶟嶟家貧力學二親早喪氏紡績助讀會科試以經題訛一字被遺學使知爲鍾陵先生裔大爲惋惜嶟歸喀血百日而亡氏營葬畢紡績如平日有贈以薪米者悉拒之越四十九日氏密以線紉衣襪歸甯母氏遂自縊氏識字知書死後於髮內得紙片書云我名家女死後

即瘞毋驚保鄰以全我貞乾隆九年十二月二十一日事也

張培爻妻王氏夫死氏於喪次潛摘金耳環吞之營救得免至九月乘閒自縊死

胡文明妻李氏于歸二載明患弱疾不起氏常謂家人曰妻當殉夫特慮死或先後一時則兩魂分散不能聚耳及明病篤舉家號救女即自縊死後數日夫始卒氏母李羅氏守節數十年氏之烈蓋得於母教者深矣

趙某氏詩人趙秋屏子趙湘之妻秋屏亡後湘亦歿氏即自盡棺側以殉

李章韜妻萬氏年二十七夫故越三日氏自縊以殉

計能廉妻周氏年二十四夫亡七日父母欲奪而嫁之氏赴水死

吳緒通妻馬氏芝山女年二十四夫故茹荼自矢母兄欲奪其志氏聞自縊死

程德揚妻郭氏年二十一夫亡殮畢赴水死

李光前妻張氏年二十六夫故葬甫一月氏自盡

陳相愷妻程氏年二十三夫故遺子聲珊甫週歲誓待子成立殉夫及生孫月餘值愷忌日氏赴水死

張勳妻袁氏年十九于歸越十載夫亡氏持夫病革辭親書泣數日自縊死

宋王氏舉人士謙女贅宋氏子於家生一子宋索逋於粵十年絕音耗或傳宋氏漫曰頃信至將返矣未幾果歸囊空如洗後省親暴死氏聞信悲號中夜潛出家人追還越日死於舍東塘水中顏色如生

李朱氏李之義妻義出貿川峽家事託其母舅石英英年耄有自川來者傳之義溺死氏聞悲痛不欲生又値子本忠痘證險逆醫皆不治氏計無所出遂言家多鼠囑石英市信石藥之因自服死然子痘旋愈之義亦舟覆遇救得生而氏則殉義死矣後其子本忠痛母氏之慘亡於嘉慶十年捐貲鑿川河險道數處蒙旌於

朝爲母建立烈婦坊

墜塔婦武昌省城東十里有洪山寺塔凡七級高廿

餘丈每正月男女進香者攘攘也嘉慶十年有少婦持香燭謁關聖像拜且泣若有愬者禮竟至塔下欲登守者難之强而後可甫至四層聳身簷外若飛鳥投於塔下焉衆驚視其衣履裙衫皆密縫已折肩絶脰死矣數日有老婦哭而來曰爾父母死矣爾夫亡矣郎有欲奪爾志者胡爲舍生若是之慘也乃枕屍泣曰嗚呼此予甥漢陽鳳棲里彭氏者也時有識其事者曰此婦碎身以取義則勇巧脫於强暴則智而至死不顯暴人之惡則仁也一烈而三德備焉其古今不數覯者乎

張自修妻袁氏年二十一歸張三十四夫亡無嗣氏泣數日自盡以殉

劉正佑妻嚴氏年二十八正佑病卒無子縊夫櫬旁家人救免氏悲泣淚繼以血七日不食而死

戴喩氏家貧夫久貿於外居室陋窄有狂且鑽穴窺之氏覺移居鄰媼家狂且揚醜言以脅之氏忿極赴水死月餘有神附狂且體自言其狀亦對衆赴水死

吳涂氏世家女有姿色所適匪人逼之爲娼氏泣告曰願斷十指所營忍飢勤苦不願失身也匪怒亂刃斫殺之

孫朋山妻楊氏庠生楊振女幼失恃事繼母如生母父授以女史列傳輒解其義年十九歸孫事姑孝敬備至其夫病瘵常在牀褥氏煎湯滌穢不以假人雖祈寒暑雨未嘗寢及夫卒葬畢氏乘閒投繯死年甫二十一歲

以上見舊志

王連亭妻邵氏孔英女年十九于歸婚甫一月其夫渡漢江舟覆溺死氏聞信欲殉者數翁姑止之許以服滿乾隆癸丑十一月正除服時翁姑忽之乘閒自縊死

李某妻冷氏庠生冷大中女于歸後舅姑相繼歿李素無行以博蕩家貲罄並氏衣飾亦無存密謀鬻婦以償博負氏覘知之潛詣伯母家逾半載李終不悛賺之歸氏乃紿迎者使喚渡褁衣結帶投水而死

吳榮藻妻呂氏士模女年十八于歸十九夫故氏於故之七日自縊以殉

劉雲章妻袁氏年十九于歸三十六夫故子女四人家貧無以爲生氏葬夫畢送子女至外家託其撫養明日歸卽自縊死

鄧兆亭妻龔氏敦讓女年二十二夫故欲殉以遺腹未生强飲食焉及子生遂絕粒而死

蕭德銓妻劉氏夫故無子視夫殯斂後卽自縊

熊天申妻周氏　李開煜妻高氏

熊天昇妻周氏　李紹元妻周氏

羅開曉妻張氏　李廷揆妻胡氏

劉永相妻熊氏　劉炳林妻秦氏

張友勳妻張氏　張大禮妻章氏

陳　桂妻楊氏　劉成揚妻郭氏

張宏發妻朱氏　蕭廷選妻劉氏

蘇傳灝妻劉氏　涂國柱妻葉氏

黃立籛妻劉氏　余金彪妻陳氏

蔡　妻鄔氏　江光珩妻李氏

宋　妻王氏　胡　妻李氏

以上道光二十九年　旌

李朱氏邑庠生國鈞繼妻職員朱庶深女年三十六夫故哀痛哭泣淚繼以血葬後三日漢俗祭墓爲復山氏哭於墓絕而復甦墓側有塘奮身投水死

同治二年　旌

魏晉封妻吳氏晉封卒百日祭畢柩旁自縊死通志增入

涂啟倫妻李氏宏遠女事舅姑孝奉夫敬年三十二夫故氏營葬畢謂其子女曰爾輩善自爲人吾將

從汝父地下矣夜閉戶自經死

宋先鈞妻孫氏大儒女年三十夫故欲以身殉有遺腹冀生男以延夫祀及彌月生女遂痛哭數日水漿不入口而死

劉世祥妻曾氏位賢女年十八于歸明年世祥被賊擄去十餘年無耗翁姑促改嫁不從自縊死

張李氏監生張承渭妻定偉女年二十八夫故哀毀誓以身殉於服闋日大慟而絕卒年三十二歲

張啟發妻宗氏年二十一因夫遇賊被害聞凶耗縊

死於室

以上同治六年　旌

唐國祥妻郭氏光榮女道光壬辰年大疫其夫疾篤氏封左臂療之而疾痊甲午復病氏封右臂療之而疾亦痊氏現年七十二歲

石家桂妻曹氏名寶姑曹善女年二十于歸夫患泄痢年餘不起氏紡績以備藥餌潔襪扶將苦不堪言及疾篤計無所出遂封臂肉和藥以進明日疾若失越三年以他疾卒無子僅二女氏撫之畢嫁依季女終焉

蕭嚴氏廣西賓州營陣亡參將蕭逢春之妻氏初聞逢春陣亡誓以死殉嗣因立繼未能遵逢春遺囑憤然捐軀自刎而亡咸豐八年附於爭繼案內題旌　補輯

烈女

明

易姑孝感人許字劉養恬未嫁恬死女欲身殉姑泣曰若殉夫亦知夫有父母乎女髡髮瘞穴中敬事舅姑足不出戶者三十三年舅卒姑繼卒氏遂不食日飲清水一甌後姑十二日死與恬合葬

李姑新甯令國祚女聞獻賊警旬日不解衣帶賊至倉卒出走賊遇欲汙之女且走且卻身被數創至馬家湖遂遇害後得尸於湖中爪痕透掌膚色如生衣表裏密縫有字曰海水羣飛士貳其行湖水澹澹之子澄清視刃視飴見衣見心

仲節女湖州人隨父節賈於楚有殊色獻賊破漢陽仲從羣婦出逃門者止之有頃賊索婦女首執女女破面披髮大罵賊命二人挾上馬力墜傷額終不肯往露刃迫之曰頭往何如身往女呼曰頭也賊遂取其頭去

李姑諸生友桃女癸未獻賊亂女甫及笄隨父避虎頭山湖側女知不免豫自縫紉衣履甫訖工而遇

賊驅入舟女陡躍入水未即死賊怒引佩刀砍殺之數日屍浮色如生槀葬張大渡旁

國朝

胡五姑字陳御兆未嫁夫卒女哀毀絕粒往弔遂不歸與姑同寢食事之如母服闋縊死

俞姑字生員李邦有問名後邦有卒俞聞訃悲號蠲兄嫂善事老母絕粒而死

殷三姑許字張光寅未婚寅溺死三姑時年十四聞信泣求往弔遂不歸孝事舅姑二十餘年撫姪端明爲嗣舅姑卒哭謂端明曰我所以不從汝父地下者欲代盡子職耳今事畢矣不食數日而歿年三十七歲

嚴姑母孕時夢天人捧一兒與之及生因名賜字夢錫讀書曉大義受汪居勅聘未嫁勅卒姑欲往弔父兄難之乃竊繯投繯死時年十九

陳姑幼字徐鳳台未嫁徐殂女悲泣往弔還闔戶自經死徐翁感之移其柩與鳳台合葬

阮二姑生員萬兆麟子聘室迨吉而萬子卒女悲痛

求死不得後微聞有議婚者卽避入投水死年十
八歲

周媜姑沈明照聘室未嫁夫故媜欲往弔母不許遂
自經時乾隆五年正月十二日去夫卒十日

蕭姑字唐敬傅甫問名唐宦遊十載不歸姑屏脂粉
針黹度日丁卯唐訃音至氏自縊死

吳姑幼字萬椿椿瘵死女聞誓死奔赴遂守喪不
歸後聞有議婚者自經以救免嘉慶九年十一月
卒投繯死

張大姑許字魏登科科死姑年甫二十或有勸其父
另聘者大姑卽自經死

胡二姑幼字姚永榮行有日聞永榮故卽自縊死

王姑蕭延福聘妻王紹卿女福病彌留女請侍疾母
阻之聞赴請奔喪又阻之女曰母慮兒幼蕭氏貧
乎餓死願成我志也聞蕭氏已有孀居者二人兒
豈不若耶母不應女遂絕粒乘閒投繯死

張三姑庠生張任勳女幼字蕭光畢迨吉有日畢暴
卒三姑欲守貞難啟於口忽得異夢若光畢謝其

殉難附

劉一晉妻程氏會一女于歸之九年遭明季甲申之
難流賊擄氏以利刃指其頸氏大詈賊舁行三十
里至潰口氏以口渴紿賊甫釋縛投水死

劉士榮妻張氏明末流寇殺士榮氏罵不絕口遇害

吳兆豐妻胡氏舉人兆春仲女咸豐二年髮逆陷會
垣其翁長庚時爲武昌訓導死於官其長女次女
長媳袁氏及孫女等同日自盡者九人胡氏與焉
兆豐俟氏氣絕藏其屍於樓以被裹之亦自盡賊
退往斂面如生與其夫合葬於吳氏祖塋

王大堡妻蕭氏穀城訓導敘宗女隨夫寄居省垣咸
豐二年城陷縊死

汪仁柄妻宋氏家珍女咸豐二年省垣陷投繯死

舒遠曙妻傅氏年二十四守節咸豐二年寄居省垣
壻家聞城陷自縊死時年五十歲

謝廷桂妻吳氏年二十九夫故守節以撫孤子髮逆
至避居省垣城陷密縫其衣自縊時倉卒無棺殮
以木櫃盛之埋於後園賊退啟視面如生時年三

十四歲
方文田妻吳氏年二十二夫故守節寄居母家咸豐二年髮逆陷漢陽城氏恐受辱與其弟吳士標之妻劉氏同赴水死時年四十二歲
金禮仲妻宋氏舉人仁達女生一女夫故家貧攜女依母家二十餘年女字庠生熊學濬咸豐二年髮逆陷省垣氏與女同仰藥自盡
吳陳氏舉人吳諸妻陳樸女年十八于歸夫故矢志守節髮逆陷會垣氏懼辱投後園井中死時年四

十三歲
會汪氏武昌府學訓導會學達之妻咸豐二年髮逆陷省城偕其弟媳李氏及孫女大姑二姑同死
吳周氏生員吳建寅之妻咸豐二年十二月偕弟婦周氏及姪女桃姑在省城殉難
楊程氏雲南漾濞廳巡檢楊長薰之母咸豐二年省城陷偕弟婦黃氏趙氏及長薰妻張氏女大姑同殉難
倪王氏庠生王殿榮之妹咸豐二年偕殿榮弟婦蕭氏在省城殉難
汪樹五妻馮氏家貧守節髮逆竄漢口氏走避不及罵賊被害
周筱妻曹氏曹善女髮逆陷省垣與夫一梁雙組同時縊死時年二十八歲
潘易氏庠生拱辰之妻隨其翁壽平寓省垣咸豐二年十二月省城陷壽平罵賊被害氏聞變即偕其子世寬世謙世愷姪世阜妹煥姑同時自縊
胡黃氏灼三妻庠生韻之母僑寓省垣咸豐二年城

陷韻被害氏謂媳楊氏曰汝夫盡節胡氏可謂有子矣吾等焉用生爲乃趨孫及孫女等下井姑媳從容縊死
程洪氏佾生元體之母咸豐二年偕元體妻陳氏女大姑有姑同時殉難
童愛姑年十六歲父遠貿咸豐三年九月髮逆三更入室其母抱幼子潛避愛姑懼辱由後門出投荷塘死
姚周氏職員姚大愷妻咸豐四年寓居鎮江賊至被

害

姚熊氏大懋妻咸豐四年寓大通鷄橋賊至被害

王大姑天和女咸豐四年避賊於瓦窰寨湖濱爲賊所偪執其手不可脫姑以計脫之賊甫釋手奮身躍入湖死越二日浮出面如生

胡汪氏舉人大經妻江夏庠生以鋐女咸豐四年避冦於邑之西鄉時賊氛甚惡奸民又從而煽之氏懼不免夜半投門前塘水死

李引姑行襄女咸豐四年在邑之水洪口遇賊義不

受辱投水死

夏元姑義茂女避賊邑之東莊賊驟至懼污投河死

江潄金妻吳氏應淇女年二十九夫故髮逆至氏畏偪擕子天貴投黃陵磯河溺死

吳孔治妻羅氏咸豐四年在岳家口遇賊不辱死

姚　妻楊氏咸豐四年在漢鎮泉隆巷遇賊被害

田元晢妻倪氏長庚女咸豐四年五月遇賊偪至湖側罵不絕口奮身投湖水死

許涂氏祥會女咸豐四年在李家集遇賊被害

李愛姑爲先女在劉家嘴遇賊不辱受害

廖孫氏歲貢生廷選妻咸豐五年髮逆焚漢鎮其翁士瑚擕幼孫國荃殉難氏恐賊辱擕女彩姑隨翁投水死時氏年四十五歲彩姑年九歲

蕭遷妻王氏世貴女年二十五夫故守節歷三十六年乙卯歲髮逆至境投舍旁水中死時年六十一歲

楊錦繼妻吳氏擕子慶避賊行至崇仁巷中遇賊蜂擁而至母子同赴塘水中死

蕭路氏監生通治妻年七十餘咸豐五年髮逆焚漢口偕其子光義媳徐氏孫介卿詠春孫媳勞氏楊氏同赴水死

彭戚氏楷之妻庠生椿齡玉琛之母咸豐五年髮逆至漢口罵賊被殺椿齡妻程氏投水死椿齡女英姑華姑同時自縊死時英姑年二十歲華姑年十八歲玉琛妻戚氏亦同日赴水殉難

趙元泰妻聶氏咸豐五年七月元泰以練勇援仗陣亡時髮逆大肆焚掠聶氏偕弟婦雷氏子學浚媳

余氏姪學海女桂姑姪女三姑同時赴水死

吳賈氏從九吳詩之母舉人吳謂之嬸母也咸豐五年八月詩遷避江夏金口隨辦鄉團帶勇陣亡賈氏偕詩伯母涂氏及詩孀嫂陳氏三嫂王氏四孀嫂鄢氏及詩姪慶詩姪女順姑清姑同時赴水死

徐楊氏監生慶棠妻監生炳文女歸徐生一子甫三歲咸豐五年七月髮逆焚掠漢口氏隨翁姑及慶棠偕逃行至隄外水阻孱弱不能渡殺聲偪近密謂慶棠曰君侍翁姑急行妾當以魂保護全家無

恙遂抱子投水而死時年二十四歲

勞懋鏞妻胡氏咸豐五年七月髮逆燬漢口其夫弟懋禧被害氏與弟婦管氏以蓆裹尸密埋後園畢即偕管氏及姑管世鑾妻勞氏孀姑王西洲妻勞氏同時投繯死

田雲村妻吳氏咸豐五年七月偕其女寶姑及孀姊馮田氏內姪女蕭朱氏同時投水死

方開三妻吳氏職員塏長女咸豐乙卯七月偕其子義本及孫儀孫媳同日赴水死

王楠妻胡氏咸豐乙卯七月偕其嫂王蔭南妻楊氏及嬸母王吉常妻熊氏姪媳王煥章妻陳氏同時殉難

彭蕭氏衛千總彭賚齡妻邑庠生蕭光之女直隸大名同知蕭德宣之妹也咸豐五年髮逆焚燬漢鎮氏懼辱投河死時年三十二歲

石陳氏如葵妻甲辰進士意恭之母咸豐五年偕其次子意寬投水殉難

向以綱妻楊氏髮逆焚掠漢口時懼辱撲屋後塘水

中死

丁鳳儀妻徐氏賊至漢口懼污與夫妹二姑閉戶同縊死徐年四十四妹年十六

劉天保妻王氏聞賊大肆掠殺縊死室內時年三十一歲

王會氏苦節有年髮逆焚漢口日同子國玶婦錢氏女歡姑同時縊死臥室內

羅占魁妻劉氏於咸豐五年七月與其嫂左氏子明標女引姑懼賊傷污同投裹河溺死

周培材妻宗氏若顔女于歸之明年粤匪至見其美欲强污之氏以計脱即時自經死年二十二歲

無姓氏漢口人賊擄至漢陽百聖廟百計欲犯之氏大駡不從賊怒亂刃戕其身父老數人薄葬廟側後同善堂知其事遷埋義塚立碑以紀其槪

趙邦國妻章氏年七十七賊至漢口投河殉難其媳劉氏隨死

趙大錕妻劉氏年四十四賊燒漢鎮投河死

孫曦山妾劉氏乙卯髮逆焚漢口投河死

馮兆運妻李氏文元女乙卯寇至氏走避遇之迫欲污之不從賊抽刃刺殺懷中兒氏仍哭駡不從賊婉説之益怒駡賊連刃刺死於地時年三十三歲

彭耀庭妻朱氏年四十四在漢口張美之巷江邊遇賊投江身死

朱洪氏邑庠生朱桂林妻恩湛女隨姑避難棗林崗賊將近與同居王朝茂女王學繁聘妻同投貴子湖水中死十餘日賊退起其尸皆如生

葉永安妻黄氏秉宣女賊至漢口氏妊身難行走避江干賊漸近懼辱投江死年二十有四

黄秉宣妻張氏年六十見賊蜂擁至投江身死

魯正綬妻張氏避賊於邑之十里鋪朱家林値賊衆麇至氏懼不免仰藥死

鄒張氏舉人鄒士全妻咸豐五年漢陽三次失守投水死

羅必貴妻劉氏粤匪之難漢口大肆擄掠氏閉門自縊死時年八十三歲

劉銑本妻彭氏朝斌女早寡遺女一賊至漢鎮氏先縊死其女然後自縊死女時年十五歲

傅憲章妾蔡氏年五十三歲咸豐五年七月十八日賊竄漢鎮駡賊溺死

傅前逢妻歐陽氏年二十二歲賊至大駡赴水死

傅六姑光池女賊掠漢口大駡赴水死

劉試花妻張氏生員張馨女與弟媳劉李氏孀姊徐劉氏遇賊於河側畏偪同赴水死

湯永烈妻文氏曉軒女乙卯年正月遇賊不屈同父曉軒子天元投江死

鄭秉性妻王氏左卿女賊至漢鎮欲犯之大罵投江
死
劉應榜妻龔氏文之女罵賊不屈賊殺之
易培軒妻胡氏義源女年三十二歲遇賊不屈投江
死
劉氏年三十六歲身有妊與女玉姑處夫遠貿未歸
咸豐五年粵逆入室欲逼之氏走後門攜玉姑投
水死
孫笏山妻張氏國安女名桂英年二十于歸二十七

歲夫故咸豐五年粵逆踞漢口有擇配孀婦之信
氏聞之當夜自縊死
聞人衡妻江氏遇賊於張美之巷懼污攜子投江死
年三十七歲
張曹氏其子名榮詵賊至漢口殺詵並詵之堂弟氏
見之大罵不絕聲遇害
李余氏步濂之母年七十五歲賊燬漢鎮被焚死
李方華妻左氏年八十餘賊至其家氏指面大罵賊
怒斫殺之並火其尸

王篤行妻鄒氏庠生春圃女賊擄漢鎮子女氏懼污
抱幼女赴水死年三十六歲
張天經妻蔡氏庠生遠緒妹粵逆掠漢陽四鄉見氏
貌美逼之氏罵不絕口賊怒以刀割其舌氣未絕
自縊死
熊桂氏庠生光燿副室監生壎之生母素有足疾步
履須人扶掖咸豐五年髮逆突至舉家逃避不及
遂陷鎮上七月賊焚燬漢皋一門星散桂氏偕其
孀女鍾熊氏遇賊罵不絕口投水殉難鍾熊氏詳

見節孝
姚魯氏佐騎尉大志妻乙卯年在漢口殉難
張培瑚妻程氏咸豐五年遇賊畏偪赴水死時年十
九歲
王張氏庠生王任妻賊至漢口懼污赴水死年二十
七歲
王之芬妻張氏年十六于歸二十二夫故守節咸豐
五年遇賊殉難年八十有三
陳恆運妻易氏國輔女年十七于歸二十四夫故賊

掠鄉村氏恐受辱投水死

黃艮法妻潘氏年三十二歲乙卯賊掠漢口其子炳被賊磔殺遂與其夫駡賊投河水死

史寶鑫妻吳氏前任黃山巡檢嘉猷女年二十四歲乙卯之難與夫在漢口花樓同駡賊死

京山縣訓導徐朝貴之媳甘氏筠春之妻文華之女咸豐五年賊爋漢口投水殉難

劉周氏咸豐五年七月十八日赴漢鎮戎府水池死

徐周氏徐陳氏徐安姑俱於咸豐五年七月十八日

赴漢鎮戎府水池死

趙桂姑漢口人咸豐五年七月十八日桂姑與其嫂及羣婦女避火於南京會館側濁水阬邊桂姑絶色出衆嫂恐賊見以白布衾覆之倏一兇賊至揭衾驚其美欲犯之姑不從迫以刃桂姑急不能脫低聲謂賊先待於牆陰賊信之前行桂姑奮身奔濁水中溺死

王昭姑宗俊女幼字彭永祿年十七未嫁咸豐五年逆匪大掠鄉村昭姑偕衆婦女避賀家墩港邊恐

賊至受辱奮身投水死

田大姑夔齊女賊匪肆掠時走避小口湖側賊逼至恐受污奔哭投水死年二十二歲

程大姑萬富女將避寇山中賊蜂擁至擄至屋側塘邊欲犯之女大駡躍身爪其面賊大怒亂刀刺殺之時年二十歲

宗壽姑年十七歲賊選民女逼之不屈縊死

洪三姑幼字劉榮年二十未嫁賊至漢陽三姑畏偪投水死

龔姑必遠女幼穎悟知大義賊掠漢口勢甚熾姑易衣投井溺死年甫十五歲

羅二姑明綽女同女伴出門避賊賊忽追至奮身投水死年二十四歲

柏才姑家錦女年十四隨祖母吳節婦避難外祖家咸豐五年賊大掠鄉村才姑恐賊追至與祖母共投湖水中其祖母以救免而才姑死矣

廖二姑長熙之女咸豐五年賊焚漢口熙走避不及遇賊於門被害二姑救父情急以手搶賊刃駡不

絕口賊亂刃刺死並其尸燬焉

龔大姑必達女與匪至漢口忽有選秀之變大姑恐被污夜投水甕死次日見其足始知之時年十八歲

同知銜陳艮謨妻汪氏

廣濟教諭舉人劉遠英繼室柳氏

隨州學正路權運妻黃氏

廩生朱步瀛妻江氏

選用主簿高馨田妻許氏

監生戴逢芹妻張氏

武生李長春妻胡氏

生員劉家瑛媳彭氏孫女大姑

從九孫廷炤妻劉氏

生員蕭應癸岳母蔡沈氏姨姊金蔡氏俞蔡氏

生員朱春藻之妻陳氏女大姑二姑

廩生張錫福之妻江氏媳王氏

八品職銜衛應擯妻萬氏

生員衛人卓庶母賀氏

生員孫蓮堂妻李氏

生員彭魏清妻盧氏

生員哈福安妻金氏

監生彭朝斌妻戚氏

從九銜朱樹勳子心純之妻劉氏女大姑

從九銜包玉桂媳何氏

職員何蔚善女英姑

監生吳榮藻母汪氏

監生楊士鴻妻曹氏

監生李　熇妻余氏

監生汪允緒妻吳氏

監生蔣仲菴妻陳氏

監生蘇錦章妻李氏

監生黃勵軒之嫂楊氏姪媳鄭氏王氏

監生楊守先之母白氏　李大富妻劉氏

王　雙母唐氏妻李氏　王開榜妻唐氏

王光福母蔡氏妻張氏　王善袞媳彭氏

王德和妻方氏媳艾氏　王茂基妻劉氏

王鑑堂妻李氏媳張氏　王大志妻雷氏
王天貴之媳蕭氏　王天元母文氏
王三傳姑母劉王氏　王啟文母張氏
王大榮女寶姑　王寶仁妻熊氏
王有采妻蔡氏　王勝有妻阮氏
王祥元妻李氏　王傳恩母燕氏
王金元母孫氏　王相文妻張氏
王春遴妻顧氏　王廷春嫂陳氏
羅明松妻胡氏女隨姑　胡仁會祖母徐氏

羅行炳妻蘇氏妹二姑　胡永盛妻張氏
羅渭川妻劉氏女引姑　胡　鸖母黃氏
羅伯玉姪媳李氏　胡士德母王氏
羅國桂妻周氏　胡繼安妻程氏
羅正全妻宋氏　胡日生妻王氏
羅陳氏女二姑　胡光瀛妻楊氏
胡　雲妻黃氏　胡卓然妻王氏
胡德銑妻鄭氏　胡大縉繼妻吳氏
胡兆美妻鄧氏　張世華妻王氏

張文治妻吳氏媳黃氏楊氏孫女毛姑
張心義妻董氏女三姑　張德貴妻楊氏
張嘉貴妻馮氏媳余氏　張文富媳王氏
張敘六妻蔡氏　張　明女大姑
張炳榮女金姑　張弼顯母李氏
張心照妻王氏　張成玉妻章氏
王志成妻錢氏　張大才妻王氏
張成中妻石氏　張大壽母吳氏
張光玉妻楊氏　張順成妹三姑

張世賢妻李氏　張　鍾妻馮氏
張培第妻金氏　張　標妻蔣氏
張　環妻石氏　張兆鳳妻王氏
張兆楨妻蕭氏　張　松母蕭氏
張天才妻劉氏　張　煦妻錢氏
張達章妻吳氏　吳慶華妻楊氏
吳慶榮母陳氏妻夏氏女嬌姑鳳姑
吳慶美妻黃氏女大姑二姑　胡光松妻李氏
吳光煊妻周氏媳王氏女大姑

吳庚成妻孫氏弟媳閔氏　吳日富妻萬氏
吳長元妻高氏女全姑　吳文煥妻彭氏
吳大偉妻李氏　吳瞻三妻趙氏
吳　太妻邱氏　吳仁壽妻羅氏
吳泰階妻鄧氏　吳啟榮妻胡氏
吳慶瑜女望姑　蕭大斌妻蔡氏
蕭禮賢妻董氏　蕭之學妻張氏
蕭德章妻楊氏　蕭春發妻王氏
蕭信成嬸母殷氏　蔡知友女二姑

蕭洪順妻胡氏媳蕭氏女二姑
蕭德新妻黃氏妹彭蕭氏女大姑二姑
蕭　玉妻馮氏媳王氏　蔡廣書妻熊氏
蔡應富妻劉氏女慶姑　蔡正貴妻劉氏
蔡天合妻陳氏　蔡德光妻陳氏
汪義元妻譚氏女喜姑　汪啟敦妻董氏
董明郁妻劉氏　汪仁壽妻鄭氏
董必壽妻陳氏　汪光第妻范氏
董　崇妻劉氏　汪　杰妻蕭氏

董昌姚妻黃氏　汪大本妻方氏
董明仁妻朱氏　汪允遠妻羅氏
董明揚妻夏氏　李秉鈞妻伍氏
董明發妻蕭氏　李小啟妻黃氏
李辰新妻張氏　李正興媳劉氏
李克長妻蕭氏　李起善妻楊氏
李之濱妻胡氏女大姑二姑　李　亨母陳氏
李正仁妻曾氏媳蕭氏　李長發妻鍾氏
李正華祖母羅氏　李載德妻何氏

李萬年弟媳徐氏　李允相女玉姑
李定邦女一姑　李大榮妻宋氏
李方玉妻何氏　李三元妻楊氏
李大有妻劉氏　李喜祥妻梁氏
李　元母吳氏　李芝田妻魯氏
李　珊妻王氏　李　鏞妻汪氏
李大有妻蕭氏　李太和妻靦氏
李銀鳳妻王氏　李永相母陳氏
李士富妻袁氏　李天喜母劉氏

李徽垣女年姑　李明達妻李氏
李繼成妻吳氏　李金元妻周氏
李德林女青姑　劉永章女煥姑
劉文魁妻祝氏　劉應川妻陳氏
劉長春妻王氏　劉萬源妻陳氏
劉天佑妻王氏　劉光鑑女順姑愛姑
劉宏亮母楊氏妻羅氏　劉漢文妻蕭氏
劉光熙妻白氏媳陳氏　劉勉颺妻吳氏
劉大添伯母程氏　劉康祿女大姑

劉澤榮祖母周氏　劉貴玉母吳氏
劉釗章母梅氏　郭玉和母蕭氏
郭萬全妻寇氏弟媳陳氏朱氏女大姑二姑
郭漢清妻羅氏姪媳陳氏　郭萬年妻蕭氏
郭永鑑妻胡氏媳潘氏　馮兆運妻李氏
馮子鈞姊汪馮氏　馮明源妻陳氏
向賜閭孀嫂吳氏　鄢世爵母張氏
向志彬妻劉氏　黃有彩女龍姑
向嘉猷母蕭氏妻王氏　黃松茂妻曾氏

黃安禮妻楊氏姪媳鄭氏王氏
黃元太妻江氏童媳李福姑　黃　明妻韓氏
黃建儀妻羅氏媳鄭氏　黃長生妻蕭氏
黃懷彬妻鄭氏　黃懷珍妻王氏
黃　甲妻孫氏　黃煥章妻鄭氏
黃雲昌母張氏　蘇其相妻蕭氏
蘇光杰妻曾氏　蘇祖品母蕭氏
周士珩妻李氏妾湯氏僕婦馮氏
周正佑母熊氏妻劉氏女二姑

周正太妻呂氏孫媳魏氏　周〔　〕二妻楊氏
周其芸妻吳氏　周鳳鳴妻徐氏
周　墉妻龍氏　廖松林母周氏
廖堂春妻陳氏　廖士珖女二姑
廖恩杰妻徐氏　姚炳元妻李氏
姚鳳山妻羅氏　高維光妻謝氏
高依典妻張氏　馬光宗妻劉氏
馬隆銓妻魏氏媳謝氏孫女喜姑
馬大雄妻定氏　馬承烈妻楊氏

馬定魁妻金氏　馬正富妻宋氏
馬家福母哈氏妻劉氏　陶金珊妻鄒氏
魏炳忠妻褚氏姪女煥姑　魏學金母李氏
魏學祥母李氏　楊宏彥妻黃氏
楊元綱妻陳氏　楊善夫妻吳氏
楊國斌妻王氏　楊如意母黃氏
楊想曾祖母曹氏母吳氏　楊德壽妻方氏
楊長明妻陳氏貞女大姑　楊　道妻劉氏
楊　五妻高氏女大姑　楊德森母鄭氏

楊中連妻胡氏嫂張氏　楊有泰女友姑
楊序東母朱氏妻張氏　王正魁女瑤姑
楊培齋妻方氏女四姑　陳知忠妻劉氏
陳鎰芳妻程氏女賢姑岳母程王氏
陳萬祥外祖母周程氏　陳德茂母何氏
陳明輝母宋氏妻左氏　陳思榮妻吳氏
陳才松女大姑二姑　陳光全妻劉氏
陳應貴女大姑　陳有才妻劉氏
陳雍鳳妻方氏　陳用敬母李氏

陳明倫妻藍氏　陳萬順妻梅氏
陳　石母馬氏　陳永太妻徐氏
陳順讓母劉氏　陳　深妻朱氏
陳升元妻王氏　陳登照母鄭氏
陳宗裕妻涂氏　陳傳貴母劉氏
陳宏瀛妻危氏　陳作新母劉氏
陳國相母楊氏　陳國祥妻周氏
沈明揚妻張氏　何其經母李氏
沈松齡妻趙氏　何大貴妻戴氏

朱大元妻李氏　朱傳茂妻余氏
朱式堂女三姑　朱　五妻王氏
朱升盈妻王氏　朱大倫妻王氏
朱世楨妻楊氏　朱興醇妻劉氏
朱開發妻段氏　呂　喜妻楊氏
呂本銘妻羅氏　龍　望妻楊氏
梁金榜妻劉氏女玉姑　梁小鎖妻汪氏
田　鍶妻彭氏妹二三姑　鍾　官妻游氏
鍾啟榮母王氏妻黃氏　萬明興妻蕭氏

萬和順妻蕭氏媳李氏　鄧長鍌女丙姑
萬國全妻周氏女嬌姑　鄧名忠妻許氏
倪玉珍祖母何氏　鄧起懷媳陳氏
倪德芳母李氏妻任氏弟媳秦氏
石潤聰妻唐氏　石惇彝妻閔氏
石藝林妻郭氏　石位西妻王氏
孟　桂女四姑　夏明發妻王氏
雷拾貞妻宗氏　雷致洪妻韓氏
雷福增妻宋氏　金心菴妻朱氏

金松濤妻李氏　程明輝妻左氏
程體本母鄭氏妻張氏　金永謨女梅姑
金坤載妻宋氏女大姑　程鳳楷妻宋氏
程華棟母吳氏妻余氏　潘接宗妹毛姑
程秉鍒妻殷氏女壽姑璘姑　潘定祥妻姚氏
潘正剛妻黃氏女大姑小姑　潘　妻祝氏
熊士斌貞女三姑　熊爾富妻陳氏
熊士彥女格姑　熊大芳妻曾氏
熊大才妻劉氏　熊錫元母姜氏

熊長春母馬氏　熊孀婦祝氏
丁得枝母吳氏　謝沛山妻劉氏
謝立揆妻何氏　謝開明妻易氏
謝紹廉妻童氏　謝朝桂母祁氏
余光祥妻胡氏　宋廷鼇妻謝氏
宋廷饒妻謝氏廷壽妻張氏　江立順妻朱氏
江　妻白氏　江正坤妻龍氏
孫正揚妻李氏　孫大縉妻張氏
孫天成妻王氏　孫時鄉妻蔡氏

孫宏壁母羅氏　孫文秀妻楊氏
孫大年妻王氏　鄭承元妻胡氏
鄭宗禮妾楊氏　鄭敬五女二姑
鄭文綱妻王氏　鄭有華妻李氏
曾國榮妻劉氏童媳謝姑　曾國材妻魏氏
曾正全妻蘇氏　曾向榮母羅氏
彭隆盛母舒氏妻魏氏　彭玉臨妻陶氏
彭　照妻朱氏　彭大有妻涂氏
彭永祿妻王氏　管玉貴姊金姑

徐詰祥妻李氏　徐香亭妻劉氏
徐大本妻謝氏　蔣廷蘭妻朱氏
蔣萃峯妻王氏女小姑　葉金圃女六姑
葉忠煜妻張氏　葉方榮妻段氏
葉心齋妻黃氏　趙輝茂妻陳氏
趙　毛母余氏　趙體乾妻胡氏
趙祝三妻劉氏　趙鳴臯妻伍氏
趙　佩妻徐氏　杜大朋妻張氏
袁三元妻王氏　袁寶松妻黃氏

袁　母萬氏　邱作璜妻王氏
邱春安母畢氏妻杜氏　袁大有妻毛氏
祁光熊妻劉氏弟婦高氏　龔嘉恆妻王氏
禹繼堯妻衛氏　錢其唐妻袁氏
禹士德妻藍氏　文煥緒妻馬氏
聶德杰女六姑歡姑　左人驥妻趙氏
錢雨廷妻蕭氏女小姑　戴以明妻王氏
錢震東妻褚氏女全姑　戴丙仲妻余氏
戴林章妻胡氏　戴廷光妻彭氏

姜　相妻白氏　白正緒妻權氏
唐心亭妻程氏岳母程湯氏　白敏中女歡姑
唐咸秩母黃氏　閔　佩妻謝氏
尹　善女寶姑　涂兆茂妻劉氏
尹起田妻陳氏　柏天貴妻郭氏
許光耀母李氏妻丁氏　許本志妻魯氏
林秀廷妻饒氏女順姑　林向瓊妻彭氏
易有楨妻唐氏　易有清妻李氏
易大迎妻劉氏　洪　誠妻江氏

洪天植妻王氏媳毛氏　任宏壽母黃氏
洪錦山妻吳氏媳朱氏　任　式妻陶氏
畢曰濤妻司氏孀女謝畢氏　伍學源妻杜氏
賈維勤妻蔡氏　甄學勝妻羅氏
冷光聞妻張氏女照姑　毛漢元母孟氏
祝有能妻劉氏女大姑　宗大名女大姑
朱明德妻劉氏女喜姑再姑　甘　妻劉氏
艾正榜嫡母胡氏妻楊氏　樊醇治妻羅氏
段元祥母黃氏　施正文妻明氏

瞿　高母劉氏　　盛起名妻馬氏
哈志漢妻蔣氏　　賀大玉女順姑
柯萬發妻詹氏　　練心情妻劉氏
聶昌春妻劉氏　　胡　福妻李氏
以上均係咸豐五年殉難
吳長揆妻劉氏咸豐六年五月四日髮逆大搜鄉堡氏攜子匿山峽賊突至欲污之氏大罵不從賊怒砍殺之
丁夏氏庠生丁[illegible]之妻成業女業任黔西州賊至死

焉氏時歸甯從死任所
丁昕之妻洪氏在徽州黟縣殉難
蕭姜氏浙江中防同知蕭書之妻年二十于歸屢生子不育三十時勸夫納妾王氏卽氏母家婢也生子繼善愛如己出咸豐十一年二月氏奔生父喪歸黃陂適賊衆大至家人驚散氏奮身投觀音堂側池水死

續輯漢陽縣志卷二十五

古蹟志敘

情有曠世而相感者往蹟觸於前而怦怦忽動也茲邑雄勝之區又處衝逆其爲戰事之成敗也多矣爲名臣賢守之經營也久矣爲才人詞彥之登臨嘯咏也富矣是皆可以攄懷舊之蓄念而發思古之幽情者也若積久淪替漸忘所自有心人歎稽覈之無從其爲惆悵何如哉夫具兹之問晉卿以爲慚頓邱之對唐臣以爲敏則博洽之所助不

少矣表而出之庶考證者有資焉至若昔賢名人與夫州里耆舊其邱壟所在亦臚列於編九原思隨會之賢過車望喬公之墓永愛而昭敬深情如揭矣志古蹟

江夏古城

在大別山上水經注曰翼際山上有吳江夏太守陸奐所置城卽此

卻月城

在城北七里寰宇記與梁城相對以形如卻月故

名水經注沔左有郤月城亦曰偃月壘戴監軍築
故曲陵縣後乃沙羡縣治
按黃祖所治夏口原在江北沙羡縣季漢書劉
表以黃祖爲江夏太守吳遣淩統董襲攻而擒
之屠其城蓋城既爲孫權所屠劉表子琦乃移
壘魯山爲治所後陸奂所治卽此城舊志謂山、
頂横城爲吴舊城疑是

梁廢城

在縣東北大別山下方輿記云梁武帝築城於此

梁書武帝紀齊中興元年帝自襄陽趨建業遣冠
軍將軍鄧元起軍主王世興田安等數千人會大
軍於夏首因築漢口城以守魯山

蕭公廢城

在城北五里圖經云梁武初起兵嘗築城於漢口
時未卽位故稱蕭公
按劉志謂大別山頂横城卽梁廢城遺址裘志
攻齊東昏命房僧寄守魯山所守卽吳築之魯
山城蓋是時梁齊方相持而攻不應同在山頂
其謂城北五里之城爲梁廢城其說近似至大
別下梁廢城舊志謂齊張樂祖將數千人助僧
寄據魯山岸立城壘則是城疑齊立以拒梁而
爲梁所廢者存以俟攷

馬騎城

在郤月城西二里荆州記城周五里高一丈長栅
岡卽其舊址未詳何代所築長栅今亦無攷

漢陰城

趙志在城西四十五里漢陰山下未詳何時所築

遺址尚存

諸葛城

在縣西五十里楮山之陽下臨沌水相傳爲武侯
屯兵處舊志謂諸葛城卽沌陽故城以諸葛大名
而附會及之

沌陽廢城

宋書地理志沌陽子相江左立後廢水經注晉永
嘉六年以陶侃爲荆州刺史鎭沌陽舊志曰水北
爲陽沌陽應在沌水之北以今縣治西楮山之諸

葛城爲沌陽故城疑是

灄陽廢城

灄陽縣置自晉惠帝時本漢安陸地考其道里形勢直今漢陽北境牛湖篠絲岡地顧氏方輿紀要謂在漢陽府北四十里是也晉張昌之亂安陸人多附昌惟朱伺合其鄉人討之昌既滅伺部曲以逆順有嫌求別立縣從之割安陸縣東界爲灄陽縣而貫焉齊永元末蕭衍舉兵至漢口敗郢城兵汝南人胡文超起兵灄陽以應衍即其處也水經注江水又東合灄口水上承溳水於安陸縣而東逕灄陽縣北東南流注於江又溳水過江夏安陸縣而東南流分爲二東逼灄水西入於沔上承云者溳水支流由安陸縣東流逕灄陽縣北境而灄水由北出口承溳水東南流於沙口注於江也東逼之者溳水東流於灄陽縣北始與灄水逼也今故址雖不可尋然總在灄水之陽耳

牛湖廢城

城在篠絲岡東牛湖渡西齊梁時亦名漁湖城寔

子陽軍武口讀衍命梁天惠等屯漁湖城疑即此

林鄣故城

水經注曰又東過林鄣故城北按晉愍帝建興二年太尉陶侃爲荊州刺史移鎭林鄣又宋史咸淳七年詔德安府僑治於城頭山即此

按朱志引元和志謂沌陽城即臨嶂城舊志攷水經沔水又東逕沌陽縣北注處沌水之陽也又東過林嶂即臨嶂故城北是沌陽臨嶂原屬二處

夏口

亦謂夏汭左傳注曰漢水曲入江處漢志曰東漢水一名沔過江夏謂之夏水入江元和志漢水一名沔水西自汊川縣界流入漢口亦曰夏口庾仲邕曰夏口亦曰沔口據此則夏口即沔口漢口在今江北隄防攷謂舊時漢水從黃金口入排沙口東北折抱牯牛洲至鵝公口又西南轉北至郭師口對岸曰襄河口約長四十里然後下漢口成化初忽於排沙口下郭師口上直通一道約長十里

漢水徑從此下而故道遂淤據此則夏口又在漢口之北晉唐以後皆以夏口爲今江夏攷元和志夏口實在江北孫權於黄鵠磯築城取對岸夏口以名之而夏口之名始移於江南沔水入江之口止謂之沔口或謂之漢口而夏口與漢口遂各據南北矣

夏州

史記蘇秦傳秦謂楚威王曰楚有夏州註集解左傳楚王伐陳鄉取一人以歸曰夏州車武子桓温集云夏口城上數里有洲名夏州即其地也

鐵錢廢監

在大別山下地名靜江營宋紹興二年知軍皇甫煥奉命鼓鑄歲辦錢十萬貫元初裁革

按漢陽監即江州興國富民監興國大冶監乾道八年鐵額鈌守貳及大冶令降官有差乃設於漢陽嘉定五年議以京西湖北鐵錢所給於漢陽興國富民監歲以二十萬爲額元鈔法行乃廢

牧馬廢監

在縣治西南十五里宋乾道四年鄂州駐劄親軍都統制趙道奏允於漢陽軍擇地修立黄幹有馬監奏見藝文門元二年裁革

按朝野雜記自置監後牝牡千餘十有餘年才生三十駒又不可用乃巳

郎官湖

趙志在郡城中與縣學泮池相並唐開元中翰林待詔李白遷夜郎過漢陽遇故人尚書郎張謂使夏口與沔州牧杜公漢陽令王公夜飲湖亭之上張公舉酒謂白曰此湖古今賢豪遊賞者非一吾輩邂逅於此而獲覽此佳趣子盍標以嘉名用傳不朽白喜而應曰昔鄭圃有僕射陂此可名郎官湖也時席上文士輔翼岑靜以爲知言因賦詩刻於湖上至元末兵燹石刻遂湮

朱志曰衣兒時從人漁湖中利頗厚是時湖可縱舟遊城內水滙於湖乃自水門入江其年爲宏治庚申自後居民於屋後培土爲圃爲室家而湖遂

淤今止存一溝耳近年南城屢圮職此之故司土者其勿忘諸

舊志近時頗有指城北興國寺蓮花堤爲郎官湖者覽宋賀方回攷知宋時已有此說不知郡南瀕江人持南唐地券尙指郎官湖爲鄰蓋者須知郎官湖水出水門入江諒不另立名耳

張王磯

在南紀門外上有廟祀張睢陽或曰祀東之詳見祠祀

鸚鵡洲

在縣西南二里大江中漢禰衡作鸚鵡賦於洲上故名後衡爲黃祖所殺即葬於此行水金鑑注洲在漢陽西南二里大江中尾直黃鵠磯今蕩滅無存　朱御史衣曰鸚鵡洲在大江中一統志取入武昌　戴尙書金云洲聚於沙而沙轉於水也漢晉以前橫亘於鄂尾接黃鶴樓下逮國初徙於漢濱每經世復有消長革而復營或逆爲氾別爲沱隨時異狀若神物然而隱其機也

按鸚鵡洲沒於江者三百年乾隆三十四年復淤成洲時武昌民吳秀卿以江東岸白沙洲爲水所沒請以新淤補課遂易其名曰補課洲邑人士以鸚鵡洲久爲漢陽古蹟今既淤出近在南紀門外不應遠隸武昌具控上官得前令裘行恕三次具稟力請履勘覆丈得地八十五頃五十六畝仍歸隸漢陽唯吳秀卿補蘆地冲課七十六頃業已報部者仍其舊其再有淤出均歸漢陽作爲官地仍復鸚鵡洲名以存古蹟漢

禰衡鸚鵡賦及前令裘鸚鵡洲攷均見藝文門

鎖穴

在大別山陰三國吳書董襲傳孫權征黃祖祖於大江中橫兩艨衝挾守沔口以栟櫚大紲繫石爲矴又晉書王濬傳晉伐吳吳人於積險要害處以鐵鎖橫截之今山陰四石穴尙存

禹功磯

在大別山東初名呂公元世祖駐蹕黃鶴山問隔江山頭石磯何名呂公父老對曰唐有道人呂姓

者吹笛其上故名帝曰唐以前何名衆黙然中一老叟前曰古傳爲大禹治水成功之所後訛爲吕公帝大悦因立禹祠於磯上勑有司歲時致祭

禹碑

本在南嶽岣嶁峯上昆陵毛會建子霞摹刻於大别山禹廟前

古柏

在晴川閣側相傳大禹所植根達於縣北四十餘里柏泉寺井中又傳禹植柏在今興國寺

洗馬洞

在禹功磯南舊志關公嘗洗馬於此本一石厦明神宗時知縣陳堯欽建水月菴於其上立碑勒振衣岡三字今碑不存

關王洞

一名藏馬洞在大别山北舊志吳蜀用兵關公曾藏馬於此傍有武安王廟今廢洞內有一石傳爲關公磨刀處又一石在山頂

竹齋

唐尚書郎張謂出使夏口與其弟沔州判官張謹相與酬唱於此今不知其處或曰元末燬於兵

柏泉

相傳禹植栢於大别山頭根達柏泉寺井中故名今土人淘井猶見樹根二狀如雙鯉其泉對面湧出如魚戲水遇歲旱猶足供數十村之汲取

菖蒲洞

在九眞山南產菖蒲一寸九節服之延年今無

赤壁

荆州記臨嶂山南峯謂之烏林峯亦謂之赤壁按趙志曰水經述江水源流江水左逕烏林南酈注曰左逕赤壁北則赤壁烏林乃兩地況操舟自江陵直下周瑜自江州上逆兩軍相遇赤壁當臨大江臨嶂雖名勝地究與當日戰事無涉自昔言赤壁者五惟江夏之説頗合載籍即東坡二賦説者疑其爲赤鼻山所譌今仍載赤壁者亦以使後人無復致疑云耳

伯牙臺

一名琴臺一名碎琴山在大别山尾相傳鍾期聽琴於此又縣治西五十里馬鞍山集賢村相傳是鍾子故居

石榴花塔

在城西一里宋史五行志紹興閒漢陽軍有孝婦殺雞奉姑姑食而死姑女訴於官婦坐罪無以自明臨刑折榴花一枝插於石罅祝曰若毒姑花即枯瘁若屬誣罔花可復生其後果秀茂成陰歲有花實時人哀之謂天彰其冤立塔花側以表其事

歲久塔廢明主事黃一道董儲漢陽命有司伐石以誌之今碑亦不存同治二年署郡守周樂重立塔記以復其舊

晴川閣

在大别山下明知府范之箴建程金誥其役姚宏謨爲之記詳藝文門萬歷時知府馬御丙重脩順治九年御史聶玠知府王泰交雍正五年知府柳國勲節次脩葺咸豐閒燬於兵同治三年郡守鍾謙鈞重建有序記亦詳藝文又於鐵門關内造屋二閒爲閣僧香火資印諭執照存敦本堂

湧月亭

在府城隍廟後巨石上有湧月二字宋黃溍老因建亭其上今亭廢石亦不存隔江黃鶴樓石上亦有此二字甚遒勁似晉人不知書者何人豈互相臨摹耶抑好事者載以東渡耶

桃花洞

在大别山下有桃花夫人祠卽息夫人

左傳蔡哀侯爲莘故繩息嬀以語楚子楚子如息

以食入享遂滅息以息嬀歸生堵敖及成王焉未言楚子問之對曰吾一婦人而事二夫縱弗能死其又奚言楚子以蔡侯滅息遂伐蔡秋七月楚入蔡

列女傳楚伐息破之虜其君使守門將妻其夫人而納之入宮楚王出遊夫人遂出見息君謂之曰人生要一死而已何至自苦生離於地上豈如死歸於地下哉乃作詩曰穀則異室死則同穴謂予不信有如皦日息君止之不聽遂自殺息君亦自

殺楚王賢其守節有義乃以諸侯之禮合而葬之君子謂夫人説於行義故序之於詩

清光亭

在郎官湖上本名郎官亭宋咸湻閒改今名近廢

鳳棲樓

在縣治後唐時建宋知軍劉辟疆記今廢

秋興亭

在鳳棲山巔唐刺史賈載建中書舍人賈至記之詳見藝文門宋元祐初知軍吳處厚重脩明景泰

中以杜甫秋興八首及唐宋名賢題詠刻於石後爲雷所碎

雙松亭

在秋興亭東唐李白將之衡嶽過漢陽留別族弟法浩處

寥廓臺

在秋興亭東宋知建自何時宋知軍事蔡純臣重脩改名曰仁風元末燬於兵

漢陽王故宅

舊志注曰張東之也今無考

按唐書張東之襄州襄陽人故宅應在襄陽今遵舊志錄存備攷

拱北樓

在縣治西一百六十步宋皇慶元年知軍胡介常於樓下設酤與民同樂湻祐三年徐安民來守漢陽更名春風樓元陳益稷仍改名拱北後經兵燹無存

國朝道光二十一年紳商集貲重脩仍名春風前知縣

趙德轍諭令撥入闔邑公所收取樓下鋪屋租金以資歲脩咸豐年閒迭遭兵燹未及清理同治六年署知縣黃式度脩理復舊

漢廣亭

在拱北樓西宋建今廢

太白樓

在城北十里元末廢於兵

東山飄然樓

在秋興亭東今廢

楚波亭
在禹功磯上大禹廟側今廢

南紀樓
未知所始宋知軍蔡純臣重脩今廢

五美樓
楚紀洪武中程瑞知漢陽府有惠政繼之者蘇恭讓凌畧及同知薛瓘皆有稱因建五美樓教授胡士安記石今廢

含碧亭
未知所始今廢

白雲樓
即府署前門樓詳郡志

勿喜亭
在刑廳署後明推官葉修建今廢

三山閣
在府治北今廢

煙波亭
未知所始今廢

江漢樓
未知所始今廢

竹梧亭
在教授署後今廢

月樹亭
在大別山上明泰中丞耀建推官劉熙改名宛在今廢

梅巖
在鳳棲山南麓石壁上有梅巖二字大如斗甚遒勁傍有漢陽令趙時題六字舊志謂梅巖之名不能詳其迹萬歷間蕭方伯丁泰買得王太常秩故宅於山開峭壁上洗視見二字旁有題識不可復攷又云元時安南國王陳益稷寓此號梅巖叟此地康熙間爲江副憲蘩住宅副憲解組還里凡字之點畫皆填以硃旁字亦如椀大甚明晰未嘗不可攷也又聞東偏居民屋後尙有鐫刻乾隆己未脩邑志乃就蕪穢雜沓中摩挲審視得鳳立二字筆勢飛動正與梅巖等其左石壁突出又有端平

丙申四小字然後知當日命筆時原爲鳳立梅巖前紀歲時後紀官爵姓名其文井井也攷端平丙申乃宋理宗卽位之十二年益稷寓漢在元世祖至元二十二年相去僅五十載石理堅凝未致剝落遂不及讀其全文何耶事在耳目之前畧不經意幾就湮沒可慨也夫

汲江亭

在梅巖上後江副憲龔改爲　御書樓

天吹

今廢

覽輝堂

在梅巖南今廢

先春樓

在梅巖北今廢

九蓮池

在梅巖南

水明樓

在鳳山門內今廢

桃花塢

在鳳山門西一里今廢

補乾亭

在鳳山門外迤北十五坎道光時前郡守夏廷楨建嗣毀於寇同治二年郡守周樂重脩

魯肅灣

在縣南

三峯臺

在漢南山

救荒碑

在大別山興國寺今無舊志載王氏農書辟穀之方見於石刻水旱蟲荒國家代有甚則懷金立鵠易子炊骸爲民父母不可不知此法也晉惠帝永甯二年黃門侍郎劉景先表奏臣遇太白山隱民傳濟饑辟穀仙方臣家大小七十餘口更不食別物若不如斯臣一家甘受刑戮其方用大豆五斗淘淨蒸三遍去皮用大麻子三斗浸一宿亦蒸三遍令口開取仁各擣爲末和擣作團如拳大入甑

內蒸從戌至子時止寅時出甑午時曬乾爲末乾服之以飽爲度不得復食一切物第一頓得七日不饑第二頓得四十九日不饑第三頓三百日不饑第四頓得二千四百日不饑更不必服永不饑也不問老少但依法服食令人強壯容貌紅白永不憔悴口渴即研大麻子湯飲之轉更滋潤臟腑若要重喫物用葵子三合研末煎湯冷服取下藥如金色任喫諸物並無所損前知隨州朱頌教民用之有驗因序其首尾勒石於漢陽大別山太平

興國寺

乾姜碑

趙嵎石墨鐫華補漢陽吳主廟有皇象碑書法在鍾元常上久矣殘泐康武功有搨本完好或云即乾姜碑乃唐姜楚公臨本重刻姜用筆枯燥故有乾姜之名元人移置城南今亡故元黎崱遊郎官湖有荒祠爲喜文翁笑曰酹乾姜一片碑之句

臨川驛

唐置今廢

邱墓附

禰衡墓

在鸚鵡洲水經注江之右岸鸚鵡洲有禰正平葬處陸游入蜀記洲有茂林如小阜有禰正平祠

按顧景星白茅堂集言崇正十二年己卯洲尙未崩土圮露唐西川節度使韋皐妾墓誌則小說姜寶玉簫之事殆不盡誣乎

劉琦墓

在魯山水經注魯山上有劉琦墓

黃香墓

九域志在江夏安陸縣

魯肅墓

在魯山下咸豐年間毀於寇前郡守如山培修同治六年邑人汪家政重爲立石

丁奉墓

在蔡坫鎮徐氏園中頗著靈應有取土者得古碣知爲奉墓

按奉本傳不言葬處舊志葬蒲圻查蒲圻原沙

羑所分奉卒時沙羑巳併入江夏則蔡坫當日

或逕屬蒲圻亦不可知惜古碣遽封其文不傳

耳

唐牛僧孺夫人杜氏墓

在縣治西三里舊志牛僧孺鎮鄂時葬其妻於此

遺有石器今廢

毋邱將軍墓

在縣治西

宋叅軍張沂墓

在沌口閘人李先有墓誌銘見藝文門

復州錄事叅軍贈太子中舍張文翼墓

翰林學士錫之祖也歐陽脩曰中舍家於漢陽遂

葬之

慶遠節度使李道墓

在下蒲潭其右有褒忠祠

按道字行之相州人歷官至湖北副總管卒贈

太尉謚忠毅建褒忠寺以爲專祠

明漢陽教授趙弼墓

在縣治西十里中丞席書爲立石

工部主事陳福墓

在馬家湖

刑部給事中胡金墓

在馬家湖

御史傅桂墓

在九真山北麓

戸部郎中蕭寅墓

在鉅龍岡

御史朱衣墓

在湯家山

兵部尚書戴金墓

在公仁山　賜祭葬

御史朱寵墓

在千子山下甑山張緒表之

員外郎介肅先生張緒墓

在馬鞍山知府沈欽表石修撰焦竑誌之

給事中李宗曾墓

在龍霓山周家港中丞尹應元誌之

太常寺少卿王秩墓

在蒲潭官賽湖

知府玉一麟墓

在曹家莊

給事中曾庭芝墓

在沌陽岡

行太僕寺卿蔡結墓

在馬城山

國子監祭酒贈禮部侍郎蕭良有墓

在沌口　賜祭葬葉文忠誌之

叅政蕭良譽墓

在萬家湖

副使孫瑀墓

在索子河

順天府尹秦聚奎墓

在龍湖

河南布政蕭鳴甲墓

在曹家莊後

揚州知府吳嘉謨墓

在曹家莊

太僕卿李若愚墓

在宗文嶺

貴州布政使蕭丁泰墓

在參山西游莊

四川總督兵部尚書張京墓

在柏泉花果園

國朝都督徐勇墓

在縣治西七里　賜祭葬

國子監祭酒翰林院侍讀學士熊伯龍墓

在龍霓山乾隆時改葬新收堡

大理寺卿李昌祚墓

在千子山　賜祭葬

大學士吳正治墓

在小參山　賜祭葬

貴州按察使項一經墓

在大參山北新安堡

江西分巡饒南九道江殷道墓

在老實陳大學士熊賜履誌之

紹興知府張三異墓

在柏泉白虎山

刑部郎中項翙墓

在楮山火燒灣

都察院左副都御史江蘩墓

在易家灣太史陳大章誌之

河南布政使張伯琮墓

在柏泉山

梧州同知張仲璜墓

在

徽州同知候補知府張叔珽墓

在柏泉降龍廟前

工部郎中江藻墓

在羅莊中丞張謙誌之

北城兵馬司陳國祝墓

在

汝甯知府熊仲龍墓

在

江南驛鹽道徐克祺墓

在鴨港橋

內閣中書孫阜墓

在七里廟之西

廣東惠州知府孫章墓

在大參山後

戶部主事許之豫墓

在南湖交汉堡

大名府知府吳允謨墓

在

奉天治中江莪墓

在老實陳

黃平知州贈參議羅鳴序墓

在新添鋪　賜祭葬

常州禮部郎中毛會建墓

在大別山下自題墓碑
給事中葉繼雯墓
在南鄉常山
翰林院侍讀學士易元善墓
在
湖南常德府知府袁應惇墓
在
山西巡撫邱樹棠墓
在

兵部武選司郎中葉志詵墓
在櫧山南
大學士葉名琛墓
在櫧山西
直隸永平府知府史佩瑲墓
在磨旗山
浙江候補道內閣侍讀葉名澧墓
在櫧山西南

續輯漢陽縣志卷之二十六

寺觀志敘 方外附

浮屠老子之宮徧天下矣茲邑夙稱名勝當江漢之會商旅輻輳闤闠殷盛流俗往往溺於死生禍福之說於是黃冠緇服乘其閒而蠱之糜金錢竭土木飾爲元都紺殿考鐘伐鼓傾心於虛無俶詭之言冀所謂長生久視淨土樂國者故寺觀爲尤盛焉夫二氏爲異端之雄儒者辟而闢之可也獨其所居皆跨邃境擅靈區清曠靜遠最爲高人韻

流所賞契有助吟眺至察其結構之崇替可以驗物力盛衰人事遷移焉比之淫祀無名者猶爲愈矣又其徒亦有能棲心塵表齊得喪而渺萬物視夫愛惡攻取役性伐情者不可同日論也道其所道無妨連類及之志寺觀

按漢邑寺觀之置鱗次櫛比自經兵燹半付邱墟沿革廢興多不可攷舊志臚列繁富不必盡關邑中掌故今取山川勝蹟名流題詠邑先達所留貽都人士之剏建考古證今錄存以備觀

覽至於故家專祠顯宦別業商賈集議之區旅
人醵飲之地例所弗登概從略焉

文昌殿
在縣城東南隅向爲闔邑公所咸豐二年燬於寇
同治六年士紳等募貲重建

魁星閣
在文昌殿南依城爲閣形勢雄偉同治元年重建

鎮南殿
在太白祠左

太平興國寺
在大別山南蓮花隄西唐建宋太平興國奉勅重
建因名元豐時蘇軾自黃州詔還遊此作方丈銘
寺僧刻於石元末寺廢石亦燬明洪武後節次修
葺萬歷二十四年郡守喩三元重建慈聖太后施
金鑄像長丈有六天啟元年成接引大殿勅賜慈
濟太平興國禪寺郡人劉體元搆大雄殿蕭大祭
艮譽復於殿左建藏經閣明末咸燬於兵順治初
總督佟　重修彭而述爲之記嗣復建東西方丈
日月宮規模壯麗咸豐四年髮逆燬蕩無餘同治
初募貲重建未復舊規惟西方丈仍如故制云蘇
軾銘詞及彭而述記均見藝文

禹王宮
在大別山上同治二年因大士菴廢址改建

祖師殿
在禹王宮右卽舊志元帝廟同治二年重建

桂香殿
在祖師殿右明郡守王學古建初名文昌殿後郡
守喩三元重修改爲桂香殿殿右爲南樓西有園
林木幽森足擅一山之勝今併燬

按大別山上尙有九天監生宮南嶽殿三官殿
九宮殿龍祥寺舊志均未詳載又有娘娘殿殿
右有拂雲樓勢甚宏敞後奉雷祖疑卽舊志所
載雷祖殿近自髮逆一炬則皆鞠爲茂草矣

靈官殿
在大別山下

地藏寺

在大別山東臨江有簷葡數十株花時如雪香溢數里元末燬於兵

羅漢寺

在大別山西舊有羅漢洞古桐一株臥於溪上今無攷

關王廟

在大別山北關王洞側今廢

洛伽菴

在晴川閣禹稷行宮側康熙時縣尉李允發捐建

唐之柏爲之記見藝文今菴廢址亦失攷

水月菴

在晴川閣下明縣令陳堯欽建今燬址猶存

玉清宮

在晴川閣下黃公書院左

長生閣

在晴川閣下舊有小晴川題額甚佳今閣燬額亦不存

香瑞菴

在城東里許明萬歷三十一年建其額爲毛子霞所題咸豐初菴燬額亦不存今雖募修未復舊觀

東嶽廟

在洗馬口同治三年重建

按東嶽廟建於鎮鄉者十數處茲以附郭登載

準提菴

在東陽坊今廢址猶存

千花臺

在崇信坊高公礄東湖水環繞境極幽邃今廢址

猶存

雷祖閣

在崇信坊兵燹後重建

雨花林

在崇信坊今廢址猶存

森森林

在崇信坊一名生生林夏時亭有生生林記詳藝文

元妙觀

初在縣治東宋眞宗大中祥符三年賜名天慶理宗時冲妙宏道眞人葉靖菴修元仁宗皇慶元年始改今名元末兵燹不存明洪武初縣令趙庭蘭改建城西道人常自然重修十六年楚昭王有烖大修境內名祠羽士王智明行術兼至舉爲副都紀修葺益壯正德末漸圮嘉靖中朱御史衣募修萬歷時李給諫宗魯重修崇正末又燬

國朝順治康熙以後屢加培葺規模式廓咸豐時又燬於兵近雖募建未能復舊

祖天符廟

在縣城西關外同治六年重建

按天符廟各處祠建不一茲以附郭登載

馬王廟

在鳳山門迤南相傳黃帝臣師皇知馬形生死之證治之立效故祀之或曰祀馬伏波疑是

吳王廟

在城西二里內有三國皇象碑詳古蹟今廢

歸元寺

在城西二里順治初僧白光郎王章甫捨葵園故址建禪關寂靜戒律精嚴咸豐初髮逆踞漢邑蕩爲平地今仍修葺復舊

雙眉菴

在歸元寺前康熙時邑人饒思玉建修今廢

法幢菴

郎大悲殿在歸元寺南邑學士熊伯龍有大悲殿記見藝文今圮

龍泉寺

在城西永豐隄南今廢

棲賢寺

在城西永豐隄東北明神宗時建今僅存

得得處

在城西里許形家謂爲郡城來脈所關今燬

鳳棲寺

在城西五里宋建舊有韓忠獻趙清獻蘇文忠諸公題詠親筆石刻元末兵燹廢明嘉靖時重修崇正末又廢

國朝順治中始募建今復燬

呂仙祠

在月湖中今廢

普陀寺

在梅子山上林木蓊鬱爲夏時納涼勝境今燬

桃花夫人祠

在月湖隄崇福寺側今廢

宗三廟

在漢口外五甲今廢

西來菴

在漢口居仁坊順治初總督佟　創修黃澍有碑

記詳藝文今廢

太平菴

在居仁坊康熙時生員勞撫夏建今廢

五顯廟

在居仁坊大街咸豐五年燬於寇八年重建未復

舊規

甘露寺

舊在下關茶菴同治二年移建居仁坊隄內

大觀音閣

在居仁坊隄外舊有九齡童子曾玥大書覺悟羣

生匾額書法秀勁今併燬咸豐六年復建

老官廟

在漢口由義坊明嘉靖六年建天啟元年修今燬

同治二年重建

沈家廟

在漢口循禮坊大街爲供奉　關帝之所咸豐年

間兵燹後重建

楚善菴

卽東嶽行宮在循禮坊後街

禹王閣

在循禮坊接駕嘴渡口城市往來通衢也歲久傾

圮前令沈孟堅募修甫竟燬於火乾隆癸亥前令

劉嗣孔督同明經崔文元募捐重建咸豐乙卯髮

逆踞漢陽城漢皐焚燬殆盡惟此閣巍然獨存

十方菴

在循禮坊順治三年建爲賑饑之所

千佛菴

在循禮坊十方菴後街

棲隱寺

舊在下關今移循禮坊福建會館之西

四官殿

在漢口大智坊順治中邑人瞿𡸣岳建熊學士伯龍記之詳藝文

迴龍寺

敕賜迴龍寺

在大智坊明永樂二年建初名塞口寺世宗臨幸

指南禪林

即八角亭在大智坊雍正七年守道徐率紳民建

木蘭第一宮

在萬壽橋後

紫霞觀

在縣西十里

長春菴

在磨旗山下

雨花菴

在縣西南四十里

文山寺

在縣西四十里

寶蓋寺

在縣西五十里即古慧光寺邑人陳志建子聖敏重修

寶峯院

在縣西五十里即寶峯寺

三清觀

在蔡坫隋建順治初里人呂泮及龍劍重修今易名古德寺邑明經蔡蓁有記詳藝文觀左爲般若菴生員徐璽建觀右爲西菴有元時古柏二株名雙柏亭爲漢陰十景之一

文昌祠

在蔡坫濱河祠左爲桂香書院嘉慶辛酉庠生謝應芝龔兆臨監修道光元年增建　魁星樓於祠

旁嗣爲水圯同治六年改建書院於王家塘

祇園寺

在蔡坫河街

鎮國寺

在蔡坫橫街明隆慶六年邑人胡東建

雨師廟

在烏枚山邑人賀廷彬建

仁顯廟

在九眞山上相傳神姓劉字伯通不知何代人梁

大同十年長沙王立祠祀之元封敷濟仁顯靈佑

王明神宗時邑人李宗魯建

萬松菴

在九眞山下邑人李昌稷建

仙師廟

在龍霓山

崇仁院

在土繭山

嵩陽寺

在縣西一百里嵩陽山下古刹也境最幽勝

白鶴觀

在蒲潭之觀山相傳爲八大寺之一久廢順治庚

子僧濳用結菴山足得古瓦始知之

祖師廟

在大軍山上咸豐二年燬於寇同治六年郡守鍾

謙鈞率同紳耆集貲重建

竺臺寺

在縣北三十里久廢

柏泉寺

在縣西北六十里一名景德寺柏泉詳見古蹟

方外

唐

九眞仙女相傳在九眞山有飛昇石煉丹井遺蹟

駱僧相傳嵩陽寺有坐禪石師卓錫於此石傍有泉湧出

宋

僧心道眉州徐氏子也年三十詣太平佛鑑懃禪師參講一旦豁然後居大別山文殊院說法高宗建炎二年示衆云正眼法藏瞎驢滅臨濟何嘗有是

說今古時人皆妄傳不信但看後三月至閏三月賊鍾相叛其徒欲舉以南奔心道曰學道所以了生死何避之有賊至心道曰速殺以快爾心賊舉槊殘之血皆白乳大驚異引席覆之而去

僧思業漢陽人世爲屠一日屠宰閒忽悟心源棄業爲僧卒證善果 通志

明

僧明徹不知何許人洪武初掛錫興國寺值元末兵燹後賴徹經營復盛且有戒力通書義嘗賦梅花詩三十首老年退居陽臺一日微倦具湯沐更衣索筆書偈從容而逝

李道士正德時住武當山惟噉麥麩人呼麩子言吉凶多中嘉靖中荆永定郡王禮聘至蘄州問長生訣對曰殿下修身齊家長生訣也賜金帛不受辭歸至漢口臥舟中忽亡去其後王以事干宗正條例幾廢國思道士言改悔前非卒稱賢王

陳孝子江西人不知其名日嘗着麻衣往來江漢閒但肩一畫像云其母形所到處卽卜卦伺其母之

喜怒喜則留不喜則去飲食笑啼皆在焉尤與漢上李太常宗魯善謂有夙因館於其家嘗大書完養厚植四字贈之萬歷中告李曰吾當解去已而返歎曰大道之難言如此遂瞑目後七日李使遇之於劉家橋以扇書七言絶句附謝太常始知其尸解也

僧宏業字問石長沙人時武陵龍人儀爲漢陽博士與郡人蕭方伯丁泰喜談禪乃招業開期結制於大別山之藏經閣法侶雲集宗風大振

死心和尚黃岡貢生袁中甫也因遭坎壈削髮於京師崇國寺蕭方伯丁泰王同知袗與爲禪侶公安袁宏道兄弟招之作吳越遊已而歸愛大别山水於藏經閣後築室一區以養母而身習靜於其傍云

楊煉師字易生蒲圻人遊江漢閒自言年已百歲黃虀白飯誨人以修身明道之學遊大和未幾郎返曰山中人具殺機不可與處乃於月湖中結廬以居自此絶粒惟日啖泉水一勺久之端坐而逝炎暑三日夜顏色猶有生氣

祝海圓有仙術多遊漢沔閒與吳太守嘉謨善太守在維揚大病祝爲療之計日效將東入吳語太守曰惜吾去早不及待子餘毒發時命也已而太守果卒祝所爲攝生書太守多所鈔存或云李大參亦得之

僧寂光廣陵人博通象數尤精梵綱西遊於楚至漢口之生生林說戒一莾僧俗會者千餘人江漢所未睹也去之沔陽結廣長社以居明末避兵入廬

山遂示寂

國朝

生生道人不知姓名或曰漢陽人行符水方藥於咸蒲閒多奇驗孝廉郭翹中家一室東邊地忽軟如泥不可下足屋瓦欲傾請於道人乃罡步植符而地如故順治初蒲圻周生見道人負葫蘆行賣藥問之曰吾偶寓跡仙棗亭詰朝可相訪次早登亭無所遇不知所之

仙爹姓氏不可攷順治初僑居漢口由義坊言未來事多奇驗一日忽言此處當火急持杯水周行十餘家數日後果火前後灰燼獨所行處得無恙孝廉解乾濬子以痘殤瘞尼菴側尋復活里人陳姓收養之孝廉不知也每以無子爲憂仙翁常慰之曰汝子已長成矣初以爲誕康熙己酉乾濬遇小兒於途疑其貌類己子物色根究得其詳遂聞於官斷歸乾濬時人作絳紅袍傳奇紀其事於是仙翁之名益著人爭供給之卒葬大别山腰表曰仙爹云

李奧幾服氣流也不知何處人寓漢陽初不著名順治末有黃孝子者母病索救於乩乩曰須懇李奧幾因言奧幾形狀且日當出朝宗門跪候直呼其名求救彼自有說慎無言我指示翌早孝子果遇奧幾如乩指呼救奧幾愕然曰誰爲爾言我姓名時冬雪甚盛奧幾率孝子至大別山巔中覓草一莖若蘭者授之曰服此可延壽一紀自是供奉奧幾蝟集奧幾惟終日趺坐閉目不言笑嘗月餘不食貌蒼氣古似一二數百歲而顏若處子輒食死鼠

腐蛇人見皆嘔吐康熙丁丑張眞人祭武昌過見奧幾舉手曰道兄淸福奧幾努目不應食蛇鼠自若人問眞人眞人笑曰渠食者碧藕也康熙五十六年不知所往

僧一白字東白本儒家龔氏子也七八歲時披剃於城西蘭若初不知書後忽頓悟凡五鐙三乘之奧悉能洞徹駐錫江夏靈湖寺久之仍歸漢鎭卒晚善詩歌有栲栳前後集傳於世

秦瘋子名斯鑑幼頗能文屢應童子試不見錄遂棄妻不娶旦暮東西行莫測其蹤餓不擇食粗糲殘骨啫若至味冬夏衣百結閒至市買家貨輒倍售有病者得其一過病尋愈人爭呼爲神童康熙乙未李分司俊有讀禮里門斯鑑過之李故嘗與其試者親愛甚至因留棲止叩其行藏佯作瘋語或以晴雨旱澇徵探之每不如所問以答夜闌秘伺無寒暑悉坐以達旦如是者五年己亥秋卒合斂時體綿如麵就木亦不費措置力及舁葬易舉較輕如無人者衆咸謂其尸解俊有因爲作傳以紀其槪焉

張志中字雲房乾隆丙辰舉人生而穎異誦讀一覽即成誦所作詩文飄飄有凌雲氣在都中有相國覽其文而奇之欲以宗誼招致之志中謂其人曰吾家本寒素非貴人族也中年慕道遂往峨嵋山不返或傳已死於嘉定乾隆甲寅有人自丹稜來持書寄其友陳笠田笠田蓄向日會從之問業者計相別已四十年矣筆墨如平時其書曰數十年來居止新店店在娑羅坪去古光相寺不一舍比

孫思邈昔時隱處更覺幽寂凡草木禽蟲迥非人境所有牽牛花大常花數倍蓼花有淺黃淡綠二色禽聲清越毛羽五色者最多山高多風樹木蟠鬱無高枝條條下垂著地所在可以憩息古苔掛樹如亂髮鬖鬖數丈冰凝其上如貫珠微風飄蕩錚鏦有聲黃精枸杞隨地可鑱劚有大如五斗栲栳者山中人得之輒以相餉愈大則愈脆中有漿升許飲之數日不饑山頂東西一望無際咸池虞淵近在指顧朝夕吐納良亦甚便久在此中人物

都隔昨過尊者菴晤一道人言楚氛甚惡賢有心訪道四十年紅塵臭味想已領略何不從此入山附寄一絕蓬萊春信我先知鶴背乘風路不迷開盡桃花三萬樹莫教花笑世人癡人始知志中尚存然計年已九十餘矣

僧松柏素有戒行結茅於玉三里之東嶽廟咸豐甲寅髮逆犯漢陽擾及四鄉松柏憤甚伺賊入廟出不意擊斃其一賊眾麕至擒至柏林庄松栢罵不絕口遂遇害同時有能性宏開自省昌智源清鎔貞長修四喜德諸僧及道衲徐明浩皆能先後不爲賊屈而死以方外例不題旌不得附殉難諸人後然其視死如歸大有得於吾儒見危授命之旨故備錄之以表異於尋常緇流黃冠云

續輯漢陽縣志卷之二十七

藝文志敘

史家之於藝文綜九流七略之富則僅錄書目志乘之於藝文求關繫考證之實則博采篇章體雖稍異義固相參也苐茲邑藝文論之若正平掞藻於鸚鵡太白題詠於郎官其詞賦之雄乎黃直卿之請築城郭規畫深遠其議論之傑乎他則因事裁篇即景興懷凡名賢過客之巨構與此邦先民之遺咏大者可以潤金石參騷雅其次亦足藻繪山川膏腴原藪今皆掇拾垂之竹冊鏗然若璆璜之戛於樂府爛然若雲霞之蔚於九天也凡所裒輯但登往哲其時賢則姑置不錄志藝文

鸚鵡賦　　漢　禰衡

序曰時黃祖太子射賓客大會有獻鸚鵡者舉酒於衡前曰禰處士今日無用娛賓竊以此鳥自遠而至明慧聰善羽族之可貴願先生以爲賦使四座咸共榮觀不亦可乎衡因爲賦筆不停綴文不加點其辭曰

惟西域之靈鳥挺自然之奇姿體金精之妙質含火德之明輝性辯慧而能言兮才聰明以識機故其嬉遊高峻棲跱幽深飛不妄集翔必擇林紺趾丹觜綠衣翠衿采采麗容咬咬好音雖同族於羽鳥固殊志而異心配鸞鳳而等美焉比德於衆禽於是羨芳聲之遠揚偉靈表之可嘉命虞人於隴坻詔伯益於流沙跨崑崙而播弋冠雲霓而張羅雖綱維之備設終一目之所加且其容止閒暇守植安停逼之不懼撫之不驚寧從容以遠害不違忤以喪生故獻全者受賞而傷肌者被刑爾乃歸窮委命離羣喪侶閉以雕籠剪其翅羽流飄萬里崎嶇重阻踰岷越障載罹寒暑女辭家而適人臣出身而事主彼賢哲之逢患猶棲遲以羈旅矧禽鳥之微物能馴擾以安處眷西路而長懷望故鄉而延佇忖陋體之

腥臊亦何勞乎鼎俎嗟祿命之衰薄奚遭時之險巇豈言語以階亂將不密以致危痛母子之永隔哀伉儷之生離匪餘年之足惜慜衆雛之無知背蠻夷之下國侍君子之光儀懼名實之不副恥才能之無奇羨西都之沃壤識苦樂之異宜懷代越之幽思故每言而稱斯若乃少昊司晨蓐收整轡嚴霜初降凉風蕭瑟長吟遠慕哀鳴感類音聲悽以激揚容貌慘以顦顇聞之者悲傷見之者隕淚放臣爲之屢歎棄妻爲之歔欷感平生之遊處若壎篪之相須何今日之兩絕若胡越之異區

順籠檻以俯仰闚戶牖以踟躕想崑山之高峻思鄧林之扶疎顧六翮之殘毀雖奮迅其焉如心懷歸而弗果徒怨毒於一隅苟竭心於所事敢背惠而忘初託輕鄙之微命委陋賤之薄軀期守死以報德甘盡辭以効愚恃隆恩於旣往庶彌久而不渝

馬監奏　　　　宋　黃幹

國家所用之馬西取於蜀南取於廣皆在數千里之外博易之費道里之費一馬之入動數百千其所得甚艱所費甚鉅一有緩急無馬可用開禧年間虜騎壓境旋行取買駑駘下乘亦以備數平居暇日可不思所以處之乎竊見漢陽營內有馬監一所馬之自蜀來者憩息於此五日而後行守臣亦預檢點之責臣嘗親至其地見馬監之前有所謂孳生監者乃鄂州大軍昔日所創方其盛時馬之蕃息可以足軍中之用今監皆頹敗不

復有馬矣漢陽爲郡土壤甚廣風氣甚勁水草甚饒若委之守臣使之興復舊監以爲牧馬之地給降本錢收買江北所產之馬而蕃息之差撥兵卒使任牧養之責數年之間生息蕃盛猝有緩急即可爲用與夫求之於至遠之地買之於倉猝之際其利害相去遠矣更乞行下總領所同鄂州都統司相度施行

申兩司築城議

宋 黃幹

幹妄以本軍築城事申稟蒙賜矜念差壕寨官前來相度乃與本軍所欲修築規模不同本軍但欲依郡治小山周圍築城保衛壕寨官又嘗相度却欲只築西北一面及大別山一帶二說不同其一曰大別山俯瞰城中以高臨下遍受矢石大別山去城中甚遠本軍城之北又自有小山足爲捍蔽城中人家盡在小山之下大別之上豈能俯瞰城中登大別之山望漢陽之城相去數百步豈有矢石可以相及試以强弩登山而射果能射

及城中則其說爲驗不然則恐是思之不審其二曰本軍倉廒皆在城外設遇緩急反資敵寇本軍倉廒皆在軍衙之側自去年來前任王知軍方起一小倉在大別山之側舉而移之一反手耳豈得便以爲本軍倉廒皆在城外此亦恐是思之未審其三曰形勢褊隘薪汲不便軍城之中有南湖有道觀湖南有韓家湖蓄水甚多可以供汲至取薪則倒是燒荻不過多積可以足用若築大別亦是童山何薪之可採此恐是思之未審其四曰姚家湖永濟港皆是泥泛不可築城沿隄江水衝激不可築城湖港只是淺小藕池四五十步之澗耳目今乾旱土堅如石何泥泛之可慮沿江隄岸因隄爲城去江尚一二丈何衝激之足憂蘇秀之城皆在水中不憂泥泛錢塘之隄可捍海濤不憂衝激此亦恐是思之未審又以爲本軍築城比之築大別之城又省所費三分之二今以所開具細算又只減得一半即不曾省得三分之二本軍周圍築城較之築一面之城自是多費一倍但築周圍之城費雖倍而却爲有用築一面之城費雖省而不足爲固况又於鑰匙頭旋置鹿角又於沿江旋栽榆柳旋防奸細北而依山既汗漫而難守南而臨

江復曠蕩而可憂猥曰費省不恤害深此亦恐是思之未審至於都統大尉臺判以爲新城規模仍受敵於堂隍之間大別山所築實拒盜於門牆之外似此數句語意峻潔而精到有非常人所能及竊以爲堂隍周密則敵不可窺門牆罅隙則盜不可拒此又不可不深思者也以幹愚見漢陽之城不可不築不須彼此迭爲異論先築內城以固根本次包外險以爲捍衛如此則善之善者也不築大別而專築內城者次之若不築內城而

徙欲以大別山爲固則緩急不足守適以誤國誤民而
已

回總帥築城議　　宋　黃幹

築城之議亦是世俗常談其所畫城壁方向亦臆度已
見今蒙臺念因得聞所未聞遂帥郡寮陟降觀覽形勢
雄壯誠如臺諭嘉定五年間郡守趙朝奉亦嘗借到壕
寨李忠顯相視計料只亦欲築向西一面接連大別山
爲固東南兩面下瞰大江不築城壁其後制置司疏駁
三事其一以爲鐵監之側有水坑難修築其二以爲大
別山闊遠恐難用工其三以爲南面鑰匙頭之外既有
空地恐不足禦敵趙知軍遂不敢復請今同壕監官相

視前一項鐵監之側即無水坑但後面兩項亦有可疑
今以鄙見與趙知軍所請規模較之趙知軍所請即今
使所示之圖也乃知鄂州大軍中元立規模如此幹所
請只欲依郡治後小山向西築至朝天門即自朝天門
斜取壕東門過水軍寨至南紀門沿隄包築後接郡治
後山周迴不滿七里則四面皆有城壁一城之民知有
城壁則人心可安城之四壁皆可相望廂禁軍及弔兵
以至義武民兵亦可固守但以形勢論之則城不若併
包大別山之爲壯也然欲築四面一帶接連大別山爲

固則形勢雖是雄壯顧其閒亦有可疑者面西向南鑰匙頭之外有地數十丈既無城壁則敵人必窺恐難守禦合肥之城可謂雄壯只有水門可入魯人攻城徑趨水門合肥之人危如累卵其可疑者一也自鐵監之側向西至江並是依山創築城壁誠爲險要但去民居遥遠如大別山相去又且高遠緩急之際欲帥市民以守城則其聲援委不相及其可疑者二也築城雖以禦敵然兩軍相向奸民四起東南兩面既無城壁奸人窺伺官難稽致安知舟中人不爲敵國向日守城幾於不免

者無城壁以譏察奸盜耳其可疑者三也四面皆有城壁人心皆有所恃則固其室家不忍遷徙官司亦可與民守之效死勿去東南兩面既無城壁則人心不安皆相率而渡江矣雖有大別之山將誰與守其可疑者四也大別山一帶其上平闊其兩旁皆險峻誠爲可恃但其下若不築城則形勢淩遲亦可攀援而至若欲剗削則其山多石難以施工若欲築城則其山無土亦難用力費用浸廣功役難成其可疑者五也如榦之說方爲城郭如趙知軍之說則特爲一關隘耳非城郭之謂也然大別天險委員雄壯若欲守禦亦不可廢爲今之計莫若兩利而俱存之先如榦之說築爲周圍可恃之城令其堅固而不可拔然後於西北隅接連創築低城以至大別之上大別之巔或累石或用木爲欄障要使內城堅固而其外恃以之爲護衛耳如合肥之城亦然使外城可守則用以却敵不可守則退守內城內城既固孰敢頓兵其下久而不去哉大抵建初立事須是思其始而圖其終考其利而究其害務求其實而不求其名每觀世道日降人心日薄士大夫之爲

國謀者必不如其家爲民計者必不如其身但圖一時之名但思一己之利異日之可恃與否皆不論也區區之愚更望臺慈聚三司屬官而通議之如或有未當亦望疏駁行下往復詰難務求至當之策使早有定論目下計度便行燒甎買木成就於歲月之閒不勝吏民之幸

申築城略

宋　黃幹

漢陽爲郡民渞事簡一意撫摩或可逃責然旣叨專城之任則當思固國之謀訪之故老察之形勢則最關利害而不可不預圖者無城壁之可恃也考之圖志漢陽舊有偃月城今蹤蹟皆無存者則昔固當有城矣國家講好息民兵氣可衰邊陲甯靜固無他虞然州郡之城猶人家之有牆壁家無牆壁雖無盜賊無以爲家況設險守國思患預防當無事之日不可不爲有事之備本軍地雖近江旁亦多水然齊安江陵皆近江皆有城武昌池陽皆在江南亦有城何獨漢陽而無城其旁固多水澤然冬月水涸亦不足恃況其爲地雖非極邊而實則武昌唇齒吳蜀咽喉南人得之則恃爲捍蔽孫氏郡武昌使魯肅守漢陽是也北人得之則武昌不能自立漢陽守臣李恕履以舟師敗鄂人是也蓋大江東下雖若可恃然東有陽邏西有劉公洲最爲淺狹頃刻可渡乃敵人必窺之地古之爲國守在四鄰賊入吾腹則無及矣築漢陽之城不惟可以守漢陽而亦所以蔽武昌也開禧丙寅敵騎圍安陸破景陵漢陽之民逃奔江南

者大半武昌之人日夜望漢陽之烽火以爲安否向非漢川之民結集義士固守南河與敵血戰則事未可知使漢陽有城虎視江瀆孰敢越境而爲寇耶京口之有瓜洲所以通淮浙往來之道武昌之視漢陽猶京口之視瓜洲也瓜洲有城則師之出入皆有所恃武昌之師自漢陽而濟者絕江之後便無駐足之地比其反也前有長江之阻後有敵人之應武昌之師不可久駐江北者無城故也使漢陽有城卒有緩急移武昌之屯數千人以守之或出或入從容整暇察敵伺便乘機應變壯荆襄之聲勢爲諸郡之應援計未有急於此者矣瓜洲非郡尙不可無城而況漢陽古之沔州衝要之地乎此則城壁之不可以不築也觀其地勢他郡城壁有難修築者有雖修築而不足爲險者惟漢陽地勢其北依山其南瞰江東西有湖皆自然之天塹無湖無江之處十之二三耳向使經理有方雖郢之石城亦無以加郡城之南皆沿江隄岸每歲修築率費二三千緡而城居之民常凜然有爲魚之患築城之後則每年可免修隄之費而向憂墊溺者可以安枕而無慮矣是又一舉而兩

利也又嘗令壕寨官計其丈尺工料則爲城不過六七里爲費亦數十萬緡諸郡築城例役大軍小軍一出跋涉稍久不無勞費漢陽武昌兩郡相望以武昌所屯之兵築漢陽之城士卒無久出之勞州郡減增募之費與築他郡之城其難易大不侔矣朝廷近年以來留意守禦所守州郡修築城壁無非爲堅固不可拔之謀今築漢陽之城其關於利害甚切其爲勢甚固其爲費甚省亦何憚而久不爲也幹非敢生事喜功有所倖覬特以郡之長官謂之守土城壁不築則非所以守土而曠其

職矣

按幹於吳獵帥湖北時權知漢陽軍軍城自宣和中圮於水功鉅不復修幹約其規模言於大府迄未行開禧末始築之遂爲江漢一鉅障焉使當日即任幹葺理必更有足多者史稱幹官安慶時皖城亦圮請於朝計戶產起丁夫築城之杵即用錢監未鑄鐵功省費寡今皖城是也皖板築濱江捍潮禦水諸法亦曲盡其妙自古賢者君子非無卓識奇才時會不偶往往阻於成功今詳其議於篇以備攷焉

申省糴糧積米署　黃　幹

本軍前任知軍孫承議王朝奉兩任之内各糴下糧積米一萬碩已備申朝省訖幹自去年十一月交割以後竊見粒米狠戾頗亦傷農而備邊急務以食爲重古人三年必有一年之蓄九年必有三年之蓄則守土之官任任相承皆當以儲蓄爲念遂妄支撥錢二萬五千貫會同委本軍知錄鄭從政司法梅從政漢陽知縣陳儒林多方收糴務要春前收糴數足照得上項糴米初非自爲經畫乃爲循襲前兩政已成規模其錢亦非別有

措置乃是冬月郡計稍辦今來所糴通前正共計三萬碩本是州郡合行之事但恐歲月浸久貪官汚吏妄有移用欲乞鈞慈照孫承議王朝奉例劄下本軍遵守施行

申京湖置制司辨糴米畧　黄幹

制置使司備藩制屬申本軍糴到修城米兩項三千九十餘石令本軍於後項所糴一千三百九十二石並客米二千六十五石發過鄂州又以本軍已糴米四萬石今後盡將客船米發過鄂州申糴者照得本軍元申乞脩城米不蒙朝廷施行已嘗申乞住罷即不曾收糴脩城米不知藩制屬所申憑何文書有何倉厫專一收貯脩城使用本軍城內外戶口不下三千八家又有船居四百隻每日盡是糴食之人豈有客船到岸本軍收糴

糧備脩城百姓於何處收糴食用兩項客船本軍只是逐日收糴賑糴八戶即不曾有脩城之米其餘並非船戶人戶逐日收糴食用目今何緣更有存在所準發過鄂州指揮委是無米可發照得本軍於二三月間欲旱之際嘗出郡帑糴到米六千石已而不雨種不入土細民嗷嗷本軍又逐急節次收糴得米一萬四千石然所糴之米盡是長江上流諸處客米其糴於漢口者無幾也以六千石準備十個月軍糧以一萬四千石準備賑糴八戶本軍城下并漢口共三千家除能自食者約千家尚有二千餘家皆貧乏糴食之人米鋪戶乘此貴糴日增米價以困貧民本軍遂將前項收糴之米歷給與貧乏之家使就設廳收糴食用今且以每家五口約之家食五升是二千家每日合食一百碩本軍只得量行賑糴約度此米只可糴至來年二月已無以繼其後本軍兩縣鄉村共二萬戶且以一家五口計之共十萬口自今並無一粒之米可以準備糴濟數日以來已聞有掘草根而食挈妻子以博米麥者矣每一念之只有對僚屬涕泣而已朝廷如天監司如神列郡小吏哀鳴無

地尚有前政兩知軍申朝廷積米二萬石非本軍所敢輒專正欲申朝廷每發此米以給鄉下之細民便使眞得此米二縣二萬家亦不過家得一石其能使之不餓死乎今欲本軍自此不糴客米則是坐視百姓之餓死也本軍官吏軍民日夜仰望諸司哀憐小軍痛賜賑恤今乃反欲移本軍之粟而收本軍之糴不知置一郡軍民於何地制置大卿威如雷霆明如蓍龜不知何人乃敢欺誑如此加以本郡斗大之郡交割到公使庫軍資庫錢庫共有十萬貫鏹準湖會六萬貫目今米價四貫

以上官會可糴一石則四萬石米何處得錢可以收糴此理甚明而可以肆欺制置大卿之前耶今鄂州人口繁夥爲漢陽三十餘倍便使盡竭漢陽之米盡餓死漢陽之民以資鄂州亦不過得鄂州十日之食漢陽百姓固餓死而鄂州之民亦不免餓死矣幹愚不肖奉朝廷之命專守此土亦只得竭力日夜救此垂死百姓今以鄂州無米而必欲困漢陽則是左臂旣病而又欲移之右臂今有米無米皆不敢辯雖家置一喙亦無以自解欲乞使司就委潘承信并帖鄂州差官一員前來本軍

盤量除六千石支軍糧一萬四千石賑糴在城百姓及朝廷春積外政所糴米二萬石外有一斗一升以上並請鄂州徑自差人搬去支用本軍不惟不敢占吝亦且不敢請領價錢又欲後來米船到岸本軍不得收糴不知兩縣百姓便得朝廷肯發春積之米家得一石果能救其餓死乎自今以後流離餓莩非郡守之責而何幹一介孤寒違上司之命固當罷坐視百姓之餓死亦當罷罷等耳寧爲百姓而罷也幹自知衰老無用未嘗有仕進之念朝廷拔擢畀以郡符於六月間亦嘗遣人哀懇朝廷乞歸故里不蒙俞允近以興國趙知軍除本路提舉幹與之爲妻黨至親亦已陳乞迴避所有劄本軍所糴之米發過鄂州及不許收糴乞候幹罷命至然後施行庶幾使幹不見百姓之餓死不負朝廷差委牧養小民之責則幹亦可得老死山林而無憾矣

申制置司乞援鄂州例給米劄　黃幹

幹竊聞之當天下之大任與立天下之大業者要當有公平廣大之心今天下之人其所為當大任立大業以公平廣大為心未有如制置大卿也幹也庸謬衰晚之一夫朝廷過聽畀以專城之寄歲適大旱種不入土野無青草湖北一路未有漢陽之甚者也復州德安皆産米之地鄂州諸邑亦有山源之田間得半熟漢陽為郡皆平原曠野民無蓋藏一經旱暵四野如焚老穉纍纍去死如髮稍涉冬寒枕藉溝壑誠為可傷也本軍交割

鐵錢七八萬貫收糴米穀僅可及城之內外千餘家耳四郊之外實無方以及之徒有憂嘆而已近聞江東一路請於朝廷得米三十萬石又有常平米三十萬石又和糴米十萬石朝廷又以三監司各分州俾任賑濟之責獨湖北一路荒旱如此未有監司過而問之者亦未有捐一粒以救州郡之匱乏者豈湖北百姓非朝廷之赤子乎方切驚愕以為本路無賢監司則若是也固宜今皆朝廷遴選以為大賢則奚為若是數日以來道路相傳以制使司捐米四萬石以濟鄂州所總之乏市井鄉村饑羸小民莫不扶杖而起以為吾亦將有更生之賜也或者乃曰總領運使皆大官故制置使司特以濟之汝蕞爾小郡誰復爾憐哉是不然制置大使之發粟為百姓也豈總領運使哉東西兩州相望使東人飽西人瘠東人喜西人愁豈制置大使之心哉或曰鄂州地大人夥故捐粟以賑之非漢陽比也鄂州人固衆矣漢陽亦當十分之一鄂州可給二萬則漢陽亦當給以二千石制置大使不當賑其大而遺其細民也今一路監司既皆不問而制置大使亦不問則此郡之生靈枕藉

而死亦命也哉百姓既不當言而郡守又不為之言則是坐視其死也夫子嘗以周而不比為君子在易之比亦以顯比為吉同人於野為亨同人於宗則吝制置大使公平廣大為心何愛米二千石而不以慰漢陽百姓之心哉

回漕司行下放寄莊礐　黃榦

漢陽土田所出只得養活漢陽軍百姓若盡數搬出外界漢陽之民必致餓死漢陽老知軍情願放罷不敢餓死百姓

奏築裏城略　明　朱鳳

臣竊見湖廣漢陽府治與武昌省城東西對峙荊襄下游之衝南北用武之地宋儒黃榦守漢陽曰漢陽者武昌之藩蔽無漢陽則武昌未可恃高皇帝平楚之日首臨漢陽親帥六師築城保障又設立二千戶所守禦之高皇神謀睿算豈故爲此不急之務但此城成於創造之初單甎甃砌未築裏牆不通人行往年巨盜劉六等奔擾此邦先及漢郡劫殺人財不可勝數當時若內無通判徐𪽈買竹木折民居倚城爲衆令人跳守外無士

舍張貴率領土兵前來勦殺將蒼生之屠戮府庫之劫奪地方之禍不知當何如也近察得該監察御史胡潔題要修理各處城池通行天下臣雖退廢林泉不敢忘意且此城周圍大約半是依山因舊爲新初無鼎造之費計程趨事不過旬月之工乞勅工部再加計議轉行湖廣撫按衙門會同議處或編木築城暫爲目前之計或包甎砌石永爲經久之規奉旨該部知道欽此該工部覆臣等看得武昌衛致仕千戶朱鳳奏稱修築漢陽府裏城一節緣地方既係湖廣要害城垣又係軍民保

障豈可不修况計周圍僅及三里又有舊築之基事亦易集候命下行移彼中撫按會行該道守巡官親詣該府從公查勘就行計估物料該用若干作何措辦人夫該用若干作何起倩議擬停當選委官員管夫領匠分工定限如法修築各掌印官不妨原務往來監督查驗毋庸虛費工料捱延日月及侵尅科歛如工料不敷聽撫按及守巡官從宜措辦工完將用過錢糧數目修過城垣丈尺造冊奏繳嘉靖三年十月初九日本部尚書趙璜等具題初十日奉聖旨是欽此是時巡撫都御史

張公琮巡按御史王公秀分守參議王公棟分巡僉事陳公璲漢陽府知府孔君鳳掌印千戶劉恩沈元漢陽縣知縣劉君本用

秋興亭記

唐　賈至

在陽而舒在陰而慘性之常也履險而慄涉夷而泰情之變也觀揖讓而退覩交戰而競目之感也聞韶濩而和聆鄭衛而靡耳之動也夫其舒則怡慘則悴慄則止泰則通退則無咎競則有悔和則安樂靡則憂危情性耳目優劣若此故君子愼居處謹視聽焉沔川刺史賈載吾家之良也理沔州未朞月政通民和於聽訟堂之西因高搆宇不出戶庭在雲霄矣仰負大別之固俯視滄浪之浸闔吳蜀樓船之般覽荊衡藪澤之大自公退

食游焉息焉圖書在左翰墨在右鳴琴洋洋亦有旨酒性得情適耳虛目開且處動則倦理倦莫若靜處靜則明惟明以動窮則變變則通通則久今沔州靈府恬而神明爽政是以和觀其前戶後牖順開闔之義簡也上棟下宇無雕斲之飾儉也簡近於知儉近於仁仁知居之何陋之有况乎當發生之辰則攢秀木於高砌見鸎其鳴矣處臺榭之日則納清風於洞戶見暑之徂矣洎搖落之時則俯灝氣於軒檻見火之流矣値嚴凝之序則棲同雲於扃闥見雪之紛矣政成訟清體安心逸而

詩人之興常在四時四時之興秋興最高因以命亭焉余自巴邱徵赴宣室歇鞍棠樹之側解帶竹林之下嘉其俯仰美其動息乃命進牘抽毫以記之

勅賜漢陽大別山禹廟碑記　元　林元

大德八年冬十有一月中書省奏湖廣行省言昔禹治水有功舊立廟於大別江濱久廢重建乞賜廟碑以崇明祀制曰可命翰林述其事欽惟聖朝混一海宇天下名山大川古帝先王有功德於民者莫不秩祀稽諸祭法能禦大菑則祀之能捍大患則祀之且戴禹能修鯀之功其治洪水豈非得禦菑患之大者歟故舜稱之曰地平天成六府三事允治萬世永賴乃功則廟而祀之宜也荆州之域江漢爲重漢鄂之山大別爲表禹乘四載隨山刊木導水至於大別西則岷蜀襄沔之水流聚焉南則衡湘洞庭之巨浸滙焉疏鑿排決亦云勞矣至於江滸兩磯對峙順流東注朝貢舟航浮於海入於淮遡於河達於帝都此其故也曩歲世祖皇帝六飛南廵渡江次鄂駐蹕於黃鵠山時大別形勝正當睿覽嘗問父老曰山頭石磯何名吕公對曰聞唐時有道人吕姓者吹笛其上又問唐前何名不能對再三問有對曰聞諸古語云是禹功字音訛傳大稱聖意嘉奬久之蓋以拯溺平水之功默契於拯民水火之心也今皇上嗣丕

緒孝思祖武以鵠山乃黄屋臨御之地詔就壓雲亭故址創建大元興寺闡世尊慈悲之旨以演世祖慈仁之恩中書右丞相哈剌哈孫答剌罕適以平章政事開省湖廣承制鼎建不擾而辦丞相又以鵠山大别夾江屏蔽爲鄂漢唇齒重勢皆世祖親身而留念者漢陽嘗撥屬江北奏請仍隸湖廣就大别禹廟舊基經營締構以寄禹功之思今告落成非常祠所可同語欽想先帝神遊風馬雲車之所至一統阜康百神受職誠足以慰在天之靈也然公朝許樹豐碑者豈徒侈金石之觀而已

哉思昔天王使劉定公勞趙孟於洛汭劉子曰美哉禹功明德遠矣微禹吾其魚乎吾與子弁冕端委以治民臨諸侯禹之力也盍亦遠績禹功而大庇民乎今之江漢猶河洛也岳牧可無纘續之思乎禹亦有言德惟善政政在養民水火金木土穀惟修正德利用厚生惟和九敘惟歌勸之勿壞意謂水土既平之後天下國家之治常修和而勿至於壞俾政得其敘德可以歌而人有所勸則善也盡力千載之上垂念萬世之下其用心果何如哉是心也即世祖燕翼貽謀之心也於是作迎神頌功降福之章使典禮者歲時歌而祀之以揚聖天子之嘉命歌曰新廟翼翼兮漢水之陽題榜翬飛兮昭宣寵光霓旌來下兮神明洋洋元圭獻冕兮德冠百王來世瞻仰兮何時弭忘　濬川隨山兮大别堂堂乘載涖止兮胼胝度荒拯民昏墊兮功叅彼蒼皇武六龍兮江漢是航念此疏鑿兮心包混茫不有清問兮禹功曷彰民而思禹兮其思世皇　天下統一兮今歸聖皇九州耕桑兮暨於荆揚禹貢穰穰兮悉登職方山川神氣兮若時雨暘萬世永賴兮惟斯允臧崇德報功兮紀于太

常籩豆薦嘉兮歌此樂章神之格思兮降福無疆

禹廟碑後跋　　元　許有壬

禹功在天地亘萬世不壞大别表表有廟宜焉大德聞平章答剌罕重修請碑於朝詞臣有文而其碑未立至順癸酉知府粱彥義等得其文民間始買石以刻屬臣有壬書臣有壬頓首伏讀獲始末書不敢辭而但未悉其未立之故彥義等訪之耆舊莫得其說索之掌故歲久無徵且禹功亶稺所知祠宇既設碑特一費爾况奏請出中書而文實

奉詔夆也因循乃爾廢格孰甚焉豈廟之修皆答
刺罕既入朝繼者不遑以至於是邪是亦有司之
過也大德八年詎今三十年凡歷幾政無一人及
之者彥義等乃能舉於已墜知爲政已抑廟與碑
於禹何有而我國家拳拳於是者所以思禹功在
養民之意深矣於戲列聖功德纘服有加焉臣有
壬既書之且記其槪庶繼者知承流之重而一事
之成不易若是則凡可以舉於未墜者可不勉乎
是歲九月臣有壬頓首謹書

重建禹稷行宮碑記

明　張元芳

江漢故古今奧區經神禹手決而奠之亦藉后稷躬藝
而粒之六府三事功施爛然卽欲畸重不得也乙丑之
秋漢陽令王君讁予而言曰大別山舊祠召康公穆公
歲久就圮春秋登豆亡所託願徼靈以鼎新之予曰唯
唯尋渡江而馮弔焉登大別梯晴川一望龜蛇相對山
川繡錯人煙鱗集洵洋洋大觀也哉瞻而覩之廟貌頽
然有愴於中問之曰禹王宮也隨屏息下拜見巍然在
上者惟我神禹夫禹首闢洪荒平成聿奏萬世實承賴

之采江漢之蘋以酬明德殊未足以彈厥報也惟是卯
之左曰伯益卯之右曰后稷遞而下之拱立如生者曰
八元八愷不具論卽益司火政以佐司空功在禹下侍
坐宜也稷何如功而可亦侍坐乎哉稷生履上帝之武
長播下土之種辨五方燥濕俾黍稌咸登烝民用是粒
食萬世而下罔有轉瘠溝中與鑿龍門排伊穴脫生民
於魚鼈者並堪不朽此而抑之拱手禹側稷故未肯降
也卽臣不佞亦未敢王禹而不禘稷也王禹者以天下
王也禘稷者克配上帝厥後以天下祀也故仲尼曰禹

稷躬稼而有天下明乎以有天下屬稷者禹不獨有也予輿氏亦曰禹思天下有溺者由己溺之稷思天下有饑者由己饑之未見民饑不危於民溺者則未見救民饑不重於救民溺者禹稷政未可軒輊也彼江漢之氓戶祝之眾食其德思報其功又可以正陪分乎哉方今淫雨彌春田卒汙萊望之如洚水之不可涯涘愧不得一由溺者奠之繼而旱魃爲虐黍苗立槁農夫將盻盻終歲而不足以餬其八口愧不得一由饑者粒之繇今之世溯禹稷之功卽孔孟同聲賢之不能旣而謂祀可

以正陪分臣未之聞也若夫益封唐康公稷公封燕伯與公名爵差相等卽左右翼之與八元肩隨以侍無不可者獨奈何以配天之稷抑之使不得配禹此勝國之陋規神人所未快也爰鼎新其宮而並祠之是役也鳩材庀工有王明府艮相率作省成有侯司李加乘而主其議捐微俸以首事者臣元芳也幷得書

重建大別山禹王廟記

明　沈　欽

廟祀之設其來尚矣稽諸祭法能禦大菑則祀之能捍大患則祀之矧神禹平治水土萬世蒙澤天下後世得以通祀又非捍禦菑患之比茲大別山得立廟以祀之者以其治水之功至此而成故歷代報祭自有不容已也按漢陽郡志廟距府治可二里許江流湍急怪石嶙峋山名大別與武昌黃鵠山對峙雄踞江之東西勢若龜蛇環衞廟立於茲蓋不知幾百禩矣至三國時吳魏兵輿多戰於此後元世祖南巡駐蹕黃鵠因詢於父老

曰隔江中頭石磯何名呂公或對曰唐仙人呂純陽吹鐵笛其上因以得名又問唐以前何名復有對曰世傳大禹治水功成之所後人訛爲呂公世祖大悅遂命有司鼎新廟宇歲時致祭聖朝因之益嚴祀事迺者天順庚辰歲旱巡撫湖廣都憲南宮白公圭率官屬禱於祠下不踰時甘雨大霈足官僚稱慶民獲乂康公荷感應之速而以廟久傾欹欲新以答神貺未果還朝洎今都憲銅梁王公儉復奉勅巡撫湖湘兼理軍務利興弊革俱得便宜從事至日所司復以爲請公諭之曰神有所

依則人獲福利何可靳惜公費憚而不爲且令促之於時贊成則有若巡按侍御江公鄖襄公謙而以事委武昌道僉憲沈公靖董而成之以及藩臬閫帥守令莫不共殫厥誠闢基斵石市材鳩工而締構之輪奐維新臺殿雄偉規創合度比舊有加經始於是年之秋至冬而落成之僉謂不可無述而推余爲記乃不辭而揚言曰仰惟我聖天子纘承列聖鴻緒統一寰宇尊禮百神嘉瑞休徵咸臻迭應帝王秩祀登薦有加況神功巍巍爲祀典稱首書曰禹乘四載隨山刊木導水至於大別西

則岷嶓襄沔之合流南則衡湘洞庭之環滙瀦滌排決一順其性之自然以至地平天成六府三事允治萬世永賴則聖德神功感人之深垂世之久萬古猶一日也豈他祀之可擬倫雖然自有此天地即有此山川向使不有聖王者出任疏鑿之重忘胼胝之勞則九州一壑魚鱉其民烏在其爲化居粒食以有冠裳之盛也耶粤昔劉定公有言美哉禹功明德遠矣微禹吾其魚乎孟軻氏亦曰禹抑洪水而天下平則見諸經傳稱頌不置宜乎今茲廟宇之新翼翼宮庭有嚴祀事神其鑒格陟

降左右隆廟享於億萬斯年尙冀自今以始爲民牧者益營益葺克紹前修於以妥靈貺而福國利民於以奠南服而肅清境土凡所建營虔奉無不得以蒙庥於悠久矣茲刻之傳甯有旣乎是爲記

重建三城樓記　　明　朱衣　邑人

高皇帝東征陳理率六師城漢陽城四門北朝元者後塞廢其南南紀東朝宗西鳳山今三門洪武甲辰年知府程瑞樓其門正統十三年千戶寗福等重建而朝宗獨稱雄正德以來知府孔鳳千戶朱鳳陶震先後補葺者皆福等之舊也邇歲朽蠹日甚亦惟朝宗爲最嘉靖壬寅巡按侍御駝村史公按境乃檄所司樓朝宗樓瀕江與南紀江岸相連勢將沈塌而朝宗樓址去江岸僅丈許公憂之乃又幷兩江岸甃砌今守備王子堂前同

知江子銳掄委事事明年工成知府應子大桂屬予記工其年冬予喪長子之恩病臥田野日益顚頓先是公閱漢士恩年十六髮被肩公置上列極口稱與明年食廩又明年科舉至是遂夭折有時援筆記工即因公心動頻頻爲恩眩死然公與舊交別去又疏予於期乃忍痛紀事是時太守貞定賈君守郡未期百廢咸舉乃復先事防守以西南樓各圮廢援朝宗事例請於巡撫侑溪中丞姜公巡按南山恃澄高公咸允之乃又掄委同知張子天衢指揮沈子永督樓工經始年月落成年月

凡支公帑金若干兩賈君曰聞先生記東樓欲附西南以無忘二公之功如何曰唯唯惟漢陽在楚郡爲小其形勝所關當與荆襄並論而武昌諸郡或出其下何尙之云通接梁雍舊志云三國前皆要地蓋長江帶其東南沔沔環其西廣漢出其地上接岷蜀下通吳越後受申梁之衝前引匡廬之險勉齋亦云武昌脣齒吳蜀咽喉南人得之則恃爲捍蔽孫氏都武昌使魯肅守漢陽是也北人得之則武昌不能自立守臣李埛每以舟師敗鄂人是也由此觀之尙之所云三國所守黃先生所

申請固自有見而後世以承平忘先事之策視圖經爲迂闊之談儼然處堂上之燕雀而不知煦煦者之非眞樂也正德辛未流盜劉六等攻城當時賴通判徐弼市買竹木倚城瞰江爲梁以守時盜舟十三颶風偶作七舟不得近五舟爲風損溺惟一舟泊東樓下此一舟者併六舟之人人皆驍悍金衣倒髮自江邊發矢如雨樓棟受矢如蝟守者深避高者眺樓上以占賊虛實下者候樓中以下矢石已而土兵至相與戰於城下盜矢盡揚沙撲我軍風反沙撲盜我軍以藥矢長鎗環攻之盜

潰乘勝追逐戮死沈江相半七舟在洲外後奔瓜洲爲邊軍所敗夫設險守國先王之法而樓櫓特法制之一也郡之所遭乃目擊如是相賴以全城如是而可以法制少之乎苟吏於土者曰玆制法之一也其奚以先如是是誠處堂上之燕雀將以煦煦爲樂而炎火之繼不致於僨事不已自是言之三公一君之功其安可忘後之登樓者於東懷朝宗之義焉於南思江漢之紀焉於西期鳴鳥之聞焉能如是豈惟不忘三公之功此下疑尚多闕文

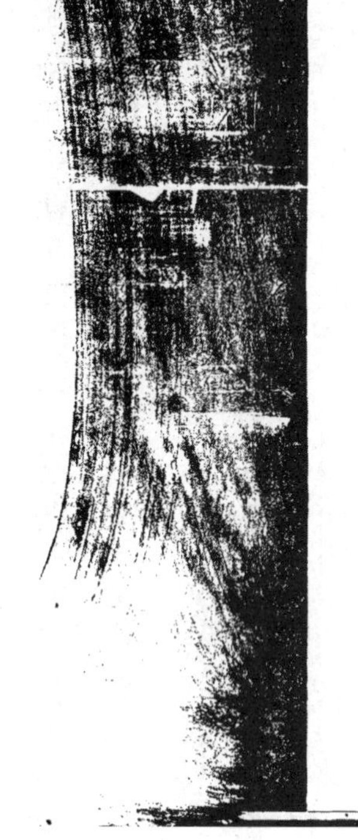

建學記

湖北巡撫郭維賢

萬歷壬辰予奉天子璽書鎮撫三楚時當旱魃餘烈五穀湧騰予蒿目愁腸拮据以援飢殍懼無方救也亡幾何漢陽守令衆博士諸生狀上漢隔會城盈盈一水臺司教化所先被者而邑學久災燬先是戊子歲漢沛蕭太史公謀諸楚當事者以請禮部上其事帝曰可遂剏建之惟時規模經始堂廡未構教拖無所兹欲陶冶皆繇而成翹秀計當一鼎飭之置樽俾酌縣鐘待扣學校亦諸士之尊鐘也予曰固也救火之家豈暇先言夫人

生死禮義緩急之辨也時出而嬴是務舉乎二三子姑少待焉明年年稍順成民萌漸輯牧守令衆博士諸生復申前請且目公帑之藏誠不足贍漢之鄉先生爲子弟故將施於宜邑有富人子願捐財守義而說之可卒辦一二也予曰癸猶能備其足予不能備士致煩里中長子恥焉而下逮富人子富人子辛苦卒什一致以豈士非所以訓士廉不可乃命守藏按籍會稽鍰金如干權金如干無名錯如干會諸司帑會諸郡帑又會諸縣帑金既具乃命護作料日月程土物計徒庸慮財用平

版翰設埧梟書餼糧故可繕繕之其未構者構之務式於度始事於癸巳八月巳事於甲午七月明倫疏堂上接鳳棲尊經嶢榭俯窺滄浪文廟綺寮光映黃鵠戟門輸軒埶凌大別下及亭圃廡垣號舍井庖靡不一一尨既落成矣守令衆博士諸生復狀上句予一言以爲多士勗予謝不敏請益力予進多士前而語曰若知漢陽之學所自來乎自有漢以來官司其地者不知幾千百人顧民心所謳吟而思慕之社稷而尸祝之惟夏后氏及游定夫黃直卿二先生禹王之禨專祠又命鳳棲之

後並祀二賢蓋亦謂禹見知於堯舜上紹精一之傳游與黃受業於程朱而遠翼孔氏之宗也則漢人士與聞此學也淵源所從來遠矣禹貢曰惟荊州江漢朝宗於海導嶓冢至於荊山內方至於大別禹之往來於漢亦屢矣志稱定夫知漢陽軍召郡中士子講明理學一郡風俗醇美直卿知漢陽軍即治後爲屋館四方士有勉齋致政錄則二賢所以敎漢人士亦屢矣予與漢守令維新邑校州處多士之秀而薪槱之也卽不敢望於一聖二賢而其迹之屢艮亦相肖予何以誨漢士孟子曰學則三代共之皆所以明人倫也宇內學宮堂名明倫以此舍倫無學舍明倫無講學大禹克蓋父愆厲力虞廷略無一毫怨懟其主之意始勤於國不顧塗山之娶呱呱之子終之地平天成與予以定萬世克勤克儉不矜不伐其於五倫之際至矣盡矣定夫事親無違交朋友有信涖官遇僚吏有恩惠政在民戴之如父母直卿有言君臣父子夫婦長幼一失其序天典不立人道凌夷朋友道絕則此四者雖欲各居其分其勢焉得繇是言之禹之所以學於夏游黃之所以學於宋者明此倫

也漢人士所尊且信者在三聖賢尊信其名而不尊信其學是葉公之好僞形睹眞龍而失色也多士之春秋俎豆於三聖賢也豈不慨然慕祇台之風修游黃之義顧其行具在而就之若渴去之若熱以晉史之詞售其暨匠之心則亦異乎向之尊信者矣予故就漢人士平日所尊且信者近言之以冀其尊且信之易也而亦願漢人士以平日所尊且信者躬行之以求其尊且信之實也不然劍纓七星緋圖五嶽邑校即飭何以異是是役也綜理則漢陽府知府胡篤卿通判秦從周劉兆文

推官毛一公分理則漢陽縣知縣陳堯欽董工則經歷郭維屏法得具書

重修學記

漢陽知府舒體震

自昔譚治理者先教化學校固有司第一急務也漢陽介鄰會省實楚名區安可緩圖而不以急務視乎按志縣自國初即有學永樂間徵名儒雪航趙先生職教諭理學賴以講明人文漸著迨正統初厄火悉鞠爲煨燼嗣後艱再造正統癸亥議裁革諸弟子員並泣郡庠舊址改爲右千戸所有識者恒惋惜之久未有計恢復者郡萬歷乙酉漢沛蕭太史公以人才寖盛淹抑莫可疏謀諸按臺董公上其事於朝報可乃即舊址改創焉時

規模初具而堂廡櫺星門泮池咸屬烏有歲癸亥累力請於撫臺郭公始獲爲未備稍宏敞壯觀而祠禮門義路坊暨垣墉渠道猶然尚缺已亥秋博士弟子員仍疏所缺狀請於郡邑長吏始克以次受役而增厥成其詳具載前兩修學記夫積歲歷十有五爲役者三乃僅克稱成事何締造之艱也近歲戊申值稽天之浸毆齧數畝宮復蕩沒幾盡嗚呼又何厄之甚也意者氣運之潛移不鬱塞則不發舒厄之甚必發之勃將異才輩出大宣洩人文於後日也予始竊閔閔焉惻巳且

釋然爲漢士幸於是捐俸重修而鄉士大夫各以義助遂商厥費庀材鳩工圮者葺之傾者構之存者仍而飭之斧斤版築曁茨丹雘以時畢舉而殿宇祠舍坊亭牆圃盡復其故僉乃喜而謀曰是大有造於漢士也盍圖所以垂久遠而屬予記予非能文者遜謝不獲乃紀其顚末申之一言曰今所修學特士所游息區也學之實不在是也起廢興墜可假人爲省躬克治甯由人力故學非有司能新之難士能自新其所學之難亦非徒知所學之難能明所以學之實爲深造之難何者士稱民

之俊秀當以聖賢持其身惟雅志向往不甘下同齊民務日新學業以求明體達用爲孳孳卽未必遽入聖賢域要亦君子路上人已由是居鄉則不失爲太邱彥方也鄉之表率位存立朝則不失爲長孺稚圭希文也朝廷之嚴憚賢安位賴隱顯一致用舍咸宜聖賢實學庶可幾及不然者雖矻矻窮年蠹魚乎簡編濬發巧心釀郁文藻足以衙官景宋命僕班馬奴隸曹劉於眞儒實用奚當無爲貴學矣譬之木然體驗其根柢也實也詞章其枝葉也華也實之弗立華惡能茂卽茂亦的然易於槁卽深造之說尙也李太白記袁州學後世獨稱其有關於世教得非謂是歟漢人士嘗聞雪航理學之淵源有自以制科名德顯著彬彬代不乏人玆必景行思奮使後來者愈出愈奇褎然特盛於曩昔斯克應地靈方昌之氣運而無負今日修學意也予不敏濫有作人責屬望於諸士者誠厚故言不以美而以規願相與共勉焉爾諸生果以予言合喙而取爲他山之錯唯聽其以辱大方而等之敝帚亦唯聽至田以贍學所資爲養士籍尤不可不加之意本學一市山陽鄉祝受田計租

爲石者一十五歲與佃匀分則癸已郭撫臺命置也一市吳文學田計租爲石者五十計租爲額者三鏹則癸卯會學憲置也一市楊廷四等麥地草場共計爲畝者五百有奇歲所出產與郡學均所入則戊申劉邑令置也蕭太史公曾記而勒之碑隨以侵年者乘學圮去其碑以滅跡後將何考並附見於此工肇於己酉冬成於庚戌秋同予綜其事者別駕林君夢鼎宋君司理萬略分其事者章漢陽令銓董其役者邢學博倬朱學博時榮而邢君朝夕拮据區畫周詳於翼成之功居多可謂

殫心厥職至陳經歷治安陳照磨於階典史黃堂皆與
有助勤勞例得備書

學宮門牆記　邑人　蕭良有

漢陽縣之續有學也蓋肇於萬歷乙酉語在學田記中
然而規制雖創未備也又十餘年歲在己亥南安傅使
君諱
孔廟徘徊久之作而慨然命博士及弟子員具關狀以請是
時福州陳學諭適至拜命唯唯退而具牘上曰大哉
孔子疇鍾厥靈寔惟
啓聖煌煌篤生不祠之務葺而湮沒榛莽缺孰甚焉則又曰
學畔㡳廬隔不數武霪霖爲虐漲及堂宇不以此時築

垣瀦渠用防水患於計得乎而又曰禮門義路由茲升
堂不有具瞻孰示周行而門故距南關才十數武而近
僅用柵蔽市囂諠沓非所以嚴體貌肅聽睹也諸瑣細
不具舉舉其巨者使君覽牘復慨然起曰於建是乎何
有常俸之盈吾何愛焉謀於馮別駕殷司理兩大夫暨
黃邑侯僉曰善乃命幕張經歷董厥事議經費鳩匠作
以次受功於是壘土爲基創
啓聖祠於堂左掖亡何祠成於是鑿澗爲渠以通水道深二
尺有咫闊稱是自明倫堂上直下折而會於大成門前

渠從東入江復築垣垣高九尺長倍之附垣爲隄樹以木而汙漲無復如昔患者於是伐木治坊堂前坊以龍門名撤故所治柵而蔽以牆行李市廛儼然外望矣蓋至是賓者行者過而趨者巾紳而鼓篋者靡不嘖嘖謂是役也雖重修乎何啻鼎建然而乂工則公胥民無與値則公廪民無與前此未睹也既竣役使君則命博士暨二三弟子員詣不佞丐記以示來者不佞樂觀厥成也不敢以不敏辭記曰往聖天子廣厲學宫申功令責成郡邑長吏甚具然大屬創所未有不得不爾則然苟

可因陋甯議更新徵之輒以時詘爲口實其孰有加意學校而又不煩役不淹期如使君之爲孳孳者哉所加惠後學意良殷且厚爾諸生幸甚雖然弗可弗勉矣夫學舍維新良吏責也君子以日新其德而舊染奪之甘心焉士能無愧於乎哉今夫修之業後傳註而先老莊著之文卑平正而尚奇詭持之論崇元妙而忽彝常視之猶鹽跌宕而遺惇篤彼固自謂能新似之而非者也書則六經事則六行義則喜怒哀樂用則均齊治平是萬古常新之道也兩者若楹與筳而世顧爲彼不爲此者俗漸靡使然爾今江漢朋人士謂盡不染於舊吾不敢知其尚祓濯湔雪自今伊始而使學校有眞儒國家得實用所裨益匪淺不然而第徼利祿獵聲華負賢使君所爲作新至意豈可哉諸生知勉矣工肇於二十七年閏四月二十八日傅使君名道統閩人萬歷丙戌進士頃歲中璫出榷多方捍禦焦勞特甚嘗刖有紀馮刖篤名肩蜀人選貢殷司理多才蜀人鄉進士黃邑令名思新閩人鄉進士張經歷名懋中梁人歲貢陳學諭名陽和閩人鄉進士解司訓名鶴齡黔人歲貢而弟子員

隨博士來丐文者朱宇袁𢌿也始陳學諭至齋舍就圯分守陳少參公命葺之黃邑侯佐之并捐俸皆義舉可風也得附書余既記之復繫以辭曰惟

素王之故宫兮屬規恢而未理廛使君之顧瞻兮容慨然而有泚訂先甲於三日兮締旁午於百堵斥公廪之贏羨兮匪闘闘之脂髓邁蜀郡之駿聲兮軼魯侯之燕喜詎

先聖式寵臨兮乃循良其遐軌願多士之勉旃兮日瞿然而奮起戈一揮而回光兮華三就以更始罔靜言以庸違兮爰釋回而增美江漢流而長新兮鼎彝著而不斁余

作辭以詔來兮繫斯文之在此

重脩晴川閣記　　明 姚宏謨

沔口重鎮也環荆郡以十計而漢陽要環漢而峙以百計而大別奇壓大別而廟者禹王附禹王而閣者晴川雄據上游實與會城望江諸樓相表裏異時創者蓋容有石畫焉歲多而圮久不事脩葺郡典大缺粤歲壬申中丞汝南趙公侍御江右舒公繼至馴振方夏百廢俱興明年上初頒元兩公宣德意采民風輶車周覽殆遍湖湘間矣暇則相與登黃鶴之樓吟白雲之什遥望閣址鞠爲蓁莽爰命下執事圖之會楚有大豪犯法貲入縣官甲第雲構命撤而從事太守新安程侯肩其任不

費官帑不煩民力三閱月成飛甍綺疏層軒曲楯宏敞騫峙蓋三楚巨麗之觀也程侯以舉墜宏美徵記以詔來者予少讀崔君詩竊嘗寤寐其間尋抱鉛槧陸沈史局無因入楚以舒眺聽古今景物同異未悉嗣客零陵領湖南郡歲時以職事走會同酬應倉猝倏來旋往則武漢之勝亦莫得而恣其觀遊焉巳奉命督全楚學挈家鄂渚守官蓋三年所歷歷之樹萋萋之洲凡諸景物攬擷幾盡而束髮讀詩遂赫赫若昨日事豈非快哉若

乃盼瞰城闉襟咽江漢左嶓冢右洞庭雲夢滄浪沅湘滙焉引秦梁枕吳蜀江黃祁郢羅焉俯矚則鸚鵡出沒於驚湍黃鶴回翔於磯瀨而金沙南浦綺錯於瀠灝瀇漭之閒旅客居人轂擊肩摩負者行者浣者渡者網而漁者若在几席之下神覽則下薄日月傍摘星辰南眺衡嶽北盼匡廬偃仰赤壁上下天門浮光襲人萬頃澄練信生平大觀也方其風雨晦冥八極混合波濤洶湧而江水立魚龍嘯舞而帆檣摧使人魂悸魄動長歎太息悼風波於世路思道岸之先登少焉濃雲收晴景出

兀坐觀化紆幽思於大圜托冥契於元宰此身若與煙波相吐納而不復問其鄉關之何在也嗟夫江上臨眺則信美矣乃兩公惓惓於茲閣也獨無意乎夫輔車相依則維藩之勢固桑土預設則折衝之謀遠漢之爲郡以全楚較之何啻彈丸然會城非漢則靡所依屏蔽孤矣矧楚固多寇寇之生也恆起自洞庭於彭蠡連艘飽帆邏者睥睨莫敢誰何一出九江如魚縱鷗沒蹤跡不可究詰往往爲畿輔患顧其從洞庭來也鵠磯則一隘也自茲閣重建若增高於山濬深於川金湯之勝於是在目華閣相峙重關並聳崤函百二庶足擬其雄也卽有寇從西來桓桓之臣倚飛樓臨偉閣談笑樽俎可使徼卒截流坐殪狐鼠不卽聲勢聯絡彼不遑萑業不能飛渡已先褫魄奪氣敢揚帆東下如曩時哉今國運鼎盛江不揚波如川之方晴景物明媚無足憂矣夫陰晴曷嘗之有脫無知赤子弄兵潢池會城所恃爲屏輔者惟漢陽漢陽所恃以隘塞者惟沔口則閣也謂若中流一壺非歟兩公重建意蓋在此若美亭榭縱觀遊與子墨客卿流連賦詩而已則非兩公長慮却顧同心共濟

本謀也兩公宏美獨舉墜一節已哉其可以無記又敢以不文辭是閣也始創者爲前守范侯之箴若干年而廢廢若干年而兩公命今守程侯金再成之規制視舊宏麗蓋十之七云

重修免溺隄記

明　郭正域

由漢城而北抵漢口龍家湖水出焉相去幾里餘舟楫不到水漲爲巨浸漢口幾萬家朝夕於城莫利往來先是守玆土者蔡公盛公孫公創爲隄歲久盡圮王公抵任之年政理民和問民疾苦慨然曰是誠在我夫因財於官官帑竭因力於民民力疲卽人勸而尸募之民且不應我其用人乎於是廉得省祭官熊士奇等可使也召之庭下酌酒勞之簪花束彩階下大作樂道之中門而行名之曰善人太守不以相苦與君等共功德事爾

子孫且食報於是大衆踴躍出曰我等何敢負公不期月隄成長二百七十丈横袤二丈中爲石橋橋一孔橋以上翼以石欄覆以甃隄左右累石爲基如橋之長高二丈有奇橋旁爲祠宇者三隄曰王公隄橋曰王公橋祠曰王公祠志不忘王公也王公捐餐錢若干凡募得銀若干兩工始於乙巳歲仲冬月落成於丙午歲仲冬月而諸生熊士章余友也屬余記之余曰王公以善養人矣以善與人人莫不爲善善人有爲善之名地方受爲善之利王公之善莫大焉隄成之日其直如矢蕩蕩平平乘車荷擔晝往宵行風雨晴霽波濤靡驚夫宵獨一隄以治天下可也王公諱宗本字世端徽之休寧人諸善人有功者各勒名於碑陰

八蜡廟碑記

明 吴與言

古有八蜡伊耆氏始爲之相沿迄今然獨盛行於北余僚河濱劉君素志古禮下車輒署府事時水旱薦臻誠禱罔有不應遂鋭意於是廟之建蓋亦務民之義而以敬鬼神者也經始於隆慶二年七月越二月而工告就寅長龍川孫君至復嘉是舉拓地鳩工增置屋於兩廂其各材力悉行設處自府完藏祀典時祓祭之神之靈翼翼然民亦惟神是依水旱真有所從而免者乃以記命余余曰有其舉之莫敢廢也記曷爲哉且上費民罔

秋毫與制作則昭然在人目也其禮則仁之至義之盡郊特牲闡之詳匪於神抑於人柳宗元更有以發其隱焉又何記哉雖然立廟饗神以爲民也亦必饗而後能有饗也故曰惟賢者能祭言内自盡而外順於道也吾儕思受國厚職司民牧其間盡心與否人雖莫測鬼神實鑒臨之所謂對越之本也可無豫乎乃若其道則兹土襟江帶漢瀦洩難施固天下之至大坊也水庸也蓋無所事事者不有感格存也省刑罰薄稅斂使得盡力耕耨以待有秋先嗇司嗇之靈鑒在也賑民飢寒時助其種爭訟質成者立剖歸田不紲以紙得非司農之大鄆表畷之遺與積胥點算之弄法種害猾豎猝卒之倚文播虐刁排頑里熟攬慣役之誆財蔓禍其爲毒民昆蟲奚翅害稼者如弗之職是又不捕之貓而苛政之猛如虎也可乎果能利與興焉害與除焉則民心悦天意得將見國有聖政海不揚波雖兹坊也水庸也以江漢也亦海屬也能無知乎由是而祭祭斯饗矣饗斯受福矣其不然者神不吐之與二君前令涖治其實心實政輿論在民本廟有赫所饗久矣余叨寅末歳惟奔走於

斯民也殊有其心而無以特未與祭祭有餘媿矣神其可欺乎兹記之也尚推媿心之言以俟後之君子

重修學記

邑人 熊伯龍

古今祀典不可以時之盛衰爲隆替運之鼎革論廢興者惟孔子歷覽英君誼辟賢牧良守摧陷廓清之甫畢首焉修舉者惟是因而郡邑奉之釋奠養老與賢育才一如京國之鼓鐘而後孝秀之升於京師者始有一道同風之盛

皇清御宇特崇文敎我漢陽不及他中邑而分疆畫界者必郡之邑之誠以晴川爲荆鄂之輔固江北教化所自始也先是兵燹一切圮毁遲數年而府學修獨縣庠廢址

頹然在灌莽間莫識也所存甎石法物又爲鼠竊殆盡縣學師凌與邑生徒愴然感懷者久之一日大集郡邑諸生釃酒

先聖之靈諏卜築之時太守邱公祖善其舉用是祖呼紳士並及里之好義者歛募歸官擇吉庀事又遴鄉老之公忠有能者俾覈木石之多寡鳩工役之怠勤乃經乃營乃墍乃塗邱公祖及凌學師拮据勞瘁漸有成緒而役俊費廣又幾中輟幸直指望石李公祖捐助落成且自至而築壽畫焉兼方岳黃老師守臺楊公祖學臺狄公祖咸解俸以襄盛典適又嚴學師至任協力左右之凡廟堂門廡以及官署靡不次第完好芊芊乎菁莪之茂也炳炳乎尊俎之列也漢邑雖小名公鉅卿代有傳人睹斯鼎新之盛瞻仰有所講息有堂盍自奮與相與修孝弟崇德行明經術處爲眞儒出爲名世其在茲乎是役也始於丁酉歲成於戊戌先後開郡守楊公別駕徐公司李鄒公姚公邑侯范公金公曲公及龔學師同事相協例壽之貞石用光俎豆云

重脩蔡岾三清觀記

明　蔡蓁

蔡岾三清觀隋唐以來湮沒無考迄元至正四年大加脩葺始載諸誌典　國朝初雪航趙先生脩漢陽縣志重爲詠賞焉嘉靖二十四年朱侍御別山先生脩漢陽志游情方外搜覽勝跡見趙先生之詠顧謂大司馬龍山戴先生曰有是哉安得歷悠悠之仙境訪物外之神僊靜坐雲房細閱南華以酬雪航未盡之幽抱乎時門生劉子學易學詩吳子岸在座起曰往蹟雖存棟宇頹廢水雲無恙而岑寂幽致不可復識矣先生曰千百年

之佳境不容泯於今日爾鎭人獨無是心乎二子唯唯歸而謀諸乃翁劉君憲暨鎭右族胡君湘陳君萬和劉君秩雷君應晁等各樂捐貲鳩工掄材取金石鑄鼎戊申而堂宇落成庚戌而神位攸奠中爲元始殿以崇玄元之尊後爲玉皇殿以重資始之大祝聖壽祈年穀享祀不忒於是備矣基之前爲觀門次爲將廡殿之左右爲法堂但見丹碧輝煌掩映乎金簡玉字之餘論地位清淨相宜乎元化道樞之妙旨址雖仍舊制則維新殆與大別元妙齊美於漢陽矣工成諸君勒石請紀於蓁

蓁謂脩以追昔費不爲糜祀以玄元祠不爲淫矧經二先生載錄之筆吟咏之美玆諸君勝舉也後之人有探元好古者其視今也猶今之視昔則玆觀其不朽矣夫

重脩興國寺記

國朝　彭而述

皇上御極之二年爰推轂總督佟公得專閫外征伐駐節江漢殘燬孑遺蔀屋沾春哀鴻爰集百堵有作矣德威暢乎遐邇控制訖乎東南暇日乃同郭呂二中丞俾率部從事登大別山睎厥麓廟貌一區曰興國寺額且圮耀父老詢之則稱宋元豐間蘇文忠公自黃州詔歸嘗憇於此作方丈銘後人緣以為金仙地中間因革興廢葢四五百年於茲矣因欷歔曰此固瞿曇世尊所藏也曩說法立壇特崇鼎峙士女來歸有同王化頭陀肩壽尚

能言之自秦氛孔熾星辰易位茅茨罔遺龍象失魄昔之所為鳥革翬飛者今之所為牛溲馬勃者也公曰異哉正法象教所不與塵劫俱灰而沙界永存豈闢眞諦俗諦哉葢所云勸臣以忠勸子以孝不賛以地獄天堂之苦且樂者也今我

皇上提三尺劍為中國雪恥除凶乾坤再造此何異火宅涼於法雲而重昏曉於慧日乎幸與部從事董成之乃身先檀越徵材鳩工較從前為加飭而於來茲者為不可倘不雨踰月榱桷丹堊罔不劼毖猝厥倕工遂以告成績於古先王則順治三年之孟春也嗟乎公之愛我人曷無已也短狐未靖噬虎方張公乃多方安緝體一人我生意潛消靡形楚人枕巳安誰之賜歟適貝勒王率百萬萬師問渡洞庭用殲不庭公聲色不譁遂以靜治之民草間有不知者則公之拯溺逝川大庇交喪昔之所謂利見之如來是耶非耶至若興起學校作人以觀成化簡卮嬴而飼之俾匆得以溝瘠為盛世玷則傳之各有其地矣抑余於是舉而得公意三焉曰志說上也方今海內清平漸以無事

天子富於春秋歷數誕膺敘彝倫於洪範歌有客於白馬合萬國之歡心以有事於清廟明堂之間則神人和而禮樂作聲無不宜我公出則經營入而燮理此意葢未嘗一日忘之也而特於此一事見其端爾曰答美報也凡鬼神之棲神於其地者類能以福善禍惡之柄行其聰明正直之性況佛以正覺之世如睡夢覺傾一方人士掩室摩碣則民無夭札物無疵癘不以惡事如眾生可以補方社田祖之所不及也列刹相望林遠皈依可少哉曰念往因也昆明池上不見石鯨位都觀中惟餘燕

夌以物理之有盡當人事之終窮則佛法亙有不及處耳我公啟闔而莊嚴之後之觀者無致歎於覆簣廢井則俯仰登臨如公斯在又何必周魯二莊始昭夜景之鑒漢晉兩朝聿重丹青之飭哉余以避亂江鄉將取道鄂渚還里受公知深誼於公得稱門下士於其落成也乃不敢以不文辭矣

大悲殿記

邑人　熊伯龍

浮屠濾盛於吾邑久矣飛樓湧殿所在都有皆出自赤髭白足之徒開發勸化求其心之利益名聞二者俱斷未必然也郊西五里而近有大悲殿爲余友饒君思玉所建者則異乎是君母蔡孺人皈依淨土年甫四十戒律精嚴發願捨財造大悲觀世音菩薩一軀垂成而癸未之變作母子播遷其像貯雙眉菴蔽風雨而已久之孺人沒君客辰州城破羈旅於黔每念母輒及雙眉菴未嘗不淚下也黔平歸里亟詢菩薩像無恙衆善亦稍稍塗飾之體雖未全私喜母願有緒矣會君爲經略洪公總漕蔡公彊之入淮入燕踰年乃還是爲癸卯歲大水大疫公私之業都廢君獨縮衣節口傾倒皮囊以次圓滿慈容旃檀金碧表裏莊嚴因而剪荆棘輿土木奉以廣殿繚以長廊甲辰冬告成事焉而屬余爲之記余惟事親與事君不同事君以理勝事親以情勝子之未免於父母之懷也視其所欲必多方以遂之惟足以殺其生者則弗許耳子之於親何獨不然古人不忘其親至不食葷不踐石不登嵩華蓋至愛根心非由義理君

續輯漢陽縣志　卷二十七　藝文

子不以求諸人然亦憐其志而聽之莫之止也今之事親者以爲禮法如是而至性不屬或儉其親於日用之當然苟其所爲稍違於儒者之道則皆指爲亂命又或生則從之死則違之舉冥冥之中不忍以負艮友者而忍之於親安乎不安乎彼誠不知事親之主於情而不主於理而事無大小必求有以順其親之心則一也孺人具悲憫性感念佛言一切國土種種災難起時當造千眼大悲像誦持神咒能使敵國來降雨暘時若時當壬午喪亂已成以玆宏願爲民請命不乖中道隕棄人

天慘悽水旱刀兵靡有寧日亦若與之相應孺人之志亦可悲矣卒之機緣輻輳荷擔辛勤種淨因於井臼未離之前振勝幡於宰木已拱之後甚矣人之貴有子也方君銜恤人辰時語雙眉僧坦然曰毋願未酬是玉重任玉一日在必不可令他人圓滿其功悲哉斯言神聽之矣有志竟成不亦宜乎且君之從大軍而還也恢音辯博善與人交人人皆以爲親已席豐沛之勢可立致通顯君謝弗爲顧乃隱其身於桐君葛氏之術爲人蠲除疾苦所全活無算視所稱菩薩以八萬四千臂目遍入微塵國土拯拔一切有情離諸苦惱者亦既奉其教而見之躬行矣微像與殿誰不足稱是母是子乎而猶必懃懃於此此孺人所以無不遂之情而君之所以爲孝也樂正子有言自吾母而不得吾情吾惡乎用吾情推君之所爲而人人以忘親爲恥風俗其有瘳乎爰是合掌讚歎而作是記

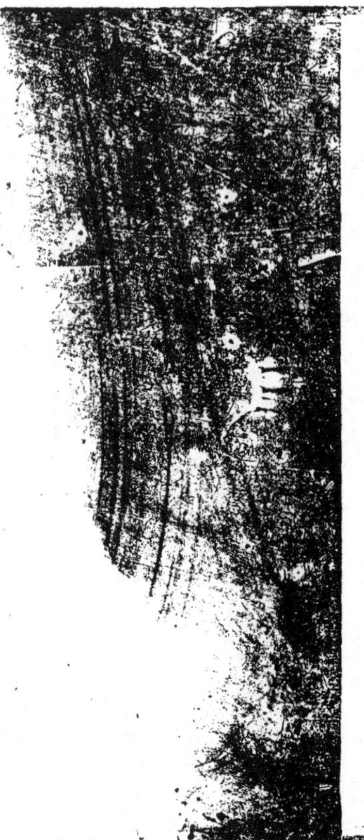

四官殿碑記　熊伯龍

五行皆生人之資獨火烈民望而畏之蓋有神焉不可度思矣苟祝融熇禍而當事者漫不經心吉凶同患之謂何何變理之爲也楚介南服火德居望而漢鎮又適當五達之衢黔廬赭壁何時蔑有人共知其爲竹籬茅舍之所致而終莫敢有建議毁易者蓋凡民可與樂成而難於慮始自非有實心任事之監司主持其上奉行唯謹之守令勸勉於下求其能任德任怨也戛戛難之天佑南國萃此吉人方伯劉公臬司陳公監司饒公王

公朱公及都閫錢公商同我守憲程公毅然下誅茅之禁檄行郡縣易以甓壁維時太守楊公邑侯侯公實左右之下建縣尉李君鎮司王君亦駿奔恐後旬月之內向之黃茅白葦一望而百堵皆興苟非循良素著何以得此於民哉乃公等猶謂人事之已盡未必天數之常亨敬詣祝融爲民請命爰是步自江滸見有四官之舊廟在輾然喜曰有是哉江漢合抱灑沈淡災此眞水火既濟之鄉神靈憑依之所乎各捐俸金若干並及本郡紳衿商民量力貲助革故鼎新而廟貌由是改觀矣乃或者不察徒以泛泛祈禳視之不已過與夫許不弔災君子惡之謂其不近於仁耳他若反風滅火事涉不經者皆吾儒所不道曾大君子而出此乎春秋書昭公十七年有星孛於大辰及漢梓愼知其將火鄭裨竈又謂能弭火不用吾言將復火乃國僑卒不用竈言而亦不火非脩德而災不能侵之明驗耶今乃以天道杳茫之故徒乞靈於土木莊嚴之相子固知公等之必不出此也蓋公等意念深矣誅茅之禁既有以盡人事之當然廟貌之新又有以回天意之或然且以示後之棲蒞

茲土者瞻宮廟之嵯峨發晨鐘之猛省入廟思敬罔卽熒惑退舍之大本云

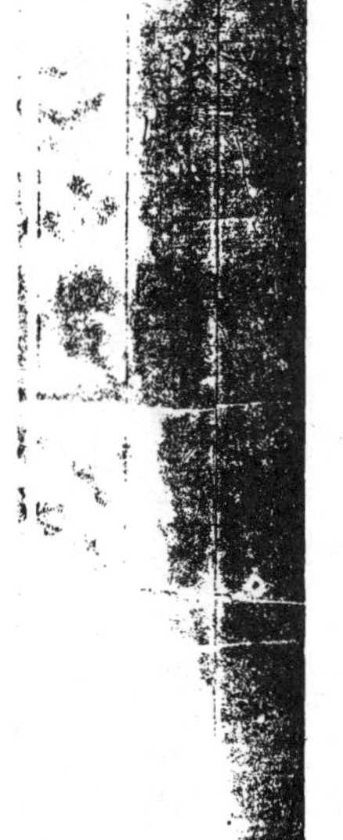

漢南生生林創置記　夏時亨

一塵起大地收一葉落天下秋世出世間塵塵法法從無始來循環倚伏往復不窮其揆一也嘗憶靑犬初吠蒼龍欲翻天壤閒已有人焉峩冠挂劍闊長嘯揖五老乃更有一男子行脚漢上蔽枯柳搴葭蘆蓋頭宏願創起接待十方不異乎是時予方汎彭蠡回夏汭將南遊衡嶽過而問焉則曰梵德公大師也予作禮而去越三年復來則崇閣摩雲金像耀日耆宿踵至唄誦潮湧開壇結期歲無虛日矣仰而獻俯而歎揖公而進之曰天

下皆秋而回從海漚中建立世界適何道歟雖然有憂焉江有心一夕而汀漢有滑沱嗽其齦適觀厥成是孰其恆公曰不變隨緣吾爲其常者耳居無何大地火發淵實邱夷各散去而公獨崎嶇吳楚豫章之墟上下數千里抱氷提火而益厲更圖所以新之殿閣門廡梵糈嚴飭視朔彌覺既完好矣復謀所以永之集同志捐貲置沃壤若干頃俾後來住持者不託鉢而飽十方聖衆如抵其居晝夜香燈無乏絕噫嘻公之用心良苦矣予匿影寒巖跫響罕接公一日撥草攀藤至予大驚曰奚爲愀然曰凡行脚所爲極難耳居士悉知之了宿生所未了將弛擔入山去曷一言詔來勿委諸流波予唯唯否否說偈以答其意是諸法不窮因無始不窮公抱無始心依心起世界世界有成毁公心無變壞公來林未成公去林自在行行無復道無始心相代公禮謝因出所錄建置並諸檀姓示予予今如法列左方云

西來菴碑記　黃澍

大清受命方懋厥德山川鬼神亦莫不甯先是二年乙酉大司馬佟公秉節鉞拜　命南征北至南條荆山南盡衡山之陽維是震礱萬里鐘鼓式靈公之化行自南國始也江漢士女當巨寇發難以詭肢體殘毛髮伛僂如落星受痛似頑石楚之氓之無樂郊也幾十年所自我公督楚入吾民重胎而更化育之鞠鞠然父母也規規繩繩然師保也溫然春也廓然萬閒屋也惘惘然佛也春容寬大適適然仙也楚民甫脫湯火出登春臺其

能一日忘公哉漢之人祠公淘來楚也晚未及文以壽貞珉越明年丙戌公又受弓矢征南服之不庭南人投戈有苗來格公方歸受賑於　朝弭節漢上是公三年前櫛風沐雨之所及也是公左匡文右繩武勞來敎訓之所集也是公春風風人夏雨雨人之所治也漢上諸侯會於此者睇山河之壘渺俯艅艎之巍峩親鮐黃之新歡溯谷岸之舊德何一非公威神德業之漬被而公猶謙讓未遑覩賢若渴見善如不及一民饑曰我饑之一民寒曰我寒之一民失所曰我失所之徵之外傳凡龍興之彥天上星山中僧世外精皆非常才而爲淵岳不敢蓄所以公一出而東南底定再行而江漢澄清事事不朽公而公翻托其意於一椽一舍一瓦一壁以不朽公者不朽佛斯西來菴之所由起乎庵址濱漢之北岸當是公曩年眺覽遊玩之所今廓其基而光大之意亦如陶八州之寒溪李藥師之東武郭令公之夜光寺韓蘄王之翠微亭聖賢豪傑都有寄托以寓其悲世憫人急切婆心喚醒沈迷一切是我現佛身說法始終胎吾民而化育之之意乎是役創始者公樂與公同其事

者藩王勳貴各捐囊貲子與氏有言君子莫大乎與人爲善後之君子庶幾居者有啓靈光之思遊者有召伯甘棠之詠西來菴得公不朽矣

新建洛伽菴記　　　　唐之柏

洛伽菴者余邑尉李君允發捐俸之所創建也在大別山頭禹稷行宮之右側前後三楹中閣以奉觀音文殊普賢三大士外爲門繚以周垣堂室庖湢靡不悉具約費三百餘金皆李君力肩之不假邪許於衆力者也夫尉之爲祿薄矣締造之功亦云艱矣李君至典釵釧以爲之不憚其勞且費者何居李君曰發非好爲多事也憶癸卯之歲　王師西征發時奉令督糧萃爐山鳥道極天望如綫縷糧夫負戴以登若蟻附然操筆步後不

啻驅羣羊入虎口偶聞震響心悸魂飛每當悚仄時發輒呼觀音名號遂若有神翼之行衆各爭奮不少倦爰是發心倘邀　朝廷如天之庇早靖不廷保骸骨歸故里願趓道場以爲大士報復念母氏生平茹素持金經罔極深恩無從報稱凡發之艱難爲此者上爲　國家祝釐下爲吾親增冥福耳嗚呼古所稱一舉而數善備焉者茲之謂歟凡人忠孝之性無間崇卑彼仕宦而登將相鼎養而極尊親者無論已即下逮委吏乘田莫不凛出車之思懷蓼莪之念而富貴利達沉酣浸漬庸罔

念聞誰復於流離顛沛之中惓惓君親爲念至痛定思痛而猶不去於懷者乎李君此舉可謂極忠孝之懷得風人之遺意者矣豈與世之乞靈鬼神邀福田利益於冥漠不可知之事者等哉推是心也以往吾知其必能拯溺亨屯措赤子於衽席之上而安肩大任犯大難而獨立不懼立身行道揚名於後世以顯父母者總此忠愛無已之心爲之也遂樂爲之記以告後人是役也始事於某年月日訖工於某年月日李君諱允發字旭生山東之諸城縣人復說偈曰　忠孝本天性與佛心無

二慈航普渡人無不忠孝者菩薩三法身總此一佛性我持如是心自獲如是福稽首大慈尊願度一切衆皆成正等覺皆證無上道

嵩陽寺記

邑人　龔臺

素聞東南禪林嵩陽寺最著然耳熟其名而足跡未得至焉不過如昔人臥看五嶽圖偶一神遊而已癸卯冬素居無事約同事數人往遊見夫林吞山光泉流雲影四山週抱一寺雄踞寺後松竹交蔭鬱鬱蒼蒼雖秋冬時有春夏之氣四面多淵溪瀠洄澄澈可鑒鬚眉停眸久視魚皆從石罅中出蓋得於泉谷之助者多矣寺僧爲予言春夏之交萬壑爭流草水際天山葩野卉香氣馥郁而寺外松聲謖謖如老龍吟令人流連往返時或

月出東山霧隱南岡杉鶴爭巢唳聲橫空與疎鐘清磬相間俱發其清景逸致不減輞川爲向往者久之因自悔來遊之晚也雖金碧未極輝煌土木未極鉅麗而攬山之秀挹泉之幽聆松之濤蔭竹之翠直令我低徊之下塵襟頓滌欲問寺之何自始則寺僧皆無能道者蓋創建已久而僧之居此寺者不能久也

敬一亭六先生祠記

明提學　陳鳳梧

漢陽爲郡居江漢之會地狹而民貧然先賢名儒往往宦游其邦而流風餘韻有存焉者若宋游定夫先生以程門高弟嘗知軍事臨政之餘日召羣弟子講明道德性命之說於是人知好學而有士君子之風其後考亭高弟勉齋黃先生來守是邦則益推而大之郡舊無城壁力請於朝守及達於制司欲築城以備南北之衝其經畫精詳可傳諸久遠既而歲大饑糴客米發常平以賑之分遣官屬親詣都鄙勞來備至遠近之民咸歸心

焉暇則親詣於庠爲諸生講論有孟子要旨二十條皆示人以爲學之關鍵又於鳳棲山爲屋以館四方之士立周程游朱四先生祠以風勵之蓋二程先生家於黃陂與郡爲鄰遡其源則濂溪先生實家營道究其派則考亭先生嘗遊石鼓嶽麓皆湖南之地有不可遺者而定夫先生則所謂常遊宦者也世變既久祠宇蕩然宏治甲子餘姚蔡君欽以工部郎中來知郡事又明年爲正德丙寅政務就緒乃按圖志求祠故址適在郡治之後遂復爲祠而益以勉齋先生楊　名曰六先生祠

丁卯春鳳梧適以巡學至郡晉謁祠上下嘆慕者久之嘉蔡君之留心風化而諸生之有所瞻依也蔡君因以記爲請屬時校閱方殷未暇締思已巳秋知縣段欽訓導郝朝元譚文余鴻文炯輩復申前請鳳梧竊惟孔孟而後斯道失傳者千有餘年至周程游朱四先生始昌大休明有以續其不傳之緒而游黃二先生則嗣程朱之嫡派皆有功於天下萬世不可誣者今四先生已通祀於天下列於學宮而復有專祠固不爲黷若二先生則尚未有以通祀之典請於朝者此而祀之得非爲他

日之張本耶近得勉齋先生文集閒令諸生錄其文移書義有關於是郡者彙成一編名漢陽政教錄傳藏諸學宮以垂示將來夫記六先生祠而特詳於勉齋先生者本其所自也若夫希聖希賢之方則先生之記詳矣諸生其試思之

重建尊經閣記

漢陽教諭　陳文源

粵自文明日啓經學大備四子五經之書周行海內學者宗之有宋諸儒蠭起增訂爲十三經分別義類各有成書惟好古力學之士乃能通其義淺學薄植者不能遍誦其文遑問道其義乎我
朝重熙累洽崇尚經術
特命在廷大臣取經書而釐定之博採諸儒之說折衷於至當箋釋詳明鏤板以頒發學宮洵哉金科玉律可法可傳後學之津梁也顧學宮爲講經之地而藏經必有

所凡以云尊也漢陽楚名勝地縣學舊有閣今廢已百年矣德清沈侯以名進士宰是都凡有關學校者修舉不遺餘力每諸生謁見必勉以敦實學崇古道曰
國家設制科取士非徒工制藝之謂其謂淹貫經史根柢深厚坐而言起而行也韓子云士不通經果不足用惟經明而後行修經其可不尊乎哉諸生知公意有在即以重建尊經閣請公曰是余之責也願捐俸以倡是時我郡伯胡公祖涖政二年以禮教化民吏不煩民不擾多士咸爭趨願助而鄉大夫徐君謂請肩其事公曰合

邑之事即宰之事也勞一人之財力爲之於義不可徐君請益力公詢於衆僉曰善於是量地選材諏日啓事不數月落成凡宮以內闈以外靡不修葺而丹堊焉美哉昔廢而今興一時執經講藝而來者咸得以時陶淑其中如對古聖賢肅然以敬油然以樂也自此以往士之有志者知人倫庶政莫備於經不徒誦說之爲尚而身體力行之以務爲有本原之學吾見通經學古之士日益衆入則爲孝子悌弟出則爲名臣良牧上以體

聖天子崇尚經術之至意下以副公祖父母培植斯文之盛

心所謂坐言起行經明而行修窮經以致用者庶幾旦暮遇之也

建修免溺隄記

漢陽府知府　邱俊孫

夫橋梁道路王政所先修理隄防失時有咎漢郡治之東北隅有楊柳隄者踞龜山之左偏傍月湖之右臂東濱長江北通冀闕西達景沔南極瀟湘爲士民九達之通塗舟車四集之勝地也往時垂楊夾岸高柳覆隄暑月遊人憩息其下觀風帆之來往聞菱芡之芳香頓忘煩熱轂擊肩摩水環山映誠此隄之勝概也哉往亦就圮得前守王公宗本倡義修復頓改舊觀致漢上至今猶嘖嘖王公不去口亡何而歲月滋久蹂躪特甚洪濤

巨浪又復與土木爲讎故蓊蔚者日漸彫耗而堅好者日漸傾缺矣行者苦之余蒞漢之明年見聞所及諸務維新而此隄獨潰然不整屢請上臺商諸故老爲捐資鳩工庀材甃石乃經乃營乃左乃右高原下隰陸輓水輸而隄用是成矣詩云周道如砥其直如矢君子所履小人所視於以大復古而號康衢不是之由乎是隄也縣亘則二百丈有奇高則一丈三尺濶則一丈八尺費則一千五百有奇始工於順治十二年冬月告成於十四年之三月也

重修免溺隄記

漢陽府知府　陳國儒

出東門沿江岸巡歷禹功磯鑿山脊而扼其吭則俗所稱鐵門關是踰關以北有隄長亘數里襟江而帶湖蓋漢鎮居民入城孔道也輿馬之所踐負販之所息春秋祈賽士女祓禊之所追逐舍路無由豈非村郭聯絡之要衝哉歲久崩圮橋梁岌岌如斷虹欲墮風雨之晨霜月之夕行者患焉余以戊申秋來守是邦舟泊漢渚矚從候於道左卽矚目而心動焉歲久迎春東郊隄柳初萌旌旄稆屬童叟喧闐觀者如堵而土石剝落前驅或

隕嗟乎此何事而致煩我民之竭蹶乎亟呼父老而諭之方今庶務聿新是亦不可緩也余捐俸若干別駕趙君城守劉君各捐俸有差而行僧某復出鉢貲二千金以助焉乃檄邑尉董其役畚土築塢甃石架梁甫經旬而工竣隄成仍夾道植柳可蔭行旅以無廢曩昔命名之意而歷歷晴川或補勝概之萬一也因是追念往蹟隋隄荒遠無足稱矣蘇公治隄西子湖上碧浪藏鶯青絲絡馬往來其地者泠然如御風而行卽大江東岸相傳武昌東門柳治績風流迄今誦之不衰休哉余何敢當所厚願者此邦之人朝夕由是路而不病於涉後之人隨敝隨修使江濤不嚙於外湖葦不侵於內通而不塞久而無斁庶幾與大別並傳焉是爲記

重修免溺隄記　　漢陽府知府　高綱

郡治東北隅三里有橋曰楊柳隄橋原名免溺自王公之更建因而改號王公兹幸重修結甘氏之善緣只合歸功甘氏袤延城郭上接別山襟帶江湖下通漢鎭南轅北轍眞成九達之區朝往暮歸半屬五方之客裹鹽包飯生涯極負販之微戴月披星

王事有程期之迫當夫斷虹欲墮過涉堪憂及其計日落成遄征志喜凉亭初創足憇行人火道交通無煩撤屋閏疇昔煙鬟籠翠今成煙火萬家覺近來水鏡成藍遠愛

水天一色雲生古渡時繫廻舟湖繞長隄遥看彼岸尚圖不朽仗同志之嗣修光要流傳鋟格言以示勸陰隲中自多感應好看百善之果行道途上不止橋梁竊願眾功之皆廣蓋以濟人爲念旣無悖於儒言況以體

國爲懷實有關於

聖治緊余典郡亦思次第舉行爲爾題橋正復懽欣鼓舞曾無犀帶補苴愧之分毫那有金錢經費能捐百萬獨肩鉅任賴此善人豈意美名歸之太守溯風流於湖畔六橋艷說桃花攬春色於隄邊兩岸擬添楊柳一天紅雨輪他醉倒海棠十里青溪遲我踏殘芳草指中流以日月聊吟子固之詩仿勝概於山川且效君謨之記

重修新豐隄記

陳國儒

出鳳山門稍北越百餘武有隄如虹矗然於兩山之閒者傳爲新豐隄云隄南抵龍泉菴北連大別爲郡人渡月湖必經之地赤城煙景綠樹參差水色山光交相映帶道左民居數十家歷落散處如晨星㸃㸃若斷若續亦郡西一勝概也隄兩涯皆稻田夏時雨集野農資以灌溉春冬積雪初消流澌甫下牛馬蹴涔浸淫爲壑矣然徑此至漢口不過里許出東門經柳隄盤旋曲折而後漢口乃至將十餘里不盡居民苦之褰裳濡足其能

免乎余守郡之明年念士女之往來於漢者皆由東西二橋以達今東隄既新而西隄何獨頹然不整爰允僧某之請捐資若干仍命李尉董厥役薄者厚之卑者高之罅者堅築之中閒兩翼各用石甃如砥如矢不越月而告成事焉余思新豐之名本漢高帝所制以慰乃太公者也爲思故豐乃立新豐使兒童雞犬都識故處讀史至此殊令人有望衡對宇越阡度陌光景今斯之稱斯名也者則謂之何意漢民之託處於玆者大半皆東西南北之人棄其廬墓捐其伯叔甥舅以逐此什一之利者也將使顧名思義動其枌榆之念而體先王教人以孝之遺意乎是爲記

重建晴川閣記　　荆宜施道　陳大文

漢陽大別山巔有閣曰晴川雄據上游與江城之黃鶴樓對峙爲三楚勝境千古鉅觀創於前明范太守之箴以崔顥晴川歷歷漢陽樹之句得名且閣因山建所以誌大禹之功德於不忘也載考郡志大別在府城北半里一名翼際山禹導水導山皆經此禹貢所云内方至於大別過三澨至於大別者是也漢水西流岷江南下自江出者有沱自漢出者有潛又禹貢所云浮於江沱潛漢者是也特江發源於岷山山海經注云東南經蜀

郡犍爲至江陽東北經巴東建平宜都南郡江夏漢發源於嶓冢按水經漢水出武都沮縣東狼谷經漢中魏興至南鄉東經襄陽至江夏是二水皆流數千里而始會於大別想神禹當日胼胝八年躬乘四載蓋不知幾經疏鑿決排而後得此朝宗之象也然則登斯閣者非以快遊觀而以懷明德豈僅如亭號冠霞臺名溯月供一時之嘯咏云爾哉日久燬於火過者每徘徊不去歲強圉協洽余權臬事謀諸漢陽太守楊君芳春捐俸醵金鳩工庀材鼎而新之且於山前立廟以祀禹不數月而蕆事飛閣層軒規模宏敞退食之下偶一登臨雲影波光一碧萬頃不覺慨然思隨刊之績而頌成平之功德於不衰至若啓朱櫺憑繡檻天連吳蜀地控荆襄接洞庭之混茫吞雲夢之空濶人煙城郭夾岸回環沙鳥風帆與波上下或一日之間陰晴迥别或四時之序煙景各殊此則文人學士類能言之可無俟余之贅述也爰於落成日文以記之

重建晴川書院記

湖北漢陽府知府 劉 斌

晴川書院故義學也康熙乙酉郡守郝公士鐏分黃氏廢祠創建於南紀門內乾隆壬戌太守陳公文言縣宰劉公嗣孔各捐金增益之改今名顏其楣此書院之始乾隆癸巳太守潘公振鋆以舊宇傾圮營別館於小棱𠕇僻處隘巷歲久亦敝陋嘉慶己未余來守漢陽值教匪滋擾鄖襄軍書旁午庚申歲穀嗛上游貧民就食者日數萬口計醵金勸賑越明年夏賑事已畢項有盈餘即示為地方公事資正議改建書院而余即丁艱歸里

當以餘項具狀解存藩庫丙寅冬承

命再補是郡境域敉甯士風益醇懋而院舍敧頹更甚亟定遷徙之議戊辰冬明訓導達以張氏故宅告宅在試院西評價三百兩余以前時勸捐餘款倘存請於

制府桐城汪公 方伯海豐張公 兩公喜甚皆曰是當務也勉行之按籍給銀千八百兩如數酬宅價以餘貲作葺費適明訓導計偕入都即屬訓導楊君兆和估值經費鳩工庀材閱五旬而落成閈閎峻高庭宇博敞黝堊丹漆煥然改觀前為講堂 制府汪公顏曰正誼蓋以董子勗諸生也中為山長居室後堂及旁舍分處生徒西偏葺書軒供游息凡几案牀榻囷廩釜甑之屬鉅細皆備漢陽令新建裘君行恕復購十三經二十二史子集諸書充牣齋館以資采獲謹擇於己巳春三月十二日行釋菜禮延山長江夏魏公大本移生徒居之諸生洋洋焉于于焉若慶遷喬而步雲路也余惟郡院垂百餘年合沌陽江川孝昌黃城州陵五州縣之士負笈橫經人材輩出前人之經畫備矣祇以絀於資用向惟應童子試者得肄業其中而生監不與焉地經三徙

始獲斯宅拓而大之繼自今遂將廣造就增膏火俾茂才國子生皆與於選亦所以體前人未竟之志也我

朝風敎涵懿

文治光昌劉克猷熊鍾陵兩先生首起楚中文章衣被海內漢陽為鍾陵先生故里先生之孫旃嘗捐舍宅為試院所謂流芳堂也茲地相距僅數武安知非先生舊日誦讀地耶諸生沐浴

郅化訓行

聖謨誦先達之清芬旁搜而遠紹之勉思砥行礪節植志行

身以成明體達用之材余竊有厚望焉是舉也　制府
暨　方伯倡於上漢陽令殫力首贊之兩訓導踴躍襄
事各紳士商民次第出資財舉息爲經久計余乃獲藉
手以觀其成因記其始末復另勒石志捐輸姓名俾後
之人有攷焉

桃花夫人罷賽記

董以甯

桃花洞在漢陽城北楚人於此祀息夫人者也今不曰息夫人祠而曰桃花夫人祠有靈爽能禍福人其地衛生者將往賽請予觀焉且曰夫人自受楚王之寵而痛念息侯終身隱忍其志有足悲者徐庶歸曹不設一謀夫人歸楚不肯一言各有志焉不可强也余曰庶於先主君臣之分未定也夫人則固息侯之妻矣息亡本以夫人之故當思召禍由己庶幾以一死報息侯乃不能死而與之生二子顧以不言見志曰吾一婦人事二夫

其又奚言豈不言遂足以謝息侯不言遂不妨事二夫耶若但以不言之故死猶廟祀將臣子之不忠而事二君者雖備受寵榮而但無所建明則皆不失爲忠而可列之祀典也楚人亦或有見於此而特惑於能禍福人之說不敢廢祀故諱言息而姑以其地言之耶衛生聞予言因爲罷賽祠近亦廢

重建漢陽朝宗門城樓記　漢陽縣知縣　裘行恕

漢陽對峙鄂州黃鶴矗其東晴川瞰其北洋洋乎大郡也哉而朝宗一門實據其形勝凡由鄂至漢由漢至鄂者無不出乎此亦無不過此而延跂者而城樓朽敗攲仄岌岌乎有就傾之勢焉　恕於任事之初紳耆十數輩踵而相告曰城樓之未葺而待葺者久矣前宰某涖漢七年屢告罔應及今不治後將若何　恕聞而韙之爰集工徒料木石片瓦寸椽罔非新構經之營之捐廉銀九百七十有奇而工竣計出雉堞而爲危樓者凡兩層上

則飛檐聳峙高欲淩風下則廣牖洞開虛能延月蓋與晴川黃鶴遥相望焉登斯樓也風帆沙鳥樹影江聲無不輔勢合形效技於楯欄之下而屏藩省會保障郡垣尤其事之大者夫以數十年宜亟動之工數前人未及爲之事一旦舉而行之亦以求此心之安而供吾職守也豈敢邀以自炫哉門名朝宗爰以江漢朝宗四字額之蓋本事也或謂郡治形勢於五行屬金以生尅論金利土樓以黃色塗飾之爲相宜此形家言亦有識者所弗棄並以告後之守斯土者

重脩漢陽郡學縣學碑記　漢陽縣知縣　裘行恕

蓋聞圜璧法天而辟雍名半璜壅水而泮宮立芹藻登諸大雅庠序載之禮經斯卽學校之所由奠古先王定制命名之所由起乎迨其後郡名學縣亦名學郎縣隸郡治亦分澤宮以造士祭菜歌詩發篋警鼓各有所嚮而以時習禮無二致也漢陽一郡星臨翼度地控南維草因作賦而彌芳樹以入詩而益韻晴川閣下家藏媚川之珠卻月城邊人操脩月之斧名宦則游酢之變風俗王恭之號循良鄉賢則吳有成之經濟文章王伯庸

之風節孝友類皆推重一時焜燿千古誠聲明文物之大邦也向者郡縣並立兩學一在城西鳳棲山之陽一在城南太白樓之右處茲名勝之區允宜丹雘常新桴勢永固矣而乃榱櫨久圮雀鼠頻穿四壁梳風一椽吹雨者何哉　恕於丁卯春初奉檄任事目覩傾廢悚然難安者久之壞恭王之壁緊自何年發汲冢之封伊誰之咎豈非郡人士之恥守土者之責歟維時司鐸者爲陳聖清楊兆和唐承中明達四學博亦殷然以重葺鼎新爲急務而攻金攻木儲備闕焉夫以宅捨祇園尙思邀

福豈其錢輪光學轉後從公試募乞米之書期集成裘之腋其共襄此盛事乎邑人蕭卓銘方章俊方章偉咸知好義相率來前蕭以千五百金葺郡學方以千九百金葺縣學尉遲之錢庫帖可頻支卜式之家財輸原所願古闔斯語今見其人豈非一時之嘉會哉爰具公牘達之
郡伯
郡伯許之達之
大吏
大吏嘉之於是乎學博諸君諏吉鳩工而興事焉計竹頭木屑以課程料細桷大宋而握算閱三月而郡學之工竣又閱三月而縣學之工亦竣雲甍燿景殿邁靈光星栱流輝室生虛白試望鳳棲山麓嶢闕鬱其嵯峨雉堞城闉綺爬炫大庠嶧易占隆棟之吉詩慶新宮之成不是過焉雖朦瞍未奏鼓鐘而春夏不忘絃誦在郡學則會四縣一州之秀循牆者時聞絲竹之聲在縣學則合三屯九里之英入室者勤肄豆籩之事蓋無人不遊於學亦無一不習於學學以明倫而五常百行之源裕

焉學以致用而二帝三王之傳懋焉其尚有古先王建學造士之遺制也乎夫
聖人道大允光翰墨之林三楚材多曼譜科名之錄恕竊隨
諸大吏後偕諸學博拜
先聖
昔賢於廡下問車服禮器於
廟中覩厥成欣逢斯會俾後之人指而目之曰是役也告成何日經始何人得附末光並垂不朽豈不幸哉豈不盛哉乃於竣工時記其事而系之以辭焉贊曰

漢水湯湯魯山嶽嶽維郡有學鳳棲之麓維縣有學城南之曲吉日維新文光上燭光燭少微下應儒林高文典冊振古鑠今科名鼎盛經術湛深材稱國榦品重南金溯厥由來靈鍾泮水昔時黌宮頹然而圮今時黌宮渙然而美億萬斯年常留盛軌

改建晴川書院記　　漢陽縣知縣　裘行恕

漢陽大郡也人物科名之盛甲於三楚而舊設晴川書院湫隘不足容諸生絃誦夫書院所以儲人材也有書院而後有人材而後有文章經濟廼益彰
聖天子壽考作人雅化今以近省股肱郡而書院褊小一至此其何以蔚人文而宏樂育耶恕於丁卯春來知邑事思建置而力有未能　晴帆劉郡伯兩守是邦愁然念之爰請之　大府汪稼門先生　方伯張筠圃先生得舊貯邑人捐項若干金擇城南建中坊張姓舊屋重價購之爲改建計以學博楊君兆和諸於工作也命董匠役芟其蕪改其舊敗者易之朽者葺之旣除旣治大工以竣　郡伯爲手書晴川書院四字榜之門觀者謂字法李北海咸景仰焉恕嘗隨　郡伯後相其陰陽觀其棟宇南向闕崇門設梐枑入門爲院落地可五弓迤北爲二門門以內院寬半畝許再北爲講堂宏敞軒豁勢極堂皇東西列長案爲諸生應課設也由堂而北爲穿堂再入爲南樓復有小院繚以廊房再北爲二堂山長設講席焉再爲三堂再爲庖湢爲後院又自講堂後由

穿堂之西折而南小屋三楹中設禪龕作匡牀式階植雙桂扶疎青蒨如芝蓋秋風初動香氣襲人爲諸生攀折兆且爲　諸達官課文退息所小屋後爲樓屋者三再後爲羣房計十餘楹向之苦湫隘苦褊小者蓋至是而奥如曠如遠非前日比每當風晨月夕誦讀琅琅角藝者搦管高吟有氣吞雲夢之想都人士爭頌之而要非　大府之嘉惠藝林　方伯之扢揚風雅　郡伯之亟於建設楊君之善於將作烏能有此夫維楚有材由來久矣左氏傳倚相能讀三墳五典八索九邱是善誦書者莫楚若也屆宋爲詞賦之祖何義門評文選謂楚人工於遺詞是善古文詞者莫若楚也我
朝設科取士首重四書文邑先達熊鍾陵與黃岡劉克猷皆爲大家是善制藝者莫若楚也諸生肄業所及樂操土風由鍾陵克猷兩先生上溯屈宋更上溯倚相茹古蘊今以文章發經濟爲一代文人冠上不負
聖朝養士之仁下不負　諸大吏改建之意恕亦得竊光榮於其末豈非盛事哉其以晴川名者本崔灝詩也或謂由南門義學移置或謂爲前守陳公文言前令劉君嗣

孔創造縣志皆不載姑第弗深考則以今之改建者爲創始焉可耳舊屋仍秖之爲院中歲修費向額請銀若干僅敷終歲用仲春甄別時正額外復收六十人爲附課苦無膏火貲郡屬稱繁富其果有好義之士如朱瀚李樂中蕭卓銘方章俊之葺學宫考院者乎又將拭目俟之矣　大府以新工落成不可無所紀爲後人之徵信也恕乃不自量爰操不律而誌之以示遠久云

脩晴川閣恭舉　舒正載 酉樵

慶典記

漢陽大別山名肇自禹貢後以分野更名翼際迄吳魯肅奮武江漢間因又名魯山蓋山之名屢易而山實未嘗易也漢水自嶓漾時經山南入江今乃由山北入江蓋漢之迹稍易而漢之名固不易也古人歎明德之遠也信如是夫有明郡守范之箴於山麓建閣因崔灝詩額曰晴川遂至今相仍云閣之西爲禹祠楚人所以報捍禦之功禮也迤南爲玉清宫如意院迤北爲大士閣凡諸勝槪其創建所由及興廢之故自有記惟閣自乾隆庚戌爲

純皇帝八旬萬壽特加營造恭脩

慶典輿情歡洽嗣後値漭民陸梁羽書旁午之際古蹟名區潤色弗遑閣雲悠悠計星移物換未問諸水濱者相距二十年歲己巳十月朔六日恭逢

聖天子五旬萬壽越五日爲

皇后千秋令節縣屬紳商出貲俾之息請仍循

舊典就晴川閣公効華封之祝爰命工匠葺傾圮施黝堊

且於閣之兩翼增廨宇加壯麗焉届期郡伯率僚屬詣
閣望
闕嵩呼波臣向日萬里朝宗而山光瑞靄笙簧疊奏俯瞰
江漢滔滔惟禹之迹登斯閣者悠然若覩干羽兩階趨
蹌於颺言拜手之下靡不雍雍肅肅也新建裘慎甫先
生令漢陽閱歲以來愛民節用廢脩墜舉如領帑以濬
河築堤則民食裕募貲以脩黌宮闢講院建文昌祠則
禮教興至於平治道路重脩城樓輒蠲俸無所吝且懸
賞以詰奸宄求免和糴以紓民力慮事周詳自郡守以

上至　大府多所委任乃益自砥礪省披案牘稍暇即
研經論史講求治術由是政成威惠風草劾忱茲閣之
復新蓋不勞而理焉載以葑菲見采委勷棠聽竊幸窺
儒吏之班且躬逢盛舉雖言之不文用畧述其顛末以
昭示來許夫宇內承平民樂
一風使司牧無屯膏則輿情莫不嚮應故川谷歷久而變而
愛敬之在人心不變也遊觀有時而輟而典章之係名
教不輟也率是道也
慶典歷十年而一舉閣亦閱十年而再脩日鑒在茲臣心
如水雨暘時若光景常新甯惟快哉豐樂之紀盛一時
也哉漢陽繁富區闤闠如雲是舉也葺仁祠設經壇者
凡二十餘所因義本稱兒事與閣等故並記之云爾

脩建祀壇記

漢陽縣知縣　裘行恕

祀大事也典不備則禮失而求之何所漢陽每於季冬奉檄頒來歲祀典屆期舉行罔敢紊越而惟社稷山川先農諸神無封壝者或附之他廟或即之原野不幾典不備而顯爲失禮乎 恕深惕之乃稽舊制而爲都人士正告焉祭法厲山氏有子曰農能殖百穀周弃繼之故祀以爲稷共工氏有子曰后土能平九州故祀以爲社孝經緯社土地之主也稷五穀之長也穀非土無以生土非穀無以見生生之效有固然者故社必及稷而兩

祀之周禮封人掌王之社壝爲畿樹而封之又曰設其社稷之壝鄭註壝壇也考之禮天子之社廣五丈諸侯半之其位皆在雉門外之右其壝北向其表各樹其土之所宜木其主以石爲之稷之位在社西是卽社稷之有壇而祭之所自昉乎王制天子祭天下名山大川諸侯祭名山大川之在其地者小司徒舞師掌教兵舞帥而舞山川之祭祀傳曰江漢雎漳楚之望也故又稱望祀其祀爲兆於四郊置茅以辨其位而植表於其中周禮男巫旁招以茅者是也山川之祭不又有其制與小雅甫田章琴瑟擊鼓以御田祖傳田祖先嗇也春官籥章註田祖始耕田者神農是也始教造田謂之田祖先爲稼穡謂之先嗇神其農業謂之神農易繫辭神農氏作斲木爲耜揉木爲耒耒耨之利以教天下農事未有先乎此者故以先農統之而虔祀焉月令孟春天子乃以元日祈穀於上帝乃擇元辰親載耒耜躬耕帝藉註元辰郊後吉亥是郊後始耕也天子三推三公五推卿諸侯九推說文耤從草讀作習謂躬自蹈耤也國語太史覓土司徒戒職司空除壇膳夫農正陳耤禮韋昭註

陳耤禮者謂祭其神也其制甚嚴而其典亦甚鉅 會典直省府州縣每歲春秋仲月舉社稷山川先農諸祀典壇壝之制如京畿上自
聖天子下及諸臣吏無不奉行維謹焉攷之上古則如彼稽之近今又如此漢陽爲附郡大邑安可因陋就簡而不亟爲之所哉乃於城北興國寺之西築土作壇方廣若干丈甃以文石三面升各三級繚以短垣闢三門爲出入鑴石主立壇北是爲社稷壇復於鳳山門外廣場高阜所築壇鑴石如前制是爲山川壇先農壇風雲雷雨

之神附祀之耕耤禮亦即於壇之東北隅舉行之橅古
而不泥於古一惟　會典之所載者爲程式每當春秋
吉日偕諸僚佐恭隨郡伯後牽牲奉帛升香告虔祈年
穀之順成祝人民之康樂昭典禮而明祀事不致以因
循闕陋弁髦舊章斯則守土者之責也夫

新建漢陽文昌祠記　漢陽縣知縣　裘行恕

嘉慶辛酉歲
皇上御極之六年五月九日
特沛綸音布告天下曰
文昌帝君主持文運福國佑民崇正闢邪靈蹟最著允宜列
入祀典用光文治大哉
王言曠古無此渙汗也禮臣議以二月三日爲　誕降之辰
即以每歲是日行春祭禮仍擇吉爲秋祭朞寰宇尊崇
永刊令典舊傳
帝君爲蜀之越嶲人家於梓潼七曲姓張氏名亞字霽夫晉
唐閒或顯事功或著靈異後人爲立廟於梓潼嶺歲祀
之元時乃有
帝君之稱而
文昌聖號遂亙萬古遍四海合靈蠢而致敬焉說者謂文昌
列星也史記天官書文昌宮六星一上將二次將三貴
相四司命五司中六司祿在斗魁中周禮大宗伯以槱
燎祀司中司命羅泌路史亦云司中司命實爲文昌均
無所謂神與人也夫處士應少微郎官應列宿傳說爲

箕尾曼倩爲歲星蘇長公爲奎宿況
帝君之德盛化神天人一貫且經
聖天子之議禮制度而又何泥古而膠其蹟哉漢陽爲文獻
邦　文昌猶無專祠春秋兩祀寄諸他廟非禮也恕奉
檄知邑事典禮未備媿孰甚焉矧郡縣兩學同時整葺
書院亦改建重新則是祠也可一日緩耶爰偕諸學博
告之都人士邑人姚君聲五首約諸同人度支財用經
始之乃於晴川舊院之左購地擴充而建祠焉計爲崇
門者一面東向爲儀門者一爲大殿者一爲後殿者一

暨齋所皆南向餘屋復若干丹柱歛施皓壁曨曜雲蔚
霞駮月照電熌蓋於是乎祠宇新而祀典備矣襄
景運贊　神明煥人文一舉而三善具焉且遵
功令也祠之所系不綦重歟抑又聞之善作者不必善成
恕　顧後之來者頌
聖謨之洋洋景　聲靈之濯濯顧瞻棟宇歲時增葺善其成
於千百年後勿替焉可也

重建魁星閣記　　邑人　劉士鍾

大江之氾翼際之旁有閣傑出如翬斯翔熊熊其色是
維奎宿之光仰維奎曜副貳文昌斷鼇一足力抵瀾狂
六星朗著戴斗承筐金輝宵燦筆陣寒芒祀得其所厥
應孔彰覩我城隅實薦馨香誰歟肇祀太守黃堂陶太守公
士俠曰詵協贊廼劉嗣孔劉公廼王垣王公自建斯閣降聯穰穰
皇山玉瑱桂林蕊黃書升濟濟結綬鏘鏘南州冠冕畢
琴吾鄉云胡壬寅融風披猖燬我宏搆棟折榱僵百年
締造一炬焦疏神無所止雲旆飄揚過者心結見者情

傷問孰舉廢僉曰未遑維我新建夫子以著循良百爲
備具尤注意於膠庠謂是祀典宜復宜商且建且築彩
設金裝陸離耀目六角輝煌嗟我分野星實遴張正與
奎躔對照相望亭子祀事佑我文章左徒景宋巨製洋
洋法我以前哲裕我以後慶嗟予小子不學面牆幸逢
盛事未悉其詳聊書梗槪以志靡忘

漢鎮堡垣記　湖廣總督官文

竊惟楚北漢口夙稱巨鎮控吳皖之上游扼江漢之門戸漢陽在其南武昌居其左星羅碁布犄角爲三襟江帶河雄視全楚誠古今扼要之區也慨自乙卯秋燬於兵燹瓦礫空存余任兹封圻掃蕩煙氛與民更始者九載於兹矣迺近年鄰氛時犯鄂邊未必不覬覦及此余覽漢皐之大勢籌三楚之全局慨然曰是鎮也能不圖長治久安之策哉於是率同文武官紳採輿論度地勢議以上自礄口下及沙包計長一千九百九十二丈二

尺約十一里許築堡開濠建立礮臺以補長江之險告之

天子制曰可詢之芻蕘民曰便大役興矣而工程孔鉅經費不貲可若何爰集闔鎮紳商而謀之衆情允洽欣然解囊先得房捐銀十萬有奇繼獲衆商捐貲十有五萬賴兹裒腋克濟要工維時遴員選紳鳩工庀材諏吉興工購木椿以植基採紅石以成垣闢堡門八座建礮臺一十有五工堅料實費不虛糜經營一載大工乃成其形勢之雄壯規模之崇宏巳赫然犖若金湯矣是役也余深幸醵資踴躍衆志成城保漢皐即以保全楚從此樂與楚人共安磐石也且不特四方商賈畢萃於斯即各國洋商亦咸懋遷服賈共固藩籬同資捍衛益以仰副

朝廷柔遠能邇天下一家之至意焉故特記其崖畧於此

我

籌款者爲湖北布政使厲雲官督修者爲漢黃德道鄭蘭鹽運使銜漢陽府知府鍾謙鈞漢陽營遊擊施鴻恩監修者爲補用知府襄陽同知艾浚美候補通判張東甲署漢陽同知蕭蔭恩通判王璋署漢陽縣知縣孫福

海即補知縣金東昀李振麟在籍湖南即補同知胡兆春督勇開濠者爲協領喜昌總兵梁洪勝應得併書

重修晴川閣記

漢陽府知府　鍾謙鈞

天下事之當爲者不爲不可緩爲亦不可然非有可爲之勢與得爲之資雖欲爲之何可得乎漢陽之有晴川閣也建自明太守范公之蔵踞大别之麓枕長江之濱右繞朗湖左環漢水梅巖桃洞櫺搭松亭皆相依附天下奇觀無有過於此者其名則取崔司勲晴川歷歷漢陽樹之句流傳至今愈久愈盛乃於壬子歲粤寇犯楚無端一炬可憐焦土吁古來名勝毁於一朝過斯墟者誰不爲之慨嘆哉然近日工役迭興廢墜並舉初未有

謀及此者豈以此可不必爲耶抑以此可緩於爲耶不知漢郡爲鄂垣保障如唇齒然而斯閣與黄鶴樓對峙又如鎖鑰然所以漢臯人文蔚起殷富繁興未始非傑閣形勝之所致况又突兀參天嵯峨拔地凭高一覽沱潛滇沔蘄黄荆襄皆隱隱在指顧間官斯土者當無事之時集僚寀於其上仰瞻雲日俯矚田原洞悉閭閻情狀遊目所至宣德達情此固昇平盛事也即或伏莽興戎羽書閒告庸詎可閉門坐嘯以卻之惟一登斯閣千里咫尺虜情盡在目中堂階不下可定指揮即謂此閣爲李節度之籌邊樓奚不可者由是言之閣之所係豈不重哉余初下車即有興復之意因漢口築堡浚濠工鉅事繁未遑及此迨濠堡就緒隨以此舉請之　唐義渠中丞　厲伯符方伯　唐蔭雲廉訪均欣然許可並籌款囑余鳩工而紳商之好義者亦皆樂輸相助所謂有可爲之勢與得爲之資者然與否與而謂猶可緩於爲與是役也經始於仲秋落成於季冬閲五月而工竣既蕆事爰志梗槪於石以告來者

重修晴川閣序　　監利　王柏心

漢陽郡東郭外舊有閣曰晴川見於名流題咏久矣咸豐二年粵逆陷岳州水陸並下議者以棄漢陽專守鄂城爲得計賊遂哭據之閣亦旋燬至六年　官秀峰使相乘克安州之勝進圍其郭大破賊始復漢陽迄今九載矣民稍稍復業郡人士以爲茲閣當還其舊請於鍾雲卿太守集貲重修既落成太守則屬柏心爲之序茲閣聳峙大別之麓江漢環其下遠覽疎導餘烈神禹之明德遠矣地扼南北要衝與岳陽互爲鄂渚門戶自

昔戰守所必爭孫仲謀梁武帝以及宋元之際攻取遺迹畧可概見乃者咸豐閒竟舉雄劇之郡委之貪狠凶狒日肆其吞噬剗屠夷我郊關燔我閭閻凡赤子罹鋒刃陷俘掠者不可以數計當是時白骨蔽於草莽赤血漲於川谷方且旅拒我師前後三載乃克之嗟乎自前代兵燹未有烈於是者也向非元老壯猷廓清而摧陷之豈不長淪豺吻也哉以此知昔日不守漢郡固吾屏藩爲失策也今雖鯨鯢殄矣百堵作而商旅集矣然瘡痏未盡平也悲傷惻怛之念未遽息也無亦惟是吏民上下汲汲謀固吾圉力吾本農修吾忠信壯吾干城禦侮之氣而湔除夫侈蕩浮靡之習則是閣也成比於趙氏晉陽之壘齊植不忘在莒即他日生聚教訓富庶甲旁郡俯仰登臨必不敢以豐衍蕃昌爲可樂而時以戈鋋鋒燧屠掠奔竄之狀怵焉如接於前而踵於後則安不忘危是邦其永永有金湯磐石之固也已太守曰吾子之言切矣深矣彼徒述山川侈景物猶昔日之閣非此日之閣也遂書之爲序

重修漢陽縣學暨東西齋記　訓導　楊高椿

咸豐九年巳未春三月高椿奉　檄司訓是邦始受事齋戒謁
聖東齋朱君鳴璈告椿曰縣學燬於兵尚未重建春秋祀事惟郡學是附焉椿徘徊久之偕朱君計籌修復因鄰氛未靖格於議未果越二年辛酉夏閩中張明府孔修以名孝廉來權邑篆下車之始會同相商明府以初政殷繁未遑也至十月政績漸著遂申前議曰
聖人之道與天地無極自漢初崇祀以至今日典最隆

也我
朝重熙累洽久道化成今雖小醜跳梁楚大吏宣揚德威肅清疆宇巳六年於斯報生成者不徒兩大興禮樂者何待百年富而後敎此其時矣修不敏無以式多士竊思學校之設所以興文敎培人材也況漢陽爲楚北名勝地理學名臣代多偉人將藉頻宮鼎建振闔邑士氣期與遠宗孔孟之學近追黃游之訓經明行修蔚爲
國華此固牧民者之責而亦兩君之志也豈第崇廟貌飾觀瞻巳哉乃多方籌款延邑紳汪孝廉學江史廣文佩珩張副車行簡董其役興工於仲冬朔閱六月而蕆事落成於同治紀元之夏四月至忠孝節烈祠及明倫堂尊經閣則有待也椿因之有感曰凡不朽之功皆待人者也而學校爲最急漢陽學宮創始於有明永樂閒嗣後賢太守艮有司及時重新昭然邑乘迄今游庠序而溯淵源猶頌德敎於勿衰自被兵燹歷有年所明府來即圖重建謂非興學造士不朽之大政歟閱世而後採入邑乘固與前人並傳千古矣惜明府恖恖解組未覩貞珉無以傳示來茲朱君以東西齋亦附　學宮而重

葺也命椿一言誌之於是濡筆爲之記

鸚鵡洲考

漢陽縣知縣 裘行恕

鸚鵡洲相傳爲禰衡作賦而名也今欲辨洲之何所隸當先考衡所至之地與所依之人得有所憑始不致介於兩可而奪於他議後漢書衡有才辨孔融常薦之曹操操送之劉表表又送之黃祖是衡始依操繼依表終依祖也祖開閫何地衡即在何地洲亦在何地矣三國史巴郡甘甯率僮客八百人欲東入吳黃祖在夏口軍不得過是夏口實祖開閫之治所也資治通鑑注夏口一曰沔口或曰魯口其地在江北又黃鵠山東北對夏

口城亦沙羨縣治蓋齊梁之魯山城今之漢陽軍即其地以上皆通鑑注語祖治夏口衡亦隨之夏口矣地居江北爲魯山城爲漢陽軍賓從遊讌當在是文士觴詠亦在是昭明文選鸚鵡賦序祖子射賓客大會有獻鸚鵡者使衡賦之此洲名之所由起也則鸚鵡一洲理無他屬有斷然者或曰孫吳置夏口督治鄂州不又移夏口而南耶斯說是也顧不見元和志乎志載夏口實在江北孫權於黃鵠磯築城取對岸夏口以名之而夏口之名始移於江南是黃祖治所之夏口實在江北權始移而南之祖在先權在後衡依祖不依權也洲之所在有異理歟水經注江水東逕歎父山當鸚鵡洲又東逕魯山南魯山翼際山也有郤月城黃祖所守禰衡亦在此皆水經注語 按歎父一名炭步屬縣治之沌鎮見漢陽縣誌山川門是山在漢水亦逕漢且明謂衡之在漢矣洲又安能他附乎行水金鑑注鸚鵡洲在漢陽西南二里大江中尾直黃鵠磯夫不曰他邑而曰漢陽因文見意其理甚明且直者對待意也黃鵠磯在南岸則洲在江北其理又甚明他如崔灝之昔人已乘黃鶴去一詩細讀全作

前四句似指黃鶴樓而言後四句則望遠而咏歎之也孟浩然詩昔登江上黃鶴樓遙愛江中鸚鵡洲讀遙愛二字則洲之所在其理又甚明又如庾子山賦藏船鸚鵡之洲聶炳賦呼鸚鵡以逍遙李適詩沁水銀河鸚鵡洲白居易詩紅葉林籠鸚鵡洲楊士奇六言詩鸚鵡洲中紅樹李夢陽詩鸚鵡洲邊春水生又沱水夾城鸚鵡洲悉緣鸚鵡嘉名而起如或移洲之地沒洲之名則千古才人淸詞麗句將一齊抹煞乎抑懸而無薄乎揆之於理合乎否乎夫讀書所以明理舍理而言書於何有

且不獨此也

國家創制疆域有一定之誌道里有一定之表江夏漢陽向以江心爲界南屬江北屬漢載之公牘刊入版圖莫或逾也今洲實在江北岸距漢南門僅數武江夏則遠隔江以南似未可越

定制紊舊章也考之上古史冊則如彼稽之近今

功令又如此鸚鵡一洲屬漢而不屬江也其理又甚明按後漢書江夏置郡統十有四城荆州舊域半歸所轄迨隋大業中始置漢陽一縣是江夏稱名古而所統者廣漢陽則分江境而建置在後也考古者所當辨江邑判山川條分而縷析之安可牽合附會而自爲臆說哉恕譾陋不學一行作吏此事遂廢復苦無書紬繹何敢自詡爲考訂家與風雅士爭異同所惜者千秋名勝韻事流傳起筆墨之煙雲助江山之輿麗一經湮沒實亦文苑中之大缺陷不可不急正之且恕之娓娓陳詞者巳恕三次力陳請將鸚鵡洲頃畝租息全歸江漢勺庭晴川三書院增給館師經費及諸生膏火現奉　大憲另委大員督同查辦亦爲江漢勺庭晴川三書院增給膏火貲不負本來面目耳或是或非於彼於此恕亦何庸剖辨哉讀

此篇者諒恕之苦心原恕之淺學是則恕之厚望也夫

夏口考

邑舉人 楊律

漢口一水異名嶓冢有二源東流爲漢至大別入江爲漢口此本名也西源爲沔逕葭萌入漢故又爲沔口華容縣有夏水首出於江尾入於沔夏水與沔水同至大別入江故又爲夏口此夏口之所由名也夏口沔口總是漢口巳上三說俱載禹貢蔡注春秋楚伐吳薳射以繁陽之師夏會於夏汭行厨集謂卽漢口離騷遵江夏以流亡過夏首而西浮一統志謂卽漢口又云魯口卽夏口魯肅祠墓在大別因名大別爲魯山漢口爲魯口

則夏口仍漢口也再參之楚世家靈王圍徐懼吳聞郢都內叛乘舟將欲入鄢史記正義云王自夏口從漢水上入鄢左傳王沿夏將欲入鄢杜預注鄢卽襄陽宜城縣靈王自江南上襄陽漢口必由之路則所謂沿夏者非卽漢口乎又參之南史梁武鎭襄陽起兵平齊出夏口駐赤嶼下金陵武帝自襄陽下建業漢口亦必由之路則所謂夏口者非卽漢口乎再考一統志吳主孫權在武昌府城西黃鵠山築夏口城因正對沔口故取對岸名夏口唐章懷太子注後漢亦謂夏口戍故唐史皆稱鄂州爲夏口李白遊郎官湖序云尚書郎張謂出使夏口劉長卿詩自夏口至鸚鵡洲望岳陽皆謂鄂州蓋夏口本卽漢口自孫權取對岸名夏口而漢口遂不復稱夏口矣如謂夏口非漢口則所謂黃鵠山正對何說也經史子集在在可據人所以紛紛聚訟者或不知夏水與漢沔同入江也本縣舊志亦謂夏口卽漢口又聞此水在華容夏盈冬竭故名夏水云

禰衡論　舉人　龔書宸

人苟有浩然不屈之氣流行直性之內不惟光明磊落睥睨王公有不可一世之目即極之塞六合扶四維何非是氣之所磅礴昔漢曹瞞獻帝之蟊賊也負其淩厲一世之氣以摧折天下當時諸侯王以及公卿士大夫皆震懾莫敢枝梧後之讀史者見其冠履倒置盜竊太阿之罪不可勝誅不禁怒髮上指拔劍斫地欲剸刃老瞞之腹以快神人之憤至不得伸乎其志惟於千載下唾之詈之假筆董狐誅於既死雖無益於當日宗社安

危之勢而霜毫討罪嚴於斧鉞至今史冊間猶凜凜有生氣東漢之季乾綱既倒士氣頹唐殊甚苟文若楊德祖之輩詡詡然名士也於操且北面之二子而下其如脂如韋奴顏婢膝者又何可勝道衡以一鼓吏乃能勃然震怒掀衣揚眉吐千萬人不敢吐之氣而批奸摘伏不惟觀者舌撟而上以洩漢代祖宗之憤下以快千古忠臣義士之心則漁陽一撾直與博浪一椎前後爭烈矣衡之膽力不誠有大過人者乎衡豈不知一己之力不可與操抗而敢於侮之如冥然不知顧忌者蓋有以

窺夫操之平日其視漢之廷臣蠅營狗苟於己何敢睚眦所不可知者士氣耳故其奸謀雄畧嘗得師百萬之師深入堅壘而喑啞叱咤如無人境獨不敢露刃輕加布衣者其心已槪可知矣所以裸體之辱衡正欲以士氣褫老瞞之魄使知茅檐草布中固赫赫大有人在則摻撾一擊乃衡之震聾志士藉淵淵之聲爲一則忠義檄文耳且彼操者亦常人也其安坐受辱不於衡而即加之刃想亦陰識衡有默挽厄運之意恐其義烈之激足以搖撼人心引使去己己直孤立何能代漢而有天

下而又不欲有殺士名故特借劉表耳而衡亦遂渡江依表尚冀表或可託則用表以陰除操使己志可伸在楚猶在洛也及表貽衡於祖而知祖又一操類而才識不逮者故思亦有以奪其桀驁之氣而千鈞之弩不惜爲鼷鼠發機復以詈操者詈祖祖之氣喪操亦必鬨而魂奪矣乃志未成而身以殉衡之不幸漢之不幸也世不諒其淵衷而徒以狂名之何哉夫以操之窺竊神器匪伊朝夕使無衡之面折廷辱以作士林之氣而操不畏茅簷草布中復有詈己怒己如禰衡其人者則獻帝

東郊之禪當操之身而已行之不待篡丕繼志而操僅以周文王老矣然則獻帝得衡而漢祚得以稍延是衡死而存漢之志已伸衡如未嘗死耳衡豈惟不死於當時哉今之去漢幾千百年矣過芳洲而弔孤忠而英光烈烈鬚眉不腐覺江聲壯厲中猶赫然有一正平在

息夫人辨　　安徽　孫璧文　舉人

漢陽月湖舊有桃花夫人廟祀楚文王夫人息媯也道光初當事毀之考諸左傳息媯實爲失節之婦祀之非也余按古者女子二十有家息媯過蔡在莊十年雖甚少亦當二十以上至三十年子元伐鄭歸而處王宮息媯年近五旬矣子元雖甚荒淫何致蠱此老婦又考史記熊惲弑兄堵敖代立當魯莊二十二年距楚文致息媯時亦僅十一二年熊惲爲弟不及十齡豈能行篡弑之事竊謂熊惲弑立必已成人而息媯來楚方逾十年

則生堵敖及成王之說亦未見確故經不書滅息篡位史記亦不載滅息及息媯等事益見左氏之浮夸豈當時惡楚憑陵中夏爲是說以辱其宮闈歟抑傳聞異辭左氏從而識之歟嘗閱劉向列女傳楚伐息破之虜其君使守門將妻其夫人而納之於宮楚王出游夫人遂出見息君謂之曰人生要一死而已何至自苦生離於地上豈如死歸於地下哉乃作詩曰穀則異室死則同穴謂予不信有如皦日息君止之不聽遂自殺息君亦自殺楚王賢其守節有義乃以諸侯之禮合葬之君子

謂夫人說於行義故序之於詩據此則息嬀又爲守節之婦祀之宜也劉子政博聞强記必有所據惟自唐以來論息嬀者皆據左傳或悲其不言或諷其失節從無據列女傳爲之表揚者然父老傳聞文人歌詠不曰文夫人而曰息嬀息夫人則公道猶在人閒但未直剖其誣耳余游月湖訪其廟址慨然識之數千年之寃一旦得白知貞魂慰地下矣

論鹽價　江邑貢生劉湘煃

通志謂湖廣食鹽例取給於淮揚自明以來巳羣聚於漢口商民貿易縱時有低昂從無騰貴缺乏之患然鹽艘往來於大江中一遇風濤必將停泊則楚民嗟淡食矣康熙中
題請定價粱鹽每包以一錢爲準雍正初復酌加四分可稱兩便而後此則有增無減雖以
皇仁普被蠲邮時加
各憲承流屢行平價卒不能復一錢之舊其故何哉豈海甸餘波豐於前而嗇於後耶或走利者必足其數而

不暇顧閭閻之日用耶在業鹽之家動以上關
國課下虧成本爲辭然歷年上納不聞短少分釐也又不聞行鹽虧本而別作他計者蓋鹽爲人所必需即明受其累而萬不能與之抗於是上下之公費出其中交遊故舊之餽遺出其中舟車僕馬宫室歡讌之給足無一不出於其中盈千累萬勢重難返及逼盤計算而商之所餘亦無幾矣夫以楚中數百萬生靈之膏血無日不輸於淮上將安所厎哉嗟乎嗷嗷待哺仰此爲生而公

私交困一至於此莫如愼選清廉盡斥浮費商之利可積少而成多民之力可稍舒而不匱其中之潤澤在君
心
國計民生者自有斟量之權衡則貧瘠庶有瘳乎

上劉太守書　邑人李若愚

公下車以來百度維新士民相見莫不欣欣色喜而庠校諸生尤以夫子宮牆得中興爲賀某居也賤不敢妄有所聞說竊聞諸長老言以爲學宮受病在龍脈掘鑿而牆透穴之則敝社友吳毅銘所切切陳瀆左右者今日之議修學一節未免費縣官錙銖諸生顒望然公德意尙有待若築千湖涇口及禁止沌口三里坡二處此則旦晚可傳檄定不煩再計而千湖涇爲郡龍脈脊舊本無河挖自萬歷十五年禍且日蔓所關利害不止學

宮語具載諸生條陳單中此卽某與吳毅銘爲青衿時曾經之王太公祖已經施行豪民有陰害其成欲截府脈以爲已一家受用者又會某等應省試事遂寢而郡內數年光景愈不忍言矣某與毅銘旣始之敢不終之欲亟布本末恐執事之未得閒請復申其詞伏惟老公祖念合郡士民請命趁歲晚務閒民力可用仍査丙午在案原卷早賜批委其土石畧有所費則通郡大姓自辦不敢損公帑也但委官須得幹敏如王典史委督里老須得忠信如周璉李艮張世順等且合璉等詳開一

手本假以便宜從事刻期考成不半月結局矣若仍落
巡檢輩手則豪賄一行是復丙午之役也百姓望此舉
如望歲焉日日以幾某敬竭鄙慮惟公留意

李氏雷姚二節婦傳　邑人李昌祚

余家在深山中三四百年樸畧之風至今存焉先世忠
孝節烈之事父老能言之而無能載之於書者余生也
晚猶及其一二事思以廣其傳而垂於後之子孫其一
為李若英之妻節婦姚氏英與余祖同出於曾祖嵇山
公少能文以累試擯於有司至病二十七歲卒節婦猶
二十二歲也夫死之日欲自經以殉族長責以姑在且
生止一子甫一歲宗祀繫之存亡遂忍默不敢言死而
事姑日謹同居一室夜則與姑同衾而寢婦姑相憐甚

姑壽八十七未嘗一日離也家有凌犯者或厲聲終日
卒不校分產從其薄者日親杵臼食糲衣縞至今五十
餘年哭其夫如初喪之日延傳課子慈嚴有法所謂一
歲子者名應楨有聲膠庠開生孫四昌黎昌穆昌蘇昌
稽俱幼繞膝爲戲節婦未聞開口而笑時年七十有九
宗族鄉里皆稱之其一爲李若谷之妻雷氏谷之於英
猶余祖之於英也谷爲余曾祖太常公同胞弟之子生
有慧才目數行下相貌若神仙中人太常公悲其弟早
卒以爲此固大器孰意其更有不然年二十而死矣節

婦纔十八歲生子數月每哭輒死復生終日抱子詣殯所向夫呼曰吾非爲李氏有此一綫吾何以生爲哉太常公憐其志予以生產獨厚屬纊時尙執余祖手祝曰應柏子當子之應柏卽數月子也吾祖撫之如己子婚娶拜列與余父同觀者皆以爲子禮矣惟祭告別之所以存谷之後也節婦以是爲煩經紀外事足不涉堂下祇闔戶悲慟慨慨若不解人世者栢後貢入成均節婦亦不爲喜栢年四十三歲夫婦相繼死節婦則戚然直不欲生矣病臥蓐轆閉不求食諸婢强進之越五年乃

終享年六十七栢之子亦有四長昌科府學生次昌捷縣學生以世亂棄其業躬耕自食次昌重縣學生次昌宣二節婦俱出巨族禮義之家數十年苦節自守事二節婦多不欲言故人未得其全也贊曰人亦有言天尙未有以報節婦也嗚呼言施報者滅五倫者也人非五穀不生非五倫不可以生余是以有感於二氏而以爲紫芝瑞草富貴祥瑞之事固莫有過於此者也

石榴花塔碑記　　明　黃一道

按誌孝婦宋人失其名氏事姑至孝嘗殺雞爲饌姑食而死姑女訟婦殺姑無以自明臨刑折榴花一枝仰天祝曰妾果毒姑此花卽枯若枉妾命此花復生後花果生時人哀之因立塔於側以紀其事歲久塔廢將遂湮沒今上龍飛第一春予奉勅董儲漢陽同年朱子宜侍御爲予道之惟草木無知者也當陽之竹與萇花若解人意焉蓋忠孝之心通於神明有默相之者矣萇公心事如白日人得而知者獨阨於奸邪孝婦之冤弗白於

人而自於天皆命也予以是可厲人心而儆司刑者爰命有司伐石以誌之

重立石榴花塔碑記　　吳省欽

出漢陽西門一里餘爲演武場之東民居鱗萃有地方廣四五丈碑塔屹然予同年王君嵩高令此所植也宋五行志紹興間漢陽軍有獄誣孝婦殺姑婦不能自明屬行刑者插髻上榴花於石隙曰生則可以驗吾冤行刑者如其言後秀茂成陰歲有花實今府志以謂姑食所殺雞而死姑女訴於官伏婦罪後人立塔花側以表之歲久塔廢明主事黄一道識諸石今石亦不存王君迹之民居之圃出私錢爲償而其蹟始得復見予嘗念

天下之理常者可以推其變則不可方物古之精誠感召其大者揮戈退日刺刀涌泉其小者一草一木臭味不差若田氏之枯荊再榮寇公之插竹成筍較著耳目矣而婦人女子志行卓絕與夫悲憤冤結之氣卽宋史所載臨海王氏之血書漬石間天陰雨輒墳起如始書時永新譚氏婦血漬禮殿間八載作婦人嬰兒狀磨以石不滅鍛以熾炭益顯史於婦固以孝稱而不以並列女僅志之草木之祥蓋既死猶不幸焉然漢東海孝婦所爲孝亦失傳賴以于公一語于公知其冤天之枯旱鑒其冤而當時斷是獄者冤與是婦同益以歎明慎用刑者之難而理之不爽其氣有以取之所由不期敬不期哀而人無不哀敬之也碑之立在丁酉八月記作於辛丑二月

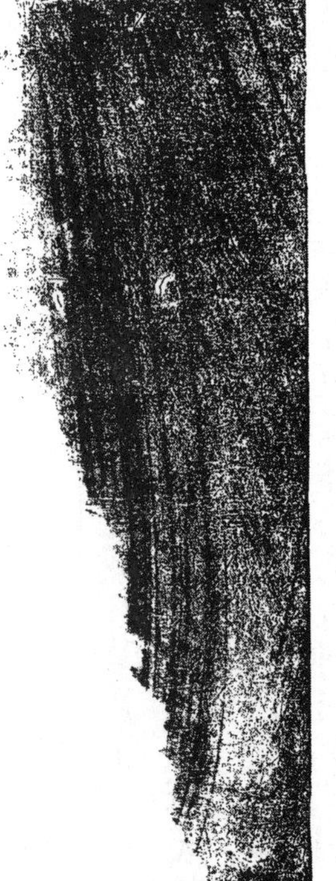

漢口義塚碑文　顧景星

月令孟冬掩骼埋胔所以息蓄沴達陽氣也漢制因之剌史守令之賢者賑卹訟獄而外視玆爲重宋富鄭公知青州大旱飢民死者爲大塚葬自爲文以祭康熙辛亥知備參議江甯徐初入楚境歲適告凶多方賑救所活不下數萬人老弱疾病不起者量給薪槥遠方饑殍或屍浮江上多年淺土或狐猾虎跑公申命地方悉行收瘞而斬則耆善某某僧某某聞聲興作募築叢塚收骨千有餘具漢口近爲沔陽流民占窩負渡爲業小舟

覓雁黠黠江面操楫雖多覆溺不少公因造快船於沿江險闊處專伺風泱赴救覆溺買田以贍水手買地以備掩埋舊日窮困無力棄置風雨率莽及楬櫫以待無人收葬者而今皆得黃壤七尺靑蒿一叢嗚呼秦獄之蟲苦酒頓消螞蟻之墳春風亂聚誰謂死者之無知哉使上之人寬賦詳刑哀矜勿喜民得養生送死無憾物無夭札水旱不興豈非堯舜之盛治有司之奉職哉是用鐫石以彰公德垂永久其義田若干畝塚地若干丈費價若干兩勒諸碑陰

三絕碑　嘉慶元年涂月廿有四日　全茱吳鼒題

桃花夫人廟碑　徐嵩

懿歟夫人靈淑且幽耀采雄楚篤生袁周孤根毓芳麗質守素眉攢沙月衣暗巖霧獨立南國胡然而天蜉蝣溷濁鸞鶴翩𦒎南有喬木不可休息桃之夭夭有蕡其實夕陽一片東風五更長林峯亂古洞潮生花開小春廟對大別伐石鐫辭江水勿齧

金匱徐君撰桃花夫人廟碑以示曾子曾子伏而讀之三歎而起曰惜乎夫子之說長者也而心未宣也

僕請申其說夫其無言下淚有子成行花未墜於樓前桃方新於宮裏右丞所諷小杜斯譏余既知之矣乃若春秋二百四十二載女戎爲盛婦怨無終風會既成倫常斯滅大者數事可得而言夫攘公之揄兆叶驪姬歸吾之豭歌興宋野豺狼產於尤物龍蛇生以深山君賜崔子之冠臣得夏姬之祖葼也何害人之無良女爲粲而寄公亡人盡夫而雍糾死衛姬歸晉乃釋衛侯之囚越女沼吳還逐越臣而去若此者穢德孔多厲階洊作誨淫之風已甚忍恥之義何居

以息嬀較之殆有閒矣且夫桓公九合管仲之所以不死也闔閭三師伍員之所以復仇也夫人忍須臾之死雪終身之怨善哭雖無十日不言殆已三年鄎夫人假手於宋終歸鄎俘莒國婦授意於齊遂奔莒子何必汎舟自矢之詠不殊驅馬歸唁之心是故滅蔡哀以報息侯於九原義亦有取爾嗟乎興亡之際其事難言春秋以後斯人不少袁家美婦忽稱洛水之神齊主淑妃竟作代王之雙隋苑春蘭之秀移植於唐宮蜀中花蕊之才陳詩於宋祖沈阿翹忍歌河

滿杜秋娘空憶縷衣求如玉奴之不負東昏豈易得哉夫人一節雖虧蓋千古之有心人也何則志在報人者不以富貴移不以懽娛觧也漢陽廟食至今憐之遠自媿於湘靈曾少斑斑之竹近猶賢於神女不爲暮暮之雲名疑在金沙池邊地豈是秦人洞裏僕言如此還質徐君

嘉慶元年春三月南城曾燠書後

丹徒王文治書

重脩吳漢昌太守曾公子敬墓碑

漢陽縣知縣　裘行恕

夫尉佗纛封真定之塋光武詔祀扶風之隴良以神靈所寄培護宜加有由來也維漢郡之西門乃經塗之九軌殘碑欵路古冢依城傳爲漢代建安之遺題識魯公子敬之墓而乃一坏黃土四面青蒿風雨頻摧松楸盡翦是則弔古者之所太息行路者之所愴懷也乎且夫公之仕東吳也赤帝之蘿圖誰席黃巾之妖讖誰膺寰海龍爭中原虎踞所幸長江南北婦孺知儒孫郎復値

漢水東西將士竟梟黃祖遂使勾吳再造建業開疆坐擁八州氣吞九有仗父兄之遺業號文武之兼資延攬英才廣招國士君臣契合魚水遭逢斯時也孟德鴟張豫州蠖屈兵稱鐵鷂假奉辭伐罪之名膽破金陵創簞食壺漿之計公則追權於宇下逆備於當陽堅合縱之謀闢迎降之謬迨至東風正急荻亦鳴功南郡窮追草方塡路破北軍之十萬麾西蜀之三分要皆公之所由啟也維公素懷忠烈周公瑾死且見推雅量謙冲吕子明書能粗讀雖稱一短不掩二長是又見之於大帝之

所褒矣且也結士則困堪分指囷讓麥舟交兵則刀可
單操無煩班劍惟慨慷之素見信於平時斯激烈之談
可陳於軍會剛如壯繆且服其義正而詞嚴才似士元
尚待其心知而書薦也夫何長星告隕隆棟其摧本開
閫於蒲磯何寄形於漢廣當日素車白馬爭朝元壞而
來卽今夜月秋風但有青燐相對荒墳寂寂衰草萋迷
斷碣寥寥斜陽冷落是誰爲此乃至於斯抑又聞之岳
陽樓下地號眠牛青草湖邊陵名下馬何一人之殂落
爲兩地之歸藏不知古瘗衣冠原有招魂之葬民思功

德感生過墓之哀祗緣愛戴之忱便作歲時之祭是以
欒公之社遍立燕齊新息之祠廣營谿峒又何嘗身經
處處而已見祀遍家家從可推已恕廿年鄂渚偶然滿
縣栽花三載晴川不負初心如水彼河渠舊里久竣修
防丙舍黌宫重煩建置若遺阡在境草宅其墟非惟罔
恫於先賢抑亦遺譏於此日爰招蜡氏命彼冢人甃石
如積薪然試築郝速之冢覆土亦紊棋似誰搏函谷之
泥作馬鬣之封幾行樹古下羊公之淚片石城闉置守
塚之一家護崇封之七尺庶幾魂歸深夜望華表以重
來祀展良辰捧瓣香而載拜因爲紀實謬附能文用泐
豐碑永垂萬禩

尚書屯田員外郎李君墓表　宋　歐陽修

漢水東至乾德涯而南民居其衝水捍暴而岸善崩然其民尤富完其下南山之材治室屋聚居蓋數千家皆安然易漢而自若者以有石隄爲可恃也景祐五年余始爲其縣令旣行漢上臨石隄問其長老皆曰吾李君之作也於是喟然而歎求李君得其孫厚厚舉進士能自言其世云李氏貝州清河人君舉進士中淳化三年乙　科鎭州眞定主簿齊化基爲典史以强察自喜惡君廉直不爲屈多求事可釀爲罪者責君理之君辨愈

明不可汚卒服其能反薦之遷威虜軍判官秩滿減兆轉運使又薦爲冀州軍士判官逾年吏部考籍凡四較考者外皆召還公考當召是時契丹侵邊冀州獨乞留君督軍餉課爲最多遷大理寺丞乘傳治壁州疑獄旣還轉運使又請通判冀州督傍七縣軍餉課尤多而民勞遭歲饑悉出庾粟以貸民且曰凶豐甚必復使豐而歸諸庾是化吾朽積而爲新乃兩利也轉運使以爲然因請君益貸貝魏澄易諸州後歲果豐饑民德君粟歸諸庾無後者蓋賴而活者數十萬家轉運使上冀人言留許留一歲就拜殿中丞歲滿將去冀民夜私入其府塹其居若不可出君諭之乃得去通判河南未行契丹兵指邢洛天子擇吏之能者改君通判邢州其守趙守一當守邢以扞寇辭不任邢事天子曰李某佐汝可無患守一至邢悉以州事任君御史州中丞王嗣宗辟推直官遂薦爲御史以疾不拜求知光化軍作所謂石隄者孫何薦其材拜三司戸部判官改知建州皆以疾辭又求知漢陽軍居三歲而漢陽之獄空者二歲卒以疾解退居於漢旁大中祥符六年五月某日卒於家遂葬

縣東遵教鄉之友于村子孫因留家焉君諱仲芳字秀之享年五十有三官至尚書屯田員外郎君爲人敦敏而材以疾中止余聞古之有德於民者歿則鄉人祭於其社今民旣不能祠君於漢之旁而其墓幸在某縣余今又不表以示民嗚呼其何以章乃德俾其孫刻石於隧以承君之揚（見六一居士集）

張叅軍墓誌銘

宋 李 先

張姓也沂名而樂道字也新鄭管城其先之所居鄂之漢陽後所遷也藹左司外郎贈太常少卿曾大父也嶠考功外郎贈工部尚書大父也倣太常少卿贈兵部尚書父也試將作監主簿用父蔭也兩尉蘄之蘄春嘉之峨嵋主簿於彭之九隴從事於儀眞君之所歷官也自晝大邑剽掠居民前人所不能禁選健士行詭道出之不意捕全夥者二十三人朝廷著令獲七人者遷其官君之所獲再倍其數而不得遷者不親乎矢石人皆以

此惜之此君之尉蘄春也總簿書而猾吏不能以非文其是司符印而奸人不能以僞售其眞嘗有以事私謁於君正色卻之以示其公此君之主簿於九隴也修器械嚴禁令出則有警居則有備寇盜公行而獨不入其境此君之尉峨嵋也謀一致心推其忠決一獄曲盡其理州將頫以數局事無大小一皆剖斷若無所事外召委以軍儲五萬不越旬浹聞如其數官滿用舉者改京秩未遂行偶疾而卒此君之從事於儀眞也始君之在九隴代將及期漕憲惜其去表移峨嵋既又用舉者授儀眞蓋君之少時有志於學纔習事業卽有過人之材學士大夫多器重之嘗與人曰天下之士起於進士者常少而由門閥者比肩於四方世之人多以進士爲可重門閥爲可輕彼豈知材足以任官位足以行道則門閥亦進士矣奚輕重之間哉由是起而調官故所至見稱若大漕羅公拯漕使俞公克皆一時名人交薦其才則君雖出於門閥其視進士亦無少媿焉不幸早世不能盡其素志如使得以壽終其所施爲有足言矣雖然君之爲人其性敏捷而行廉精力强記無所不能常攻

天文地理之學書札奕棊之事而於奕棊爲尤長也噫奕棊小數惡足爲君道哉里人多以此稱君故予亦不得而略也君之夫人乃泰之凌氏而工部侍郎之孫女供備使副之女既笄之五歲適於君其爲人有賢行居常以不得事舅姑爲恨而其夫得以盡心於外事而見知於上官者以夫人爲之內也君之享年甲子二百四十二而夫人則多君之甲子二十四君之卒於熙甯六月初三癸巳日而夫人後君之四年卒於元豐元年十二月初六丙午日君用元豐二年三月二十九日丙申

葬於漢陽沌口先塋之西百步已而夫人祔嗣方嗣文嗣仁君之三子而二女尚幼在室嗣方狀其實請銘以葬而侯官李先論次其事而爲之銘銘曰廸可以惠兮逆不可從惠廸則吉兮從逆乃凶回年不盈兮跖乃壽終天之報兮莫得而窮

舊志石墓銘土人於麥山掘得之按沂墓在沌口去山尚三十里未解何故不在墓所俟攷

興國寺方丈銘　宋　蘇軾

閉目而視之所見冥冥蒙蒙掩耳而聽之所聞隱隱隆隆耳目雖廢見聞不斷以搖其中孰能閉目而未嘗視如鑑寫容孰能傾耳而未嘗聽如穴受風不視而見不聽而聞根在塵空湛然虛明遍照十方地獄天空蹈冒水火出入金石無往不通我觀大別山門之外大江方東東西萬里千溪百谷爲江所同我觀大別方丈之內一燈長紅門閉不開光出於隙華如長虹問何爲然答而不答寄之盲聾但見靡然秀眉月面純漆點同我作銘詩相其木魚與其鼓鐘

漢上琴臺之銘 并序

湖廣總督畢沅

自漢陽北出二里有邱焉其廣十畝東對大別左界漢
水石隄亘其前月湖周其外方志以爲伯牙鼓琴鍾期
聽之蓋在此云居人築館其上名之曰琴臺通津直道
來止近郊層軒累榭迴出塵表上多平曠林木翳然水
至清淺魚藻交映可以棲遲可以眺望可以泳游無尋
幽涉遠之勞靡登高臨深之懼懿彼一邱實具二美桃
華漲水秋月春風都人冶游曾無曠日夫以夔襄之技
温雪之交一揮五絃爰擅千古深山窮谷之中廣厦細

旃之上靈蹤所寄奚事刻舟勝地寫心諒符元賞余少
好雅琴猶諳操縵自奉簡書久忘在御弭節夏口假館
漢皐覌首同感桑下是戀於以濯足滄浪息陰喬木聽
漁父之鼓枻思游女之解佩亦足高謝塵緣希風往哲
何必撫絃動曲乃移我情銘曰宛彼崇邱於漢之陰二
子來游爰迄於今廣川人靜孤館天沈微風永夜虛籟
生林泠泠水際時汎遺音三歎應節如彼賞心朱絃已
絕空桑誰撫海憶乘舟巖思避雨邈矣高臺巋然舊楚
聲操南音尚懷吾土白雪罷歌湘靈停鼓流水高山相
望終古

附伯牙事攷

漢上伯牙遺蹟方志無稽誠不足道古籍載伯牙事
所連及者琴操有成連方子春呂氏春秋有鍾子期
成連方子春無所攷呂氏春秋本味篇伯牙鼓琴鍾
子期聽之高誘注云伯氏牙名或作雅鍾氏期名子
通稱悉楚人也又精通篇云鍾子期夜聞擊磬者而
悲高誘注云鍾姓也子通稱期名也楚人鍾儀之族
誘受學於盧尚書立言不苟其時故書雅記存者尚

多必有所本期爲鍾儀之族則是世官而宿其業也
其知音也固宜又鍾建亦爲樂尹不知與期何別也
荀子勸學篇伯牙鼓琴而六馬仰秣楊倞注伯牙不
知何時人今檢史記魏世家昭釐王十一年當秦昭
王四十一年昭王問左右今日韓魏孰與始強如耳
魏齊孰與孟嘗芒卯賢中旗馮琴而對中旗秦策又
作中期而韓非子難勢篇正作鍾期以馮琴事準之
則爲鍾子期無疑也昭王十年楚懷王入秦二十九
年白起攻楚取郢爲南郡鍾期之自楚入秦固有因

也然則伯牙爲楚懷王頃襄王時人明矣列子與鄭子陽同時而湯問亦載其事者劉向謂穆王湯問二篇迂誕恢怪非君子之言以今考之正他書誤入之駁文也余既銘斯臺因附書於石之陰以告學者

漢南詩約題詞　邑人　雷楚材

從來勝地必產偉人自古英流皆饒傑作詢鄴下之名家才儲八斗問隴西之公子錦滿一囊籍原襄水杜少陵之佳什何多家在眉山蘇長公之名篇不少况夫峰富翼際山映星文流合岷江波通地脈聳天半之芙蓉九眞西峙界波間之鷗鷺三眼橋南横金牛於白馬連峯玉笋對紫霞作障萋萋芳草迷離鸚鵡洲邊歷歷晴川蕩漾鳳凰山下鬱盤地氣蔚起人才騷壇競上協鳳管於宮商寶鼎齊扛紛龍文之錯落丹篆吞餘無心不錦青蓮夢後有筆皆花爭思抒寫性靈不肯侈誇香豔或分曹薇省早朝壯閶闔之篇或淹迹衡門夜月寫呆恩之句或遨遊而覽輿登臨大得江山之助或顧頷而悲歌慷慨何嫌塊壘之澆雙鬟唱而壁畫旗亭斗酒酣而缽催邸社莫不逸興雲飛豪情颷舉也然而浸淫歲月不盡流傳剝蝕鼠蟫漸歸澌滅碎壺以往陳迹無多覆瓿之餘殘縑偶賸間或搆來雕本集止専家縱能捜得秘藏行多脫簡字迹糢糊看去譌沿帝虎聲音拗戾傳來調有妃豨此則不無人往風微之感彌切碑殘碣

斷之憂矣爰乃廣以蒐羅不使珠遺滄海勤爲訂攷務令玉積荆山琳瑯滿目如登委宛之峰璀璨連篇儼入波斯之市嗟乎集腋成裘恆資襞積釀花作蜜頗費經營輯成䏶錄無非芍藥之花藏入巾箱盡是珊瑚之樹擬擱筆於黃鶴樓頭應推絕唱索解人於伯牙臺畔定有賞音

續輯漢陽縣志卷二十七

藝文下

大別山　明 朱衣

江門龜鶴萬年雄下瞰江流日夜東雷轉春陰巴雪下練澄秋色楚陂空石梁欲接潼關隘鐵鎖終銷戰炬紅經閣芸樓新結構白雲常在此山中

九日大別山登高　國朝 邢昉

鸚鵡洲邊草盡黃白沙如雪禹祠荒古來哀怨多歸楚此日煙波正望鄉山水乍逢杯酒色亂離頻過幾重陽眼前不見茱萸紫起傍峰頭數雁行

登大別山　王又旦

石路層城外空亭落照閒導江傳禹蹟對岸指吳關地圻洲前樹天青雨後山招尋成久客楚月幾回灣

大別山　胡瞻聖

岑石嶙嶒峙漢湄芙蓉餘秀長孫枝煙開萬瓦瞻天近水衍三湘到澤遲書院夜深分佛火石田秋老種仙芝前人芳蹟猶堪問爲掃蒼苔讀晉碑

登大別山絕頂　施閏章

桃花洞口花正開御月城邊對酒盃大別風高神禹廟
漢川雲起楚王臺江沈鐵鎖魚龍蝕鶴去仙樓鸛雀來
絕調千年空悵望碧煙芳草暮天哀
漠漠晴川古木稀褰裳絕頂攬春暉水呑山郭蛟還鬬
風起江城花自飛集浦帆如千樹密傍岩僧共片雲歸
郎官湖畔猶堪醉細雨東來點客衣

九眞山 明 戴金

山源來自楚西隅經溪渡水多盤紆巍然特起表方勝
一𡽱九阜如貫珠羣峰錯落中峰俘掀雲上薄蒼冥裏
鼎鑪烹鍊有遺蹤仙路非遥亦非邇如迎如扆遠益揚
逶迤西達何昂藏東作龍霓廣區域大爲山郭小林塘
西南一派水爲紀湖光瀲灎渺無止山浮天際水涵山
流來飛英互陳美洞中靈液躍爲泉正出側出時涓涓
氣能上昇爲霖雨禱賽人恒倚二天君不見山之北漢
水流通雲夢澤瀠洄如帶繞源長溯洄三澨同劈畫又
不見山之南荆江騁下色如藍輿圖馳騁大開闔鵠山
大別常領頷衡門世倚山之麓伊邇龍霓衍夷陸可耕
可讀勢相維歲時遇沴多偏孰噫嘻山水貴深潛如龍

之盤窟環山世族倚雲阿山高矣匪空谷

九眞山 潘文奎

潛峯削翠高插天岧嶢觀宇臨層巔藤蘿絡石紫芝秀
瓊琚玉佩飛羣仙煙霞縹緲接平疇香火萬年爲楚望
霓旌幾度空中回笙鶴泠泠九霄上憑高極覽思莫窮
襲人香霧霏空濛酒酣耳熱胸懷窄恍疑置我神仙宮

登九眞山 國朝 陳國儒

巨嶽俯名邦崇隆阻道長觸雲通帝座興雨沛南荒面
面孤如削峯峯勢欲昂披荆陳典禮明薦有馨香

九眞第一峯 李昌祚

寒沙一望暮雲昏誰是桃源誰是秦日暮山川隨野馬
天荒今古問西麟青衫索酒忘憂樂白眼逢場盡主賓
只此登臨兄弟好何曾想到拜車塵

九眞山 王三登

眾峯環峙一峯孤行到峯前峯有無淵抱春壠低翠碧
煙浮晚樹遠模糊萬家靈雨千年胙四海香風九節蒲
採藥名山踏未徧臥遊空繪少文圖

秋水汎後登九眞山見菊 龔臺

積雨初晴過上方湖天秋色歎茫茫僧因漲水同鷗泛
我亦披雲學雁裴山不盡高飛浪外波能自立出峯旁
驚看數菊盈盈笑猶佐樓頭酒一觴

偎潛雲起　王戩

雷聲過偎潛驟雨桃花洞雨歇聞春陰林鳥音初啭山
腰雲一縷翕忽峯頭送一東復一西連山乍昏霧西嚴
石岸斝洩雲高不動橫穿樹影重仰塞天宇空未論膚
寸起稍稍侵茅棟遐矚變幻多臨流忘抱甕

鳳棲山　明　徐述

彩鸞曾宿碧梧梢今透元關路幾條阿閣禽歸依竹舞

柯山碁聽隔窗敲石牀字古煙霞合琪樹雲深苔蘚交
好種琅玕千萬箇明時應有鳳來巢

鳳山秋興　王靜

梧桐搖落早霜清掩映峯迴紀舊名珮振風前黃鶴唳
笙吹月下彩鸞鳴青松谷口寒煙合紅葉山頭晚照明
縱使元暉能水墨白雲堆處畫難成

鳳棲山　劉汝松

返景依山盡秋光入浦殘露零寒芷白霜重晚楓丹素
髮尋瓢梗滄洲爾汝蘭瑤琴多古調相對不須彈

魯公山　國朝　黃道開

舟行常野泊山麓且婆娑細火分前岸寒星落大河家
遠一水遠情集萬端多旅食誰堪共當杯更自歌

亥山宿田家　國朝　李以篤

驟雨驅殘暑長林咽暮蟬稻香分錯壤草露潤溪田地
曠星辰近湖清野月圓故人還簡樸雞黍意翛然

大軍山懷古　明　朱國俊

大軍形勝俯江流古廟千秋祀武侯暮雨青燐飛赤壁

東風鐵甲滿滄洲指揮割據三分定次第荆梁一戰收
荻影蕭蕭迷故壘舳艫散盡有漁舟

百入山　明　林俞

雲氣朝昏變江波今古流何人來倚棹掃石坐磯頭

百人山　明　趙弼

曹瞞驕詐恃兵强舍馬從舟計匪長自此蜀吳成鼎立
英謀千載羨周郎

望龍霓山　明　吳自進

片雲起雙峯矗矗自來去恍惚曳杖人步入雲深處

登臨嶂山　國朝 盧乾元

青嶂鬱嵯峨崖石枕水曲寒潭蛟龍潛淸溪鳴鷺宿古殿冷荒煙高架緣嵒腹平阜橫敗壘山麓倚茅屋縹緲護煙霞蓊蓊翳林木三山忽遠近九眞競擁簇淸絕如燕子屹立似黃鵠山靈夾道窺狐兔叢莽伏漢水向東流乾坤類轉轂昔時城闉址今何等飄逐滄桑只瞬息盛衰代反覆把酒酬空碧煙光堪縱目五嶽遊何時我欲尋白鹿

過臨嶂山查災　唐之柏

楚沔自來稱澤國況乃洚洞又實逼七澤禾苗盡波臣一時春種見不得大臣宣德我努力扁舟到處爲心惻燕子飛來巢脚濕鯽魚過積人難陟愧無變通劉晏才有懷發粟空歎息
天子深仁念民瘼年年蠲賑問溝洫堯湯自古有災屯繪圖報國歎行墨

玉笋山　明 趙弼

山勢嵯峨不可攀雨餘嵐氣濕雲鬟絕憐白石多淸雅彷彿蓬萊玉笋班

女郎山　唐 劉禹錫

鄂渚濛濛煙雨微女郎魂逐暮雲歸祗應常在漢陽渡化作鴛鴦一對飛

尉武山　國朝 彭心錦

剩水殘山古戰場鄂公南伐定封疆平疇綠野莊傳尉躍馬橫戈渡紀唐但得山川留姓字不隨茅土共存亡興懷往績情無限目送沙鷗弄夕陽

尉武山　王三登

山傳尉武渡興唐鄂國勳封舊楚疆爵劵久銷天策府

威名猶記彈丸鄉披榛野刹無碑碣問涉寒舟但淼茫麟閣雲臺同蔓草空憐樵豎說滄桑

江上吟　唐 李白

木蘭之枻沙棠舟玉簫金管坐兩頭美酒尊中置千斛載妓隨波任去留仙人有待乘黃鶴海客無心隨白鷗屈平詞賦懸日月楚王臺榭空山坵興酣落筆搖五嶽詩成笑傲凌滄洲功名富貴若長在漢水亦應西北流

江行　錢起

景夕斜霞落秋寒細雨晴短纜何處濯舟在月中行

江流何渺渺懷古獨依依漁父非賢者蘆中但有磯

江上風　釋皎然

江風西復東飄暴復何窮初生虛無際稍起蕩漾中應吹夏口檣竿折定壓溢城浪花咽今朝莫怪沙岸明昨夜風狂捲成雪

江上偶見　杜牧

楚江寒食橘花時野渡臨風駐綵旗草色連雲人去住水紋如縠燕差池

江行　司空圖

地濶分吳塞楓高映楚天廻塘春盡雨方響夜深船行紀添新夢羈愁甚往年何時京洛路馬上見人煙

初程風信好廻望失津樓日帶潮聲晚煙含楚色秋戍旗當遠客島樹轉驚鷗此去非名利孤帆任白頭

江行　柳談

繁陰乍隱舟落葉初飛浦蕭蕭楚客帆日暮寒江雨

楚江秋懷　宋　寇準

西風吹遠水蕭颯度吟臺明月夜還滿故人秋未來寒蛩啼暗壁敗葉下蒼苔誰念空江水年年首重回

江浦　嚴羽

浦口停舟待信風城邊落日亂流通梧桐院落秋聲裏橘柚人家晚照中棹歌幾處驚寒切砧響千村入耳同白日愁心西北望漢陽楓葉落無窮

江頭春日　眞德秀

風暖旗亭煮酒香醉醒纔悟是他鄉驚言行邁路千里豈不懷歸天一方春事漸消鶯語老離愁偏勝柳絲長無聊莫向城南泊淡月梨花正斷腸

渡江　李綱

桂楫蘭旌楚澤東碧空如水水如空江湖落日浮秋橘島嶼殘霞拂斷虹世事茫然煙霧裏客愁都在櫓聲中沙頭鳧雁相傳侶笑我年年逐轉蓬

題長江圖　元　丁鶴年

長江千萬里何處是儂鄉忽見晴川樹依稀認漢陽

題鄂渚贈別圖　明　楊士奇

鸚鵡洲中紅樹鳳凰城裏青山借問來遊幾日秋水蘭舟獨還

江上早行　楊士奇

漢陽江上鼓初稀煙柳朧朧一鵲飛乘月不知行處遠
滿江風露濕人衣

江色　陶安

竹屋晨啓闌江色直飛入空碧壓几案陰陰四壁濕玻
璃作天地泠然手可挹萬象隨升沈元氣動呼吸臨岸
步觀漲石階沒千級帆巴與湘漢衆水大會集合流東
北去海水亦起立

從軍征漢晚泊江上　陶安

行至二十里來臨鸚鵡洲環城屯虎旅伐鼓衛龍舟新

月羞初夜寒雲黯一樓波閒燈影密穩泊且無憂

江上　楊基

吹面風來杜若香離離煙柳拂隅長人家鸚鵡洲邊住
一向開門對漢陽
春風吹雨濕衣裾綠水紅粧畫不如却是漢陽川上女
過江來買武昌魚

江上秋懷　楊予善

水國風高木葉霜滿舟山色太荒涼小孤殘照媆江左
大別寒煙鎖漢陽新飯軟吹菰米白濁醪香泛菊花黃
故鄉千里空回首雲樹茫茫鬢髮蒼

江上春懷　方逢時

漠漠春陰黯不開江亭獨上思徘徊渚宮樓閣浮雲盡
鄂浦煙波落日催去國王孫空有賦憂時遷客漫多才
閒情欲和滄浪曲澧芷湘蘭盡可哀

江城夜泊　蕭丁泰

舍棹傍高城殘燈欲二更深杯不成醉獨坐有餘淸水
落魚龍沒沙寒雁鶩驚隔江何處寺隱隱渡鐘聲

秋江　姚龍之

映日含沙分外明西風斜過碧瀾生也知雲冷湘娥怨
可便蘭衰楚客驚倒影棲臺看似夢憶歸鴻雁夜多聲
都來不負朝宗意寒落猶然觸峽鳴

楚江秋晚　釋明秀

睡起長年報水程江花無數傍船明漢陽人語舟橫渡
夏口雞鳴月近城寂寞陣圖諸葛計支離心事杜鵑行
却從歲序悲黃葉一夜秋風白髮生

涉江　國朝　方宏鼎

高岸幾爲谷江煙抱郭浮漢陽猶古渡芳草失前洲去

鳥隨輕棹殘雲戀故樓不驚磯上叟安坐看中流

晚泊漢江渡　唐 劉畋

末秋雲水平蓮折晚香清雨下侵苔色雲涼出浿聲壘帆依岸盡微照夾堤明津吏巳頭白遥知客姓名

渡漢江　李百藥

東遊旣瀰瀰南紀信滔滔水激沈碑岸波駭弄珠皐含章映淺石浮蓋下奔濤灑潤霞光近川長曉氣高檣鳥轉輕翼戲鳥落風毛客心旣多緒長歌且代勞

漢江宴別　宋之問

漢廣不分天舟移杳若仙秋虹映晚日江鶴弄晴煙積水浮冠蓋遥風逐管絃嬉遊不可極留恨此山川

漢中漾舟　孟浩然

漾舟逗何處神女漢皐曲雲罷水復開春潭十丈綠輕舟恣往來探玩無時足波影揺妓釵沙光逐人目傾杯魚鳥醉聯句鶯花續良會再難逢日入須秉燭

漢水　杜牧

溶溶漾漾白鷗飛綠淨春深好染衣南去北來人自老夕陽長送釣船歸

漢江一帶碧流長兩岸春風起綠楊借問膠舟何處渡欲停蘭棹祀昭王

漢水傷稼　許渾

西北樓開四望通殘霞成綺月懸弓江村夜漲浮天水澤國秋生動地風高下綠苗千頃盡新陳紅粟萬箱空才微分薄憂何益卻欲回心學釣翁

憶夏口　唐 羅隱

漢陽渡口蘭爲舟漢陽城下多酒樓當年不得盡一醉別夢有時還重遊襟帶可憐吞楚塞風煙只好狎江鷗

月明更想曾行處吹笛橋邊木葉秋

泊舟漢口　宋 王十朋

稍稍風波定悠悠舟楫移身雖到漢口家尚在天涯大別思大禹古峰懷古夔山城有寥廓歸說是吾兒

漢江　明 李夢陽

漢江江上鵾鳩鳴漢江遊客無限情青山落日下帆影芳草月明開棹聲黃鵠磯頭暮雲盡鸚鵡洲邊春水生莫倚仲宣能作賦洞庭南接桂陽城

武昌城北大江流沱水夾成鸚鵡洲楚蜀帆檣風欲趁

蛟龍濤浪暮堪愁青煙自没漢陽郭新月故縣黃鶴樓
無限往來傷赤壁三分輕重本荆州

夜泊漢江　李夢陽

黃鶴樓前日欲低漢陽城樹亂烏嗁孤舟夜泊東遊客
恨殺長江不向西

浮漢　李夢陽

杳杳向前城揚船浮漢行水聞天上轉色出雨中明巳
近鳴鵙月長看濃霧生陳詩歎秣馬風浪獨含情

漢江　朱衣

漢水下長江側目古大別岷嶓雍梁道禹蹟重遺轍一
經秦始皇再經忽必烈山川獻功罪榮辱係往哲至今
千萬秋猶存楚人舌前有沙邱戶後有燕京血

漢江　吳廷用

漢江雪後水初生鴨綠粼粼萬頃平估客帆檣天上落
漁人舟楫浪中行山光側蘸參差樹雲影深涵散亂萍
款乃一聲飛鳥外滿汀蘭芷不勝情

漢江春日　高叔嗣

漢皐微雨點人衣江路南衝雁北歸寓目不堪愁遠涉
夜身方自愧高飛纔牽蘅杜多春氣船泊雲霞變夕暉
未許漁蓑同楚父來逃榮祿守漁磯

漢江　童承敘

荆山郢樹照南洲江漢滔滔天際流神女不來雲雨暮
騷人一去蕙蘭秋
太白速夕太光芒當船欲墮雲蒼涼祇恐塞北煙塵起
誰信江南民社荒

泊漢江望黃鶴樓　張居正

楓霜蘆雪淨江煙錦浪遊鱗淸可憐賈客帆檣雲裏見

仙人樓閣鏡中縣九秋槎影横淸漢一笛梅花落遠天
無限滄浪漁父意夜深高詠獨鳴舷

舟阻漢口　吳士員

朝發武昌城信宿漢江口明月雖可親依依數株柳

望漢　王一翥

陟彼嶄巖望漢之陽念彼共人興言不忘玉果罔食好
石誰將反復念懷戚是用長
溯漢之東樊流洪淀維壓冥冥窘馳如胥功動知反車
萌蔡燮莊觚難容周鼎弗爨

漢上舟行　釋德清

湖水通巴漢孤帆入楚天片雲低遠樹晴日照斜川處世長如寄浮生莫問年縱遵歸路去亦是渡頭船

將發夏口　徐楨卿

鸚鵡洲邊生暮煙旅人南望思依然盡道巴陵湖水濶秋風莫渡漢陽川

離漢口　國朝 邢昉

旅舟泊漢水荏苒至寒節朝看楚雲興暮看楚雲滅此地雖破殘井衖稍成列銀鱗日充市食鮮每豐潔客心

復何苦遇物轉淒切茲辰忽返櫂脈脈情内熱風土漸相諳山川屢回折故鄉豈不懷信美亦愴别未逢漢陰老令我憂思惙

過漢口經鎖兵憲舊樓　彭而述

春花同汝醉長干䑲袖蹁躚午夜殘一自懷人憐太傅更誰把酒酬郎官道逢楚國思鴻雁讀罷騷經憶芷蘭隆慮山深棲應穩天涯有客獨憑欄

過漢陽江　項𡸣

花氣爐無過眼生波光風涌敵篙聲春江暖動魚龍夢野霧寒屯草木兵人語前溪爭與渡雁裴千里不覊程何當擊楫中流去劃斷長江淚不平

抵漢江　趙有成

孤征窮水驛今到漢江頭澤國舟爲市人家竹起樓烽煙消鄂渚士女習巴謳如信湖湘美山衖萬井稠

漢口舟次　李以篤

雨意濃於酒花光減卻春如何初撥棹便已是愁人海内兵猶滿蘆中士故貧沙鷗兼野老去去惜閒身

雨中渡漢江　文師汲

二月運江雨江寒色未開雲低天欲墮舟小霧將埋沙岸惟棲鷺春城不放梅有懷空擊楫悵望濟川才

漢口竹枝詞　姚鼐

揚州錦繡越州醋巨木如山寫蜀材黄鶴樓頭望燈火夜深江北估船來

蜀江水長漢江低江水東流也向西霜後西風江盡落可憐離别漢陽堤

漢口後湖　彭心錦

淤後襄河二百年平蕪十里望茫然白雲有影常垂地

青草無依欲上天春色任來鳩杖裏茜懷休到酒杯前
今朝準擬開襟抱莫放斜陽墮柳邊

後湖即事　李以篤

臘氣暖如春巾衫不厭貧長堤涵積水斷瓦宿香塵苦
債非關酒題詩莫寄人相逢周小史放眼巳情親

瀟湘湖　明太祖

馬渡沙頭苜蓿香片雲片雨渡瀟湘東風吹醒英雄夢
不是咸陽是洛陽

瀟湘湖黄花地　國朝劉遠英

天都菴畔雨初晴芳草叢生倍有情十里風光金共燦
一湖煙景翠方盈酒香野店來飛蝶車滿芳郊好聽鶯
試看鞦韆深院落夕陽掩映菜花明

太白湖　明戴金

薄天開巨浸匝地竟誰倫漢沔疑無界洞庭或有鄰量
包吞吐外雲渺往來津試問觀瀾者何如待渡人

月湖秋汎　明宋公玉

荷搖宿雨弄珠團天影湖光一色看瑞鳳曉開青玉案
明蟾夜入水晶盤魚衝斷藻聽歌發客探香菱趁酒闌

酬賞不嫌歸路晚夕陽拖紫上秋巒

月湖　國朝孫漢

楝子花開草帶煙滄浪三月水淪漣春風隔岸吹楊柳
巳有遊人渡短船

月湖　張任湛

一湖春水碧無邊遠映空濛卵色天處處香深花作雨
隨風吹上釣魚船

月湖嬉春詞　程秉

班春潘令向山隈夾路緋桃間柳栽准備年年花接引

勸農時節長官來

湏口　明潘之恆

漢口至湏口晨昏兩見星開蓬荒霧白繫纜斷煙青蛾
月闇情引漁歌旅夢醒朱絲彈不盡容易感湘靈

沌口　國朝任喬年

沔源千里入晴江南去軍山望裏雙天外九真煙漠漠
鼓鐘何地曳雲幢

蕭公廢城　明朱衣

渺渺長江水巍巍朔山臺日月夏禹遠時運蕭衍來鞭

驅十萬人版築飛塵埃遺禍迄大業居戮良可哀古城今荒蕪久立但徘徊

馬騎城　明 趙弼

落日荒林宿霧收馬騎城下碧波流山光水色無窮盡釀作詩人浩蕩愁

漢陰城　趙弼

青山山下立孤城雉堞傾頹野火明只有漢陰堤畔草年年風雨帶愁生

鸚鵡洲送王九之江左　唐 孟浩然

昔登江上黃鶴樓遥愛江中鸚鵡洲洲勢逶迤遶碧流鴛鴦鸂鶒滿灘頭灘頭日落沙磧長金沙熠熠動飆光舟人牽錦纜浣女結羅裳月明全見蘆花白風起遥聞杜若香君行采采莫相忘

鸚鵡洲　李白

鸚鵡來過吳江水江上洲傳鸚鵡名鸚鵡西飛隴山去芳洲之樹何青青煙開蘭葉香風暖岸夾桃花錦浪生遷客此時徒極目長江孤月爲誰明

望鸚鵡洲悲禰衡　李白

魏武營八極蟻視一禰衡黃祖斗筲人殺之受惡名吳江賦鸚鵡落筆超羣英鏘鏘戛金玉句句欲飛鳴鷙鶚啄孤鳳千春傷我情五岳起方寸隱然詎可平才高竟何施寡識冒天刑至今芳洲上蘭蕙不忍生

鸚鵡洲　劉長卿

汀洲無浪復無煙楚客相思益渺然漢口夕陽斜度鳥洞庭秋水遠連天孤城背嶺寒吹角獨戍臨江夜泊船賈誼上書憂漢室長沙謫去古今憐

浪淘沙　劉長卿

鸚鵡洲頭浪颭沙青樓春望日將斜啣泥燕子爭歸舍獨自狂夫不憶家

鸚鵡洲夜聞歌者　白居易

夜泊鸚鵡洲秋江月澄澈鄰船有歌者發調堪愁絕歌罷繼以泣泣聲通復咽尋聲見其人有婦顏如雪獨倚帆檣立娉婷十七八夜淚似珍珠雙雙墮明月借問誰家婦歌泣何悽切一問一沾巾低眉終不說

鸚鵡漁歌　明 王靜

黃祖猖狂負禰衡賦題鸚鵡擅才名芳洲有土埋遺骨

唐氏一門今五龍聲華殷殷皆如鍾就中十一最年少別有俊氣横心胸巧綴五言才刮骨却怕柱天身硉矹後輩無勞續出頭坳塘不合窺溟渤君家兄弟舊山侶方寸久來常許與不覺淹留兩月餘風光漫爛生洲渚宇文文學儒家子竹繞書齋花映水醉雜狂歌此地多有時酩酊扶還起猥蒙方伯憐知貧假名幸得陪諸賓洒家債負有塡日恣意頗敢拼青縉余瞿二家同愛客園蔬任遣奴入摘野狐泉頭銀葉方一别十年今再覿更有風流歙奴子能將盤帕來欺爾白馬青袍豁眼明

許他眞是查郎髓良會芳時難再來隙光電影長相催扁舟惆悵人南去月斷江天凡幾回

鸚鵡洲春眺　　崔 塗

悵望春襟鬱未開重臨鸚鵡益堪哀曹瞞尚不能容物黄祖何因解愛才幽島暖聞燕雁去曉江晴覺蜀波來誰人正得風濤便一點輕帆萬里回

鸚鵡洲　　陳 孚

大江東南來孤洲屹枯蘚中有千載人殘骨寄偃蹇貽漢黨錮禍薦紳半摧殄況復喋葛奴盡使羽翼翦天乎流水無情洗怨聲厭聽漁翁歌滿耳每憐詞客重傷情信知老醜能容物惆悵西風百感生

鸚鵡曲　　李東陽

大兒孔文舉小兒楊德祖餘子碌碌不足數身著岑牟前擊鼓禰生狂呼老瞞沮我辱衡衡辱我叶我欲殺之猶雀鼠一投荆再送楚黄鵠磯頭賦鸚鵡鸚鵡才多爲舌誤舉世何人不相妬生莫逢仇主簿

鸚鵡賦　　湯顯祖

隴西千里向平原西笑時時綵羽翻不思禰生終見殺

秖因能作世人言

鸚鵡洲秋泛　　譚元春

西塞山漁浮可家北灣黄鶴且停槎雁知江晚微留響蘆爲洲秋亂作花

却歸巴陵途中走筆寄唐知言　　李 涉

去年臘月來夏口黑風白浪打頭吼檣聲軋軋摇不前看他撩亂張帆走逾月始到鸚鵡洲鳴鳴暮角暄城頭逡巡未得見官長夢寢但覺生愁憂軍中賢倅李監察人馬曉來兼手札敎令參謁禮數全頭頭要處相稱掣

鸞鳳姿乃此侶猰犬想當落筆時酒酣玉色洗鸚鵡何足詠僅以雕蟲顯我來策蹇顆清淚悽以泫徜悵迷幾先不爲無道卷賢哉龐德公一犁老襄峴

鸚鵡洲　明 蕭企昭

公子登樓歎未歸晴川極目掩芳菲飄零楚客同煙樹寂寞詩魂遶鵲磯楊孔文章應共壽曹劉豎子未堪依遼東獨有孤棲鳳不向人間炫綵衣

漢陽晤王孝則　國朝 彭而述

大別山前鸚鵡洲江聲日夜自東流旅顏乍可憐知己

當道何曾問故侯客裏剛逢王處士夢中猶憶古黃州雙龍老氣淩秋水拉子同登百尺樓

漢上逢韓繼之同年　彭而述

十年風雨憶連牀短鬢蕭疏雲水鄉不謂土龍空入洛却憐司馬舊遊梁杯前草色留鸚鵡笛裏梅花繞鳳凰今日欣逢漢武帝與君莫話老馮唐

望鸚鵡洲　程封

不死曹公手其名即可傳半黃洲上日亂綠草邊天獨我全無泣之人豈受憐何須怨殺者狂了或歸田

鸚鵡洲懷禰正平　管正琮

淵淵金石此江聲肯受人憐託幸生但爲能文無死法翻從嫚駡有榮名曹瞞轉可稱知己黃祖直堪作老兵銅雀臺空鸚鵡在架長不敵一洲橫

晴川閣　明 王一麟

長江黯淡古今情洲渚年年芳草新惟有漢家梅福淚憂時偏灑漢江濱

晴川閣　李言恭

誦讀昔楊厲今到古祠邊峭壁臨江斷危樓傍水縣窗

飛衡嶽雨門過洞庭煙誰謂思功者偏於河洛前

晴川閣　李維禎

登樓不作望鄉悲芳草晴川此一時浪色桃花歌共豔春聲楊柳遞相吹風濤自穩魚龍窟星月空喧鳥雀枝錦纜牙檣君莫問扁舟吾已學鴟夷

晴川閣　尹應元

別山飛閣崔嵬起東瞰岷江北漢水江漢滔滔萬古流舟帆如織無時休輕鷗故集白沙浦鐵笛俄聞黃鶴樓鸚鵡荻花滄浪月吞吐瀟湘盼吳越素練洪濤七澤渾

盤渦轂轉疑溟渤時有江豚乍出沒中霄漁火清人骨城隅指點鳳凰山坐底縱橫蛟龍窟一江相對楚宮開綠樹青山撲面來但得江臯鎮日遊觀魚弄水更何求

阻風登晴川閣　袁中道

苦向白頭浪裏行青山也識舊書生相逢誰勝黃江夏不死差強禰正平天外雲山金口驛雨中楊柳武昌城漢濱父老今安在只合依他隱姓名

登晴川閣望武昌　袁宏道

霜崖哭出蘇文斑鐵篴臨風去不還百里帆檣千里水

一層樓閣幾層山遥知鬱鬱葱葱地只在熙熙攘攘間沙鳥窺魚鷗覓渚試看何物是清閒

七夕宴晴川閣　林章

木葉西風漢渚波高樓徙倚晚涼多十年易作八閒別七夕難爲客裏過陳子榻前堪對酒田郎座上好彈歌孤城露下雙星見牛女娟娟正渡河

晴川閣　阮漢聞

芳草直隨遥背去白雲時趁峭帆來卽看萬里朝宗並合對層樓訣蕩開龍隱雁天流不盡菱湖沙堰涵爭廻西方南國謳吟地漁笛商歌送客杯

晴川閣　李能哲

樓高百尺綏躋攀薄暮無人共往還落日遠迷金口驛寒潮初上鐵門關名傳異代詩中畫跡著神功江上山今古茫茫空極目漁翁獨上釣磯閒漢陽形勢自生成萬水千山互送迎巳挾巨津爲犄角更添屬邑作干城輿元直滙襄江出大別遥連鄂渚橫倚徧危欄閒指點不須聚米總分明

晴川閣　熊賜履

晴川閣外水悠悠煙草無情盡日流共說西來巴子國應知東過海門洲風帆瞬息人千里城郭參差石一邱記得昔年狂興好禹王磯畔下漁鈎

晴川閣　吴正治

天空木葉洞庭秋倚檻重看面面幽城郭自來多感慨江山猶可慰風流窺人好月看初下對酒層峰莽欲浮隔岸幾時聞玉笛凭高老子醉南樓

重修晴川閣　熊伯龍

百年樓閣大江隈仗鉞巡行刈草萊戰後山川容色老

淸時天地壯圖開波橫蜃影蛟龍伏風靜鳩柴鴻雁來
勝事不堪驄馬去漢庭更急柏梁材

雕闌玉柱入長空檻外帆檣萬里通春水遠來巴子國
雄風高壓楚王宮鳳凰欲下簫誰引鸚鵡無言賦敢工
直擬憑虛馳入極雲霄何日羽毛豐

秋暮同薛翰林弱園孫諫垣怍庭李侍御望石集

飲晴川樓　周季琬

晴川堪極目麗甍飛淸觴日落江光紫秋深山色蒼急
瀟浮白鷺路樹鳴元蟹石授寒流潔盤登晚稻香論時

多慷慨經國有文章把酒復道故何知秋夜長

晴川閣　許承欽

大別山頭水滔滔日夜流三湘連粵徼九派下吳州霧
失桃花廟雲歸黃鶴樓古今餘感慨塵戰憶曹劉

晴川閣　曾畹

大別排雲住樊山一戰開亂流爭歲月孤嶼下樓臺高
浪沱潛出夕陽嶓冢來湖南征戰苦到處有塵埃

晴川閣　翁梅

漢川南下入江流縹緲臨江百尺樓鐵馬聲寒山悄悄
桃花人去水悠悠煙橫鄂渚千帆暮樹擁湘雲萬里秋
廻首可憐征戰地夕陽衰草古今愁

晴川閣　邱象隨

蒼山萬仞起晴川獨客登臨對夕煙柱倚空青長鎖霧
窗開遠碧四垂天洞庭鼙鼓連江外夏口旌旗極眼前
却顧漢陽思樹色婆娑生意不堪憐

遊晴川閣　朱爾邁

晴川高閣百層開吳楚煙光擁客杯湖白雲從天外盡
沙黃鶴自日邊來田園宵入他鄉夢琴劍長懸故國哀

向晚狂歌調郢雪眞疑落盡笛中梅
崔灝題詩在眼前至今樓閣紀晴川千秋筆墨成佳話
獨我登臨繼昔賢山倚鳳凰雲漠漠草空鸚鵡水年年
應知來者還如昨浪使狂名此地傳

晴川閣　稽宗孟

廣野晴嵐畫閣雄白雲黃鶴大江東崔巍南國雙城闕
自在中流五兩風春市酒旗楊柳外夕陽歌扇藕花中
舳艫夏口空如錦瑜亮生平恨未窮
湖抱青山水抱沙酒人日日醉黃花江關地接黿鼉窟

雲夢波連星漢槎好客喜從雙鶴至清風不用一錢賒
神州到此稱都會煙樹迷離百萬家
鴻水遥波天比鄰吴歈郢曲漢城闉雞鳴紫陌金銀氣
虹抱青堤野館春壓雨一帆麋子國桃花千載息夫人
江湖日夜觀元化不是神魚莫問津
高閣憑虛攬翠微江鷗江柳遶漁磯魯山月照人千里
鎖穴龍眠水四圍客散苔陰留屐齒花飛城曲媚車旂
直今湖上郎官酒誰向青蓮賦醉歸

登晴川閣　程封

凭闌高倚半江秋楚國晴川第一樓遠水亂從巴蜀下
殘碑都爲宋元留洲傳鸚鵡迷何處浪起鯨鯢鬬未休
羅立衆峰皆畫本當年瞿灝不應愁
帆影高低過石頭看雲合上幾層樓空江易作三春雨
古岸微同六代秋大别山於窗牖入武昌城向畫圖收
登臨不用傷懷抱磯下何人著釣鈎

遊晴川閣　毛會建

江漢滔滔南國紀神鼇跋浪中天起動摇鱗甲生顛風
吹落煙波走千里煙波江上石磷磷老樹挾風吹向人
青鳥無聲翠蛟舞但覺空山有鬼神巍然高閣翼其上
七澤三湘同入望俯瞰晴川一水盈朝暾夕照光摩盪
兩城夾水勢相高芳洲之草何瀟瀟黄鶴遠隨帆影至
白雲猶傍笛聲飄白雲黄鶴自千載樓中仙人復誰在
欲騰而上一間之天高身弱心如海我看既嘉酒既清
曲終人散暮潮平一葉横江不知處却疑乘醉下蓬瀛

晴川補樹　毛會建

大别暗山足輪風激頹波白日驚雷雨半夜鳴蛟鼉獨
有晴川樹清光晴較多滄桑一朝改歷歷覺如何我移

天上種來種山之坡殷勤雜榆柳與柏相婆娑近雲飄
玉葉遠霧飛纖羅高閣騰空起時時仙家過樹底聞猿
鳴樹杪聽笙歌我亦忘情者心計久蹉跎風波苦未諳
適性得巖阿題詩媿黄鶴好事及綠莎願言千載後碧
樹交枝柯歷歷晴川上長邀七字哦

晴川補樹　陶汝鼐

漢陽翹楚幾時凋大手重栽幾萬條藏得新鶯春欲住
歸來野鶴怨應消嵩林夜徙勞風雨海樹雲生變汐潮
何似文人施小補江山千載坐能招

晴川閣　查愼行

已失當年鸚鵡洲晴川高閣劫灰𥁞若嫌過客多題壁却笑神仙盡好樓粉堵日斜浮鄂渚蒲帆風急下黃州山根一線分江漢不遣淸流混濁流

王黃湄招同淸風道人魏名閣毘陵毛子霞登晴川閣病不果往有書示黃湄　顧景星

漢湘東注江門西禹功黃鵠矗雙磯孤峰遠指翼際立雲中煙樹樓臺齊當年息媯有祠廟更傳神女居羊䶩晴川百尺歷唐宋得名本以司勳詩米脂賊馬昔南下

咸陽一炬無遺椽毛人連臂擲粉堞魚鼉顛倒欺氷夷邇來結構更丹碧弔古竟同丁令威恆河斯匿看不改浮屠元度來何遲西秦才子富文史錦囊油素行相隨前身仲宣無乃是況有數子偕招攜江城景物値初夏憑高嘯傲同評題洞庭靑草在何處樓船血戰巴陵西風檣迅駛短兵接落日莫要長戈揮宜君健筆磨盾鼻愧我卧疾支枯藜詩筒急啓令兒讀破顏却枕聽新辭請君且勿發高唱恐驚𥓿底巫支祁衞侯能知杜陵病郎今我病君當知北山煮石南山芝

登晴川閣望黃鶴樓　顧景星

雙樓對峙煙通岸二水分流浪夾城坐久長風生兩腋詩成短劄動離情淹𥁞書劍吾何事來往鷗鳧他自輕看弄漁船歸去好故山松桂更崢嶸

晴川閣　宋湘

對江樓閣兩參天樓上題詩感昔賢天下渡頭多少樹祇今人識古晴川

大別山頭江水東千艘轉粟畫旗同停橈三日無他事但乞朝天一路風

古柏　宋　蘇軾

誰種殿前柏僧言大禹栽不知幾千載柯幹長蒼苔

古柏　元　虞集

憑陵霜雪鼓風雷此樹相傳禹手栽想見樓頭黃鶴客一年一度此山來

太平興國寺柏　余闕

二儀表嘉瑞孤根託漢坻巳知根幹古誰知疏鑿時元泉吐露液玉露濯華姿間側七寶樹比擬萬年枝顧奉蒼蒼色千秋長若斯

禹柏　元　黎　崱

今古朝昏意自閒人傳禹柏未曾刊神功四載殷周上元氣一枝江漢間骨蛻銅龍天欲海根沈朱虎雪連山摩挲擬問胼胝事遺廟朝烏去不還

禹功磯　周澤長

岷嶓澳金行高原瀉天半積氣而爲川伏流迅且悍分道下荆郢如龍夾兩幹自南折而東大別抵其瀾望海雖云遥巽脈忽同閈飛濤勢若崩危石力能悍七澤受準汞九水失瀰漫俯仰憶神功日月忘宵旰慰彼淵中

魄息茲原上骭不須窮水經蒼碑蹟可按昔人睹河洛我亦臨江漢廟食久逾馨鴻濛瞬一旦長風激浪來空巖磯浩歎樹老磯不移閒禽立古岸

摹刻禹碑於大別山　毛會建

天地有大文嶽瀆走萬里天地有至文蝌蚪紛亦指人知造化功不知疏鑿理亦聞鬼神泣不聞呵護此大哉神禹碑一篇治水紀彖身鳥獸林欽哉承帝旨違違嶽麓廷鬱塞皆咸從嶽瀆得其位萬國受多祉回首羽山陰功臣而孝子其字七十七一字將一咫形模太奇特結譔無起止拳蝌與倒薤落落差堪擬顧公具卓識毋乃法流水譯文有三家用修説近是碑在岣嶁峯崔嵬白雲裏高萬八千丈凡蹤不可跂藤葛久封埋蒼碧滋內美韓張號航奇披尋亦徒爾不意何賢良樵豎相引使攀巖還越澗一見生狂喜楮墨愼臨摹體畫皆逼似他日重追尋迷不復見矣爰刻嶽麓山舊觀仰何侈駸駸千百年駁泐成亥豕雲霧覆其頂虎豹踞其趾謁誠事祭告乃得一錯趾神物相護持赫赫良有以予登衡嶽巔努力還至彼懸梯作鉤塡意象宛在紙凜凜不敢

晒歸舟快無比寢食與周旋晨昏爲尊禮荏苒兩春秋私心不自揣還刻大別山髣髴稱其體有譯復有跋其幅差小耳憶昔導水時大別禹所抵山高而水長精英常疊疊況當名勝地遊觀徧遐邇四千年來物從此共人鬼江漢繞煙波瀟湘結蘭芷破破一片石亦與水終始

題禹碑寄毛子霞　陳　瑚

君不見李太白窮年落魄爲人客君不見庾子山老來作賦驚江關人生半百不稱意不如放跡江湖去功名

富貴等浮雲金張許史今何處我聞鬱塞未能開薄遊
楚國臨高臺長江波浪蹴天動滾滾夔門巫峽來愁中
坐覺春歸早霏落山花聽啼鳥主人示我五游詩却是
毛君子霞草子霞家世本蘭陵獨向西南占得朋麻鞋
踏破千重嶺赤脚擔殘萬里簦可憐信美非吾土瘴雨
蠻煙間鬼火惡溪處處走龍蛇大陸村村伴豺虎子霞
當此心悠然添得奚囊更幾篇吏去別尋章貢水北來
又上祝融巔從此一官如傲屣扁舟下上沅湘芷偶然
長揖大將軍四海爲家忘故里黃鶴樓前漢陽雪岳陽

城邊洞庭月孟載當年歎絕清今日天爲子霞設子霞
好事何太奇文采風流千古思補種晴川崔顥樹重鐫
岣嶁禹王碑左顧君山右峴首眼中人物夫何有興來
題遍夕陽亭劈窠大字牓如斗讀君詩想君面相須之
殷不相見對酒長歌結客行臨風聊寫懷人怨

郎官湖　唐　李白

張公多逸興共泛沔城隅當時秋月好不減武昌都四
座醉清光爲歡古來無郎官愛此水應號郎官湖風流
若木泯名與此山俱

郎官湖并攷　宋　賀鑄

李白詩序云乾元歲流夜郎遇故人尚書郎張
謂使夏口沔州杜太守漢陽王令觴於江城之
南湖張公四望超然請白標之嘉名白因號之
郎官湖席上文士輔翼岑靜以爲知言今所謂
郎官湖者古郡城之北束於兩山間縱廣百餘
步固不足四望而超然也已知其非是且郡南
瀕江之人持南唐時地券尙指郎官湖爲鄰蓋
湖爲江水所並而去城里餘猶有洲渚隱然未

泯乃湖之故防也余丙子五月舟次沔陽求訪
遺老始得其詳因賦詩誌之

當年賢守令載酒沔南遊涼月呈新霽明湖涵素秋郎
官夏口使仙客夜郎囚促膝靑蛾舫連觴紫綺裘高驩
隨雨散餘躅想風流芳草失靑履滄波浮白鷗江呑百
頃盡石刻一篇留宜有沈碑者前懷陵谷憂

郎官湖　夏　攷

太白當年夜郎謫一尊聊與故人留南湖乞得郎官號
從此名傳五百秋

郎官湖　吳處厚

郎官湖上郎官遊只教閒客生閒愁煙波蕩漾四五頃
風月淒涼三百秋

郎官湖春日　李祈

西山收雨暗平沙遮斷溪梅隔水華囙得煙林作圖畫
依然松磴有梅花
空山玉蕊作瓊瑰到處尋花共往回欲識春風最奇絕
試來同看雨中梅
朦朧疎影月黃昏著意春風入酒痕知是江梅喜佳客

倒垂花蕊照清尊
十日春陰到水亭水邊楊柳一時青梅花過盡桃花謝
乞取山礬入淨瓶

郎官湖　蔣之奇

鄭圃僕射陂漢陽郎官湖郎官何爲名張謂佩使符泛
鸚江城南乃與太白俱明月一萬頃滿光天下無

郎官湖歌　元　李洞

山翁薄暮醉酒歸杖藜迷却高陽池清風吹花綠陰倒
笑我謂是秋雲移還乘貫月槎夜過郎官湖崢嶸星斗
入江漢蕩漾槎影如鯨魚九華之真人邀我倒玉壺麒
麟劈脯共行廚依稀仙樂在空際碧山四映寒蟾孤舉
酒酹寒蟾明月下飲姮娥俱霓裳拂雲錦萬荷露瀉瓊
瑶珠麈幢晻曖羅煙空乃有玉皇所授之玉童風前飄
飄曳廣帶對立十二秋芙蓉清香九曲銀河通真人綠
髮披天風錦袍玉雪照天地口說姓字安南公是公多
逸氣略與古昔賢豪同時能掃月色延我石室煙蘿中
又言昔同張謂所遊地長笑一覆丹霞鍾風吹仙樂度
湘去我亦醉臥香鑪峰

郎官湖　范椁

當時郎官奉使出咸京仙人千里來相迎畫船吹笛弄
綠水何意芳洲遺舊名唐祠無復知何代惟有江流水
長在黎侯獨起梁棟之彷彿雲中昔軒蓋南飛越鳥北
飛鴻今古悠悠去住同富貴何如一杯酒愁來無地酹
西風大別山高幾千尺隔城正與城相值青猿夜抱月
光嘯挂在東湖之石壁黎侯本在斗南家枕戈猶自憶
煙霞秖擬將身報天子不負胸中書五車昨者相逢玉
闕下別來幾日秋蕭灑黃葉當頭亂打入門前繫著青

驄馬君今歸去釣晴湖我亦明年辭帝都若過湖邊定相見爲問仙人安穩無

郎官湖　明 朱衣

我昔遊郎官從人網秋月一舉亘鱗集浩蕩漁舸沒江湖不得歸念此朝日晦前年奉身退身是郎官非曾無精衞功倏忽周道圜是時思躍水慚負空綵衣兒私豈足言賢豪亦已稀所憂盤城水古道日湮微

郎官湖　陳瑚

大別山猶在郎官湖已平可憐江上月空照漢陽城

郎官湖　國朝 彭一楷

郎官名爲謫仙留今日湖平已化邱唯有江樓堪極目長鯨吹浪海天秋

郎官湖　雷楚材

最是名標不朽難郎官雅號定吟壇當年酒酹平湖月此日風吹座客冠水斷羣鷗盟已歇浦煙列宿夜空寒遺蹤城裏民居側指點遊人仔細看

郎官湖懷古　程秉

馬頭西望是長安觴咏當年興未闌明月祗今憐逐客清風依舊屬郎官空聞仙侶舟同泛欲起斯人世更難湖上我來頻酹酒靑山無恙路漫漫

碎琴山　明 阮漢聞

江色天容闢寥廓欲霧蒸煙幻詭作蹝澀濁兮走一切野夫日倚晴川閣支公談理理不縛一茗一酒對斟酌大別遥登古尙書鬼斧神鍬窮禹鑿高山流水眞發趣可憐古曲不成句沙迴樹合擁靑岑云是伯牙碎琴處嗟乎牙心未易識七音操縵豈難測塤篪既叶金蘭心峩洋不藉絲徽力析楊皇荂嗑然笑我自無絃老孤調輸心背面佯相親雲翻雨覆皆何人琴到於今不勝碎

千古琴聲寫交態僧雛告我暝鐘催水石瀰瀾月出大

伯牙琴臺　國朝 王文治

伯牙千載後猶自望琴臺秋水澹無際暮山相向來曰余有古曲欲奏復徘徊但恐無鍾子素襟誰與開

伯牙臺園林題壁　徐志

頗爲鍾期整屧來杳無人處故徘徊垂楊影裏日初落流水聲中花亂開山迴片雲生絕壁天空一鳥下平臺莎靑不礙東風路獨把孤琴寂寞回

伯牙臺即事　孫　漢

梅子山前草帶煙滄浪亭畔水淪漣春風隔岸吹楊柳
疑是金徽正理絃

野艇自依垂柳岸桃花紅綻碧波前天光四照湖波起
欲訪成連何處邊

伯牙臺　宋　湘

噫嘻乎伯牙之琴何以忽在高山之高忽在流水之深
不傳此曲愁人心噫嘻乎子期知音何以知在高山之
高知在流水之深古無文字直至今是耶非耶相逢在

此萬古高山千秋流水壁上題詩吾去矣

登碎琴山懷古　汪大鎮

莫謂知音稀誰彈古調者所以山水音偶向鍾期寫胡
爲碎厥琴惆悵此山下我欲擬無絃笑君未瀟灑

立秋日登漢陽朝宗樓　明　李德立

湖山興不淺而我亦淹留得罪緣微祿懷君屬早秋淡
雲鄉樹遠孤月旅情幽借問衡陽雁何時到廣州

登朝宗樓　尹賓商

蜚飛千尺勢崔嵬見闢乾坤雙眼開共擬蛟宮凌睥睨
詫傳蜃氣結樓臺雲來暝奪千家曉風急晴喧萬壑雷
何必乘槎浮海去江干亦自有蓬萊

滔滔南紀闕干春城上高樓峙水濱忽爾躡空窺碧漢
倏然飛磴隔紅塵桃花亂颭魚龍宅竹葉平分湖海人
却怪當年獨醒者何如醉裏寄閒身

春日登臨有勝情滿城人語雜春聲忘機自與羣鷗狎
騁望遙聽萬鶴鳴見日江山新吐氣往時樓閣浪垂名
弄珠神女今何處向夕波涵片月明

獨上高樓作賦時芳洲草色正離離坐邀烏鵲枝頭月
飽看青山畫裏詩如練江流東到海多時春日暮還遲

使君茇憩饒清興勿翦甘棠有所思

登朝宗樓　尹際中

郎川闢勝槩遥指海門開百尺江濤踞千條岷水來抱
縈雉堞下噴薄黿鼉隈洞壑天吳運窮溟地紀迴走沙
紛隱見驚浪莽喧豗雲壘嵐陰島日生蜃氣臺雙流經
會合九派儼昭回刊木禹王蹟鑿山三后哀若經圜洒
鄂如帶俯崔嵬搆象新遺址繪圖洗劫灰睇觀闕宇外
錯出琳瑯堆呼吸通瑤座聲聞接帝垓璇題懸列宿鞭

策役鳴雷王粲登樓怨禰衡作賦才青旻澆玉釀白眼倒金罍景物足欣賞身名豈豫猜居諸迅以代舟楫遞相催仙客起驂鶴羽衣歌落梅當筵窺石室隔渚見蓬萊潢漢何悠矣飛甍亦壯哉

秋日郡公招飲朝宗樓　李世熊

長江如帶繞城樓遠近晴嵐入檻浮黃鶴招來簷下舞白雲飛向坐中收波光不礙千帆影野色平分萬壑秋珍重使君能愛客願留明月醉滄洲

南紀樓春望　唐 許渾

南樓春一望雲水共昏昏野店歸山路危橋帶郭村晴煙和草色夜雨長溪痕下岸誰家住殘陽半掩門

南紀樓　宋 胡寅

西望巫峽峯東望洞庭湖南望大江橫北望楚宮墟平時十萬戶鴛瓦白賈區夜半車擊轂差鱗銜舳艫麥麻漫沃衍家家足粳魚

南紀樓　夏倪

江發岷山如甕口漢從嶓冢又東流滔滔從此爲南紀我憶禹功時倚樓

南紀樓　馮紀

豈忍輕離江漢州去思日夜逐東流可憐南紀樓前路常與鄉人憶蔡侯

南紀樓　劉汝松

山迴連秋郭亭孤對晚江煙深漁釣獨野濶鳥飛雙竹繞清溪徑雲深白石窗泠然幽興愜暫使客愁降

太白樓　唐 李羣玉

江上層樓翠靄間滿簾春色滿簾山青楓綠草將愁去遠入吳雲暝不還

秋興亭　宋 孫杓

前有長江後有湖天將此景屬吾徒當時想未見秋興漫說南樓天下無

秋興亭　韓揚

賈載嘗爲郡名亭建此邦近山連大別遠水接長江待月凭東檻來薰起北窗四時皆有興秋興獨難降

雙松亭留別法浩　唐 李白

泰欺趙氏璧却入邯鄲宮本是楚家玉還來荆山中符彩照滄溟精輝凌白虹青蠅一相點流落此時同卓絕

賡叅議許公東山飄然樓　元　賴　歸

秋興亭前月上時滿樓山色索題詩心如柳絮沾泥早身似蓮花出水遲經卷已輸居士樂酒尊宜與可人期倚闌看遍郎湖景塵俗紛紛總不知

覽輝亭　宋　蘇　轍

城裏最高處坡陀見一城山多來有緒江遠靜無聲歌吹風前度樓臺雨後明風光同楚蜀聊此慰平生

覽輝樓　明　李自明

雨後驚濤響石磯望中煙樹轉霏微湘江直北陽臺路

舊日行雲何處飛

元日坐王章甫水明樓　明　袁宏道

經年勞碌馬蹄閒久客雖歸也不閒爭似水明樓上坐浪花影裏看春山

雲山雖近不相親草色煙光各自春君欲讀書我從仕何曾眞作看山人

水明樓　袁宏道

巒光設色淺深間萬瓦鱗鱗鑑碧灣孤塔自來當沔口高僧相過說廬山當時杯底沈黃鶴每就堂中乳白鷗道門秀談元乃支公延蘿結幽居翦竹繞芳叢涼風拂戶臝天籟鳴虛空憶我初來時葡萄開景風今茲大火落秋葉黃梧桐水色夢沅湘長沙去何窮寄書訪衡嶠但與南飛鴻

醉題王漢陽廳　李　白

我似鷓鴣鳥南遷嬾北飛時尋漢陽令取醉月中歸

寥廓臺　明　趙　弼

鳳棲花草四時新臺榭荒涼蹟已陳惟有淸虛最寥廓儘將風月付閒人

煙波亭　宋　吳　珠

漢水連天濶江雲護曉寒靑靑山數點最好倚闌看

白雲樓　宋　孫　珪

樵歌南習巴巫遠客棹西歸沔水分乘暇登臨終不厭兩州鳴角任相聞

春風樓　元　陳益稷

突兀重簷倚碧空一間虛白四玲瓏馬嘶古渡江村晚鶴翥孤城海嶠風萬頃波濤帆影外兩城煙雨角聲中朗吟人在淸高處拱北丹心列宿同

南北精藍青比比蒲團纔得箇人閒

楚波亭　明　何遷

古木疎巖暮不歸禹王宮殿別山磯卽看野日深開逕目信江雲靜染衣極浦波光來泛泛隔林帆影故飛飛漢陰對汝虛無盡鷗鷺遙應共息機

魯肅灣　明　王一翥

魯肅不能扶漢鼎濕風黃葉走江灣丈夫一念蹉跎老敵國孤忠指顧閒煙點石痕生碁雨林拖嵐影隔鄉關年深野渡旌旗迹槳打波聲兩岸山

過魯肅墓　國朝　許志韶

亦是東吳濟世才千年埋骨已成灰樵人尚識當時墓過客偏生此日哀楚塞極天惟碧草郢城近郭隱高臺荊州山水依然在誰築謀臣土一抔

石榴花塔　明　蕭廣昭

梅山遠對武昌門霜影迷離孝婦村杜宇嚦殘千點血小桃夢斷一枝魂返香無藥刀環冷落葉辭根塔路昏鸚鵡奇寃傳鼓吏隻雞怨恨亦堪論

竹齋　唐　張謂

美爾方爲吏衡門獨寫如野猿偷紙筆山鳥污圖書竹裏藏公事花閒隱使車不妨垂釣坐時鱠小江魚

柏泉　明　趙弼

影沁空霄玉鑑光苔封石甃色蒼蒼汲來數仞清泉水猶帶高林柏子香

鎖穴　唐　胡曾

王濬戈船發上流武昌鴻業土崩秋思量鐵鎖眞兒戲誰爲吳王畫此謀

鎖穴　明　趙弼

鐵鎖橫江拒敵舟鎖鎔石穴至今留吳人恃險不修德

千載山靈笑未休

桃花塢　明　孫世恪

避暑曾傳飲迎秋漫舉觴堂開花竹蔭坐傍水橋涼苛禮不爲設閒情淡若忘無須成酩酊風月共徜徉

北還登漢北原題臨川驛　唐　柳宗元

驅車方向闕回首一臨川多壘非余恥無謀終自憐亂松知野寺餘雪記山田惆悵樵漁事今還又落然

漢陽王故宅　唐　皮日休

碑字依稀廟已荒猶聞耆舊憶興王園林一半爲他主山水虛言是故鄉戟戶野蒿生翠瓦舞樓棲鴿汚雕梁格天功業緣何事不得終身似霍光

張王磯懷古　國朝　戴喻讓

書生能將略雀鼠亦軍糧百戰金戈冷孤臣碧色荒節能先許遠功不下汾陽江上魚龍夜英風萬里長

楊柳堤　國朝　易雍

綠柳人家好長堤攜手行水連大別寺山抱漢陽城濤暑憑秋解新涼藉雨生漁歌遠近合互答數聲清

月湖堤老柳詠 并序　王承道

大別山陰有湖袤延數十頃彎如月西過梅巖東棲晴川閣中亘長虹一道北達漢津前太守砌以石植以樹邑人便之頌曰郭公堤明公楊柳甘棠之思百餘年矣甲子以來柳皆合抱始見近橋之郵亭旁搆茶社兩樹對列而山麓漢濱民廬錯處而已歷辛壬癸甲樓臼閒雲村曰傍花寺曰崇福臺曰梅園參差跨堤之東以湖偏瀕爲桑田獨浮其西一面中泛小舟遥見朱欄碧瓦露出濃陰茗竈酒爐裊煙縷縷天然圖畫也蓋得老柳之助爲多夫其枝分星宿種擬陶家韋孝寬十里之栽辛仲甫兩行之課橐駝獻術柔條與凍土俱蘇抱甕忘機弱植得清流自溉望嶧桐之百尺待豫章以七年山替修眉波爲染黛短長肩及何必同根左右班齊也如交讓垂垂覆地小蠻豐而翠裙低瞿瞿窺樊狂阮醒而青眼大每當春早回黃曦炎耨綠壓綾簷之桃李著意偎香盼遠堠之榆槐傷心送客艤將畫舫拂却珊鞭葉霜醮而未紅花雪凝而再白蟬有棲吟之樹鴉知借宿之巢鐘閣深藏僧停午叩釣竿斜倚漁散丁沽水色涵

秋樹到南華亦淡岸容待臘日行北陸猶温名勝地也奈何雀啄蟲穿沙淘浪齧頭童髮禿骨化神銷槎初身卧於路旁琴暗尾焦於爨下在十去五暮四朝三纖蓋不張空談蔭暍根株悉斷誰卜生稊豈其夢想龍池人間難住大似神仙玉蕊天上旋歸是辛卯壬辰巨浸所阨也而鄰之村寺樓臺亦葦籬蘚扉一覽而盡獨茲柳也乎哉嗟乎性尤杞柳政比蒲盧昔何爲而搔首今何爲而蔣翳雖物之盛衰有時而人復不加之愛惜則杈枒拳曲顦顇屬存者瞬且爲子虛烏有矣邑不憶艮吏

之遺澤吾能不悲野老之凋零耶撫金城之古木有底英雄弔剡曲之枯藤一般酸楚爰呼九烈君酹以酒而誄之誄曰

天乎不可風皤者腹其久空天乎不可雪僂者腰其易折天乎不可水擁腫者足其將踦

三十六灣　唐　許渾

縹緲臨風思美人荻花楓葉帶灘聲夜深吹笛移船去
三十六灣秋月明

龔家渡　明　蕭良有

楊柳疎疎古渡斜舟人遥指是龔家新紅水面迷秋鳥

空翠山腰映晚霞七月煙波孤載酒百年湖海幾浮槎
機心已自全忘却坐看鷗羣臥聽蛙

放生池　趙弼

渺渺方塘春水生紫鯨白鳥戲縱橫漁舟網罟無休日
漫說池名是放生

劉公洲　趙弼

渺渺長江秋水平芳洲落日亂鴉鳴劉公勳業無傳述
百載空遺種荻名　劉公洲起於有明中葉此詩疑非趙作

迎春橋　趙弼

誰人壘石架長虹江水流來滙澤通綠野年年二三月
野花芳草總春風

梅巖小集　王嵩高

雍容車騎到蓬蒿選勝宜登百尺高雲樹春城瞻睿藻
江山故宅屬仙曹莓苔重剔空岩字軒檻平臨萬頃濤
不是歐蘇賢太守衙官安敢負詩豪

登太平興國寺　元　余闕

蕭寺行春望下方城中雲物變淒涼野人籬落通瀟口

賈客帆檣出漢陽多難漸平堪對酒一樽難盡更焚香
憑將使者陽春曲消却征人鬢上霜

興國寺　明　朱衣

殿前古柏禹王栽坡老詩成樹已摧古道荆榛誰愛惜
不知曾有聖人來

興國寺　王敔

水花遠有暗香來何況臆前對榻開獨愛老曇清徹骨
月高疎影伴吟懷

興國寺　陳籌

滄江界破此嶙峋衿佩追隨到夕曛蓧簜昔聞神禹貢
風雲偏壯漢陽軍瞿曇眉拖應同老龍虎峯藏自異羣
長嘯出門天一色六花只是醞氤氳

九日遊興國寺　董　穀

風日晴妍葉未飛攀躋石磴轉幽微千家山郭依江盡
萬里帆檣與鳥歸再洗清樽移碧樹爭看烏幘映斜暉
所嗟陶令無黃菊正喜陳蕃作白衣

興國寺　饒　傑

山中何處是梅花短竹高松一逕斜孤鶴橫飛金界淨

方袍深臥白雲遮寒隨雪散無多日春過江來又幾家
一滴禪心清到骨南枝留月兩三槎

興國寺對三和上人　蕭良譽

榻上雲還積隴頭日已升叩門無俗事入坐有高僧顧
影移幽竹開情落病藤始知塵世裏眞有玉壺冰

興國寺　蔡　潮

黃葉隨風下小塘桂花香雜稻花香客逢古寺投行飾
僧坐蘆簷補舊裳寶地重經追往事瑯函慣聽說西方
山緣禹蹟名偏重咫尺宮牆漢水陽

興國寺　王一翥

一樹殘香紅葉舉頭猶見層樓幾世遷鄰不果一朝送
我黃州

遊鳳棲寺　宋　眞山民

十載重遊古鳳棲連宮新繞綠楊堤欲談世事佛無語
不管客愁禽自啼苔滑空廊妨散步塵昏老壁失留題
僧家田地鄰家種菜甲春風綠滿畦

鳳棲寺　國朝　熊　遠

城西數里步祇園頓覺風煙夾道繁鐘磬遙聞深樹裏

人家儼住武陵源鶴來不覺松杉滿鳳去猶存梧竹蕃
盛世如今須見瑞莫將衰德歎儒門

鳳棲寺懷古贈瑞林和尚 古名慧光寺吳大帝孫權建　蔣曾傳

古刹依然對碧峰平湖芳草至今濃吳宮夜月迷荒碣
楚水寒濤有暮鐘碁局蔽殘收戰伐蒲團深閟隱蛟龍
只憑一偈消千慮短髮閒雲尚可封

秋晚過歸元寺　項　颸

野寺西橋外清幽引興賒佛燈爭白日鬼火捲黃沙地

靜安僧夢松間戲鳥譁籬邊殘照在餘步數秋花

地廣僧才衆堦平草自刪引泉通爨下移石就花閒亂竹叢荒徑危樓帶晚山白光如可晤登塔一追扳

寶峰寺　明　趙弼

林下安禪鎮日閒一峰聳翠列雲鬟白頭老衲癯如鶴藜杖松陰自往還

晚宿寶峰寺感懷　梅繼勳

空雁搖寒影江雲隱暮屏淺洲沙漫白殘荻草餘青荒徑猶香火耆僧薦茯苓晚鴉初集後月色若禪扃

元妙觀　劉汝松

爲訪談元處巖扉碧蘚重雨籬深薜荔露井落芙蓉醒酒當憑石開雲獨種松晚登尤勝絕江上有青峰

吳王廟　趙崡

血食漢江邊英風尙凜然碑殘黃象篆號建赤烏年事往悲靑蓋人猶說紫髯堪憐魯子敬廟廢魯山巔

桃花洞　唐　宋之問

可憐楚破息腸斷息夫人仍爲泉下骨不作楚王嬪楚王寵莫盛息君情更親情親怨生別一朝俱殺身

息夫人廟　劉長卿

寂寞應千載桃花想一枝路人看古木江月向空祠雲雨飛何處山川是舊時獨憐春草色猶似憶佳期

息夫人廟　杜牧

細腰宮裏露桃新脈脈無言幾度春至竟息亡緣底事可憐金谷墜樓人

桃花夫人廟　宋　徐照

一樹桃花發桃花即是君空祠臨野水何處覓行雲事迹樵人說爐香過客焚雨添碑上蘚難讀古時文

桃花洞　方日升

洞口迷離春復秋幾人幽賞賦來遊雲封亂石桃花少月照平湖茂草稠粉黛三年空不語溪山萬古尙含愁只今惟有長堤柳猶似依依念故侯

桃花夫人洞　國朝　朱國俊

脈脈春心向怨誰枝頭結子已雙垂回思忍恥全軀日應悔倉皇去國時鳥似含情閒自語泉如灑淚向人悲珊珊環珮臨丹墅月映湖光歛翠眉

息夫人祠　元煥樞

魯臺西去土門東翠羽明璫玉帳風一語已銷亡國恨
百年終老細腰宮祠邊苦竹春生筍洞口天桃淚染紅
叢樹伐殘人代遠亂鴉飛盡夕陽空

伏波祠　舒正載

太守威名騰三輔漢帝勞功賜璽書區區二邦當百四
春卿不晤隗囂鋤出騎三千先零破獲馬牛羊萬頭餘
百姓奔城城不閉飲賓大笑意自如皖城合浦收羣盜
渠魁殲首懸大纛坐使邱索一統歸不敎中外殊寒燠
天子西征坐帳殿露宿貔貅飽霜霰軍中鼙鼓聲鼕鼕

將軍午夜傳檄箭一車薏米覆平涼六磐山色開生面
風流談笑揖侯王英姿颯爽鬚眉見垂老長懸報國心
壺頭吹笛武溪深一死英雄悲成敗九姓跳梁自古今
風裁不寫凌煙閣異代馨香重祠禴千年錦水桃源路
萬里鴻商黃金醲玳瑁爲樑白玉墀畫棟蘭榱金縷楣
吳歌楚舞紛江上衣冠重拜漢官儀神之來兮款段馬
搴沅芷而來下摻銅鼓兮森桂旗從以雲軿朱輪輠繡
嶺鳥速南北遥五溪交阯奠南條祇今二酉烽煙靜飛
鳶白日摩雲霄

漢陰十景集唐　龔兆臨

臨嶂仙蹤

山出雙峯秀熊儒登　雲迴古洞天唐元宗　石泉流暗壁杜甫
神府枕通川駱賓王　砌長蒼苔厚韋莊　松高白鶴眠李白
丹梯倚寥廓韓偓　志在必騰騫杜甫

石洋漁唱

水溢芙蓉沼薛道衡　漁歌月裏聞李白　自然成野趣韋述
速擬上青雲李商隱　范蠡舟偏小杜甫　王喬鶴不羣杜甫
湖光霜鏡曉李白　樓閣影繽紛戴叔倫

雙橋流水

澗水空山道杜甫　雙橋落彩虹李白　半侵山影裏盧綸
長在水聲中盧綸　鳥思鄉村路李昌符　花殘野岸風李昌符
桃源窮異此戴叔倫　今匝萬家通吳融

驛館黃花

野館濃花發杜甫　重巖細菊班杜甫　不離三畝地張蠙
似入萬重山張蠙　繫馬垂楊下李白　啣杯大道開李白
風煙彭澤里盧照鄰　幽事頗相關杜甫

龍洲芳草

王孫深屬意鄭谷 先得覆龍津杜荀鶴 芳草留歸騎李端

清華襲遠人張正友 岸沙青有路盧綸 苔徑綠無塵盧綸

風日暢懷抱王維 四時惟愛春韋莊

鴉嘴廻帆

客路隨楓岸韓翃 鴉知頂上盤吳融 收帆下急水杜甫

捲幔急廻灘杜甫 九陌峯如墜竇牟 千門翠可團竇牟

治洄安得住韋應物 溪灘漲新瀾許渾

柳堤觀漲

遠水兼天淨杜甫 晴看柳滿堤溫庭筠 潮來無別浦鄭谷

橋斷却尋溪杜甫 兩岸山相向杜荀鶴 三春鳥亂啼杜荀鶴

日卿高浪出竇叔向 廻復意欲迷杜甫

桐岡聽雨

名園當翠巘杜甫 疏雨滴梧桐孟浩然 歷歷俱盈耳李益

微微入曙風李嶷 數枝盤石上盧綸 幾葉落雲中盧綸

襲予棲閑地李白 壺觴趣不空孟浩然

柏亭冬翠

柏擁深殿黑陸龜蒙 交葉覆庭濃張蠙 翠老霜難蝕張蠙

皴多蘚乍封張蠙 寒風金磬遠許渾 晴雪玉樓重許渾

手植知何代李洞 年齊偃蓋松李洞

桂院秋香

寺憶新游處杜甫 煙霏想桂巖杜甫 月從平楚轉李商隱

香滿一輪中張喬 結片飛瓊樹吳融 裁花照蕊宮吳融

年年攀折意劉方平 華館闢秋風杜甫

兵部尚書張肖父八哀之一 王三登

張公江漢英抗厲拔流俗精氣感天狐壯志凌黃鶴授命守危疆登埤惟痛哭蟻賊捲地來秦隴遭蹂蹴空拳難更張孤城已先覆閱關別父老亡命走庸蜀忽聞巽

軍起重整櫜部曲南首叫虞闇西歸理均復水犀奮前驅蒼兕呼相屬渡河兩守聲不瞑苟偃自弓招謝故人邊計夷三族弱旅正丸泥 雄師俄破竹百折不回心終成死荒谷女艾謀過戈五銖期再復空填精衛石難變滄波陸濯髮幸全歸堅貞義不辱長蛾絕命詩泉柏聲聲讀

閔正齋圖其父母遺容貯行笥客京師某寺寺多蓼花紅忽變白海內名流題詠盈尺咸謂孝思所感索題詩以應之 吳廷詢

蓼花紅紅如血孝子思親熱淚結蓼花白白如雪氣機相感無顏色聞道驅車向長安者回頁米心悲酸遺容隨在挂邸壁朝朝奉饌補生前旅次秋風吹寒螢助哀思紅蓼簇簇僧窗下一夜繁霜飛滿枝

胡貞女詩　張銘

堅冰積華池凍雪灑蘭蕊素質與清操貞潔誰兼美安定有淑媛窈窕深閨裏婉娩承義方擇配蕭公子公子喪嚴親死孝由於毁淑媛方待年訃聞痛何已未嘗賦桃夭柏舟遷自矢鏡裏辭蘭膏匳中卻簪珥此生已靡

他奚難捹一死顧我陳繐帷幬則侍筵几顧我念宗祧幬則嗣祖妣從容誓來歸道隔楚江水煙波浩無涯中流風浪起陰雨晝晦冥檣傾檝復圮安穩惟柏舟輕帆渡如駛此中盡鬼神呵護有至理貞孝幸兩全洵堪植人紀更藉彤管輝千秋光女史

又　袁枚

楚國鍾閨秀芳齡淑德彰趨庭誇謝女選壻得蕭郎顧盼心同結如何天各方良人隨父宦京邸遇翁喪毁疾先嬰疾歸途忽遘殃靈椿才萎折玉樹復凋傷梱內驚聞訃窗前泣卸妝情深黃鵠誓詩詠柏舟章詎望諧琴瑟甘心執箕筐哀號辭戚里衰絰拜靈牀生未瞻郎面魂常逐塚旁孤鸞甯怨命新婦已稱孀孝子名爭美貞姬譽更長合門徵兩美佳話徧三湘勁竹原多節寒松不隕霜好將彤管筆分紀表幽光

題易徵君廬墓圖　孫漢

草舍淒涼傍墓門酸風苦雨暗銷魂三年久隔人間世淚濕松楸有舊痕

題易徵君廬墓圖　項大德

擬卜牛眠恨未舒夕陽墓道再居廬辭徵曲盡三年慕讀禮嘗懷一卷書春樹淒清猶有淚秋風孤影尚聞歔怪他毁瘠形容改底事皋魚總不如

蕭氏三烈哀詞　蕭德宣

吁嗟乎我今解組歸田願甘寂寞欲屬一門中恪遵先人約同敦孝友誼勿使本根弱收族以敬宗返淳去澆薄那知家不造陡遭妖氛惡一身不自保全家失犄角流離道路中弟兄分袂各攜手忽四散驚飛若鳥雀頻年竄越貧渠思返城郭看破此身輕性命危地託七月

將中旬忽罹兵火虐男者作逃亡女者恐羈縛乃光火
光中只存一死著吾家有三烈忽悟有生錯與爲豺狼
噬不如蛟龍攫哭跪老人前導我河干躍莫令士夫家
紅顏染齷齪同時赴長流如魚歸大壑愛潔本天成絕
不崩且御我聞長痛哭恸無能救藥繼思淚潸止大義
徐摛度不幸中有幸家門光耀灼人生本大夢爾等齊
光覺白璧何晶瑩滔滔江漢濯芳名播彤管正氣通冥
漠彼三烈爲誰姓字難磨削長者吾弟婦黃氏詩禮博
克守父兄訓孝烈傳可作次者吾弟妹適彭叙若若克

全丈夫名節烈傳可作幼者吾姪女獨抱荊山璞問年
剛十五貞烈傳可作吁嗟乎漢皐歌舞場奢華招劫掠
黃金任搜取紅裹任擄捉不謂崑崗炎石焚玉亦剎此
玉希世珍豈肯淪瓦礫青青大別山千載聳高躅但願
蘭蕙質世界登極樂早歸兜率天結伴驂鸞鶴

題丁春畬明經負米讀書圖　張祥河

亦儒亦賈一身輕放眼江天眼倍明黃鶴樓前卸帆去
暮潮吹到讀書聲
索米長安亦大難客牕日月走雙丸可堪天上修文召
祿養何曾博一官
勸學當年用意深宗工聳下盡知音及門賴有侯芭在
繪出陔華絜養心

又　姚瑩

少年讀書思養親負米百里傷哉貧長安入貢近
紫宸欲博一第娛二人胡爲齎志終其身嗟余頭白仍
風塵抱關擊柝病復呻盧望恨却名公卿寓室往往來
嘉賓欲歸愁問米與薪索逋書來或怒嗔客言燮波白
似銀一貫三倍盈千緡尙父遺教胡不遵善哉客言吾

其循展君此卷一笑嚬秉官作賈猶有因況君當日高
風湑

又　陳光亨

道光歲戊子我時官庶常寓居鳳城東西鄰史曹郎曹
郎有難弟是秋蕊榜香授經者伊誰云是我同鄉姓丁
字春畬家世在漢陽投刺我往謁倒屣君迎將遂結文
字緣蘭茝襲芬芳明歲我移居來往時褰裳庚寅更辛
卯君病偃在牀家有白髮翁念之涕浪浪遣焉歸大暮
聞者爲悽愴楚人重風義相與歸君喪從此一爲別忽

忽十餘霜前歲我假旋偶遊大别傍殘日映寒冰念君意慘傷聞君有賢子名已上膠庠過我我未遇有如參與商今歲秋風發寄我書一囊圖君少時事題咏爍琳瑯君年十五六竭力事高堂欲從博士遊無以奉豆觴欲從估客遊無以資顯揚負米而讀書左右養無方二十遊泮水三十觀國光養親與顯親夙願差可償十載風塵中一旦赴北邙生時一寸心死時九迴腸賴有高足生身後爲表章我爲題此詞音節慨以慷以貽泉下人悲風起白楊

續輯漢陽縣志卷之二十八

雜紀志敘

左氏有外傳史有稗官猶大川之有支流高山之有嶕塉也志乘之編雜紀意亦類是夫輕其踳駁瑣屑而漫不省視不知鄙言也或至理寓焉淺言也或深意存焉今取其切爭清助博證可矣豈以誇炙輠談天之辨哉彼委巷歌謠田家古諺著錄家猶多采之史公好奇其軼亦時時見於他說未嘗非取助多聞也傳曰雖有絲麻無棄菅蒯此言雖小可以喻大編輯之餘附諸末簡聊備儲說云

儞志雜紀

漢江會流處岸上有石銘云下至水府三十一里昔傳李斯刻石於此天下水府一十八處

晉王敦反甘卓與譙王丞書勸使兵出沔口則湘圍

目解

吳處厚知漢陽軍每謂鸚鵡洲沔鄂佳處欲賦詩未就一日吏告覆舟吳問所在日鸚鵡堰吳拊案大喜曰吾一年爲鸚鵡洲尋一對不得天俾汝也重

賞之宋彧可談

吳處厚出知通利軍後以賈種民知漢陽軍種民言母老不習南方水土詔與處厚兩易其任處厚詣政事堂言通利軍人使路已借紫矣改漢陽則奪之一等作郡請仍舊蔡持正笑曰君能作眞知州安用假紫耶處厚積怒而去其後持正罷相守陳又移安州有靜江指揮卒當出戍漢陽持正以無兵留不遣處厚移文督之持正寓書荆南帥唐義問固留之義問令無出戍處厚大怒曰汝昔居廟

堂固能害我今貶斥同作郡耳尙敢爾耶會漢陽僚吏至安州者持正間處厚近耗吏誦處厚秋興亭近詩云雲共去時天杳杳鴈連來處水茫茫持正笑曰猶亂道如此吏歸以告處厚處厚曰我文章蔡確乃敢譏笑耶未幾安州舉子吳莘自漢江販米至漢陽而郡遣縣令陳當至漢口和糴吳袖刺謁當規欲免糴且言近離鄉里時蔡丞相作車蓋亭十詩舟中有本續以寫呈旣歸舟以詩送之當方盤量不暇讀姑置懷袖處厚晚置酒秋興亭遣介亟召當當自漢口馳往旣解帶處厚問懷中何書當曰適安州舉人遺蔡丞相近詩也處厚亟請取讀篇篇稱善而已蓋已貯於心矣明日於公宇冬青堂箋註上之揮麈錄

按史稱蔡確在安州嘗遊車蓋亭賦詩十章用郝處俊上元間諫高宗欲傳位武后事指斥東朝臺諫遂言確怨望范祖禹亦言之遂貶確嶺嶠其事蓋吳處厚發之所謂冬青堂箋註卽此事冬青堂蓋漢陽軍廳事也

曾國老宗甯中爲湖北提舉學士時王慶曾作學事司幹當公事按行諸郡與之偕行次漢陽欲絕江之鄂渚國老約慶曾晨炊相與同渡慶曾辭以茹素自於客館飯畢而後追路國老怏怏亟登舟慶曾食未竟忽聞國老中流不濟船中無一人免者慶曾後四十年爲叅知政事揮麈錄

宋孝宗隆興初漢陽軍有插柳枝於石罅者木無根石無土而秀茂成陰歲有華石先是郡獄誣服孝婦殺姑當刑祝髻上花以自明行刑者如其言両

生此寃氣之鍾於木反襲土之常者也（按此即石榴花事訛榴爲柳也）

漢陽軍祖額錢二十一萬八千三百一十一貫五十一文受納鄂州片茶二十三萬八千三百斤半（乾德二年八月始合受茶如此權利甚重）

宋商稅漢陽三務徵三萬貫以下酒課同（俱熙甯十年以前額）

元成宗元貞三年以旱免漢陽酒課

元郝經班師議曰鄂與漢陽分據大別中挾巨津號爲活城

元楊彥珍杞人以敦武校尉副千戸從伯顏攻漢陽先登拔之

僉事普賢漢陽人進士寬徹漢陽人（續文獻通考載皇明異姓有此二人）

徐壽輝漢陽僞都在城西北隅今鳳棲山下王府嶺是其遺址也

建文既遁爲僧程濟從之永樂癸卯遊於楚六月至漢陽登晴川樓吟曰江波猶湧恨林霭欲翻愁七月留大別山甲辰二月乃東行宣德壬子復入楚五月至武昌登仙棗亭有何年化鶴歸之句復下九江後入粵乃自陳於有司迎入大內（從亡隨筆）

明神宗萬歷元年題准湖廣衡永荆岳長沙澧辰原在城陵磯交兌者并改漢口水次十一年改漢口交兌於金沙洲陳公套水次

萬歷間漢陽諸生有文名者互相稱許以八龍三鳳爲目八龍者桂龍陽劉龍岡沈龍門（文薦）楊龍津蔡龍坪舒龍田戴龍泉孫龍峯也劉沈中式餘俱鄉貢亦一時之勝也（三鳳未詳）

蕭艮有年十五登賢書屢躓公車而志在得元聞江南某先生精於論文微服往從之一日師被酒見公一藝叱曰頭子重了公豁然明年果南宮第一（華寶集）又一說蕭司成庚辰春陳吉所先生語所知曰蕭君文宜留意風韻二字所知告公及闈墨出陳先生曰似識吾言者何也公以實對先生曰吾欲子於三年後自悟耳惜聞之早元矣而文不多傳已而果元

張肖極爲諸生時即有異徵常宿人家樓中樓故多

鬼是夜寂然黃陂張中丞濤延館胥極復見老狐
與語甚怪胥極遂自負或曰胥極父無子乞嗣於
元帝夢元帝指旁立大將曰與汝遂生胥極後建
閫於蜀劇賊郝姚等皆畏服之亦不偶也
唐舜申者宋將于登幕客也理宗開慶間登提兵攻
蜀約日合戰忽夜分絕倒五臟出血而卒他日舜
申舟過漢陽有蜀聲呼舜申者三左右曰登之聲
也是夕舜申亦暴卒
明穆宗隆慶元年以水災免漢陽府正官入覲

孫雪居守漢陽山民劚石之内坎有白龜在焉獻而
放之於江大石未破不解何緣中有此龜 偃曝餘談
漢口鎮小河内藏鐵索其長不可數計順治九年河
涸居民日搜之壘成山莫能窮盡明年水漲索仍
没攷之博物者皆莫知其故 鏤竹引泉
漢陽人呼秋蟬爲秋娘可入詩料
漢口後湖自乙酉迄今樵漁者每於地獲白鼠好事
捕以爲戲
元妙觀古鐘重三千斤明成化二十一年太和山玉
虛宮住持計崇虛造
羅紹漢陽人居近五通廟鄰人歲畜一豕祀神多壞
羅之藩籬紹父怒拏其豕截去一耳鄰家訴於神
既而生紹無一耳又言民鄧氏見二犬交以刃兩
斷其勢後生二子俱閹
小軍山有小山圓淨如覆釜正對沌口登其頂方二
三尺不生草木以足蹈之則鏗然有聲似空中者
或曰此金體也俗名之爲響山
郭文毅貴盛時與漢陽老孝廉劉某者爲姻劉之女

眷至郭氏郭殊不加禮歸而訴之孝廉鬱鬱以没
既數十年矣明末獻賊屠武昌城市人民稀少有
人入城過城隍廟見懸一牌云郭正域劉某一案
候審時正白晝殊墨如新 池北偶談
秦屬買馬入東方率以五十疋爲綱道兵校部押馬
多道亡於是置監漢陽憩泊五日以候三衙江上
諸軍取發先赴湖廣總領所對驗毛色齒數與四
川馬司者無異然後即路乾道九年殿前程副此
役至漢陽卜日將濟江卒長曰舊例必具牲酒詣

城隍廟謁賽乃行則長途無他慮程不答再言之
忽怒詬曰我取官馬何預於神叱使去是日晚絕
江宿城下驛才五鼓悉控馬往總司須啟關而入
忽聞馬嘶聲從西來諸卒謂他綱至起立相戒各
謹持控以防相遇鬬觸之害俄頃閒已至前暗中
不能測其多寡郎衝突踶齧不可制如是兩刻許
天且明視他馬了無所見而一行綱馬死者幾半
皆折脊流腸若遭矛戟衆以程將慢神之咎夷堅志

萬歷中礦使四出而使楚者爲陳奉奉市井無賴最
無行者也所至土人皆持瓦礫禦之勝者終不敢
入其境不勝者乃入據之久之爪牙漸多亦無禦
者遂開府於武昌而歷巡郡縣其出皆建旄頭設
慮無前茅車馬供帳擬於王者奉冠危冠著翔魚
獅龍服佩使者綬入座牽挽幾二十餘人若天子
步輦狀稱者皆曰千歲得淫奴家據爲婦與同臥
起采倡爲嬖婢所之皆曰千歲國太輿民閒愕然
笑曰黃門善淫耶蓄頭廬兒鞭撻郵吏重者死每
至郡縣雖厚賂其左右猶不免考索不肖長令或

嗔其靴鼻吳越大猾及市井惡少年皆行金錢竄
籍中或主奏記或主謀議或主出入私寘名字甚
多又於諸郡邑布列徵稅官雖小市亦有五七人
其曹數十人朝爲傭屠夕郎冠進賢冠建高車黃
蓋出入里閈軒軒然直撞入郡縣建鼓至堂皇稍
與抗郎告之奉上疏以抗旨逮水陸車船搜肉見
骨下至雞豚蔬果之屬皆遭攘奪富民以貲雄者
稅官輒告奉言某邑富民冢墓地生金可采當如
旨掘伐富民懼傾家資入賂稅官乃得罷或云得
古覆藏及非法御用等物匿不報官乃用三木囊
頭令承富民無可訴傾家行金錢其相讐者及有
小睚眦者籍其讐家貲數目報奉遣人逮之將籍
其家皆傾家行金錢祈免三楚富兒殆盡括十乃
進一於奉奉又十僅上一諸稅官緣引日益多民
坊酒食皆不敢徵錢占歌舞妓或強淫民閒子女
甚有汙儒生妻而捽儒生幾死者民皆怨恨思亂
三十年壬寅奉居武昌舊帥侯耶大作威福金錢
日至無算奉大喜浸無他志民不堪剝刻共起燔

其居奉急從後垣走入藩府獲免居民縛其左右數百人皆投之大江漢陽人聞之亦相聚縛其使如武昌每投一人兩岸居民皆拊掌大笑爲樂投三四日不盡得奉姪兒不復投命其四據如犬行入水死皆大笑諸郡悉擾臂起縛稅使殺之殺奸人無數官不能禁 道聽錄

漢陽王孟穀少遊岳麓題詩云不借直踏寒烟裏嚼香獨遊亭午時其池陽山行長句過歐公廬山高遠甚客中州與吳雯唱和風穴白茅寺諸篇楚才

自胡承諾顧景星而外僅見此人 漁洋詩話

漫興詩刻隆慶二年宜城峯陽梅日勳書在晴川閣

郎官湖碑隆慶三年宜城峯陽梅日勳書在南門內

大安寺鐘銘宋嘉熙四年孟珙鑄今移江夏鐵佛寺中鐘上層珙結銜後布捨姓名大半剝落

按嘉熙四年珙於漢口置屯二十以養新兵其鐘之鑄於李家洲正其管內今李家洲已湮大安寺鐘之移置未審何時以其前賢之迹不可不誌顛末

鐘銘 并序蒙 潮公和尚心 無志 窮鼎新梵宇樓 大 般般無欠欠者鴻鐘七寶 尅日用工來拙語共結因緣所 脫就幽暗皆明 聊塞其意波心潮出個家風般般無欠欠金鐘淨心竭力功圓滿喝得金烏離海東嘉熙庚子七月中元漢東孟珙撰

蔡坫正街後徐氏園中樹木森茂素有靈響曾有人摘園中花卉頃上忽彈落四垄並無挾彈者眾共異之後值修牡丹臺掘地得古碑書爲吳將軍丁

奉之墓因亟封之

臨嶂山鳥林峯下貢生徐聰一夕夢金甲人來謁云余三國時蔣幹原葬襄城外被水冲岸骸骨漂流明日午間應至河下其骨節交瑣不脫以君長者懇臨時爲之收葬徐以爲異明午至河下候之果有瑣子骨從上流來因收之買棺貯骨葬於鳥林峯下

張獻忠破武昌據楚府設五府六部開科取士其僞制曰未識天命敢抗大兵者我已替天剿殺草野

賢才應合進用所在教官束帛敦請題爲道得衆則得國取士三十人狀元爲漢陽陳珏住河泊所陳生而有紅斑若元字者在左肩年已六十始中僞科賊敗後憤不能拒終身不面西云見滔天錄

唐人咏息夫人云看花滿眼淚不共楚王言息嬀事始著於左氏而國語及公穀並不言之劉向列女傳息夫人者息君之夫人也楚伐息破之虜其君使守門將妻其夫人而納之於宮王出遊夫人遂出見息君曰人生要一死何自苦妾無須臾而忘

君也終不以身更二醮乃作詩曰穀則異室死則同穴有如不信視於皦日遂自殺息君同日俱死楚王賢夫人之守節而死乃以諸侯之禮合而葬之則息夫人初未嘗失節烏有所謂生子而未言者中壘父子皆明左氏纂頌此書獨不取其說當必有據予疑楚王嘗日或因夫人不從而死別取夫人嬀姓之媵息者充之亦號之曰息夫人是生堵敖及成王者則未可知正如蜀之有兩花蘂夫人也拜經樓詩話

聖德神功之碑天順六年翰林院五經博士沈慶撰御史桂怡書在晴川閣通志

九龍八鳳山海雄鎮碑在漢口大智坊河街道光年間燬於火

清官碑亭在漢口大智坊康熙五十六年闔邑爲學使李公周望建今毁

額公亭在漢口大智坊麻陽口康熙五十八年闔邑公建

傅文忠居漢鎮軀魁梧長七尺餘乾隆五十五年安

南國王阮方平入貿道經漢上傳佩刀迎立阮凝視揺首咋舌而過

李漢傑雍正時郡庠生年三十體忽豐發衣週丈餘俯不能見足肢不勝任蔣學使驗免歲試同學有陳姓者胖甚然僅省其一肢時以爲異事見李氏家乘

靈芝峯在城西門外同善堂中相傳李笠翁由太湖運歸別業道光年間徙於此

公母石在蔴絲岡南岡呂家河卽淪水繞流而出者河寬不二十丈石懸中流居河之半俗謂出水者

公石沒水者毋石石根多穴藏大魚味肥美人比之丙穴云

孫策克黃祖表云臣討黃祖以十二月八日到祖所屯沙羨縣攷沈約宋書志江夏沙陽縣本漢沙羨縣治今夏口夏口即漢口也羨音夷劉表遣將助祖並來趣臣臣以十一日平旦部所領江夏太守行建威中郎將周瑜領桂陽太守行征虜中郎將呂範領零陵太守行蕩寇中郎將程普行奉業校尉孫權行先登校尉韓當行武鋒校尉黃蓋等同時俱進身跨馬櫟陳手擊急鼓以齊

戰勢吏士奮激踴躍百倍心精意果各競用命越渡重塹迅疾若飛火放上風兵激煙下弓弩并發流矢雨集日加辰時祖乃潰爛鋒刃所截焱火所焚前無生寇惟祖迸走獲其妻息男女七人斬虎狼韓晞已下二萬餘級其赴水溺者一萬餘口船六千餘艘財物山積雖表未禽祖宿狡猾為表腹心出作爪牙表之鴟張以祖氣息而祖家屬部曲掃地無餘表孤特之虜成鬼行尸誠皆聖朝神武遠振臣討有罪得效微勤

魏晉封討獻賊檄云張獻忠者榆林逋戍秦隴無良始舞角於河中爰肆牙於關內焰逞襄樊之變毒窮黃蘄之間比以奸熱包藏禍心而俾怨民構成隙志金根晚出玉葉風飛戕億計之蒼生殲四朝之貴胄舳艫盡水載渠猶沈鈎戟齊山礫兒莫殫而方肆虐殿上如狙駭衣冠狠籍履門似豺居山藪誘婪衿以偽職劫儒販以淫威而豈意猘遂依晃犬不吠跖輿言及此能不填膺走也枕靈姑銔而涕零望倉質根而血繼士風可操空戴南冠非

種當鋤甯孤左袒嗟乎某也某也猶存共濟之心叔兮伯兮忍負如充之耳爰申昭告周播同盟無後義旗率先仁路方今援勦雲集王于興師尚其赴愾雷奔我能復楚凡百君子無恩黃三賊予之恩不億健兒尚義南八男兒之義城借一以必克戶雖三而可興則王氣黯然公孫應斬落星處而屆指定計楊幺合擎八日中矣

熊次侯諭偽官檄云蓋聞志士修名垂節義之事哲人守命達順逆之機是以天水阻兵班生著諷清

河拒賊李粤乞師功則魏乎忠之至也爾偽寧等曾厠儒服豈昧舊聞自治亂相尋亦奸宄時有漢則黃巾赤眉之慘唐極仙芝巢甫之雄及我大明復有和尚千斤劉六劉七此皆盜之劇者蓋亦輿也淳然然而好殺絕天宣淫滅類偶爾張威螳臂咸出萬死之餘一窩稱制龍蟠必無十年之運綠林夢醒而人嘆白頭赭服身分而魂懸青史適以動明王之憂患徒以成大將之功名在古速亡撫今知弊乃爾等卑者迷於見利高者自謂識時俟

此兩端遂成千錯夫我皇上親賢遠佞既無清君側之名蠲賦省刑豈有罪萬方之失特六師暫稽於邊士故八伐稍頓於域中而死賊張獻忠者狗盜迫於飢寒鴟張成於將相昔欽襄陽之水所不忍言今食武昌之魚殆亦有故此匹夫能闞之虎亦女子可當之熊茲者天岳一軍凶徒五蚓固其效也 某等慟楚國之亡其君無罪察歲星之在我武惟揚巳通謀於五路諸侯更布心於百爾君子蓋改過者春秋所大而脅從者帝王弗誅爾父死之爾母死之戴天之義謂何身請爲臣妻請爲妾沼吳之情安在浠上積山高之骨豈昔暴而今仁漢南絕野渡之舟實內貪而外狡衣冠展其戲謔懼秦國之坑將輿瓮庫侈其金錢恐洛口之倉易盡嗚呼使慶緒以歸朝而弒父難子儀可以無功若宏正能誓衆以尊王即李絳何難請賞唐將嘆朝廷之喜賀坐失狼封蠻夷畏中國之有人矧茲鼠竊

魏晉封哀江南辭云歲在癸未律中應鐘魏子弔乎

鄂渚水咽林號風酸霧苦晝見宵燐人聞鬼語餘息百一遊魂什五黯然疚懷泫其寢處乃作哀江南之辭辭曰嗚呼悲夫白衣會火黑雲壓城波翻魚沸山裂鳥驚心搖折戟膽落殘鉦侵曉之沙蟲欲變寒林之戰鼓無聲春社靡煙骨相屬而飼犬秋燕自緣血欲染以嘑猩濁流既投兮魚鼈聚腐肉未盡兮烏鳶爭城郭全非來鴻尚乙人民頓異歸鶴如丁爾其玉葉凋金桐圭碎碧詭言啟曹社之謀建議忽憑江之策楚歌四起半屬楚府之新

軍突將三交空櫝突圍之毅魄東道不通兆門已闢遂使揮倚天而擊柱全灰茂苑之書沈盡室於膠舟無補青邱之阨長史慷慨一劍奮以酬恩副閫酸辛雙腕斷而猶格巨盈寶溢奮巨寇之運珍奇金屋嬌藏窺宮井而牽明爐嗚呼悲夫楚之覯

禍何斯極也方其建

國初基恩膏特沛俾王於楚幅員無外火入太微翼軫有害諭省過以回天期履全而未艾乃入峰入宇原無次九之圖九十九洲難冀百成之瑞入王

緒斬承基則假子義兒七葉心傷似續亦鴟梟狠狽橫林之釁起干戈鄙鳩則惟恣侈汰恃壁壘於襄樊倚長江之礪帶詎知憤帥從軍疲兵臨陣主恩雖倚以金湯協贊終德慚廉藺中朝爭勾黨之書外閫重錢神之論或以數奇而不封或以功高而賞吝遂致使指臂而更難養癰疽而莫吮況乎黃巾蠻聚觸井絡之藩籬青犢蜂屯資葭萌以蹂躪河隄既啓取潰爲難山越初降恣睢莫問兼之風流太守狎虎兕於櫝中鬼蜮兇徒盜兵符於塘汎懸門晝啓石城空峻街市胥淪衣冠同燼爭棄甲於華元聞乞降於于禁竟陵六郡慘烈日於春條漢皐千里剪西風於朝菌緣武昌之始禍實爰起於荆襄致寇雖因青犢而召禍實啓蕭牆忘艮朋之外禦徒致疾於偕亡遂使三百年盤石之宗煙消火滅十萬家荆門之侶雨散雲飛坑既慘於趙卒火復烈於咸陽黃鶴危樓嗚咽仙人之笛金沙舊市枯焦賈客之檣頭陀之碑半埋荒礫望京之閣只剩頹牆鷹春蘭而哀郢徒憶昔之茫茫出楚

文粹抄入

黑山禁碑云漢陽縣爲掘山取石地脈久傷懇恩嚴禁急救風水事康熙四十九年九月十八日奉本府批據闔郡紳衿士庶等公呈前事詞稱仰漢陽縣查議報奪此該本縣查勘得漢陽府漢口一鎮實爲七省通津不特商賈輻輳抑且居民稠密誠哉天挺其秀地效其靈所致也查漢河之水發源漢中千里奔騰至斯全賴黑山女郎諸山以爲砥柱爰是水歸沙聚而民賴以安所關非淺鮮也近

㘰山主吳漢義羅必第等貪圖一己之利每日雇倩匠人打鑿石塊隨地掘空傷損氣脉以致漢口河北兩岸崖崩地裂火災頻聞此舉貢生員唐裔漢黃昌等所以有掘山取石地脈久傷懇恩嚴禁急救風水之呈也蒙批查議報卑職遵即親詣山前勘驗復加研訊知黑山切近漢城漢口氣脈相通今既空掘傷損亟宜嚴禁卽訊之有山之吳漢義羅必第等供稱嗣不敢掘山取石情願具結等語再有湯家山石馬山爲黑山之餘氣亦與漢鎮

呼吸相通近被山主葉子厚陳公選等空取石塊並致傷損相應一併嚴禁在葉子厚陳公選等亦稱情願具結日後不得再行取石等語除將各結備案外理合錄供詳覆伏候憲台核示飭令士民勒石永禁施行爲此備由云云等因奉批仰縣飭令士民勒石永禁繳奉此合行勒石永禁爲此示仰一應諸色人等知悉嗣後毋得在於本山掘取巒石敗壞風水如敢不遵查出定拏買賣人等幷甲鄰一體治罪斷不姑寬各宜凜遵毋忽須至碑者

計開

梅子山　臥虎山　黑　山　龍壇山

鍋底山　仙女山　禹糧山　湯家山

石馬山　磨旗山　大別山　大較場前山

計勒碑四座

一立漢城　一立黑山

一立湯家山　一立石馬山

續經五十二年六十一年雍正九年奉府三勒禁

碑文不具載

請勘公呈云爲慈駕親臨傷殘洞鑒懇恩詳覆勒碑永禁事漢陽黑石等山關係通郡龍脈某等不忍風水久傷九月十八日具呈府憲蒙送父臺查議報竊黑山被掘漢口河下兩岸崩裂父臺親見至異常天災由此菲暢言莫盡其說蓋黑山之覷漢城漢口位居西邊戌方火庫之地而漢城位居午方漢口大智坊位居寅方庫破火現故丙丁火年戊癸化火之年寅午戌火局之年異常火災多在

寅方午方此寅午戌三方弔照之理也如康熙二十六年丁卯六月十七日江口失火燒回龍寺四官殿等廟房屋何止數千人民燒死淹死者何止千百此丁火年卯合戌庫而寅方異災也次年戊辰九月漢陽城失火燒府署頭門鼓樓南紀城樓朝宗門樓縣學明倫堂居民房屋又不待言此化火戌年辰冲戌庫而午方異災也近如丙戌年六月十八日漢口由義坊失火燒延大智坊楊林口無人住處纔止人民水火死者不計其數此丙火

年正值戌庫燒及寅方異災也戊子年九月初十日江口失火延及南岸湖南糧船與紅船客船燒燬甚多人民死者慘不忍言此化火戌年亦值戌月而寅方又一異災也本年兩次大火前則申申之月以申冲寅故南岸午方燒及漢口寅方後則丙戌之月三合火局故漢口寅方燒及漢城午方此火局寅年弔照戌庫尤爲異常火災也凡此異災遠方客民貨物灰燼空手無歸近處居民朝爲富室暮窮瑣尾至於水淹火焚寃鬼嘑偏於川原

草棲露宿窮民哀號於郊野總由火庫之打破遂致貽害之慘酷此言之確有足據者也今幸父臺駕臨凡所傷殘一一洞鑒誠恐一過之後依舊毀打火庫再傷生靈何辜伏懇父臺軫念民依培植風水賜詳賞示勒碑永禁感德永世

唐裔潢風水論云按漢陽府城龍脈自九眞山發源從西門入城先結鳳棲府基後結大別北障而大別山頭從東拖下餘氣自木場走南岸以爲後托直至月湖口方止其上即有臥虎山黑石山鎖鎖兆住十分有力是南岸爲府城後托矣漢口龍脈

乃平洋龍也平洋最宜坐空朝滿今漢口以大別爲朝山南岸爲近案後朝空曠正合坐空朝滿之局從前未盛者以水未繞也考襄河之水郭師口黑山對岸有襄河口水從此入約長四十里然後出江禹貢所謂漢水南入於江是也明成化初忽於郭師口下直通一過約長十里漢水徑從此下而後襄河遂淤於是漢口有興機矣夫漢口初亦蘆洲耳明洪武間未有人住至天順間始有民人

張添爵等祖父在此築基蓋屋嘉靖四年丈量上岸有張添爵等房屋六百三十間下岸有徐文高等房屋六百五十一間耳漢口漸盛蓋有小河水通商賈可以泊船故今爲天下名區經云行到平陽莫問蹤只觀水繞是眞龍又云風吹水激壽丁長避水避風眞絕地漢口之盛所以由於小河也然小河之水實賴兩岸夾住旋繞入江康熙二十年前南岸兩旁皆有房屋中開街道可容車輿自二十年後日漸崩頹邇來愈盛北岸亦有崩裂揆

其所由總因鎭鎖水口之黑山鑿石打傷兜收無力水無拘束故蕩洗如此是壞府城之後托敗漢口之近案也盛可保乎無如蓋造房屋者只顧賤買窯石以砌墻不知實割已肉以補瘡語云皮之不存毛將安附倘風水既壞水道他徙雖有高堅厚牆亦難永享也昔之金沙洲可以鑒矣

劉爲楨晴州閣晚眺云晴川傑閣勢巍然徙倚危欄覽大千山色有無微雨後波光蕩漾夕陽天隔江誰奏樓頭笛近岸人呼漢口船更有詩情描不出

月湖堤畔柳含煙

漢陰十景　漢陰即古沌陽也

臨嶂仙蹤　臨嶂山在鎭東五里山上有石洞舊傳仙人棲息之所

石洋漁唱　石洋係前賢王公維袗字因以名其湖

雙橋流水　大河之右有大小二橋石洋湖水由此分注於漢

驛館黃花　鎭前黃花驛以路多黃花得名

龍洲芳草　龍宮廟側湖中有小洲日龍墩水漲隨高不沒

鴉嘴回帆　去鎭北里許河濱有老鴉嘴地勢凸出舟檣過此必回環而行

柳堤觀漲　楊柳堤綿亙河濱爲通衢保障夏時河水泛漲最爲巨觀

桐岡聽雨　岡在鎭西里許上多桐其曰聽雨取疎雨滴梧桐之意

柏亭冬翠　西庵有古柏二株歷數百年有亭日雙柏亭淩冬柏葉青翠異常

桂院秋香　丹香書院在古文昌祠左爲今供奉梓潼帝君最盛處

却月湖八景

古洞仙蹤　桃花夫人左傳以爲息媯韓詩劉向列女傳以爲息夫人各持一說荒遠莫可考也僧達梵以其係古蹟祠而新之

板橋花影　由長堤至桃花祠中隔小溪板橋橫水冶春勝日人影花光迷離一片

僧樓鐘韻　長堤中建鐘樓靜夜鐘聲醒人塵夢

宵市燈光　月湖去漢口鎭里許夜市燈火星繁遙映水面

柳映長堤月湖堤自府城至漢鎮約長七里夏日行者病暍明郡伯治堤樹柳表明府以桃開之翠煙紅雨不減蘇堤之風景

荷風曲溆蓮花臺荷花夏時紅映漣漪而藕尤佳甚落日放船銷炎雪藕月湖之勝景也

琴臺殘月伯牙臺在月堤西西鄰坊肆唯東偏空曠殘月東昇艾荷香淡

梵寺朝暉接福寺有樓東向最宜朝日

麥山八景漢南之山自九真龍霓東南數里麥山峙焉連峰蒼翠俯臨湖水宋卓戴廣文倡麥山八景詩

鳳嶺山南有峯如鳳　民湖俗名小麥湖

魯肅山寺傳爲肅屯兵處　石洞在烏石堡地產黑石可琢硯

土樓戴司馬金讀書處　山市麥山有小市朝煙初集亦日熙熙

將臺山有高壘名子敬將臺　石塔建亦戴司馬所凡七層

湘湖八景楊維謚許浚曾學達倡爲吟詠

晴野黃花　平原積雪　麥隴搖風

菊屏映月　疎柳曉煙　斷霞歸馬

襄河帆影　茶社歌聲

按向來志乘每有八景十景之目劉湘煃纂漢陽府縣志憎其繁芟而不存而邑人於却月湖沌陽麥山瀟湘湖又各集其目爲八景爲十景見諸吟咏和者亦數人或數十人縣志雖非選詩然其梗概不可不載用以備沙羡之故實可耳

荆楚文庫

〔同治〕漢陽縣志校

〔清〕許盛春　張行簡　撰

前言

《〔同治〕漢陽縣志校》一卷，清許盛春、張行簡撰，清光緒十年（一八八四）刻本。志附《漢陽縣識》後。

許盛春，字瑞禾，漢陽人，原籍揚州，光緒元年（一八七五）舉孝廉方正，以直隸州判發山西候選。張行簡，字敬亭，號儒三，漢陽人，同治六年（一八六七）舉人，官工部都水司主事等職，後辭官歸里，以著書立説、教授鄉里爲樂事，著有《春秋分合纂》《嘯孫軒詩稿》等書。

同治六年，縣志局開，張行簡爲編纂之一。在局時曾條列《沿革表疑義》，交與總纂，進行商酌。後因進京赴考而離開志局，返鄉時，縣志已經告成。對於新修成的縣志，『邑人士僉以訛謬相糾彈』。張行簡與同學許盛春檢核新志，與各舊志互校，舉新志訛謬處不下數十條，爰裒爲《漢陽縣志校》一卷。同時鑒於前撰《沿革表疑義》不獲新志采納，故將其與《漢陽縣志校》一并於光緒十年付梓。

《中國地方志總目提要》對此書有簡要評論，略言：『是編對同治邑志遺漏之處加以補充，體例不當均作説明，對其沿革門類，考稽史料，辨析甚詳，可爲後修邑志者之參考。』可謂中肯。

據《中國地方志聯合目録》《美國哈佛大學哈佛燕京圖書館藏中國舊方志目録》《武漢大學圖書館方志目録》，此書僅湖北省圖書館、哈佛燕京圖書館和武漢大學圖書館有藏，此次影印以武漢大學圖書館藏本爲底本。（梁俊偉）

目録

同治漢陽縣志校　縣人許盛春原籤張行簡覆

輿圖志

縣境全圖　圖交界處如黄陂縣屬之黄花澇孝感縣屬之北徑嘴等應標明免混入本境　台子湖志作太子湖

縣境山川圖　龍衣山志作龍霓山　屯地

縣境鄉里圖　南鳳棲里北懷二里志未晰注

蘆洲湖水坐落應補繪入志亦應補載

縣境塘汛圖　朝關宗關既繪入則漢口下路之漢關

蔡店新設之金牛港卡夏汎所設之漢口後湖土壋卡通商後設江漢關卡應補入　又長江水師新分塘汎亦應補入標明

縣治圖　府城隍廟在在城站東應移正　遊府署今改守備署應更名　太乙樓址改建劉猛將軍廟應更正　府學西署府經歷署各倉基祀廟應補入

縣學宫圖　忠孝祠應遵題忠義孝悌祠節義祠應遵題節孝祠　尊經閣未修應載其名於原址　甬牆應補繪　學外餘基應清理載明丈尺

考棚圖　東西棚外照牆南餘基應載明丈尺　圖曰考棚與前縣治圖内曰貢院兩歧

晴川書院圖　佚　聖殿名　考棚晴川書院闔府公建應標明

月湖圖　志無龍燈隄名當作三擱石隄

漢口圖　袁公隄玉帶河港應載明　志載都司署應補入　守備署志載改爲營中辦公之所應題舊守備署

鸚鵡洲圖　縣城應更作府城

張大渡圖　此隄久廢現縣中新修之堤不下十餘處應繪一隄防全圖而以張大渡附不没其舊

沿革志

夏帝舜三十三載夏當作虞

疆域志

蔡坫應遵作蔡店同後　皇陵磯應作黄陵磯與繪圖符合

祥異志

漢高后八年南郡水據沿革表漢高帝時分南郡置江

夏郡高后時南郡與縣無涉　唐代宗廣德元年鄂州大風火發江舟延及岸上居民據沿革表敬宗時牛僧孺始請以漢陽郡屬鄂州代宗時鄂州與漢陽亦無涉　太平興國寺生瑞蓮兩房同萼乾隆府志萼作跗

山川志

女郎山一名禹糧山當係山川圖之禹梁山　牟岾山有石刻睡心山三字秦須明性嗜湖山讀書於此游歷十年復老於此（嘉慶志作秦子須明生於斯讀於斯歷十年而復老於斯）自製睡心山房集因以名其山查秦須明志無傳睡心山房集亦不列名著述須攷　尉武山（嘉慶志有舊志二字）唐武德二年尉遲敬德戰朱粲於此攷本傳及朱粲列傳雖（嘉慶志作皆）不載（嘉慶志有此事豈相傳之誤耶八字）然敬德封鄂國公又山前有御田莊興唐渡等名則俗傳應（嘉慶志作或）有所本（嘉慶志作因下有存疑可也字）　柏泉山相傳大別山禹祠古柏其根直透於此語云柏泉無曲通八十里寒泉是也（乾隆府志無語云十四字）山麓有古井井底雙魚動躍泉枯則柏根並現（舊志載今皆無三字止下皆今志增入齊相公廟萬人塋近齊東語且明季流賊之亂北鄉獲免安有賊屠事尤爲失實非二里有河一道郎後載論亦）　孫家山孫姓祖墳葬此萬子山明初張姓住此

（舊志未載二山何論其餘）　漢陰山　舊志載有按子貢過丈人莊周寓言託言漢陰未必即今郡地即伯牙臺集賢村亦近附會宋元以來已有此說疑則傳疑亦古人不絕後人景行意也似不應删　臨嶂山　沌陽縣處沌水之陽亦與此無涉又言江夏縣治此（嘉慶志作沌陽縣則處沌水之陽原非一地至言江夏郡治此尤誤詳見沿革下）　烏名山（乾隆府志作烏鳴）　九真山上有飛昇石下有鍊丹池（舊志此五字另在後）唐咸通中賜名仙潛山（乾隆府志無山字）高數百丈望之佳氣鬱然　查寺觀志亭云故家專祠類宦別業例所弗登懷園爲吳培洙祖塋兩舍不應附載且園已荒廢矣　螃蠏洞在玉山鄉當即尉武山附注西北三里之螃蠏洞　江水上承岷江合洞庭諸水流入縣界之東江腦（舊志下有）又東北流一百五十里經縣治東北流逕烟波墩又四十里入黃岡界　漢　漢水之外別出汭水（嘉慶志下作）而注之曰在縣西南三十里又書沌水曰在縣西南四十里夫縣西南三十里止有一沌水出江安從而得汭水又安從而得四十里之沌水今列江漢沌三水源流分合之故而删汭水使攷者有徵焉　沌水　其港僅過（舊志作通）運舟

張舜民曰下舊志有下汉故鎮南對金口自沌口至下汉五十餘里　江之西即漢陽沌口舊志即漢陽三字作一有字　瀹水新志增補既謂其源匯三瀹湖水北流入河後志三瀹湖又謂即瀹水所經須攷　月湖　今祖所繫矴鎖石穴猶存則湖之爲卻月城塹無疑二語須酌　瀟湘湖乾隆府志注見上廢襄河　北湖土壋　古漢水正道久淤舊志下有夏秋水漲舟至灄口即由此達　太子湖　凡鸕鷀刀環官南湖水自縣西二十里平塘東流來匯又北會白湖之水東南入江須攷　燒箕海乾隆府志作箕湖　放生池　一在寺東大別山下舊志下有唐乾元初肅宗命將史除張建等置兩池相對即此　劉公洲沿抄舊志下應入近日情形

校五

城池志附關津

城　嗣遭張李之亂城爲之燬舊志均無未知所據燬字亦須酌　康熙六年圯於水舊志無圯於水字　郡守楊必達請撥顔料閑款以補葺之舊志無以補葺之字　三十四年夏逢龍之變西北女墻燬於兵舊志無逢龍之變係二十七年　復補繕其東南之未葺者舊志作增修東南一隅　請於　朝發帑修理舊志作請修築　前專志修繕咸豐年間髮逆陷擾詳見兵防此應從畧

鐵門關　吳設關於此乾隆府志無此五字　推官推應作明　歲入傾圯下應增嘉慶年間字　迎春橋　在縣治西應作北字今太平興國寺旁有橋立迎春橋碑　一云在南門即官湖上云字應削縣學渠道碑載有迎春橋地與即官湖近　洄汝橋應照舊志作洗馬橋　高公橋旗高綱重修免溺隄記高公橋即王公橋不應分作二橋　宏濟橋　二十六年舊志係五十三年

隄防志

免溺隄　周南佐以石橋舊志下有其亭所字　蓮花隄在城北興國寺乾隆府志寺下有淌字　晴川閣右有石橋上舊志作橋字　左右二渠皆種荷花　袁公隄　袁焴創築此隄舊志下有爲廛居保障里人歲加修築字　築堡於隄外護之須酌七字　辛卯上應載道光年號

校六

豐樂隄　及江隄下似應增於外二字較顯　故未議及修復然留心體察隨時修補未修復下用修補字須酌　江隄道光年間胡元募修咸豐年間始由邑人徐蔭堂等經理歲修應更正　沿抄舊志數段後應將近修隄閘情形附入

土產志

嘉慶志河豚魚　注白小俗名麪條魚出張王磯固混河豚魚白小爲一種志遂削去河豚魚亦漏應補入　荷葉魚　尾刺有毒舊志作尾有毒刺

學校志

正殿　籩十籩之實僅九應遵補　四配後木主規制係十哲
木主規制應移載十二哲後另查遵補祭品亦應遵補
十哲祭品遺豆四應遵補　十哲祭品有豕首無羊應查
正明更　崇聖祠正位木主規制未載全　東西配位東西
廡位木主規制應查補入　樂章誤載京師先師廟樂章應更
正　學宮祀典儀制應遵　部頒現行文牘全纂
率抄舊志殊難符合各壇祀亦同

禮祀志

社稷壇神祇壇木主規制應查補入　關帝廟文昌廟題位

式木主規制均應查補入　關帝廟啟聖祠文昌廟後殿木
主規制應查補入　關帝廟樂章翊平之章　紛羽應遵作綺蕤
厲祭禮節告文應照各祀典全入　雩祀宜查補入附以祈報之祀　所
晴禱雨救護日月食儀制應查補入　名宦祠鄉賢祠忠義
孝悌祠節孝祠應附入學校末　縣城隍廟在縣署東其儀制
與府廟同前無府廟儀制仍應詳載　又舊志下有雍正元年知縣蔡何建
應補入　太白祠在郎官湖北舊志下載宋咸淳間學官蕭鑒
因其亭址重建康熙四十五年知府祁世鐸重建

公署志

蒲潭應遵作沌口　鎮巡檢署　便民倉在大禹廟側今廢
應削廢字更作改建社稷先農壇

秩官表

宋陳當漢陽令見雜記載揮塵錄中應補入

名宦志

尹應嗣楊思永均府學教官未祀名宦應畧　喻應台
表注祀名宦應補傳

選舉表

嘉靖壬子科舉人表蔡機應更作璣與舊志及文苑傳符　嘉靖四十

年辛酉科應補入　舉人表應補孫瑀進士　萬歷二十八
年庚子科應補入　康熙庚戌年進士表瞿樾甲周之麟
舉人表無名須考　壬子科舉人表彭浚應更俊　辛酉科舉人
表李鐄應更鑛　丙子五貢表項鍾巖應更嚴　雍正二年
甲辰科三字新志誤增　舉人表鄭時際劉方明楊律江曙孫
胡萬鍾應移前癸卯科　乙卯科舉人表鄒紹南應作召　又
舊志李芳蕃之次有何璜應補入　乾隆己未科進士表劉定麟舉人
表無名乾隆府志列人黄陂縣

鄉賢志宦績附

戴景文傳 二十七應更六年 戴金傳 官著作遺宦滁集
朱衣傳 郡志最爲典則乾隆府志郡志上有修字 李芃傳衣征
官太和知縣傳漏叙 蕭良有傳 魏允舊志作允中 秦聚奎傳
訓子延煜爲名孝廉舉人表無延煜名崇正癸酉科有秦廷燁 吳正治傳
子宗邵邵本部字舊志無宗邵名誌作邵又於仕進表與宗部外增吳宗邵 葉繼雯
傳 戊午應作申科 程瑞祀名宦志應入名宦志 江恕表列宣德丙午科舉
人傳漏叙 嵩道立傳 庚應作丙戌進士 衢應作衛士元
江芑傳 分賠解任乾隆府志下有吞字 乾隆初元起爲福建延建
邵道卒於任芑歷官十八字始接 數十年 李猶龍傳 中
順治甲午武鄉試乾隆府志武舉表列在崇正壬午科 熊天楷傳 壬
應作申 戊進士 程秉禮傳列入官績不符 葉志詵傳 戊申
乙應作己 酉
忠義志
汪涯賢母志汪涯母汪有楚祀汪一作江應補入 徐奎傳 報應作服 官陝
西
孝友志懿行附
朱襄傳 瘓舊志作襄 徐成質傳 巳應作丁 卯中鄉試
王朝貴傳 遺金玉舊志作三百 房斯立傳 初任成

安合乾隆府志下有捐粟賑饑邑人敬德 嚴宏遠傳 遠安
諸生須改 汪應作江 如繪 彭國琦傳 師應作詩 學香山
文苑志
伍偉傳鄉賢有傳此應削 吳鍾藩傳應入宦績 堵維垣傳應入懿行
方文啟傳 子璲丙午應作己酉 副榜 戴豫讓傳 乾
隆七應作六 年
列女志
孝婦 項生生字應削 誠妻張氏 關邱氏傳應入孝女 張致
遠舊載儒童 張天明舊作民 繼室何氏 易王氏貴應作桂 陽
節婦 李若英妻姚氏年十九藝文載有傳作二十二 夫故遺孤
貞傳作應禎 才甫舊志無甫字 一月傳作一歲 朱襄舊載生員 吳守
一舊載監生 張大成舊載生員 熊正蓁舊載監生 許氏舊作舉人吳
燦側室 高昶 倪早榮 熊必翔 羅以愷 尹嗣
成 吳純其 吳範友 蕭璞 汪錦文 張之培
熊正彖以上十一人舊均載儒童 楊氏儒童孫承謨妻舊志載乾隆十三年
旌 戴起英舊載儒童 汪璟舊載監生 張氏舉人鄔鵬
妻舉人表無名 劉可鈞 汪能哲 王亨 張瑆以上四人舊載儒童
董氏嘉慶志列張氏儒童汪能哲妻後許氏前空白二行後查乾隆府志張氏許氏之間載

董氏邑庠生汪航妻年十八于歸汪氏四載夫亡遺一女守節四十三載立嗣子亂賜 劉錦玉
張景昌 陳元徵以上三人舊俱載儒童 張王氏舊志載監生 張
應魁妾 吳信賢 方純德 衛坦 金國良 燕山
農 李朝玉以上六人舊載儒童 衛天申妻徐氏 衛天和妻
熊氏舊志載俱嘉慶八年旌 楊貴發妻黃氏 熊文進妻劉
氏舊志載俱嘉慶十二年旌 熊大鼎妻戴氏 張慶華妻黃氏
宋正奎妻李氏舊志載俱嘉慶十四年旌 張和偉妻陳氏
張紹和妻鍾氏舊志載俱嘉慶十五年旌 金國槐妻江氏 鄧
何氏舊俱載嘉慶十六年旌 鄔胡氏舊志載嘉慶十七年旌 黃志

埜

道妻李氏 黃志孔妻楊氏 黃志初妻吳氏 鄔
大棠妻孫氏舊志載俱嘉慶十八年旌 力世堅妻戚氏 方肇
銓妻周氏 張宣德妻李氏 許德溥妻周氏 張黃
氏舊俱載嘉慶十九年旌 李黃堂妻呂氏 蕭耀文妻劉氏
舊俱載嘉慶二十一年旌 黃璧妻王氏舊志載請旌 許作輔妻
胡氏 許善相妻丁氏舊志載嘉慶八年與許善膺妻戴氏並請旌 吳
德昭舊載儒童 郭舊志有瑶妻字 陳氏生員文源母 胡允杞舊載
監生 韓鶴年舊載儒士 孫方烈舊載儒童 熊炳 徐鳳閣
徐榮光舊志俱載監生 周光廷舊載儒童 龔紹舊志作詔弼妻蕭氏

陳秀哲舊載儒童 俞舊作余某氏舊作職員余正儒之母
劉大裕 何琳舊志俱載監生 王蕭氏舊有職員福允妻 王佮
舊載儒童 胡方潤舊載監生 程義廠舊載監生 楊景東 吳芳
餘 李大均 李大堂 李贊有 張陶如舊俱載儒童
周光棨舊作棨 周光殿舊載監生 文運舊載儒士 陳宏舊載監生
許璜舊載儒生 劉自強 江中孚 劉珽舊俱載監生 姚
光彩舊載貢生 李人瑶舊載儒士 舒光煥舊載監生 黃德謙舊載
儒童 劉文郁舊載儒士 姚必璋舊載儒童 舒光燦舊載監生 徐
曾氏舊有儒士 徐德濟妻 劉章佑舊作佐 歐陽方晨 張

埜

朝連 陳光亨舊俱載儒童 蕭企聖妻黃氏處士蕭新志誤增
應奎女 黃掄舊作揄 才 謝開垣 戴朝暉舊俱載儒童
盧顯榮舊作榮顯 劉廷楷 胡遠瞻 姚培光舊俱載儒士
王文舊作裕 龍 李清 曹元功舊俱載監生 劉邵氏理問
劉家琪舊志作嘉璂 妻 劉自得舊載儒童 鄔明述 陳源舊俱
載監生 劉鎣妻留舊係空白一格 氏 黃振聲舊載儒童 張志學
舊載監生 萬迪祺 胡德溥 劉蒼舟舊俱載儒士 曹禮舊載
儒生 高汝止舊載監生 陳萬明 吳廷釗舊俱載儒童 張宗
仁舊載監生 周文楷 鄒玳舊俱載儒士 曹之渭舊載監生 陳

王氏舊志有儒士陳某妻　張文源舊載儒童　徐鳳全舊作前
王炎舊有早字妻蕭氏　投開培　胡安仁　胡尊富
董朝相　余名斗舊俱載儒童　孫鉷舊載監生　謝發潛　馮
文進　姚清賢　畢良燦　王學易　魏潞田舊俱作儒童　羅王
張應更作萬楷妻萬應更作張與舊志合氏　高明舊作名　方
氏進士羅俊子婦進士表無名　管子才　吳世芴舊俱作儒士　吳
余應更作李大材妻李應更作余與舊志合氏　王炎位舊載儒童　吳
輔植　李定潔　孫寶樹舊俱載監生　蕭方猷　范家慶
江國勳舊俱載儒童　曹之濱舊載職員　劉克寬舊載儒童　劉

卷廿三

自明舊載候選參軍　高爾鳳妻李氏舊載雍正十一年旌　李必
忠妻盧氏舊志載雍正十一年旌　裴廷揚妻余氏舊載乾隆十年旌
旌　徐志進妻余氏舊載乾隆九年旌　補　孫瑞燦舊載監生
蕭培仁舊有儒生
貞女　劉二姑舊志載乾隆十五年旌　汪四姑舊載乾隆十八年旌
汪二姑舊載乾隆二十九年旌　周二姑舊載乾隆三十六年旌　陳
姑舊載乾隆三十九年旌　魏大姑劉裴之聘妻　戴姑舊俱載嘉
慶八年旌　劉二姑許字舊有儒童　江兆蘭　李姑許字舊有儒童
鄭雲鵬　徐大姑許字舊有儒童　萬啟義　潘姑許字舊有儒童

蕭卓鑑　李四姑舊有儒童　戴家佑聘室　傅三姑幼字梁
某舊無某字作婷之子挾　年七十三歲猶康健如中年人沿抄嘉慶
志與修志時不合舉一可例其餘　鄒姑許字天門龔醇齋觀察子舊有
慶烈女　未嫁而婿卒　羅姑許字涂舊作儲姑　劉大姑許字
嘉魚舊有文童　孫宗猷後投繯死應入烈女　劉一姑許字舊有儒童
蕭振遠
烈婦　熊汪氏歸舊有儒童　熊如嶙　程德揚舊載農人　李光
前　張勳　劉正佑舊載儒童　孫朋舊作明　山舊載文童　唐國
祥妻郭氏　石家柱妻曹氏二氏入烈婦志不符

卷廿四

烈女　仲節舊作烈女　胡五姑字陳御兆舊作雍正十二年旌
俞姑字生員李邦有舊作雍正十一年旌　周媥姑舊志有幼受孝
邑　沈明照聘室舊無室字　蕭姑字唐敬傳舊作傅　甫問名舊字
無此三字　吳姑幼字舊有儒童　萬椿椿瘵死女聞誓死奔赴途
守喪不歸後舊作竊聞有議婚者舊有遂自經以救得舊有免
舊有而之死之志終不悔　張大姑許字舊有農民　魏登科
殉難　應取漢陽府忠節録摘補忠節録亦有訛漏

古蹟志

郎官湖　不知郡南瀕江人尚指郎官湖爲鄭蓋舊志載賀

竊考有云鄂南瀕江之人持前唐時地券前指郎官湖爲鄂蓋湖爲江水所匯而大城里餘猶有洲渚隱然乃湖之故防也此蓋字當係誤謄抄入者須知郎官湖水出水門入江諒不另立名耳此以沿抄有闕誤須攷

梅巖 查梅巖東有端平丙申四小字又東丈餘有鳳立二大字筆意與梅巖字迥殊蓋後人所添作前紀歲時後紀官爵姓名專爲梅巖二字詢予不信請往觀之

方外志

僧松柏 以方外例不應 旌不得附殉難諸人後所據何例須攷

又

按圖求志互相歧訛者甚多應攷歸畫一表之於志同

慶賀迎 詔迎春鄉飲科舉送學上任開印封印諸禮制應遵 今與補入

表注有傳字有遺者應補全若注傳在何門如鄉賢有傳宦績有傳之類似更明

五貢表注優拔副等於下舉人表則後第進士者注進士於下體例似非畫一舊志有注詳進士字示區別者應照更其遺注者應補全

各傳附記子孫官職多與選舉表歧且表有遺載者應攷明更補

列女中有大家異籍者應摘出附於尾如人物流寓例

列女志舊志多作某之妻新志多作某氏而新志於單名者間沿舊志之字混作雙名應查攷

藝文應照舊志附於各志共文中未詳年月者應查補年月於尾

明季被流賊害烈婦雜傳殉夫烈婦志中至咸豐年間被害婦女則以殉難附別之體例亦未畫一

漢陽縣志沿革表疑

縣八張行簡

同治縣志沿革敘云考舊志諏稽辨析既詳且覈無煩置議是沿舊志也故題曰漢陽縣志

紀年	統隸	縣	紀事
秦始皇二十三年丁丑	楚 南郡		是年虜荆王分楚地爲四郡分天下爲三十六郡地屬南郡

鑑周赧王三十七年秦昭王二十九年秦白起伐楚拔郢楚徙都陳秦以郢爲南郡秦始皇二十三年王翦大破楚師因乘勝略定城邑二十四年王翦蒙武虜楚王負芻以其地置楚郡二十五年王翦悉定荆江南地置會稽郡二十六年分天下爲三十六郡史記秦始皇本紀二十三年王翦擊荆取陳以南至平輿虜荆王負芻荆將項燕立昌平君爲荆王反楚於淮南二十四年攻破荆軍昌平君死項燕遂自殺楚世家楚王負芻四年秦始皇二十四年秦將王翦蒙武遂破楚國虜王負芻滅楚名爲楚郡云　按秦始皇本紀載虜荆王負芻於二十三年據事直書也鑑及楚世家載虜楚王負芻於二十四年據滅楚書也志紀是年虜荆王與本紀合按紀分楚地爲四郡分天下爲三十六郡則與鑑史所紀年分均不合且秦置南郡與楚無涉統隸表楚下旁註南郡未詳所據

紀年	統隸	縣	紀事
西楚霸王	南郡		以共敖爲臨江王都南郡吳芮爲衡山王都邾以漢水爲界

史記項羽本紀立共敖爲臨江王都江陵月表及漢書通鑑同漢書高帝紀五年項羽所立臨江王共敖前死子敖嗣立爲王不降遣劉賈盧綰擊虜尉荆王賈傳賈與盧綰擊臨江王共尉尉死以臨江爲南郡地理志南郡秦置高帝元年更爲臨江郡五年復故　按志列南郡於西楚之統隸表與史漢不合且紀事以共敖爲臨江王都南郡亦與史漢通鑑所載都江陵異未詳所據又史記日表以楚義帝冠首鑑以漢承秦志紀年秦漢之際間以西楚亦未詳所據

紀年	統隸	縣	紀事
漢 武帝	江夏郡	安陸 沙羨	分天下爲十三部地屬荆州

按後統隸表載有州名此表不載荆州未詳

紀年	統隸	縣	紀事
成帝	荆州牧	安陸	罷荆州牧爲荆州刺史

江夏郡	沙羨

按前後紀年表皆紀年分西楚霸王漢武帝成帝不紀年分體例未畫一又漢制州統郡郡統縣統隸表州郡平列亦覺未析又紀事表罷荆州牧爲荆州刺史統隸表荆州牧似應作荆州刺史且牧與刺史官名無關地理沿革似可畧

漢書百官表武帝元封五年初置部刺史成帝綏和元年更名牧哀帝建平二年復爲刺史元壽二年復爲刺史志於成帝紀事表載罷荆州牧爲荆州刺史與漢書不合

壁

東漢	荆州刺史	安陸
世祖建武元年乙酉	江夏郡	沙羨

後漢書光武紀建武十八年罷州牧復爲刺史注王莽變革至建武元年復置牧今改置刺史　按志於建武元年統隸表列荆州刺史與後漢書不合

建安二十五年庚子三月改延康	魏江夏郡	安陸
元年十月曹丕篡漢爲魏黃初元年	吳江夏郡初治沙羨旋省城夏口移江夏治之	沙羨
		吳城江夏魯山城

按建安二十五年上遺獻帝二字

吳書吳主傳黃武二年漢後帝建興元年城江夏山赤烏二年漢後帝延熙二年城沙羨　按延熙二年後建興元年凡十六年後建安二十五年凡十九年城沙羨則沙羨倘未省

壘

吳書吳主傳漢建安四年從策討黃祖於沙羨十三年復征黃祖遂屠其城程普傳領江夏太守治沙羨孫皎傳代程普督夏口建安二十四年卒孫奐傳兄皎卒代統其衆領江夏太守封沙羨侯　按普領江夏治沙羨皎代普則移督夏口皎卒奐代領江夏又封沙羨侯亦移治夏口沙羨未省之證

吳書吳主傳漢建安二十五年以武昌下雉尋陽陽新柴桑沙羨六縣爲武昌郡　按志以吳江夏郡隸沙羨與吳書不合

南齊書州郡志夏口舊要害也吳置督將爲魯口屯

對魯山岸因爲名夏口城據黃鵠磯　按志紀吳城江夏魯山城未詳所據

漢昭烈帝章武元年辛丑	魏江夏郡 吳江夏郡治夏口東	石陽	魏於江北置郢州 吳省沙羨以縣境西南隸蒲圻

魏書文帝紀黃初二年漢昭烈帝章武元年五月以荊揚江表八郡爲荊州孫權領牧故也荊州江北諸郡爲郢州十月孫權畔復郢州爲荊州　按志遺復爲荊州又紀年表遺辛丑統隸表遺州名體例未畫一

宋書州郡志蒲圻晉武帝太康元年立　按志紀吳省沙羨隸蒲圻與宋書不合攷元和志蒲圻本漢沙羨縣地吳大帝分立蒲圻縣太平寰宇記吳黃武二年於沙羨縣置蒲圻縣亦均未言省沙羨

晉武帝太康元年庚子	荊州 江夏郡	曲陽 沙陽	復併郢於荊是年改石陽爲曲陽改沙羨移治沙陽湖郎名沙陽

晉書地理志江夏郡統縣七安陸雲杜曲陵平春竟陵鄳南新市又宋書州郡志江夏又有曲陵縣本名石陽吳立晉太康元年改石陽曰曲陵　按志載曲陽當作曲陵

晉書地理志武昌郡統縣七武昌柴桑陽新沙羨沙陽鄂官陵宋書州郡志沙陽漢舊縣本名沙羨晉武帝太康元年更名又立沙羨而沙陽移今所治又沙羨漢舊縣吳省晉武帝太康元年復立治夏口孝武太元三年省併沙陽後以其地爲汝南縣　按志載沙陽據晉書則統隸表遺載武昌郡據宋書沙陽移治沙羨復立治夏口則沙陽似與縣境無沙

惠帝永興二年乙丑	荊州 江夏郡	曲陵 沙陽 灄陽新置 沌陽新置	陶侃將朱伺請以安陸東境置灄陽

宋書州郡志沌陽江左立　按志載沌陽新置於永興二年與宋書不合攷地輿廣記亦云東晉立沌陽縣又灄陽在今黃陂縣境

元帝建武元年丁丑	荊州 江夏郡	沙陽 沙美	時以汝南流民聚此於故曲陵治立汝南僑縣改曲陵爲沙美

		灄陽	
		沔陽	仍治沙羨

宋書州郡志曲陵明帝泰始六年併安陸　按泰始宋明帝年號志紀改曲陵爲沙羨未詳所據攷元和志晉於臨嶂下置沔陽縣江夏郡自上昶城移理焉後郡又移理夏口沔陽縣屬郡下不改入陳廢隋開皇九年置戍十七年廢戍改置漢津縣屬沔陽郡大業二年改爲漢陽縣武德四年分沔陽郡於漢陽縣置沔州及縣並自臨嶂下改移於今理志載沔陽仍治沙羨亦莫詳所據

宋孝武帝孝建元年甲午	郢州 江夏郡 安陸郡	汝南侯國 沔陽子 沙陽男 灄陽子	改荊州爲郢州

宋書州郡志江夏郡領縣七汝南沔陽孝昌惠懷沙陽灄陽蒲圻　按汝南沔陽沙陽灄陽皆領於江夏郡志統隸表載安陸郡未詳

宋書州郡志孝建元年分荊州之江夏竟陵武陵湘州之巴陵江州之武昌豫州之西陽立郢州　按志紀改荊州爲郢州與宋書不合

孝武帝大明元年甲辰	郢州 江夏郡	安陸 沔陽 灄陽 汝南	安陸郡省爲縣以隸江夏省沙羨併入安陸縣

按通鑑大明元年丁酉甲辰係大明八年

宋書州郡志安陸太守孝武孝建元年分江夏立徐志有安蠻縣尋爲郡孝武大明八年省爲縣屬安陸

按志紀安陸郡省爲縣以隸江夏與宋書不合

宋書州郡志沙羨孝武太元二年省併沙陽　按太元晉孝武年號志紀省沙羨併入安陸縣於宋大明年下未詳所據

廢帝元徽四年丙辰	度司州 江夏郡	安陸 沔陽 灄陽 汝南	裁郢州置度司州

宋書州郡志安陸太守孝建元年立屬郢州後廢帝

元徽四年度司州　按志紀裁郢州置度司州與宋書不合度字非州名郢州未裁又通鑑宋主子業稱前廢帝紀元景和宋主昱稱後廢帝紀元元徽志紀年表廢帝上遺後字

梁武帝天監元年壬午　郢州　改梁安郡　安陸　灄陽　汝南　省沌陽入安陸

按統隸表改字體例不協

隋書地理志江夏郡舊置郢州梁分置北新州又沔陽郡統縣甑山梁置梁安郡西魏改曰魏安郡　按志統隸表承江夏郡書曰改梁安郡未詳所據

陳書周鐵虎傳梁元帝承制封沌陽子　按志紀省沌陽入安陸於天監元年未詳所據攷元和志亦載沌陽入陳廢

隋文帝開皇元年辛丑　郢州　沔陽郡　沌陽

隋書高祖紀開皇三年夏四月陳郢州城主請降上以和好不納　按郢州屬陳志載未晰攷元和志沌陽入陳廢隋開皇九年置戍志於縣表紀沌陽未詳所據

開皇九年己酉　沔州　沌陽　罷沔陽郡爲沔州時罷天下諸郡守以州統縣

隋書高帝紀開皇三年罷天下諸郡九年陳國平地理志沔陽郡後周置復州大業初改沔州　按志於開皇九年統隸表載沔州與隋書不合

煬帝大業元年乙丑　復州　漢津　改沔州爲復州省沌陽置漢津改移今治

隋書地理志開皇十七年置漢津　按志載置漢津年分與隋書不合攷元和志沌陽縣入陳廢隋開皇九年置戍十七年廢戍置漢津縣大業二年改漢陽縣武德四年分沔陽郡於漢陽縣置沔州及縣並自臨嶂山下改移於今理志紀置漢津改移今治未詳所據

唐高祖武德元年戊寅　沔州　漢陽　改復州爲沔州

隋書煬帝紀大業三年改州爲郡舊唐書地理志武

德四年分沔陽郡置沔州治漢陽縣　按志紀改復州爲沔州與隋唐書不合攷地輿廣記漢陽軍隋屬沔州州廢屬沔陽郡唐武德四年置沔州州廢屬沔陽郡當即大業中改州爲郡

元宗開元二十一年癸酉	江南道	漢陽	分天下爲十五道境屬江南西道
	沔州		

舊唐書地理志鄂岳節度使牛僧孺奏沔州與鄂州都管一縣請併入鄂州舊屬淮南道　按沔州屬淮南道鄂州屬江南西道牛僧孺罷爲岳州節度使在寶歷元年請沔州併入鄂州始屬江南西道志載江南道於開元年統隸表與唐書不合江南西道遺西字亦自與紀事表不合

德宗建中二年辛酉	漢陽郡	漢陽	改沔州爲郡
建中四年癸亥	沔州	漢陽	復廢漢陽郡立沔州

唐書元宗紀天寶元年改州爲郡刺史爲太守肅宗紀至德二載復諸州及官名又地理志鄂州領縣漢陽本沔州漢陽郡建中二年州廢四年復置寶歷二年州又廢縣來屬舊唐書德宗紀建中二年省沔州四年復置沔州　按志紀改州爲郡廢郡爲州與新舊唐書不合

唐昭宗天成二年丁[illegible]	漢陽郡	漢陽	楊行密稱吳漢陽縣爲所據

五代史吳世家唐天復二年昭宗在岐遣使拜楊行密東面行營都統封吳王天祐二年攻鄂州城破執杜洪斬于廣陵十一月行密卒子渥立（通鑑代爲淮南節度使四年梁代唐改元開平淮南仍稱天祐）五年盜殺渥弟隆演立（通鑑岐王承制加楊隆演嗣吳王淮南稱吳）十六年（梁貞明五年）隆演即吳王位改天祐十六年爲武義元年二年五月隆演卒弟溥立明年（梁隆德元年）改元順義三年唐莊宗滅梁（是爲唐同光元年）七年（唐天成二年）溥即皇帝位改元乾貞三年（唐天成四年）改元太和七年（唐清泰二年）改元天祚徐知誥封齊王三年（晉天福二年）禪位於齊王又南唐世家李昪楊行密攻濠州得之養爲子諸子不能容行密以乞徐溫乃冒姓徐名知誥楊溥傳位國號齊改元昇元（吳天祚三年晉天福二年）

復姓李氏改名昪自言唐憲宗子建王恪四世孫改國號曰唐（是爲南唐） 按志載楊行密稱吳與通鑑不合又遺紀南唐據漢陽

五代史職方考漢陽故屬鄂州周置漢陽軍 按志統隷表載漢陽郡未詳所據

元世祖至元十三年丙子	湖北道宣慰使 漢陽軍（陞爲散府）	漢陽	是年德安府仍還舊治

元史地理志漢陽府宋爲漢陽軍至元十四年升爲府又至元十一年湖北州郡悉下立荊湖等路行中書省十四年立湖北宣慰司 按志載年分與元史不合

至元十八年辛巳	湖廣行中書省 宣慰司 漢陽府	漢陽	安置安南降王陳益稷於漢陽設宣慰司隷行中書司徙治漢陽

元史地理志至元十四年立湖北宣慰司併鄂州行省入潭州行省十八年遷潭州行省於鄂州移宣慰司於潭州 按志紀宣慰司徙治漢陽未詳所據

元史安南傳至元二十二年陳益稷率其本宗來降二十三年封安南王隨師還鄂 按志紀安置安南降王於十八年紀事表與元史不合

明太祖洪武元年戊申	湖廣布政司 漢陽府	漢陽	罷中書省以天下爲十三省

明史地理志洪武初建都江表革元中書省後乃盡革行中書省置十三布政使司分領天下府州縣又湖廣太祖甲辰年（元至正二十四年）平陳理置湖廣等處行中書省九年改行中書省爲承宣布政使司 按志紀罷中書省以天下爲十三省與明史革行省置十三布政使司不合

洪武九年丙辰	武昌府	漢陽	裁漢陽府以漢陽隷武昌府
洪武十三年庚申	漢陽府	漢陽	復漢陽府漢陽仍隷本府

明史地理志漢陽府洪武九年降爲州屬武昌府十三年復爲府尋屬河南二十四年還屬湖廣領縣二漢陽洪武九年省十三年復置 按志紀未晰

同治六年縣志局開行簡巖等其中是秋計偕北上未克終事留京邸十閱月歸則新志告成行簡亦側名分纂矣比觀邑人士僉以訛繆相糾彈未之深信暇偕同學許瑞禾檢新志畧與各舊志互校之已不下訛繆數十條卽行簡在局時條沿革表疑義質諸總裁黃吏一是者亦沿而未改也爰裒爲志校一冊沿革表疑一冊冀邑人士匡其不逮且俟夫後之修縣志者光緒十年縣人張行簡並識

校疑尾一

附　許君瑞禾庠名盛春博學强識負絶儕流咸豐初髮逆擾湖北避居揚州原籍蘇撫趙靜山中丞寄漢陽日夙稔其才羅而致之幕中倚治文牘時軍書旁午目睫肘瘃不得已强吸煙復振刷精神遂遘爲終身痼會楚氛先靖金陵仍窟爲賊巢君以道梗弗獲通三誤試期褫衣領後返漢賴學博重君爲力陳於學使始復名君得請各郡邑被兵阻試之弟子員援案繼進者不乏人有騰達者顧君數奇同治癸酉鄉闈堂備不售晚應光緒紀元孝廉方正科以直隸州判發山西十年需次始檄權代州篆蒞事逾月卒後無嗣緒生平著述亦無收其遺稿者是可悲已憶二十年前嘗出所撰江夏徐先生小傳乞君是正君不爲加點竄曰吾將來亦以傳屬子矣成斯志校追維舊誼聊述其梗概於篇末

校疑尾二

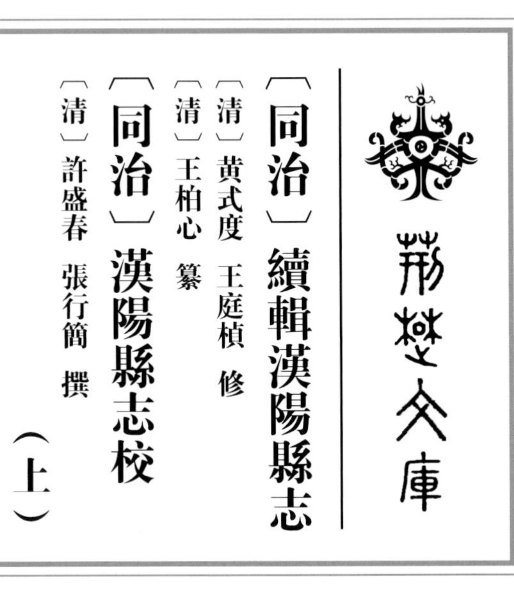

荆楚文庫編纂出版委員會
崇文書局

荊楚文庫

〔同治〕續輯漢陽縣志

TONGZHI XUJI HANYANG XIANZHI

〔同治〕漢陽縣志校

TONGZHI HANYANG XIANZHI JIAO

圖書在版編目（CIP）數據

〔同治〕續輯漢陽縣志 / 〔清〕黄式度，〔清〕王庭楨修 ；〔清〕王柏心纂．〔同治〕漢陽縣志校 /〔清〕許盛春，〔清〕張行簡撰
．-- 武漢 ： 崇文書局，2022.9
（荊楚文庫．方志編）
ISBN 978-7-5403-6988-0

Ⅰ．①同… ②同… Ⅱ．①黄… ②王… ③許… ④張…⑤王…
Ⅲ．①蔡甸區－地方志－清代 Ⅳ．① K296.34

中國版本圖書館 CIP 數據核字（2022）第 170033 號

責任編輯：薛緒勒　何　丹
整體設計：范漢成　曾顯惠　思　蒙
責任校對：董　穎
責任印製：田偉根
出版發行：崇文書局有限公司（中國・武漢）
地址：武漢市雄楚大道 268 號 C 座
電話：（027）87677133　　郵政編碼：430070
録排：武漢鑫偉創圖文設計有限公司
印刷：湖北新華印務有限公司
開本：787mm×1230mm　　1/16
印張：52.125
版次：2022 年 9 月第 1 版　2022 年 9 月第 1 次印刷
定價：200.00 元（全二册）

ISBN 978-7-5403-6988-0

《荆楚文庫》工作委員會

主　　任：王蒙徽

副 主 任：諸葛宇傑　琚朝暉

成　　員：韓　進　張世偉　丁　輝　鄧務貴　黄劍雄
　　　　　李述永　趙凌雲　謝紅星　劉仲初　黄國斌

辦公室

主　　任：鄧務貴

副 主 任：趙紅兵　陶宏家　周百義

《荆楚文庫》編纂出版委員會

主　　任：王蒙徽

副 主 任：諸葛宇傑　琚朝暉

總　　編　　輯：馮天瑜

副總編輯：熊召政　鄧務貴

編委（以姓氏筆畫爲序）：朱　英　邱久欽　何曉明
　　　　　周百義　周國林　周積明　宗福邦　郭齊勇
　　　　　陳　偉　陳　鋒　張建民　陽海清　彭南生
　　　　　湯旭巖　趙德馨　劉玉堂

《荆楚文庫》編輯部

主　　任：周百義

副 主 任：周鳳榮　周國林　胡　磊

成　　員：李爾鋼　鄒華清　蔡夏初　王建懷　鄒典佐
　　　　　梁瑩雪　丁　峰

美術總監：王開元

《荆楚文庫·方志編》編纂組

組　　長：陽海清

副 組 長：劉傑民（執行）　王　濤　謝春枝　范志毅（執行）

參編人員（以姓氏筆畫爲序）：

王　濤　李云超　宋澤宇　范志毅　柳　巍　馬盛南

陳建勛　梅　琳　張文静　張雅俐　陽海清　彭余焕

彭筱瀓　楊　萍　雷　静　劉傑民　謝春枝

編　　審：周　榮

顧　　問：沈乃文　李國慶　吴　格

出版説明

湖北乃九省通衢，北學南學交會融通之地，文明昌盛，歷代文獻豐厚。守望傳統，編纂荆楚文獻，湖北淵源有自。清同治年間設立官書局，以整理鄉邦文獻爲旨趣。光緒年間張之洞督鄂後，以崇文書局推進典籍集成，湖北鄉賢身體力行之，編纂《湖北文徵》，集元明清三代湖北先哲遺作，收兩千七百餘作者文八千餘篇，洋洋六百萬言。盧氏兄弟輯録湖北先賢之作而成《湖北先正遺書》。至當代，武漢多所大學、圖書館在鄉邦典籍整理方面亦多所用力。爲傳承和弘揚優秀傳統文化，湖北省委、省政府決定編纂大型歷史文獻叢書《荆楚文庫》。

《荆楚文庫》以『搶救、保護、整理、出版』湖北文獻爲宗旨，分三編集藏。

甲、文獻編。收録歷代鄂籍人士著述，長期寓居湖北人士著述，省外人士探究湖北著述。包括傳世文獻、出土文獻和民間文獻。

乙、方志編。收録歷代省志、府縣志等。

丙、研究編。收録今人研究評述荆楚人物、史地、風物的學術著作和工具書及圖册。

文獻編、方志編録籍以一九四九年爲下限。

研究編簡體横排，文獻編繁體横排，方志編影印或點校出版。

《荆楚文庫》編纂出版委員會

二〇一五年十一月

總目録

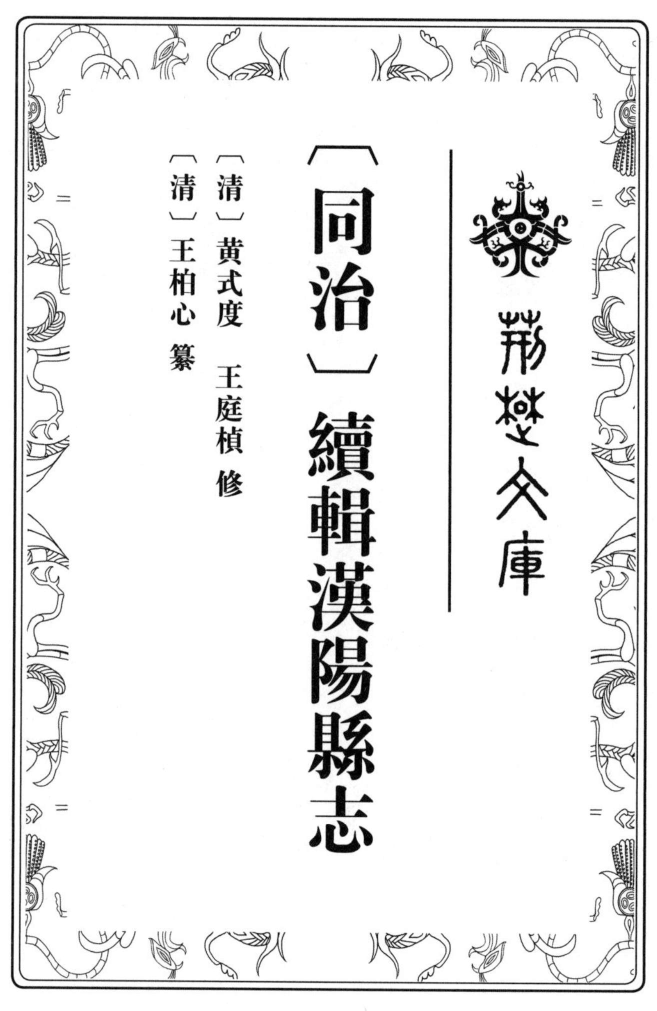

荆楚文庫

（同治）續輯漢陽縣志

（清）黄式度　王庭楨　修

（清）王柏心　纂

前　言

《〔同治〕續輯漢陽縣志》二十八卷，清黄式度、王庭楨修，清王柏心纂，清同治七年（一八六八）刻本。

黄式度，字蘭丞，湖南善化（今長沙）人，舉人，同治五年（一八六六）知漢陽縣事。王庭楨，字子泉，江蘇無錫人，副榜，同治六年（一八六七）接黄式度任漢陽知縣。王柏心，字子壽，湖北監利人，道光二十四年（一八四四）進士，授刑部主事，著有《導江三議》《百柱堂集》等，精通史地之學，纂有《黄岡縣志》《東湖縣志》《監利縣志》等多部志書。

是志由知縣黄式度倡議修纂，並延請王柏心主持編次工作，局甫開，式度陞任蘄州知州，王庭楨繼任，編纂數月，乃於同治七年成書刊刻。

是志在裘行恕所修嘉慶二十三年（一八一八）縣志的基礎上續修而成，故名曰『續輯』。其分門析類，多沿裘志，僅稍加合并。如形勢并入疆域；改星野爲天文，附以祥異；城池附入營建；賦役、户口保甲合爲丁賦；風俗、物産并爲風土；文苑、著述合爲文苑。藝文類，裘志取古今詩文，附綴於古蹟等門，又專列藝文一門，體例欠妥。是編則撮取各門所附詩文，薈爲藝文一類，以示區别。内容方面，是志鑒於本邑甫經咸豐兵燹，四度陷落，故於『自來戰守之跡』與『近歲節義之倫』特别重視，着墨尤多。

是志分二十八卷，約五十一萬字，内容堪稱翔實，但考訂剪裁未當之處亦所難免，後之修志者多有評論。此志刊行不久，親身參與編纂工作的張行簡即條舉數十條，撰成《漢陽縣志校》一書糾其訛謬。民國時，有修志者復詳舉此志類目設置失宜、傳記編排不當、詞句繁冗等問題，並直言『同治縣志署名監利王柏心總纂，其實王柏心僅作序一篇，全書並未入目，故紕繆甚多』。可備一説，供後人參考。

據《中國地方志聯合目録》，本志多處有藏，一九七〇年臺北成文出版社影印彙入《中國方志叢書》，二〇〇一年江蘇古籍出版社影印彙入《中國地方志集成·湖北府縣志輯》。此次影印以武漢大學圖書館藏本爲底本。（梁俊偉）

目録

續輯漢陽縣志

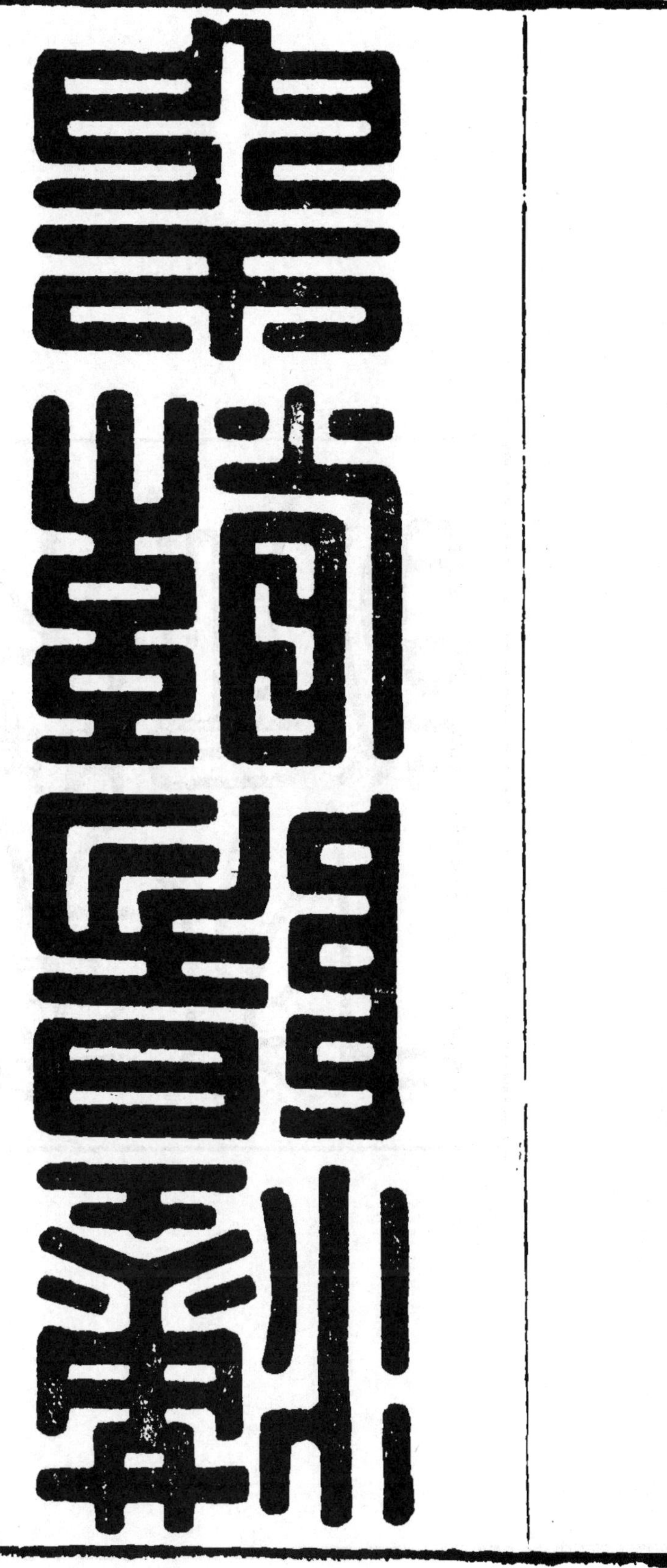

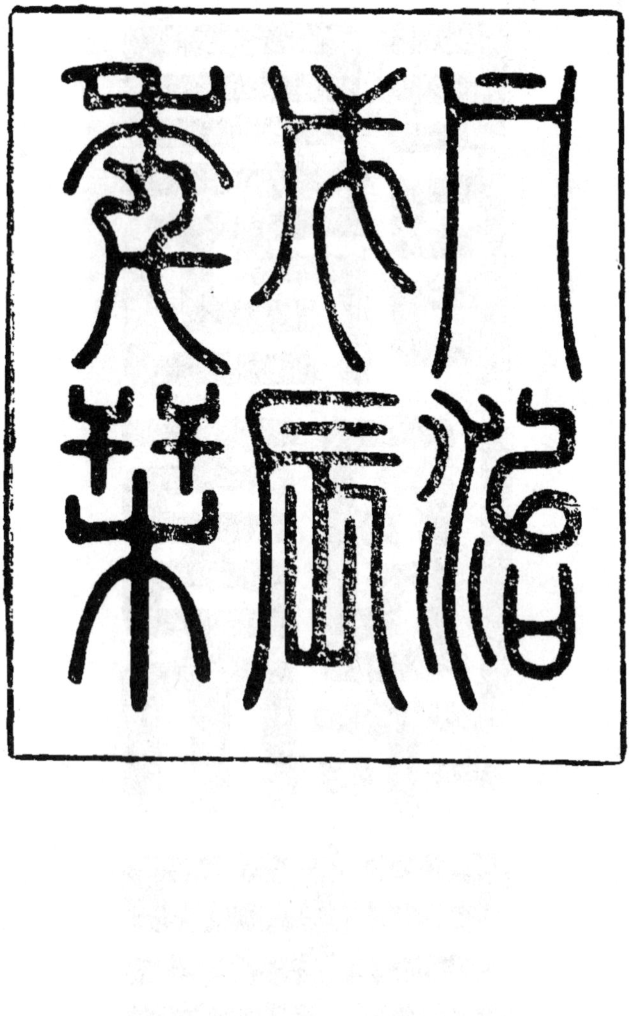

[illegible]

續輯漢陽縣志序

漢陽於郡爲附郭邑昔號壯縣遭難以來凋殘極矣同治丙寅刺史黃君藺丞來權兹邑下車之後綏輯燠咻剔弊撥煩不動聲色而百度維新邦以大和予適領郡倚君如左右手相得驩甚君告予謀增修邑乘予曰善亟圖之君乃首集費繼量能採訪編纂各舉其職甫及屬槀而君於去年秋移牧蘄州以去猶殷殷以屬繼任王君子泉大令期於就緒久之志告成將授剞劂君復徵序於予夫志亦史之類也顧其體互有異同其例亦時有變通然以舉其重且大者爲體要爾今以漢陽論之其重且大者則陷復之本末也寇作時邦人之捐軀以殉者其義烈不可没也先後大府規畫攻取詰戎固圉城堡屯壘建置之迹也惟此三者尤爲宂雜以今采掇猶易易也過是則若拾瀋矣自軍興余以佐籌餫稍往來漢濱其時事變紛紜什九皆所目擊及忝郡符又得與君隨當事後奉教令助經畫此皆早作夜思縈於念慮者然回首已不勝記憶况於閲世歷年之多且遠者哉今覽君所編輯了了如行熟路之轍而握記事之

珠也其爲賅備可知矣君於劇繁理劇日不暇給獨毅然議修志乘授之體要克蕆厥成卒如其志則君之明濟開豁才敏過人其樹功流績必馳令聞於四方也豈可量哉信乎其達於政者也能孚其志者也知體要者也時同治七年仲秋月知漢陽府事巴陵鍾謙鈞序

續輯漢陽縣志序

今年秋八月繼勛忝權漢陽郡事値漢陽邑乘將及勒成都人士謂繼勛前曾權茲邑今復褰帷茲郡宜有所紀述弁諸簡端自惟吏能淺薄然於茲邑事變多所稔知誠有不能已於言者因不辭而序之曰凡治亂盛衰之迹其已然者雖庸愚皆能言之方其治也而亂象潛伏方其亂也而治機倏轉盛衰之循環亦然此則朕兆根荄萌於未然非上智莫能料然皆網羅方志中可反覆推測而得之按茲志增續上起嘉慶下迄於今聞昔漢上富庶甲東南是時

國家席

累朝豐亨豫大之規號爲極治且盛茲邑當舟車孔道樓榭連雲歌鐘沸地百貨之殷阜士女之豐昌不下廣陵蘇臺久之嫩化奢麗日趨窳惰法令文具軍實不修洊以水旱奸宄四起粵賊乃乘之首禍茲邑罹毒尤深凡經四陷丈夫女子挺節不撓者至於沈族糜軀其餘隕鋒鏑困俘掠與捐瘠中野者不可勝計向之都屬邑望者既已莽爲邱墟薦生荊棘矣然而元老上將秉鉞一呼

未有不以漢陽爲戰地者漢陽不守則鄂渚望風瓦解形勢似較鄂渚爲更重其急而宜詳者一也前者貔貅狂噬四罹毒燄此邦丈夫女子恥爲賊屈捐軀以殉者將千有餘人他邑未有若是其多者下以激懦頑上以報

朝廷使夫反側者有所惕而恢復者有所憑豈徒矜一時之慷慨哉實可立百世之防維矣其急而宜詳者又其一也夫成敗之往迹非後來之龜鑑乎節烈之卓行非天壤之耿光乎舍此不錄聽其放佚與湮沒雖復數典擷華曾何當於述作之體且令來者何觀焉柏心不敏所與諸君子討論而裒輯者大指不出乎此至分門析類什九多沿前志因地審時惟在乎重大切要者以其爲體要所存故也監利王柏心

續輯漢陽縣志序

同治歲丙寅式度權篆漢陽值瘡痍甫定政事埤遺日不暇給退食乃取邑乘閱之其修於乾隆間者爲劉志修於嘉慶時者爲裘志嗣是數十年未有舉者因念近自寇難以來變故頻仍且邦人抗節殉難者塡委城郭川谷不及今裒輯久且湮沒是官斯土者之責也遂請於太守鍾公謀續修邑志公曰然會都人士議之僉曰然乃始募貲集事若者採訪若者編纂擇邑中耆舊才俊分任之而延比部監利王君子壽授簡載筆焉局甫

開是年秋式度量移蘄州臨去以屬繼任王子泉大令助蕆其成乃心猶拳拳未嘗暫忘也閱數月脫稾開雕矣諸君子謂此舉權輿部署皆出自式度以弁簡之文見推不敢辭則序之曰盛衰剝復之機蓋有不勝慨者矣其最不可磨滅者臨難時之人心耳今夫豺狼橫噬全境熸夷而薦紳逢掖介胄草澤以至閨襜婦女之倫莫不引義慷慨誓不與賊俱生甘蹈死如飴者至累千數百人之多豈非天地綱維

國家涵養鬱然留爲枯枿朽株之生機者耶聽其姓氏零落泯然無傳何以伸壯烈之氣而褫亂賊之魄哉又況先後元老重臣戰勝攻取還定安集綢繆固圉其方略措置功施百世者茲邑爲多若置不鳩聚官斯土者疎略之愆斯爲大矣式度所以夙夜惴惴亟謀修輯也追惟喪亂之秋其晏安實耽毒之媒蘖其孑遺乃生聚之根荄也可以憬然悟者也迹推綏靖以還其威棱乃震疊之偉略其備豫則防維之遠計也可以瞿然思者也今幸登載略備已勒成書藉手可釋咎戾焉抑願自今以始綏豐屢咏長優遊於

盛朝熙皞之日月則上和親康樂安平爲一書可引領以俟矣於是具書其意揭之簡端前知漢陽縣事善化黃式度序

續輯漢陽縣志序

刺史蘭丞黃公之宰漢陽也承兵燹後事變多矣慨然謂邑乘久未增續此其最急者與都人士謀之皆曰是不容緩乃遴邑中彬雅之儒耆碩之彥或主募貲或主採訪規模既定走書幣延監利王子壽比部載筆纂次會黃公移牧蘄州瀕行適庭楨承乏于茲因諄諄屬以助蔵成事閱數月修輯已竣且付刊矣諸君子謂茲舉權輿黃公至庭楨始勒成書蕭規曹隨其績一也宜有序言載厥本末乃言曰究考茲志盛衰之際何其速哉

聞昔茲邑漢皋最爲殷阜地當八達之衢舟楫所萃上自三巴兩粵南楚下迄江淮西則密邇荆襄商船連檣幾於遏雲礙日百貨充牣摩肩擊轂其民之重堂邃宇漿酒臛肉酣嬉歌舞與齊臨菑趙叢臺東南之維揚金閶相競無何粵逆之亂作於倉卒鄂未覆而沔先陷至淪沒者四焉昔日之穠華都麗歸於熸夷澌滅矣今雖還定安集然孑遺餘黎曾不逮什之二四彌望皆瓦礫荆棘也蓋茲邑之衰于是爲極然庭楨則以爲此由亂而治由剝而復之機也昔者衛有狄難文公倡之以大布之衣大帛之冠衛卒以興楚有吳禍子西改紀其政楚復以强非明徵歟今夫民當恬佚浮靡之時與之言省嗇也則難民當創深痛巨之後與之言惕厲也則易傳曰民勞則思思則善心生逸則淫淫則忘善茲邑之民乃今則其勞而用思之時也誠率之以力本節用敦行禮讓生聚教訓復往者之盛不難也又況前此邑中薦紳韋布閨襜士女奮然冒刃引決自完其節義者芬烈於椒蘭名溢於竹冊聞風儆慕芳規不替他日紀風俗之美者必舉此邑爲稱首豈但沾沾以豐衍饒樂相

矜也哉庭楨吏能淺薄竊謂宰斯邑者圖治之方期與邦之人日新月盛以還舊觀覽是編而得大要矣宜乎黃公之以增輯爲汲汲也知漢陽縣事無錫王庭楨序

續輯漢陽縣志序

邑無方志則闕典之最大者而漢陽爲尤急何者當咸豐之初粤逆稱亂四遭淪陷故籍散亡矣幸而收復閱七八年尚未有增輯邑乘之議同治六年令尹黃蘭丞刺史始集邦人士毅然圖續修募貲採訪部署略定延柏心爲之編次而刺史移牧蘄州屬之王子泉令尹相與嫣僝視成閱數月脫稿投之匠氏諸君子謂柏心宜舉其大意揭諸前行則謹序之曰方志記載略與史同然其異者有數端史尚嚴志尚核史褒刺並見志則稱

美不稱惡史舉大遺小志則宏纖具列此其所以異者也且同一志也此邑與彼邑後志與前志又有緩急詳略之不同亦各舉其重大切要者以爲體要而已矣故曰春秋無達辭變文變義不出乎因地審時創例以見意爾就今日漢陽而論則所謂重大切要者安在乎一曰自來戰守之迹也一曰近歲節義之倫也夫漢陽爲邑幅員雖隘然西與荆襄接直達秦豫燕齊又介居長江上承巴蜀下指吳越南與鄂渚爲脣齒自孫氏兄弟以全力夷黃祖遂與曹氏爲强敵嗣是以後南北交爭

士皆奮躍揮戈抽矢翦刈豺狼舉赤子湯火之中登之衽席之上其間攻戰機略轉餉劬勞繼勛嚮者攝官承乏於茲皆所身經而目擊未幾瘡痍者變爲休養凋殘者變爲生聚閭閻井里漸聞和樂之聲或者以爲平陂往復運會適然孰知夫治可致亂盛可致衰其變泰爲否者則逸豫耽樂之釀其禍也亂可返治衰可返盛其由剝之復者則憂勤惕厲之收其效也凡此具載志中在反覆推測而得之耳易曰亡者有其存者也危者保其安者也繼勛幸重履舊治竊願與邦之人考前事之

得失目愼一日而益固苞桑也故樂以鄙言贅其末時

同治七年仲秋月代理漢陽府事陽湖伍繼勛序

續輯漢陽縣志

鑒定

署理湖廣總督湖北巡撫郭柏蔭

護理湖北巡撫湖北布政使司布政使何璟

署理湖北布政使司按察使司按察使王文韶

鹽運使銜署理湖北按察使司漢黃德道鄭蘭

鹽運使銜署理漢黃德道漢陽府知府鍾謙鈞

署理漢陽府知府遇缺儘先卽補知府陳建侯

代理漢陽府知府補用直隸州知州伍繼勛

主輯

署漢陽縣知縣蘄州知州卽選府黃式度

補用府兼襲雲騎尉世職署漢陽縣知縣王庭楨

同輯

署漢陽縣教諭朱琢章

漢陽縣教諭詹文楷

漢陽縣訓導陞任潛江縣教諭楊高椿

漢陽縣訓導唐祖蔭

總纂

刑部廣西司主事王柏心

分纂

揀選知縣舉人王遠翶

漢陽縣學增廣生員曹禧珍

內閣中書舉人吳傳灝

工部都水司主事舉人張行簡

協輯

候選訓導徐光緡

候選訓導張椿

廩生張集經

京山縣教諭廖長亨

同知銜布政司經歷丁暘

生員蕭斯

知州銜直隸州州同路運棠

附貢生燕光煇

候選同知汪家政

同知銜州同聶昌泰

候選訓導楊文銓

安徽補用直隸州蕪湖知縣劉世墀

採訪

候選通判舉人龔嘉成

歲貢生萬鵬

生員龔鵬翥

生員劉漢鏞

生員羅生華

生員張珣

歲貢生廖廷選

候選訓導歲貢生竇宗惠

生員楊炳

廩生陳錫周

生員劉映青

生員劉應芳

生員馮道薰

生員劉世信

生員吳登賢

廩生吳冠賢

生員傅午

廩生焦鴻

增生葉自榮

生員蔣立標

生員丁榮玠

生員程學德

生員倪元龍

生員李爲棻

生員李遠聞

生員汪昶

生員王道榮

候選教諭恩貢生左先甲

中書銜優附貢生李榮光

候選訓導歲貢生方承楷

校對

生員劉世堪

生員石麟

勷辦

知府銜湖南候補同知李棠
四品銜候補六部員外郎葉恩頤
署兩浙江南都轉鹽運使司浙江卹補道馮禮藩
廣西慶遠府知府易蔭芝
浙江中防同知錢塘縣知縣蕭書
江西甯都直隸州知州王士奇
江西靖安縣知縣同知銜陶龢昌
江西南豐縣知縣同知銜柏春
江夏縣學訓導孫紹何

各紳士

彭殿雲 彭耀祖 胡天福 張永泰 李炳煥
李青蓮堂 彭澤敷 劉正記 齊鳳鳴堂 田有年
梁志祥 胡宏昌 羅鑑堂 徐永興 張棨純
朱明萬 周必耀 陳元興 劉義茂 閔裕興
張義豐 蕭隆盛祿記 蕭隆盛壽記 生順 向萬隆
蕭翊 鄭紐文 吳延陵堂 簡昌榮 萬源豐
金旭東 周榮昌 方秀章 黃必華 宋復泰
羅賢棟 田繡章 琴鶴山房 歐陽椿 張佩之
毛永興 陳聚星堂 王乾太 楊達尊 張崇禮
熊敬德堂 舒恆興裕記 立興 王裕大 祥順
簡宏太 萬興 蕭全盛 怡和 許德厚
朱德芳 黃煥文 蘇萬昌 公順 張鴻軒
姚維臣 馮開甲 陳相清 汪家達 陳光杰
劉作梅 彭德彪 張順廷 譚明先 劉祖樹
馮振茂 熊立新 袁濟川 韓則詩 李同興
陳裕峯 朱永源 張義興 江筆花堂 黃明德堂
蕭新明 楊正廷 吳高 劉民康 蕭敬亭

李裕大 俞海鵬 田萬盛 張崑堂 周瓊圃
宋祥茂 胡同盛 張允順 陳仲遠 陶公茂
毛言宣 丁鶴鳴 方元凱 許樸齋 潘大恕
辛家德 周爲善棟 魏祥泰 黃萬順 王遠富
王遠杰 羅榮泰 蔡存正堂 李錦鏞 徐蔭堂
杜寶田堂 朱興盛 彭懋廷 徐振榜 挹石山房
倪玉山 徐亮遠 韓允鉉 周培元 羅餘慶堂
宋天元 六帝張氏祠 紗帽山黃氏祠 蕭獻廷 王永泰
謝□垣 劉恒盛 姚良謙 殷國勳 石家□石世祠

續輯漢陽縣志凡例

按裘志之修時值承平采輯不嫌繁富今者兵燹以來事增於前則宜文省於舊登載既懼涉遺漏標目亦宜避冗複故於前志門類稍加合併所有此次變通之意粗發其凡而詳見於後焉

一前志有疆域矣復以形勢分門夫邑有疆域所以正其四封無有華離者也形勢特其一端耳今併之於疆域凡坊市集鎮以類相次於下庶振裘挈

領閲者一覽而瞭如指掌焉

一前志星野一門多言躔次此等通例不必專屬一邑似涉統同今易之曰天文而以祥異附之董生云善言天者必有徵於人或亦天人相應之顯者乎

一前志城池門所收太隘不能旁及他端考嘉慶以來營繕建置歲有增加皆無所附麗別創名目又啟紛紜今易爲營建自城池以外凡修舉均可附入似可統攝靡遺

一賦役與戶口保甲前志分爲二門此實互相首尾者也今併之而易爲丁賦丁統戶口保甲與丁賦相維繫似更簡明常平里社各倉乃徵斂之餘事旱潦兵火蠲恤壘沛因取以爲子　朝廷所以子惠黎元也與夫屯田鹽法雜稅皆賦之類次第附入則若網在綱矣其本邑捐辦賑務者亦采附蠲卹之後

一風俗物產前志亦析爲二今準周孝侯風土記之義併而一之易其名曰風土

一名宦門今茲所載已崇祀者按朝代列於前未崇祀而惠政及人者附次焉先肅令典後彰遺愛也

一鄉賢門自乾隆十三年迄今邑中題請不多今茲編次仍以從祀各賢載於前而欽誦在人口者按年彙入先遵　朝典後乃尚齒非敢有軒輊其間也又里中先達有言行未甚著於鄉里而發名仕宦聲績流聞者忍聽其泯泯無傳乎按劉志鄉賢附采宦績均之皆鄉黨榮名也今沿用之亦附列宦績於其末

一選舉門前志立表有薦辟無特科若博學鴻詞及孝廉方正　國朝皆閒嘗舉行今於表中增以特科又近世援例以佐雜起家者所在多有雖志例不入選舉然往往有由此躋通顯垂聲績者矣表內議敘一途今易名曰仕進必才望卓犖乃始登列僅博榮名吏僕難數則概從略至武職有不起科目而由他途進者按漢武始置武功爵今準之而易其名曰武功皆類附焉此則承前志而稍變其例者也

一恩廕門前志必實任官員請有　封典者始行載入外此土司改土歸流後照例承襲者乃得附載他不預焉此則昭　朝廷錫類之仁而廣臣子忠孝之意於例最爲鄭重今此編輯悉準其義

一忠義門宜專載邑人至地方官吏死難在境業奉文入祀今但以姓名分注昭忠祠之下而類附於祠祀門

一茲邑節孝前此道光年閒經同善堂彙報請建總坊在案茲又閱年二紀有餘此次志局方開已據采訪各冊由局彙報題請惟志乘編輯略將就緒雖經分鄉採訪復屢次示諭各鄉節孝之家速行舉報以便彙編及早剞劂誠恐耕鑿貧民即有已被　旌表者其子孫亦不復記憶況未　旌者乎雖欲表章無從搜索値難逢之會開雕期近儻有遺漏是使發潛闡幽之苦心無由共白惟一聽其知我罪我而已矣

一殉難婦女捐生完節最堪愍悼今悉編附貞烈之後庶使閨幃毅魄凜凜猶有生氣焉

一前志文苑著述析爲二門不無稍複今併爲文苑而以著述各種散見各本傳末其非邑人撰著與不專屬邑事者皆略而不錄

一藝文門前志既取古今人詩文附綴各創建古蹟之下又列藝文不幾類駢拇枝指乎今取前代名人詩文分綴各門後者及今人諸作皆爲藝文一門覽者當察其用意區別非徒以綜采繁縟爲貴耳至其篇章之先後則用文選例以古賦置前次及雜文按各類分朝代爲次焉

續輯漢陽縣志目録

續輯漢陽縣志卷之一

輿圖志敘

自經啓九道而禹貢有圖周官土地之圖大司徒掌之九州之圖司險掌之漢高入關具知天下阨塞形便者以酇侯先收圖籍故也後世乃有輿地圖象之學析其說爲六有分率準望道里高下方邪迂直之等而其學益精夫綜邃瀾渙散之勢聚之簡冊非圖無以括其形非圖之精者無以定廣輪夷險遠近之歸圖亦綦難哉茲邑輿圖自提封之内交涉出入名山川城邑鄉聚以及祠廟公廨名勝無不績而著之有總有分粲然在目誠使開卷披覽不待脂車命駕而坐[illegible]聚米爲山畫地成圖之敏舉近察遠術無捷於此者矣志輿圖

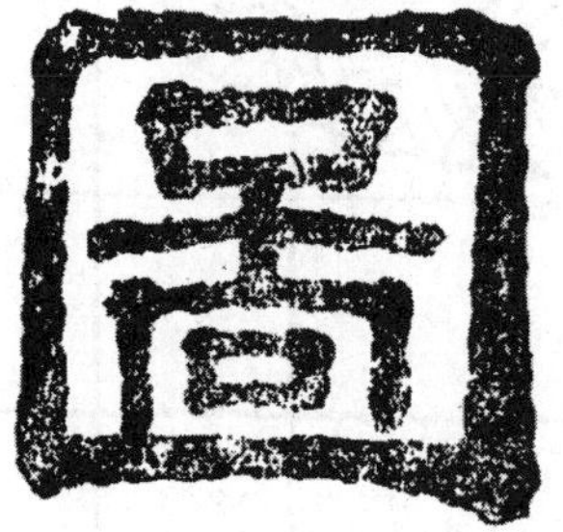

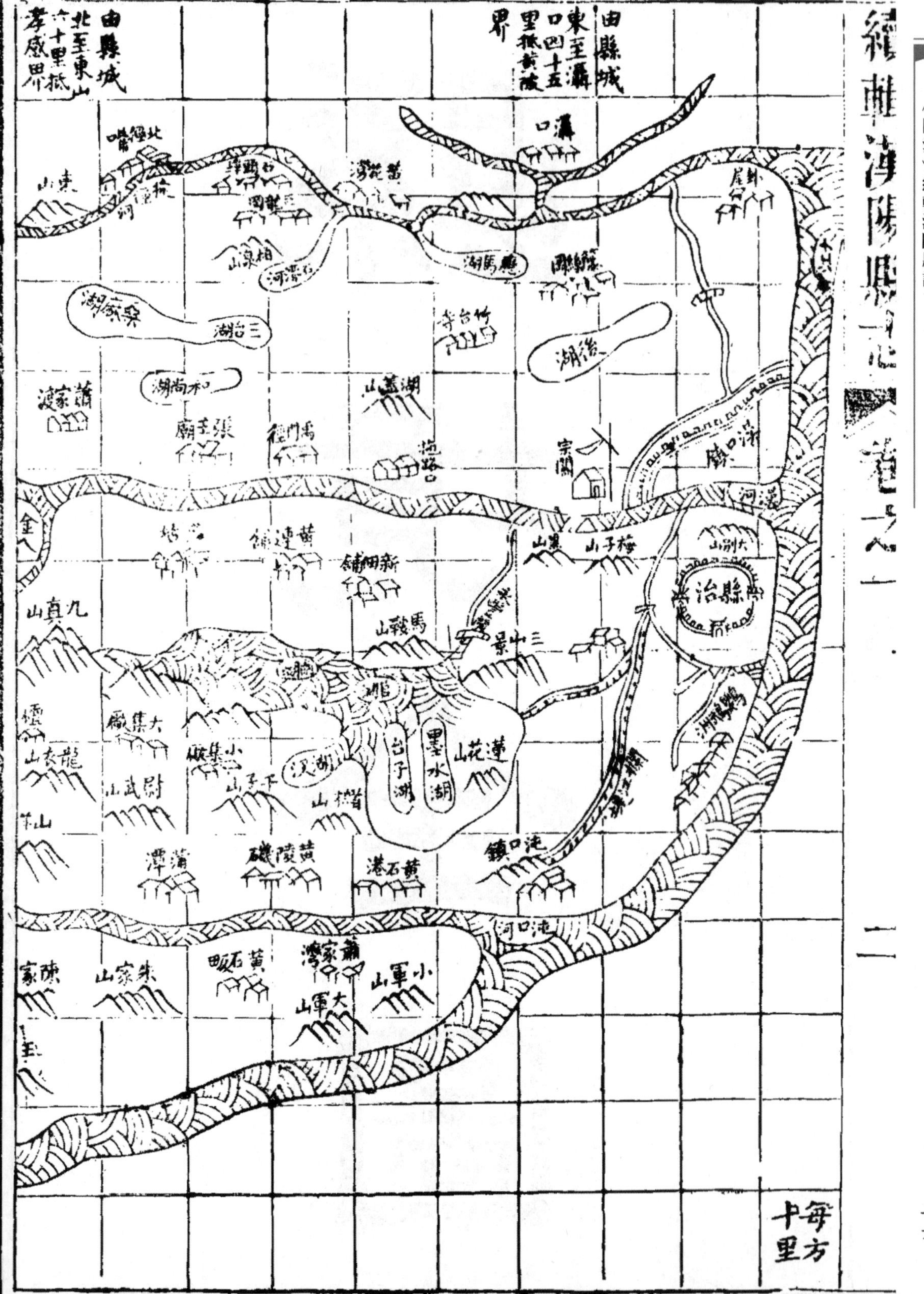
續輯漢陽縣志卷之一
二
由縣城東至灄口四十五里抵黃陂界
由縣城北至東山六十里抵孝感界
灄口
東山
三台湖
後湖
湖泗山
縣治
大別山
梅子山
馬鞍山
墨水湖
太子湖
蓮花山
九真山
沌口鎮
沌口河
黃石港
黃陵磯
小軍山
大軍山
每方十里

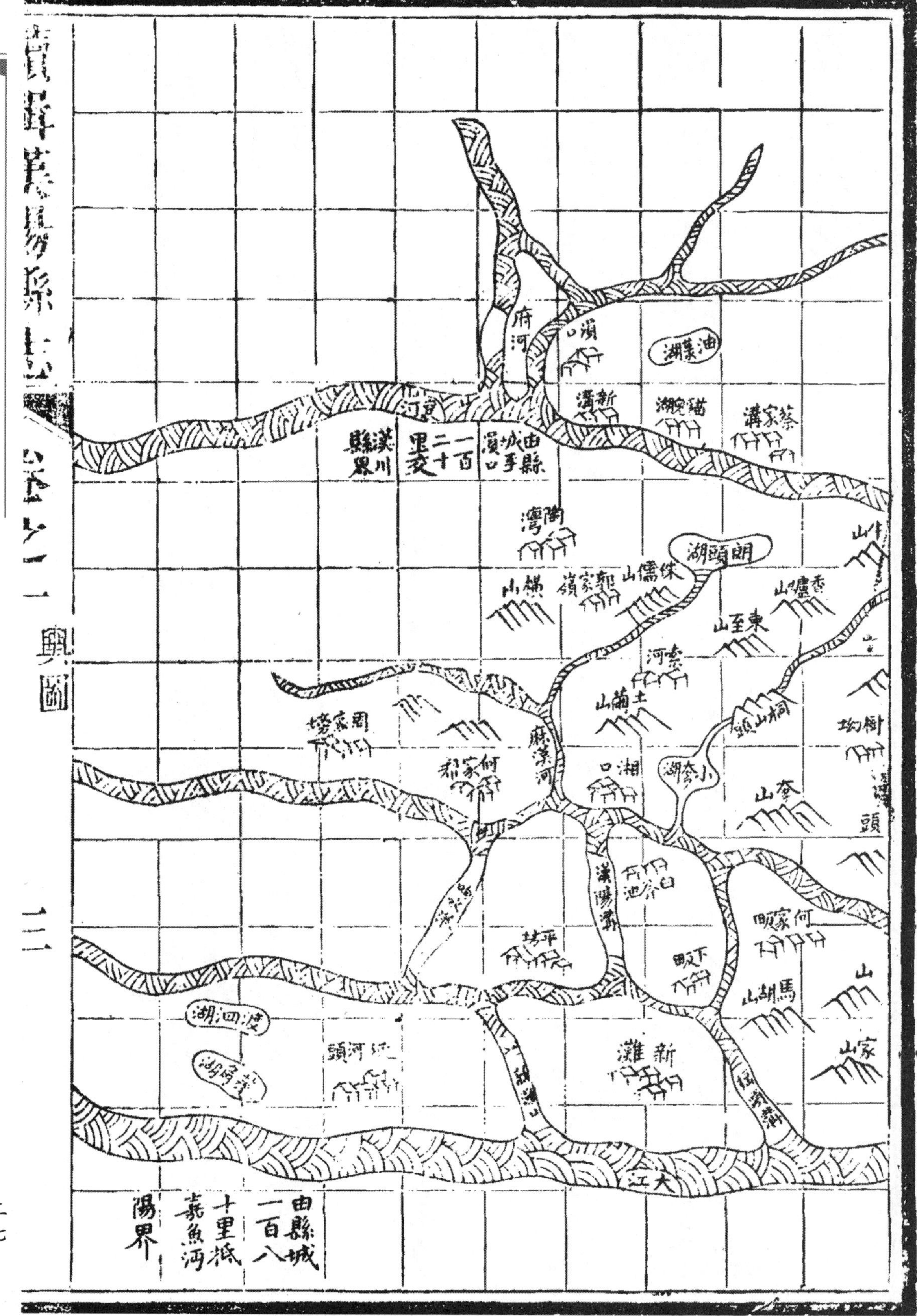
油菜湖
須口
府河
新溝
貓兒湖
蔡家溝
官河
陶灣
朗頭湖
侏儒山
鄭家嶺
香爐山
東至山
奓河
桐山頭
樹坳
小奓湖
湖口
奓山
周家塝
何家畈
下畈
馬湖山
新灘
大江
由縣城一百八十里抵嘉魚沔陽界

伊古建邦地域廣輪同徒是掌爰
及封人苞邑犖土江漢通津縣巡羣
岡原隰龍鱗境袤而狹非圖莫著
補短截長綱張目布覽此幅員
雄風如設指掌瞭如無勞爽步畫縣
全境第一

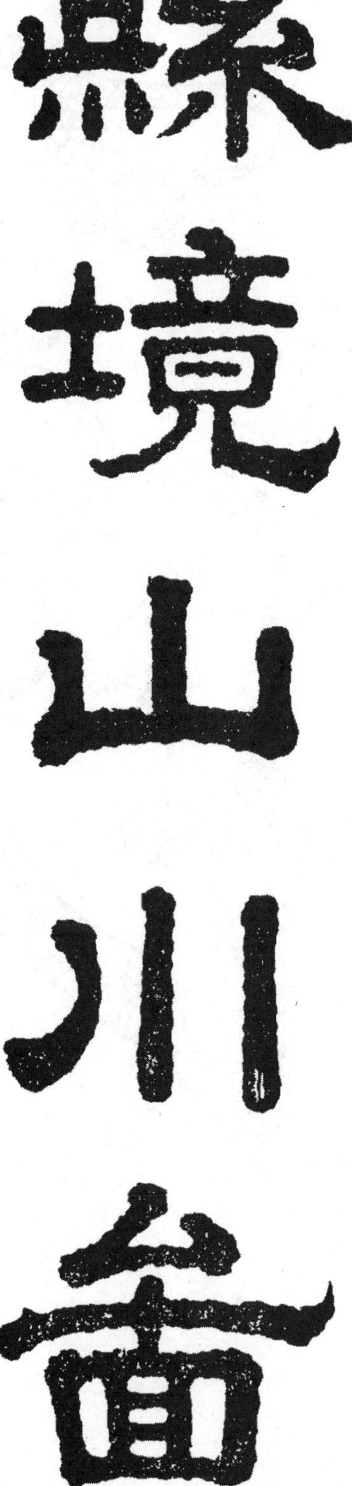
縣境山川圖

續輯漢陽縣志 卷之一 四

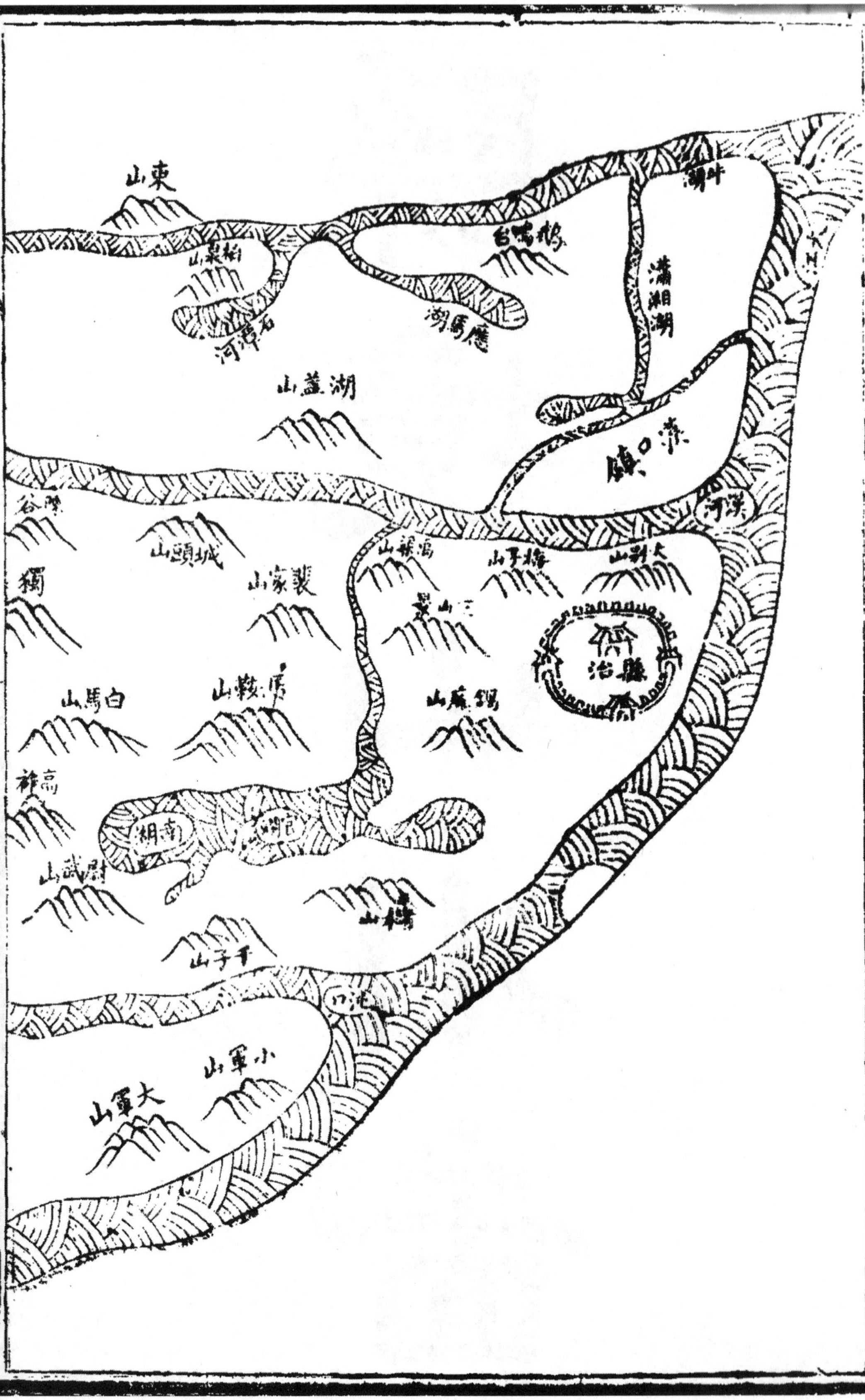

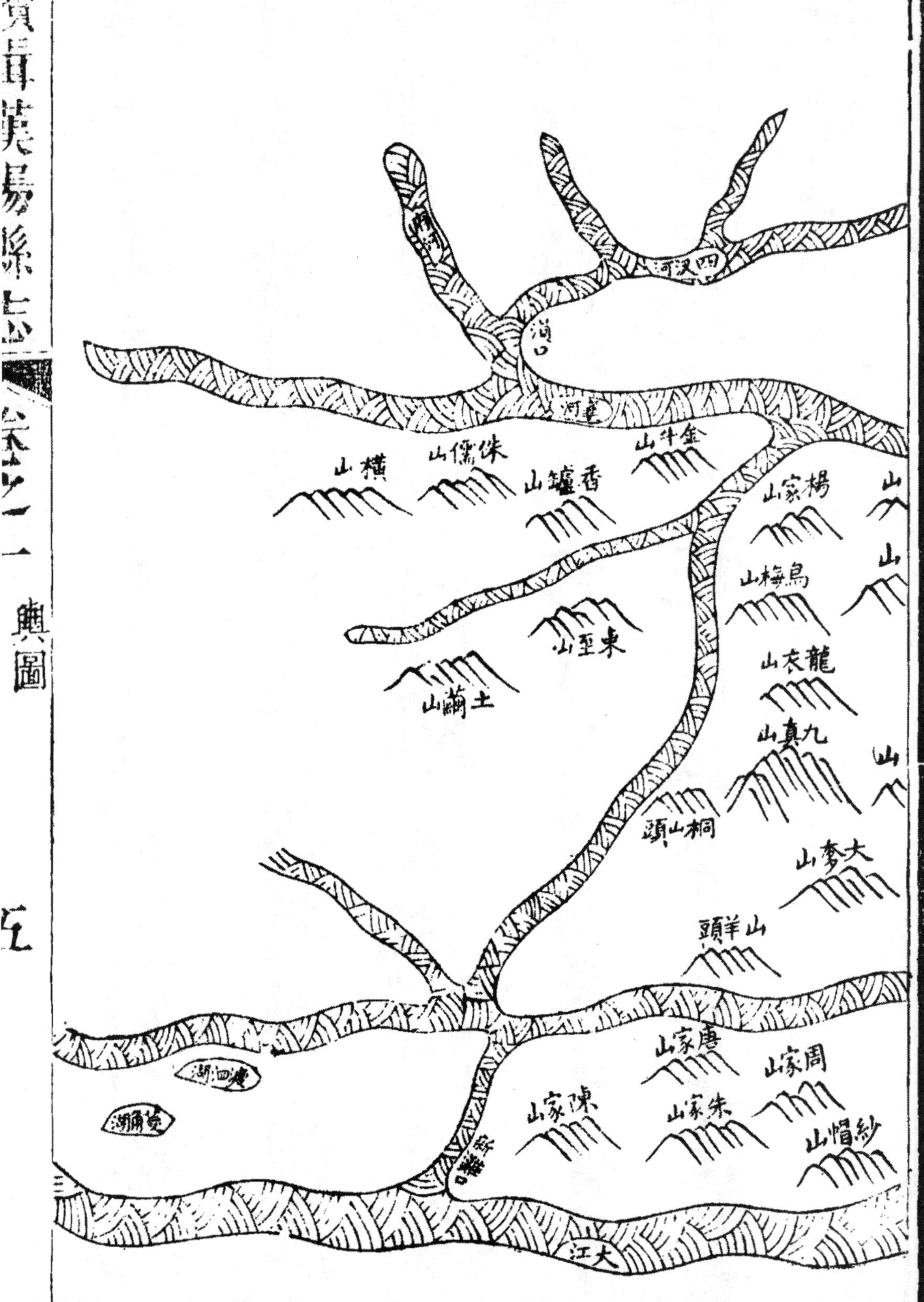

横山
侏儒山
香爐山
金牛山
楊家山
烏梅山
東至山
龍衣山
九真山
桐山頭
大李山
羊山頭
唐家山
周家山
陳家山
朱家山
紗帽山
大江

滔滔江漢首冠南條壯哉大別振地干霄緯以諸水衆嶺岩嶢沮澤既廣林麓亦饒磅礴大輿猗何雄厚渟深峙高蔭境多百千萬年欝盤非偶蔚起英賢是爲千載蓄

縣境山川第二

縣境鄉里圖

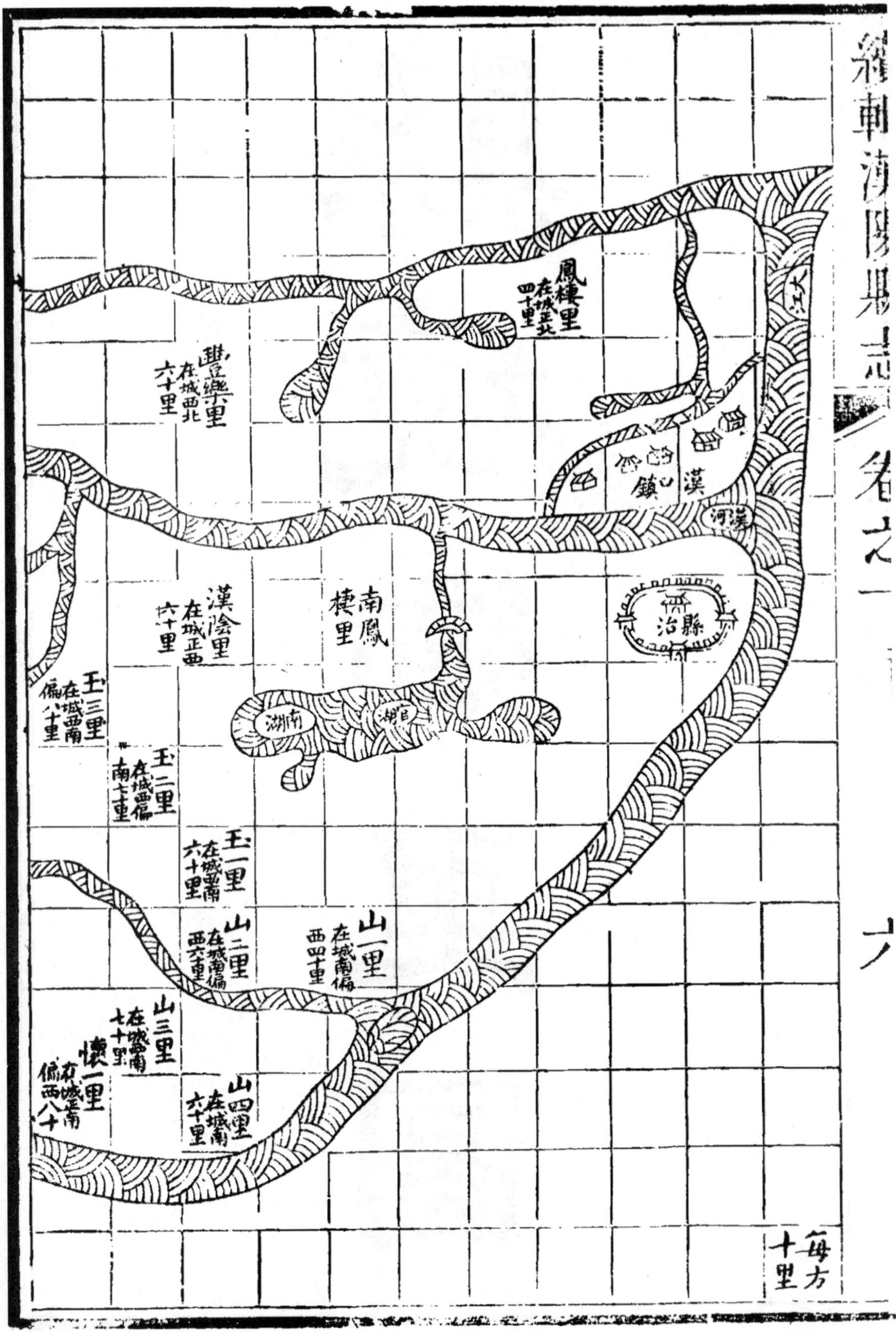

鳳棲里 在城正北四十里

豐樂里 在城西北六十里

漢口鎮

漢河

縣治

南鳳棲里

南湖

官湖

漢陰里 在城正西六十里

王三里 在城西南偏八十里

王二里 在城西南偏七十里

王一里 在城西南六十里

山二里 在城南偏西六十里

山一里 在城南偏西四十里

山三里 在城西南七十里

懷一里 在城正南偏西八十

山四里 在城南六十里

大江

每方十里

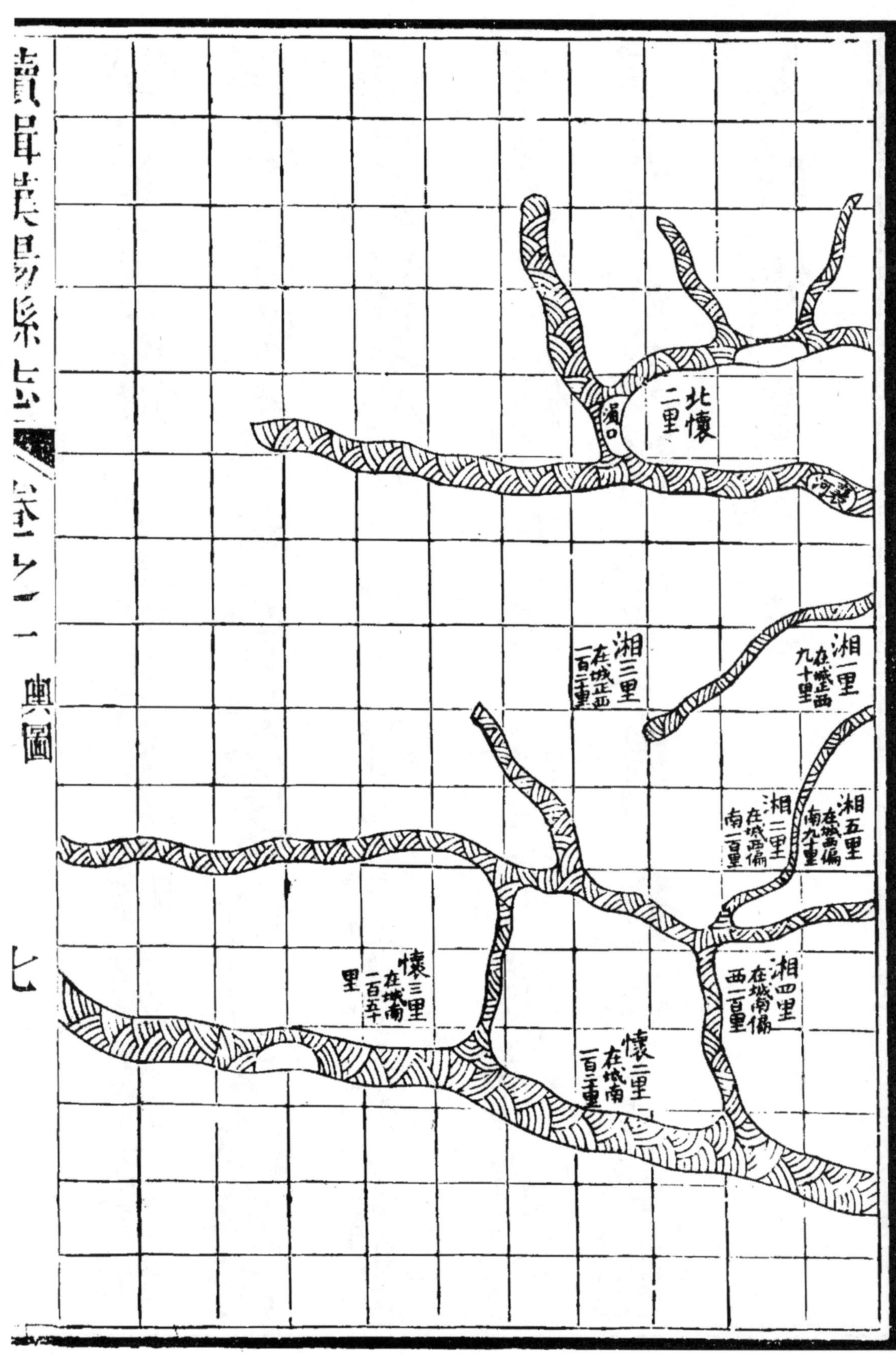
北懷二里
溜口
湘三里 在城正西一百二十里
湘一里 在城正西九十里
湘二里 在城西偏南一百里
湘五里 在城西偏南九十里
湘四里 在城南偏西一百里
懷三里 在城南一百五十里
懷二里 在城南一百二十里

鄉黨里鄰成周已畧置增聚設亭相
涖寄治徵發期會如鄉嗇斯至政教所
通為指應臂於邦啓壞置劇且繁
市集鄉鎮基布雲屯總繪挨冊
目擇而存語從畧鄉起化之原圖
附境鄉 里第三

縣境塘汛圖

續輯漢陽縣志 卷一

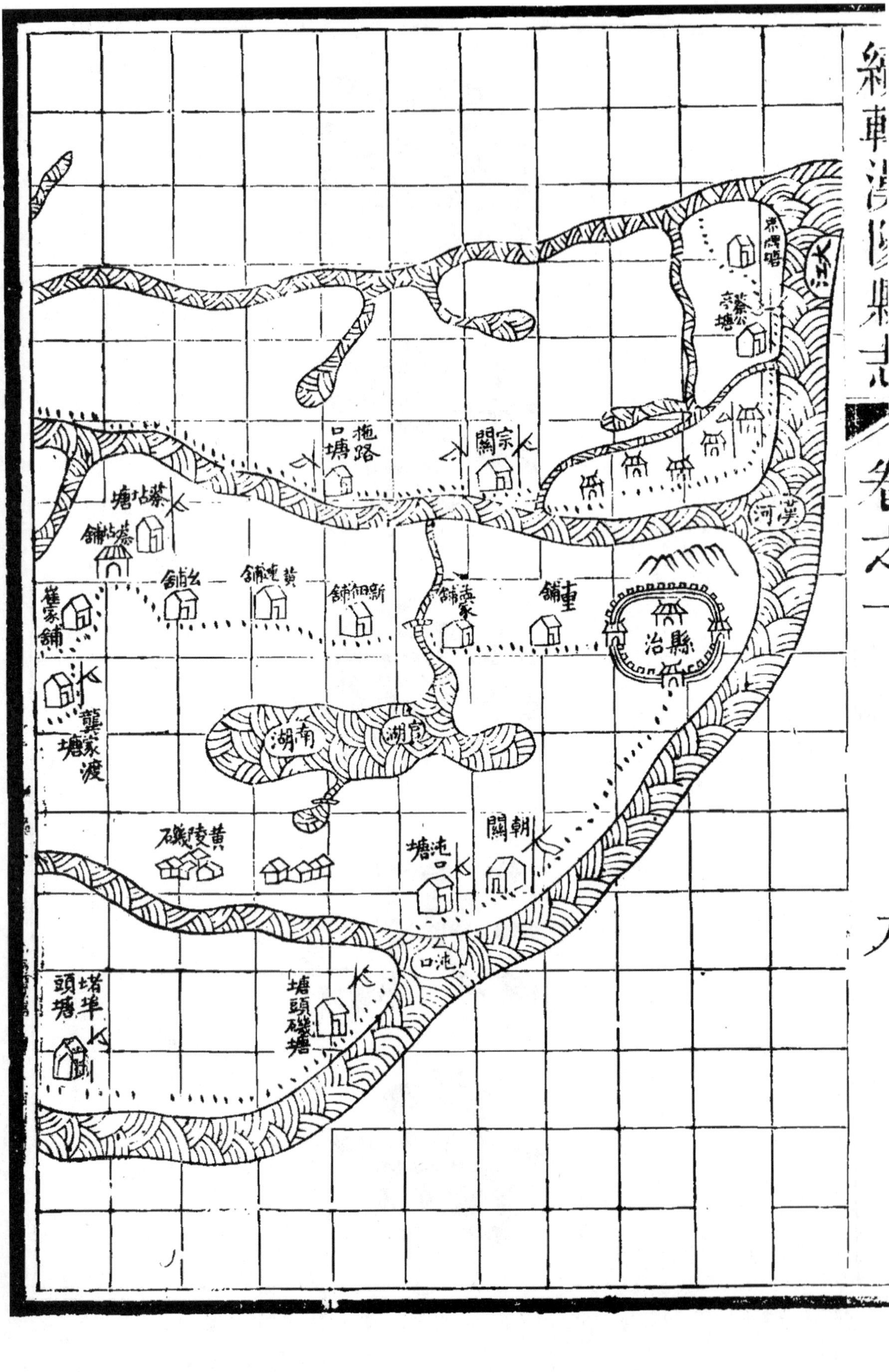

縣治
漢河
大江
蔡公亭塘
宗關
拖路口塘
蔡店塘
蔡店鋪
么店鋪
黃陵鋪
新甸鋪
吳家鋪
車鋪
崔家鋪
龔家渡塘
南湖
官湖
黃陵磯
朝關
沌口塘
沌口
磯頭塘
堵埠頭塘

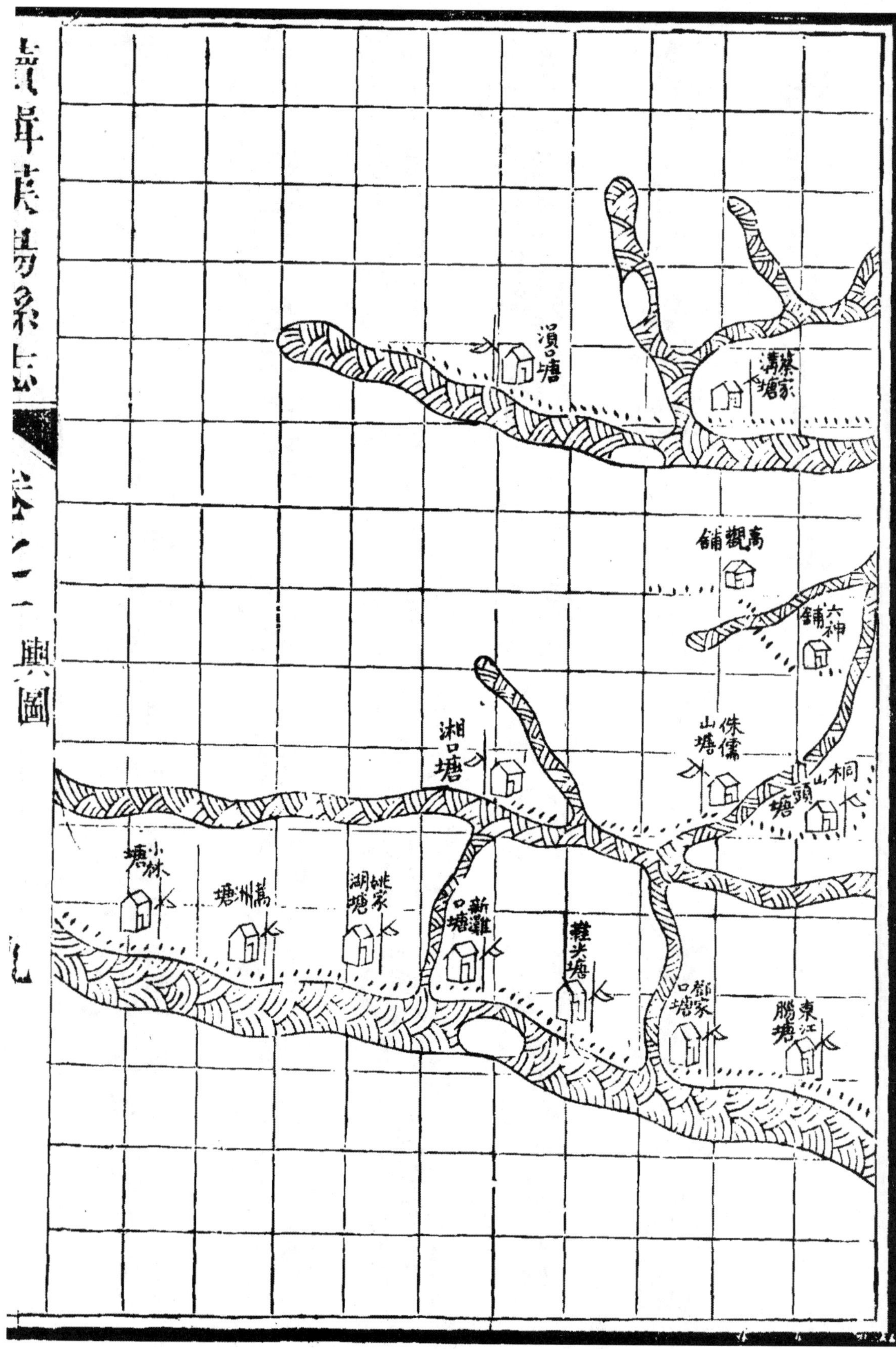
輿圖
高觀鋪
六神鋪
湘口塘
侏儒山塘
小林塘
新羅口塘

掌固司險慎稽出入禁虣詰姦萬
民以輯寧柝鳴笳肅紀驎集走驛
傳符以佐緩急壯矣哉邦南北要衝
院署堪倚卧鼓銷鋒按圖志目
武庫羅胸要不忘危永固提封圖
和境塘汎第四

縣治

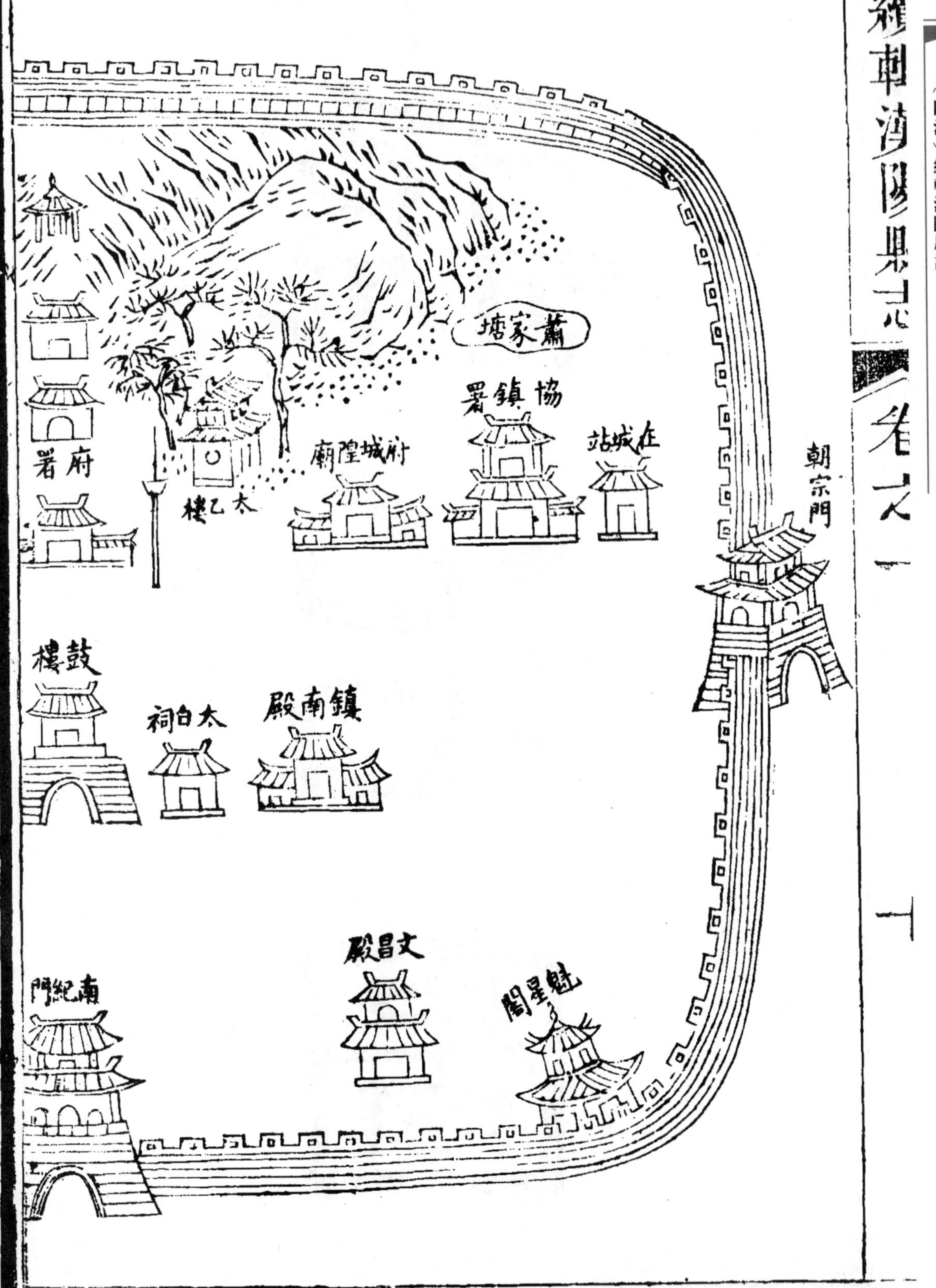

蕭家塘
協鎮署
在城站
府城隍廟
太乙樓
府署
朝宗門
鼓樓
太白祠
鎮南殿
文昌殿
魁星閣
南紀門

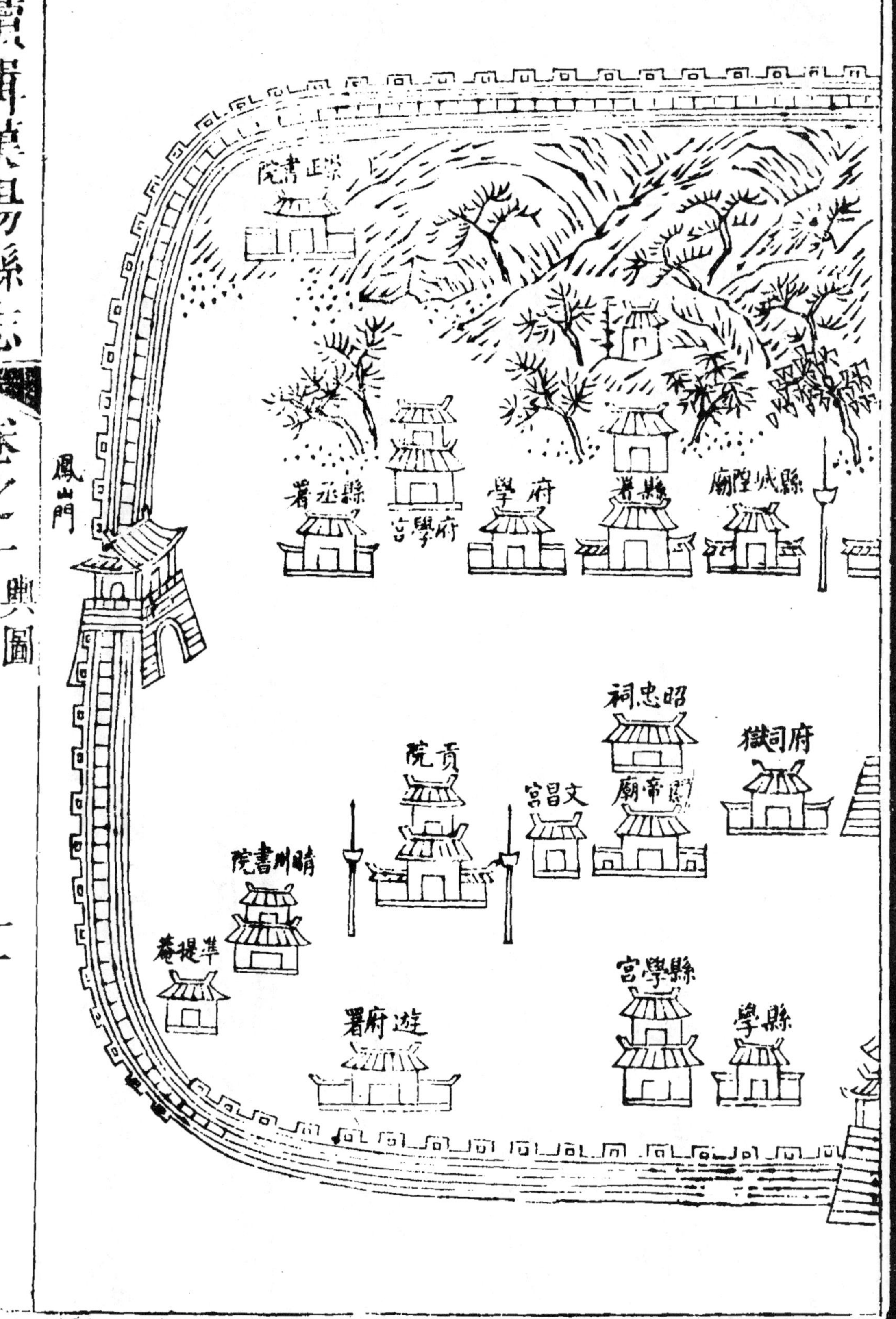

崇正書院
鳳山門
縣丞署
府學宮
府學
縣署
縣城隍廟
昭忠祠
府司獄
貢院
文昌宮
關帝廟
晴州書院
準提菴
遊府署
縣學宮
縣學

與郡同城附郭而理城堞高卑於載
必紀居聚萬家望雄百雉職其保衛
金湯乃峙載稽舊邑肇宇有年
咸豐之代悍氛滔天今歸漢陽縣垂墉
晏然久安長治臨居同堅圖紀治
第五

圖

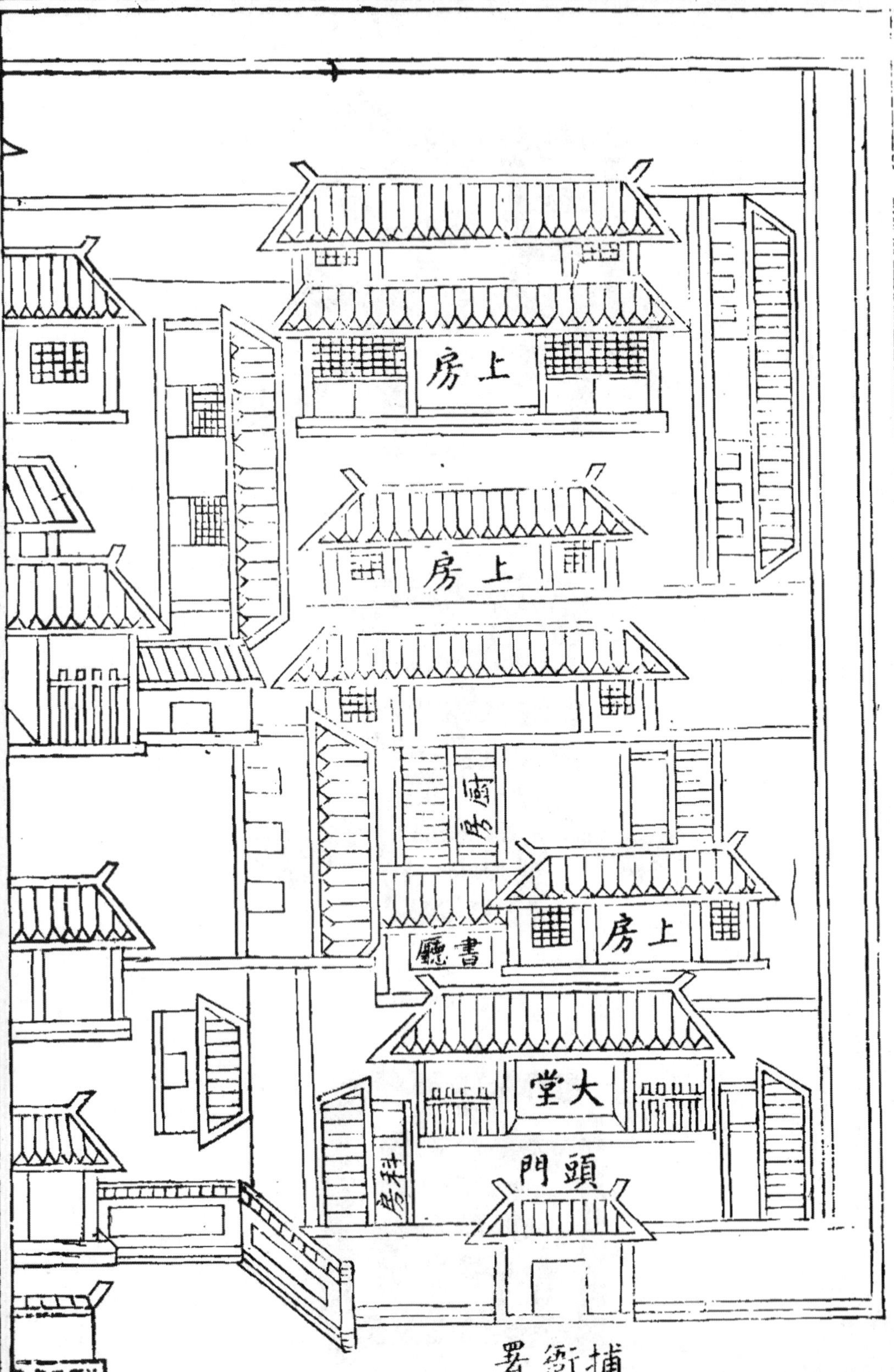

上房
上房
廚房
上房
書廳
大堂
頭門
科房
捕衙署

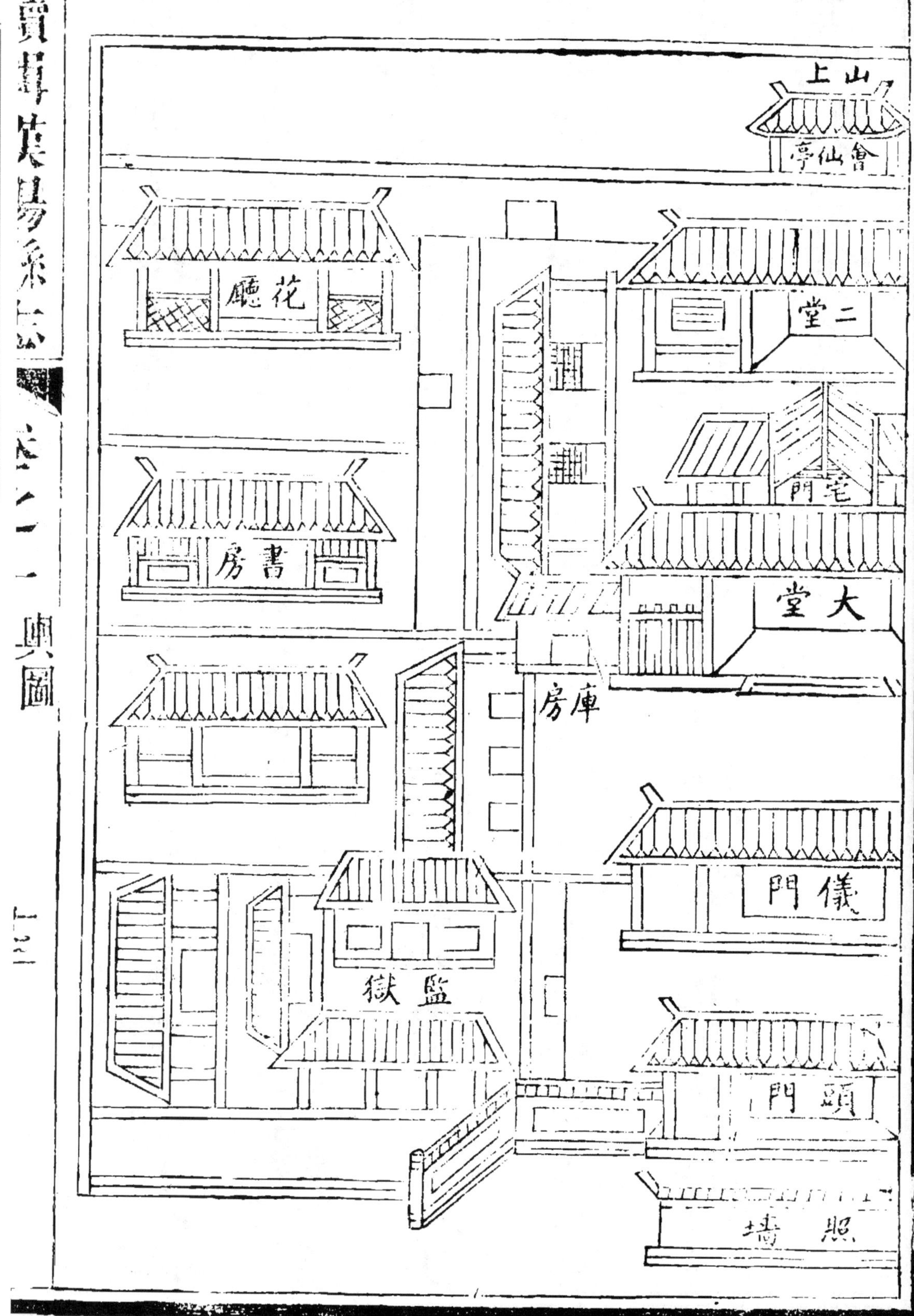
山上
會仙亭
花廳
二堂
宅門
書房
大堂
庫房
儀門
監獄
頭門
照墻

嗟予載星勞佚烏殊必有堂室聽
政之區非惟逸豫惟政是圖四境利
病息息相孚邑侯之廨舊有堂宇
兵燹以來蕩然環堵僅僅堂乏甍
宋侯覲慈母神君武歌且舞
圖縣署第六

縣學宮圖

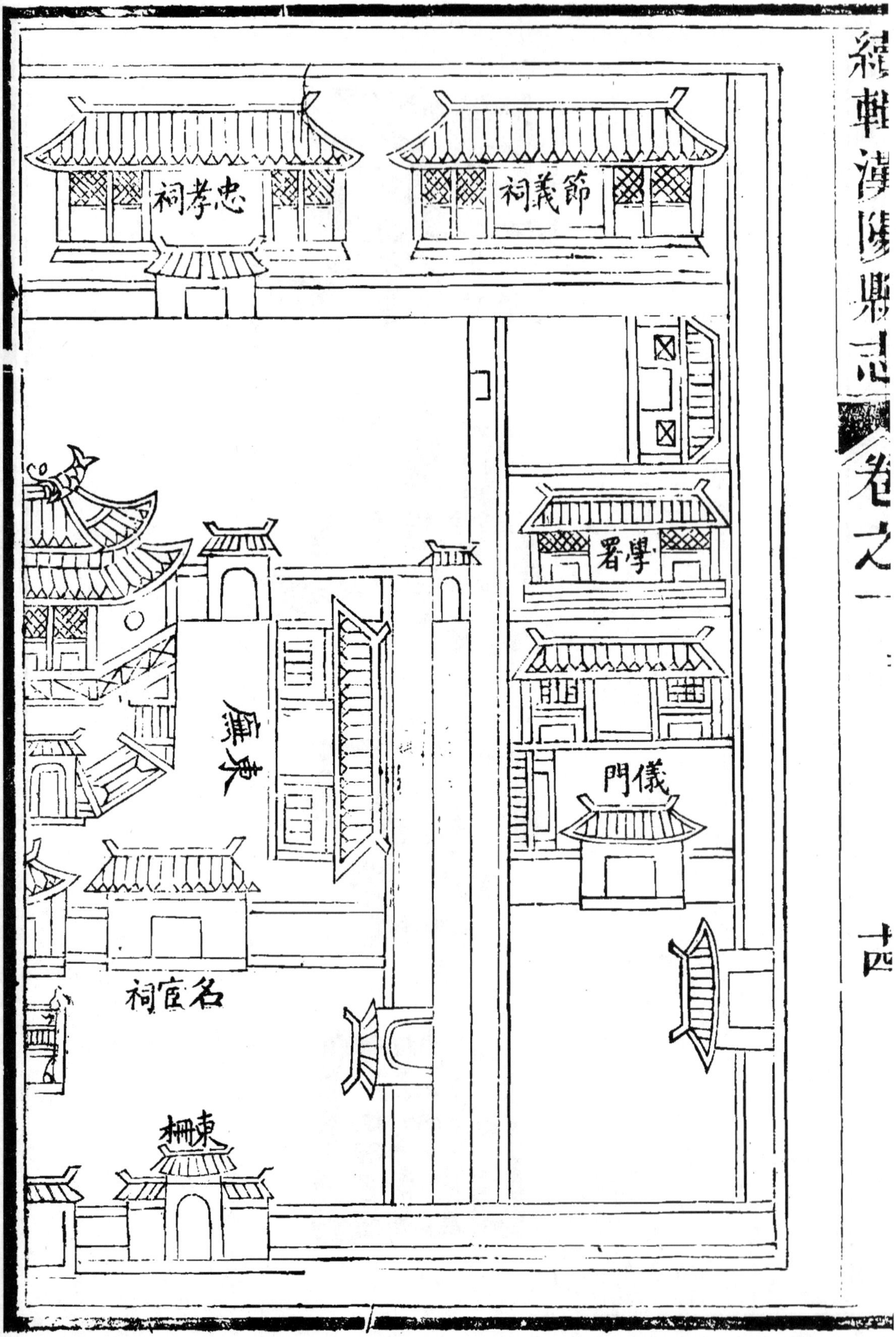

忠孝祠
節義祠
學署
儀門
東廡
名宦祠
東柵

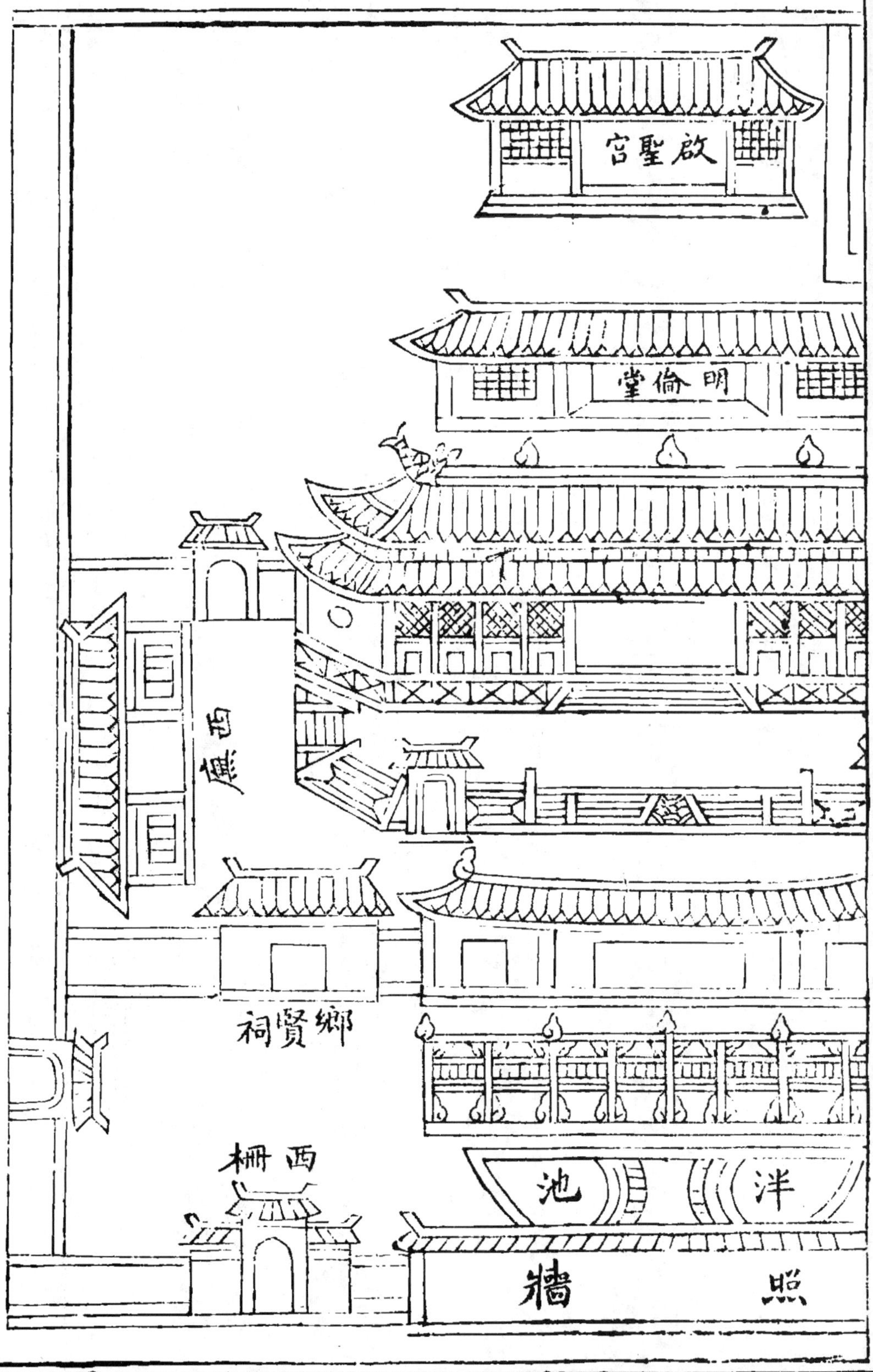

啟聖宮
明倫堂
西廡
鄉賢祠
西柵
泮池
照牆

鄉校石毀僅同鄭僑漢及唐宋
逮於 國朝縣皆立學禮樂維昭
曜之聖道如日當霄邑學之興
相沿既久差武醮覥楚蕩何有
爰築爰構宅墻戶牖聖學昌明
配茲高厚當與學宮第七

棚

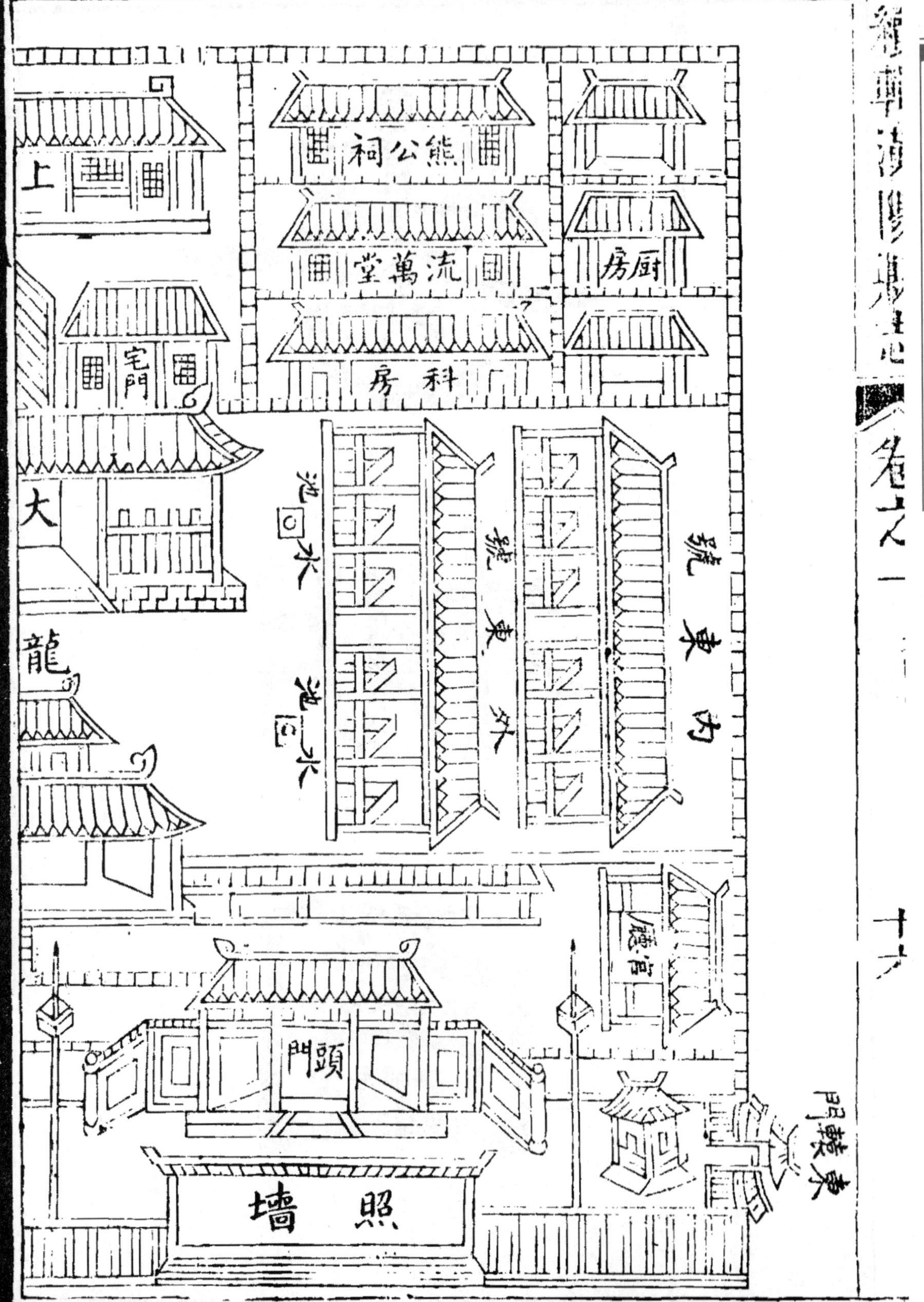
續輯漢陽縣志 卷之一
十
熊公祠
流萬堂
科房
廚房
上
宅門
大
龍
內東號
外東號
水□池
水□池
官廳
頭門
東轅門
照墻

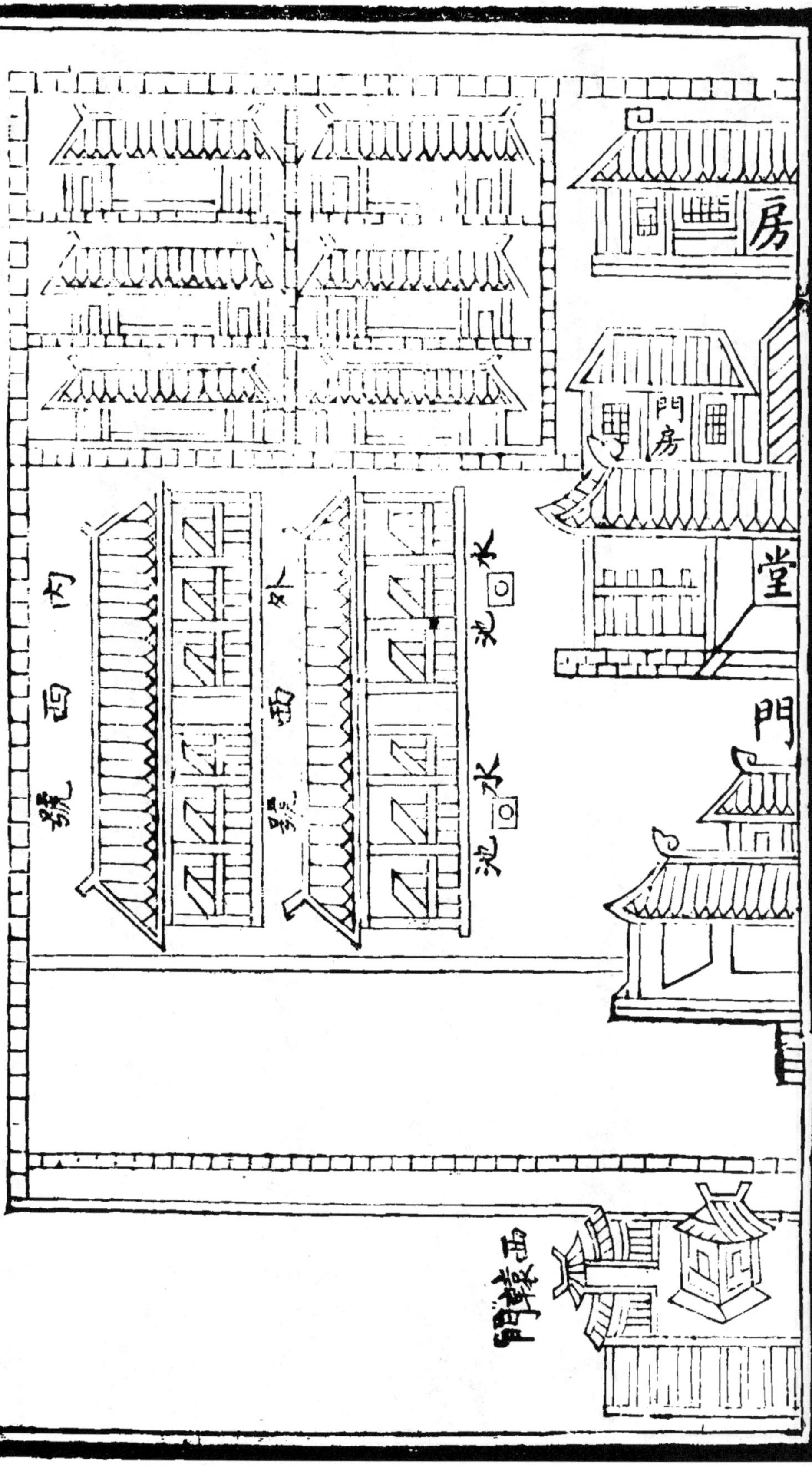

房
門房
堂
門
內西號
外西號
水池
水池
西轅門

學士遺宅舍為試院多眾風流
有些如見戢戢諸髦濟濟才彥翹
秀揚華於茲文哉吁嗟而擂靡
所不獎遂今茲宇瓦礫修綴今仍觀
度高棟淩雲憩憩光氣天章可今
畜考棚第八

晴川書院圖

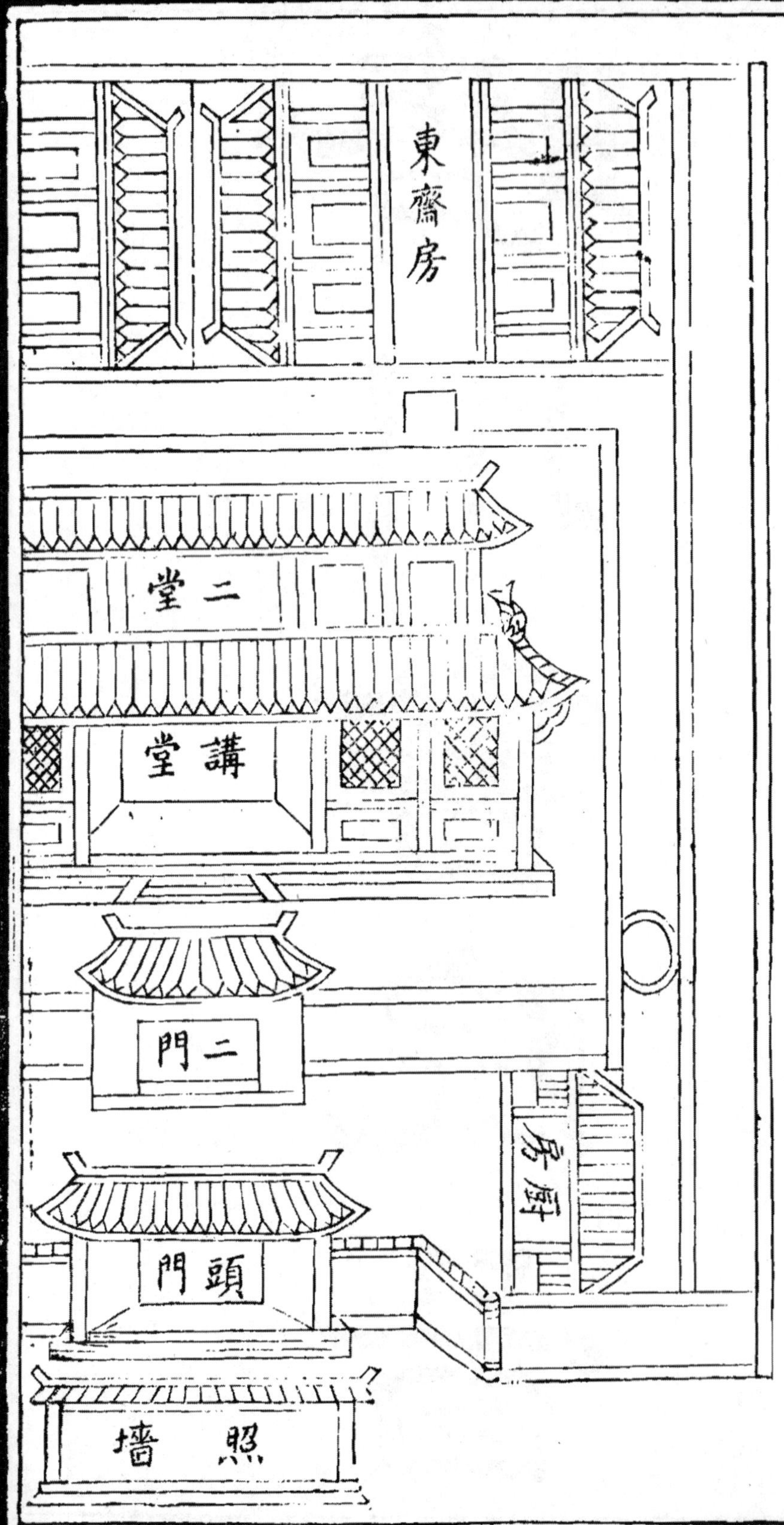
東齋房
二堂
講堂
二門
廨房
頭門
照墻

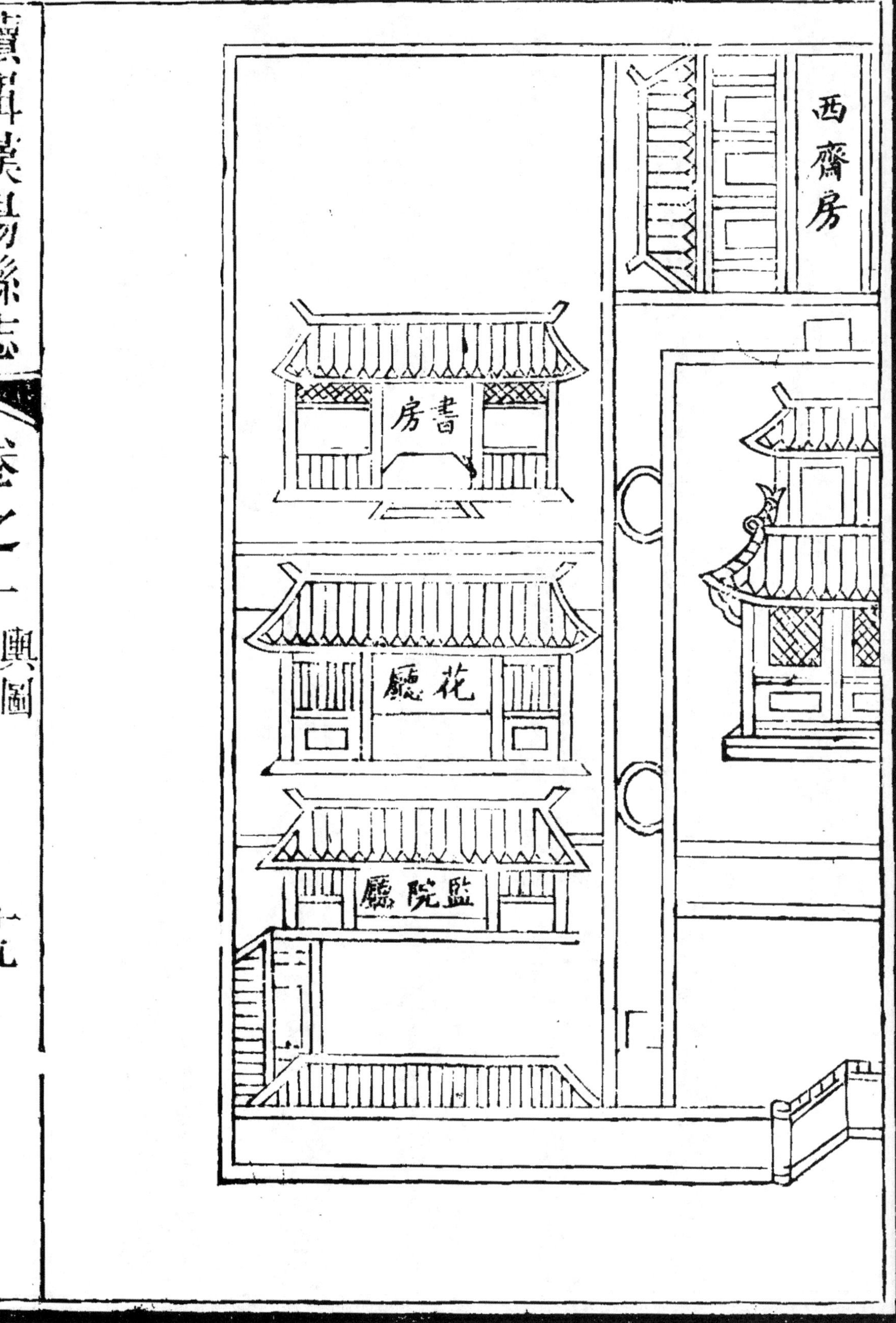
西齋房
書房
花廳
監院廳

書院造士昉自有宋山長談經諸
生月俸自尔以還歷代所重况屬
甄陶益資經訓發郡精舍晴川
是名郡士悉萃啟迪俊英是後
書緒巍然棟楹請開學海直造滄
瀛齋晴川書院第九

關

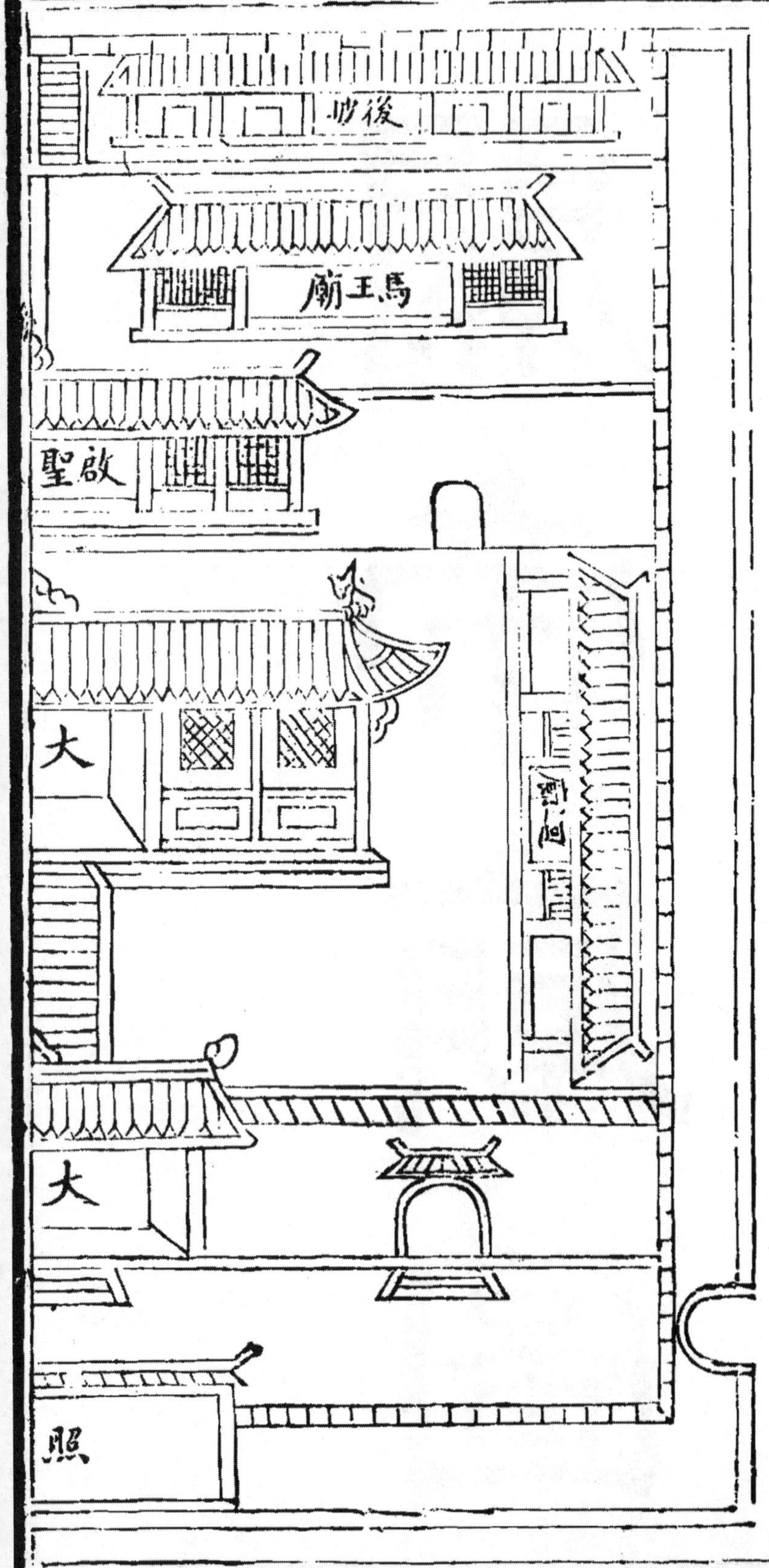
馬王廟
啟聖
大
大
照

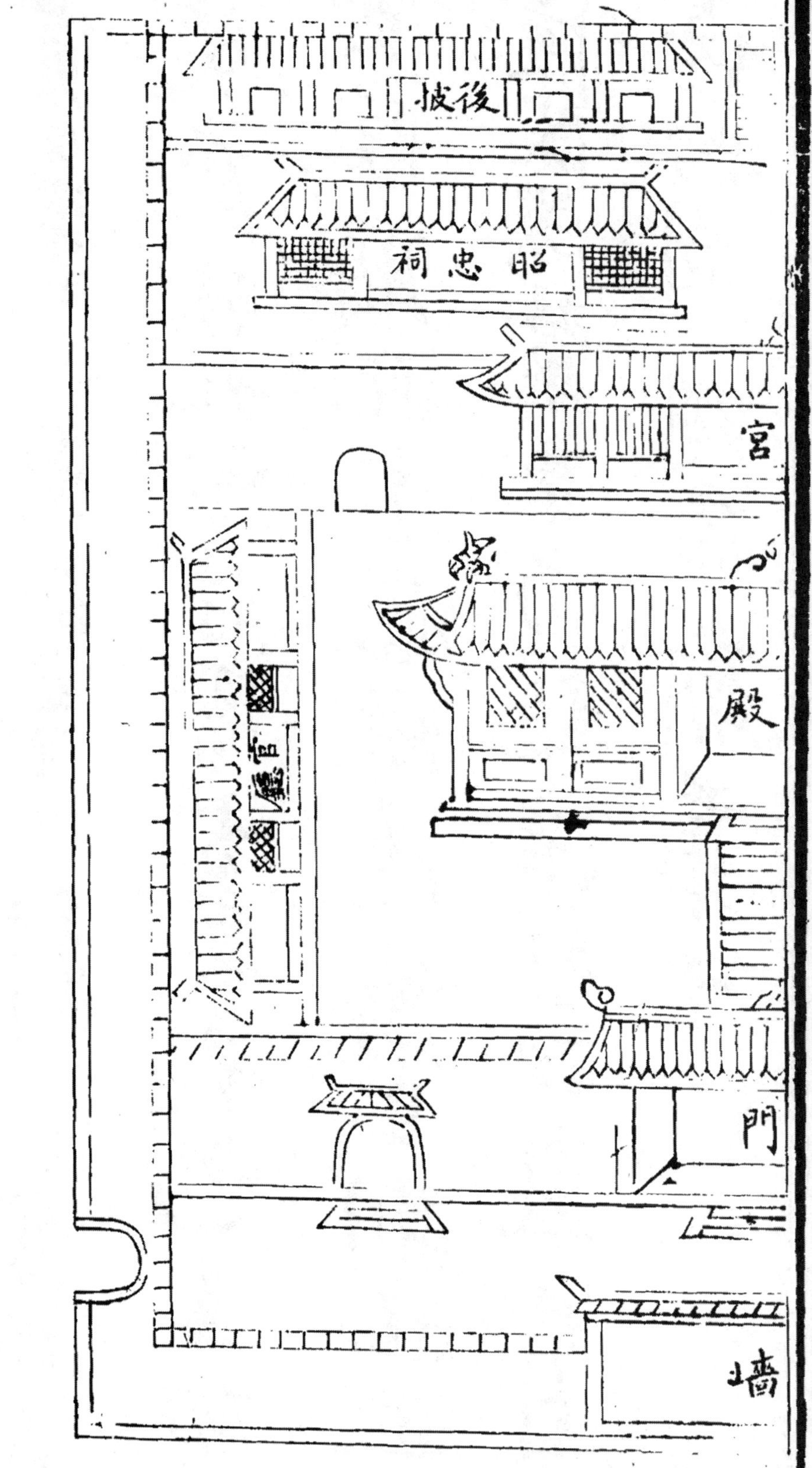
後披
昭忠祠
宮
殿
門
墻

有漢大忠為英為靈心扶天鼎氣
貫日星　榮封帝號　宸翰晶
熒廟極九域肸蠁者冥爰邑立初
久隆廟祀近偶罹烟燹為荊杞匝
復茲成翬華仍起浩然正氣日月
終始圖　關帝廟第十

文

昌宫圖

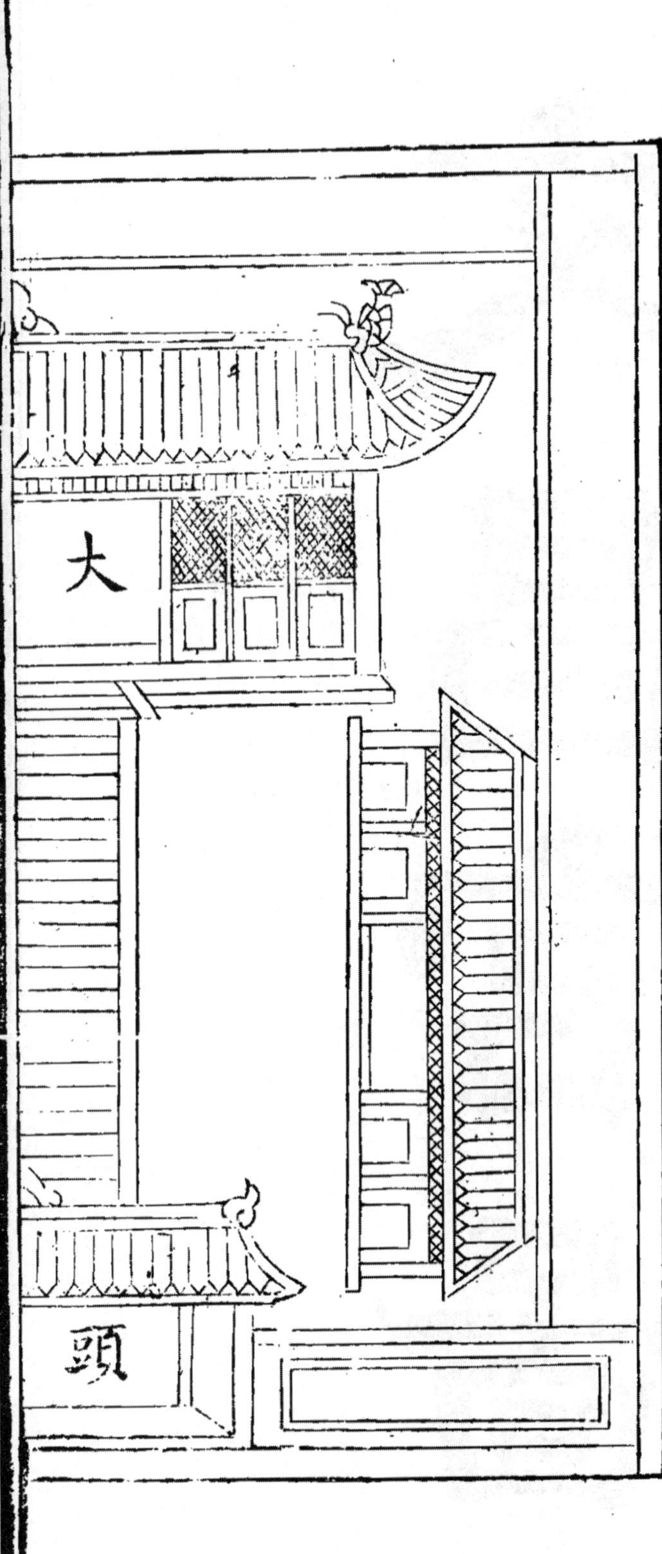
大
頭

殿
門

戴斗承匡祿命攸司擢泰造化
道任覺知誘民孔易彰彈萬施
詔升中祀著在典彝有嚴祠宇亦
在斯邑切天無餘爾迩來重葺仰
瞻台垣奎宿拾級其氣如瑞光輝
新入圖　文昌宮第十一

月湖圖

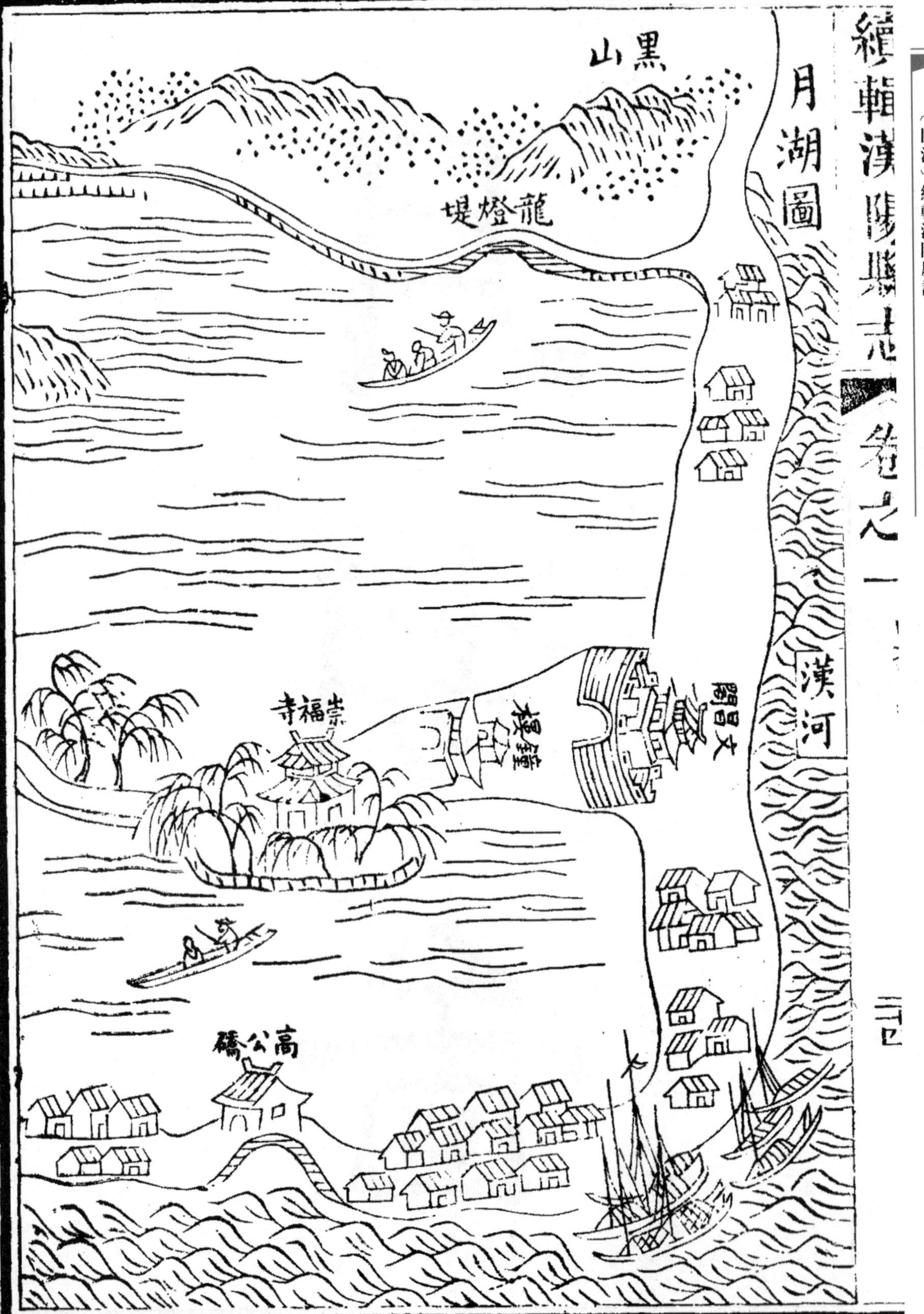
續輯漢陽縣志　卷之一
月湖圖
黑山
龍燈堤
漢河
文昌閣
崇福寺
高公橋

梅子山
補乾亭
琴台
大别山
雷祖閣
卷之一
輿圖
三五

月湖如月不減西湖桃花楊柳迤
邐相扶山光山色匹練同鋪家為
是邑明秀勝區今視茲圖已吞八
九魚活鏡中煙飛畫手梅子熟
耶琴聲在否誰其問之煙波
釣叟畫月湖第十二

續輯漢陽縣志　卷之一

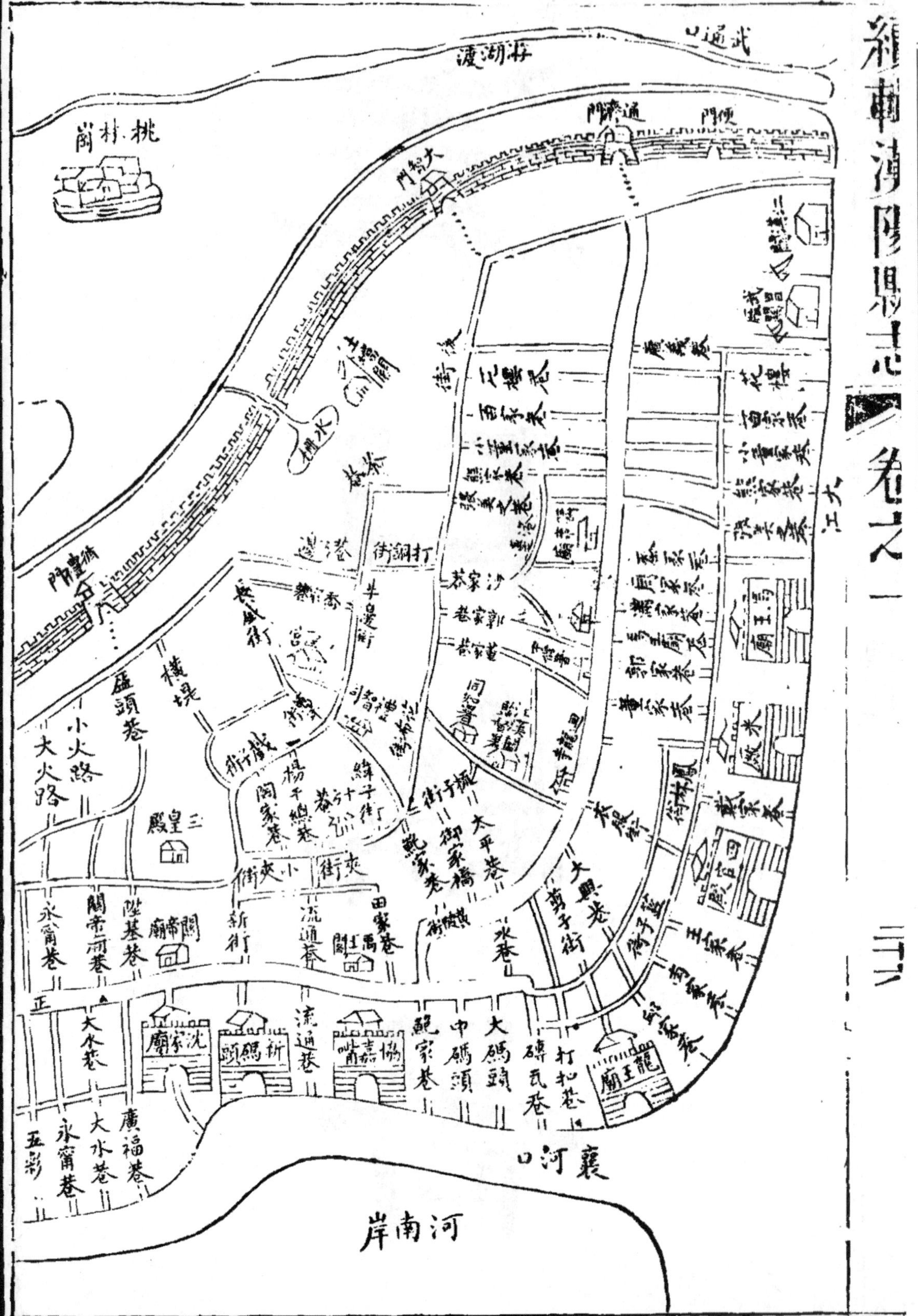

武通口
海湖渡
桃林岡
便門
通濟門
大智門
朝宗門
水洞
河南岸
襄河口
大江
龍王廟
沈家廟
新碼頭
協嘉廟
大碼頭
中碼頭
打扣巷
五彩
永甯巷
大水巷
廣福巷
大火路
小火路
三皇殿
關帝廟
新街
流通巷
太平巷
御家橋
鹽頭巷
橫堤
打銅街
半邊街
沙家巷
郭家巷
董家巷
同善堂

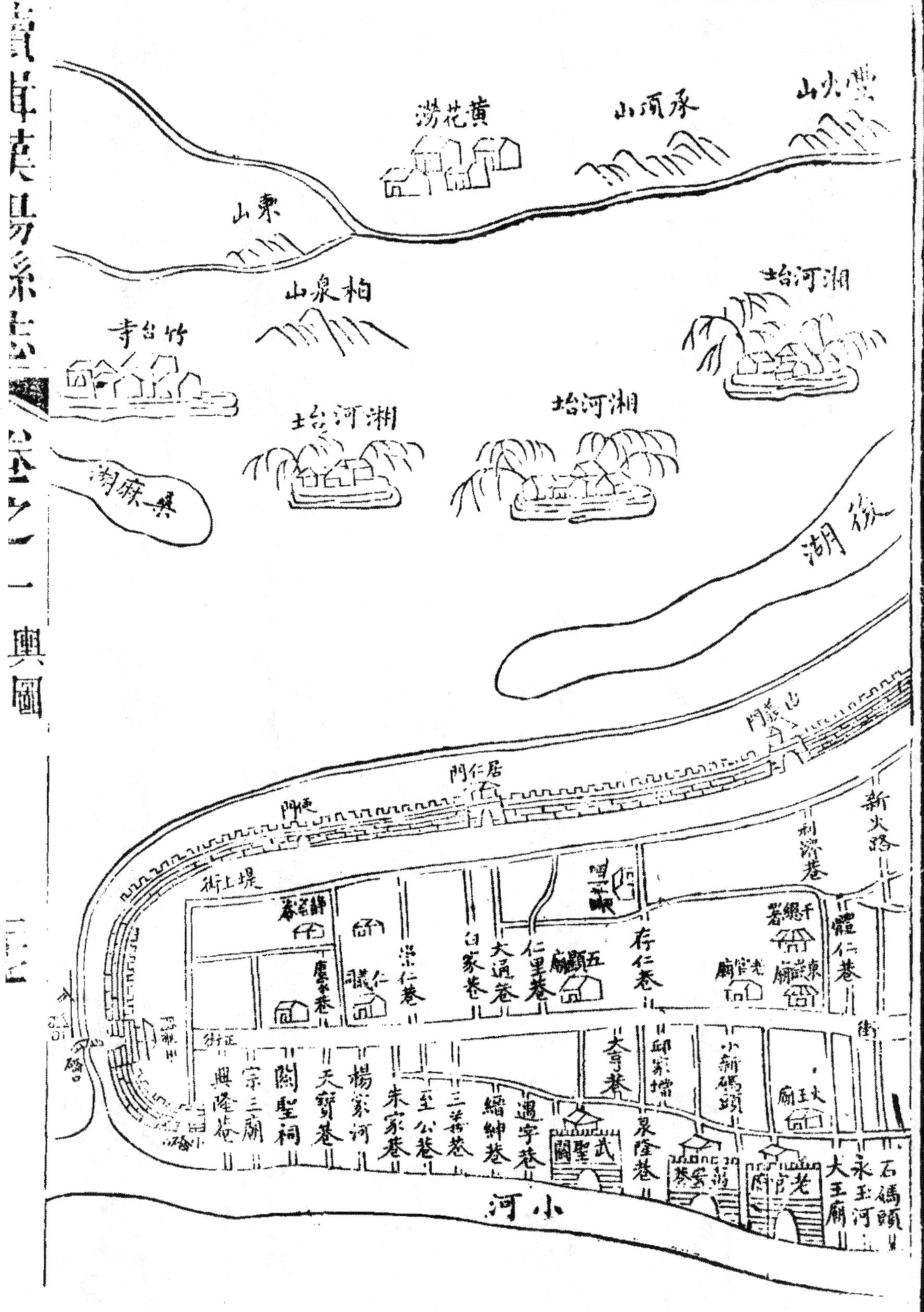
卷之一 輿圖
黃花涝
柏泉山
竹台寺
東山
湘河台
湘河台
湘河台
後湖
居仁門
堤上街
新火路
利濟巷
存仁巷
仁里巷
大通巷
白家巷
崇仁巷
五顯廟
正街
興隆巷
宗三廟
關聖祠
天寶巷
楊家河
朱家巷
至公巷
三善巷
縉紳巷
通宇巷
泉隆巷
小新碼頭
大王廟
石碼頭
小河

舟楫之津，錢刀之國，巴渝維揚無此極盛。極而衰，化為荊棘，翦刈斯痕，豈非武功耶。旋復城堡，乃營形勝，可扼鎖鑰。始雄君郡之人聚，經營於漢陽巷陌，與邑東同圖

漢鎮第十三

鸚

鵡

洲

台

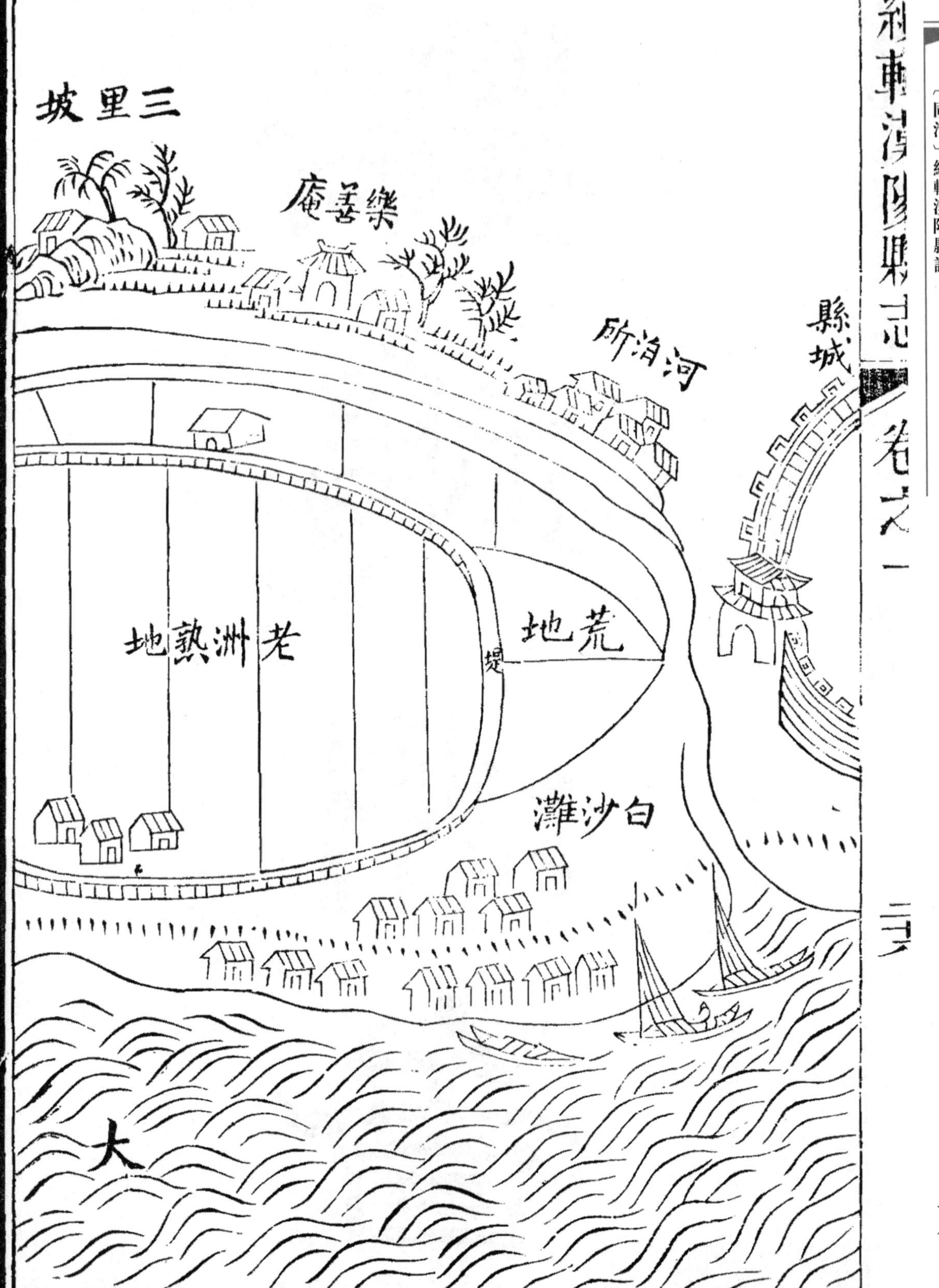
續輯漢陽縣志　卷之一　三
三里坡
樂善庵
河泊所
縣城
荒地
堤
老洲熟地
白沙灘
大

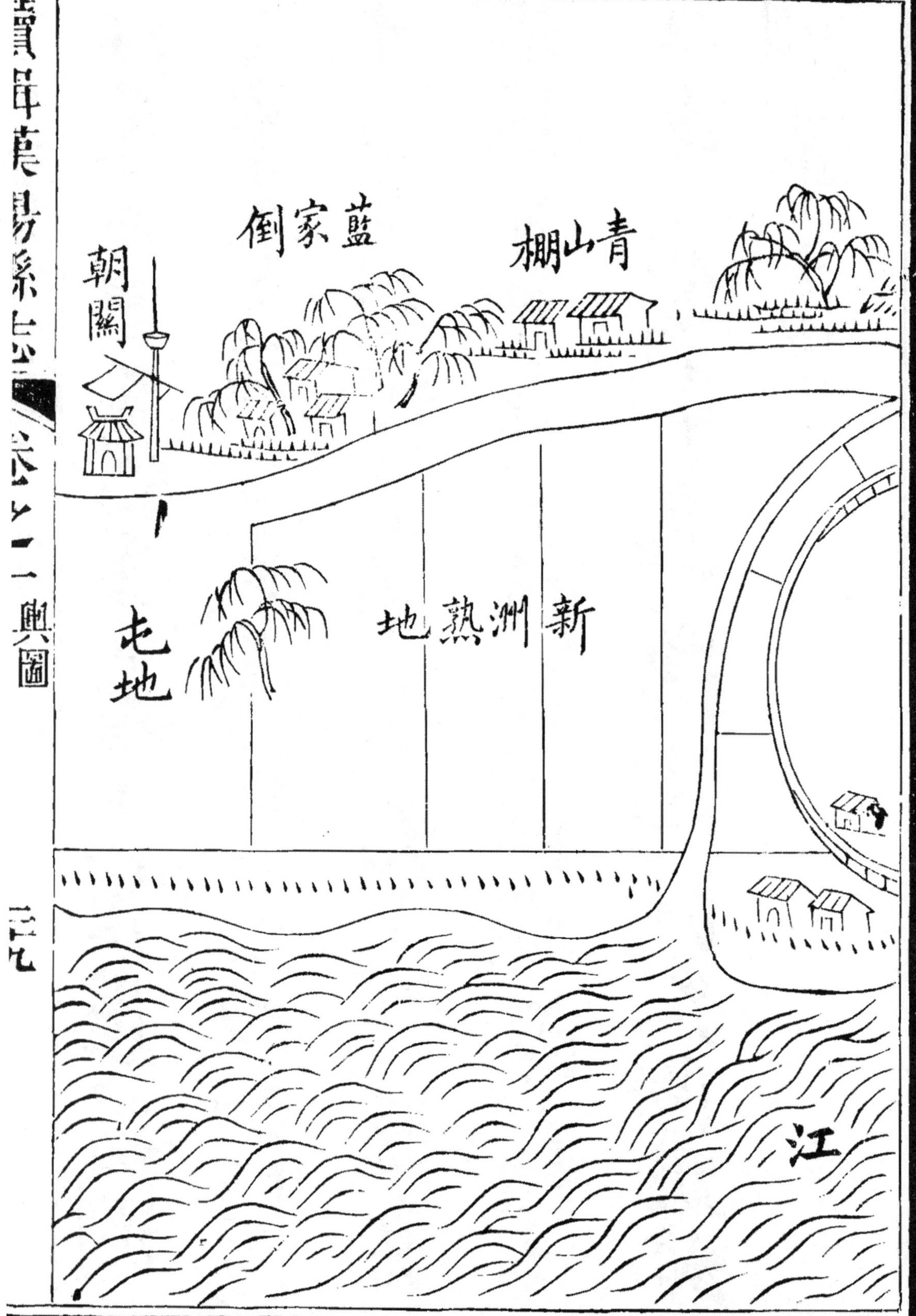
青山棚
藍家倒
朝闗
屯地
新洲熟地
江

江夏太守在經夏口當日寵延芳洲
之君英英禰生賦成脫手高歌江濤
中名不朽把筆而書古藤之淡紙老
瞞疑冢骨朽如煙哉招鸚鵡歸且
千年化為大鳥橫絕江天圖鸚鵡
洲第十四

川閣

漢口鎮

晴川閣
水月菴
玉清宫
黄公書院

接三五千里水朝宗鎖以大別屹立

崇墉東瞻溟渤西望巴邛峯崔高

閣櫺壓其衢路無鴟尾化為隼母

攫摩霄仍還棟宇南紀要流平

成緒照明德遠矣日稽大禹圖

晴川閣第十五

九真山圖

東嶽廟
雙鳳橋
戴家塔

烏龍泉
永安堡

遶巒九子秀吴蓮華清水白石仙
人所家晉閣九女莖鍊丹砂至今
靈氣化作流霞攪畢搜奇圖冊
可致覃耕春差足供幽討大藥
時逢服之不老九節菖蒲豈非
瑤草圖九子山第十六

臨

障

山

圖

邑西之山高者臨嶂漢水建瓴軒
屹鼓浪樓櫓天成足雄保障去營
閣亡抱恨何壯也求遺跡究豈金城
襄鄧郢鄂堡要衝深林峭壁
礙白崢嶸老羅當道貓子自豁閣
臨嶂山第十七

張大渡圖

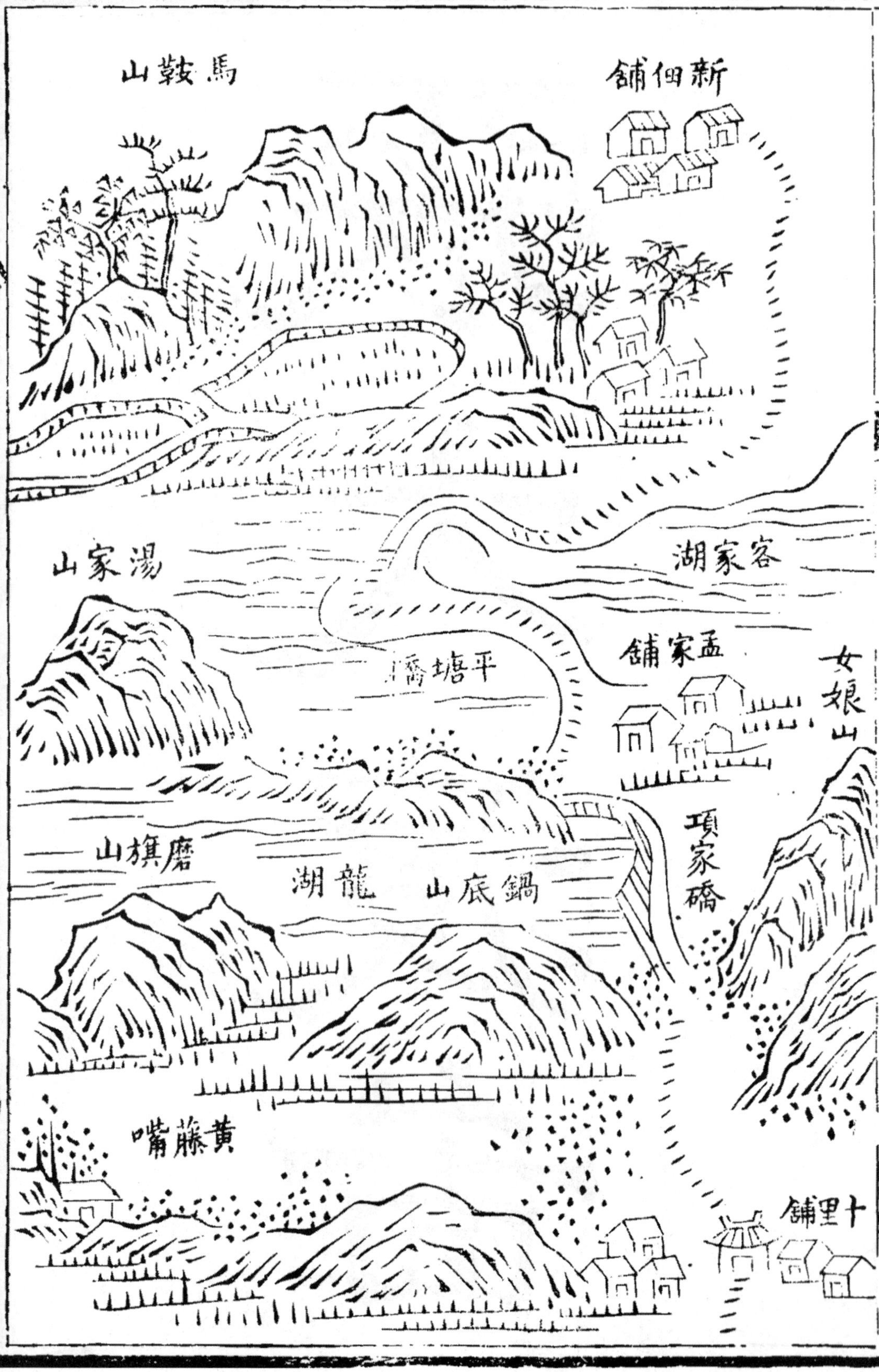

馬鞍山
新佃舖
湯家山
客家湖
孟家舖
平塘橋
女娘山
項家橋
磨旗山
龍湖
鍋底山
黃藤嘴
十里舖

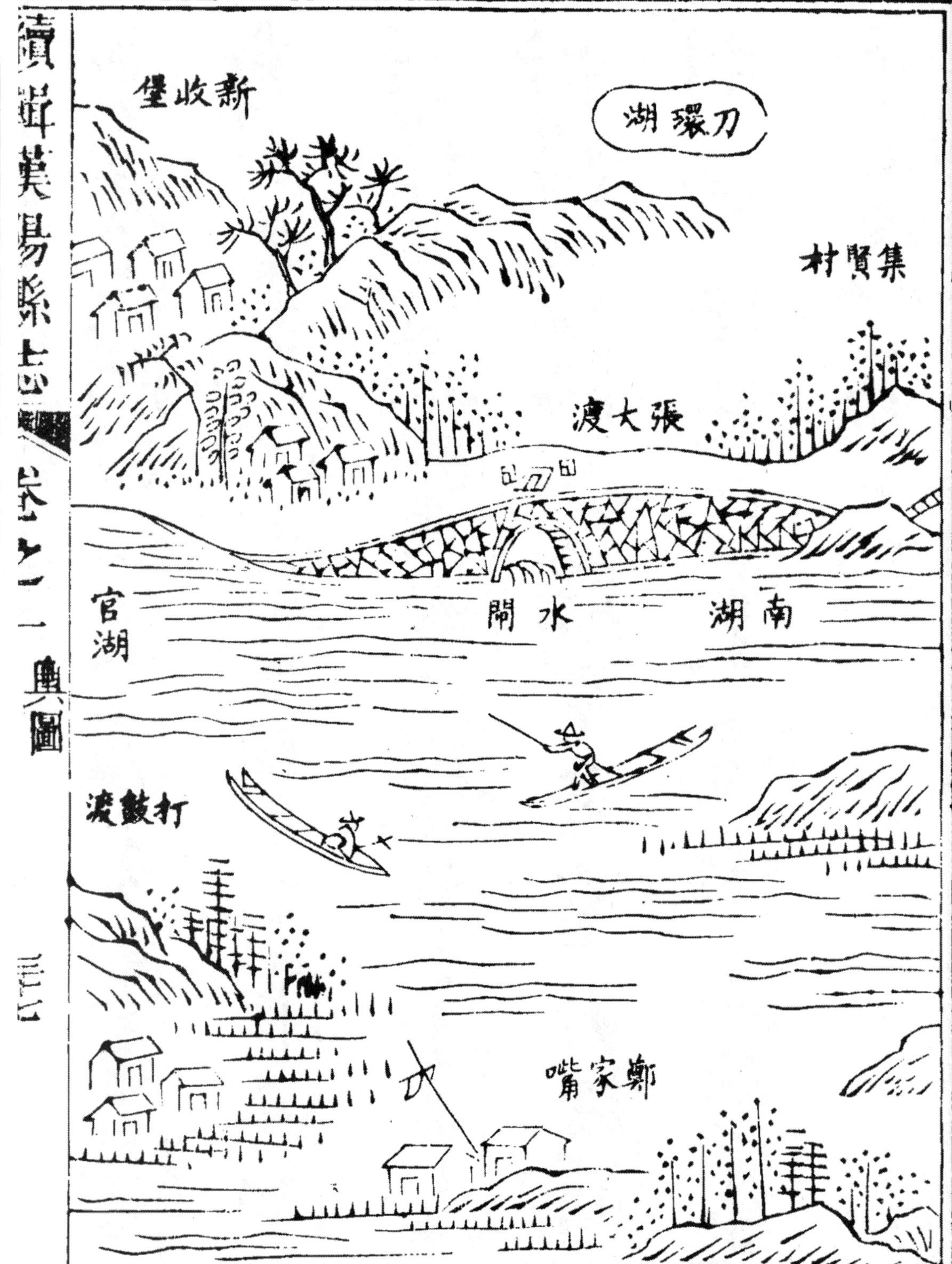

續輯漢陽縣志　卷之一　輿圖
新收堡
刀環湖
集賢村
張大渡
官湖
南湖
水閘
打鼓渡
鄭家嘴
哲子湖
墨水湖
馬家湖

旁浸六湖曰張大渡旁聞旁樹傳隱
者園春渠何嚴之顏是擢泪迦靡
涯惟見飛鷺方之趨重永嚶江防
好環落隄如腰中央重外輕內浸
則雨傷極甚來者撤去無忌圖
張大渡第十八

續輯漢陽縣志卷之二

沿革志敘

甚哉茲邑沿革殆指不勝屈矣定稱漢陽實自隋始乃若其前則安陸沙羨石陽沙陽曲陵灄陽沌陽汝南漢津增省析合皆不出邑境而名稱雜出其治所則或在夏口或在沙羨或在臨嶂或在沌陽其隸屬則南郡荊郢安陸江夏沔復鄂各州皆嘗附麗中閒又有吳魏梁魏之分割與夫僑寄之標名俄而廢軍爲縣俄而併縣於軍至如魯山沌

口有城有屯而實非縣亦屬易淆此雖裴秀賈躭之流專門輿地者亦恐驟難偏舉況能證鄉今古如累黍之不失錙銖哉今考舊志諏稽辨析旣詳且覈矣無煩置議惟於紀事中涉及兵事者移其詳置之兵防俾得究觀成敗之迹焉志沿革

縣在禹貢荊州之域周文王化行南國江漢之咏著於詩篇舜王之季楚熊渠得江漢民和乃盡有其地春秋所載曰漢汭曰大別皆縣境也秦併天下爲三十六郡地屬南郡漢置十三部刺史於荊州南郡分置江夏郡地爲所領之沙羨縣三國時縣境介吳魏之交遂各置江夏郡其見魏志者江夏太守王基城上昶以偪夏口由是吳人不敢越江是也其見吳志者以沙羨爲孫皎奉邑又水經注漢與江合於衡北翼際山傍山上有吳江夏太守陸奐所治城是也蓋江夏太守舊治安陸時安陸屬魏故徙此又左卻沔口沔左有卻月城吳立石陽縣晉武帝平吳合江夏郡爲一改吳石陽爲曲陵改漢沙羨爲沙陽永嘉以後始於臨嶂山下

置沌陽縣爲荊州刺史治所及庾翼爲荊州又移理夏口復因汝南流民多寓夏口乃於故曲陵城立沙羨縣所以水經注謂曲陵故城後乃沙羨縣治也蓋沙羨之名兩見而地亦各有所屬漢之沙羨在今縣西南近沙陽湖晉武帝時改爲沙陽者也晉之沙羨則故卻月城在沔左吳立爲石陽晉改爲曲陵迫南遷後復爲沙羨者也適以汝南流民僑寓故兼謂之汝南張昌之亂太守弓欽走灄口朱伺合部黨滅之遂以諸縣附逆惟灄口倡義

討逆請另立縣乃割安陸東境立灄陽縣故灄口在今漢黃兩邑之交而水南油湖尚有廢城其遺址也劉宋江夏郡治安陸乃省沙羨入安陸仍理夏口其沌陽灄陽汝南皆如故齊因之隸郢州梁改爲梁安郡西魏改爲魏安郡然梁湘東王與魏和始定以石城爲魏界以安陸爲梁界則縣境仍未入西魏也陳移梁祚侯安都與王琳合戰沌口蓋縣境時屬梁至天嘉後乃屬陳耳隋罷郡以州統縣遂以郡爲沔州以今縣治爲漢津縣大業二年改沔州爲復州改漢津爲漢陽唐武德初仍以復州爲沔州縣名沿漢陽迄今不易寶歷時牛僧孺爲鄂岳節度使廢沔州以漢陽屬鄂五代時爲楊行密所據南唐仍之周世宗平淮南置漢陽軍宋初仍爲軍熙甯四年廢爲縣元祐元年復置爲軍旋廢爲縣尋又置爲軍元初仍之至元時乃升爲府明洪武初裁府以縣隸武昌嗣復置府縣附郭焉

國朝因之以爲附郭首邑

紀年	統隸	縣	紀事
唐 帝堯八十一載甲子	荆州		洪水平肇十有二州地屬荆
夏 帝舜三十三載戊午	荆州		禹受命以十二州爲九州地仍屬荆
商 成湯十有八祀	荆州		
周 武王十有三年己卯	荆州		分天下爲十二州地仍屬荆
成王	荆州		封熊繹於楚
彝王	楚		楚子熊渠伐庸揚粤至於鄂得江漢民和遂有其地
秦 始皇二十三年丁未	楚南郡		是年虜荆王分楚地爲四郡分天下爲三十六郡地屬南郡

時代	郡	縣	沿革
西楚霸王	南郡	以上縣名莫攷	以共敖爲臨江王都南郡吳芮爲衡山王都邾以漢水爲界
漢 高帝五年己亥	江夏郡	安陸縣境東北屬安陸西南屬沙羨	分南郡置江夏郡
武帝	江夏郡	安陸 沙羨	分天下爲十三部地屬荊州
成帝	荊州牧 江夏郡	安陸 沙羨	罷荊州牧爲荊州刺史

時代	郡	縣	沿革
東漢 世祖建武元年乙酉	荊州刺史 江夏郡	安陸 沙羨	
建安二十五年庚子三月改延康元年十月曹丕篡漢爲魏黃初元年	魏江夏郡	安陸	吳城江夏魯山城
	吳江夏郡初治沙羨旋省城夏口移江夏治之	沙羨	
季漢 昭烈帝章武元年	魏江夏郡	石陽	魏於江北置郢州

時代	郡	縣	沿革
	吳江夏郡治東夏口		吳省沙羨以縣境西南置蒲圻
晉 武帝太康元年庚子	荊州 江夏郡	曲陽 沙陽	復幷郢於荊是年改石陽爲曲陽改沙羨移治沙陽湖卽名沙陽
惠帝永興二年乙丑	荊州 江夏郡	曲陵 沙陽 灄陽新置 沌陽新置	陶侃將朱伺請以安陸東境置灄陽

時代	郡	縣	沿革
愍帝建興元年癸酉	荊州 江夏郡	曲陵 沙陽 灄陽 沌陽江夏郡治	王敦表陶侃爲荊州刺史仍領江夏太守鎭沌口明年徙林鄣水經注又東過林鄣故城北在縣治西六十里
元帝建武元年丁丑	荊州 江夏郡	沙陽 沙羨 灄陽 沌陽仍治沙羨	時以汝南流民聚此於故曲陵治立汝南僑縣改曲陵爲沙羨
安帝隆安五年辛丑	荊州 江夏郡	沙羨 沙陽	桓元表桓偉爲荊州刺史鎭夏口

紀年	州郡	縣	附注
		灄陽 沌陽	
義熙六年庚戌	荊州 江夏郡	沙羨 沙陽 灄陽 沌陽	晉荊州刺史治林鄣十六年徙夏口
宋 孝武帝孝建元年甲午	郢州 江夏郡 安陸郡	汝南侯國寓沙羨 沌陽子 沙陽男 灄陽子	改荊州爲郢州
孝武帝大明元年甲辰	郢州 江夏郡	安陸 沌陽 灄陽 汝南	安陸郡省爲縣以隸江夏省沙羨併入安陸縣
廢帝元徽四年丙辰	度司州 江夏郡	安陸 沌陽 灄陽 汝南	裁郢州置度司州
齊 高帝建元元年己	郢州	安陸	併司州復置郢州

紀年	州郡	縣	附注
未	江夏郡	沌陽 灄陽 汝南	
和帝中興元年辛巳	郢州 江夏左郡	安陸 沌陽 灄陽 汝南	省沌陽入安陸
梁 武帝天監元年壬午	郢州 改梁安郡	安陸 灄陽 汝南	
簡文帝大寶元年庚午	司州名南司州旋废 梁安郡	安陸 灄陽 汝南	西魏克梁安郡改魏安湘東王繹與魏和遂以石城以西屬魏安陸以東屬梁仍爲江夏郡
大寶二年辛未	魏安郡	安陸 灄陽 汝南	
敬帝太平二年丁丑	郢州 江夏郡	安陸 灄陽 汝南	

朝代紀年	州郡	縣	備考
陳 文帝天嘉元年庚辰	郢州 江夏郡	沔陽	
隋 文帝開皇元年辛丑	郢州 沔陽郡	沔陽	
開皇九年己酉	沔州	沔陽	罷沔陽郡爲沔州時罷天下諸郡守以州統縣
煬帝大業元年乙丑	復州	漢津	改沔州爲復州省沔陽置漢津改移今治
大業二年丙寅	復州	漢陽	改漢津爲漢陽縣名始此
唐 高祖武德元年戊寅	沔州	漢陽	改復州爲沔州
武德四年辛巳	漢陽郡	漢陽	析漢陽置汉川以沔陽郡之漢陽汉川置沔州漢陽郡
太宗貞觀元年丁亥	淮南道 沔州	漢陽	分天下爲十道境屬沔州漢陽郡

朝代紀年	州郡	縣	備考
元宗開元二十一年癸酉	江南道 沔州	漢陽	分天下爲十五道境屬江南西道
德宗建中二年辛酉	漢陽郡	漢陽	改沔州爲郡
建中四年癸亥	沔州	漢陽	復廢漢陽郡立沔州
敬宗寶歷二年丙午	鄂州	漢陽	牛僧孺節度鄂岳請以漢陽郡屬鄂州
後唐 明宗天成二年丁亥	漢陽郡	漢陽	楊行密稱吳漢陽縣爲所據
晉 高祖天福元年丙申	漢陽郡	漢陽	
周 太祖廣順元年辛亥	漢陽郡	漢陽	
世宗顯德五年戊午	漢陽軍	漢陽	南唐去帝號奉周正朔始晝江爲界周於漢陽置軍
宋 太祖建隆元年庚申	漢陽軍	漢陽	

太宗淳化四年癸巳	荆湖北路	漢陽軍	漢陽	時分天下爲十五路境隸荆州北路
神宗熙寧四年辛亥	鄂州		漢陽	廢漢陽軍併入鄂州
哲宗元祐元年丙寅		漢陽軍	漢陽	復置漢陽軍
高宗紹興五年乙卯			漢陽	廢軍爲縣
紹興七年丁巳		漢陽軍	漢陽	復置漢陽軍
度宗咸淳七年辛未		漢陽軍	漢陽	德安府爲元兵所偪僑治於臨嶂山在縣治西五十里
元 世祖至元十三年丙子	湖北道宣慰使	漢陽軍陞爲散府	漢陽	是年德安府仍遷舊治
至元十八年辛巳	湖廣行中書省 宣慰司	漢陽府	漢陽	安置安南降王陳益稷於漢陽設宣慰司屬行中書省徙治漢陽
至元十九年壬午		漢陽府	漢陽	罷宣慰司

順帝至正十六年丙申		漢陽府	漢陽	
至正十九年己亥		漢陽府	漢陽	
明 太祖洪武元年戊申	湖廣布政司	漢陽府	漢陽	罷中書省以天下爲十三省
洪武九年丙辰		武昌府	漢陽	裁漢陽府以漢陽隸武昌府
洪武十三年庚申		漢陽府	漢陽	復漢陽府漢陽仍隸本府
國朝 世祖章皇帝順治元年甲申	湖廣布政司	漢陽府	漢陽	
順治二年乙酉		漢陽府	漢陽	
聖祖仁皇帝康熙元年壬寅		漢陽府	漢陽	
世宗憲皇帝雍正元年癸卯		漢陽府	漢陽	

高宗純皇帝乾隆元年丙辰	漢陽府	漢陽
仁宗睿皇帝嘉慶元年丙辰	漢陽府	漢陽
宣宗成皇帝道光元年辛巳	漢陽府	漢陽
文宗顯皇帝咸豐元年辛亥	漢陽府	漢陽
今上同治元年壬戌	漢陽府	漢陽

續輯漢陽縣志卷之三

疆域志敘

邑幅員非廣而地利形便實扼要之區也長江環其外廣漢貫其内與鄂渚相表裏上承巴蜀湖湘下達三吳西北則安郢荆襄雍梁豫州津途所達皆綰轂於此豈不屹然壯縣乎哉考周官自大司徒周知地域廣輪而外下則封人土訓職方掌固亦各講明而申畫之後世史官沿此代有地理州郡各志又別有括地九域等志無他畫疆啟土正其華離所以愼封守奠民居惟是之凜凜爾按舊志載列釐然惟既舉疆域復以形勢分門總攝未昭今統之於此餘類次者皆承其舊志疆域

縣在京師西南三千一百五十里

在省治西北十里

附郭

東西廣九十三里南北廣二百六十里

東南至江夏縣七里以大江之中分界　南二百四十里至沔陽州界　西南一百二十里至沔陽

州界　西九十里至漢川縣界又三十里至漢川縣治　西北八十里至孝感縣界又四十里至孝感縣治　北五十里至黃陂縣界　東北四十里至黃陂縣界又六十里至黃陂縣治

附形勝

禹貢江漢朝宗于海

漢書應劭曰沔水自江別至南郡華容爲夏水過郡入江故曰江夏

宋書何尚之論郢治曰夏口在荆江之中正對沔口沔口通接雍粱實爲要津既有現城又浦容大舫

元和郡國志前枕蜀江北帶漢水

圖經漢陽東握江漢表以大別之山臨高阻深其勢阨而險固

唐賈至秋興亭記仰眂大別之山俯眺滄浪之浸閱吳蜀樓艑之股鑿荆衡澤藪之大

范成大吳船錄晨出大江午至鄂渚泊鸚鵡洲前南市堤下沿江數萬家廛閈甚盛列肆如櫛酒爐

尤壯麗外郡未見其比蓋川廣荆襄淮浙貿遷之會貨物之至者無不售且不問多少一日可盡也又江堤下臨南市邑屋鱗差岷江自西南斜抱而北南樓下闞南湖芰荷彌望中爲橋曰廣平其上皆列肆兩傍水閣極繁盛多賣酒家

陸游入蜀記登石鏡亭石城山之一隅也正枕大江其西與漢陽相對正隔一水人物草木可數昔李白觴於江城之南湖卽此湖也舊黃鶴樓在石鏡亭南湖之閒正對鸚鵡洲沿江濱堤上民居市肆數里相望其閒復有巷陌往來憧憧不絕自鄂渚移舟江口回望堤上樓閣重複鐙火歌呼夜分乃已

宋黃幹築城議武昌脣齒吳楚咽喉其北依山其南瞰江東西有湖皆自然之天塹

宋蔡純臣寥廓臺記據鳳棲之峻峯倚大別之巨麓蜀江西來漢水東入山光水色四環交映

許纘曾滇黔紀遊漢口南數里爲漢陽府治東渡江卽武昌府治十里之內置郡者二蓋上當秦蜀

滇黔之衝下控左右兩江之要故特於此嚴鎮鑰焉

附坊市集鎮村落

建中坊在城内街道俱康熙九年武舉張琬募砌

東陽坊由朝宗門抵鐵門關長三里

西陽坊由西關至大橋長四里

崇信坊由雙街至漢口馬頭長三里

以上四坊人烟稠密有對宇比鄰而不知其姓氏者自粵匪焚燬後盡爲瓦礫近雖稍有營置不及昔日千百之什一矣

居仁坊

由義坊

循禮坊

大智坊

以上四坊在漢口鎮由額公祠至艾家嘴長十五里其接駕嘴碼頭乾隆四年邑人崔文元募修二善巷至艾家嘴大街乾隆四年邑人徐諤捐修米厰新碼頭沈家廟萬安巷　武聖關各圈門同治三年郡守鍾謙鈞建修

按漢陽爲自古繁盛之區三國時市盛於石陽陸遜傳還攻石陽石陽人奔入城門不得闔自斬數十人門方得閉吳遂虜其在外者而還是也唐宋則集於南市李習之陸放翁所記是也元暨明初則會於金沙洲宏治後沔水由郭師口直冲入江漢口乃有灣泊之所交易往來滙集於此蓋地當江漢之衝水陸交通巨商大賈百物雲集雖經咸豐乙卯粵逆一炬蕩爲平地

而復業以後比屋鱗次市廛之盛肩摩踵接東南於此稱巨鎮焉

蔡坫鎮在城西六十里布縷之利魚鰕之藪他處莫及粵匪之變漢邑所屬各集鎮均遭蹂躪惟此鎮無恙

永安堡集在城西南八十里九眞山南雍正時居民相聚成集惜舟楫不通

老官渡集在城西八十里九眞山後

索河集在老官渡西五里

桐山頭集在城西九十里九眞山西

侏儒山集在城西南一百里太白湖之北魚利甚饒

蒲潭在城南六十五里居民數百家以陶爲業

皇陵磯在城南六十里

百八鎭在城西南八十里

長樂坂在城西北二十五里

柏泉在城西北六十里

巨龍岡在城西北八十里

以上各集鎭均遵舊志詳載近經兵燹盛衰之勢又非昔比矣

江先集在柏泉咸豐四年外邑人避難居此土人始以茶室爲憩息之所後遂成集

鳳棲里在縣北四十里村落八

拖路口　戚家山　長樂坂　竹臺寺

鵝鴨臺　塌兒頭　城隍臺　文昌閣

豐樂里在縣西北六十里村落三十九

桂花菴　沙帽山　柏泉山　承頂岡

睡虎山　錦臺寺　石頭埠　花果園

巨龍岡　石潭涇　東流港　毛家嘴

戚皮洳　化家嘴　城隍臺　張家垸

嬴子廟　李家河頭　楊家廟　陳唐碑

袁家嘴　陶家廟　孫家山　李家嘴

湖東坂　沈家廟　石潭河　南頭嘴

西湖嘴　夏家灣　濫泥嘴　殷家嘴

羅家嘴　老屋灣　林家灣　大官田

小官田　腰屋灣　宋家嘴

漢陰里在縣西六十里村落十三

龔家嶺　馬鞍山　黃絲橋　崔家鋪

黃連鋪　幺　鋪　漢陰山　薛家山

城頭山　楊家山　蕭家廟　草洋臺

陳谷山

玉山一里在縣西南六十里村落九

南湖嘴　張大渡　俞許家垸　寶家嘴

淇山廟　黃沙廟　尉武山　補鍋嶺

鴨港橋

玉山二里在縣西南七十里村落八

黃陵橋　河西廟　二姑堡　花園嘴

大麥山　烏石堡　大東堡　小東堡

玉山三里在縣西南八十里村落十

龔家渡　插湖堤　三汊港　鄭家畈

松林嘴　白馬山　烏梅山　大麥巷

小麥巷　成伏嶺

湘陰一里在縣西九十里村落五

蔡家嶺　老石陳　同人寺　官橋

索河

湘陰二里在縣西南一百里村落六

龍潭　嵩陽寺　馬城　研子岡

龍霓山　朱儒山

湘陰三里在縣西一百二十里村落十七

金潭　趙家畈　劉二湖　鴨公嘴

鐵鹿嘴　許家嘴　王旗嶺　匡家灣

馬四寨　白大寨　土繭山　横山

白頭堡　桃樹嶺　朱家嶺　老鴨嘴

小山

湘陰四里在縣西南一百里村落十

九眞山　高祚山　峽石嶺　古跡岡

新集　桐山頭　戴家塔　裴家山

薛家坂　余家坂

湘陰五里在縣西南一百里村落七

洪城堡　西汊坂　鄒家坂　戚家山

高家坂　東至山　鯉魚港

山陽一里在縣西南四十里村落十一

洄流灣　龍王腦　大江口　蕭家灣

黃沙坂　沌口　小軍山　黃陵磯

下蒲潭　大軍山　棗林岡

山陽二里在縣西南六十里村落九

大東堡　小東堡　東土山　西土山

李仙堡　洪山廟　李山　薛家堡

樧山

山陽三里在縣西南七十里村落十三

上蒲潭　香爐山　三王頭　周家山

唐家山　周家河　上水南　下水南

石頭山　趙公山　灘　頭　東莊堡

南莊堡

山陽四里在縣西南一百里村落二

東江腦　通　津

懷澤一里在縣西南七十五里村落六

堵埠頭　陳家河　何家坂　朱家山

紗帽山　窯　頭

懷澤二里在縣西南一百二十里村落二十二

鄧家口　橈子湖　鞋尖水　鄭文莊

袁家崗　陳家墩　龍梗口　姚家湖

張家地　宋家灣　宦子口　鮑家地

狄　獐　霍家地　劉興三　渡泗湖

白釜池　平　坊　東　湖　洪　口

新　溝　新　灘

懷澤三里在縣西南一百五十里村落九

彭家邊　蔡家邊　傅家邊　呂家邊

蒿地鋪　沙　頭　小　林　蒿　洲

姚家湖

續輯漢陽縣志卷之四

天文志敘

自星土見於周官後世甘石諸家乃盛言星野或以斗建州部或以天市垣十二星主中州郡國晉書乃言楚荆州江夏入翼十二度後世又謂漢陽屬軫分營譬之人身有軀體有骨節有毛髮雖巨細不倫然皆血氣所流通邑準星度不啻微若毛髮然皆躔次所運行夫其占驗之顯著者察分野不如察祥異以其於人事尤近優於疇人算博士

所言窮極杪忽者矣志天文

分野

爾雅荆屬衡星

春秋緯大別以東至雷澤九江荆州屬衡星

春秋考文耀北斗分野荆屬衡星

春秋元命苞軫星散爲荆州

蔡邕月令章句起張十二度至軫六度爲荆州

皇甫謐帝王世紀自張十八度至軫十度日鶉尾之次於辰在巳謂之大荒落斗建在申爲楚分野

星經玉衡第四星主荆州

統論謂太乙第二星主荆州

史記天官書翼軫荆州又曰翼爲羽翮主遠客正義曰翼二十二星軫四星長沙一星左轄右轄二星皆爲鶉尾於辰在巳楚之分野

班固天文志取劉歆以十二次配十二野遂以鶉尾配荆州

漢張衡渾天賦以五帝座東南中一星爲司空主鎮星爲荆州

三國魏陳卓郡國躔次自張十七度至軫十一度鶉尾楚分

晉書天文志翼軫楚荆州南陽入翼六度南郡入翼十度江夏入翼十二度

唐書天文志翼軫鶉尾也起張十五度中翼十二度止軫七度

唐一行分南紀北紀由漢水之陰趨均州光化穀城棗陽折而隨州抵應山於漢陽爲南郡入翼十度漢川漢陽逾武昌樊口入黃州括二郡全境以

至德安之安陸雲夢孝感其地爲江夏郡入翼十
二度
宋天文志北斗第二星曰璇其分爲楚
欽定明史天文志漢陽府屬軫分
欽定續三通通志天文畧漢陽縣分野屬軫二度强

祥異附

周
孝王十三年江漢水
漢
高后八年辛酉夏南郡水復出流二千餘家
王莽天鳳四年丁丑秋八月荆州饑饉民衆入野
澤掘鳬茈而食之更相侵奪
獻帝建安二年丁丑秋九月漢水溢害民人
吳主孫權黃龍元年夏四月夏口武昌有黃龍鳳
凰見
晉
懷帝永嘉三年己巳夏五月大旱江漢皆竭可涉
太元六年辛巳夏六月荆州大水

安帝隆安三年己亥荆州大水平地三丈
唐
代宗廣德元年癸卯冬十二月辛卯夜鄂州大風
火發江中焚舟三千艘延及岸上居民二千餘家
死者数千人
穆宗長慶四年甲辰襄均復郢四州漢江漂民廬
舍
宋
太祖開寶六年癸酉春三月漢陽軍獻異蛤有文
隱起成龍長五尺許金色鱗甲皎然
太宗太平興國二年丁丑復州蜀漢江漲壞城及
民田廬
七年壬午夏六月漢陽軍大水江漲五丈壞民田
稼湞水均水漢江并漲壞民舍人畜死者甚衆
秋七月江漢水溢爲患
天禧元年太平興國寺異竹一本二莖節節相對
三年己未夏六月漢陽生芝草一百五十餘本
英宗治平二年六月太平興國寺生瑞蓮兩房同

蕘

紹聖元年甲戌漢陽軍麥秀兩歧

孝宗淳熙三年丙申夏漢陽軍旱冬大饑

九年壬寅秋七月漢陽軍旱

甯宗嘉定六年癸酉漢陽各屬旱自五月不雨至七月

嘉定十六年五月霖雨江漲城市沈没累日不洩

理宗端平二年乙未春三月漢陽大水

元

世祖三十一年甲午鄂州漢陽水

成宗元貞二年夏六月漢陽蝗

大德三年己亥夏五月漢陽旱

十年丙午夏四月漢陽旱民大饑

仁宗延祐二年乙卯冬十二月漢陽路饑

三年丙辰春正月漢陽路饑

文宗二年己巳冬十月漢陽路饑

順帝至正四年甲申漢陽地震

至正九年己丑夏五月蜀江大溢浸漢陽城民大饑

十二年雨粉針

明

英宗正統十四年己巳漢水氷

景泰四年癸酉冬漢陽疫

英宗天順二年戊寅漢陽自五月至九月不雨人相食

七年癸未夏五月漢陽大雨廬舍漂没民皆依山露宿

憲宗成化三年丁亥江水決江口隄岸迄漢陽長八百五十丈有奇

五年己丑冬十二月漢陽地震

七年辛卯漢陽水

十四年戊戌夏六月漢水溢入城漂溺田廬漢陽大旱饑

孝宗宏治二年己酉春三月漢陽雨豆種之蔓生不實

三年庚戌藏漢陽火先是武昌城中飛鴉銜一囊

市人競逐之囊墜啓視之得火礫五枚歘然躍出
是歲漢陽果災
六年癸丑漢陽大雪氷厚三尺
七年甲寅漢陽大水
十二年己未春正月漢陽沙窩火延燒城內死者
四十七八
十五年壬戌夏五月漢陽大水
十六年癸亥漢陽旱
十七年甲子漢陽田鼠害稼

武宗正德二年丁卯漢陽水田鼠食稼饑
三年戊辰漢陽府屬大旱饑夏秋不雨井泉竭漢
陽尤甚
四年己巳夏五月漢陽旱
五年庚午漢陽田鼠害稼
十四年己卯冬江漢水
十五年庚辰冬江漢氷合
世宗嘉靖六年丁亥漢陽大水
十四年乙未漢陽旱

十七年戊戌漢陽大旱
二十五年丙午春正月漢陽火
四十二年癸亥漢陽旱
穆宗隆慶五年辛未夏漢陽大水
神宗萬歷元年南紀門災五年南紀門復火
十六年戊子漢陽大旱饑民採木皮以食死者甚
衆
十九年辛卯漢陽大水
二十年壬辰漢陽大水

二十一年癸巳漢陽大水
二十七年己亥漢陽大水
三十年壬寅漢陽大水
三十六年戊申春正月漢陽大火漢陽崇信坊火
延燒東陽坊至蓮花堤入城燬朝宗樓及城內居
民無算是年大水府治儀門登舟天水相連唯餘
大別一山萬民鱗集
三十九年漢陽水
四十五年丁巳漢陽飛蝗害稼

四十六年戊午漢陽蝗復爲害大旱

熹宗天啓元年漢水氷合

三年癸亥春正月漢陽大火火起漢口傷人無算

有一家焚死五十三口者

莊烈帝崇正二年己巳漢陽大水

二年秋漢陽旱

五年壬申漢陽大水廬舍田畜漂溺殆盡

十三年庚辰冬月湖水盡涸坼如龜文人行其上

十四年辛巳漢陽飛蝗蔽天民大饑穀貴石價一

兩明年大旱有虎循城而去

十六年癸未五月漢陽晦大雨雹是日張獻忠陷

武昌漢邑大潰先是有道士過小軍山語土人曰

此山有二蛇甚無害之害之將不利於此土已而

一蟒於犬一爲田夫所斷皆長八九尺未幾張李

亂居民焚掠無遺

國朝

順治二年乙酉大水穀種至四兩麥大熟民逃賊

者多伏於麥中以免

四年丁亥民閒譌言雞翅生爪久將飛啄人一時

殺雞殆盡

五年戊子漢陽大風拔木傾舍晝晦

六年己丑漢陽水

七年庚寅漢陽大雨九眞山龍見

九年壬辰夏四月漢陽雨黑米味如黏禾自四月

不雨至八月民大饑米石二兩

十一年甲午夏漢水決於沙洋湖

十二年乙未夏四月漢陽雨雹

十三年丙申夏五月漢陽雨冰

十五年戊戌夏漢陽水

十八年辛丑漢陽旱

康熙元年壬寅慶雲見漢陽望見絪緼五色曉夜

不散

二年癸卯漢陽大水

七年戊申秋漢陽水

八年己酉夏四月漢陽大風拔木壞屋江河溺死

無算

十年辛亥秋漢陽旱
十三年甲寅秋七月漢陽旱
二十七年戊辰秋漢陽大有年
二十九年庚午漢陽旱饑
三十四年乙亥五月漢口天雨豆大如小赤豆紫
色有一點黑處似蒂
三十五年丙子秋漢陽大水
三十七年戊寅漢陽縣漢口鎮火延燒數千家
四十四年乙酉漢陽水

四十七年戊子漢陽水旱蟲鼠災
四十八年己丑漢陽水
五十三年甲午漢陽水旱災
五十四年乙未漢陽水
五十五年丙申漢陽水
五十九年庚子漢陽水
雍正三年乙巳漢陽大有年
四年丙午漢陽大水
五年丁未春大雨兼旬漢江水溢漢陽縣災

乾隆二年丁巳漢陽麥有秋
四年己未秋漢陽旱
七年壬戌漢陽水災
十七年壬申春正月晦日漢口糧船火是夜西南
風大作因綑船失火延燒糧船數十隻
二十九年甲申漢陽水
三十年乙酉春正月漢口糧船火湖南糧船停泊
漢口鹽店失火延燒十三隻
三十二年丁亥漢陽水

三十四年己丑漢陽水
四十三年戊戌漢陽旱災
四十七年壬寅漢陽水
五十三年戊申漢陽大水
五十六年辛亥漢陽水是年十一月漢陽火
五十九年甲寅漢陽旱稻大熟
嘉慶元年丙辰漢陽旱
四年己未漢陽縣民吳正彩妻劉氏一產三男
五年庚申漢陽歲饑

十五年漢口大智坊李廣太藥肆失火延燒房屋計四百三十一戶燒斃男婦六名其被災最重之百餘戶先行捐廉發給口糧鹺商徐福曜等按戶分給蘆棚共捐銀三千二百兩

十九年漢陽歲饑

道光十一年辛卯漢陽大水

十二年壬辰大疫民死者無算有沿途倒斃者有闔門不起貨財充斥而待族黨收埋者至春徂夏幾半年秋始止

十五年乙未漢陽蝗

二十一年辛丑漢陽大水

二十八年戊申漢陽大水

二十九年己酉大水較乾隆戊申年大五尺歸元寺壁上刊有水跡碑

是年三月郡城西門內大銀杏樹歲久中空忽烈火起於內煙燄騰爍水灌弗息三日夜始止中盡焦僅存皮耳

咸豐二年壬子漢陽西門內王府嶺大椿樹一株兒童見有紅衣人坐其上者數日居民恐火災伐之十一月十二日粵匪陷漢陽城即從此方入

是年漢口打扣巷河街雷萬春梳篦鋪火自柱出以水沃之熄隨自牆出又自地出隨沃隨然閱三日災

七年丁巳漢陽飛蝗蔽日

八年戊午漢陽蝗

今上同治五年丙寅漢陽旱十一月漢口鎮一月失火六次

六年丁卯五月二十五日夜半漢口鮑家巷正街失火適河水大至河岸船隻懼火星墜落甫及解纜起碇而上流覆船隨波衝下被損壞沉溺者不少

續輯漢陽縣志卷之五

山川志敘

登大別之巔俯見朝宗順軌合流東注雖千萬世猶歎姒后氏之明德遠矣邑言山川孰尊於是次則林鄗竦其雄拔九眞栖其靈異以至上游沱潛之分流境內者爲灄爲沌資蓄洩利舟航皆有名章徹者也夫國主山川建邑亦然況乎神聖疏鑿遺蹟在茲於以作鎮炳靈吐扶輿之磅礴蔚邦傑之挺生歸功鍾孕非偶然也豈與夫倐雲霞浦漵之暉麗徒以誇勝地而詡壯觀者哉志山川

山

大別山在城北一里卽魯山一名翼際禹貢導嶓冢至於荊山內方至於大別蔡注曰左傳吳與楚戰濟漢而陳自小別至於大別蓋近漢之山今漢陽軍漢陽縣北大別山是也禹貢錐指大別山在漢陽府城東北半里漢水西岸水經江水又東逕魯山南酈注古翼際山也山上有吳江夏太守陸奐所治城中有晉征南將軍荊州刺史胡奮碑又有平南將軍王世將刻石記征杜曾事有劉琦墓及廟山左卽沔口元和郡國志魯山一名大別在漢陽縣東北一百步其山前枕蜀江北帶漢水上有吳將魯肅神祠或曰鳳棲山西有魯肅廟故以鳳棲迤西名魯山朱志曰余觀大別鳳棲南北並峙其間無他山魯山爲大別別名無疑山北有桃花洞關王洞鎖穴山頭有禹功磯磯側有洗馬洞俱詳古蹟

按大別山漢書地理志不載鄭康成遂疑其在安豐杜元凱知其誤故於左傳注謂吳旣與楚夾漢楚復濟漢而陳由小別至大別三戰皆敗則二別去漢不遠無緣在安豐矣但不實指其地迨唐人始指爲魯山後世遂有疑其附會者殊不知禹之名山必以其有關水道之衝方始載之禹貢內方至於大別內方卽今之馬良山馬良以下無名山至大別挺峙江介正當漢水南入於江之處謂不足當導山之條乎山川之名古今各殊歷久而始知者往往有之不足異

也

鳳棲山在府治後因山爲城宋知軍劉辟彊記曰古有鳳凰棲於此故名舊志曰吳孫權黃龍元年鳳凰見於夏口權始稱帝號或卽此也

梅子山在縣治西四里北臨月湖石壁上有靈鷲飛來四大字筆力遒健揚州布衣楊威鳳書又一石鐫海潤天空四字舊志曰其山多梅今無

黑山在縣治西五里漢鎮南岸居民每采石於此後奉文勒石永禁

紫霞山在縣治西六里

女郎山一名禹糧山在縣治西十里劉志謂楚襄王會神女處

磨旗山

漢南山在縣治西十里漢水之南故名舊志明洪武二十二年十月楚昭王射虎於此其山三峯並峙一仙女二樓子三馬足故又名三山景

鍋底山

磨盤山

湯家山在衆湖中環以官賽樓子馬足諸山聚以龍王都官諸水雲起則雨中有簸箕洞山勢迴轉如洞也萬歷中居人以漢關壯繆宋岳武穆嘗駐兵於此設像並祀題曰關岳祠

觀寨山

石馬山

以上諸山去縣治十五里內西郊之山也

風火山

空山

吳家山

湖蓋山其形似蓋南臨漢水西帶大湖

道冠山

粟林山

馬頭灘山

香城山

廣王山

柏泉山相傳大別山禹祠古柏其根直透於此語云柏泉無曲通八十里寒泉是也山有古井井底雙

魚動躍泉枯則柏根并現在今景德寺前山南有
白鶴山東有齊相公山明正統甲子亞元張思齊
生長於此故名山西有睡虎山上有仙女洞又有
萬人窖相傳明末避難者被賊屠於此每當積雨
時尚流赤水山北二里許有河一道上通德安府
下由沙口直入於江實北鄉之關鎖漢口之保障
也所宜時加疏瀹俾無淤墊之憂庶與漢鎮堡垣
稱金湯之固焉

孫家山孫姓祖墳葬此故名

築壁山下有古隄

紗帽山

瓠子山

一家山

天官山

萬子山明初張姓住此

以上諸山去縣治六十里內西北鄙之山也

漢陰山以漢陰丈人得名一名馬鞍山下有集賢村
傳是鍾子期故居

猫皃山

姚家山

成功山

獨山

臨嶂山一作林鄣俗名城頭山勢頗盤曲城址猶存
漢水繞其北麓水經注曰沔水又東逕林障故城
北晉書建興二年太尉陶侃督荆州鎮此朱志稱
漢江夏郡沌陽安陸縣宋德安府皆治此按水經
沔水又東逕林鄣故城北又東逕沌陽北則沌陽
與林鄣非一地明矣林鄣故城自是陶侃屯兵處

沌陽縣處沌水之陽亦與此無涉又言江夏縣治
此惟宋史咸淳中德安爲元兵所逼僑治於此元
世祖至元十三年仍還舊治其說差近
按陶侃傳初屯沌口繼屯沔口時陶侃正兼江夏
太守治沌陽時江夏事自亦在沔治之蓋晉江夏
郡治在安陸朱何傳安陸闔境俱附賊唯灄水北
鄉未附賊請立灄陽縣則江夏沌口之治不能不
在臨嶂矣況安陸爲杜曾所據陶侃於沿江西岸

立治固亦其所沌陽乃晉縣未立縣之前則所治在臨嶂軍興之際立治未有不依形勢者夏口爲郢州治乃宋武時何尚之所定前此特壘耳

金牛山

白馬山

以上諸山去縣治西六十里由南而北之山也

玉笥山輿地紀勝山有白石參差如笥故名一曰楞栳山

羊岾山上有石可以睡刻睡心山三字秦須明性嗜

湖山讀書於此遊歷十年復老於此自製睡心山房集因以名其山

堯山

摩旗山

烏名山一名烏梅

蝙蝠山

以上去縣治西七十里由東而西之山也

虎頭山

筆架山

千子山有老桂一株垂陰百餘步花時香聞數十里爲漢陽樹之最古者今無

尉武山唐武德二年尉遲敬德戰朱粲於此攷本傳及朱粲列傳雖不載然敬德封鄂國公又山前有御田莊興唐渡等名則俗傳應有所本山西北三里許有螃蟹洞山頂舊有普陀寺熊鍾陵先生曾讀書於此座右古壁積唾處每陰雨時常若血痕隱起者寺今燬於燹

伏牛山

季符山

以上諸山去縣治六十里由北而南之山也

歎父山一名炭步水經江水又東逕歎父山南

雞翅山

文寺山下臨沌水斜對大別

響山山頂有平地丈餘不生草木履之輒響

小軍山水經江水又東逕小軍山南酈注臨側江津東有小軍浦

洞門山山有石洞可容數十人今閉

大軍山水經江水東逕大軍山南酈注山東有山屯
夏浦江水左迤江中有石浮出謂之節度石右則
塗水注之舊志吳魏相持陳軍兩山之閒故名大
軍小軍里老相傳元時風雨之際則聞金鼓之聲
山高百餘丈每出雲蒸霧則數十里皆雨
同治甲子年英法美俄四夷人於大軍山麓豎杆
開鑪鑄螺鐵杵節節相生搗一深洞大僅如盤閲
二年已深三十餘丈搗時聲震山谷候選知縣周
秉禮等忿焉討縛譯者詰之不言則腰絙而投諸

江三投乃言此山係伏虎地爲全楚關鍵旺氣鍾
於湖南故夷人未能逞所欲五六年鑿斷地脈則
夷人得志矣秉禮率鄉人負瓦礫填之復鳴於官
並請咨部存案永禁夷人始去
百人山在縣治南下即大江水經江水左逕百人山
南舊志周瑜遣黄蓋領百人詐降曹操因其不備
而掩之宋李巽南樓記曰郡之西南八十里百人
山與赤壁對云按大小軍山百人山俗多以漢末
三分事實之而水經乃桑欽所作在桓靈之前已
有其名似不得以後事附會之也
三王山
小爹山
馬影山
觀山有舊白鶴觀遺址
蒲潭山
灃山
牛尾山
以上諸山去縣治五十里南鄙之山也

土山
樐山下臨滄水上有諸葛城武侯廟或傳徐穉讀書
處又有鳳凰臺生草甚異相傳有鳳棲此故名
豹子山
大爹山爹山寺在其頂有魯子敬像及將臺故一名
魯肅山又曹善字復堂世居此山下外號大爹山
人今更稱大爹山焉
紗帽山
龍霓山兩山並峙雲起則雨戴司馬金曰山有九眞

中麓發脈迤邐三十餘峯至是三峯突起一峯端嚴如釜一峯秀拔如笋雨後澗壑深處瀑布飛流如白龍蜿蜒之狀

高子山

覆鍾山戴家塔在其下

九眞山一名五藏山九峯相向勢如游龍舊傳有九眞女鍊丹於此上有飛昇石下有鍊丹池唐咸通中賜名仙潛山高數百丈望之佳氣鬱盤面爲郡城之榦背臨太白之壑形家謂爲縣之祖龍漢上故家先壟依庇此山則蘊蓄發越愈久彌盛輿地

紀勝上有煉丹臺九眞廟又有九泉水甚清澈秋冬不涸旱禱輙應山下有菖蒲洞產菖蒲一寸九節昨非園集九眞爲漢陽鎭山蜿蜒百里而結郡治相傳漢代有眞人劉姓證道於此世加崇號禮秩視公神之錫祚遠矣明初楚昭王宮中疫有黃冠以法辟之物色得神像如宮中所見者遂建廟崇祀而山名益著歲旱守令躬詣誠求甘澍立至祈以八月八日誕拜獻充庭山下有愫園爲通判吳培洙祖塋丙舍守令祈雨咸假館焉

鳳凰山背爲陳伏嶺自嶺穿石逕抵山麓皆喬松老木白日陰森山西頭下有石穴甚幽深俗號桃源洞

香爐山以形名相傳元世祖南征嘗駐蹕於此

裴家山

桐山

薛公山

魯公山相傳爲魯肅屯兵處

以上諸山去縣治西八十里由東而西南之山也

東至山出奇石可爲假山

侏儒山

皂角山亂石玲瓏嵯峨萬狀環山皆是置園亭者多取之

土繭山

橫山

以上諸山去縣治一百二十里西南鄙之山也

龍耳山索河繞其麓

竹篠山

鹿城山一名六神

鷹腦山

紗幔山

仙女山

天皇山下爲嵩陽寺有泉甚甘冽大旱不涸世傳駱禪師卓錫出之今坐禪石遺蹟尚存又有黃金洞在寺側甚幽窅

馬城山過西麓爲漢川縣界

以上諸山去縣治一百二十里由南而北西鄙之山也

烏林峯在臨嶂山南

桃林岡在縣北二十里

西倪岡在縣北二十五里

栗林岡在縣西北二十五里

東林岡在縣西南六十里

籐絲岡一名騰紫岡北距陂邑有南北中三岡

頓家嶺在縣西二里舊有頓姓居其下

楊家嶺在頓家嶺旁

分金嶺在縣西一百一十里

蜈蚣嶺在縣西一里許

禹功磯在縣東北大別山東詳古蹟

張王磯在南門外詳古蹟

桃花洞在魯山北詳古蹟

關王洞一名藏馬洞在大別山左詳古蹟

洗馬洞在禹功磯上詳古蹟

簸箕洞在湯家山

螃蠏洞在玉山鄉

梅子洞在分金嶺

五里墩在縣西五里高數丈上平

祁家圻在玉山鄉

以上皆縣中著名各處例得附載各山之後

川

江水上承岷江合洞庭諸水流入縣界之東江腦水經注江水自沙陽州東左逕百人山南又東逕大

軍山南又東逕小軍山南又東逕雞翅山北又東
北至沌口又東逕歎父山南又東逕魯山南山左
卽沔水口又左得湖口水通大湖又東合灄口水
又東湖水自北南注謂之嘉吳江元和郡國志大
江水南自復州沔陽縣界流入漢陽縣去縣東二
十步東北流入黃州界一統志江水自東江嘴入
府境歷新灘口大江口百人大小軍諸山過沌口
至府城東逕大別山合漢江轉烟波灣抵五通口
共百九十里入黃陂縣界逕縣東南三十里流十

五里至沙口入黃岡縣界府志大江環抱郡城去
城僅數十丈自荊州府監利縣而下會沌口過城
南經大別東北與漢合流者江之正流也又一支
自沔陽播爲陽明諸湖接太白湖由沌口入江一
支自沔陽播爲黃蓬湖經上平自邑之下平由新
灘入江一支自孝感經邑之石潭河至黃陂沙口
出江此皆漢水縈紆匯江水別出之沱枝流派演
江弱則下流歸江江盛則逆漾而轉注鄰境諸湖
古所謂沱潛濆沌諸水雖各有主名而諸水入江

之口皆挾漢水同流沌口新灘在縣西南沙口在
縣東北

漢水一名沔水去縣治北三里上自漢川縣東南流
至濆口入縣界濆水注之又東逕蔡店北又東逕
臨嶂山北又東逕拖路口南又東逕平塘渡北南
湖諸水注之東逕漢口鎭至大別山北入於江禹
貢嶓冢導漾東流爲漢又東爲滄浪之水過三澨
至於大別南入於江卽此也水經注沔水南至江
夏沙羨縣北南入於江酈注庾仲邕曰夏口一曰

沔口圖經漢水至江夏安陸縣又名沔蓋夏口沔
口漢口名有三而實則一也沔水下尾與漢合流
入江故稱沔口漢志東漢水受氐道水一名沔過
江夏謂之夏水入江故又名夏口按三國志以前
史傳多言沔不言漢三國志以後多言漢不言沔
後人不察妄疑沔漢爲二以致舊志漢水之外別
出沔水故裘志但列江漢沌三水源流分合之故
而削去沔水不另列

秦志曰水自竟陵乾灘鎭入漢川之田二河經張

池口兩河口循縣治下漬口然後經蔡坫臨嶂山
郭師口又北出大別山後東入於江者漢之正流
也其自孝感安河出者自雲夢苛河出者自應城
五龍河出者自竟陵皂角河出者自田二河沈下
湖出者自迴流灣及南河金剛腦出者諸小水皆
在漬口以上分流而入漢者也其自豬龍潭經漢
陽三汊會白水又經東西二至山過陳門湖下蔡
坫者此漢之支流分於漬口之上而合於漬口之
下者也

古襄河亦名後湖乃廢襄河地離漢鎮北岸十里
許即古漢水正道久淤夏秋水漲名瀟湘湖春涸
草生名黃花地滇黔紀程由漢江陸路沿江東北
行若時值二月黃花爛漫千頃一色土人謂之黃
花地唯漢上有之他處所罕見也漢水舊從黃金
口入排沙口東北轉折環抱牯牛洲至鵝公口又
西南轉北至郭師口對岸曰襄河口約長四十里
然後下漢口成化初忽於排沙口下郭師口上直
通一道約長十里漢水逕從此下而故道遂淤今

魚利畧存舟楫已不通矣
沌水在縣治西南三十里漢水別出三汊匯太白湖
至於沌口南入於江
范成大曰自石首縣舟行一百七十里至魯家洑
自魯家洑入沌沌者江旁支流如海之泗其港僅
過運舟兩岸皆蘆荻支港皆通小湖
張舜民曰金口在鄂州西南金口之下即寶家沙
江之西即漢陽沌口
舊志沌水受太白全湖之委下流爲馬影湖麥河

口東北逕香鑪山上下蒲潭又東過小軍山東逕
文山寺下十里入於江
灄水在縣北四十里其水自黃陂入漢陽界與淪索
二水合流南入於江
水經注灄水上承沔水於安陸縣而東逕灄陽縣
東南入於江舊志灄陽廢縣在灄水之陽
漬水在縣西北一百里上承德安孝感諸水流注於
沔通典安陸縣有漬水亦名漬口元和郡縣志安
陸縣漬水故清發水也西北自隋縣流入注於沔

今在漢陽縣西北
淪水在府北三十里卽淪河也其源滙三淪湖水北流入河上承溳澴各支流東繞籐絲岡北境再會灄水東南出沙口注於江自東山別爲果子港南流爲南河繞巨龍岡西南流又南爲倉前河分爲二折而北流其東南流者經羅祖廟西又東與北來之孝感河會合灄水入江方輿紀要載淪河在孝感東南四十里溳水支流也逕雲夢縣八埠口今按八埠口以上祇可稱溳水支流至滙淪湖水

東流以後始可稱淪河其上流曰四汊河馬溪河爲孝感入邑界路下流曰捷逕河金壇河呂家河牛湖河爲黄陂入邑界路皆有渡
按黄家義今水經小注言淪索二水在漢北合灄水入江其稱淪水合灄於江者據漢陽舊設河泊所自東流港以北屬三淪自徑河以南屬桑馬此水泛時强分耳實則徑河卽淪水之委淪之爲義水流交環有漣淪象也至索之爲義則以絞繞如索縈數山始入漢水也第淪在北索在南爲易辨耳
以上縣治內江河長流諸水也
郎官湖在城南與縣學泮池相竝唐李白泛舟處
月湖在大別山陰東近大江北連漢水有楊柳郭公三擱石三隄按月湖說者以爲與卻月城相近因此得名攷故卻月城在沔左七里荆州記劉表將黄祖所守而董襲所屠者今祖所繫矴鎖石穴猶存則湖之爲卻月城塹無疑矣
以上縣治附郭之水也

瀟湘湖在縣北十里其水南流分二支經流東入漢水爲楊林口一支稍西南流亦入漢口
三淪湖在縣北二十五里一統志元史至元十一年伯顏伐宋次漢口兵不得進千戶馬福言淪河口可通沙蕪入江乃自漢口開壩引船入淪河逕趨沙蕪遂入大江蓋卽此淪湖非自孝感入漢川之淪河也
按三淪湖亦曰西湖在縣西北柏泉之西卽淪水所經其小湖有車欄黄龍等名不下數十士

人概稱爲西湖夏秋水泛數十里成巨浸接於
江漢
北湖土壋在漢口北岸里許古漢水正道久淤
鷹馬湖
牛湖
貓兒湖在縣西北六十里其水東流入漢水
桑臺湖在縣北三十里
鸕鷀湖在縣西北三十里其水南流至平塘折而東
入昭明湖

倉前河
東流港
沿嶺河
西湖
張坎湖
路長湖
以上縣治三十里內北鄙之水也
馬家湖
墨水湖乾隆二十五年程士義盛朝臣等控墨水等
十七湖請歸育嬰堂收租以充公用奉巡撫周
批復查山林川澤所產乃自然之利窮民賴以
資生至定例徵納稅課本屬無幾在立法之意原
不過藉此以寓稽查而免爭端亦正爲養育百姓
計耳豈必藉此錙銖方可爲辦理公事之用行據
司道會詳墨水等湖原係零星殘業不入正額出
示曉諭該地附近居民人等嗣後但聽公共灌田
網捕資生咸豐七年後郡守如　劉　委員清查
同治元年郡守周　出示曉諭仍聽灌田網捕

太子湖相傳梁昭明太子食采於此亦名昭明湖凡
鸕鷀刀環官湖南湖諸水俱自縣西二十里平塘
東流來匯又北會白湖之水東南入江爲火巷口
官湖今名天鵝塘周環數十里
南湖
崋山湖
刀環湖寰宇記湖形彎曲如刀環故名
以上自縣西五里至八十里內西南諸水也
馬影湖在縣西五十里一名馬影爹湖以其連大小

奓湖也

大奓湖

小奓湖一名民湖

赤馬湖

野豬湖

沌陽湖

桐湖

官林湖

蒲潭湖

新灘湖陸游入蜀記謂之新潭湖岸無居人葭葦彌望

褆襠湖

以上去縣治七十里內南鄙之湖也

太白湖在九眞山南廣袤二百餘里西接沔陽潛白北來西湖李老沙湖泗港諸水滙焉沱自南來直步陽明黃連諸水滙焉而東南洩於沌水入江春夏與新灘馬影蒲潭沌陽等湖合而爲一秋冬水落溝洫始分舊志李白泛舟於此後人因以爲名然水經注沔水又東逕沌水口水南通縣之太白湖則湖之得名不自青蓮始也

龍潭湖

竹篠湖

黃連湖

雞籠湖

燒箕海

雜湖范成大吳船錄所謂百里荒者水涸之諸湖也

以上去縣治一百里由南而北西鄙之湖也

千湖逕在侏儒山東南通太白湖之南

三十六灣在鳳棲鄉南抵沙泊口北抵華家觜

烟波灣在縣東北三十里旁有里曰烟波里亭曰烟波亭見輿地紀勝今縣東北三十里有白沙灣疑是

永濟港縣西南二十里南入大江郎今火巷也古名通濟港

直陽港在縣治西四十五里與沌水合流

索子港在縣西一百里秋冬水涸會太白龍潭及雜

湖諸水北出蔡鎮金牛港與漢水合南出沌口與

江水合

卓錫泉詳山

龍泉在鳳山門外舊有龍泉寺今廢

義井在鳳山門內今塞

白鶴井在小橋側又云白果井傍有銀杏樹今無

四眼井在興國寺前今塞

柏泉井即柏泉詳柏泉山下並古蹟門

煉丹井在九眞山相傳井上蛟龍蜿蜒則風雨作

龍井在湘一里王邵堡廓六七尺深二三尺有泉自

石隙出冬溫夏涼大旱不涸

翠微井在歸元寺內翠微峯前

鳳凰池即府儒學泮池

放生池一在興國寺前名梵僧池一在寺東大別山

下一在歸元寺內

小軍浦水經注曰小軍山臨側江津東有小軍浦

黃軍浦

船官浦水經注曰歷黃鵠磯西而南直鸚鵡洲之下

尾江水迭回狀浦是曰黃軍浦船官浦東即黃鵠

山東北對夏口城

鸚鵡洲禰衡昔賦鸚鵡處有禰衡墓並祠見古蹟

劉公洲在縣南江中宋延祐八年有沙洲涌出知軍

劉誼種荻其上令民采用民感之以名洲秦志曰

洲自三里坡直抵南紀門荻葦繁茂蓋此洲直跨

府城東南捍江濤而聚賈舶爲利久遠今洲已沒

而南紀朝宗兩門外洪波浩淼間有小磧微露於

隆冬時雪消冰泮仍復渺然無迹宜江岸洗齧日

剝及城址也

以上皆縣中著名各處例得附載各川之後

續輯漢陽縣志卷之六

營建志敘

邑之營建城池先立茲邑之城初則爲縣繼乃爲郡宋時水圮黃直卿屢請建城未果後卒如所請修築今雖統於郡然附郭分治固圉之謀實與共之葺治先後必謹識本末治春秋書築城之例也況咸豐閒重以逆酋盜據官軍克復其爲夷毀繕治之迹安得不具書其詳爲來者告其他關津橋梁議出入通行旅皆王政一端可驗吏能勤惰焉至如善局義塚凡建置之類行政者所必舉附列之以廣仁術志營建

城

漢陽城北阻山東南臨江西阻湖天生險要爲鄂州外護晉初改石陽爲曲陵徙治卻月城距今縣治十里許舊襄河北宋泰始六年併曲陵入安陸而城廢其工築近遠城垣丈尺紀載闕如隋開皇時立漢津縣始在今治大業初改漢陽唐武德四年置漢陽郡枕魯山而城之卽今城所由昉茲將歷代建圮詳載備攷

城圍長七百九十一丈三尺東西南三門樓

考趙志漢陽舊城環一千七十二丈其門有八宋宣和三年四月水漲城圮郡守具奏修築不報嘉定初知漢陽軍事黃幹屢請築城竟未舉行所申兩司總帥各議見藝文門咸淳十年正月壬午城鄂州漢口堡卽漢陽軍城規制如黃幹所請明洪武初重築跨鳳棲山東南臨江周七百五十六丈門四東曰朝宗南曰南紀西曰鳳山北曰朝元朝

元旋塞嘉靖三年致仕千戶朱鳳奏築裏城天啟元年郡守周三錫以郡城無內附乃伐禹梁山石督義民胡遵義等周砌陴牆崇正十五年郡守王燮元捐資重修嗣遭張李之亂城爲之燬

國朝順治十八年前令曲凝聖守備董朝祿各分南北修飾裏城並鳳山南紀二門樓昔之燬於火者亦重建焉康熙六年圮於水郡守楊必達請撥顏料閑款及捐款以補葺之督工築者照磨施承謙共修江岸城脚一十七處三十四年夏逢龍之變西

北女牆燬於兵三十七年前令張時雍再爲之建五十八年前令任五倫培修雍正四年前令閻錡復補繕其東南之未葺者乾隆三年前令沈孟堅請於　朝發帑修理嘉慶十二年城正西正北西北三面雉堞俱圮自東門迤北面至西門城基坍塌城樓亦欹前令裘行恕詳請重修十三年工竣咸豐二年十一月髮逆由郴岳下竄十二日陷漢陽由東門浮梁達武昌十二月初四日陷會垣三年正月下陷金陵復分黨上擾由是漢陽城爲賊

去住蹂躪者六閱歲於西城外月湖闕繞大別山築外城掘河泊所街道爲濠六年官兵復漢陽平賊所築外城以復舊制同治六年署令黃式度籌貲塡濠

池

漢陽東南二面臨大江西阻湖北枕大別山漢水繞其後天然規制以江爲池無濠護城石隄詳隄防

漢口堡

漢鎮前濱襄河後枕後湖東臨大江素無城堡自髮逆焚燬後繼以捻匪往來窺伺同治三年郡守鍾謙鈞前令孫福海暨紳士胡兆春等建議就後湖一帶築堡開濠上自礄口起下至沙包止環漢鎮西北面缺其東南臨江河處計長一千九百九十二丈二尺約十一里許堡基則密布木樁堡垣則全砌紅石外浚深溝內培堅土闢堡門八建礮臺十有五其費皆商民籌捐共銀二十餘萬兩於是漢口恃以爲固而賊不敢輕入矣

惟敘亭

在漢鎮堡垣內同治二年郡守鍾謙鈞建亭中刊江漢朝宗圖備載堡垣形勢堡門礮臺及漢口各街巷曲折焉

關津橋梁

鐵門關

在縣東北三里禹王廟側大別山頭吴設關於此推官楊樞題聯云漢門日抱黿鼉窟大別天開虎豹關隆慶庚申燬於火旋修上有關帝祠歲久傾圮帝裔五十二代孫關朝漢重新之咸豐二年廟

燬於寇同治三年前郡守周今郡守鍾先後建修

西關

在城西三里永安橋上

保障關

在蔡店巡檢署側久廢原任嘉興通判項鍾嚴倡

修

漢陽渡

在縣東南門外東渡武昌省會要津也

漢口渡

自宗三廟至四官殿渡口凡數十處

郭師口渡

在漢口西外五甲

平塘渡

在漢口上十里一名琴彈云是伯牙彈琴處

蔡店渡

在漢口上六十里

馬家渡

在蔡店南五里向有堤今坍塌

興唐渡

以唐尉遲恭得名在縣治西三十里

沌口渡

在縣治西南三十里

蒲潭渡

在縣治西南六十里

龔家渡

在縣治西北八十里俗傳子路問津處非是

張大渡

在馬鞍山南有隄已坍

老官渡

在縣治西九十里九眞山北

破罐渡

在縣治西二十里墨水湖道光年間改名陞官渡

修隄建閘今被大水冲圮

救生船義渡

乾隆三年奉

上諭湖廣地方三湘七澤水勢汪洋凡有應設救生船

之處著該督撫確勘照江南一例辦理欽此十一年

奉　部覆准湖北救生船照内河戰船年限修造

漢陽縣船十隻又牛湖渡渡船三隻

迎恩橋

在縣治東

迎春橋

在縣治西宋大觀初建上刻迎春二字一云在南

門郎官湖上

湳湲橋

在東門外洗馬口

王公橋

在縣東北三里舊名免溺萬歷間知府王宗本重

修因名

段家橋

在楊柳隄

高公橋

在楊柳隄上有凉亭雍正十年郡守高綱並紳士

甘昌祺捐建

一字橋

在晴川閣北雍正十二年里民樂煥文建

品字橋

在晴川閣北雍正十年里民公建

叢林橋

在蓮花隄

聚仙橋

在城西

永安橋

在縣西三里

郭公隄石橋

在月湖中連闢三甕門可通小艇其建置詳見隄

防

永利橋

在月湖北康熙二十四年邑人劉盡忠建

問善橋

在三擱石通判李思庚捐修

宏膺橋

在漢口居仁坊康熙二十八年邑人李衍廣初建
木橋以通往來二十六年貢生李國柱更築以石
上加石欄行人稱便

喻義橋
在漢口由義坊邑人劉廷瑜建

九如橋
在漢口循禮坊

萬壽橋

陸渡橋

廣義橋

新盛橋
以上均在漢口後湖港上

三眼石橋
在平塘渡邑人劉肇遠建

琴塘橋
在平塘渡口又名漢益橋乾隆元年劉肇遠建

慈渡橋
在南鄉陞官渡雍正十三年貢生吳山秀建

葉公橋
在蔡坫石洋湖頭邑人葉燦虛建

障木橋
距蔡坫五里里人王偉鍾林等募建

永鎮橋
在蔡坫流水口里民薛耀先等募建乾隆二年紳
士徐采疇徐和靜等公募重建

官橋
在縣西南一百里里人高德甫建

鴨港橋
在縣西南八十里

石潭涇橋
在縣北四十里長九十八丈高一丈五尺寬一丈
二尺邑人張叔斑重修

東流港橋
在縣北四十里長三十二丈高一丈寬一丈與石
潭涇橋俱在縣北四十里亦張叔斑修

姚家溝橋

在北鄉

各善局專就本邑紳民刱建經理者詳載餘不備登

敦本堂

在晴川閣左道光三年紳商捐建時以大江風浪險惡船多覆溺特設救生船數隻無風則泊禹功磯下有風則游奕巨浪中遇有不測駛往拯救積年全活無算此外善舉不拘大小隨時籌辦歷由紳首經理官吏不得過問前總督周天爵有碑以紀其事洎石晴川閣下咸豐五年堂燬於寇今移建玉清宮旁黃公書院舊址

同善堂

在縣西門北道光五年紳民捐建掩骼埋胔修補道路施義漿培古墓善舉不可枚紀

自新堂

在漢口寶林菴道光十一年士民捐建收埋路斃施送板棺設藥局建粥廠惟送種牛痘尤有功於嬰幼咸豐五年菴燬今移建大火路

以上三堂均兵燹以前刱建其經費由捐置田宅租課所出向歸紳首經理如有外來樂輸多寡久暫均聽其便咸豐年間改歸於官諸多窒碍同治元年署郡守周樂示諭復舊並因釐不隨田易生弊混飭前令潘亮功清查造冊鈐印備案

培德堂

舊在漢口清虛道院今移堡垣循禮門内咸豐七年紳士捐建善舉紛賾惟收檢白骨安葬建塔尤爲澤及枯朽云

補善堂

在縣東門外洗馬口咸豐八年紳士捐建凡診病送藥掩埋故塚各善舉向無恒產專賴首士募捐辦理

意誠堂

局設縣城外興國寺西方丈收掩白骨檢拾字紙施送藥茶兵燹後重由紳民捐建

安善堂

在漢口由義坊同治三年商民捐建施藥施粥板

棺義塚兼設義學以誨孤寒頗多裨益

敦實堂

在漢口循禮坊同治三年紳商捐建善舉與安善堂等

補濟堂

在漢口大智坊善無大小擇其力所能爲行之同治四年紳民捐建

公善局

在漢口後堤六度橋同治五年郡守鍾謙鈞率同

紳商捐建收埋枯骨設巡湖救生船並置敬節堂專爲賙恤嫠婦凡青年孤孀貧無依倚者月給口食兼設義學以誨堂内幼童貧氓賴之

敦善堂

在蔡甸鎮凡牛痘義學板棺義塚各善事無不施行道光十五年士民剏建兵燹後仍踵行不廢

樂善堂

在蔡甸鎮咸豐元年士民捐置善舉與敦善堂等而於龔家渡設立義渡尤有便往來云

文昌社

蔡甸士民捐置專爲恤嫠而設其規制與漢口敬節堂等

近思堂

在南鄉覺路菴善舉仿蔡甸各堂而行亦於范家嘴黃獅山設有義渡以濟行人咸豐年間士民建

文昌閣義渡

在鳳棲里李氏大分公設每年給穀拾石以爲渡費其歲修均由李氏捐辦道光十三年置

附水龍紀畧

漢邑水龍之設剏自嘉慶年間維時地方殷富人煙稠密偶一失謹勢成燎原特置水龍星奔撲救誠法良意美也值咸豐乙卯髮逆肆虐蕩漢皐爲平地盛舉就湮及收復後蓬戶鱗次尤爲可虞經前郡守劉　倡率紳商集貲復置水龍六座分布城鎮旋飭各首士分領承辦即據各紳商士民嚮風慕義修舉廢墜或由獨力仔肩或由衆情集腋均能恤災捍患踴躍從公惟建置者不一時經理

者不一人逐載既涉於煩酌載懼失其實僅將現設何處臚列而凡外省各幫專建例不與焉

敦本堂水龍局

自新堂水龍局

培德堂水龍局

安善堂水龍局

敦實堂水龍局

敦善堂水龍局

樂善堂水龍局

均詳見善堂下

公濟堂水龍局

在居仁坊天符廟

凌霄書院水龍局

在居仁坊

晋安堂水龍局

在居仁坊五顯廟

懷安堂水龍局

在由義坊藥王廟

里安堂水龍局

在循禮坊延壽菴

同安堂水龍局

在循禮坊三皇殿

從仁堂水龍局

在循禮坊長盛街

惠濟堂水龍局

在大智坊戴家菴

德濟堂水龍局

在大智坊四官殿

奠安堂水龍局

在大智坊小關帝廟

沛安堂水龍局

在大智坊財神廟

道生堂水龍局

在大智坊廻龍寺

水星祠水龍局

在大智坊鮑家巷

善濟堂廣水龍局

在大智坊水符廟

普善堂水龍局

在大智坊八角亭

成善堂水龍局

在西陽坊祖天符廟

永靜堂水龍局

在東陽坊

培安堂水龍局

在崇信坊

泉龍堂水龍局

在鸚鵡洲

翼翼堂水龍局

在蔡埠鎮

志善堂水龍局

在蔡埠鎮

按各局均就兵燹後興復者詳載以誌邑中義舉之盛其咸豐二年以前善局實因記憶難遇礙難縷記非敢沒盛美也

義塚附

一在鳳棲寺康熙五十七年守道金　率闔邑紳士
捐置

一在漢口大智坊邑貢生崔文元接次修築

又義塚十七處坐落鳳棲里

黃藤嘴　馮家嶺　紫霞觀　十里鋪
戴家山　蠟樹隄　盧家衙　馬昌湖
漏澤園　梅子山　蜈蚣嶺　前高廟嶺
長水坡　彭家衙　棉花山　後高廟嶺
大別山

以上見舊志

一在蕭家垸同治六年郡守鍾謙鈞重修自撰瘞旅文以妥幽魂

一在梅子山五里墩漢鎮沙包舊有崇義堂義塚自英法美各國來漢通商沙包民地多爲所購義塚頗被侵凌同治四年郡守鍾謙鈞捐置梅子山五里墩義地始將沙包義塚逐用檢棺遷葬於此造義塚三大行立碑置界爲記

一在季家山邑廩生陳祺昌捐置由培德堂經理

一在宏仁亭西咸豐癸丑兵燹後尸骸委棄道路枕藉商民集貲收埋共二千有奇合葬於此立有碑石爲記

又義塚四十四處在大別山前後及七里廟五里墩黃藤嘴鳳棲寺梅子山藥王廟等處因歷年水旱兵疫災民倒斃無數由同善堂集貲收埋並將堂內租田捐爲義塚計收葬二十三萬八百有奇

又義塚四處在城西關外大教場後由敦本堂捐置收埋水上男女浮尸其石塹二塚計收葬一萬一千餘名土塹二塚計收葬一萬三百餘名復於頓家嶺置田備用現已埋四百三十餘名口

續輯漢陽縣志卷之七

隄防志敘

南條二巨浸滙於邑境其隄防險要宜視上游郡邑爲重顧若反輕焉者何也臨江石隄專以護城歲被蕩嚙勢頗難支他隄則禦湖澤支河積水其勢較緩且不勝隄也値江漲勢强偪新灘沌口漢口倒流逆灌連諸湖澤則四望渺茫聽其淪胥而已然無衝突潰裂之患此其所以反若輕也然江漲少平歲豐時暇因勢利導浚其支流疏其淤塡

沮洳底滯之患庶可少蘇今取前後成迹備著之篇覽者三復考究得徐求灑沈澹災之策或少有裨益乎志隄防

護城隄石隄一道原編上下兩字號自朝宗門起由南紀門至小西關共長五百三十四丈張王磯護岸長三十丈均高一丈二尺乾隆三年前令沈孟堅詳請動帑修理四十八年張王磯坍圮前署令史湛承修一次並添建朝宗門正護岸一道五十二年張王磯護岸暨南紀門正護兩岸復坍前令王鵬南請修一次嘉慶五年朝宗門上字號正護岸及新舊閘口均坍前令陳瞻燧請修一次十七年朝宗門上字號正岸及舊閘口又坍前署令方求鼎請修一次二十年南紀門朝宗門迎水壩復坍前令裘行恕承修一次道光十年自南紀門至朝宗門微有坍卸前令福克金阿請修一次十八年自河泊所至張王磯上下兩閘口全坍前令郭覲辰請修一次均造冊報銷

按舊志載朱衣曰少時見朝宗門外去江岸數

十丈沿岸有短牆横亘數丈迤南北民居深者屋二層居後有甃井二屋後可以馳馬又王光裕曰漢陽南紀門外原有南壇自江岸至城計五百餘丈江中大洲上多蘆荻內有河套客舟蟻集兩岸貿者相聚爲市民樂其利城亦賴以鞏固蓋二公皆嘉隆時人故所見如此至嘉靖以後江岸崩卸城去水不滿丈餘近逾二百餘年南紀門外已爲江水所嚙漸偪城根

免溺隄一名楊柳隄在縣北三里明正德初知縣蔡

欽築自鐵門關接漢水亭亭廢義民周南佐以石橋歲久橋圮隄亦廢萬歷三十五年郡守王宗本修因名王公隄　國朝順治十三年郡守邱俊孫重修康熙七年郡守陳國儒復修雍正時郡守高綱率紳士甘昌祺復建石橋其上名曰高公橋

新豐隄一名永豐隄在城西北半里康熙八年郡守陳國儒重修

蓮花隄在城北興國寺晴川閣右有石橋上左右二渠皆種荷花

三擱石隄在城西五里黑山南梅子山北月湖尾

年僧　募修

郭公隄在城西北大別山麓月湖中北抵漢口五顯廟南岸長二百四十五丈高三丈濶一丈八尺中建石橋橋北有水鑑亭雍正二年前郡守郭朝祚倡同紳士募築歲久亭廢嘉慶時前令裘行恕於橋北里許建鐘樓咸豐五年粵賊踞漢陽石橋爲其所毀同治三年郡守鍾謙鈞重修並於隄北建鏡湖牌樓外置月城上建　文昌閣與漢口　武聖關分南北岸對峙焉

袁公隄在漢鎮後鎮爲水陸交衝江漢湖三水環繞夏秋之閒常成巨浸明崇正八年通判袁焻剏築此隄　國朝同治二年郡守鍾謙鈞築堡於隄外護之六年復於舊址加高培寬並建上中下三閘以資蓄洩是年水至約禦水三尺居民賴之堡外即土人所謂黃花地

舊志黃花地即廢襄河春時水涸黃花燦如金色邑人士馳馬習射鬬雞走狗於其中茅亭花榭市

茶酒者全集亦漢上勝概也唯自辛卯後頻年陽侯肆虐廬舍蕩然近經兵燹益復蕭條攬勝者不無滄桑之感矣

豐樂隄在縣治西張大渡漢陰山南直接對岸著山長六十丈八尺高二丈五尺康熙五十年請帑剏築中建石閘以待蓄洩雍正五年決十餘丈復經修理完固現仍崩坍隄址僅存

按此隄偪近官湖南湖最易衝決且襄河之水旣由平塘內灌大江之水復由火巷外侵故隨

築隨坍甚費躊躇近因剏修琴彈口永豐隄及
江隄足資前後保障故未議及修復然畱心體
察隨時修補於民生要不無裨益云

永豐隄在縣治西北琴彈口長五里計六百丈有奇
高一丈三尺隄面寬一丈五六尺至二丈隄腳寬
七八丈至十丈不等道光二十年郡守夏廷楨知
縣趙德轍倡率紳商葉志詵姚必遠汪榮祿胡元
昊世銓陳萬鵬等捐築中建石閘按時啟閉名永
豐閘隄外植楊柳數千株以護之二十二年工竣

同治七年邑令王庭楨率首士韓允鉉杜寶善等
重修子隄一道計長二百五十六丈高八尺

江隄一名攔江隄在縣治西南沿江一帶東至三里
坡築王廟西至沌口蝦蟇磯長三十里高一丈三
尺餘舊以江岸爲隄夏秋水漲必資搶險歷年由
邑人徐蔭堂胡直夫易素恬倪玉山等經理嗣因
火巷溝拈花寺二處冲潰道光戊申年胡元募貲
重修完固同治戊辰邑令王庭楨以蝦蟇磯低於
隄隄身易傷復加石六層以護之計高五尺有奇

保豐垸隄在縣治西二十五里道光時邑人陳萬鵬
徐亮遠等修築同治七年復由官紳加高三尺

馬家渡隄在蔡店西南五里雍正三年邑人李俊有
築約長半里高八尺中建石橋今廢

草陽臺隄在蔡店西五里馬家湖汊西長五十丈高
一丈五尺寬一丈中建石橋傍置柳故隄圮嘉慶
十年朱正倫募修

千湖涇隄舊志云奉文堵築勒有碑約後爲勢家所
開河水遂涸居民深苦不便今若堵塞如故實永

賴云

德豐垸隄在縣治西南小奓湖自蛇山頭起至裴家
山止長七里三分面寬一丈二尺道光二十六年
居民集貲築修二十九年潰同治二年重修

雜湖隄在縣治西九十里康熙十二年首士朱士棨
募修

東西楊柳隄　　室安隄

李家隄　　蓮花隄

青草隄　　山觜隄

石林隄　譚家隄

謝家隄　鄭家隄

以上舊俱屬平塘河泊所

高作陂在縣治西六十里宋慶元中築隄首尾置青龍永濟二閘長四百八十七丈高七丈至一丈五尺濶如之

龍船陂　張豔陂

老鴉陂　八公陂

杜陵陂　曹公陂

東莊陂　䒢思陂

廟林陂

以上舊俱屬馬影河泊所

唐家陂　曹家陂

以上舊俱屬桑臺河泊所

舊志漢陽邑境約方百里大都爲山者十之二爲土田爲廛舍者十之三而水居其半當七八月江水洶湧横截漢沌諸水之口不能外洩反引江水逆流而上直溢湖中而沿湖羣山及百葉之水又復奔注隄脚表裏剝蝕爲之隄者譬以一犬飼兩虎鮮有能勝者矣惟附近城鎭諸隄居民稠壘每歲或幫築或捐修尚可不致坍塌而平塘馬影桑臺諸河所屬隄陂因名徵實或有或無陽侯稍虐卽難奏效豈非水勢有難禦人力有難齊工費有難措如上所言諸弊之爲者哉

舊志漢陽水利考略郡城與武昌對峙大江環抱東南漢水合灄水沔水沌水入大江會於郡北漲則瀰漫於諸湖爲卑窪田地之患按縣舊有襄河口在漢口北岸十里許卽古漢水正道漢水從黄金口入排沙口東地轉折環抱拈牛洲至鵝公口又西南轉北至郭師口對岸曰襄陽口約長四十里然後下漢口明成化初於排沙口下郭師口上直通一道約長十里漢水徑從此下而古道遂淤且漢口雖爲漢水瀉流之地但爲江水洶湧横截其口流不能洩復西折而上故太白新潭馬影蒲潭沌口刀環等湖易以泛濫而春夏水漲郡治常苦浸淫之患其障禦全藉大別一山故從來不設

隄防

按漢陽各鄉所屬之十八里唯湘一里以龍霓山爲衛湘四里以九眞山爲屏湘二里亦依附龍霓山後地勢較高無虞澇歲下此則玉一里其貼近尉武山之數村稍資捍禦玉二里山多於水不至汎濫玉三里村落陂陀雖不一近開金牛港疏濬有路得以少安若湘三里及五里則專以太白湖水汎之遲早定收成之豐歉而已山陽數里衆流所歸山之一里河踞於西而江激於東山之四里湖環其內而江繞其外其二里實受樠山湖之偪其三里又虞太白湖之侵洚洞之災其幸免者僅矣懷澤勢尤卑下一里三里俱濱大江二里爲襄河南湖交滙之區盤渦潰湧無歲無之漢陰偪處南湖鳳棲襟帶江漢降而豐樂形勢平衍閒有土壤微高之處亦不足以資保障且數十百里洪濤衝激亦非小小隄塍所能支故古人有言曰江漢以南潍淄以東雖周公亦不能塞溪壑平澗谷夷邱陵

而復井田之制也然而人謀宜豫古法堪師所賴留心民瘼者相度乎溝洫畎澮之利斟酌乎蓄洩啟閉之宜庶幾狂瀾之砥柱也乎

附錄

金牛港工一千七百二十二丈

大頭河工六百八十六丈

河灘工一千二十丈

牛湖缺口工一百丈零

按以上各工見於劉太守斌復江漢水利記中蓋嘉慶丙寅汪稼門制軍舉行楚北水利故記皆舉全省言之非但漢陽一邑也因節去其文而以各工段附隄防末云

續輯漢陽縣志卷之八

丁賦志敘

禹貢則壤成賦爲賦之始秦漢乃有口錢則丁銀所由昉也後周至唐定爲租庸調楊炎又總而變爲兩稅迄今用之

國朝定賦最爲薄征

列聖寬仁頻舉

賜租之曠典又以丁口滋生永不增賦浩蕩同於覆載矣茲邑賦法悉詳舊志惟咸豐以還大盜儆擾戶

口典籍焚蕩無餘克復後流亡僅有孑遺遂停編審故戶口尚未能稽南漕經前中丞胡文忠公定議減折以甦凋敝此是變通之可言者常平里社各倉兵後無存矣水旱兵戎

蠲卹頻頒

湛恩汪濊次第登紀凡我萌隸世世疇敢忘

帝力哉釐政屯田涉及境內者咸與賦法相輔亦類次之以昭令甲志丁賦

丁

實額人丁七千八百三十丁

自康熙五十五年至乾隆三十七年停止歷年編審滋生人丁共二千五百七丁欽奉

恩詔永不加賦

原額丁銀每丁一名派銀二錢四分五釐一毫七絲五忽三微六塵一纖四渺共銀一千八百七十三兩二錢四分六釐九毫

雍正六年彙同額外優免丁銀一百五十五兩七錢八分六釐六毫七絲八忽共徵銀二千二十

九兩三分三釐五毫九絲七忽

雍正七年丁隨糧派案內每糧銀一兩派丁銀一錢二分九釐六毫共徵丁銀三千八百八兩八錢七分七釐零

雍正八九等年坍除優免丁銀及豁免丁銀外共徵丁銀二千二十一兩六錢一分三釐七毫又加驢腳麂皮項下應攤丁及節年陞科派攤丁銀於欽奉

恩詔事案內各就地方情形攤派每糧銀一兩攤丁銀

八分五釐六毫九絲一忽

實徵新舊丁銀二千二十九兩三錢三毫六忽零

按丁銀全書載二千二十三兩零四分三釐五毫九忽六微三塵三纖三渺六漠七茫嗣於雍正十一年乾隆三年七年共陞田賦丁銀二兩零九分八釐四毫五絲二忽附載備考

田

原額上田一千二百三十七頃八十三畝六分八釐九毫三絲九忽每畝科秋糧民米七升三勺

九抄

中田四百六十九頃四十五畝八分四釐四毫六絲五忽每畝科秋糧民米四升九合五勺八抄

下田二百二十二頃四十二畝四分八釐一毫八絲每畝科秋糧民米三升五勺七抄

水鄉田六百四十四頃九十五畝五分七釐八毫九絲每畝科秋糧民米二升六合一勺

極下田八十七頃八十三畝九分七釐九毫每畝科秋糧民米一升六合九勺二抄

鳳豐二里土名塔兒頭等四處上田九頃四十九畝二分五釐九毫五絲每畝科秋糧民米六升七合

中田八頃六十五畝三分五釐八絲每畝科秋糧民米四升七合

下田六頃三十二畝四分七釐四毫二絲每畝科秋糧民米二升七合

水鄉田八十二頃一十一畝一分七釐九毫每畝科秋糧民米二升四合

極下田六頃五十九畝四分四釐一毫每畝科秋糧民米一升五合

以上共田二千七百七十五頃六十九畝二分七釐八毫七絲四忽

秋地

原額上秋地二十六頃七十七畝四分八釐六毫九絲四忽每畝科秋糧民米四升

中秋地九十四頃五十一畝九分七釐六毫五絲六忽每畝科秋糧民米三升

下秋地一十四頃二十三畝三分五釐六絲每畝科秋糧民米一升六合

鳳豐二里塔兒頭等四處上中下併丈地二頃六十九畝四釐六毫九絲每畝科則不等共科秋糧七石三斗九升二合九勺六抄

以上共秋地一百三十八頃二十一畝八分一釐六毫

稅地

原額上稅地四百一十六頃一十九畝四分五釐四毫三絲七忽五微每畝科秋糧官米一升四勺科夏稅二麥折實二升八合

中稅地一百五十一頃七畝五分二釐七毫五絲一忽五微每畝科秋糧官米九合夏稅二麥折實一升八合

下稅地一千九十一頃二十五畝九分五釐五毫六絲七忽每畝科秋糧官米七合一勺五抄科夏稅二麥折實一升四合三勺

水鄉地六百二十四頃四十九畝七分四釐四毫六絲每畝科秋糧官米五合三勺五抄七撮七圭九粒夏稅二麥折實九合六勺一抄二撮四圭三粒

以上稅地二千二百八十三頃二畝六分八釐二毫一絲六忽

塘堰

原額上塘九十頃三十一畝九分四釐六毫一絲每畝科秋糧民米四升五合

中塘一百五十頃二十八畝五分九釐六毫二絲每畝科秋糧民米四升五合

墩堰一百六十五頃八十三畝六釐九毫每畝科秋糧民米二合五勺七抄一撮五圭

鳳豐二里塔兒頭等四處上塘九十三畝二分三釐三毫一絲每畝科秋糧民米四升一合

中塘一頃三十二畝一分五釐六毫六絲每畝科秋糧民米三升二合

墩堰五頃六十一畝九分四毫每畝科秋糧民米二合一勺

以上塘堰四百一十四頃三十畝九分五毫

山地

原額上上山四十八頃二十九畝九分九釐三毫六絲一忽五微每畝科夏稅桑絲七錢

上中山五十六頃一十六畝二分一釐七毫八絲一忽每畝科夏稅桑絲三錢五分

上下山八百六頃三十四畝一分四釐三毫九絲每畝科夏稅桑絲四分五釐

中山六十九頃一十九畝八分七釐每畝科夏稅

桑絲二分八釐二毫三絲六忽

下山一千七百九十五頃五十七畝九分五釐三毫五絲五忽每畝科夏稅桑絲四釐一忽七塵二纖

極下山五百八十七頃六十三畝九分六釐二毫每畝科夏稅桑絲二釐

以上山地三千三百六十三頃二十二畝一分四釐八絲七忽五微

按原額田地塘堰山共九千七百七十四頃四十六畝八分二釐一毫九絲七忽五微內除乾隆元年詳請題達事開除地七十三畝一分又三十八年欽奉

恩詔事開除田地山場五百五十一頃六十六畝一釐九毫又舊賦役全書撤款原少山七百九十九頃九十九畝九分九釐九毫二絲實在田地山塘共八千四百二十二頃七畝六分八釐三毫七絲七忽五微

賦額

原額載秋糧官民米一萬七千一百六十四石六斗一升七合四勺九抄三撮七圭內除坍塌米五斗二升二合六勺六抄五撮又除二十三石一斗四升九合八勺四撮六圭五粒四粟

實官民米一萬七千一百四十石九斗四升五合二抄四撮四粒六粟

查額載秋糧內係有免米二千四百八十四石七斗三升七合每石派銀四錢三分九釐八毫三絲六忽一塵一纖七渺零無免民米一萬二千

八百四十六石二斗九升六合三勺零每石派銀八錢五分九釐四毫六絲九忽零官米一千八百三十三石四斗八升四合一勺零每石派銀二錢六分一釐二毫九絲九忽零

額徵銀一萬二千六百二十九兩二錢四分三釐六毫一絲零內除坍塌及帶派康熙三十九年民更坍塌穀折班匠共銀一錢七分六釐八毫六絲五忽四微九塵五纖零又除坍塌及帶派康熙三十九年民更坍塌穀折班匠共銀八兩

四錢二分八釐一毫六絲五忽零實徵銀一萬二千六百二十兩六錢三分八釐五毫七絲九忽零

大麥一千七百三十石一斗四升三合六抄三撮二圭折小麥八百六十五石七升一合五勺三抄一撮六圭

小麥二千七百三十三石二合七勺零大小二麥共四千四百六十三石一斗四升五合八勺零共麥三千五百九十八石七升四合三勺零內

除坍塌麥一石四升五合三勺零又除坍塌麥四十五石三斗二升一合五勺零實共麥三千五百五十一石七斗七合四勺零查額派有免麥四十八石二斗一升每石派銀二錢九分五釐三毫七絲五忽零無免麥三千五百四十九石八斗六升四合三勺零每石派銀七錢八釐一毫一絲五忽零額徵銀二千五百二十七兩九錢五分三釐九絲三忽內除坍塌銀七錢四分二毫一絲四忽零又除坍塌銀三十二兩九

分二釐八毫五絲九忽零實徵銀二千四百九十五兩一錢二分一絲九忽零

夏稅絲六百六十二觔四兩三錢二分六釐六毫二絲

桑絲八十九觔一十一兩四分

共該夏稅桑絲七百五十一觔一十五兩三錢六分六釐六毫二絲內除坍塌絲一十觔九兩五錢四分五釐六毫六絲該條銀四兩八分五釐二毫五絲一忽零實徵夏稅桑絲七百四十

一觔五兩八錢二分九毫七絲額徵銀八百一十九兩二錢九分二釐四毫三絲內除坍塌銀一十一兩五錢四分五釐四毫四絲四忽零實徵銀八百七兩七錢四分六釐九毫八絲五忽零

舊志載共銀一萬五千九百六十兩一錢八分九釐一毫三忽今合計一萬五千九百一十三兩五錢五釐五毫八絲三忽零

康熙三十六年首墾民賦額外田地共三頃一十八畝七分九釐三毫八微科官米麥六石八斗七升九合三勺零該條銀三兩九錢一分六釐二毫四絲五忽零

康熙三十九年民墾民賦額外地共二十四頃五十五畝二分六釐四毫一絲七忽零科官米麥三十八石六斗八升三合七勺零該條銀二十一兩二錢七分六釐五毫六絲四忽零

康熙四十年民墾民賦額外地共五十畝五分三釐科官米麥七斗五升六合二勺零

康熙四十六年民墾民賦額外田二十九畝七分科民米四斗四升五合五勺該條銀三錢八分二釐八毫九絲三忽四微零

康熙四十七年民墾民賦額外地二十八畝四分八釐五毫科官米麥四斗二升六合四勺零該條銀二錢三分三釐七毫六絲七忽零

康熙四十九年民墾民賦額外地二十七畝七分科官米麥四斗一升四合六勺零該條銀二錢二分七釐三毫二絲五忽零

康熙五十一年民墾民賦額外田一十畝二分科官米五斗五合七勺一抄六撮該條銀四錢三分四釐六毫四絲七忽零

康熙五十二年民墾民賦額外地共四頃八十一畝一釐一毫二絲八忽一微科官米麥七石四斗三升六合六勺零科官米麥一石五斗八升九合三勺零該條銀八錢七分一釐二毫九絲三忽零

康熙五十三年民墾民賦額外地一頃一十一畝

三分六釐科官米麥一石六斗六升七合零該
條銀九錢一分三釐八毫九絲七忽零
康熙五十七年民墾民賦額外地五頃九畝五釐
科官米麥七石六斗二升五勺零該條銀四兩
一錢七分七釐六毫一絲九忽零
康熙五十九年民墾民賦額外地九十一畝科官
米麥一石三斗六升二合二勺九抄二粒該條
銀七錢四分六釐八毫九忽零
康熙六十一年民墾民賦額外田地三頃七十八

畝六分一釐九毫一忽五微科官民米麥五石
九斗九升九合七勺零該條銀四兩一錢八分
五釐二毫五絲九忽零
雍正元年民墾民賦額外地一頃六畝一分六釐
八毫六絲一忽三微該條銀四錢一分四釐六
毫二忽零
雍正七年首墾民賦額外地一頃六十三畝九分
八釐九絲一忽五微七塵八纖科官米麥二石
四斗五升四合八勺零該條銀一兩三錢四分

五釐七毫四絲一忽零
雍正十年民墾民賦額外田地一十五頃三十畝
科官民米麥二十二石九斗六升二合九勺三
抄該條銀一十二兩七錢四分六釐三毫一絲
四忽零
雍正十一年首墾民賦額外田地共二頃五十五
畝六分科官民米麥四石二斗九升六合一勺
四撮該條銀二兩四錢七分九釐五毫八絲零
全書載新墾銀五十八兩四錢七釐九毫六忽

四微零
奏冊載康熙三十六年至雍正十一年共銀五十兩
零一錢七釐又乾隆三十七年陞科條銀十九
兩四錢一分九釐
民賦九釐餉銀每秋糧官民米麥一石派銀二錢
八分九釐八毫五微共該銀六千一十七兩三
分八釐三毫五絲二忽四微內除坍塌銀四錢
五分四釐四毫五忽又除坍塌銀一十九兩八
錢四分三釐二絲四忽實徵銀五千九百九十

六兩七錢四分九毫二絲二忽
康熙三十六年起至乾隆四年止額外民墾首墾
共陞科條銀二十三兩一分二釐
按九釐餉銀者明萬歷四十六年邊餉驟增戶
部尙書李汝華議畝加三釐五毫次年又加三
釐五毫兵工二部又請加二釐通共九釐復以
給事中甄淑言加派因田之腴薄倍蓰不同請
照納米之數分派從之至
本朝制田賦係以明萬歷間賦法爲準故仍此名

以上係照嘉慶十一年全書開載其坍除二千
未經查係如何補足然嘉慶十九年後奏銷冊
民賦九釐餉銀共六千四十兩零五分是二千
缺數已補矣
裥徵歲貢銀每秋糧民米一石派徵銀四毫二絲
三忽九微七塵三纖九渺六漠六茫該銀六兩
五錢內除坍塌銀一毫七絲七忽五塵二纖五
渺九漠七茫實徵銀六兩四錢九分九釐八毫
零

以上八丁田地塘堰山條餉補徵歲貢等銀二
萬四千二百六十兩八錢三分四釐七毫零內
除豁免運夫丁銀一百四十兩九錢七分五釐
八毫零又除坍塌條餉及帶派原丁等項共銀
一兩四錢六分六釐二毫零又除坍塌條餉及
帶派原丁等項共銀七十八兩七分一釐七毫
零又除優免丁銀一百五十五兩七錢八分六
釐六毫零又除雍正七年民賦陞墾派徵丁銀
二錢六分六釐七毫零又除雍正十一年及乾

隆三年民賦新墾派徵丁銀四錢八分五釐九
毫零又除乾隆七年新墾派徵丁銀一兩六錢
一分二釐五毫零實徵銀二萬三千八百八十
二兩一錢六分九釐一毫零內有坍塌無徵條
租餉銀三百二十三兩二錢六分五釐二毫零
原因有賦無田賠累難繼稟同班匠更名穀折
價重難完等項銀兩前疏
題准允於地丁銀內公攤自康熙三十九年始舊志
查縣冊現載民賦連新增共徵銀二萬三千九

百七十五兩九錢二分四釐

更名項下原額田地山塘草塲基地共一千六百七十六頃一畝內除荒外實在一千五百五十六頃七十五畝六分二釐六毫零原額租餉銀五千六十五兩九分三釐內除荒外實在四千七百一十八兩九錢一分一釐六毫零內除坍塌熟地一十七頃三十三畝二分無徵銀五十二兩四錢七釐二毫零奉　文在於通縣田地內均攤補項實在共一千五百三十九頃四十二畝四分二釐六毫零實在餉銀四千六百六十六兩五錢四釐三毫零

原額納穀田三十一頃七十畝三分內除荒外實在三十一頃七畝一分七釐

額載穀一千九百八十四石七斗四升內除荒外實在穀一千九百四十五石二斗四升每石折銀四錢六分六釐共折銀九百六兩四錢八分一釐八毫零每田一畝照民賦上則上田徵銀八分三釐四毫零奉　文減重銀六百四十

七兩三錢一分二釐七毫零在於通縣均攤外實徵銀二百五十九兩一錢六分九釐零

更名額外項下節年新墾淤地四十頃九十一畝九分五釐九毫零新徵租餉銀一百一十八兩八錢二分六釐零

康熙三十九年帶派均攤民賦更名坍塌銀四十六兩二錢九分八釐二毫零帶派均攤匠班無著銀二兩三錢二分一毫零帶派均攤穀折減重銀九十二兩七錢八釐五毫零

乾隆元年新墾應攤丁銀二兩九錢四分三釐零以上更名除攤減外實徵租餉新增均攤幷新加丁銀共五千一百七十兩三錢五分五釐二毫零　舊志

沓縣冊現載更名除攤減外實徵銀共五千一百七十兩八錢三分七釐二毫

蘆課項下各洲蘆地原額並節年新增共一千九百二十二頃三畝四分二釐六毫零共納課銀一千九百二十六兩七錢一分一釐三毫零除

節年坍卸無徵外實成熟幷新增密蘆稀蘆麥
地葫荻草塌草墻一千七百四十一頃一十畝
三分五釐一毫零實徵原額並新增銀一千七
百三十七兩五錢四分八釐零　舊志
查縣冊現載蘆課連鸚鵡洲額徵銀二千一百
二十三兩五錢七分七釐
湖洲雜課正損銀一千三百七十九兩九分九毫
零遇閏加銀八十兩五錢一分一釐二毫零
門攤稅課實徵銀三百四十兩六錢　舊志

查縣冊現載實徵銀三百五十兩九錢六分
節年民賦壓墾派徵丁銀二兩三錢六分五釐一
毫零
麂皮京損每秋糧民米一石派銀二絲五忽八微
二塵九纖七渺九漠二茫該銀三錢九分六釐
內除坍塌銀一絲一忽七微一塵九渺九茫實
徵銀三錢九分五釐九毫八絲八忽二微八塵
九纖九漠一茫
節年首墾共銀一毫二絲七忽四微九塵九纖二
渺八漠共銀三錢九分六釐一毫一絲五忽七
微八塵八纖三渺七漠一茫
按民賦更名湖蘆雜課等項舊志共應徵銀三
萬二千五百一十二兩五錢二分四釐三毫由
縣現冊覈正實徵銀三萬三千三兩九分九釐
三毫
查縣冊現載額徵地丁等款正耗銀共三萬九
千八百七十一兩四錢二分九釐

起運項下

戶禮工光各部寺地丁條餉及撥歸蠟祭共銀一
萬五千二百九十三兩二錢七分七釐零內除
奉復廪糧並奉撥各項銀二百四兩五錢四分
六釐實額銀一萬五十八兩七錢三分一
釐零內除豁免運夫丁銀九十二兩九錢七分
七毫零又除坍塌條餉及帶派原丁等項共銀
一兩四錢六分六釐二毫零又除坍塌條餉五
帶派原丁等項共銀五十九兩七錢九分一毫
零實徵銀一萬四千九百三十四兩五錢二釐

九毫零內有雍正七年壓鑾銀二兩五分七釐
一毫零係彙數抵算漢陽等縣重丁之項舊志
存留項下
撥運供支官俸役食祭祀廩糧等項原額共銀六
千四百八十二兩九錢四分五釐六毫零內除
支府廳縣經制工食銀七十兩六錢又除裁修
紅船餘留銀一百四十九兩歸充驛站之用又
扣除正官暖轎銀一十二兩二錢又除順治九
年至康熙二十七年奉裁銀三千四百一十三

兩二錢六分二釐一毫零實存留額銀二千八
百三十七兩八錢八分三釐四毫零舊志
支給俸工役食項下
本府知府俸薪銀除裁實銀四十八兩舊志載一百五兩今按縣冊更正
門子銀六兩
馬快工食銀六十兩
步快銀六十兩
皂隸銀六十兩

轎傘扇夫銀四十二兩
禁卒銀四十二兩
庫子銀一十八兩
斗級銀二十四兩
通判俸薪銀六十兩
門子銀六兩
步快銀三十兩
皂隸銀七十二兩
轎傘扇夫銀二十四兩

經歷俸薪銀一十五兩七錢九分八釐
皂隸銀一十八兩
馬夫銀六兩
府學教官分派二員
門子銀二十一兩六錢
膳夫銀二十兩
齋夫銀一十二兩
知縣俸薪銀二十兩五錢八分舊志載四十五兩今按縣冊更正
門子銀一十二兩

皁隸仵作銀九十六兩
禁卒銀四十八兩
庫子銀二十四兩
斗級銀二十四兩
馬快銀四十八兩
轎傘扇夫銀四十二兩
民壯銀一百八十兩舊志載外撥修械銀十五兩今按縣冊修器械銀係備文給壯役親賫赴藩庫請領
典史俸銀三十一兩五錢二分

門子銀六兩
皁隸銀二十四兩
馬夫銀六兩
漢口蔡坫沌口新灘巡檢四員俸銀一百二十六兩八分
縣學教官二員俸銀三十一兩五錢二分
門子銀二十一兩六錢
齋夫銀三十六兩
膳夫銀一十三兩三錢三分三釐三毫三絲四
忽
廩糧銀一百二十兩康熙二十四年奉文復設舊志載入起運項下今按縣冊改載
孤貧銀五十四兩六錢舊志載銀七兩八錢列入雜款今按縣冊改載
撥運項下
時憲書銀五兩九錢三分五釐六毫
解費銀二分九釐六毫七絲八忽
均徭項下
迎送皁隸銀一百三十八兩二錢六分六釐

鋪司銀二百四十八兩八錢八分舊志載鋪司銀三百一十一兩一錢今按縣冊奉文裁解實數改載餘銀歸驛站用
平塘渡龔家渡二處渡夫並修船銀共二十兩三錢三分
三釐
漢口蔡坫沌口新灘四鎮巡司弓兵銀一百五十五兩九錢
九毫
祭祀項下
文廟二祭共銀四十兩
又府

文廟二祭共銀五十九兩舊志未載今按縣冊增入

關帝三祭銀三十五兩七錢四分六釐雍正七年奉文添設舊志載入起運項下今按縣冊改載

山川社稷壇二祭共銀二十六兩舊志載二十兩今按縣冊更正

郡厲三祭共銀一十六兩

府縣兩學香燭米折銀二兩一錢

雜款項下

歲貢花紅銀一十九兩五錢

江濟解官盤纏銀十兩

查舊志祭祀項下尚有崇聖祠二祭共銀七兩康穆祠二祭共銀三兩禹王廟二祭共銀三兩陸賢祠二祭共銀五兩名宦鄉賢祠二祭共銀七兩釋菜二祭共銀四十兩厲祭米折銀一兩二錢二分今查縣冊無此名目未識因何裁減又撥運項下尚有科舉銀一十八兩一錢二分五釐解費銀九分六毫二絲五忽又雜款項下尚有府縣鄉飲銀一十四兩新舊會試舉人長夫每年共銀六十四兩科場對讀生銀六兩二錢五分部寺解費銀一十七兩四錢五分六釐七毫九絲三忽二微一塵一渺亦與縣冊逐年報銷之案不符錄存俟攷

驛站項下

走遞排夫一百一十名工食銀八百五兩二錢除建閏增

馬四十匹工食工料藥餌等銀九百一十兩二錢除建閏增

支應銀一百三兩二錢

蔡店站設夫十名工食銀七十三兩二錢

馬二十匹工食工料藥餌等銀四百五十二兩

館夫二名每名工食銀四兩帶閏銀六分六釐六毫共該錢八兩一錢三分三釐三毫

支應銀二百八十兩無閏

灄口站夫十名工食銀七十三兩二錢

馬二十匹工食工料藥餌等銀四百五十二兩以上舊志

查縣冊坐支驛站項下每年額馬八十匹草料

藥餌獸醫工食等銀一千五百二十七兩二錢
額設馬夫四十名工食銀二百八十八兩
排夫一百二十名工食銀八百七十八兩四錢
支應銀一百三兩三錢
兵部項下
江濟水夫七十五名每名四兩九分五釐共銀三百七兩一錢二分五釐每百兩原議京撌銀九釐該銀二兩七錢六分四釐一毫二絲五忽（解官盤費銀十兩詳雜款）
以上支給各款均照舊志備載
查縣冊現載坐支銀共六千二百一十兩三錢二分六釐
添撥項下
添設知縣民壯十名工食銀六十兩（雍正十一年設工食銀兩漢川縣撥給修械銀十兩在司庫支）
添設縣丞（乾隆十七年添設俸工銀兩係大冶縣將奉裁縣丞俸工撥給）
俸銀四十兩
門子一名工食銀六兩

皂隸四名工食銀二十四兩
馬夫一名工食銀六兩
漢口蔡坫二巡檢民壯八名工食銀四十八兩（係雍正十一年設）
漢鎮仁義司巡檢一員（雍正五年設）
俸銀三十一兩五錢二分
皂隸二名工食銀一十二兩
弓兵四名工食銀二十四兩
民壯四名工食銀二十四兩
教官加品俸銀四十八兩四錢八分
先農壇祭祀銀五兩
常雩祭祀銀五兩
以上各項銀兩均不在本縣存留支款額徵之內例得備載
漕糧
額兌本色正米三千六百一十八石三斗內除折色米一千石實徵正米二千六百一十八石三斗

每正米一石派耗米四斗共派耗米一千四十七
石三斗二升
每正米一石徵貼米二斗共徵貼米五百二十三
石六斗六升
節年新墾本色正米八斗四升三合共派耗米三
斗三升七合一勺貼米一斗六升八合五勺
以上實徵漕糧正耗贈貼並新增米四千一百
九十石六斗二升八合八勺 舊志
查縣冊現載額徵北漕正米四千一百九十石

五斗一升四合七勺每石折銀一兩三錢漕正
米計折銀五千四百四十七兩六錢六分九釐
一毫一絲
漕耗米四百一十九石五升一合四勺七抄漕
耗米折銀五百四十四兩七錢六分六釐九毫
一絲
每石隨解水腳銀一錢五分計漕水腳銀六百
二十八兩五錢七分七釐二毫五絲
又解北漕兌費銀二千兩

隨漕
楞本松板銀一十兩四錢七分三釐
運糧官軍行月糧米九百五十五石三斗九升每
石折銀四錢該銀三百八十二兩一錢五分六
釐
兌軍盤費銀三十兩
江西運糧官軍行月糧米一千四百五石九斗九
升三撮每石折銀五錢該銀七百二兩九錢九
分五釐

三六耗蓆輕齎銀四百八十四兩三錢八分五釐
五毫每百兩原議解淮損銀一兩該銀四兩八
錢四分三釐八毫零
淺船銀四十八兩五錢一分四釐解費每兩五釐
該銀二錢四分二釐
歷年民墾首墾陞科銀一兩一錢九分三毫零
以上共銀一千六百六十四兩八錢零內除豁
免運夫丁銀一兩三錢五分一毫零又除坍塌
田地豁免銀三分五釐零實徵銀一千六百六

十三兩四錢一分四釐七毫零加一一耗羨銀
一百八十二兩九錢七分共一千八百四十六
兩三錢八分四釐七毫舊志
查縣冊現載額徵隨漕正耗銀共一千八百四
十兩六錢九分五釐

南糧
額兌本色南糧正米三千六百六石四斗
每正米一石派耗米二斗五升共派耗米九百一
石六斗

新增南糧正米一石一斗六升一合三勺派耗米
二斗九升二勺
以上共實徵南糧正耗幷新增米四千五百九
石四斗五升一合四勺
查縣冊現載額徵南糧四千五百九石三斗二
升八合七勺每石折銀一兩五錢
南正米折銀六千七百六十三兩九錢九分二
釐五絲
南耗米四百五十石九斗三升二合八勺九抄

南耗米折銀六百七十六兩三錢九分九釐三
絲
南水腳銀六百七十六兩三錢九分九釐三絲
額徵驢腳米五百四十石九斗六升每石折銀一
兩共銀五百四十兩九錢六分節年首墾其陞
科驢腳米折銀一錢七分四釐一毫零內除豁
免銀一分五釐九毫零舊志
查縣冊現載額徵驢腳正耗銀六百兩六錢四
分二釐

咸豐七年九月巡撫胡　以湖北省漕米折色每
石自七八千以至十三四五千文不等
奏請覈減漕價以甦民困其州縣收漕情形各不相
同因地酌量覈減除奉　部議章程每石折銀一
兩三錢解庫外仍提兌費銀若干暫時充餉一俟
漕船開運仍改爲漕船兌費所有各院司道府各
衙門一切規費盡行裁革准自本年開征爲始照
覈減之數征收永遠刊石立碑爲例漢陽縣折色
奉覈准每石征收十足大錢五千文

按漢邑地狹民貧澤居苦澇山居苦旱豐穰之
慶十無四五雖以良有司關心民瘼而催科有
政撫字無權可慨也況經兵燹文卷散佚凡陞
除之定則出入之常經每以稽覈無從遂令登
載失實此卽詳加訪榷總與舊志不符故但照
數錄存而以縣冊所載詳著於後

戶口保甲

乾隆三十七年七月奉
上諭五年編審不過沿襲虛文無裨實政嗣後編審之
例永行停止欽此

漢陽縣分管人丁原數
典史所屬烟民一萬六千一百一戶四萬八千九
百二十名口
仁義巡檢所屬烟民一萬四千一百八十九戶四
萬七千七百二十二名口
禮智巡檢所屬烟民一萬八千二十戶五萬一千
六百四十九名口
蔡店巡檢所屬烟民一萬四千四十五戶五萬七
千二百九十六名口
沌口巡檢所屬烟民一萬一千八百五十四戶四
萬四千三百三十五名口
新灘巡檢所屬烟民二萬一千九百三十九戶八
萬九千三百一十八名口
以上總共烟戶九萬六千一百四十八戶共丁

三十三萬九千二百七十一名口府志
按歷代戶口西漢率以十戶爲四十八口有奇
東漢率以十戶爲五十二口唐率以十戶爲五
十八口較之周季可準中下農夫宋則十戶僅
以爲二十一口豈一家僅只三口乎諒由詭名
子戶漏口者衆也明則每戶五口有零
國朝丁隨田派無業之民無事隱匿而戶口始有實
數然就漢口一鎮而論貿遷之人僦屋而居朝
移暮易較費編排故舊志所載戶口已與府志

兩歧兼自咸豐壬子遭髮逆之變往來蹂躪者
六閱歲居民流亡轉徙閭里蕭然近雖時有編
審不過沿襲虛文且土著商旅雜處不分游勇
惰農潛藏爲害則保甲一法所望良有司之實
力奉行庶幾生聚教訓戢暴安良於以復從前
熙皞之盛也

嘉慶十八年十月二十五日奉
上諭葉紹楏奏詳陳直省保甲事宜並將伊父原任湖
南布政使葉佩蓀從前酌定規條繕錄進呈朕詳加
披閱其條規頗爲簡要易行編查保甲一事直省各
州縣果能經理得宜則士民之良莠習俗之澆漓無
不週知由一邑而一郡由一郡而一省上下稽察瞭
如指掌縱有奸慝何所容匿無如地方官不實力奉
行以安民之良法轉爲滋累之煩文由於科條不能
畫一遂相率畏難藉口於格礙難行者將葉紹楏進
呈刊本發給直省督撫各一冊令該督撫翻刻刷印
通飭所屬各州縣一體仿照辦理使令不煩苛而除
莠安良閭閻可永臻甯謐若視爲具文因循怠玩仍

廢置不辦惟該督撫是問以違旨論恐不能當此重
咎也言出法隨凜記勿忽欽此

附載前令裘行恕摘錄勸善規條
人以敦行爲本首先孝友謹以安分讓以息爭勤以
治生儉以節用爾鄉保紳耆當遍爲誠勉其有厚
德篤行孝子順孫節婦足爲鄉里表式者公舉以
聞
鄉村僻遠之地每有莠民妄言禍福結會燒香諷經
茹素煽誘愚民斂錢肥巳其始不過數人久而傳

習日多結成邪教在愚民原爲邀福殊不知誤蹈術中即蹈法網身家不保轉致速禍至若賭博訟師盜賊窩家姦拐婦女幼童酗酒打降訛詐抗欠錢糧包攬詞訟私鹽私鑄私宰私硝種種不法均干例禁鄉保鄰右知而不舉各有科條其各隨時稟報倘匪徒結怨於首報人混向肆鬧從嚴究懲鄉保等挾嫌誣指亦即究處

編查保甲之法本縣已預備空白循環册門牌於保甲赴縣點卯之日按其所管村庄多寡當堂分給

領回每十家舉一誠實之人爲牌長該保甲將領回牌册於每一牌長處交給空册二十頁空牌十張令其將所管十家人戶姓名丁口年歲生業分填牌册內有夥計僱工者一併註入牌則懸掛門首册則交保甲統行收齊分訂循環二本限二十日內辦完繳縣聽候查察蓋印將環册發交該保甲收存遇有遷徙增減戶口隨時向牌長問悉於環册內註明仍於每年三六九臘四季月朔繳縣覈對循環更換以憑親詣抽查務須據實填註毋許隱匿遺漏致干查究

菴觀寺院飯店客寓其本僧本家一體查填牌册編入烟戶之內

漢陽漢鎮各菴廟飯歇店留寓客民者遵用前諭循環簿登填繳查其各鄉村著落保甲留心稽察不得容留匪類

漢陽漢鎮所住土著及外來住家開張行棧店鋪各戶毋論紳士俱應一體編查所有時來時去商民責以填牌換册難免紛煩滋擾此次編排保甲原

爲稽察奸宄凡大商巨賈各投正經行棧素常認識自可保無他慮惟外省外邑流民匪類或力趁糊口或鼠竊狗偷所在皆有伊等無非落寓偏僻小飯店及沿江沿河篷厰責成皆管保甲隨地留心體察稟報毋稍狥縱騷擾

計開

漢陽縣典史屬建中坊東陽坊西陽坊崇信坊鳳棲鄉戶一萬四千八百六十六口八萬三千一百七十六保正三十八名

仁義巡檢司屬居仁坊由義坊鳳棲里戸一萬六千五百一十五口七萬六千九百保正二十一名

禮智巡檢司屬循禮坊大智坊豐樂里戸二萬四百一十四口五萬二千二百八十三保正六十四名

蔡店巡檢司屬漢陰里唐家巷柏林庄貓山頭大塘角新收堡參山集戴家塔興隆集索河集石山堡侏儒山桐山頭永安堡蕭家渡徐家臺貓兒湖湞口戸二萬六千五百七十二口十一萬零五百零三保正九十六名

沌口巡檢司屬沌口甬花菴洪山廟蕭家灣黃沙坂水南大軍山黃陵磯薛峰堡李仙堡常福堡得勝崗上蒲潭下蒲潭山羊頭周家幫瀟泗溝瓦渣堡戸一萬三千六百九十三口五萬四千零三十一保正四十一名

新灘巡檢司屬平坊鮑家地官子口新灘口新溝水洪門姚家湖白釜池蒿洲小林通津東江腦周家河堵埠頭戸一萬一千一百一十九口五萬一千六百三十四保正六十五名

以上總共計戸十萬三千一百七十九　丁四十二萬八千五百二十六　保正三百二十五名舊志

按疆域門所載集鎮村落係遵通志按里排列茲保甲所編乃就各汛員所屬開載故彼此互異

按漢陽保甲漢口雖五方雜處良莠難齊究以執業者多賦閒者少故稍知畏法者斷不爲非其沌口司所屬蕭家灣黃陵磯蒲潭山羊頭新

灘司所屬水莢口蒿洲新灘口平坊蔡店司所屬漢陰里侏儒山老實陳永安堡桐山頭戴家塔等處戸口均極殷繁人情尚稱樸直唯沌口之大軍山白湖新灘之東江腦鯿魚套下夾口鞋尖水湘口白河口等處濱臨大江常爲盜賊出沒之所歷年巨案紛出擒捕十不獲五雖賊踪飄忽偵緝維艱亦必有地方無賴之徒窩藏豢養所賴當事者密防於先嚴緝於後則暴除良安庶不致慨於有治法無治人乎

倉儲

常平倉額儲穀九萬五千七百六十九石八斗四升三合五勺

義社項下原儲本息穀一萬五千六百三十二石八斗八升三合一勺

屯田

武昌正衛　現運班絶等軍共米二千七百九十石零每年額徵屯餉幫津等款共銀二千六百六十三兩零

武昌左衛　額徵屯餉軍三正銀二百六十六兩二錢九分六釐屯幫銀二百三十兩七錢九分

九釐

黃州衛　額徵菱角湖瀟泗溝地方屯田四十一畝六分六釐六毫六絲科糧四十一石每年屯餉正銀十二兩九錢八分三釐耗銀一兩四錢二分八釐軍三正銀七錢六釐耗銀七分八釐安家正銀八錢二分四釐耗銀九分一釐幫津銀十五兩五錢八分一釐閑丁銀三兩二錢

舊志載屯田頃畝糧石並非專指本邑而言今據各衛所開報漢陽所屬額徵實數登載

鹽法

漢陽縣額行淮鹽八萬三千七百引

湖北額食淮鹽五十五萬七千九十二引又因封閉巴東鹽井增額二千五百二十六引每引正課銀一兩一錢七分二釐零計重三百六十四觔解作四十四包包重八觔四兩定價二錢九分九釐合每觔價三分六釐零

湖北額行淮鹽有安粱二種安鹽比粱鹽黑每

包減銀二釐以上見舊志

一漢口地方為商船聚集分銷引鹽之所各岸商按引捐銀專為各衙門公費等項之用每引只准捐銀四錢由鹽道覈數造報永遠不准加增

一漢口地方為鹽船聚集停泊之所嗣後隨到隨售毋許封輪以免守候不准再有整輪

一地方文武各官向有鹽店規費自數百兩至一二千兩不等均經

奏明嚴行裁革其引地各衙門書役硃費貼差亦令槪行革除倘敢仍前膽玩一經發覺與受均予加等懲治

一凡商人運鹽有定價者照額發賣不准加增無定價者不得高價病民違者治罪 以上見戶部則例

按淮南鹽艘自儀徵出口由大江西上入湖廣界歷一千六百六十里抵漢口停泊其例食淮鹽各地方均由漢口分運並嚴定州縣銷額以專責成其詳俱見通志茲不復贅然考楚岸銷

鹽除施南一府例非引地而宜荆所屬川私東灌襄安所屬潞私南侵惟武漢黃濱臨大江者取道較近疏銷尚易爲力至額銷之數十萬引則專恃南省以羨補不足耳其鹽舟向泊西城外河泊所一帶嗣因淤墊改泊江夏塘角帆檣鱗次相安歷數十載道光己酉不戒於火焚燬數百餘艘運商凋弊不支經　兩江總督陸

奏請改引爲票凡鹽之運赴楚省者不惟塘角非卸帆之所卽漢口亦非必由之途故邑中盛衰之感今昔懸殊迨咸豐癸丑髮逆踞金陵運道梗塞復經　湖廣總督張

奏請借運川鹽以濟民食未必非一時權宜之計近因江路通行仍指漢口爲岸然計湖北每年所銷之引不過從前漢陽一邑之額蓋銷數既疲則稅入多絀運商轉輸不繼成本較重價値卽不得不提民閒舍貴食賤無足怪矣所賴當事者極力講求以疏銷爲裕課之源卽以暢銷寓恤商之法商力紓而民生不蹙或以理財之至

計乎查鹽法志楚綱扣限及分銷引地皆從漢口起算故銷額但紀本邑以符志例而以鹺政因革及兵燹後變易原由略志梗概備觀覽焉

雜稅

田稅 儘徵儘解無額數

牛驢騾馬稅 儘徵儘解無額數

蠲恤

順治二年乙酉蠲湖北賦
恩詔地畝錢糧自順治元年五月初一日起按畝徵解凡加派遼餉新餉練餉召買等項悉行蠲免其大兵經過地方仍免正糧一半歸順地方不係大兵經過者免三分之一各省起存拖欠本折錢糧如金花夏稅秋糧馬草人丁鹽鈔民屯牧地竈課富戶門攤商稅漁課馬價柴直棗株鈔貫果品及內供顔料蠟茶芝蔴棉花絹布絲綿等項自順治元年五月初一日以前凡未經徵收者盡行蠲免

順治十六年己亥漢陽饑有司賑穀

康熙七年戊申漢陽縣水蠲賦有差

康熙十三年甲寅秋漢陽旱蠲賑有差

康熙二十年辛酉奉
旨查康熙十七年以前民欠錢糧督撫保題豁免

康熙二十四年乙丑漢陽等十六州縣水賑穀一萬三千十五石有奇

康熙二十七年戊辰奉

上諭豁免康熙十七年以前民欠漕項銀兩米麥有差

康熙二十九年庚午漢陽等三十五州縣饑賑穀共八萬二百二十八石有奇又米九萬五千八百五十六石有奇

康熙三十一年壬申蠲免漢陽府屬漕糧

康熙四十八年己丑漢陽等十州縣水蠲賦共四萬二千九百五十五兩有奇賑穀共十八萬二千一百八十七石有奇

康熙五十九年庚子漢陽等五州縣水蠲賦共一萬八千七百兩有奇賑穀共六萬六千三百四十二石有奇

雍正四年漢陽等州縣水蠲賦五萬三千七百兩賑米三萬九千七百石

乾隆元年丙辰蠲除軍田額外加徵

乾隆四年己未秋漢陽等三州縣旱蠲賦共七千二百五十二兩三錢一分零免南米一千一百七十七石六斗七升零

乾隆七年壬戌漢陽等州縣水蠲賦共九萬四百

二十三兩八錢三分零免南米共九千九百九十九石六斗五升零賑穀共五十一萬三千九百九石零

乾隆十三年戊辰漢陽等州縣水蠲賦共三千九十三兩七錢三分零免南米共三百二十二石一斗三升零

乾隆二十九年甲申漢陽等七州縣水蠲賦共三萬一千九百三十四兩五錢八分零免南米共四千八百五十四石二斗四升零賑穀共五十六萬

八千八百八十二石九斗六升

乾隆三十一年丙戌奉

上諭全行蠲免漕糧一次

乾隆三十二年丁亥漢陽等州縣水蠲賦共四萬九千四百八十五兩五錢六分五釐零免南米共八千九百五十六石三斗五升九合零賑穀共一百二萬七千九百七十五石二斗六升五合

乾隆三十三年戊子漢陽等縣旱蠲賦共四千八百三十六兩五錢六分零免南米共五百五十五石九斗八升零賑穀共二十三萬八千七百八十九石三斗六升五合冬十二月蠲免次年地丁錢糧十分之二

乾隆三十九年甲午漢陽等十五州縣旱賑穀共一百二十四萬五千七百一十石九斗五合

乾隆四十二年丁酉奉

上諭蠲免地丁錢糧一次

乾隆四十三年戊戌漢陽等縣旱蠲賦共十七萬七千三百九兩八錢二分七釐免南米共二萬一

千二百八十石四斗九合三勺豆九石三斗一升一勺賑穀共五百二十六萬九千四百一十三石三斗三升

乾隆四十四年己亥漢陽等十八州縣夏禾被旱入秋江漲水淹於正賑畢加賑一月口糧

乾隆五十年乙巳漢陽等縣旱蠲賦共三十八萬四千一百五十六兩八錢九分八釐南糧折徵銀八千四百一十二兩八錢八分二釐免南米共四萬三千二百三十二石七斗七升七合秋糧一百

五十四石三斗二升八勺雜糧一十五石一斗七升三合八勺賑穀共八百九十六萬六千八百六十石二斗二升是年因湖北各縣荒歉奉
旨特發帑金五百萬賑䘏
乾隆五十三年戊申夏六月水蠲賦共七萬八千八百三十四兩九分六釐南糧折徵銀一千六百八十六兩六分五釐免南米共九千二百七十四石四斗七升一合三勺賑穀共一百五十四萬九千二百八十七石九斗五升五合

冬十一月漢陽火奉
詔優恤
乾隆五十九年甲寅奉
上諭蠲免六十年漕糧一次
乾隆六十年乙卯奉
上諭蠲免嘉慶元年地丁錢糧一次
嘉慶元年丙辰蠲緩漢陽等四十五州縣地丁錢糧
嘉慶二年丁巳蠲免漢陽等十六州縣銀三十六萬三千九百一十二兩四錢六分七釐
嘉慶七年秋八月蠲緩被水之漢陽等十一縣本年秋徵地丁銀兩及應行帶徵節年錢漕應完本年漕南二米
嘉慶八年癸亥春正月欽奉
恩詔蠲免漢陽等十九州縣民屯正耗錢糧一次
又三月漢陽等十六州縣近賊滋擾蠲免十分之五
嘉慶十四年豁免湖北省銀一萬九百二十二兩

四錢二分零糧三千四百二十一石六斗四升零
嘉慶二十三年奉
上諭嘉慶二十四年爲朕六旬正壽宜先蠲除積逋俾小民戶免追呼共享含哺之樂所有各省節年正耗民欠及因災緩徵帶徵銀數著各督撫詳晰查明按照該省所屬之某州某縣實欠在民銀數若干速行開單具奏以次降旨豁免並著先將此紙謄黃宣示城鄉村鎮咸使聞知俾官吏胥役無從影射侵欺以期膏澤下究用副朕惠鮮懷保仁壽斯民至意該部

卽遵諭行欽此

是年蠲免湖北省民欠銀一百六十七萬九千一百三十八兩零糧六萬五千六百七十二石零

道光十五年奉

上諭豁免湖北省節年民欠銀一百七十一萬五千五百九十兩零糧二十三萬一千十二石零

道光二十五年奉

上諭豁免湖北省節年民欠銀三百八十九萬三千七百三十三兩零米五十萬七千九十石零漕糧二

十六萬五千四百三十六石零

道光二十九年漢陽大水奉

旨發帑六萬兩賑卹

按自嘉慶二十三年以後歷年蠲緩各案因咸豐二年縣城失陷文卷被燬無可稽查但就縣胥記憶所及登載

咸豐七年豁免漢陽縣積欠正銀八千六百一十七兩八錢四分八釐

咸豐八年豁免漢陽縣積欠正銀七千三百三十一兩一錢七分五釐

咸豐九年豁免漢陽縣積欠正銀七千六百三十五兩四錢八釐

附捐賑

嘉慶五年庚申歲饑煮賑三月共發過男婦大小人口五百四十餘萬名

嘉慶六年辛酉復煮賑一月共發過男婦大小人口五十八萬三百餘名

嘉慶十五年漢口大火被焚四百二十一戶鹽商徐福曜等買備竹竿蓆片按戶分給搭棚棲止共捐貲銀三千二百兩

嘉慶十九年歲歉煮賑一月共發過男婦大小人口二百萬四千六百餘名以上舊志

道光十一年辛卯水煮賑男婦十餘萬口分四廠給粥自九月至次年三月止共發過銀二十餘萬有奇

道光二十一年辛丑饑男婦十餘萬口因上次發粥未盡全活改爲按戶給錢自本年九月至次年三月止共發過錢二十八九萬串文

道光二十八年戊申大水難民蓬居者計戶十一萬有零男婦約四十餘萬口賑錢三個月共發過銀二十三萬餘兩

道光二十九年己酉大水本邑及外郡饑民二十一萬餘口賑錢三個月共發過銀八萬餘兩

按歷次賑務係由地方官督同紳士勸諭鹽商及各商民捐辦另有捐給蘆蓆絮襖錢米湯藥等項以及蓬居路斃災民皆由敦本同善自新等善局施給板棺掩埋其項均係紳商人等隨時集貲籌用以故大災屢見民鮮流亡近遭兵燹邑中凋弊情形無復昔日十分之二三偶遇偏災斷難集此巨款有心者蒿目時艱徒喚奈何而已現在各善局分設粥廠值隆冬盛雪亦足以甦殘喘雖以經費不支只能半售半賑然於郵政要不無小補云

續輯漢陽縣志卷之九

風土志敘

文王之化自西而南被於江漢其風尚矣由漢以來史言風俗者多統於荆楚濱水者趨靡麗依山者習樸遬此其大較也其土之所宜與旁邑畧同無殊異者舊釐爲二今併之夫風土何常視政教爲轉移耳其政教脩明則華者返質僞者返愨雖澆薄之風易變也况善俗乎力本者重末作者輕雖疏惡之土易豐也况沃壤乎若其政教怠弛則亦反是然則察風土之隆替卽政教可知也已志

風土

風俗類

邑在隋以前分隸不一歷觀前史所紀風俗大率通南郡江夏郢復諸州而言如班史地理志謂楚有江漢川澤山林之饒民食魚稻以漁獵山伐爲業故呰窳偷生而無積聚信巫鬼重淫祀桓譚新論亦稱楚之郢車絓轂民摩肩市路相交號爲朝衣新而暮衣弊雖不僅指漢陽然風氣大抵畧同矣至南史言漢南饒沃永明之世十許年中百姓無雞鳴犬吠之驚士女富逸歌聲舞節炫服華粧桃花淥水之間秋月春風之下蓋有百數此則邑之漢皐習俗頗亦類是然自宋世游黃二大儒先後知漢陽軍以暇日講明正學士得聞性命道德之歸由是風俗丕變士大夫學古高蹈雖貧乏亦志儒業恥他途民樸而有禮讓之風非耕則漁罕營商販婦女市居多事翦綵鄉居惟勤紡績又有八世同居家屬三千餘口如張昌中者處家以義

尤足欽尚惟喜巫祟佛負性使氣乃其故習然耳至服食華侈漢口獨盛則以商賈輻輳雜有吳越川廣之風焉兵燹後亦少殺矣然浮靡相競未能遽返若相與懲奢麗之失崇敦樸之風尚古處而式先民烏在頹俗之不可挽哉若夫吉凶儀文閭里歲時與旁邑無大殊異皆畧而不紀獨紀其大者

物產類

漢陽物產無他異畧如他邑不勝紀也紀其稍稍

異者其稻則陂澤宜芒草初夏播種不蒔不耘若無水潦則熟與他稻等其布則曰扣布南鄉治此尤勤婦女老幼自春作外晝則鳴機夜則篝燈紡績徹夕不休比巷相聞人日得布一疋遠者秦晉滇黔賈人爭市焉厚而密如毳如褐開作花紋者曰線布製爲氅可禦風雪曰線毯者氍毹之類也鄧家嶺七里廟居人多業此其蔬則美者蔞蒿離離生陂陁皆是也其產湖澤者尤佳香脆登盤風味冠於春蔬曰羊角菜即橙牙採之沃以沸湯曝

乾入饌亦芳潔可口曰白茄類紫茄而大瑩然玉色也剖之少子膚尤嫩曰芸臺紫幹亭亭莖葉肥澤在冬蔬中味清而腴種宜肥壤秋植冬可擷矣曰鮎魚鬚以形得名蓋荻筍蘆芽類也春晚夏初多有之頗饒鮮味其羽族則天鵞即鴐鵞也出太白湖中不恒有其鱗族則美者鯿魚四五月出大江漢口未被兵以前謂初出網者爲第一鮮購之必數十緡以次漸減焉大者鰉魚出江中有甲有脆骨巨可千觔味肥美賓筵大嚼足供朵頤白小

出張王磯者美鱸魚形似河豚差小秋時潦退乃出肺尤鮮嫩味敵蟹白倘即西施乳之類乎去其血與子無毒矣荷葉魚以形名烹之味如鱉尾刺有毒宜去之果則銀杏朱橘舊產甚饒今已無藥則九節菖蒲服食家所珍往者九真山泉中叢生遍澗阿今亦無之花則洋菊來自淮海大若盤盂態色多奇奪人目精洋繡毬蔓絕大而色多奇變西番蓮藤本花作碧色蒂數之其鬚得百有八當花心如連環者數十弄之宛轉不能脫石則曰楚

石黑質疎理者作文房玩具堅者作印章龍霓望馬諸山產也曰太湖石出朱儒山嵌空夭矯佳者可埒奇礓平泉諸品置之園亭頓覺峰巒拔地此皆其稍異他邑者以類次之爲篇

續輯漢陽縣志卷之十

學校志序

古之圖治者莫不敬教勸學而我
朝爲尤隆郡州邑皆立學春秋釋奠與一切校課之法視往代加詳焉漢陽自寇擾以來庠序鞠爲茂草矣今乃悉復其初夫國家取才必出於學學者人才之大原而道尤學之大原也其率循於道者出則楨幹處則坊表則率循之效也才乃積而日重其依託於道者動則馳騖靜則揜著則依託之弊也才乃積而日輕夫取之者非一日也所以濯磨而陶冶之者非一日也鼓篋橫經之士翕然不誣其志欲無負
朝廷造就人才之意其必自崇正學而屏僞學始遂采先後成憲具布於篇志學校

復聖顏子　述聖子思子

西配

宗聖曾子　亞聖孟子

書

木主高一尺五寸濶三寸二分厚六分赤地墨

祭品

東西各二案

篚一帛白色　羊一

豕一　鉶二各羹

簠黍　簋一稷

爵三　酒罇一

籩八　形鹽　鹿脯　栗　菱　藁魚　榛　棗　芡

豆八　韭菹　芹菹　筍菹　菁菹　醓醢　兎醢　魚醢　鹿醢

東哲

閔子名損字子騫魯人　冉子名雍字仲弓魯人

端木子名賜字子貢衛人　仲子名由字子路卞人

卜子名商字子夏衛人　有子名若字子有魯人

西哲

冉子名耕字伯牛魯人　宰子名予字子我魯人
冉子名求字子有魯人　言子名偃字子游吳人
顓孫子名師字子張陽城人　朱子名熹字元晦婺源人
木主高一尺四寸濶二寸六分厚五分赤地墨書

祭品

東西各六案
篚一帛白色　豕一
豕首一　鉶一各羹

簠各一黍　簋各一稷
爵三　酒罇一
籩四形鹽　棗　栗　鹿脯
豆四菁菹　筍菹　鹿醢　兔醢

東西廡

東廡先賢
公孫僑字子產鄭人　林放魯人
原憲字子思檀弓作仲憲宋人　南宮适字子容魯人
商瞿字子木魯人　漆雕開字子若蔡人

司馬耕字伯牛宋人　梁鱣字叔魚齊人
冉孺字子魯魯人　伯虔字子析魯人
冉季字子產魯人　漆雕徒父字子文魯人
漆雕哆字子斂魯人　公西赤字子華魯人
任不齊字子選楚人　公良孺字子正陳人
公肩定字子仲魯人　鄡單
罕父黑字子索魯人　榮旂字子祺魯人
左人郢字子行魯人　鄭國
原亢字子抗魯人　廉潔字子庸衛人

叔仲會字子期魯人　公西輿如字子上魯人
邽巽　陳亢字子禽陳人
琴張衛人　步叔乘字子車齊人
秦非字子之魯人　顏噲字子聲魯人
顏何字冉魯人　縣亶字子家
牧皮　樂正克
萬章　周敦頤字茂叔營道人
程顥字伯淳洛陽人　邵雍字堯夫范陽人

西廡先賢

蘧瑗字伯玉
澹臺滅明字子羽武城人
宓不齊字子賤魯人
公冶長字子長魯人
公晳哀字季沈齊人
高柴字羔齊人
樊須字子遲魯人
商澤字子秀魯人
巫馬施字子期陳人
顏辛字子柳魯人
曹卹字子循蔡人
公孫龍字子石衛人
秦商字丕茲魯人
顏高字子驕魯人
壤駟赤字子從秦人
石作蜀字子明秦人
公夏首字子乘魯人
后處字子里齊人

奚容蒧字子偕魯人
顏祖字子襄魯人
句井疆字子野衛人
秦祖字子南魯人
縣成字子祺魯人
公祖句茲字子之魯人
燕伋字子思秦人
樂欬字子聲秦人
狄黑字子晳衛人
孔忠字子蔑
公西蒧字子尙魯人
顏之僕字子叔魯人
施之常字子常魯人
申棖字子周
左邱明魯人
秦冉
公明儀
公都子

公孫丑
張載字子厚郿人
程頤字正叔洛陽人

東廡先儒

公羊高齊人
伏勝字子賤鄒平人
毛亨
孔安國字子國
后蒼字近君郯人
鄭康成
范甯
陸贄
范仲淹字希文吳人
歐陽修字永叔廬陵人
司馬光字君實夏縣人
謝良佐

羅從彥字仲素劍州人
李綱
張栻字敬夫綿竹人
陸九淵字子靜金谿人
陳湻字安卿龍溪人
眞德秀字景元浦城人
何基字子恭金華人
文天祥
趙復安州人
金履祥
陳澔
方孝孺
薛瑄字德溫河津人
胡居仁字叔心餘干人
羅欽順字整菴
呂柟
劉宗周
孫奇逢

陸隴其字稼書

西廡先儒

穀梁赤字元始魯人　高堂生字伯魯人

董仲舒廣川人　毛萇趙人

杜子春河南人　諸葛亮字孔明

王通字仲淹龍門人　韓愈字退之修武人

胡瑗字翼之海陵人　韓琦

楊時字中立將樂人　尹焞字彥明洛人

胡安國字康侯崇安人　李侗字愿中劍蒲人

呂祖謙字伯恭婺州人　黃榦字直卿閩縣人

蔡沈字仲默建陽人　魏了翁字華甫蒲江人

王柏　陸秀夫

許衡字平仲河內人　吳澄字幼清撫州人

許謙字白雲　曹端

陳獻章字公甫新會人　蔡清字虛齋

王守仁字伯安餘姚人　呂坤

黃道周　湯斌

按先賢先儒次序均遵同治二年禮部頒發

文廟祀位恭錄

祭品

篚一帛白色　豕一

簠一黍　簋一稷

籩四栗一　棗一　菁葅一　芹葅一

豆四鹿脯一　形鹽一　鹿醢一　兔醢一

爵各四東西兩廡同

崇聖祠

肇聖王木金父公正中南向

裕聖王祈父公東一室南向

詒聖王防叔公西一室南向

昌聖王伯夏公東二室南向

啟聖王叔梁公西二室南向

木主高一尺五寸潤二寸二分赤地墨書

祭品

篚一帛白色　羊一

豕一　鉶一和羹

簠一黍　簋一稷

籩八與正殿四配同　豆八與正殿四配同
酒罇一　爵三
東配
先賢孔氏孟皮　先賢顏氏名無繇字路
先賢孔氏名鯉字伯魚
西配
先賢曾氏名晳　先賢孟孫氏名激
東廡先儒
先儒周氏名輔成　先儒程氏名珦

先儒蔡氏名元定
西廡先儒
先儒張氏名迪　先儒朱氏名松
祭品每位一案
篚一帛白色　豕首一
簠一黍　簋一稷
籩四與正殿十哲同　豆四與正殿十哲同
豕肉一　爵三
祭儀

每歲春秋二仲月上丁日致祭先期承祭官率陪
祭各官齊赴
文廟階下行一跪三叩頭禮教官滌器視牲並瘞毛血
至期五鼓各官衣朝服齊集行禮分獻陪祭各官
入兩旁門序立贊引官導承祭官至盥洗處盥手
畢引至臺階下立典儀唱樂舞生就位執事各官
各司其事分獻官陪祭官各就位贊引官贊就位
承祭官就拜位立分獻官隨後立典儀唱迎神唱
舉迎神樂奏咸平之章樂作贊引官贊跪叩興承

祭官陪祭官分獻官俱行三跪九叩頭禮興樂止
典儀唱奠帛行初獻禮唱舉初獻樂奏甯平之章
樂作贊引官贊陞壇導承祭官由東階上進殿左
門贊引官贊詣
至聖先師孔子位前承祭官至案前立贊引官贊跪叩興
承祭官行一跪一叩頭禮贊引官贊奠帛捧帛官
以帛跪進承祭官接帛拱舉立獻畢贊引官贊獻
爵執爵官以爵跪進承祭官接爵拱舉立獻畢行
一跪一叩頭禮興贊引官贊詣讀祝位承祭官詣

讀祝位立讀祝官至祝案前一跪三叩頭捧祝文
立於案左樂止贊引官贊跪承祭官讀祝官分獻
官陪祭各官俱跪贊引官贊讀祝讀畢捧祝至
正位前案上跪安帛匣內三叩頭退樂作贊引官贊
叩興承祭官及各官行三叩頭禮興贊引官贊詣
復聖顏子位前承祭官就案前立贊引官贊跪叩
承祭官一跪一叩頭興贊引官贊奠帛捧帛官跪
進於案左承祭官接帛拱舉立獻案上贊引官贊
獻爵執爵官跪進於案左承祭官接爵拱舉立獻

案上行一跪一叩頭禮興贊詣
宗聖曾子位前如前儀贊詣
述聖子思子位前如前儀贊詣
亞聖孟子位前如前儀其十哲兩廡分獻官俱照
前儀行禮畢贊引官贊復位承祭官分獻官仍詣
至聖先師位前立樂止典儀唱行亞獻禮唱舉亞獻樂奏
安平之章樂作贊引官贊陞壇獻爵於左如初獻
儀贊引官贊復位承祭官分獻官各復位立樂止
典儀唱行三獻禮唱舉三獻樂奏景平之章樂作

贊引官贊陞壇獻爵於右如亞獻儀贊引官贊復
位承祭官分獻官各復位立樂止典儀唱飲福受
胙贊引官贊詣受福胙位承祭官至殿內立捧酒
胙官二員捧至
正位案前拱舉至飲福胙位右旁跪接福胙官二員
在左傍跪贊引官贊跪承祭官跪贊飲福酒承祭
官受爵拱舉授接爵官贊受福胙承祭官受胙拱
舉授接胙官贊引贊官叩頭興承祭官三叩頭興
贊復位承祭官復位立次行謝福胙禮贊引官贊

跪叩頭興承祭官分獻官及陪祭各官俱行三跪
九叩頭禮興典儀唱徹饌唱舉徹饌奏咸平之章
樂作徹訖樂止典儀唱送神唱舉送神樂奏咸平
之章樂作贊引官贊跪叩頭興承祭官分獻官及
陪祭各官皆行三跪九叩頭禮興樂止典儀唱捧
祝帛饌各詣燎位捧祝官捧帛官至各位前一跪
三叩頭捧起祝文在前帛次之捧饌官跪不叩頭
捧起在後俱送至燎位承祭官退至西傍立候帛
祝饌過仍復位立典儀唱望燎唱舉望燎樂奏送

神同樂作贊引官贊詣望燎位導承祭官至燎位
立祝帛焚訖樂止贊引官贊禮畢退
祝文
惟
先師德隆千聖道冠百王揭日月以常行自生民所未有
屬
文教昌明之會正禮和樂節之時辟雍鐘鼓咸恪薦於
馨香泮水膠庠益致嚴於籩豆茲當仲春秋祗率彝
章肅展微忱聿將祀典以

復聖顏子
宗聖曾子
述聖子思子
亞聖孟子配尙饗
樂章
迎神樂咸平之章　無舞
大哉
至聖道德尊崇維持王化斯民是宗典祀有常精純並隆
神其來格於昭聖容

初獻樂甯平之章　有舞
自生民來誰底其盛惟師神明度越前聖粢帛具
成禮容斯稱黍稷非馨維神之聽
亞獻樂安平之章　有舞
大哉
聖師實天生德作樂以崇時祀無斁清酤惟馨嘉牲孔碩
薦羞神明庶幾昭格
三獻樂景平之章　有舞
百王宗師生民物軌瞻之洋洋神其甯止酌彼金

罍惟清且旨登獻惟三於嘻成禮
徹饌樂咸平之章　無舞
犧牲在前豆籩在列以享以薦既芳既潔禮成樂
備人和神悅祭則受福率遵無越
送神樂咸平之章　望燎同
有嚴學宮四方來崇恪恭祀事威儀雝雝歆茲惟
馨神馭還復明禋斯畢咸膺百福
樂器
麾　金鐘　玉磬　鼓　搏拊　柷　敔　琴

瑟　排簫　笙　簫　笛　塤　篪

舞器

節　羽　籥

舞譜

初獻

自 稍前向外開籥舞　生 踏向裏開籥舞

民 朝上合手蹲　來 起辭身向外高舉籥面朝

誰 兩兩相對蹲東西兩向　底 合手蹲朝上

其 正揖　盛 起平身出左手立

惟 兩兩相對自下而上東西相向　師 稍前舞舉籥垂翟

神 中班轉身東西相向立惟兩中班十二人轉身俱東西相向

明 舉翟三合籥　度 稍前向垂手舞

越 踏向裏垂手舞　前 向前合手謙進步雙手合籥

聖 回身再謙退步側身向外高手回面向上　粢 正蹲朝上

帛 稍舞躬身挽手側身向外呈籥耳邊面朝上

具 正揖　成 起辭身挽手復舉籥正立

禮 兩兩相對交籥兩班俱東西手執樂　容 正揖

斯 向外退挽手與籥向外面朝上　稱 回身正立

黍 稍前舞　稷 正蹲朝上

非 左右垂手兩班上下俱雙垂手東西兩向　馨 起合手相向立

惟 左右側身垂手向外開籥垂手舞　神 向右側身垂手向裏垂手舞

之 正揖朝上　聽 躬而受之躬身朝上拱籥而受之三鼓畢退

亞獻

大 左右進步外垂手舞　哉 左向裏垂手舞

聖 向外落籥面朝上　師 退向正身立

實 正蹲　天 起身向前轉向外舞

生 向裏舞　德 合手謙進步向前雙手籥存謙

作 兩兩相對自下而上兩班相對舉籥東西　樂 上下俱垂手惟兩中班上下十二人俱垂手垂身東西相向

以 轉身東西相向立　崇 相向立兩班上下以籥相籥

時 稍前舞踏兩班上下俱垂手向外　祀 向裏垂手舞

無 合手謙進步向前垂手合籥　斁 回身再謙兩班上下東西相向合籥立

清 稍前舞向外開籥翟　酤 向裏舞

惟 雙手平執籥翟開籥翟　馨 合籥翟朝上正位

嘉 側手垂左手兩班側垂手向外舞　牲 躬身正立

孔 雙手舞籥翟躬身　碩 躬而受上躬身朝上拱籥受之一而起

鳶 一叩首舉右手叩頭　羞 舉左手叩頭
神 復舉右手叩頭　明 拜一鼓畢即起躬身三鼓平身
庶 三舞蹈舉籥向左躬身舞　幾 舉籥向右躬身舞
昭 舉籥復向左躬身舞　格 拱籥躬身而受之

三獻

百 向外開籥舞　王 向裏開籥舞
宗 側身向外面朝上　師 朝上正位
生 兩班上下兩兩相對交籥　民 合手朝上正蹲
物 側身向裏落籥　執 合籥朝上正位

瞻 向外開籥舞　之 向裏開籥舞
洋 開籥朝上正位　洋 合籥
神 向外開籥舞　其 向裏開籥舞
甯 進步向前雙手合籥　止 回身東西相向手謙
酌 向外開籥舞　彼 向裏開籥舞
金 開籥朝上正位　罍 合籥朝上正位
惟 向外垂手舞　清 向裏垂手舞
且 朝上正揖　旨 躬身而受之
登 躬身向左合籥舞　獻 躬身向右合籥舞
惟 躬身復向左右舞　三 合籥朝上拜一鼓便起身
於 側身向外垂手舞　嘻 側身向內垂手舞
成 朝上正揖　禮 躬身朝南受之三鼓畢起身

後殿祝文

惟

王奕葉鍾祥光開聖緒盛德之後積久彌昌凡聲教所

覃敷率循源而溯本宜肅明禋之典用申守土之

忱茲屆仲春秋聿修祀事配以

先賢顏氏

先賢曾氏

先賢孔氏

先賢孟孫氏尙嚮

學規

順治九年禮部

題奉

欽定條約八款頒刻學宮臥碑

朝廷建立學校選取生員免其丁糧厚以廩餼設學院

學道學官以敎之各衙門官以禮相待全務養成

賢才以供
朝廷之用諸生皆當上報
國恩下立人品所有條教開列於後
一生員之家父母賢智者子當受教父母愚魯或有非爲者子既讀書明理當再三懇告使父母不陷於危亡
一生員立志當學爲忠臣清官書紀所載忠清事蹟務須互相講究凡利國愛民之事更宜留心
一生員居心忠厚正直讀書方有實用出仕必作良吏若心術邪刻讀書必無成就爲官必取禍患行害人之事者往往自殺其身常當猛省
一生員不可干求官長結交勢要希圖進身若果心善德全上天知之必加以福
一生員當愛生忍性凡有司衙門不可輕入即有切己之事止許家人代告不許干與他人詞訟他人亦不許牽連生員作證
一爲學當尊敬先生若講說皆須誠心聽受如有未明從容再問毋妄行辯難爲師者亦當盡心教

訓毋致怠惰
一軍民一切利病不許生員上書陳言如有一言建白以違制論黜革治罪
一生員不許糾黨多人立盟結社把持官府武斷鄉曲所作文字不許妄行刊刻違者聽提調官治罪
學額
廩生二十名　增生二十名
附生無額數
歲科兩試文童額入學十五名
歲試武童額入學十五名
康熙六十一年
恩詔直省儒學增廣學額一次漢陽縣加取七名
雍正十三年
恩詔直省儒學增廣學額一次漢陽縣加取七名
乾隆六十年二月恭遇
文廟釋奠禮成閱視辟雍新刻石經奉
旨加恩增廣學額漢陽縣加取五名

嘉慶元年
恩詔直省儒學增廣學額一次漢陽縣加取七名
嘉慶四年
恩詔直省儒學增廣學額一次漢陽縣加取七名
嘉慶二十年前令裘行恕倡同紳士袁應惇楊維讌鄭承迨等以人文蔚起額數太隘合詞籲請奉
旨准加文學定額三名
道光元年
恩詔直省儒學增廣學額一次漢陽縣加取七名

咸豐元年
恩詔直省儒學增廣學額一次漢陽縣加取七名
咸豐四年兩廣總督葉名琛在於廣東任內捐輸軍餉請於原籍地方加廣永遠學額五月二十八日奉
旨准加文武學定額各二名
咸豐十年三月湖北通省紳民捐輸案內奉
旨准加文武學定額各三名
今上同治元年
恩詔直省儒學增廣學額一次漢陽縣加取七名
同治三年三月湖北通省紳民捐輸案內奉
旨准加文武學定額各四名
同治四年三月闔邑紳民團練捐輸案內奉
旨准加文武學定額各一名

學田

原額田二頃五畝九分二釐七毫　地十五畝
隨田塘地三十畝一分
一則田十三石六斗五升共八十一畝二分九釐

隨田塘一十八畝二分六釐坐落柏泉鄉城隍臺除隨田塘不科租每畝納穀一石三斗四升八合二勺零該租穀一百九石六升內應完正賦穀六十石
一則田九石四斗共二十八畝七分八釐七毫隨田下地三畝三分坐落柏泉鄉瓦匠灣除隨田下地不科租外每畝納穀一石二斗三升三合三勺該租穀二十五石八斗四升一合內應完正賦穀一十石四斗二升四合
又田三石共三十七畝八分一釐四毫坐落柏泉鄉騍子廟每畝納穀一石一斗九升七合三勺該租穀四十五石一

斗四升內應完正賦穀一十九石二斗八升
一則田五石共田三十一畝二分隨田塘六分三
釐八毫不科租坐落新佃鋪每畝納穀一石五斗一合六勺該租穀
四十六石八斗五升
又地一十五畝納租銀一兩六錢內應完正賦穀九石八
斗一升
一則田五石共三十四畝六分七釐隨田下地一
畝塘六畝八分三釐八毫不科租坐落馬家渡每畝納穀一石三斗五升八合五勺該租穀四十七石一斗內應完正賦

穀一十二石六斗
四分共除完正賦外實收租穀一百六十二石四
斗一升七合原額加增共歲收折穀租銀六十四
兩九錢六分七釐
按縣志舊載學田係兼府縣學合載尚有西嶺
百人磯二處今通志已將府縣學田畝劃分應
將縣學田畝載明至原額每穀一石折銀二錢
七分七釐八毫二絲二忽其加增之數另載冊
卷

按縣之有學自明教諭趙雩航始嗣因裁弟子
員併入府學舊址改爲右千戶署趙記亦不可
攷萬歷乙酉郡守杜從易令喻應台從蕭司成
之請乃復建焉越二年令管宗泰漸擴其規迨
丁酉令陳堯欽落成中丞郭維賢記之閱七載
郡守傅道統教諭陳陽和建崇聖祠於左並建
龍門坊鑿泮爲渠自明倫堂下折而合於大成
門以入江戊申圮於水乙酉郡守舒體震修復
之而自爲記崇正末廢於兵

國朝順治初太守耶俊孫始鼎新之邑學士熊伯龍
爲之記康熙後郡守柳國勳郭朝祚屢加修理
乾隆初令沈孟堅增建尊經閣乃稱巨觀自後
歲有培葺值咸豐壬子以迄乙卯兵燹屢遭蕩
爲瓦礫十一年辛酉令張孔修倡率紳士集貲
擬建始復其舊

書院義學附

鳳山書院

在府學後鳳棲山下

晴川書院

舊在南紀門內乾隆七年郡守陳以言取義學廢址增益之顏以今額歲久坍圮嘉慶四年郡守劉斌以勸賑餘貲買張氏宅改建書院於今址前令裘行恕有記詳見藝文咸豐閒燬於寇同治四年郡守鍾謙鈞率屬偕紳集貲重建

按晴川書院係爲五屬生童肄業之所其建置應見府志茲遵前志錄存

崇正書院

在九蓮池西道光二十九年署郡守趙德轍於恤孤局廢址擬建書院顏以崇正並捐廉集貲以爲本邑文童習肄膏火咸豐二年廢於兵

義學

在南紀門內邑人徐諤重修並捐銀生息資助膏火今廢僅存舊基

附賓興公車經費紀畧

邑賓興公車之設剏自道光八年維時淮商輻輳漢鎮繁盛甲於東南經紳士呂仲等三十餘人先後具稟　前學憲王轉飭漢陽府縣勸諭各鹽商於每屆鄉會試年分提銀貳千兩發紳承領分撥兩項之用由紳等具稟　前鹽道憲德立案復於各紳富籌捐得銀伍千兩發給縣屬各典承領生息按三年彙繳分派撥用嗣因道光三十年淮鹽改章岸商星散咸豐二年遭髮逆蹂躪漢皐典鋪被劫典商四逃此款遂無從提取同治六年邑人劉世塤吳傳灝廖長亨丁暘等在淮鹽督銷局稟請於鹽捐項內抽撥銀兩作爲上項經費奉　署督憲李　爵撫憲曾批准飭發除分撥晴川書院膏火銀貳千捌百兩另由紳呈繳漢陽府憲轉發書院承領外實領得銀肆千捌百兩由紳士等公議置產生息並於置買房屋契內批明永遠不准典賣呈請漢陽縣加印存匣以垂久遠其賓興公車章程均經紳士等公同釐定登簿呈縣加印分

派首士按年承管互相稽察茲不備載

續輯漢陽縣志卷之十一

禋祀志敘

附郭之邑秩祀尤重者令皆隨太守從事若山川社稷與凡有功德於境土令乃專其薦享夫令也一身以其明者涖乎民以其幽者通乎神故使民如承大祭成民而致力於神上下嘉德無有違心然後神降之福風雨和甘災沴不興若桴鼓之相應蓋恪恭震動之心發於內誠洋洋乎不啻臨上質旁則神之於人亦豈相遠哉彼罍瓮豆籩特假諸物以交於冥漠者昭格之誠則一歸於敬志禋祀

先農耕耤田

先農壇　舊在西關外雍正四年建今移建鐵門關便民倉舊址每歲仲春亥日巳時祭午時行耕耤禮祭日承祭官率各官請神位供於壇上朝服行禮畢送神入祠

壇高二尺一寸廣二丈五尺　牌高二尺四寸廣六寸　座高五寸廣九寸五分

壇後祠宇
正房三配房各一　正房中供
先農神位（紅牌金字）　東正房（貯祭器農具）　西正房（貯耕耤米穀）
東配房（買辦祭品）　西配房（看守農民居住）
耤田
四畝九分（坐落東郊）
祭品
帛一（白色）　羊一　豕一　鉶一
籩四　豆四　簠二　簋二

禮節
祭日各官衣朝衣禮生引承祭官至拜位通贊唱執事者各執其事陪祭官各就位承祭官就位通贊唱瘞毛血禮生引詣盥洗所贊盥洗淨巾引詣香案前贊迎神行二跪六叩頭禮興行初獻禮引詣
神位前跪奠帛獻爵叩頭興詣讀祝位跪衆官皆跪宣祝文畢叩頭興引唱復位通贊唱行亞獻禮引詣
神位前跪獻爵叩頭興復位通贊唱行三獻禮如亞獻儀通贊唱飲福受胙引唱詣飲福受胙位跪飲福酒受福胙跪叩頭興謝胙一跪三叩頭興復位通贊唱撤饌送神行二跪六叩頭禮興通贊唱司祝者捧祝司帛者捧帛各詣燎所引唱詣望燎位焚畢復位通贊唱禮畢各官更蟒衣詣耤田行耕耤禮
耕耤儀
一官捧清箱一官播種各官俱用右手杖犁左手

執鞭各行九推禮農夫終畝耕畢各回官廳更朝衣望
闕恭行三跪九叩頭禮仍將遵行耕耤日期具奏
（知府秉耒佐貳執青箱知縣播種）
祝文
惟
神肇興稼穡粒我蒸民頌思文之德克配彼天念率育之功當陳時夏茲當東作咸服先疇洪惟
九五之尊歲舉

三推之典恭膺守土敢忘勞民謹奉彝章聿修祀事
惟願五風十雨嘉祥恆沐於
神庥庶幾九穗雙岐上瑞頻書於大有尚饗
耕耤器物人役
農具一赤色　牛一黑色　耔種一青色
耆老一名牽牛　農夫二名扶犂　農童六名唱歌
社稷壇　舊在西門外永安橋乾隆三年知府胡學成知縣沈孟堅改建於城北興國寺前乾隆五十三年圮於水嘉慶二十年重修咸豐壬子燬於兵今改建鐵門關外與先農壇附焉每歲春秋仲月上戊日出主於壇而祭之
祭品
帛一黑色　豕一　羊一　鉶一
籩四　豆四　簠二　簋二
禮節與先農同
祝文
惟
神奠安九土粒食萬邦分五色以表封圻育三農而

蕃稼穡恭承守土肅展明禋茲届仲春秋聿修祀典
庶丸丸松柏鞏磐石於無疆翼翼黍苗佐神倉於
不匱尚饗
神祇壇　按壇與社稷壇向稱東西二壇舊在南紀門外祀風雲雷雨山川城隍之神乾隆五十三年江水泛漲兩壇同被水圮嘉慶十七年令裘行恕以兩壇祀典攸關詳請興建咸豐二年復燬今移建鐵門關外附社稷壇每歲春秋仲月合祭
風雲雷雨居中　帛四白色
山川居左　帛二白色
城隍居右　帛一白色
祝文
惟
神贊襄天澤福佑蒼黎佐靈化以流形生成永賴乘
氣機而鼓盪溫肅攸宜磅礴高深長保安貞之吉
憑依鞏固實資捍禦之功幸民俗之殷盈仰
神明之庇護恭修歲祀正值良辰敬潔豆籩祇陳牲
幣尚饗

祭厲壇　在大別山南每歲清明日七月望十月朔請城隍之神出主其祭榜無祀鬼神分祀之羊三豕三飯米三石香燭酒紙隨用祭時有告城隍文

里社鄉厲二壇　在城外

關帝廟　在城內小校廠同治六年郡守鍾謙鈞重建咸豐三年升入中祀每歲春秋仲月及五月十三日致祭

春秋二祭祭品

帛一白色　牛一　羊一　豕一

籩一　豆一

五月十三日祭品後殿不用牛餘同

帛一白色　牛一　羊一　豕一

果五盤

禮節

祭日贊引官引承祭官進左傍門至盥洗所贊盥洗盥洗畢引至殿內行禮處立典儀唱執事者各司其事贊引官贊就位引承祭官就位立典儀唱迎神司香官捧香盒就香爐左邊立贊引官承祭

官就香爐前立司香官跪贊引官贊上香承祭官立將炷香接舉插爐內又上塊香三次畢贊引官贊復位承祭官復位立贊引官贊跪叩興承祭官行三跪九叩頭禮典儀唱奠帛爵行初獻禮捧帛爵官將帛爵捧進神位前奠帛爵官跪獻畢行三叩頭禮退執爵官立獻畢退讀祝官詣安祝文桌前行一跪三叩頭禮捧起祝文立贊引官贊跪承祭官讀祝官俱跪贊讀祝讀畢捧神位前跪安盛帛盒內畢行三叩頭禮退贊引官贊叩興承祭官行三叩頭禮立典儀唱行亞獻禮執爵官照初獻禮獻畢退典儀唱行三獻禮執爵官自案右邊照亞獻禮獻畢退典儀唱撤饌唱送神贊引官贊跪叩興承祭官行三跪九叩頭禮立典儀唱捧祝帛饌各詣燎位捧祝帛香饌官各至神位前俱跪捧祝帛官行三叩禮捧香饌官不叩頭將祝帛香饌依序捧送承祭官退至西傍立候捧祝帛各官過畢復位立贊引官贊詣望燎位承祭

官至燎爐前焚訖贊引官贊禮畢退

祝文

惟

帝星日英靈乾坤正氣允文允武紹聖學於千秋至大至剛顯神威於六合仰聲靈之赫濯崇典禮於馨香茲當仲春秋用昭時饗惟祈

昭格克鑒精虔尚饗

五月十三日祝文

惟

帝九宇承庥兩儀合撰崧生嶽降溯誕聖之靈辰日午天中届恢台之令序聰明正直壹者也千秋徵肸蠁之隆盛德大業至矣哉六幕肅馨香之薦爰循懋典式展明禋苾芬時陳精誠

鑒格尚饗

樂章

格平之章　迎神

懿鑠兮焜煌

神威靈兮赫八方偉烈昭兮累禩祀事明兮永長達

精誠兮黍稷馨香儼如在兮洋洋

翊平之章　初獻

英風颯兮

神格思紛羽蓋兮龍旂𩅦桂醑兮盈卮香始升兮明粢惟降鑒兮在茲流景祚兮翊昌時

恢平之章　亞獻

觴再酌兮告虔舞干戚兮合宫懸歆苾芬兮潔蠲扇巍翼兮

神功宣

靖平之章　終獻

鬱鬯兮三申羅籩豆兮畢陳儀卒度兮肅明禋

神降福兮宜民宜人

彝平之章　徹饌

物惟備兮咸有明德惟馨兮

神其受告徹兮禮終罔咎佑我家邦兮孔厚

康平之章　送神奏其一　望燎奏其二

幢葆葳蕤兮

神聿歸馭鳳軫兮驂虬騑降烟熅兮餘馚馡顧回靈

緲兮德洽明威 其一

爇蒿烈兮燎有煇

神光逝燭兮祥雲霏祭受福兮茂典無遵庶揚駿烈

兮永貫暨義 其二

祭後殿　咸豐六年追封王爵

光昭王正中南向

裕昌王東一室南向

成忠王西一室南向

後殿祭品

帛一 白色　豕一　羊一　籩八

禮節

行二跪六叩頭禮承祭官詣

光昭王

裕昌王

成忠王各爐前奉香餘同前殿

後殿祝文

惟

王世澤貽庥靈源積慶德能昌後篤生神武之英善

則歸親宜享尊榮之報列上公之封爵

錫命優隆合三世以肇禋典章明備恭逢諏吉祇事

薦馨尙饗

後殿五月十三日祝文

惟

王廸德承家累仁昌後崧生嶽降識毓聖之有基木

木水源宜推恩之及遠封爵特超於五等馨香永

薦於千秋際仲夏之届時命禮官而將事惟祈

昭格鑒此精虔尙饗

文昌帝君廟　向在閣鳳棲山因舊廟久經坍塌移

祀　府城隍廟內設位致祭後邑令裘行恕詳改

爲文昌祠燼於咸豐年兵燹同治六年郡守鍾謙

鈞移建小教廠改爲文昌宫同治五年升入中祀

每歲春秋仲月及二月初三日致祭其祭品禮節

俱照祭

關帝廟儀

春秋二祭祝文

惟

神道闡苞符性敦孝友並行並育德侔天地以同流
乃聖乃神敎炳日星而大顯仰鑒觀之有赫示明
德之惟馨茲當仲春秋用昭時享惟祈
歆格克鑒精虔尙饗
二月初三日告祭祝文
惟
神功參橐籥撰合乾坤溯誕降之靈辰三台紀瑞度
中和之令節九宇承暉若日月之有光明闡大文
於孝友如天地無不覆載感至治於馨香爰舉上

儀敬陳芳薦精禋罔斁
神鑒式臨尙饗
樂章
丕平之章　迎神
秉氣兮靈躔翊文運兮赫中天蜺旌兮戾止雕俎
兮告虔迓
神庥兮于萬斯年
俶平之章　初獻
神之來兮遵籩式陳

神之格兮几筵式親極昭彰兮靈貺致蠲潔兮明禋
升香兮伊始居歆兮佑我人民
煥平之章　亞獻
再酌兮瑤觴燦爛兮庭燎之光申虔禱兮
神座儼降兮
帝旁粢醴潔兮齋遨將綏景運兮靈長
煋平之章　終獻
禮成三獻兮樂奏三終覃敷元化兮繄
神功馨香達兮肸蠁通歆明德兮昭察寅衷

懿平之章　徹饌
備物兮惟時告徹兮終禮儀
神悅懌兮鑒在茲垂鴻佑兮累洽重熙
蔚平之章　送神奏其一　望燎奏其二
雲駢駕兮風旂搖
神之歸兮天路遙瞻翠葆兮企丹霄願廻靈眷兮福
我朝　其一
烟熛降兮元氣和
神光燭兮梓潼之阿化成者定兮櫜弓戢戈文治光

兮受福則那　其二

祭後殿

文昌帝君先代神位祭品禮節俱照

關帝廟後殿儀

後殿祝文

敎貽式穀壐抑邪扶正之規禮重升馨著崇德報

功之典載稽譜牒祇肅苾芬惟

文昌帝君學裕本原道參位育絪馨香之至治久極

尊崇申報享之隆文宜昭誠敬聿升中祀式舉上

儀於戲德廸前光十七世仁風普洽慶餘積善億

萬年文運長新敬布明禋尚祈

昭鑒尚饗

後殿二月初三日祝文

惟

文昌帝君道備中和神超亭毒稟貽謀而允紹欽毓

聖之有基雲漢昭回際嶽降崧生之會馨香感格

典水源木本之思式肇明禋用光彝典尚祈

神鑒享此清芬尚饗

縣城隍廟　在縣署東其儀制與府廟同

八蜡廟　舊在西門外永安橋西明建歲春秋二仲

月與社稷等壇同日祭明吳與言有記見藝文廟

今廢

旗纛廟　在城內今廢

禹稷行宮　在大別山禹功磯上宋司農少卿張體

仁建以祀大禹配以益稷元世祖命有司重建明

洪武二十年楚王躬行祭奠有司春秋二仲於釋

奠後二日致祭崇正中僉事張元芳升稷並享左

右列八元八愷後又附入召康公穆公馮兵燹後

同治三年重建碑記均詳藝文

劉猛將軍廟　在府署東神名承忠元時官指揮能

驅蝗世稱劉猛將軍同治五年　封號普佑

龍王廟　在南紀門外大江之滸今廢

龍神祠　舊附祭城隍廟無專祠乾隆四十四年合

王嵩高以南紀門廢義學改爲龍神祠五十年詳

請府屬州縣每年各捐銀六兩以供香火廟僧赴

領今廢

土地祠　在縣署東

名宦祠

鄉賢祠　俱在縣學宫戟門左右

忠義孝弟祠　在鼓樓右祠内立牌刻姓氏於上

節孝祠　在鼓樓右祠前建坊紀姓氏於上

昭忠祠　在城内小校廠　關帝廟後同治六年

郡守鍾謙鈞建祠内立牌祀地方文武官死事在

境者

漢陽府知府董振鐸　二年城陷盡節

漢陽府知府俞舜欽　三年城陷盡節

漢陽縣丞趙連忠　二年城陷盡節

漢陽營遊擊李信　二年城陷力戰陣亡

漢陽營遊擊王山　三年漢鎮打仗陣亡

附陣亡兵丁

倪　綱　張志賢　滕士貴　胡光玉

曾朝萬　張大啓　張榮祖　楊正光

王添元　周勝得　余得勝　周　光

周鳳祥　劉連陞　蔣玉明　項萬順

穆文揚　段大勇　盧運秀　李　朝

張成鳳　胡天德　黄　金　羅大春

甘光全　白　貴　倪成興　金大明

胡玉貴　熊　貴　謝國泰　崔智榮

張朝玉　方連陞　高連貴　張　貴

張士貴　熊廷魁　汪德陞　劉　勇

胡有德　趙文廣　李　元　袁士貴

唐上志　徐正煒　陳治綱　吳　陞

蔡加太　張　林　李大名　徐萬年

以上見舊志

邱維元　張金榜　王紹太　楊洪春

董興茂　劉正年　劉萬太　夏開元

李長青　佘光太　朱萬榮　阮安邦

夏大貴　韓宗元　韓長林　黄大貴

朱大名　羅德太　胡淮山　陳立魁

陳開發　汪有榮　李炳嵩　馮占魁

金允太　王開太　吳金魁　劉魁元

朱紫貴　劉開太　馬定標　夏開太

蔡國祥　王興元　高大洪　徐俊伍
魏定國　汪連升　蕭洪元　蕭洪昌
張榮升　戴洪勝　陳義國　萬大章
以上均於二年城陷陣亡
馬兆元　李正太　胡玉春　張士太
喻得勝　高官寅　桑得名　蘇恆義
葉應福　賽士青　陳元茂　陳元勝
金占魁　祁得勝　陳廷高　劉大順
張文彬　張連升　石成龍　李正國

楊連升　楊正順　李定國　楊士龍
陳連升　吳萬明　陳得勝　陳國安
胡定太　邱運昌　舒得祥　蕭宗福
王榮貴　艾大元　韓大富　鄭長生
李洪標　曾福勝　謝洪恩　江大文
熊有才　明芳堯　周金魁　周兆隆
王國榮　匡國汝　燕文魁　熊高升
張得安　葉金魁　邵長勝　馬兵周國太
王金印　王金標

以上均係本營兵丁在各屬打仗陣亡
禰衡祠　在鸚鵡洲今廢
魯肅祠　在魯山西麓南傍郡城今廢
胡奮祠　祀晉征南大將軍今廢
太白祠　在郎官湖北
張王廟　在南紀門外舊志曰上有唐張巡廟或曰祀張柬之未詳孰是按柬之入相時年已八十雖封漢陽郡王而功德未及茲土睢陽有保障江淮之功江淮以南有兵事城守者多祀之今瞻禮廟

像大有裂眦豎髮之概廟殆爲睢陽而設以作忠義之氣乎
敬一亭六先生祠　詳見藝文
褒忠祠　在下蒲潭祀宋慶遠節度使李道按道字行之相州人歷官至湖北副總管卒贈太尉封楚王諡忠毅娶張氏封秦國夫人其中女爲光宗后生甯宗
馮公祠　公諱應京泗州盱眙人由進士兵巡武昌稅監陳奉肆虐鄉民極力捍禦奮不顧身武漢閒

賴以無恐後爲奉所中被逮去士民扳臥不及立

祠大別山前歲時致祭

額公祠　在楊林口下今廢

柳公祠　在鼓樓左今廢

黃公祠　在晴川閣右今廢

郝公祠　在南紀門内今廢

宋公祠　記載府志

何公祠　記載府志

續輯漢陽縣志卷之十二

公署志敘

邑中公署舊志並載道府遊擊諸廨以其均在邑境内雖複郡志無嫌也今亦仍之又副鎮駐漢口乃咸豐近事爲專防而設故亦列入然令尹以下各署則加詳焉邑志之體宜如是耳竊嘗攷之由漢以來内而曰省曰寺監外而曰廷曰堂曰廨舍皆公署之稱也邑自令尹至寮屬莫不有治事憩息之所凡以公錢營之故均名爲公署他締構屬吏事者亦得以公名之夫不以傳舍視公署則圖因革利病恒於斯治朞會獄訟恒於斯考百度興替恒於斯如農夫之有畔行無越思久而葳芾之愛庚桑之祝且隨之矣若僅以貸假息侈榮觀彼所云不懈於位民之攸塈者何以稱焉凡造於官者連類紀之以無忘職業志公署

漢黃德道署

舊在黃州府城同治二年因委辦外夷通商事宜特設江漢關監督改建道署於漢鎮大智坊漢黃

德道鄭蘭晉修

府署

在城内鳳棲山南麓兵燹後咸豐九年郡守劉齊銜重建

漢鎮同知署

駐漢口鎮咸豐九年重建

通判署

舊在城内今移居漢口居仁坊同治二年建

經歷署

在府治右咸豐十一年重建

司獄署

在府治南咸豐九年重建

教授署

在府學内咸豐九年重建

訓導署

在府學内咸豐九年重建

試院

漢郡舊附武昌應試每遇風濤生童冒險東渡深以爲艱雍正三年邑令閻鋼合漢陽漢川衆紳士公同捐建基址係熊鍾陵先生故宅捐出有流萬堂額以紀之并設木主於院西祀之道光戊戌郡守楊炳堃重建改設院東道光乙巳郡守夏廷楨重建仍因焉咸豐壬子後兵燹院廢丁巳郡守劉齊銜前令吳瑛籌貲復建

以上係府屬各署因隸本邑境内故略志之其詳載府志

縣署

在鳳棲山之南岡相傳建於明洪武二年成化間重修正德時燬於火令龔鋭再建嘉隆萬歷時屢修崇正末張獻忠蹂躪楚北漢陽衙署燬於寇

國朝順治初年來宰兹邑者悉僦居民舍康熙年間令張介眉始即舊基建造即今縣署也乾隆五十二年令王鵬南詳請修理嘉慶十八年令裘行恕鼎建一新兵燹後咸豐九年令馬晉圖重建

教諭訓導署

在縣學内咸豐十一年重建

縣丞署
在縣署西咸豐八年重建
典史署
在縣頭門内東偏咸豐九年重建
漢口鎮仁義司巡檢署
在居仁坊咸豐七年重建
漢口鎮禮智司巡檢署
在循禮坊咸豐七年重建
蒲潭鎮巡檢司署
在縣治西南三十里下蒲潭所

蔡店鎮巡檢司署
在縣治西南六十里本鎮河街
新灘鎮巡檢司署
在縣治西南一百三十里本鎮
以上係縣屬各署
副將署
在府署左側咸豐八年添設漢陽協副將升改遊擊署爲副將署協鎮施鴻恩建

都司署
在漢鎮循禮坊堡垣内依堡爲署同治三年建
守備署
舊在漢口鎮同治五年移建府城西隅舊遊擊署基其舊守備署在漢口大智坊馬王廟改爲營中辦公之所
水師千總署
在漢口鎮
水師外委千把總署
在漢口鎮雍正八年增設

水師額外外委署
在漢口鎮
以上係營署
分守武昌道署
舊在府治東朝宗門内今廢
分巡武昌道署
舊在府治東與守道署連後改北院今廢
北察院署

卽巡道署改康熙閒鈌裁署廢

推官署

康熙閒裁署廢

照磨署

康熙閒裁署廢

庫大使署

今廢

百人磯鎮巡檢司署

舊在縣南六十里後遷東江腦今裁署廢

蔡坫驛丞署

鈌裁署廢

長江局河泊所署

舊在縣治南今廢

三淪河河泊所署

舊在縣治北二十五里後併入長江局所今廢

桑臺湖河泊所署

舊在縣治西北三十里馬肚潭今廢

馬影湖河泊所署

舊在平塘渡口東岸後裁併入桑臺所今廢

蒲潭湖河泊所署

舊在縣治西南六十里上蒲潭今廢

新灘湖河泊所署

在縣治西南一百三十里宦子口後併入蒲潭所

今廢

以上各鈌俱裁署廢

陰陽學

在府治西今廢

醫學

在府治東今廢

僧綱司

在

道紀司

在

常平倉

舊在城内瓦屋一十六間今廢

通濟倉

舊在縣西南今廢

預備倉

舊在縣三槐嶺今廢

便民倉

舊在大禹廟側今廢

社倉

舊在各里共二十七處今廢

恤孤局

原址在縣署西北王府嶺因道光辛卯年大水災民蓬居小兒無所依附經郡守沈蘭生令史禮賢建修道光丙午改作府經歷署道光己酉改建崇正書院設立講堂專教士子以小學焉至咸豐壬子兵燹後書院廢其原基碑石尚存

孤貧院

坐落西門外兵燹後重建

麻風院

在西門外棉花山共一十四間雍正九年建今廢

育嬰堂

舊在東陽坊共十間雍正十三年郡守張廷慶邑令粱瑛率紳士崔文元等募建徐謣捐田九石三斗以資堂用又東陽坊共二十間紳士徐詵置買高姓房基改建今併廢同治八年署漢黃德道郡守鍾謙鈞率同紳商在於城内前通判署舊址集貲倡建復於堂後捌修敬節堂以恤孤孀並設義塾以誨堂内嬰幼及堂外之附學者其經費係由官紳倡捐及各紳商捐助均經通稟立案所入之項除工程動用錢五千串外尚存經費錢二萬串發交漢陽漢口鎮各質當承領生息每月壹分陸釐行息公具墨領保狀存覈並立憑摺按月取息濟用如質當有一家虧欠著落眾質當公同賠繳毋論官紳不准私提抵算其摺繳存府署凡有支銷由紳領摺取利應用每歲收支均於年終造冊呈報道府縣衙門查覈其規條均經官紳釐訂刊刻曉諭茲擇其尤要者載於左

育嬰堂規

一內堂乳婦視所收嬰孩若干爲僱定之多少不

得多僱虛縻經費其在外撫養者爲外堂按名
發給堂票寄出時認明嬰孩詳悉註冊以憑隨
時查驗
一乳婦須擇其年壯無隱疾者取具的保書立劵
據以防來歷不明之弊
一乳婦各有親生子女其所以願養堂內子女者
不過希圖錢文何關痛癢甚或凌虐加減皆所
不免司事者按月查驗堂內兼責成老嫗幫同
照料堂外則帶冊親往驗視如果嬰孩壯健無

恙由堂按節獎賞倘或瘦弱即係乳少所致立
將乳婦更換如老嫗狥隱不報查出亦即更換
一民間有願領男嬰爲義子女嬰爲義女及爲子
婦者問明姓名籍貫住址作何生理由首士親
詣查明再由地方官確查實係良民方准保領
仍取具地鄰甘結存案如有轉賣爲奴爲婢及
娼優僧尼捏名冒領者查出稟官照律懲辦其
民間抱養嬰兒定期於每月二十日赴堂保領
堂內人等不得索取分文

一每月收養嬰兒若干抱養若干病殤若干現存
若干按月造冊呈報以憑稽覈其夭殤者給貲
掩埋
一嬰兒稍大能食粥飯即飭令本生父母領回如
無父母而有親屬亦勸令撫養倘並無親屬承
領即將女嬰註明交堂內孀婦撫養認爲義女
每名按月給養贍錢壹千貳百文稍長則課以
女工男孩稍長則歸入本堂義塾照章辦理
一嬰兒衣物除入堂時隨時散給外分春末秋初

二季輪換春季以二月初發夾被一件單衫一
件抱裠二條蒲席一牀車椅一乘冬季以十月
初發綿襖褲各一件布袿二件綿抱裠二條腦
搭一個毛蹏一雙綿被一牀筏窩一隻均按季
按名散換不得遺漏
一內堂乳婦有願在堂撫嬰者必須取具的保立
字方准入堂每月伙食錢壹串貳百文撫嬰養
資壹串薙髮布片錢貳百文由首士朔望給發
一兼辦外堂六處均託各首士訪查附近貧民壯

年乳婦具冊報名先給錢叁百文俟有送來嬰
孩卽查照冊名交給撫養每月添給錢七百文
又薙髮布片錢貳百文朔望日將嬰兒抱護來
堂由首士查驗領取薪水

一凡有送嬰兒來堂者務將嬰兒生庚報明註簿
當給送信者酒資錢壹百文以酬其勞

一嬰兒有疾自宜診治卽乳婦有疾亦須速治以
免傳染而醫士必須擇其精習者隨時診視不
得遲悞其藥餌在本堂照單取用

一坐堂首士每月支用薪資錢伍串文伙食錢叁
串文堂內僱用專司催乳婦送嬰孩及代內堂
節婦置買各物老成人一名每月工食火食錢
叁串陸百文水夫兼支更二名每月工價火食
錢叁串文又管門一名工價火食錢叁串文伺
茶打掃一名工價火食壹串伍百文外堂收捐
發錢稽查各件執事一人每月工價錢叁串文
火食錢貳串肆百文外船資點心等每月給錢
壹串貳百文

一堂用經費浩繁雖已勸有捐款發當生息猶須
多方勸捐使費用不缺方能垂久其捐助功德
銀錢隨時登簿書牌張挂以揚人善而杜弊端

敬節堂

在育嬰堂後以屏墻爲界房屋二十四間同治八
年署漢黃德道郡守鍾謙鈞率同紳商剏建其經
費詳見育嬰堂下茲將規條摘載

敬節堂規

一本堂之設原爲保全節義第恐人多費少又或
各孀婦情性不同是以酌分內外堂內堂則在

堂內外堂則在各婦家居住

一堂內房屋編列字號每號住一人如無子女則
每號可住二人照號登記於簿平日墻門常鏁
其鎖鑰歸坐堂首士經理有事均由老嫗於轉
桶內傳遞不准閒雜人等窺探以肅堂規

一堂內以靑年節婦方准收入亦必查係童婚喪
偶非曾經再醮者開具夫家娘家兩處姓氏故
夫何名夫故何年本身年歲有無子女現在住

址請同的保或由族鄰報明查確收入發給養
資其或力能自食及曾由再醮來者概不准收
一堂内節婦薪水月給大錢壹串貳百文聽其自
爨有隨帶親生子女者五歲至十二歲每月發
給錢六百文以十三歲爲止男孩令其出堂或
專留其母於堂内或母子俱願出堂亦聽女孩
則由其母自行擇配均停止月費不得給錢
一節婦既入内堂則當各住各房安靜自守不准
吵嚷高聲以遵内言不出之訓倘或無禮亂性

不遵約束應由各首士稟官驅出免紊清規
一節婦有自帶器具進堂時令其報明由董首司
事查驗登簿其不全者由堂酌量添補仍分別
註明以便查點
一内堂小兒未出痘者代種牛痘由堂照料辦理
一堂内門鑰交坐堂首士經管如有要事啓門必
須知會董事不得任意啓閉凡節婦每年只准
出堂祭掃一次當日回堂遲亦不得過三日違
者不留所僱老嫗住内亦不得常行出入如司
事代買食物亦交老嫗由轉桶傳進不得啓門
挑水亦由墻外灌入内鋼
一節婦有疾在於内堂門外延醫診視旋即進内
醫生出外開方由堂取藥交老嫗煎服伺應坐
堂者查驗痊否倘有事故備棺專葬於節婦義
冢内立石紀其姓氏一面登於堂牌一體祀之
每年展墓焚楮其親屬願改葬者聽
一司事者代買食物如查有侵欺等弊立即逐出
一外堂節婦查明註冊月給大錢肆百文憑摺支

取按月按期由司事派一妥人面交不准代領
董事襄事仍隨時稽查以免弊混
一節婦在堂年久查明與例相符彙請
旌表其在堂壽終除衣棺安葬外立粟主於堂中春秋
祀之各孀婦亦當禮奉其平日茹素者在所不
禁惟不准唸經

普濟堂

舊在城西陽坊日久坍塌後在漢口大智坊先以
公費缺少未及行普濟之事至雍正五年水患房

屋坍塌幾盡因孤貧院在西關外房屋僅八間孤貧衆多不能容住且漢陽孤貧至漢口覓食祈寒暑雨奔走維艱乾隆二年知府胡學成於漢口大智坊重建普濟堂一所計内外房屋六十九間移爲孤貧棲息之地並有各所鋪月給口糧以資養濟而名則仍普濟堂今廢其堂規甚妥協仍錄之以俟踵而行之者

漢口鎮普濟堂各款

每年收籌備庫平銀一千三百兩内庫平多市平銀四十壹兩陸錢

鄔官捐置黃陂縣崇義鄉千餘會地方水田二十七石三斗七升原額租穀一百八十石

完納義田糧米並耗米二石九斗五升三合五勺錢糧正銀三兩九錢九分外火耗銀四錢四分共銀四兩四錢三分

孤貧每名按每日給銀一分一釐每年給銀三兩九錢六分扣小建加閏

男孤貧每月十六日當堂給發口糧每名給剃

頭錢三文

堂役二名每名按月給工食銀三錢每年給銀三兩六錢閏除

設立醫科按月藥資銀一兩六錢每年給銀一十九兩二錢閏除

倩募書記每月給工價筆資銀五錢每年給銀六兩閏除

每日赴堂辦事人十名按每日每名食米八合按月蔬菜銀四錢又按月二次葷菜每次祀神郎賞給在堂人等無論人數多寡給銀四錢按工給茶葉二錢每工食鹽五錢每工食油一兩按每月號簿紙張銀一錢六分

男婦每名給藍布大單袿一件用布二丈每尺價銀一分二釐五毫工價銀四分四釐每名給藍布褲一件用布一丈二尺每尺價銀一分二釐五毫工價銀二分二釐

冬季男婦孤貧每名給藍布棉襖一件用藍布裏面各二丈五尺二丈二尺不等每尺價銀一

分二釐五毫每件用棉花一斤價銀九分工價
銀九分四釐每名給藍布棉被一牀用藍布裏
面各一丈八尺每尺價銀一分二釐五毫每牀
用棉花三斤每斤價銀九分工價銀四分一釐
男婦孤貧每名給稻草一大束圍圓三尺價銀
一分二釐每二名給竹牀一乘長五尺寬三尺
六寸價銀一錢六分每名給蒲蓆一條長五尺
寬二尺五寸價銀五分二釐每名給腰牌一塊
價銀三釐每物故孤貧一名給做作杉木棺一

副長六尺高一尺三寸寬一尺五寸厚一寸二
分價銀六錢給擡葬錢四十文給埋葬錢一百
文
每日赴堂辦事人每工給柴一把半爲炊每把
重二斤每工給炭四兩煎茶冬時三個月給火
爐二百斤
府監
在鼓樓西首
縣監

在縣大門右首
大校廠
在永安橋西內有演武廳南有折衝禦侮坊左有
關帝廟供軍牙六纛之神每年春秋二祭操演官軍
小校廠
在城內貢院東縣學西
軍裝藥鉛局
在府西城隅
馬廠

在縣治東舊北院署基

續輯漢陽縣志卷之十三

兵防志敘

天下有用武之地有必爭之地考玆邑歷代以來恆爲戰衝者何哉豈不以地爲南北關鍵故用武必爭遂兩兼之歟昔者孫氏再世始梟黃祖六朝之際梁齊陳周侂得侂失甚者梁武帝明太祖至駐軍決勝其爲形勢之重如此夫以南宋之孱懦夏貴諸人力扼此閼雖智勇之將如伯顏阿朮竟不得前乃假道沙蕪直出大江况當一統全盛之

代無事則金湯設險申守豫防有事則陳兵列艦分布要害何銅馬鐵壓之輩敢肆其鴟張也哉采前代戰守往事迄於近今彙次諸篇自有潛握乎折衝制勝之先者矣志兵防

三代以前縣名無徵兵制亦不可攷春秋紀楚事若武王荆尸成王二廣若敖六卒及兩甄游闕右轅左追蓐諸制皆泛言楚兵無專屬也三國時魯山陸奐夏口魯肅皆在縣境而兵數闕焉晉去州郡兵永初二年限府將不得過二千人州不得過五百人其各縣屬均無專設之兵六朝時魯山沌陽溳水皆設重鎮而兵制獨佚隋大業中始立今縣之名唐貞觀分天下爲十道置府六百二十四上府兵千二百人中下遞減二百人時漢陽不聞置府故於縣尤略趙宋而後始於漢陽置兵攷建隆初置馬軍騎射水軍指揮隸漢陽每指揮設軍使副兵馬使都頭副都頭虞候承局押官各一人是爲鑲軍康定時荆湖各路募宣毅軍特於漢陽置都指揮使副指揮使都虞候各一人兵二百八

十人至皇祐五年廢宣毅軍置興國忠節軍指揮兵五百人是爲禁軍厥後熙甯時以騎射改隸復州而水軍指揮仍隸漢陽建炎時岳飛屯兵鄂州於漢陽置宣毅一指揮兵三千人兵制屢易然究爲漢陽軍設不專爲漢陽一邑設也元至元二十七年詔改元帥招討司爲上中下萬戶府上府軍七千中五千下三千分駐鄂黃襄漢之閒其隸縣境者不詳明洪武初改管軍萬戶府爲衞所設指揮督千百戶旗軍曰班操軍正統中析武昌衞之

右千戶所後千戶所駐漢陽隆萬以後田多勳占兵籍空存至末造而衛軍但供漕運尤與兵事無關然漢陽爲附郭首邑凡兵防之隸府城者卽有涉乎縣境近因兵燹屢見特於縣屬各鎮設立專防故仍遵舊志稍加釐訂而以

國朝之建置著於篇

順治二年設叅將一員經制兵六百名十一年經略洪

題裁叅將設守備一員把總一員經制兵四百名

康熙二十六年裁存兵二百八十一名

雍正十年改設城守都司一員兵如故駐防本城及各塘汎並分防漢川八塘

乾隆三年總督德　以漢口水陸通衢汎廣兵單不足以資防禦

奏請以武昌水師一營額設守備一員千總一員把總二員經制兵二百八十一名改駐漢口鎮陞改漢陽營都司爲游擊卽以水師守備爲漢陽營中軍仍管理水師船隻事務

乾隆三十一年總督吳　請將原防新隄汎荆州水師兵三十名歸漢陽營管轄

乾隆四十八年裁除戰糧四十名守糧三十六名

乾隆五十年復以差務浩繁添撥督標戰兵四十八名撫標守兵二十二名

嘉慶二十年總督馬　以漢陽東江腦地方濱臨大江淤岸遼濶汊港紛歧

奏請將督標撥額外外委一員戰兵三十名專司巡防

咸豐七年裁兵丁四十名

同治三年總督官　因漢口堡工告成移駐武員以資保衛

奏請以道士洑都司一員改駐漢口裁撤漢鎮原設游擊改添副將一員并移撥馬戰兵二十二名步戰兵六十六名守兵一百三十名

同治四年總督官　以漢口添設武職分別改撥

奏請將漢鎮陸路汎地歸都司管轄作爲專汎添設專汎陸路領哨千總一員駐漢鎮以漢口迤西

由襄河北岸至滠口與漢川交界處添設左司把總一員爲專汛而以原設拖路口蔡家溝滠口陸路三塘汛兵十三名隸之漢口迤東沿江北岸至沙口與江夏黃陂交界處添設右司把總一員爲專汛而以原設蔡公亭界牌陸路二塘汛兵十名隸之各把總均留駐漢鎮添設前司經制外委一員駐滠口後司經制外委一員駐界牌協防又添設額外外委四員分駐漢鎮居仁由義循禮大智四坊而以原設巡兵四十名分隸之其原設漢鎮中軍水師守備移駐府城原設右哨水師千總移駐城外南岸嘴原設水師額外外委移與同汛協防原設水師三司外委移駐蔡坫

按漢陽營額設水陸弁兵六百二十五員名除裁實存五百八十五員名又添設弁兵二百三十員名除分防漢川把總一員兵八十七名又貼防新隄把總一員兵五十七名貼防江夏青山八吉汛兵十四名外

漢陽縣外塘計十三塘

蔡公亭塘防兵五名　鞋尖塘防兵五名

界牌塘防兵五名　姚家湖塘防兵五名

沌口塘防兵五名　蒿洲塘防兵五名

塘頭磯塘防兵五名　小林塘防兵五名

堵埠頭塘防兵五名　湘口塘防兵五名

鄧家口塘防兵五名　新灘口塘防兵五名

東江腦額外外委一員戰兵三十名

內塘計七塘

拖路口塘防兵四名　滠口塘防兵五名

蔡坫塘防兵十名　龔家渡塘防兵五名

朱儒山塘防兵十名　桐山頭塘防兵五名

蔡家溝塘防兵四名

驛站

縣站北四十里至黃陂灄口　西六十里至蔡坫又六十里至漢川

原額夫一百四十名馬夫五十三名半馬一百七疋

雍正六年裁夫三十名馬夫三名半馬七疋改撥

灄口馬二十疋馬夫十名

今設人夫一百名縣站十名蔡店站馬夫四十名縣站蔡店站各二十名馬八十疋縣站蔡店站各四十疋

乾隆二十二年奉　文加增排夫二十名

鋪遞

漢陽縣共十鋪設永充鋪司十名又徭編鋪兵四十一名

總鋪

東十里達武昌府江夏縣總鋪

北四十里達黃陂縣灄口鋪

西十里至十里鋪鋪司一名鋪兵四名又十五里至孟家鋪鋪司一名鋪兵四名又十里至新店鋪鋪司一名鋪兵四名又十里至黃連鋪鋪司一名鋪兵四名又十里至幺鋪鋪司一名鋪兵四名又十名至蔡店鋪鋪司一名鋪兵四名又十里至崔家鋪鋪司一名鋪兵四名又十里至陸神鋪鋪司一名鋪兵四名又十里至高觀鋪鋪司一名鋪兵四名又十里至漢川縣養魚鋪

歷代兵事

左傳景王八年遼射以繁陽之師會于夏汭

敬王十四年吳子伐楚楚囊瓦濟漢而陳自小別至于大別

江表傳孫策前進夏口攻黃祖時劉表遣從子虎南陽韓晞將長矛五千來爲黃祖前鋒策與戰大敗之

吳志漢建安十三年春權討江夏瑜爲前部大督周瑜傳

建安十三年春權討黃祖祖橫兩蒙衝挾守沔口以栟閭大紲繫石爲矴上有千人以弩交射飛矢雨下軍不得前襲與淩統俱爲前部各將敢死百人人被兩鎧乘大舸船突入蒙衝裏襲身以刀斷兩紲蒙衝乃橫流大兵遂進祖便開門走兵追斬之明日大會權舉觴屬襲曰今日之會斷紲之功也董襲傳

呂蒙從征黃祖祖令都督陳就逆以水軍出戰蒙勒前鋒親梟就首將士乘勝進攻其城祖聞

就死委城走兵追禽之權曰事之克由陳就先獲也 呂蒙傳

程普拜裨將軍領江夏太守治沙羨 程普傳

魏志文帝踐阼使文聘別屯沔口止石梵孫權以五萬衆自圍聘于石陽甚急聘堅守不動權住二十餘日乃解走聘進擊破之 文聘傳

王基表城上昶徙江夏治之以偪夏口由是賊不敢輕越江時朝廷議欲伐吳詔基量進趣之宜基對以江陵安陸水陸並農然後引兵詣江

陵夷陵分據夏口合蠻夷攻其內勁兵討其外則夏口以上必拔而江外之郡不守吳蜀之交絕而吳禽矣 王基傳

吳志黃武三年城江夏山

嘉禾三年權遣陸遜諸葛瑾等屯江夏沔口

太平二年朱異自虎林率衆襲夏口夏口督孫壹奔魏

建衡元年何定將兵五千人上夏口獵

天璽二年晉命平南將軍胡奮向夏口

晉書陳敏寇揚州引兵欲西上宏乃解南蠻以授前北軍中候蔣超統江夏太守陶侃武陵太守苗光以大衆屯於夏口敏竟不敢闚境 劉宏傳

杜曾逐王廙徑造沔口大爲寇害威震江沔元帝命訪擊之訪有衆八千進至沌陽曾等鋭氣甚盛訪曰先人有奪人之心軍之善謀也使將軍李恒督左甄許朝督右甄訪自領中軍高張旗幟曾果畏訪先攻左右甄曾勇冠三軍訪甚惡之自於陣後射雉以安衆心令曰一甄敗鳴

三鼓兩甄敗鳴六鼓自旦至申兩甄皆敗訪聞鼓音選精鋭八百人自行酒飲之勅不得妄動聞鼓音乃進賊未至三十步訪親鳴鼓將士騰躍奔赴曾遂大潰鼓行而進遂定漢沔 周訪傳

毅軍至夏口時桓振黨馮該戍大岸孟山圖據魯城桓山客守偃月壘衆合萬人連艦二岸水陸相援毅督衆軍進討未至夏口遇風飄沒千餘人毅與劉懷肅索邈等攻魯城道規攻偃月壘何無忌與檀祗列艦於中流以防越逸毅躬

貫甲冑陵城半日而二壘俱潰生擒山客而該遁走毅又斬桓元太守劉叔祖於臨嶂 劉毅傳

梁書高祖至竟陵命長史王茂與太守曹景宗爲前軍至漢口輕兵濟江過郢城諸將議併軍圍郢高祖曰漢口不濶一里箭道交至房僧寄以重兵固守爲郢城犄角若悉衆前進賊必絕我軍後一朝爲阻悔無所及今欲遣王曹諸軍濟江與荆州軍相會以偪賊壘吾自後圍魯山以通沔漢鄖城竟陵閒粟方舟而下江陵湘中之

兵連旗繼至糧食既足士衆稍多圍守兩城不攻自破天下之事臥取之耳高祖築漢口城以守魯山命小軍遊遏江中絕郢魯二城信使魯山城主房僧寄死推張樂祖代之高祖命王茂帥軍襲加湖郢魯二城相視奪氣魯山城主張樂祖及郢城主相繼請降

北齊書清河王岳遇荆州陷因掠地南至郢州獲梁刺州司徒陸法和仍剋郢州 清河王岳傳

天保六年清河王岳進軍臨江法和舉州入齊文宣以爲大都督荆州刺史安湘郡公宋莅爲郢州刺史梁將侯瑱來偪江齊軍棄城而走 陸法和傳

王琳將圖義舉陳武帝遣將侯安都周文育等誅琳乃受梁禪逆戰于沌口琳乘平肩輿執鉞而麾之禽安都文育乃移湘州軍府就郢城奉永嘉王莊纂祚于郢州 王琳傳

王琳在江上與霸先相抗顯祖遣兵納梁永嘉王蕭莊主梁祀九年二月自湓城濟江三月郎

帝位于郢州年號天啟明年爲陳人所敗遂入朝 附見蕭明傳

北周書陳湘州刺史華皎來附請兵伐陳周高祖詔衛公直督荆州軍赴之蕭歸亦遣其柱國王操率水軍會華皎于巴陵與陳將吳明徹等戰于沌口直軍不利歸大將軍李廣等爲陳人所虜廣以勇敢聞沌口之役先登力戰及軍敗爲吳明徹所擒不屈被害 見蕭詧傳

北史隋伐陳之役秦王俊爲山南道行軍元帥督

三十總管水陸十餘萬屯漢口爲上流節度秦
王俊傳
及隋伐陳羅睺都督巴峽緣江諸軍事以拒秦
王俊周羅睺傳
新唐書蕭銑傳詔孝恭與李靖率巴蜀兵順流下
盧江王瑗發襄漢卒會兵圖銑銑僞將周法明以
四州降趨夏口道攻安州克之僞將雷長潁以
魯山降蕭銑傳
朱粲亡命爲盜號可達寒賊自稱迦樓羅王衆
十萬度淮屠竟陵沔陽朱粲傳

南宋書紹興四年李成挾金齊兵陷襄陽六郡飛
兼鄂岳制置使奏六郡爲恢復中原基本必先
取之帝以奏示趙鼎鼎曰知上流利害無如飛
者遂授黃復漢陽制置使飛中流誓僚屬曰不
擒賊不涉此江岳飛傳
元史類編伯顏大軍次蔡店遣諸將往覘漢口形
勢宋淮西制置夏貴以戰艦萬餘分據上游都
統王達守陽羅堡荆湖宣撫朱禩孫以游擊軍
扼中流兵不得進阿朮言漢口水急且有備不
若冋舟輪河轉取沙蕪日可入大江伯顏復覘
之貴亦以兵拒守乃趨圍漢陽聲言欲取漢口
渡江貴果移兵援漢十二月丙午軍次漢口伯
顏乘閒遣奇兵倍道奪沙蕪口引船入輪河轉
沙蕪徑入大江伯顏傳
忙兀台從伯顏阿朮南征將由漢口入江至蔡
坫聞宋兵屯漢口乃率舟師經關龍口至沙蕪
以入次武磯堡宋將夏貴堅守不下阿朮率忙
兀台等乘雪泝流西上黎明至青山磯忙兀台傳

明史徐壽輝陷湖廣遷都漢陽未幾遂發漢陽次
江州爲友諒挾之東下遣壯士擊碎其首見陳
友諒傳
太祖本紀自將征陳理漢沔荆岳皆下
正德六年流盜劉六劉七等往來江上自漢口
來犯東門通判徐弼集木爲架登城哨守士舍
張貴帥兵來救戰于沙岸盜大敗劉六死江中
餘黨解散見舊志

崇正八年正月河北賊滿天星張大受等自麻城抵漢口殺掠殊甚五月獻賊破漢陽 舊志

崇正十六年張獻忠沿江而上攻漢陽叅將崔文榮曰守城不如守江守江不如守漢磨盤煤炭諸洲淺不過馬腹縱之飛渡嬰城守非計也賊果破漢渡江陷武昌方國安進兵轉戰金沙洲賊僞爲浮橋於金口西遁官兵復漢陽 舊志

國朝順治元年左良玉移兵南下總督何騰蛟與李自成壘爲出入漢陽虔劉之禍於此爲亟 舊志

順治二年英親王逐賊至漢口漢陽士民迎順恐後咸慶來蘇 舊志

康熙二十七年六月督標裁兵夏逢龍鼓噪聚衆作亂巡撫柯永昇自盡遂陷漢陽等郡常德提督徐治都奏六月擊敗賊二萬人於應城七月初十日南陽總兵史孔華討夏逆賊據漢陽我師越北城而入賊開南門遁武昌七月十五日賊乘舟來犯鮎魚港大營官兵擊走之十八日武昌僞官獻城縛軍師妖僧大元二十日黃州生員宜畏生擒逢龍磔軍門 舊志

咸豐二年冬十一月粤逆陷岳州水陸東犯不數日賊騎偪漢陽城下時城外僅陝甘防兵四百名屯大別山迎戰輒敗十二日城陷知府董振鐸遊擊李信把總吳金彪死之

咸豐三年正月官兵復漢陽

九月賊復上犯城陷知府俞舜欽死之

十月賊退據黃州官兵復漢陽

咸豐四年正月賊由黃州上犯復陷漢陽

八月前兵部侍郎曾以湘軍破賊復武昌隨復漢陽

咸豐五年正月官兵攻九江不克賊復上犯踞漢陽

七月巡撫胡林翼率師由京口渡江敗賊於蔡坫之東山進攻漢陽居民練團應之十八日賊由漢口遁北一帶攻入屠戮男婦十數萬焚燬民房殆盡官兵退保奓山旋潰

咸豐六年總督官規復漢陽督師駐縣屬蔡坫頻

與賊戰十一月二十三日克之斃賊甚多時巡
撫胡督師武昌與會垣同日告捷

續輯漢陽縣志卷之十四

秩官志敘

漢時邑滿萬戶者置令不滿萬戶者置長又置三老游徼嗇夫後世名稱時易互有增省復益以博士官大抵分職效能相助爲理而總其綱者令尹也漢陽附郭尤號衝繁舉其職者視他邑尤難焉竊觀天下之勢自邑而積之邑得賢令尹民樂其教安其居令尹又得賢寮屬與之賦政圖功如此而四境有不治者乎比邑皆然天下有不治者乎故曰天下之治自邑而積之古之設官承職其意蓋在此也條舉位次總而列之志秩官

按劉志秩官表自秦漢迄六朝可考者惟樊若水父一人而於官制特詳裘志概從刪削立表自乾隆初元爲始又似太畧今攷漢陽分邑置宰實自隋始謹就兩志所載摘錄於表

隋

	隋	唐
知縣	令	令 唐置縣爲赤畿望緊上中下七等漢陽時爲中縣 王 失名開元閒任李白有贈漢陽王宰詩 崔嬰 李頎有贈詩
縣丞	丞 晉以後裁至隋復設	丞
儒官	儒官 無專設不列	博士 助教 唐置上縣學生四十人中縣下縣各學生三十五人漢陽時爲中縣
雜職	雜職 改縣尉爲縣正又改爲戶曹法曹	雜職 縣正四人司戶佐司法佐各一人 以上可考者二人餘無考

宋

	宋	
知縣	用京朝官任七等如唐制漢陽時爲緊縣乾道三年詔兩任縣令始除監察御史建炎後多用武官紹興中始專用文臣	趙時 見古蹟門鳳立梅巖註 陳儒林 見黃幹申省糴糶積米略
丞	宋初廢置不一紹興中令縣及萬戶者注丞一員	
教諭	宋初無專職以縣令佐職兼學事選鄉士爲直學教諭慶歷四年詔諸路州軍縣監各令大學二百人以上更置縣學	蕭鑑 咸淳中任
雜職	簿 咸平後置 劉剛中 字德言朱子爲易其字曰近仁光澤人理宗時任有傳 程居 字谷隱珦之後也咸淳中任	尉 建隆二年置 李漢臣 荆州人元祐時任 吳嘉之 平江人宣和進士 甘霖 蘄州人 以上可考者八人

元

尹：秦文郁 開封人 有傳；許 珦 益都人 有傳；曲思齊 有詩名

丞：馮 翼 吉安人 有傳

教諭 元初各學由儒學提舉司差設者儒以分教後乃注選

雜職 尉 典史 以上可考者四人

明

知縣 明制縣編戶二十里者官全設初全設後省丞簿

洪武 趙子芳 滁州人 有傳

趙庭蘭 徐州人 有傳

胡興福 有傳

王叔英 有傳

李榮宗

葛 鑑

臧 榮 應天舉人

成化 蔣 讓 福建監生

徐 渻 雲南舉人

丞：溫 選 臨汾人；歐 帆 嘉興人；此後缺裁

教諭訓導：李 德 有傳；趙 珦 有傳；此後縣學裁

雜職 簿：岳鎮東 兗州人；陸友眞 溧陽人；此後缺裁

典史：謝 翬 上元人

周 望 四川舉人

宏治 顧元昭 四川舉人

段 欽 錦衣衛舉人有傳

正德 龔 銳 貴州舉人

何 仕 四川舉人

鄭 偉 福建監生

石 銓 有傳

鄧 鏞 有傳

張 堅 有傳

阮 范 安福舉人

張 儷 六安監生

陳 驥 莆田舉人

鄭 寶 廣東監生

嘉靖 尚懋學 東平舉人

董 穀 有傳

歐陽塾 平樂監生

熊 淪 有傳

陳 紀 歐寧進士

龍大升 桂林舉人

典史：

吳 洪 仁和人

彭 春 確山人

王顯爵 滁州人

姜 梓 南昌人

蕭伯貫 四川人

鄧 隆 四川人

陶 才 揚州人

馬 儀 浙江人

胡巳奇 四川人

扈 固 潁上人

呂 憲 廣東人

趙 勛 四川人

馬 驥 四川人

羅 文 四川人

趙士廉 四川人

牟 容 四川人

夏于雄 太平人

楊宗孝 四川人

楊　坦 鉅鹿舉人
朱經濟 漳平選貢
梅繼勛 有傳
夏子諒 有傳
楊　澤 合江貢士
雷用龍 建安舉人

陳廷翰 浙江人
許復禮 南人
楊　中 新會人
許自新 浙江人
白文明 四川人
彭仲科 四川人
黃　堂 廣西人

萬曆

知縣
喻應台 榮昌人 祀名宦
管宗泰 江西舉人
陳堯欽 福建舉人
黃自修 四川舉人
黃思新 福建舉人
劉　紀 有傳
章　銓 浙江舉人
李志宏 福建舉人
何　効 舉人

丞

教諭訓導
十五年復設縣學
孫大本 承天歲貢
汪宗洛 休甯貢士
朱　萃 桃源歲貢
羅一恕 江夏貢士
張　道 龍陽歲貢
解鶴齡 貴州歲貢
陳陽和 福清舉人
胡文偉 永定衛歲貢

典史
王應選 六安人
柏中科 會稽人
趙棟才 六安人
胡椿茂 池州人
唐堯勛 紹興人
沈天瑞 鎮江人

洪　先 臨安舉人
吳慶會 會稽貢士

文國興 石門歲貢
朱時榮 楚雄歲貢
黎　偉 耒陽歲貢
成聯芳 興國歲貢
何冀孟 安仁歲貢
麗文燦 夔州歲貢
敖凌霄 應山歲貢
張金和 蘄州歲貢
邢　倬 臨邑歲貢
黃居正 均州歲貢

天啟

知縣
吳日若 鄞縣舉人
王良相 有傳

丞

教諭訓導
陳世勳 攸縣歲貢
戴　琯 孝感歲貢
熊和鼎 光山歲貢
奚所蘊 廣濟歲貢
龍大川 辰州歲貢
雷　驤 嘉魚歲貢

典史
黃應選 平陽人
郭士英 鎮江人

崇正 知縣	丞	教諭訓導	典史
蔣世興有傳		譙慎典荊門州歲貢	蔣其能天長人
薛夢熊吳縣人		鄒繼明雲夢舉人	王盛之徽州人
楊四知六安進士		龔勝先安南衛舉人	張自乾延安人
龔克修有傳		姜大良武昌歲貢	
王鳳仁盱眙進士		師維新陝西歲貢	
以上遵劉志錄入		以上遵劉志錄入	

附載巡檢驛丞及各所雜職均照劉志備錄其年代籍貫不可攷存以俟核

王彪　李廷傑　申得祿　劉選

張俸　袁文貴　張有　汪聰

張世祿　趙思　王鎮　張統

岳偉　陳釗　李澄　房輔

劉大興　尹寶　劉鐸　薛用

王章　羅純　王政鸞　李尚

劉福全　李通　余鼎　錢用

侯廷佐　劉廷輔　趙循　張鵬

喻選　劉紀　王秉仁　馬巽

王鸞　柴英　昆晨　唐相

楊守正　王相　常恭　張舉

邢惠　張景揚　田佐　張臻

張敦　管徵　馬文舉　武相

張景巖　李剛　孟溥　黎時

黃亨　鄭杭　王明　毛景賢

祈昭　鄧寬　李大章　邵芳

鄧瑾　賈隆　楊忠賢　魯得時

崔琦　陳志　葛洪　張天祿

劉克忠　王道　梁天恩　邢朝志

杜萬忠　劉德修　徐良　雷從陽

何嘉猷　陳秉耒　楊茂森　李庭芝

汪成周

以上俱漢口巡檢

劉蒼　朱留應　方瓚　楊世榮

舒棠　許聰　漆輝　熊國寶

趙延壽　張金　趙一經　蒲一梧

殷邦正　王明揚　何中圖　秦春魁

黃正彩　馬田　林成美　應志學

以上俱蔡店巡檢

常瑪　顔崇　袁文邦　陶詔
李繼善　帥朝周　李貴　霍燦
楊世甲　李可貞　黃國柱　張國俊
陳伯才　湯起新　馮鳴鸞　馮元華
以上俱沌口巡檢
王天衢　王禮　祖來鳳　鍾懷
李賦　郭鳳　萬金
以上俱百人磯巡檢此後缺裁
郜華　王瑞　劉廷器　陳孟論
李剛　韓朝佐　楊自仁　楊汝楫

孫承宗　馮天相　吳國棟　艾尚義
謝果　沈瑞　楊宏業　姚一士
以上俱新灘巡檢
周宗堯
邱宏道　李有年　黃邦禹　孟鼎
王詁　金朝綱　雷一成　梁一鳳
趙自泰　羅繼賢
以上俱驛丞此後缺裁
劉寬一　翟鋭　丁謙　郝論
阮鼎　袁信　王志大　石閏

王臣　劉漢　陳儀　王金
王通　高盛　田仕　宋大經
郭宗愛　侯聰　杜梅　孫儀
黃蓁　楊洪　張文鼎　茹祿
范迅　曹選　袁昇　施建
李彪　姚學　路强　陳淵
方倫　施鑑　崔鳳　鄭正
王斐　陳瑞　徐琳　張傑
趙倖　靳浩　虞清　張世隆
高貞　喬文　趙廷輔　孫瑞

孟仕　陳衷　崔進忠　种名譽
魯鎮
以上俱長江河泊所
徐德懷　楊彥賓　馬思德　胡湘
陰倫
以上俱三淪河泊所
毛文華　范應東　王炌　李隨時
江朝進　張嘉正　李一俊　袁貴
以上俱長江兼三淪河泊所
陳華　周符　郭維顯

以上俱蒲潭河泊所
夏成乾　周儒　劉大珍　王尚賢
吳繼之　李啟
以上俱新灘河泊所
杜梅　朱策　姜遇文　魏應宿
沈國相　尹調鼎　何敏　張顯紫
王範純
以上俱蒲潭兼新灘河泊所
董道成　朱奇　徐軾　崔學易
以上俱桑臺河泊所

高廷臣　張守祖　張應眞　邛自然
穆琛　明澄　馮釗　葛璞
張嘉謨　朱時早　程孔阜　鍾岷
蔣學易　鄒眞
以上俱馬影河泊所
周易　雷緒　張憲　杜文太
孫密　董彥厚　田稔
以上俱平塘河泊所
顧雲興　譚得　葉春榮　薄惟精
鄧瑞麟　毛可元　馮養夫　楊應鳳

以上俱桑臺兼馬影平塘二河泊所

國朝

知縣	丞	教諭訓導	典史	巡檢 無攷
順治 蕭善諫 房山貢士		淩建奇 黃岡舉人	王可權	附長江兼三瀹河泊所
周歧鳴 堂邑貢士		馬世祿 安陸恩貢	張維賢	丁秉燦
梁夢龍 雲山衛選貢			徐允	王自貴
李元成 上元監生				傅國棟 以後缺裁
吳衷一 嘉祥進士				附桑臺兼馬影平塘二河泊所
范永茂 瀋陽歲貢				曹得龍
金漸皐 有傳 崇祀名宦				王鉞

知縣	丞	教諭訓導	典史	巡檢
曲聖凝 寧海進士				董自成 以後缺裁
				附蒲潭兼新灘河泊所
				任彬
				彊鵬翀 以後缺裁
康熙 知縣	丞	教諭訓導	典史	巡檢
侯紹歧 三元副榜		三年裁訓導十六年復設	李允發	
唐之柏 灌陽舉人			李國榮	
蔣以化		方宏鼎 嘉魚歲貢	葉錦	

張介眉 崑山歲貢
任五倫 昌黎進士
邸中寬 上杭舉人
蔡　甸 蕭山監生
張時雍 嘉興進士

陳　坦 黃陂舉人　喬明德
黃　倫　馮五經
林儀騮 江夏舉人　王啟緒
張振南 襄陽歲貢　王　桂
鄧際聖 黃岡舉人　葉鼎柱
劉之傑 監利舉人
陳文源 江夏舉人
晏嘉德 應城舉人
汪　樾
嚴紹先
毛
王一鯤 黃岡歲貢
鄒祖嶧 武昌歲貢
徐聯習
李士榮 天門歲貢
張毓崧 荊州歲貢
王鳳滄 荊州歲貢
郭星垣 鄖縣歲貢
以上均照劉志錄入

雍正

知縣
閻　鈉 有傳
侯執信 睢州進士
黎　昂 貴陽舉人
許國鴻 萍鄉監生
杜若甫 太原歲貢
梁　瑛 正白旗貢生

丞

教諭訓導

典史
劉　銘
高興祿
馬遇龍

巡檢 但照劉志錄存其歷官年代不可攷
漢口巡檢
朱　策
趙斌憲
周　洪
王夢輔 後分爲仁義禮智二司
仁義司

乾隆元年至三年

知縣
沈孟堅 德清進士 有傳

縣丞

教諭訓導

典史

周世倬
陳宗龍
趙志仁
李　增
禮智司
劉昌後
陳向劭
余　鈺
童相辰
高而厚

乾隆四年至十三年

知縣
劉嗣孔 陝西舉人 有傳

縣丞

教諭訓導

典史

年份	知縣	縣丞	教諭訓導	典史	巡檢
乾隆十四年	陳琪 浙江舉人				蔡店巡檢：俞儀 劉建功 梅來鶴 劉漢宗
乾隆十五年至十六年	金㷆 江西舉人				馬貢 俞應統 郭泰 朱爋儒 許廷國

年份	知縣	縣丞	教諭訓導	典史	巡檢
乾隆十七年至十八年	劉育杰 江西舉人				李應泰 陶士偉 汪作霖 龔之璜 余通漢 朱熲 楊成梗
乾隆十九年至二十年	吳虎炳 江西進士				沌口巡檢：吳驥 王佐聖

年份	知縣	縣丞	教諭訓導	典史	巡檢
乾隆二十一年至二十二年	蔡韶清 江西進士				李文燦 彭樂善 徐斌
乾隆二十三年至廿五年	劉燈 山西進士			孔學洙	新灘巡檢：王欣 陳懷杲 汪世通 范世琦 梁拱辰 沈錦

年份	知縣	縣丞	教諭訓導	典史	巡檢
乾隆二十六年至二十七年	陳文樞 江西舉人				單成 楊成梗
乾隆二十八年	陳譜 山西貢生				

續輯漢陽縣志　卷之十四　秩官表　七

年份	知縣	縣丞	教諭訓導	典史	巡檢
乾隆二十九年至三十年	王鳳儀 江西舉人				
乾隆三十一年	湯廷芳 浙江舉人				
乾隆三十二年至三十三年	王繩祖 山東舉人				禮智　仁義　沌口　蔡店　新灘

續輯漢陽縣志　卷之十四　秩官表　十六

年份	知縣	縣丞	教諭訓導	典史	巡檢
乾隆三十四年	邱之芬 廣西舉人				禮智　仁義　沌口 李　正　蔡店　新灘
乾隆三十五年至三十七年	黎　皓 廣東舉人 汪　鏞 浙江舉人				禮智 劉若洛　仁義　沌口 李　正　蔡店 鍾正昌　新灘

乾隆三十八年至四十四年	
知縣	呂　慶（浙江舉人） 孟秉堅（江南舉人） 蔣業晉（江南舉人） 王篙高（江蘇進士） 胡金門（浙江監生） 孫憲祖
縣丞	
教諭訓導	
典史	
巡檢	禮智　劉若洛 仁義 沌口　李　正 蔡坫　鍾正昌 新灘　來玉麟

乾隆四十五年	
知縣	胡金門（再任）
縣丞	湯　璟
教諭訓導	
典史	李印川 李天壽
巡檢	禮智　劉若洛 仁義　聞人濟 沌口　李　正 蔡坫　鍾正昌 新灘　來玉麟

續輯漢陽縣志　卷之十四　秋官表　九

乾隆四十六年	
知縣	孫憲祖
縣丞	湯　璟
教諭訓導	關天申 李卓志
典史	李天壽
巡檢	禮智　劉若洛 仁義　聞人濟 沌口　李　正 蔡坫　鍾正昌 新灘　鄭報倫 賓　松

乾隆四十七年	
知縣	史　湛
縣丞	來玉麟
教諭訓導	關天申 李卓志
典史	李天壽
巡檢	禮智　黃　柱 仁義　徐　相 汪　蘭 沌口　孫　峯 周永蓮 蔡坫　許玉墀 鍾正昌 新灘　涂來輔

續輯漢陽縣志　卷之十四　秋官表　十

年	知縣	縣丞	教諭訓導	典史	巡檢
乾隆四十八年	胡金門	屈振申 吳亨太 來玉麟	關天申 蕭學均	陳明燦	禮智 李大枝 仁義 汪蘭 沌口 李正 蔡店 來玉麟 顧淮 新灘 來玉麟
乾隆四十九年	胡金門 高葵	來玉麟	關天申 尹清	張煒 楊步蟾	禮智 李烜 李大枝 楊步蟾 周萬清 仁義 聞人濟 汪蘭 沌口 方大燿 周永蓮 蔡店 沈榮銓 周永蓮 新灘 務宜慶 張維本
乾隆五十年	宋維翰	聞人濟	關天申 尹清	楊步蟾	禮智 李烜 仁義 王玉海 沌口 李正 蔡店 吳正信 新灘 張維本
乾隆五十一年	宋維翰 胡金門 謝玉鷺 江蘇進士	聞人濟	關天申 尹清	汪崑崙 高炯 張煒	禮智 王文明 仁義 王紹元 沌口 陳翔 蔡店 王紹元 新灘 林汝芳 蔣日縉 吳正信 來玉麟

乾隆五十二年	
知縣	何溥 直隸舉人 王鵬南 安徽舉人
縣丞	徐鳳翔
教諭訓導	關天申 尹清
典史	顧淮 張焯 許崇棨
巡檢	禮智 王文明 仁義 林汝芳 王文明 袁學澄 張維本 沌口 李正 羅禹川 蔡站 王紹元 新灘 陳銳

乾隆五十三年	
知縣	何溥 鄭成基 朱梓 安徽舉人
縣丞	顧淮 李本材
教諭訓導	關天申 尹清
典史	顧淮
巡檢	禮智 王文明 仁義 袁學澄 聞人濟 沌口 羅禹川 蔡站 羅禹川 周永蓮 新灘 陳銳

乾隆五十四年	
知縣	張琴 直隸舉人 張瑢 江蘇監生
縣丞	徐鳳翔 李惟清 徐鳳翔 查本材 徐鳳翔
教諭訓導	關天申 尹清
典史	顧淮
巡檢	禮智 遂超羣 仁義 聞人濟 沌口 孟超 范應坤 徐鳳翔 蔡站 周永蓮 新灘 陳銳

乾隆五十五年	
知縣	莫子捷 廣東舉人
縣丞	王文明
教諭訓導	關天申 尹清
典史	遂超羣 顧淮
巡檢	禮智 遂超羣 仁義 聞人濟 沌口 蔣起緒 遂超羣 王懋仁 蔡站 來玉麟 新灘 周永蓮 陳銳

乾隆五十六年	
知縣	張曾秀
縣丞	周季堂　王文明　周季堂　陸豫
教諭訓導	萬希科　尹清
典史	顧維
巡檢	禮智 逯超羣　仁義 甯松　沌口 王懋仁　蔡扗 周永蓮　新灘 楊鰲

乾隆五十七年	
知縣	沈清直 江蘇舉人
縣丞	瞿往徂
教諭訓導	謝藺 天門進士　尹清
典史	楊鰲
巡檢	禮智 陸豫　逯超羣　仁義 聞人濟　陸豫　沌口 周永蓮　王懋仁　蔡扗 郭懋修　新灘 魏文銘

乾隆五十八年	
知縣	常丹葵　張琴
縣丞	王文明　張曰瑞　徐鳳翔
教諭訓導	謝藺　尹清
典史	王懋仁　劉宣
巡檢	禮智 郭烜　逯超羣　仁義 聞人濟　沌口 王懋仁　蔡扗 周永蓮　王懋沂　史積厚　新灘 魏文銘

乾隆五十九年	
知縣	沈清直
縣丞	吳鵬
教諭訓導	謝藺　尹清
典史	
巡檢	禮智 吳廷信　仁義 徐鳳翔　沌口 魏文銘　錢勳　蔡扗 朱昌錫　新灘 魏文銘

年	知縣	縣丞	教諭	訓導	典史	巡檢
乾隆六十年	永保（改名佑 藍旗舉人 漢軍）	年治 周翥華	謝蘭	尹清		禮智 遂超羣 仁義 陸豫 沌口 王懋仁 蔡店 孫士清 一 朱昌錫 新灘 魏文銘

年	知縣	縣丞	教諭	訓導	典史	巡檢
嘉慶元年	永佑		謝蘭	尹清	劉宣	禮智 仁義 吳正信 沌口 蔡店 朱昌錫 新灘

年	知縣	縣丞	教諭	訓導	典史	巡檢
嘉慶二年	永佑	周翥華	謝蘭	尹清	劉宣	禮智 遂超羣 仁義 楊家駒 沌口 賈玩理 蔡店 朱昌錫 新灘 魏文銘 王懋仁

年	知縣	縣丞	教諭	訓導	典史	巡檢
嘉慶三年	永佑	周翥華	謝蘭	尹清	劉宣	禮智 遂超羣 仁義 楊家駒 沌口 賈玩理 蔡店 朱昌錫 新灘 魏文銘

嘉慶	知縣	縣丞	教諭訓導	典史	巡檢
四年	永佑 木特布 陳瞻燧	周翥華	張須鎔 尹清	劉宣	禮智 逯超羣 仁義 陳思輯 沌口 何壇 蔡坫 朱昌錫 新灘 魏文銘
五年	宣葆光	周翥華	張須鎔 尹清	劉宣	禮智 朱錦章 仁義 彭紹濟 尹宗吉 沌口 詹英豪 蔡坫 朱昌錫 新灘 魏文銘

嘉慶	知縣	縣丞	教諭訓導	典史	巡檢
六年	陳瞻燧	周翥華	吳邦彥 張須鎔 尹清 李守玫	劉宣 戴聯之	禮智 朱錦章 仁義 尹宗吉 沌口 詹英豪 蔡坫 朱昌錫 新灘 魏文銘
七年	陳瞻燧	周翥華	張須鎔 李守玫	戴聯之 林樹勳	禮智 朱錦章 仁義 尹宗吉 沌口 童鳳梧 蔡坫 陳榮森 新灘 魏文銘

續輯漢陽縣志 卷之十四 秩官表 三十二

年	知縣	縣丞	教諭訓導	典史	巡檢
嘉慶八年	陳瞻燧	杜昌沂 周翥華	陳聖清 唐承中 李守玫	林樹勳	禮智 朱錦章 仁義 尹宗吉 沌口 袁道亨 蔡店 余維坦 新灘 王鑠 胡宗瀚
九年	陳瞻燧	周翥華	唐承中 薛章達 李守玫 高安禮	林樹勳	禮智 朱錦章 吳晉 仁義 尹宗吉 蔣長齡 沌口 袁道亨 蔡店 余維坦 新灘 胡宗瀚

續輯漢陽縣志 卷之十四 秩官表 三十三

年	知縣	縣丞	教諭訓導	典史	巡檢
嘉慶十年	陳瞻燧 張世維	周翥華 馮鑒	薛章達 高安禮 楊兆和	呂嘉言	禮智 吳晉 仁義 蔣長齡 沌口 袁道亨 蔡店 余維坦 新灘 胡宗瀚
十一年	陳瞻燧	詹英豪	唐承中 明達	沈德樅	禮智 王大新 仁義 尹宗吉 沌口 周寶生 余永慶 蔡店 阮鑫清 新灘 王鑠

嘉慶十二年	
知縣	裘行恕
縣丞	詹英豪
教諭訓導	唐承中 明達
典史	沈德樅
巡檢	禮智 俞際唐 仁義 胡步勳 胡晋 沌口 余永慶 蔡埼 潘槐 新灘 徐承緒

嘉慶十三年	
知縣	裘行恕有傳
縣丞	彭求敏
教諭訓導	唐承中 明達
典史	沈德樅
巡檢	禮智 宋治 仁義 尹宗吉 沌口 余永慶 蔡埼 婁時 新灘 鄒鯨

嘉慶十四年	
知縣	裘行恕
縣丞	彭求敏
教諭訓導	唐承中 明達
典史	沈德樅
巡檢	禮智 程毓坤 仁義 尹宗吉 沌口 余永慶 蔡埼 戴燁 新灘 鄒鯨

嘉慶十五年	
知縣	裘行恕 卓振清 蔣紹宗
縣丞	彭求敏 黃中立
教諭訓導	唐承中 明達
典史	沈德樅
巡檢	禮智 程毓坤 仁義 尹宗吉 沌口 余永慶 蔡埼 戴燁 新灘 婁承洸

年	知縣	縣丞	教諭訓導	典史	巡檢
嘉慶十六年	方求鼎安徽桐城人 方策福建閩縣人	周大亨	侯安國 夏兆觀 明達	沈德樅	禮智 程毓坤 仁義 閔錫爵 沌口 余永慶 蔡坫 戴煒 新灘 王國柱
嘉慶十七年	方策 裘行恕	周大亨 彭求敏	侯安國 明達	沈德樅	禮智 程毓坤 仁義 尹宗吉 沌口 余永慶 蔡坫 戴煒 新灘 王國柱

年	知縣	縣丞	教諭訓導	典史	巡檢
嘉慶十八年	裘行恕	彭求敏 姚舜輝	侯安國 明達	沈德樅	禮智 程毓坤 金文傑 仁義 尹宗吉 魏繼鴻 沌口 余永慶 蔡坫 戴煒 新灘 王國柱
嘉慶十九年	裘行恕	彭求敏	侯安國 明達	沈德樅	禮智 蕭桂林 仁義 尹宗吉 沌口 余永慶 蔡坫 戴煒 新灘 王國柱

嘉慶二十年	
知縣	裘行恕
縣丞	曹瑩
教諭訓導	劉用賓 潛江舉人 吳輝太 通城廩貢
典史	沈德樅
巡檢	禮智 蕭桂林 仁義 尹宗吉 沌口 余永慶 蔡店 吳鴻椿 新灘 王國柱

嘉慶二十一年	
知縣	裘行恕 劉琴 裘行恕
縣丞	曹瑩
教諭訓導	劉用賓 部生崧 鶴峯州廩貢
典史	沈德樅
巡檢	禮智 蕭桂林 仁義 尹宗吉 蔡店 吳鴻椿 沌口 余永慶 新灘 李慶昌

嘉慶二十二年	
知縣	裘行恕
縣丞	尹宗吉
教諭訓導	劉用賓 部生崧
典史	沈德樅
巡檢	禮智 蕭桂林 仁義 余維坦 蔡店 吳鴻椿 沌口 單崑山 新灘 方純熙

嘉慶二十三年	
知縣	裘行恕
縣丞	尹宗吉
教諭訓導	劉用賓 部生崧
典史	沈德樅
巡檢	禮智 蕭桂林 仁義 侯掛印 蔡店 吳鴻椿 沌口 單崑山 新灘 方純熙

以上均照裘志錄入

嘉慶二十四年	
知縣	裘行恕
縣丞	
教諭訓導	劉用賓
典史	
巡檢	禮智 仁義 蔡坫 沌口 新灘

嘉慶二十五年	
知縣	裘行恕 詹應甲
縣丞	
教諭訓導	劉用賓 徐躍蘄水舉人
典史	
巡檢	禮智 仁義 蔡坫 沌口 新灘

道光元年至八年	
知縣	詹應甲安徽舉人 龔豐谷 石煦 耿麟 蔣祖宣
縣丞	
教諭訓導	劉用賓 徐躍
典史	
巡檢	禮智 仁義 蔡坫 沌口 新灘

道光九年	
知縣	福克金阿
縣丞	
教諭訓導	劉用賓 徐躍
典史	曹鈺
巡檢	禮智 仁義 蔡坫 沌口 新灘

道光	知縣	縣丞	教諭訓導	典史	巡檢
十年	史禮賢		劉用賓 徐躍	曹鈺	禮智 仁義 蔡店 沌口 新灘
十一年	酈克金阿		劉用賓 馬傑 江夏廩貢 徐躍	曹鈺	禮智 仁義 蔡店 沌口 新灘

道光	知縣	縣丞	教諭訓導	典史	巡檢
十二年	賴以立 進士		熊繡 黃梅舉人 徐躍	曹鈺	禮智 仁義 蔡店 沌口 新灘
十三年	紀昌期		熊繡 徐躍	曹鈺	禮智 仁義 蔡店 沌口 新灘

道光十四年	
知縣	魏　檠
縣丞	
教諭訓導	熊　繡　徐　躍
典史	曹　鈺
巡檢	禮智　仁義　蔡坫　沌口　新灘

道光十五年	
知縣	魏　檠
縣丞	
教諭訓導	熊　繡　徐　躍
典史	曹　鈺
巡檢	禮智　仁義　蔡坫　沌口　新灘

道光十六年	
知縣	周向青浙江舉人
縣丞	
教諭訓導	龔斗南黄岡優貢　戴　芳天門舉人　徐　躍
典史	曹　鈺
巡檢	禮智　仁義　蔡坫　沌口　新灘

道光十七年	
知縣	郭覲宸江西進士
縣丞	
教諭訓導	戴　芳　徐　躍
典史	曹　鈺
巡檢	禮智　仁義　蔡坫　沌口　新灘

道光	知縣	縣丞	教諭訓導	典史	巡檢
十八年	郭觀辰		戴芳 徐躍	曹鈺	禮智 仁義 蔡坫 沌口 新灘
十九年	王德輿 江蘇進士		戴芳 徐躍 曹芳澤 江夏優貢		禮智 仁義 蔡坫 沌口 新灘

道光	知縣	縣丞	教諭訓導	典史	巡檢
二十年	朱金		戴芳 沈連洪 黃岡舉人		禮智 仁義 蔡坫 沌口 新灘
二十一年	趙德轍 山西進士		戴芳 沈連洪		禮智 陳延齡 仁義 夏時 蔡坫 沌口 新灘 何春海

道光二十二年

知縣　趙德轍
縣丞
教諭　戴芳
訓導　沈連洪
典史
巡檢　禮智　陳延齡
仁義　夏時
蔡坫
沌口
新灘　何春海

道光二十二年

知縣　王本立　河南進士
縣丞
教諭　戴芳
訓導　沈連洪
典史
巡檢　禮智　陳延齡
仁義　夏時
蔡坫
沌口
新灘　何春海

道光二十四年

知縣　趙德轍
縣丞
教諭　戴芳
訓導　沈連洪
典史
巡檢　禮智　陳延齡
仁義　夏時
蔡坫
沌口
新灘　何春海

道光二十五年

知縣　趙德轍
縣丞
教諭　戴芳
訓導　趙逢吉　雲夢增貢
沈連洪
蔡國相　鍾祥優貢
典史
巡檢　禮智　陳延齡
仁義　夏時
蔡坫
沌口
新灘　何春海

道光二十六年	
知縣	趙德轍
縣丞	
教諭訓導	劉炯 郝文模竹谿歲貢 靖郁恆黄岡舉人
典史	
巡檢	禮智 陳延齡 仁義 桂牲 蔡店 沌口 新灘 何春海

道光二十七年	
知縣	張中孚浙江舉人
縣丞	
教諭訓導	劉炯 靖郁恆
典史	
巡檢	禮智 陳延齡 仁義 桂牲 蔡店 沌口 新灘 何春海

道光二十八年	
知縣	李恂安徽舉人
縣丞	
教諭訓導	劉炯 靖郁恆
典史	
巡檢	禮智 陳延齡 仁義 桂牲 蔡店 沌口 新灘 何春海

道光二十九年	
知縣	海順鑲藍旗舉人 陳大煥新城人
縣丞	
教諭訓導	劉炯 靖郁恆
典史	
巡檢	禮智 陳延齡 仁義 桂牲 蔡店 沌口 新灘 何春海

道光三十年	
知縣	張曜孫江蘇舉人
縣丞	
教諭訓導	劉炯　靖郁恆
典史	
巡檢	禮智 疏啟　仁義 桂牲　蔡坫　沌口 高文桓　新灘

咸豐元年	
知縣	張曜孫
縣丞	
教諭訓導	劉炯　靖郁恆
典史	
巡檢	禮智 疏啟　仁義 桂牲　蔡坫　沌口 高文桓　新灘

咸豐二年	
知縣	常懿麟山西附貢
縣丞	
教諭訓導	劉炯　靖郁恆　劉怡瀚江夏附貢
典史	
巡檢	禮智 疏啟　仁義 桂牲　蔡坫 朱　沌口 高文桓　新灘

咸豐三年	
知縣	劉鴻庚浙江舉人
縣丞	
教諭訓導	劉怡瀚兼署教諭
典史	
巡檢	禮智 疏啟　仁義 桂牲　蔡坫　沌口　新灘

咸豐四年	
知縣	王　震浙江人
縣丞	
教諭訓導	劉怡瀚兼署教諭
典史	
巡檢 禮智	疏　啟
仁義	
蔡坫	
沌口	高文桓兼署新灘
新灘	

咸豐五年	
知縣	伍繼勛江蘇人
縣丞	
教諭訓導	劉怡瀚兼署教諭
典史	
巡檢 禮智	疏　啟
仁義	
蔡坫	
沌口	劉昌壽兼署新灘
新灘	

咸豐六年	
知縣	吳　瑛湖南湘陰縣人
縣丞	
教諭訓導	程壽昌兼理訓導
典史	
巡檢 禮智	疏　啟
仁義	
蔡坫	
沌口	劉昌壽兼署新灘
新灘	

按自嘉慶二十三年迄咸豐六年歷任各官因兵燹文卷散佚無可稽考僅就縣房學書約畧記憶登載

咸豐七年	
知縣	吳　瑛
縣丞	于允福山東文登人
教諭訓導	朱鳴璈天門舉人　喻　墀天門恩貢
典史	鄭維周江蘇江甯人
巡檢 禮智	褚繡彰調署本任沌口
仁義	陳　棟江蘇江甯縣人
蔡坫	萬光緒順天通州人
沌口	褚繡彰山東歷城縣人
新灘	朱　森湖南長沙縣人

年	咸豐知縣	縣丞	教諭訓導	典史	巡檢
八年	馬晉圖 正黃旗漢軍源慶佐領下貢生	于允福	朱鳴璈 喻墀	鄭維周	禮智 褚繡彰 仁義 陳棟 蔡店 萬光緒 沌口 程文舉 安徽婺源縣人 新灘 龔揚庥 湖南巴陵縣人
九年	馬晉圖	黃基 順天通州人	朱鳴璈 楊高椿 嘉魚廩貢	鄭維周	禮智 疏啟 仁義 桂甡 蔡店 王則學 江蘇金匱縣人 沌口 褚繡彰 新灘 錢虞臣 浙江上虞縣人

年	咸豐知縣	縣丞	教諭訓導	典史	巡檢
十年	黎道鈞 安徽宿松縣舉人	黃基	朱鳴璈 楊高椿	鄭維周	禮智 褚繡彰 仁義 鄭錫元 江蘇江甯縣人 蔡店 王則學 沌口 王先立 安徽懷甯縣人 新灘 錢虞臣
十一年	張孔修 福建甌甯縣舉人	黃基	朱鳴璈 楊高椿	蕭長華 福建歸化人	禮智 文善 湖南衡山縣人 仁義 周纘文 浙江錢塘縣人 蔡店 王則學 沌口 王先立 新灘 錢虞臣

同治元年	
同知縣	潘亮功 廣東番禺縣舉人
縣丞	黃基
教諭訓導	朱鳴璈 楊高椿
典史	蕭長華
巡檢	禮智 文善 仁義 周纘文 蔡店 王則學 沌口 董賜和 浙江山陰縣人 新灘 錢虞臣

二年	
同知縣	孫福海 山東榮成縣人 順天舉人
縣丞	黃基
教諭訓導	朱鳴璈 楊高椿
典史	殷槐 江蘇上元人
巡檢	禮智 張萬選 安徽桐城縣人 仁義 周纘文 蔡店 董賜和 沌口 卓鏞 湖南慈利縣人 新灘 李維新 江蘇武進縣人

三年	
同知縣	孫福海
縣丞	黃基
教諭訓導	朱鳴璈 楊高椿
典史	殷槐
巡檢	禮智 西廷枋 江蘇上元縣人 仁義 周纘文 蔡店 金濤 江蘇江甯縣人 沌口 張敦一 福建歸化縣人 新灘 李維新

四年	
同知縣	李振麟 江西廬陵縣人
縣丞	黃基
教諭訓導	朱鳴璈 楊高椿
典史	陳承澤 江西新城人
巡檢	禮智 曾傳桂 湖南善化縣人 仁義 周纘文 新灘 臧德煥 湖南靖州人 沌口 許藎 河南南陽縣人 盛寶銛 江西武甯縣人 蔡店 舒廷俊 四川涪州人

年	知縣	縣丞	教諭	訓導	典史	巡檢
同治五年	黃式度 湖南善化縣舉人	黃基	朱瑑章 武昌縣人	楊高椿	陳承澤	禮智 周纘文 仁義 陳元善 湖南永綏廳附生 蔡店 王則學 沌口 盛寶銛 新灘 蕭春臺 湖南武岡州人
六年	黃式度 于庭楨 江蘇無錫縣副貢生	黃基 張福鑲 代理	朱瑑章 詹文楷	楊高椿	陳承澤 鄒聯榜 黃辰	禮智 周纘文 署 仁義 陳元善 蔡店 王則學 沌口 盛寶銛 楊元璋 新灘 蕭春臺

年	知縣	縣丞	教諭	訓導	典史	巡檢
同治七年	王庭楨	黃基 張定祥 沈衍鍾	詹文楷	楊高椿 唐祖蔭 棗陽廩貢	黃辰	禮智 周纘文 署 仁義 陳元善 黃德珪 蔡店 王則學 蕭長華 代理 徐蔭溥 沌口 楊元璋 新灘 蕭春臺

劉志載武職取前明衛所千百戶鎮撫之調守漢陽者全錄而

國朝新設各員惟載把總徐青等九人然歷年先後均不可攷今仿裘志登載而以兵燹後由營記憶所及者著於表

	乾隆朝
遊擊	劉宗堯　王廷瑞　馬定𤩽　拉布丹　楊贇　五十八　蔡文炳
守備	童尚仁　王一虎　汪琮　趙光　陳再陞　姚啟　馮朝宗　六達色　朱文芳　劉珠
千總	李連榜　劉士達　楊大壯　李應選
把總	李元魁　蕭聯登　段遇龍　王國典　楊國義　黃文玉
經制外委	黃勳傑　李明輔　張封侯　童其玉　楊國義　劉思正　劉起貴　張士俊　王萬春　楊得勝　蕭聯登　楊金陞　徐鳴盛　王有綱　蔣文秀　李光春
額外外委	王萬春　何大年　陳相　冷至剛　李惠　楊金陞　童再陞　胡有元　王開太　楊開林

	嘉慶朝
遊擊	蔡文炳　曹星　孫應俸　長生　劉應世　慶肯　雷靜元
守備	馮朝宗　劉珠　張一葵　劉貴　李天受　黃振貴　德克金布　張必果　祥瑞　王宗貴
千總	李應選　王道光　哈心欲　魯成錫　曾國相　蘇於龍　張必果　劉大臣
把總	黃文玉　曾開棠　孫萬年
經制外委	李光春　丁正彥　哈天貴　王有綱　蘇廷連　岳萬春　金大魁　喻魁　黃開甲　李雲麟　王開太　張興隆　羅慶　王萬清　朱傳倫　葉萬年
額外外委	王開太　楊開林　楊啟林　黃開甲　李雲麟　蔣文秀　喻魁　朱傳倫　王萬清　葉萬年　邵邦義　邱國友　梁連奎　夏士賢

以上見舊志

年	遊擊	守備	千總	把總	經制外委	額外外委
道光朝	何龍圖	王天賜	徐發青	魯光貴		
	劉允孝	殷正中	李仁安	姚存德		
	王振綱	洪應奎	黃良仕	李光升		
	魯承恩	黃景星	李華富	赫爾登佈		
	陶飛雄	瑞麒書	謝國槐	蘇祖芳		
	安德愷			羅振清		
	謝玉陞			賽國勝		
	羅永忠					
	慶泰					
	阿克東阿					
	栗襄					

年	遊擊	守備	千總	把總	經制外委	額外外委
咸豐元年	栗襄 直隸人	黃良仕 宜昌人	謝國槐 宜昌人	賽國勝 本邑人	吳金彪 本邑舉人	
	佟福 滿洲人			彭森 宜昌人		

年	遊擊	守備	千總	把總	經制外委	額外外委
咸豐二年	李信 直隸狀元	黃良仕	謝國槐	賽國勝	吳金彪	
		稅 宜昌人		彭森		

咸豐	遊擊	守備	千總	把總	經制外委	額外外委
三年	許連城 直隸人 吳登鰲 安徽人	黃良仕	謝國槐	賽國勝 彭森		
四年	吳登鰲 趙鴻舉 河南探花 玉山 滿洲護軍校	黃良仕 鄧長青 江夏人	謝國槐 張兆寅 江夏人	賽國勝 彭森 章殿元 黃陂舉人 蕭景忠 本邑人 鄭紹歧 安陸人		向鴻 本邑人

咸豐	遊擊	守備	千總	把總	經制外委	額外外委
五年	施鴻恩 隨州舉人	鄧長青	張兆寅	熊國賓 黃陂舉人 彭森 袁金彪 漢川人		
六年	施鴻恩	鄧長青	張兆寅	賽國勝 彭森 袁金彪		

咸豐七年	
遊擊	施鴻恩
守備	俞吉三 湖南人
千總	羅連陞 宜昌人
把總	賽國勝 彭森 袁金彪
經制外委	郭金榜 江夏人
額外外委	黃忠全 江夏人

咸豐八年	
遊擊	施鴻恩
守備	俞吉三
千總	羅連陞
把總	賽國勝 彭森 袁金彪
經制外委	郭金榜
額外外委	黃忠全

咸豐九年	
遊擊	施鴻恩
守備	
千總	羅連陞
把總	賽國勝 彭森 袁金彪
經制外委	郭金榜
額外外委	黃忠全

咸豐十年	
遊擊	施鴻恩
守備	
千總	羅連陞 文嶺 荊州駐防
把總	賽國勝 彭森 袁金彪
經制外委	郭金榜
額外外委	黃忠全

	咸豐十一年	同治元年
游擊	施鴻恩	施鴻恩
守備		羅連陞
千總	羅連陞 文嶺	文嶺 張鳳祥
把總	賽國勝 彭森 袁金彪	賽國勝 彭森 袁金彪
經制外委		
額外外委	黃忠全	黃忠全

	同治二年	同治三年
游擊	施鴻恩	施鴻恩
守備	羅連陞	羅連陞
千總	文嶺 張鳳祥	文嶺 張鳳祥
把總	賽國勝 余長慶 江夏人 李洪恩 本邑人	賽國勝 余長慶 李洪恩
經制外委		
額外外委	黃忠全	黃忠全

續輯漢陽縣志　卷之十四　武職　十一

同治	遊擊	守備	千總	把總	經制外委	額外外委
四年		羅連陞	張鳳祥 文　嶺	賽國勝 余士祥		黃忠全

同治	副將	都司	守備	千總	把總	經制外委	額外外委
五年	施鴻恩 由遊擊陞授	吳開榜 江夏人	張先甲 孝感進士	張鳳祥 文　嶺 李洪恩	余士祥 邱維豐 本邑人 熊連陞 江夏人 李金榜 江夏人 吳雲逵 黃陂舉人	馬福納 楊金標 本邑人 曾維炳 江夏人 蕭得勝 江夏人 蕭承恩 江夏人	黃忠全 宋廷貴 本邑人 孫開甲 本邑人 張爲霖 江夏人 袁福英 江夏人 張得麟 江夏人 張名發 江夏人

續輯漢陽縣志　卷之十四　武職　十二

同治	副將	都司	守備	千總	把總	經制外委	額外外委
六年	施鴻恩	李克儉 鄖陽人 胡秉忠 襄陽人	張先甲	文　嶺 熊連陞 吳良彬 本邑人	邱維豐 余士祥 陳承福 李洪恩 鄖陽人 李金標 吳雲逵	馬福納 楊金標 蕭得勝 蕭承恩	黃忠全 宋廷貴 孫開甲 袁福英 張爲霖 張得麟

同治	副將	都司	守備	千總	把總	經制外委	額外外委
七年	施鴻恩	胡秉忠 吳開榜	張先甲 羅連陞	文　嶺 熊連陞 吳良彬	邱維豐 陳承福 李洪恩 李金標 羅必達	馬福納 楊金標 蕭得勝 蕭承恩	黃忠全 宋廷貴 孫開甲 袁福英 張爲霖 張得麟 張名發

續輯漢陽縣志卷之十五

名宦志敘

循吏之傳創於史遷而班氏繼之考兩漢循良守
多而令少然如卓茂魯褒之流又何其胣然豈弟
君子也夫民至愚也合而聽之則公世之牽絲作
宰者有煦煦孑孑以要名聲有操智術顛倒其民
駭取神明之譽當其時未始不蒸然誦也久之何
寂寂也姓氏且不能舉矣必也勸農桑美教化利
無不興害靡不除與閭里共疾痛疴癢好惡同之

誰嗣之歌舍此安歸乎次則雖無赫赫之功而所
至民安之所去民思之尸祝亦到今不絕也凡令
於茲邑采其政績尤異公論翕然者得若而人少
吏以下遺惠可稱亦彙載於籍志名宦

按此次所載名宦皆自令尹而下舊志所列如
知軍知州丞推宜歸郡志今悉不登雖游黃二
大儒之政績亦置不錄免與郡志相淆也

宋

劉剛中光澤人嘉定間調漢陽簿與黃幹友善切磋
之益居多嘗遊朱子之門著師友問答集

元

秦文郁開封人為漢陽尹挫抑豪猾扶植善良民懷
其德而畏其威

許鄰字賢輔益都人漢陽尹政致休明德行顯著民
心悅服

明

趙子芳滁州人洪武三年知縣事通才遠略機發刃
迎時國家初平陳氏治具未備士不知學子芳慨

然以興起斯文為己任

趙庭蘭徐人洪武初令漢陽愛民息事朝廷嘗遣使
徵陳氏潰卒他縣僉民丁以應蘭獨言無有聽事
工解未備鳩工餙材創置縣治民不告勞

胡興福洪武中以明經知漢陽縣招集流亡撫惠瘡
痍墾闢草萊疆里土田修葺廨宇百廢皆舉而民
不知勞

王叔英字原采黃巖人洪武中令漢陽值歲旱齋沐
懇禱甘雨遂降後雨不止復禱於神即霽有漢陽

禱神文二篇

李德字仲修番禺人博學能詩與孫蕡王佐黄哲趙介齊名號南園五先生洪武庚戌以明向書薦至京師授洛陽長史遷濟南西安二郡幕以年老不能吏職乃就漢陽教諭秩滿改官廣西義甯令卒於家有詩刻五先生集中

趙弼字雪航蜀巴人永樂間以明經徵授漢陽教諭善訓誨修履謹飭著述甚富宣德壬子纂郡志後人咸取法焉有通鑑雪航膚見家藏效顰集行世子蕃正統戊辰進士任主事曾孫進遷遷子子伯舉人

尹應嗣武陵人以歲貢授漢陽府學訓導月集文士校藝六次筆劄盤餐力任以給品定甲乙極爲精當辛巳方嚴誠胡安定之流亞也

楊思永聊城人以歲貢爲漢陽校官涖任後亦有尹應嗣之風

段欽山西籍錦衣衛人正德初以舉人令漢陽政務慈惠民以無擾

石銓南直隸建平人正德中由監生知縣事有惠政嘗刻黄勉齋政教錄

鄧鏞豐城舉人嘉靖間令漢陽檢律詳密吏事精純其處置山陽三圖拋荒田地裁減重支應付及多設民壯卓然可爲後法

張堅龍溪舉人繼鄧公知縣事亦稱賢令

梅繼勲宣城舉人嘉靖間令漢陽興學育材以爲先務政期崇實多所裨益

董穀海鹽人由鄉舉知漢陽殫心吏事篤志理學有著述刊布希迹游黄

夏子諒涪州舉人知漢陽撫字有方執法不撓藩校畏懼不敢稍肆疲民賴之秩滿陞順州牧

熊淪廬陵舉人嘉靖間知漢陽奉職勤慎善察民隱獄訟紛糾剖決無滯

劉紀四川舉人萬歷三十五年任漢陽馭下嚴峻吏胥無敢欺法者歲大水多方賑糶以全民生

王艮相饒州舉人天啓間知漢陽約己裕民不事煩苛而清譽震一時

蔣世興南安舉人知漢陽有治才令行禁止奸宄歛
跡
龔克修曲江舉人崇正間知漢陽廉謹自持飭請爲
治一時稱治蹟者無以過之
國朝
金漸皋仁和舉人順治十四年任漢陽性仁慈不用
峻法繩人遇歉歲捐俸賑卹修學課士給以膏火
民感其德化康熙中崇祀名宦
唐之栢廣西灌陽舉人涖任漢陽縣値滇黔梗化之
柏籌應兵餉勞瘁多年日不暇食至重士輕賦懲

奸緝盜又屬餘事
閻鉌字坚西長垣舉人才識通敏雍正元年任漢陽
凡民情吏弊毫髮難欺郡治舊有試院廢且久學
使者按臨遂駐會城漢屬生童冒風濤渡江應試
曠日糜費咸患苦之鉌倡率紳士創建於南紀門
內一郡稱便以卓異徵邑人至今稱頌不置
梁瑛漢軍正白旗人貢生任漢陽令精明聚實吏畏
民懷在任二年陞宜昌丞

沈孟堅字硏園湖州德淸人雍正　科進士勤敏
慈惠起家黃陂令量移漢陽以文章飾吏治有幹
材而能持大體事治而民不擾修城垣築江隄創
修邑志興起學校樂育人材有古循吏風擢官去
淞江甯太守所至民思之
劉嗣孔陝西綏德州人康熙丁酉舉人選穀城令調
漢陽繼沈之後修舉廢墜有蕭規曹隨之譽
裘行恕字愼甫江西新建人文達公之季子　科
舉人嘉慶間知漢陽者七載是時守內恬和物力
豐饒漢皋尤爲殷盛行恕修舉廢墜不遺餘力邑

遂鬱然爲壯縣自郡縣學魁星樓晴川書院晴川
閣無不締構一新　文昌祠東西壇壝亦次第建
立東門城樓城中街衢皆徧加整葺築項家橋驛
路修魯子敬墓又疏金牛港太頭河小白湖諸積
水繕城頭山長隄民皆樂從忘其勞費至請鸚鵡
洲隸漢陽廣學額增書院膏火士林尤誦之不衰
因邑志歷七十年久未續修慨然延淵雅名流重
加增輯令賴其網羅前事始不虞放佚云後擢同

知去

耿麟直隸舉人道光初令漢陽潔已率民不阿權貴
有古循吏風

徐躍蘄水舉人淹博能文道光初司鐸漢陽垂二十
年啓廸殷拳不計脩脯於寒儒尤加意培植士林
頌之

賴以立江西人道光壬午進士壬辰攝漢陽令勤慎
廉能尤嚴馭胥吏案無留牘權篆未久辭疾歸民
至今作去後思

趙德轍山西進士道光辛丑令漢陽治獄勤慎不事
株連適巨浸爲患哀鴻徧野募貲賑濟不辭勞瘁
去之日邑民攀轅泣送者蓋十餘里云

馬晉圖漢軍貢生咸豐戊午令漢陽值兵燹新復瘡
痍滿目盡心撫字潔已任勞民甚賴之

續輯漢陽縣志卷之十六

選舉志敘

古者言舉行揚而尤重在行後世專尚言而已其
篤行之士與用薦辟起家者或設特科開一舉之
然所重者在科目漢陽自前明及
本朝科目號爲尤盛其中以功業氣節文章顯者往往
聲華尤著夫上之取才與才之所出必有其途萃
四海之才併於一途相沿至千餘年之久此宜有
豪傑奇偉者流奮起乎其閒而猥瑣夸毗沒沒於

金紫祿利者碌碌皆是也其勒金石而炳旂常則
惟豪傑奇偉者震鑠古今耳士可知所自立矣又
貲郎起於漢世歷代亦頗不廢其能以事功自見
晉躐通顯者亦閭里所豔稱未可以科第格之也
采邑中各科至於仕進銓次姓名表以著之武科
則但以年相次其壯士從軍以力戰自致將校者
視古武功爵之格亦繫於末志選舉

此次新列仕進武功因二途出身太廣不能遍
載故稍立限制文職自教官以上武職自守備
以上始行錄入
餘則姑舍是矣

續輯漢陽縣志 卷十六 選舉 一

朝代科分	進士	舉人	選貢	特科	仕進
明洪武三年詔開科取士明年會試 六年罷舉富民素行端潔達時務者 十三年詔舉聰明正直孝弟力田文學之士 十五年詔復設科取士凡三年一舉			志載貢生例列五貢其職貢亦與舊志所載多與通志不符疑其中不盡屬五貢也前明文獻荒遠難徵仍照舊志備錄自國朝以下概遵通志詳載其由貢出身者統載入仕進類	陳文通薦舉官按察使有傳 陳昂辟舉以明經薦官僉事 郝仲誠辟舉以儒士薦官參政 倪智薦舉官知縣 王彥謙薦舉	
十六年詔府州縣學歲貢生員一人 十七年詔令科舉薦辟並行 十八年詔舉孝廉之士 洪武二十六年癸酉科 建文三年詔舉優		戴昱文	蘇敬贍知縣 劉琳主事 夏馨衛經歷 徐文布政司理問	官行人 王宗貴薦舉官同知 項誠辟舉官慶府教授 彭義辟舉官韓府長史 謝復榮辟舉官秦府紀善 陳傑辟舉	

續輯漢陽縣志 卷十六 選舉 二

朝代科分	進士	舉人	選貢	特科	仕進
通文學之士 永樂三年乙酉科		余麟官戶部主事 陳朝珊 易思義進士 黃誠官知縣	程武工部主事 張敏苑馬寺卿 朱銘兵部主事 李忠賢經歷 李實經歷 陳連經歷 楊澄上虞知縣	官參議 何得中辟舉官參政 曹體仁辟舉官知州有傳 崔文科辟舉官都事	
永樂四年丙戌科 永樂九年辛卯科	易思義	吳徽官州判升許州知州 龍澍官知縣 陳載官監察御史 李盛 戴永 趙忠	計珩有傳官監察御史 蔡嗣讀經歷 凌友諒州判 徐琦知縣 鄭瑋苑馬寺丞 李瑜有傳 張浩通判 鄭琮推官 趙珩同知		

永樂十二年甲午科

洪熙元年部會試分

官同知

林俊　官知縣

葉茂　官主簿

尹思謙　官州同

馬驤　官光祿寺署丞

潘恕　主簿
劉敬　知縣
胡信　知州
方讓　同知
黃貴　署丞
章德源　教授
朱理　奉祀
雷震　知縣
劉紹　知縣
吳黼

南北取士

宣德元年丙午科

江恕　歷官知府有傳

宣德四年己酉科

陳謨　官通判

謝宣

程善

宣德七年壬子科

李永

魏忠

張徽

徐玢
劉讓　經歷
向耿　經歷
宋瓊　同知

熊珙　官典寶正

李湜

正統五年定湖廣中額五十五名

江照

祝鳳　官同知

正統六年辛酉科

李暹　官教諭

趙碁　進士　有傳

正統九年甲子科

張思齊

劉鑑　知縣
凌友志　知縣
余洪　縣丞
程緒　縣丞
徐珩　知縣
黃麟　縣丞
楊冕　衛經歷

官典儀正

官檢校

正統十二年丁卯科

丁秉彝

余懋　官知州

呂智　官縣丞

正統十三年戊辰科

趙碁

陳宏　主事
朱海　縣丞
朱化　主簿
陳寓　經歷
黃巡
陳賓　經歷
張廱　縣丞
鄭守中
田文　衛經歷
黃諭　縣丞

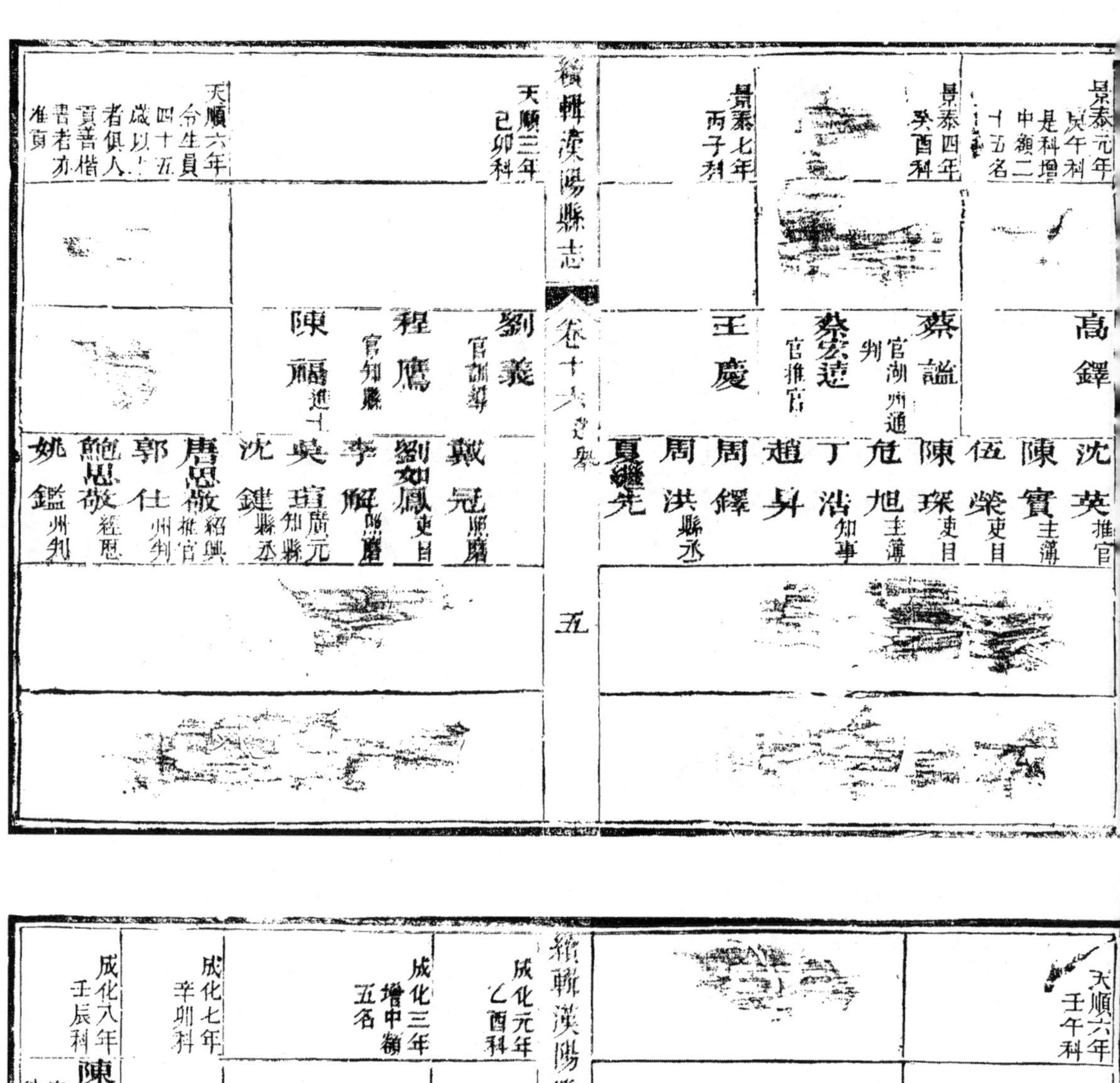

景泰元年庚午科　是科增中額二十五名
高鐸

沈英 推官
陳寶 主簿
伍榮 吏目
陳琛 吏目
危旭 主簿
丁浩 知事
趙昇
周鐸
周洪 縣丞
夏繼先

景泰四年癸酉科
蔡謚 官湖州通判
蔡宏遠 官推官

景泰七年丙子科
王慶

天順三年己卯科
劉義 官訓導
程鷹 官知縣
陳福 進士

戴冠 照磨
劉如鳳 吏目
李解 照磨
吳瑄 廣元知縣
沈鍵 縣丞
唐恩敬 紹興推官
郭仕 州判
鮑思敬 經歷
姚鑑 州判

天順六年令生員四十五歲以上者俱入貢善楷書者亦准貢

天順六年壬午科
李遜 官教諭
李仲良 官知縣

宋必讓 經歷
呂端 縣丞
夏禮 檢校
朱世臣
楊彬 主簿
馬誠 吏目
孫璁 主簿
許善 鳴贊
蔣伯庸 照磨
胡必聰 吏目

成化元年乙酉科
王纘 官州判

成化三年增中額五名

成化七年辛卯科
黃訓 官通判

成化八年壬辰科
陳福 官主事有傳

郭堅 吏目
徐謙 主簿
趙瑄 經歷
胡岳
宋甯
吳容
彭諒
徐華 吏目
杜英 訓導
汪有仁 吏目

成化十年甲午科
胡金 進士

成化十三年丁酉科
易東 官教諭有傳

成化十六年庚子科
李芃 有傳 官太和知州

鄧文俊 知縣
方知高 知縣
吳世綸 訓導
彭禧
劉沔
劉魁 知縣
熊瑞
吳世縉 知縣
楊銘
鄒禮

成化十九年癸卯科
馬文盛 進士
姚龍 官布政司理問

成化二十年甲辰科
胡金 有傳 歷官刑科給事中

成化二十二年丙午科
陳璽 官知縣

余儉
沈永恭 經歷
蘇傳 訓導
雷春
陳鼎
周傑
董悅
吳琳 照磨
樊懋
蕭慎

陳瓏 有傳
余正 進士 官杭州府教授

宏治二年己酉科
胡廷傑

宏治五年壬子科
蕭之夔 官大足知縣

楊段 主簿
王玠 訓導
張文聰 經歷
張誠 縣丞
吳瓊 安岳主簿
萬方 經歷
蔡謨 順天經歷
李茂 照磨
蔡英 嘉興通判
韓斗 州判

宏治六年乙卯科
趙進 官西充知縣

宏治九年丙辰科
馬文盛 官成都通判
余正

許亮
張文昌
鄢志學
劉澄
柳仲倫
王鑑
陳璟
馬佐
易賢 主簿
陳廷訓

官華亭知縣

范志高
趙亢
江本
彭楚傑
李宥 知州
龍憲 州判
韓貴 照磨
彭楚善 教授
潘金 教諭
胡玉

弘治十七年甲子科
傅桂 進士

正德二年丁卯科
戴金

正德五年庚午科
朱衣 進士
李簡 有傳
官簡州知州

陳珏 訓導
劉璽 教授
伍琮
董文獻 訓導

正德八年癸酉科
董寅 進士
陳播 官知縣

陳東之 訓導
王化 教諭
彭楚豪 有傳
周冕

正德九年甲戌科
傅桂 有傳
戴金 有傳

陳廷言
張鸞 嘉定縣丞

正德十一年丙子科
陳柏 嵩明知縣

黃坤吉 署丞
郭倉 經歷
陳璿 教諭
易堂 訓導
吳綸 訓導

正德十五年庚辰科
朱衣 有傳

嘉靖元年壬午科
伍偉 有傳
王著 有傳

許希賢 訓導
任秀 長鄉訓導
楊一鴻 縣丞

嘉靖以後始有選貢恩貢
彭鈞 泌陽知縣

鄭世芳 簡州訓導
陳大讃 縣丞

嘉靖二年癸未科
董寅 歷官戶部郎中

陳廷試 縣丞
丁符
蔡三俊 廣東提舉
陳天祚
葛金
范廷憲

嘉靖四年乙酉科
邱鳳翔 蓬溪知縣

陳廷詔 訓導
陳儒 訓導
陳大樂
吳元祥 沛縣縣丞

科年	進士	舉人	歲貢
嘉靖十三年甲午科		傅兆 有傳 梁山知縣 朱袞	蔡蓁 和州州判 凌應賢 李銓 邢臺教諭 朱應龍 蔡芸 鄭州知州 孫以瀰 署丞 朱袞 安岳縣丞 曾文彥 通判 陳大教 訓導 蔡閑 桐廬訓導
嘉靖十六年丁酉科		朱表 官順慶通判 黃坤正	蔡績 羅以禮 經歷 龍逵 訓導 田萬鍾 嘉定訓導 蕭長材 沈濟 錫山訓導
嘉靖十九年庚子科		余寵 進士 張登高 進士 濮州籍中山東鄉試	張一元 羅珊 訓導 潘皮 順慶訓導 萬言

科年	進士	舉人	歲貢
嘉靖二十年辛丑科	張登高		劉宰 劉體正 縣丞 胡定 周尚賓 蒲江知縣 黃克忠 序班 李誨
嘉靖二十二年癸卯科		王秩 進士 吳嵩 官蕪湖知縣	袁鎬 王震 李翔 朱顒 隴州知州
嘉靖二十三年甲辰科	朱寵 王秩 有傳		王光祥 陳清 泌陽知縣 王維機 李軒 祁門訓導 王維初 羅章 陽宗知縣 劉體道
嘉靖二十八年己酉科		王一麟 有傳 官鎮遠府知府	吳元卿 鎮遠知縣 熊士言 吳元仕 武宣知縣

續輯漢陽縣志　卷十六　選舉　十三

科年	進士	舉人
（前科）		曾廷芝進士 蔡結
嘉靖三十一年壬子科		蔡機官瓊州通判 吳可大
嘉靖三十二年癸丑科	曾廷芝有傳	
乙卯科	蔡結有傳	
嘉靖三十四年乙卯科		李崇德官葉州學正
嘉靖三十七年戊		艾善

貢生：熊良弼　孫木郟縣教諭　劉邦化　鄭曉豐城訓導　何允昌理問　宋祿　蕭良純署丞　孫晟金堂知縣　朱寅訓導　吳元憲大竹教諭　蕭定國　陳擇　戴志榮和州學正　李昌福　朱守宗遂州訓導　李端本蒙城教諭　凌軒　劉應彥均州訓導　王澤　葉與儀封訓導

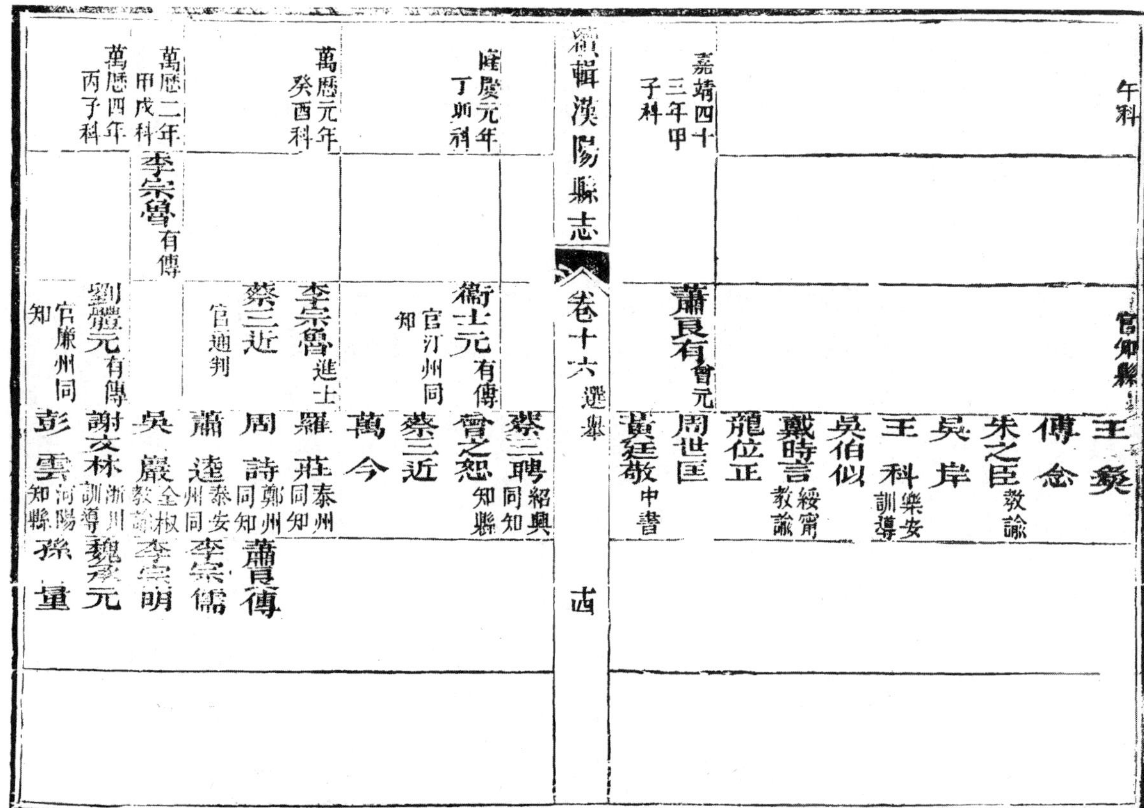

續輯漢陽縣志　卷十六　選舉　十四

科年	進士	舉人
午科		官知縣
嘉靖四十三年甲子科		蕭良有會元
隆慶元年丁卯科		衛士元有傳官汀州同知
萬曆元年癸酉科		李宗魯進士 蔡三近官通判
萬曆二年甲戌科	李宗魯有傳	
萬曆四年丙子科		劉體元有傳官廉州同知

貢生：王燮　傅僉　朱之臣教諭　吳岸　王科樂安訓導　吳伯似　戴時言綏甯教諭　龍位正　周世臣　黃廷敬中書　蔡三聘紹興同知　曾之恕知縣　蔡三近　萬今　羅莊泰州同知　周詩鄭州同知　蕭遠泰安州同　吳巖全椒教諭　謝文林浙川訓導　彭雲河陽知縣　蕭良傳　李宗儒　李宗明　魏承元　孫量

萬曆七年己卯科

萬曆八年庚辰科

蕭良有 有傳

龔作相 官永甯知縣
蕭良譽 進士
沈文薦 官名山知縣
王維祐 有傳 官貴州知府
吳崇 有傳 官平樂同知

楊鰲 宿松訓導
宋恩 武安訓導
田萬井 教授
吳昺
孫松 公安訓導
朱承年 南昌訓導
李欽順 官崇義知縣
孫琮

吳岳
李貞元
張一德
張練

以上九人舊志列名儒秩未知何科不便削去附此

萬曆十年壬午科

萬曆十三年乙酉科

蕭良譽 有傳
孫瑀 官貴州副使

李世龍 有傳
王肇元 官台州同知
常道立 進士
李先春 官武緣同知
周世匡

吳岱
劉僎
劉體震 縣丞
張績
陳守謙 教諭
桂楫 保安知縣
彭電 縣丞

萬曆十四年丙戌科

萬曆二十二年甲午科

萬曆二十五年丁酉科

常道立 有傳

張季彥 官廣西兵備副使 進士
劉邦靖
劉成美 有傳
王儀 有傳 官雲南參政
吳極 進士
胡之甯 官知州

王光裕 官鄭州同知
張懋德 教授
吳濬 副
蕭丁泰
劉覲光
雷躍龍 官光祿寺署丞
謝默
劉應科 博野訓導

萬曆二十九年辛丑科

萬曆三十一年癸卯科

蕭丁泰 有傳
秦聚奎

蕭丁泰 進士
秦聚奎 進士
蕭鳴甲
蔡三復 官衢州知府
程登龍

黃承光
王廷彥 荊州教授
朱芸 官合水知縣
胡瑩臣 訓導
劉之紀 九江訓導
君良心

萬歷三十二年甲辰科
萬歷三十四年丙午科
萬歷三十五年丁未科
萬歷三十七年己酉科
萬歷四十年壬子科

蕭鳴甲有傳
張季彥官主事
吳??讖有傳

李若愚進士
余士惠
吳嘉謨
劉　寬
周　階
官延安同知
王家賓有傳官陝州知州
孫世恪有傳官戶部郎中
龍德正官工部主事
吳可敷有傳官瑞金知縣
龍　相有傳

龔應遂訓導
羅　達縣丞
吳可榮官兵馬司指揮
涂明學
尹應利
劉德光
周世熙
李日成
陳天衢
謝　燭有傳
戴紹慶
王　袗官成都同知
蔡三錫昆明縣丞
王化隆

萬歷四十三年乙卯科
萬歷四十四年丙辰科
萬歷四十六年戊午科是科增中額至九十五名
萬歷四十七年己未科
天啟元年辛酉科
天啟四年甲子科

吳　極有傳
李若愚有傳

官龍川知縣
易文明
戴自成進士
劉成治進士
朱祚宏有傳
吳伯倫官建昌知縣
張　京有傳
官西安道
尹時泰官霑自知縣
熊鳴盛有傳
謝滈培有傳
余士瑞進士

官通判
楊師震德清縣丞
龔作楫
陳明德辰州教諭
吳　灝
曾一唯
張世和官蘭溪知縣
李咸春官定遠知縣副
李君沖官光祿寺署正
王　俊
朱　宇訓導
陳嘉賓同知
程邦奇州同
楊泰然均州訓導
陳同賓
黃　門
鄒　垣

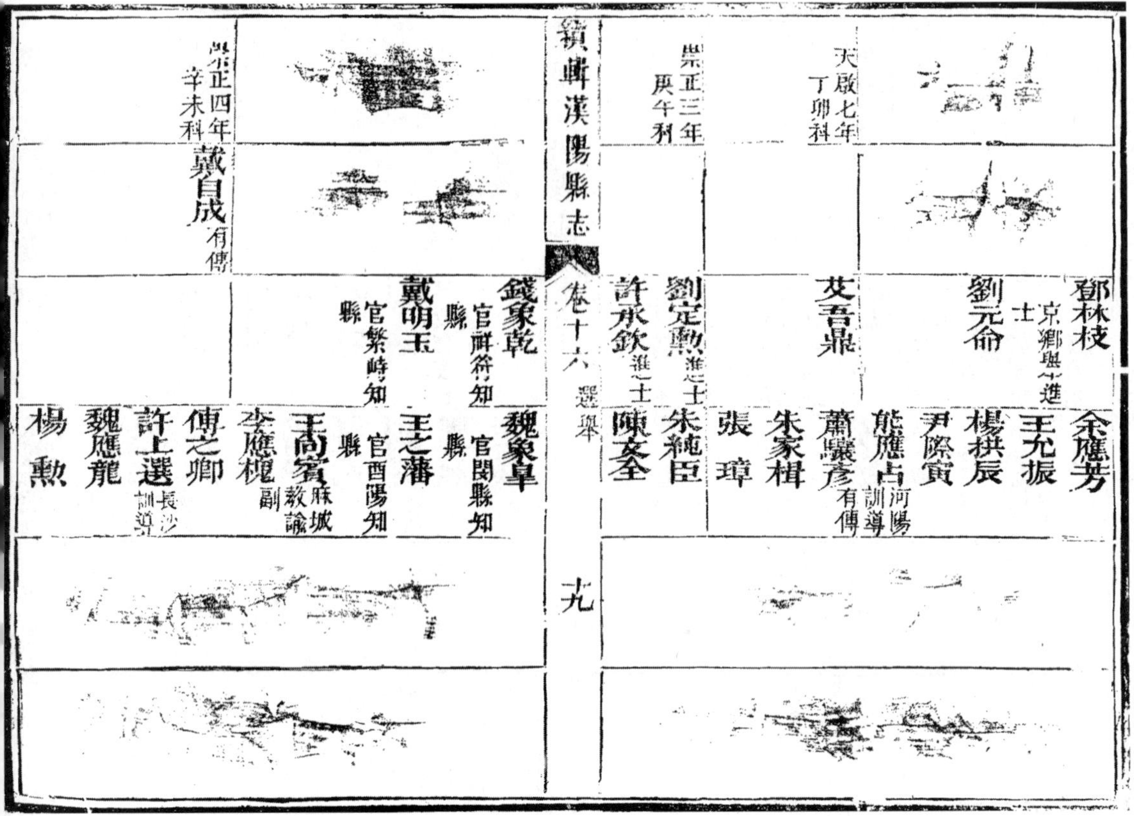

天啟七年丁卯科
鄧林枝 京鄉舉進士
劉元命
艾吾鼎

余應芳
王允振
楊拱辰
尹際賓
熊應占 河陽訓導
蕭纕彥 有傳
朱家相
張瑋

崇正三年庚午科
劉定勳 進士
許承欽 進士

朱純臣
陳奎

崇正四年辛未科
戴自成 有傳

錢象乾 官祥符知縣
戴明玉 官繁峙知縣

魏象阜 官閿縣知縣
王之藩 官酉陽知縣
王尚賓 麻城教諭
李應槐 副
傅之卿
許上選 長沙訓導
魏應龍
楊勳

崇正六年癸酉科
秦廷熚
屠斯立 進士
江如紀

張畯升
謝正培
程家麒
康萬化
劉自然
何天佐
君良棟
劉崇道
趙國璧 官鄰水知縣

崇正七年甲戌科
劉成治 官郎中 有傳

崇正九年丙子科
范克誠 官兵部主事

聶潞如 有傳
李宗堯
李宗孔
陳葵枕 休甯訓導
李應昇 拔貢
李應橋 中書
吳伯裔 銅仁推官
李若璜
李應柏
李國祚 有傳

崇正十年丁丑科

余士璟 官九江推官
鄧林枝 官知縣
許承欽 官主事

王會圖 有傳
曾友顏 官攸縣教諭
魏育封 有傳

龍文正 官永安知縣
何其魯 岑溪教諭
王善政 廣濟訓導
劉　載 長史
龍　柱 有傳
吳堯言 官陸川知縣
劉亮佐 官紹興同知

崇正十二年己卯科

王士乾 官長沙教諭
王世顯 進士 官通判

羅士望
秦世春
秦民湯 有傳
龔士宏 官金臺知縣
吳可位 知縣
吳　岳
黃　袞 崇仁教諭
吳守中 黃安教諭

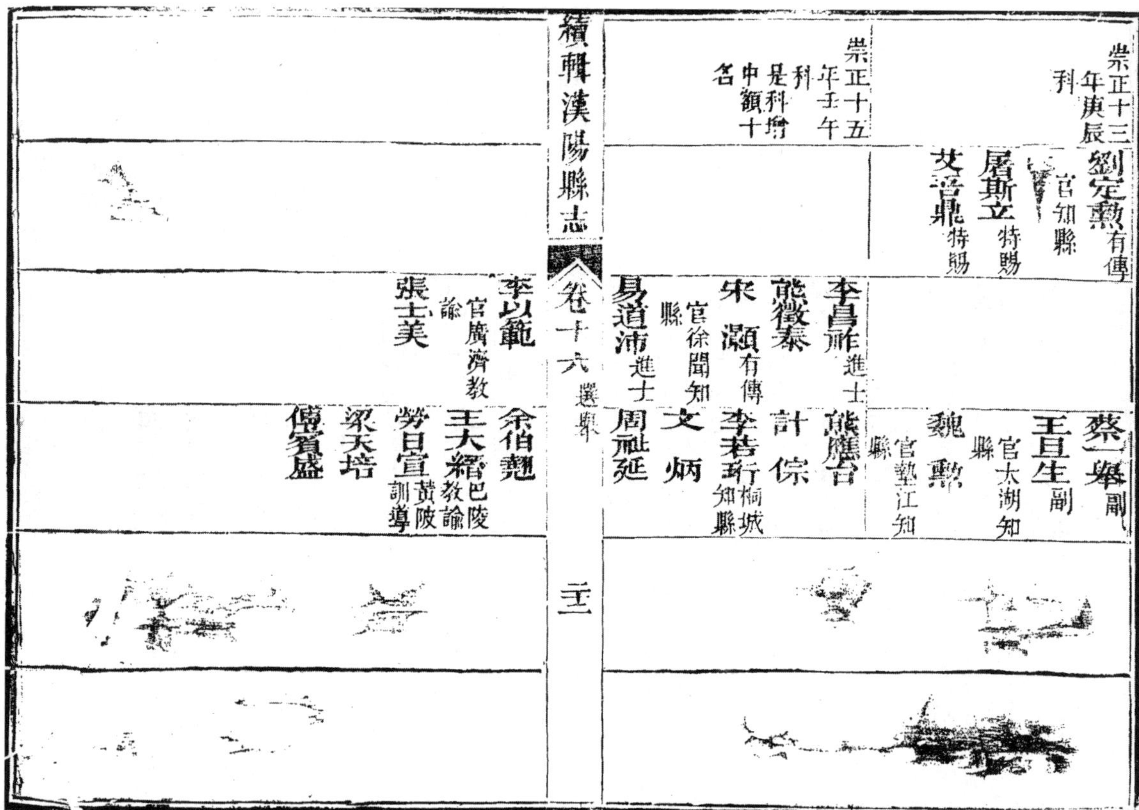

崇正十三年庚辰科

劉定勳 有傳 官知縣
屠斯立 特賜
艾吾鼎 特賜

蔡一舉 副
王旦生 副 官太湖知縣
魏　勳 官墊江知縣

崇正十五年壬午科 是科增中額十名

李昌祚 進士
龔徽泰
宋　灝 有傳 官徐聞知縣
易道沛 進士
李以範 官廣濟教諭
張士美

龔應台
許　倧
李若珩 桐城知縣
文　炳
周祉延
余伯翹
王大縉 巴陵教諭
勞日宣 黃陂訓導
梁天培
傅賓盛

續輯漢陽縣志　卷十六　選舉　三十三

國朝

進士

世祖章皇帝順治三年丙戌科 是科因湖南未盡歸化定中額六十五名

舉人

盧乾元 進士
張如椮 有傳
鄧錦 黄岡籍 官南陽同知
吳輿儔 漢川籍 官遂州知州
張旺齡 進士
劉順昌 進士

五貢

秦廷焻 均州訓導
王家模 衡州教授
戴必成
吳漢鯤
周文煜 蒲圻訓導
堵維垣

薦科

仕進

周文旭 歸化知縣
熊夢鶴 夔州知府
蔡溥 金華縣丞
熊應昌 知州
秦祁文 宿松縣丞
胡其嚴 貢生
李白玉 貢生
黃壽昌 貢生
以上見舊志

順治五年戊子科 是年直省行拔貢

張三異 進士
譚鳳禎 進士
吳正治 進士
熊伯龍 京舉進士
蕭貢 天門人本邑貢
錢三年 官平陽知縣

熊伯龍 拔貢
李國屑 拔貢
吳鍾潛 拔貢 官常州通判
吳開治 拔貢
李歷 副榜 官閩縣縣丞
熊仲龍 拔貢 官汝甯知府
熊叔龍 拔貢

順治六年己丑科

熊伯龍 有傳
吳正治 有傳

續輯漢陽縣志　卷十六　選舉　三十四

張三異 有傳
譚鳳禎 官大理寺評事
劉順昌 官廣宗知縣
易道沛 官刑部郎中

順治八年辛卯科加恩中式一百二十一名

李奇生 解元
何詢之 官知縣

官華陽訓導
羅位
陳逢辰 德安訓導
汪可方 安化教諭
陳汝鎔 武岡訓導
鄭顯讀 通判
李昌禎 拔貢
江殷道 拔貢
吳宗昌 拔貢 官長陽教諭

易廷望 官桂陽州學正 有傳
葉遊 漢川貫
汪以濬 進士
李國屑 官天門教諭
楊爆 京舉進士
戴汝爲 天門貫
萬用 官鄖陽教諭

李志長 拔貢
周微先 拔貢 知縣
宋大成 州同
唐勳 經歷
劉仲 恩貢
鄭光先 烏程縣丞
王壽世
胡道亨 湘潭訓導
謝預培 甯遠訓導

順治九年壬辰科 記督學停差御史用内翰林院 差蔭林用僉事

李昌祚 有傳

李奇生 官南靖知縣

劉謙 官耒陽教諭

徐湘 官孝感教諭

李以篤 有傳

朱祚熙

魏熙 官崑山知縣

喻應鶯

順治十一年甲午科 是科滅中額九名 詔督學停

堵嶷 進士

堵際亨

戴揚祖

王學可

盧登道 恩貢

李應椒 副榜

朱天慶 拔貢 官知縣

姚士偉

高遠 官麻城教諭

江源 進士

田卜昌

李以籍

黃庠 遂安縣丞

瞿清 拔貢

劉士相

劉士俊 官東安知縣

吳漢公 副榜

順治十二年乙未科

堵嶷 官陝西學道

韓章 官南雄府知府

順治十四年丁酉科

李先實

李應梓 副榜

科

順治十五年戊戌科

江殷道 有傳

張旺齡 官孝豐知縣

王士謙

江殷道 京舉進士

項一經 進士

范其鑄 進士

華生甫 有傳

徐仲度

韓袞

吳文選

蕭企昭 副榜

蔣文軏 恩貢 官漳縣知縣

劉一泰 副榜

楊乾晉 官開封知府

王度 官靈邱知縣

曾山

蔡世衍 恩貢

汪以涫 官吏部主事

王世顯 有傳

范其鏞 官潞城知縣

順治十六年己亥科

盧乾元 有傳

項一經 有傳

楊燁 官龍門知縣

余世安 雲夢訓導

王大維

王文林 官武平知縣

李若侗 副榜

王家瑜

蔡江如 經歷

黃江如 石屏教諭

李昌禊

李昌禝

順治十七年庚子科是科減中額五十二名
特恩武會試
順治十八年辛丑科加湖廣鄉試中額十五名
聖祖仁皇帝康熙二年癸卯科是年詔併歲科三年一考罷八股以論策取士停歲貢
康熙五年丙午科
康熙六年丁未科

江源 官新河知縣
陳國祝 有傳

解乾濬
黃熊 黃陂人本邑貫
董此禮
陳國祝 進士黃岡貫
汪應台
蕭石芝
張宏傑 漢川貫有傳
龔于蕃 有傳
張伯琛 有傳

熊再昌 恩貢官江陵訓導

程元昌 鄖西訓導
張隹瑞 有傳
秦廷臣 澧陵教諭
朱英 知縣
項劇 有傳
易敉 行人司行人
熊祖謨 宜章訓導
吳鍾勲 國子監學正
彭佐 雲南布理問
陳治要 湘潭訓導
汪萬鎮 貢生
孫選士 貢生
繆陞 華容教諭

康熙七年詔復以八股取士
康熙八年己酉科
康熙九年庚戌科
康熙十年復歲貢
康熙十一年壬子科是科始以副榜准作貢生

瞿懋甲
周之麟 官中峪知縣

李昌熙
周學儒
魏晉疆 官黔陽知縣
田鷹嘉 官教諭
張寅
彭浚

江蘅 拔貢有傳
陳國柱 拔貢官知縣
李必果 恩監官生
蕭一斯
吳應昆
胡紹安
劉坤受
李如靖
張維道
吳大治
蕭鍾安

蔣懋祖 攸縣訓導
李必蟠 貢生
陳蔚訓 隨州訓導
熊正策 貢生
李國柱 貢生
張淵 隨州訓導
蔡書備 教諭
王杞封 杞縣縣丞
謝世綺 永平經歷
項鍾建 壬事有傳
何佩 當陽訓導
唐世俊 桂東訓導
劉瓊 貢生
唐世第 鄖縣訓導
徐鋐 教諭
陽之鑑 貢生
陳凌霄 訓導
謝騰翼 貢生
李俊有 天津鹽運司運同

年份	進士	舉人	貢生
	周寅暘進士	吳守魯 黃鳴金 胡翼麟 劉珣鼎	洪偉貢生 楊宗禮貢生 葉選春貢生
康熙十三年復分撥科兩試		黎時雍藍山訓導 黃文珍教諭	吳中垣貢生 吳中颺江華教諭 謝諭貢生
康熙十四年停本省鄉試		吳敬治 汪僎麻城教諭 朱國慶	吳必顯貢生 張澄貢生 郭玉麟教諭
康熙十六年丁巳	孫皐進士	譚璟	吳廷揆貢生
科裁入學額定例大縣四名	吳宗豐進士	楊自成 張顯曆有傳 張佐瑞 朱崧茂	葉方茂貢生 宗相度訓導 胡濬訓導 康良棱穀城訓導
康熙十七年戊午科	俱江南榜 劉夐受官會同教諭 熊愉 熊正刹 周文敬	何孔義 蕭麗昭 尹明楫 易道憲 黃鶴鳴 張琨	蕭廷相歸州學正 劉廷瑜貢生 項謙郎中 項詩永昌知府 馮大鵬貢生 井宗周貢生

年份	進士	舉人	貢生
		胡瀚	江祚封貢生
康熙二十年辛酉科復入學額大縣十五名		李鑛進士 熊祖旋官義烏知縣	李嘉慶拔貢 李咸有拔貢 劉亮國官安化教諭	戴天恩貢生 蔣之升貢生 李之尹貢生 蕭長祐太常寺典簿 李鍾奇貢生
康熙二十一年壬戌科	孫皐有傳 官內閣中書 周寅暘 彭俊有傳	余廷宣 吳紹先 胡灝 楊旦 戴率祖	彭澤崐貢生 龔懷貢生 劉錡貢生 劉鎰濰縣縣丞
康熙二十三年甲子科		余尚鈺進士 張埰	熊正節訓導 胡樹勳恩貢 易枚保安知州 羅世珍訓導	郭志仁枝江教諭 鄒之璞貢生 趙大陞貢生 彭繼彭汲縣縣丞
康熙二十六年丁卯科		劉懿嘉魚貢官荊州教授 羅九錫穀城貫	熊正蕃訓導 鄭繼周 喻良臣知縣 周臯旌德知縣 張叔珽有傳	朱大材衡陽訓導 陳嘉悅教諭 徐聰貢生 項命平武縣丞 孫皐岳州知府
康熙二十九年庚		胡書思	張仲璜有傳	孫光祖開化知府

午科 是科定武鄉試照文場事例

康熙三十年辛未科

李鑽 官龍里知縣

龔純孚 官仁懷知縣

何倜 官均州學正

朱地慶

朱柏茂

江藻 有傳

胡之傑

錢韓雲

蕭永域 有傳 官詔安知縣

吳宗翰 有傳

徐則裕 有傳

孫光祚 鶴慶通判

徐謨 刑部員外郎

張天訓 象州知州

吳焯 嵩蒲州知府

鄧正誨 貢生

鄧釗 河東鹽運使

鄧銳 鬱林知州

劉玉書 貢生

劉攢 貢生

康熙三十二年癸酉科

江本純

張問行

蔣佩恩 西安知府

樂宮音 官孝感教諭

江澐 有傳

君際鉉

王世篤 辰谿訓導

王彰奇

蕭錦 崇陽教諭

鄒之英 貢生

王文師 貢生

任紹裔 貢生

鄧林 貢生

康熙三十五年丙子科 是科定鄉試中額七十名

程先哲

劉嘉詠 官安陸教諭

彭遇忱 官錦江知縣

江芑 進士

彭志錦 有傳

張洙 有傳

范之屏

張廼貴

劉樹芳

黃朝輝

羅天根 貢生

彭琮 貢生

屈玫 貢生

董正儀 貢生

魏錫爵 貢生

康熙三十六年丁丑科

吳宗豐 有傳

張世任 進士

吳鎬 進士

項鍾嚴 嘉興通判

楊之蕃 遠安教諭

熊祖覲

金祖謙 臨江縣丞

劉應謙

陳貴登 貢生

向定保 貢生

劉琨 大定知州

張報元 貢生

張遇文 貢生 主簿

康熙三十七年定中額六十名

李兆雲

蕭元亮 有傳

羅物藏 訓導

徐士玫

李皇序 貢生

李俊 宛平縣丞

余文楚 有傳

陳正策 訓導

康熙三十八年己卯科

孫章 有傳

朱國偉

劉安國 縣丞

周兆爾 安陸教諭 蒲圻貫

彭松年

熊正蓁

李西有 鄖縣訓導

許之豫 副榜 有傳

劉經元 貢生

周淑文 巴東教諭

周淑濂 貢生

段嘉梅 貢生

康熙三十九年庚辰科

余尚鈺 有傳

吳鎬 官陝西道監察御史

江芑 官雲南按察使

譚鳳翔

黃起尊

黃道開 有傳

李佑有 有傳

江華孫 貢生

甘昌祺 貢生

劉錦 長寧司吏目

彭瑜 貢生

康熙四十一年壬午科

彭商賢

張翕

杜常友

杜楚孫

夏元宜 貢生

彭璋 貢生

午科

康熙四十四年乙酉科是科加鄉試額十五名

李　況　官莆田知縣
郭　莪　官河陽州學正
徐永祚　桃源貢進士
孫蘭芯

王鎰臣
吳定邦
蕭　棣
劉紹佾　江陵訓導
蕭文煥
李　迪　拔貢
李嘉賓　拔貢
胡之最　副榜
吳　曜　荊州訓導
徐　璘

劉紹傳　桃源訓導
吳廷俊　貢生
謝開祚　貢生
許上達　縣丞
蕭世進　貢生
岳生麟　貢生
劉策坤　貢生
周應麟　貢生
董　芳　貢生
雷　鎬　貢生

康熙四十七年戊

魏朝佐　官廣西按察使
龍起鳳　有傳　黃梅貢
蕭作舟

戴永聯
楊　熙
馬祚長
郭志道　高州知府
徐克祖　有傳
唐裔漢　有傳
謝鼎銘
黎人臣
李天康
江　莪　副榜　有傳

李維嶽　貢生
項　全　貢生
蘇門戟　貢生
方禹治　貢生
陳樹翰　黃州訓導
蕭文元　貢生
王　璞　貢生
黎維龍　貢生
蘇　松　同知
吳宗韶　貢生

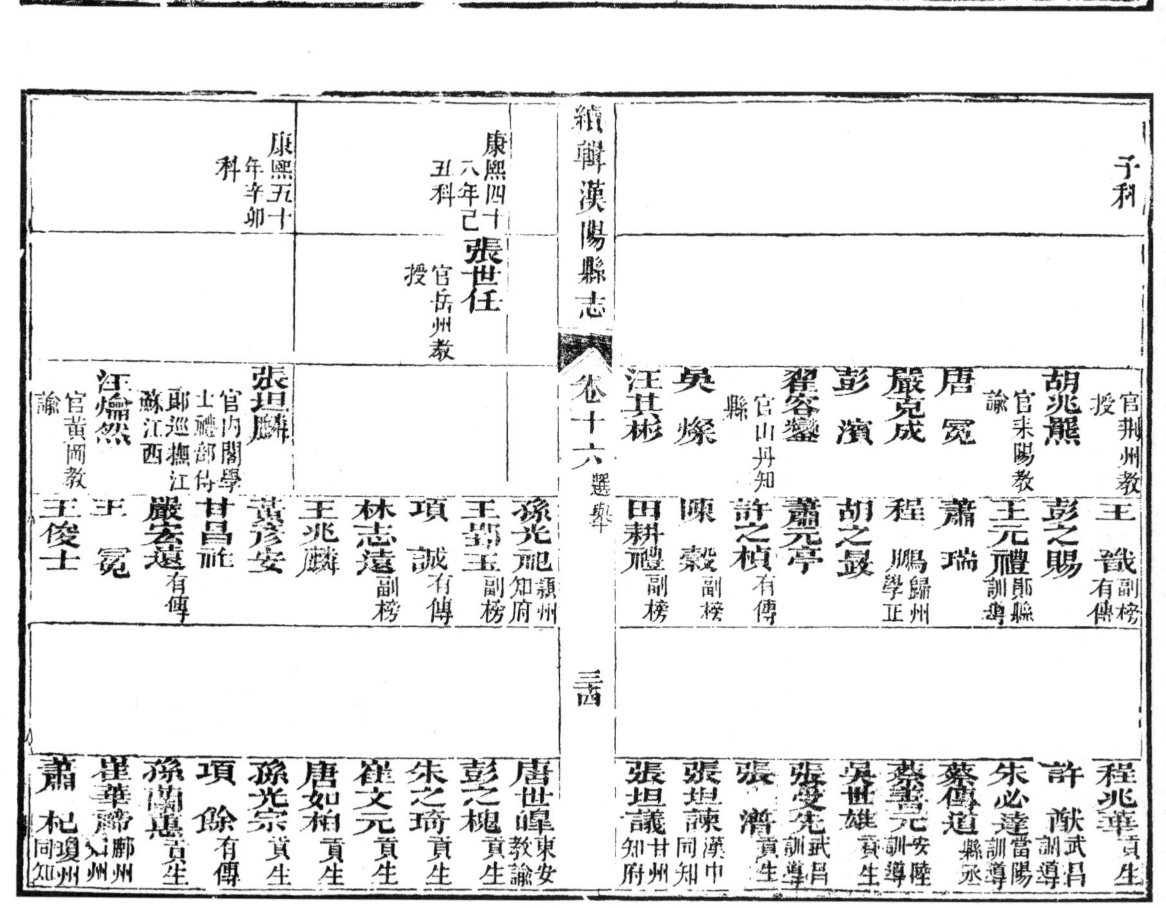

子科

胡兆熊　官荊州教授
官耒陽教諭
唐　冕
嚴克成
彭　濱
翟容鑾　官山丹知縣
吳　燦
汪其彬

王　鐵　副榜　有傳
彭之賜
王元禮　蘄縣訓導
蕭　瑞
程　鵬　歸州學正
胡之彔
蕭元亭
許之楨　有傳
陳　穀　副榜
田耕禮　副榜

程兆華　貢生
許　猷　武昌訓導
朱必達　當陽訓導
蔡傳道　縣丞
蔡雲元　安陸訓導
吳世雄　貢生
張受先　武昌訓導
張　濟　貢生
張坦諫　漢中同知
張坦議　甘州知府

康熙四十八年己丑科

張世任　官岳州教授

康熙五十年辛卯科

張坦麟　官內閣學士禮部侍郎巡撫江蘇江西
汪熾然　官黃岡教諭

孫光祀　潁州知府
王翡玉　副榜
項　誠　有傳
林志遠　副榜
王兆麟
黃彥安
甘昌祚
嚴宏遠　有傳
王　冕
王俊士

唐世瑋　東安教諭
彭之槐　貢生
朱之琦　貢生
崔文元　貢生
唐如柏　貢生
孫光宗　貢生
項　餘　有傳
孫蘭惠　貢生
崔華齡　鄖州知州
蕭　杞　夔州同知

康熙五十一年壬辰科 徐永祐有傳官貴州副使

胡良績
張坦熊 官武城知縣
張毓瑞 官雲南按察使有傳
雒鳴序 有傳
王兆元

林長山
張天相
楊宗孔 副榜
周 鏞 恩貢
鄭之良
張良範
劉 珄 寶慶教授
梅景聖
許攀桂
汪之冀

張傳昌 蘄水訓導
沈慶元 知州
張景星 貢生
江 采 貢生
孫 卓 貢生
鄔光德 貢生
以上見舊志
吳宗郗 光祿寺署正
黃 鍾 四川雅州知府
黃 元 戶部郎中

康熙五十二年癸巳科

萬世良
夏浴灝 進士官滁州知州
張天謨
朱曾秩
張坦謂
張坦讓 官汾州府知府

謝世達 崇陽訓導
劉 懿
孫蘭芬
冀超先 官山東布政使
鄭廷珪
王廷禮
王日都 恩貢
李宗昉
王 翰 副榜

熊祖武 督司指揮
熊應鼎 東台知縣
張士彥 紹興知府
李人龍 雲南同知
蘇書麟 衛輝知府
鄧元正 射洪知縣

康熙五十三年甲午科

陳上治
張掄元
江嶠孫 官鎮遠府知府
張聖夫
李纘迅 官刑部主事

胡壽齡
陳 綱
劉嘉謨 湘陰教諭
劉方夏 韓城知縣
張士聰
高峻岐
劉良憲
張景麟
蕭 瑚 大冶訓導
李明訓 鄖西教諭

康熙五十六年丁酉科

勞必達 進士
吳自悌 改名忠
王德冲
靖道謨 黃岡人漢陽貫

孫 錫 長陽訓導
劉 衛
趙夢吏 拔貢
姚廷禹
劉餘祉
任紹伊
蕭 韶 潛江訓導
張士一 保康教諭
吳 旭
朱宏猷

康熙五十九年庚子科

王綸 官教諭
江宗望 官國子監學正
鄭佑人 進士
張彥昌 進士

程萬纘
李楚材
張坦聰 副榜 官和州知州
鄧之顯
吳緒永 官橫州知州
張坦快 署正
張坦令 羅田教諭
張天柱 江陵訓導

康熙六十年辛丑 勞必達

續輯漢陽縣志 卷十六 選舉 二七

科

殿試授昭文知縣 求興
鄭佑人 官臨潁知縣
靖道謨 官姚州知州

俞伋
吳燮
蔡時敏
徐永祈
吳元謨 大名知府
吳炯 有傳 官刑部廣西司郎中

世宗憲皇帝雍正元年癸卯科 是科大省加中額三十

王全璧 官瀏陽教諭 有傳
鄭世錦

秦壇
吳緒榮 黃安訓導
李演

方量 薦舉孝廉方正

項喻 洲州知府
吳士錦

名

雍正元年癸卯科 張彥昌 有傳
夏治源 官建水知縣 有傳

官知縣
黃鼎鑄
鄭時際
劉方明
楊律
江嘷孫
胡萬鍾

周繼唐
劉方惠 竹山訓導
李必貴
李南有

雍正二年甲辰科 詔湖南北分闈湖北中額五十名

陳和 辟舉 以文行薦 官永川知縣

主事
吳士鏊 貢生
張天忻 資州知州
李廷偉 貢生
徐傳 貢生
查延學

續輯漢陽縣志 卷十六 選舉 二八

雍正四年丙午科 詔五經副榜准作舉人

江峻孫 官江蘇鹽大使
江壽 官新鄉知縣
張繼鍾
簡華國
汪廷章
祝佐
金文元
段汝霖

尹成威
吳獬
劉應元
徐永禧
孫蘭茂
勞師善
孫光祺
黃朝暉

江西南康通判
黃開仕 貢生
衞正光 貢生
徐詵 貢生
衞正治 貢生
張奇嗣

金鑑 官楚雄知府

雍正七年己酉科

李正揆 進士　韓瞳 拔貢

左賜桓 官柳城知縣　徐守基 拔貢 官涉縣知縣

蔡瑚　宗紹澤 拔貢

貢生

曾以魯 貢生

葉正蓁 貢生

龔徵遂 貢生

傅輯光 貢生

潘其光 教諭

陳國寶 貢生

江嵋孫 貢生

許學誠 貢生

張彥 貢生

邱之成

雍正十年壬子科

曹復泌　方璲 副榜

劉世佐　張天縱

李芳蓁 五經　程嗣頤

汪爲楫　羅敬八 副榜

孫紹基　董雯旋 副榜

官山東道監察御史　李純

張藝　劉文階

宗紹彝 進士

雍正十三年乙卯科

吳日俞　羅蟠龍 副榜

鄒紹南 進士　蕭璞 副榜

張任華 官衛輝知府　徐守矩

劉乾學　徐守澤

李芳蕃 進士

張任燕

張任鄰 官大同知府

高宗純皇帝乾隆元年丙辰科

劉世佐 官石泉知縣

張繼鏡 進士　王履泰 副榜

羅蟠龍

宗紹彝 官午浦同知

張志中

貢生

吳山毓 貢生

陳倬 貢生

徐方庶 貢生

繆奎 貢生

孫一桂

貢生

周英 貢生

郭一裕 由縣丞薦歷至江蘇巡撫改調雲南巡撫

張約 陝西甯陝同知借補

張翊豐　吳琪

宗紹闓　陳正

徐大任　黎來越

裴梓　李起治

宗紹澤 京闈　吳山齊

項大復

乾隆二年丁巳科

張繼鏡 官莆田知縣

吳璋

鄒召南 官厦門同知

劉志周

宋騰鵬

乾隆三年戊午科

汪若水　萬進剛 副榜

乾隆四年己未科　李芳蕃 會魁 官興業知縣　李正揆　劉定麟 官綏甯教諭
朱容極　徐大偉 官曹單同知
勞敦書　吳山斗
漢陰運判 賞戴花翎　江瑶 廩貢 訓導陞任江西奉新縣丞　馬尚禹 貢生 安慶府同知　鄔正燕 潮州府同知　陳之崑 貢生 以上見舊志
乾隆六年辛酉科
戴喻讓 官惠民知縣
江瑾 副榜　彭大成 拔貢 副榜

乾隆九年甲子科
劉肯堂　張鼎 官荔波知縣　周宗洛　劉龍光　胡延齡 進士　蔣正校　夏扶均　孫漢　張在藝
戴喻讓 拔貢　王本郃　王夢龍　殷之琍　黃銓　江葩崑
吳山龍 光祿寺署正　吳山鳳 有傳 江西驛鹽道　朱鼎 貴州平遠知州　徐諗 有傳 四川知府　郭義 灌江教諭

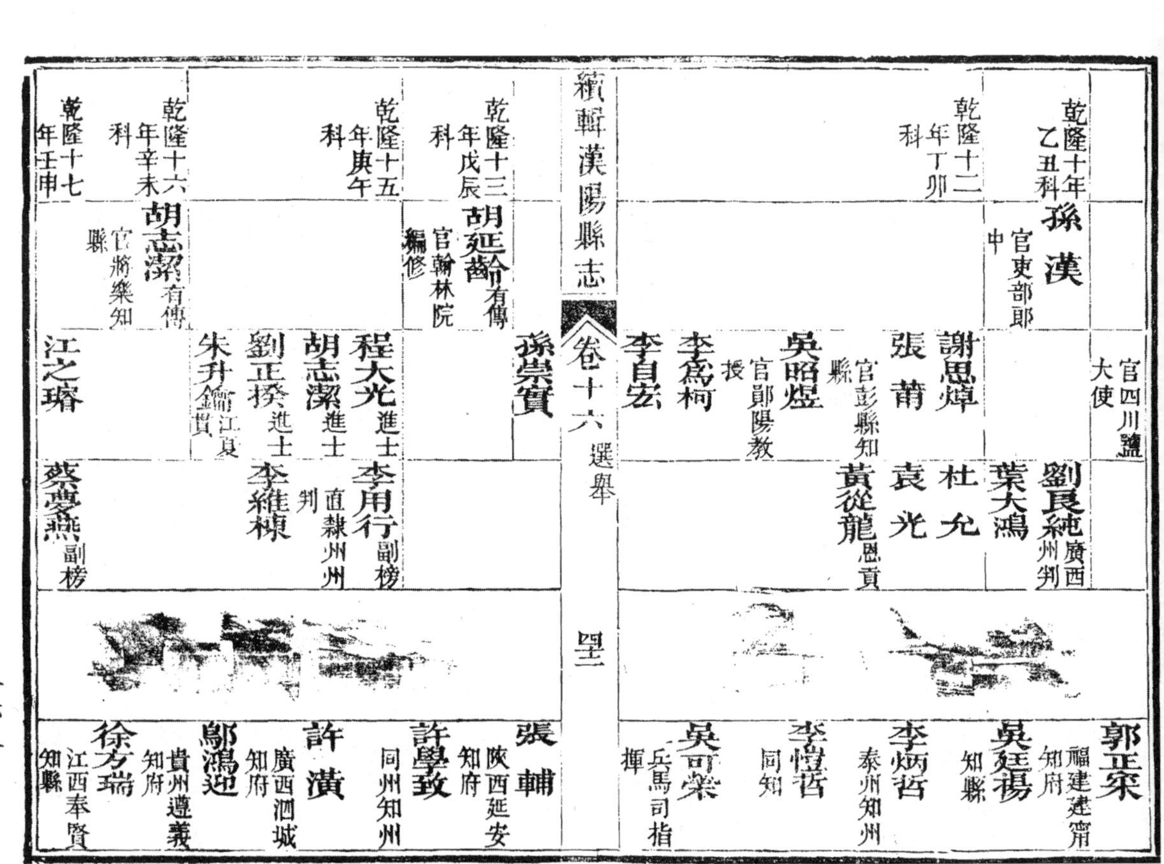

官四川鹽大使
劉良純 廣西州判　葉大鴻　杜允　袁光　黃從龍 恩貢
郭正棨 福建建甯知府　吳廷揚 知縣　李炳哲 泰州知州　李愷哲 同知　吳可棨 兵馬司指揮
乾隆十年乙丑科　孫漢 官吏部郎中
乾隆十二年丁卯科
謝思焯　張莆 官彭縣知縣　吳昭煜 官鄖陽教授　李爲栒　李自宏

乾隆十三年戊辰科　胡延齡 有傳 官翰林院編修
孫崇寳
張輔 陝西延安知府
乾隆十五年庚午科
程大光 進士　胡志潔 進士　劉正揆 進士　朱升鑰 江夏貢
李用行 副榜 直隸州州判　李維棟
許學致 同州知州　許潢 廣西泗城知府　鄔鴻逵 貴州遵義知府　徐方瑞 江西奉賢知縣
乾隆十六年辛未科　胡志潔 有傳 官將樂知縣
乾隆十七年壬申
江之瑨
蔡夢熊 副榜

科

乾隆十八年癸酉科

乾隆十九年甲戌科　熊天楷 有傳 官湖豐知縣

熊天楷 進士　黃鶴鳴 進士　陶家櫆　龔書禾　李必顯　胡文超 進士

劉 砙　金華岳　劉喻義 拔貢 官麻城教諭　劉喻忠

路 錞 有傳 杭州府知府

劉 起 福建福州通判

劉亮圖 鄢陵知縣

汪必誠 刑部郎中

徐 綱 戶部郎中

乾隆二十一年丙子科

乾隆二十四年乙卯科

陳秉禮 官國子監學正　陳鳳岡　萬必楷 官竹谿教諭　蕭 芝 解元 進士　陸 瑜　汪志仁 官湞江知縣　胡德潤

張大灝　吳周德　曹光綬

張承鼎 彭縣知縣

鄒貽謨 直隸大名同知

鄒貽謀 江西景德鎮同知

鄒貽詩 有傳 福建福州知府

鄒 試 直隸三角淀通判

乾隆二十五年庚辰科　蕭 芝 有傳 官吏科給事中　程大光 官郃陽知縣

鄉試

郭大才　劉 燦　袁天根 官內閣中書　路 釗 有傳 官侯官知縣

劉經元　嚴冠起

陳慶盛 浙江杭嘉湖道

鄒玉楨 羅田訓導

蕭文清 荊門訓導

黃元泰 浙江湯溪知縣

黃中俊 福建通判

乾隆二十六年辛巳科　黃鶴鳴 官宜昌教授　胡文超 官唐縣知縣

乾隆二十七年壬午科

蔡夢熊　劉廷瑤　孫元愷　唐 昭　焦元斌 官黃州教授

李兆蓮 恩貢　蕭 蓮

張 樞 兵馬司指揮

張 相 巴東教諭

徐 春 戶部員外郎

吳長齡 戶部郎中

朱正紀 戶部郎中

續輯漢陽縣志　卷十六　選舉　四十五

乾隆二十八年癸未科
劉正揆　官合江知縣
劉光烈
吳揩　沔陽訓導

乾隆三十年乙酉科
劉喻忠
楊大受
勞寶恭　拔貢
蕭因　拔貢
鄢正萬　拔貢
江玫　優貢
黎光清　襄陽訓導
徐儀　員外郎

乾隆三十三年戊子科
葉正達　官安陸教諭
楊文鈺
喻本恕
蔣曦
徐瀚　湖南同知
劉倫　河東通判

乾隆三十五年庚寅科
衛天民　官滿漢同知
劉傳中
吳承厚
劉芳洲　六安知州
劉邦殿　官河西知縣
李宗洙　恩貢
劉以觀　官香河知縣
張大濂

乾隆三十六年辛卯科
劉煐　官廣濟訓導
徐大麟　副榜　官應山教諭
許立夔
甘文炳
高人驥
彭德彥

續輯漢陽縣志　卷十六　選舉　四十六

乾隆三十九年甲午科
龔慶驥　進士
劉長瑛
項占龍　官竹谿訓導
劉有詵
劉長瑛
劉長璧

乾隆四十二年丁酉科
朱青選　官安福知縣
葉繼雯　拔貢
鄭蘭　官公安教諭
蕭文熙　拔貢
徐寶麟　拔貢
王鶴齡　官廣濟教諭
勞寶覔　官清江縣丞
陳相理　恩貢

乾隆四十四年己亥科
胡若仁　官江陵教諭
周振麟
陶正垠　官廣靈知縣
彭德威
熊光

乾隆四十五年庚子科
朱紱　官嘉魚教諭
俞焯
許浚　官常寧知縣
劉方震

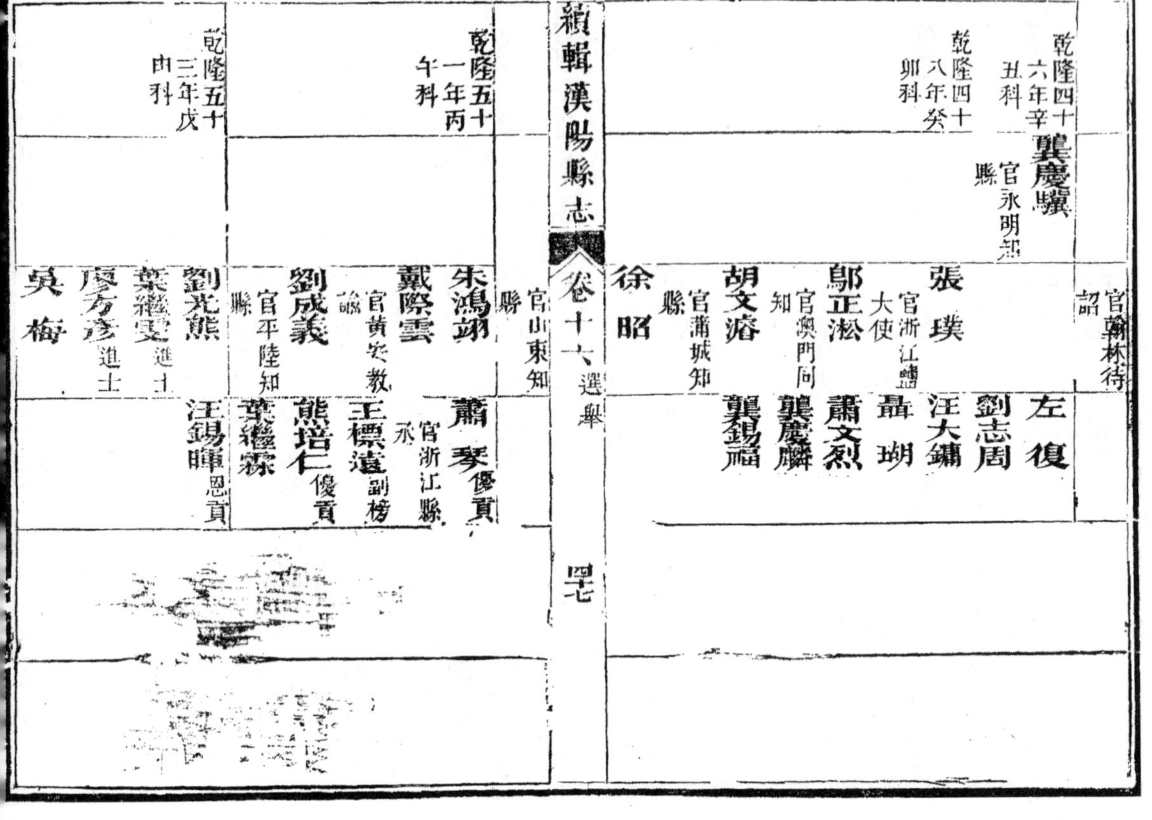

官翰林待詔

乾隆四十六年辛丑科
龔慶疇 官永明知縣
左復
劉志周
汪大鏞
張璞 官浙江鹽大使
聶瑚
鄔正淞 官澳門同知
蕭文烈
龔慶麟
乾隆四十八年癸卯科
胡文濬 官蒲城知縣
龔錫福
徐昭 官山東知縣

續輯漢陽縣志 卷十六 選舉 四七

乾隆五十一年丙午科
朱鴻翊
蕭琴 優貢
戴際雲 官黃安教諭
官浙江縣丞
王標遠 副榜
劉成義 官平陸知縣
熊培仁 優貢
葉繼霖
乾隆五十三年戊申科
劉光熊
汪錫暉 恩貢
葉繼雯 進士
廖方彥 進士
吳梅

乾隆五十四年己酉科
恩賜
楊秉臨 官銅山知縣
汪養滈 拔貢
柏暄 拔貢
乾隆五十五年庚戌科
葉繼雯 官刑科給事中有傳
劉漢翁
吳梅 恩賜檢討
熊培仁 順天中式
江巽堂 優貢
乾隆五十七年壬子科
徐朝桂
乾隆五十九年甲寅科
盧振新 進士

續輯漢陽縣志 卷十六 選舉 四八

易元善 進士
陶德滈
楊維謚 進士
乾隆六十年乙卯科
董萬年 恩賜檢討
仁宗睿皇帝嘉慶三年戊午科
胡垙 官宜都教諭
廖士琳 副榜
劉方行 薦舉孝廉方正
熊煇 南河通判
余理堂
程省楚 副榜 官南漳教諭
李新
衛天迪
熊增 江蘇桃源同知
嘉慶五年庚申科
左承陽
蕭履中
張雲霖

嘉慶六年辛酉科

廖方彥 庶吉士改蒙陰知縣

曹之瀾 實錄館謄錄
孫炳 左翼宗學教習
許枝 官荔波知縣
張選青

佘兆龍 應山訓導
高八驊
朱惠 拔貢
袁應惇 拔貢
熊增仁 拔貢

劉邦彥 浙江永嘉知縣
汪定仁 候選道
黃中道 廩貢 黃梅教諭
易慶善 廩貢 黃岡教諭
胡光棣 廩貢 石首訓導

鄉試

嘉慶七年壬戌科

易元善 有傳 官翰林院侍讀學士
楊維諧 官保定知縣有傳
邱樹棠 官山西巡撫有傳

嘉慶九年甲子科

衛天道 恩賜檢討

邱樹棠 進士 官城固知縣
路文澤 進士
龔與春 進士

易寶善 優貢

張枋 廩貢 國子監典籍襄陽訓導
李鴻聲 廩貢 鍾祥訓導
姚榛 廩貢 當陽訓導
曾學達 廩貢 天門訓導陞四川敘州府經歷
[illegible] 改補武昌

嘉慶十二年丁卯科

嘉慶十三年戊辰科

龔與春 官靜樂知縣

袁應惇 進士 順天中式 官黃平州知州
柏中照 官廣東廣寧知縣
易寶善 官黃平知州
吳遠達 官應山訓導

戴瑨
左承經 副榜
王名全 優貢
劉元 恩賜副榜

府訓導
羅善慶 貢生 安徽州同
譚興豫 廩貢 訓導
熊道鎔 江蘇知縣
熊道鈐 福建通判
葉志詵 有傳 兵部武選司郎中

鄉試

路文澤 官常山知縣

宗鳳書
龔桓 進士
張熉 員外郎改建始訓導
劉遠英 廣濟教諭候選知縣
許坤
羅一桂

蔡義彬 副榜 官黃岡訓導
劉德澤 官雲夢訓導
管正琮 官公安訓導

熊奎 桃南通判
熊煉 陝西通判
熊煥 揚州通判有傳

嘉慶十六年辛未科
盧振新 庶吉士融縣知縣
嘉慶十八年癸酉科
袁應偉 官常德知府

王萬年
汪鍊 恩賜國子監學正
均恩賜
朱華 進士
關發奎

吳泰初 拔貢
朱澧

嘉慶十九年甲戌科
龔桓 官德安教授有傳
蕭德宣 官大名同知有傳
嘉慶二十一年丙子科
朱惠 庶吉士改吏部主事

周人龍 進士
蕭德宣 進士
柏中梴 官貴州龍泉知縣

劉錫綸 副榜
王思德

嘉慶二十三年戊寅科
嘉慶二十四年己卯科
嘉慶二十五年庚辰科
朱華 官成都同知
宣宗成皇帝道光元年辛巳科

何文質
車仁達 官壺關知縣
吳泰初 順天中式
張朝選 官長樂訓導

黃暐
丁澍 優貢 官八旗教習
杜發第
王德中
徐步周

易官善 薦舉孝廉方正

邱靖 雲南嵩明知州

鄒堯廷 進士
劉錫綸 官枝江訓導
宋長齡 官崇陽訓導
魯唯 官江夏訓導有傳
陳峻
哈廷珍 官施南訓導

龔言忠 官應山訓導

召試以知縣用

邱端 有傳 光祿寺署正戶部廣東司郎中改官江西龍泉知縣
姚模 廣濟訓導
姚必遠 浙江杭嘉湖道鹽運使銜花翎
易昭 廣東通判
張履雯 廩貢訓導

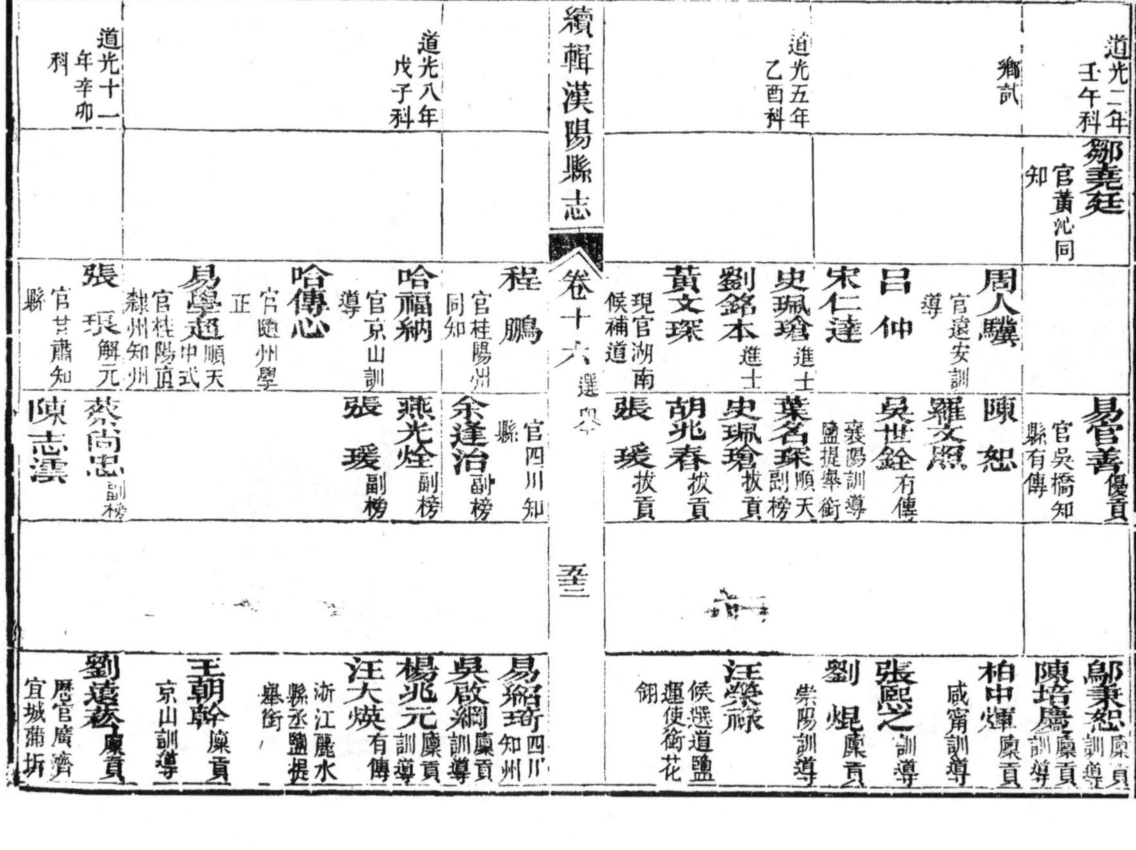

道光二年壬午科
鄒堯廷 官黃沁同知

鄉試
易官善 優貢 官吳橋知縣有傳
陳恕
周人驥 官遠安訓導
羅文照
吕仲
吳世銓 有傳
宋仁達 襄陽訓導鹽提舉銜
葉名琛 順天副榜
史珮瑲 進士
史珮瑲 拔貢
劉銘本 進士
胡兆春 拔貢
黃文琛 現官湖南候補道
張瑗 拔貢

鄔秉恕 廩貢訓導
陳培鷹 廩貢訓導
柏中煇 廩貢咸甯訓導
張熙之 訓導
劉焜 廩貢崇陽訓導
汪家祿 候選道鹽運使銜花翎

道光五年乙酉科

道光八年戊子科
程鵬 官桂陽州同知
余達治 副榜 官四川知縣
哈福納 官京山訓導
燕光烇 副榜
張瑗 副榜
哈傳心 官隨州學正
易學超 順天中式 官桂陽直隸州知州
張琛 解元 官甘肅知縣
蔡尚忠 副榜
陳志濂

易紹琦 官四川知州
吳啟綱 廩貢訓導
楊兆元 廩貢訓導
汪大焕 有傳 浙江麗水縣丞鹽提舉銜
王朝幹 廩貢 京山訓導
劉遠裕 廩貢 歷官廣濟宜城蒲圻

道光十一年辛卯科

道光十二年壬辰科
伏午 截取知縣
葉名琛 進士
劉傳曾 現官江蘇知府
程秉
路權運 官隨州學正
胡桂生 有傳
李能安 現官竹山訓導
張陸對 官國子監助教

通山訓導
姚文錦 廩貢 鄖縣訓導
姚有寬 附貢 刑部郎中甘肅平慶涇道
楊璋 刑部陝西司郎中截取知府道銜花翎
王鈺光 湖南布政司理問歷任永桂通判

道光十三年癸巳科
史佩瑲 有傳 編修歷官永平知府
黃文玠
左承禮 有傳
劉德銓 現官蘄州學正
宋用中 副榜
劉元慶 官武昌教授
曾廷振 優貢

吳江 有傳 廣西永安知州

道光十四年甲午科

道光十五年乙未科
葉名琛 編修兩廣總督體仁閣大學士有傳
李兆蘭
張超士
呂伯麟

鄉試

劉銘本　官汲縣知縣

周人龍　官輿縣知縣

胡兆春　現官湖南郎補同知鹽運司運同銜

鄒士全

吳長庚　官武昌府訓導有傳

姚巨川

道光十七年丁酉科

魯廷振　順天中式

黃希祖　進士

劉世偉

李宗膺　現官義甯州知州

孫炳華

葉名澧　順天中式

彭山立　順天中式　官浙江候補道有傳

劉世偉　拔貢

宋賚元　拔貢

孫　謀　拔貢　現官同知補用知府

吳　譜　優貢

鄔履謙

道光十九年己亥科

劉傳瑩　官國子監學正有傳

鄔履謙

袁吉棠

吳　譜

丁有峻

道光二十年庚子科

石意萊　解元　進士

宋賚元　官黃梅教諭有傳

程　儀　優貢

蔡景忠　副榜

王承道　有傳

道光二十三年癸卯科

宋用中　現官山西知縣

丁鹿鳴　副榜

胡遠秀

吳長霖　廩貢　訓導

蔡恕功　訓導

道光二十四年甲辰科

石意萊　官嘉定知縣有傳

廖長亨　現官京山教諭

廖任巨　恩賜

劉成瓚　有傳

王　璿

章金堂

吳長春　應城訓導

現官羅田教諭

汪仁樹　興國訓導

丁燕春　廣濟訓導

易占熊　均州訓導

易學道　現官宜城訓導

史佩珩　江夏訓導

馮伯麟

鄉試

道光二十六年丙午科

洪　瀛

劉光海　現官江蘇補用知府

蔡恕德

吳松齡　副榜

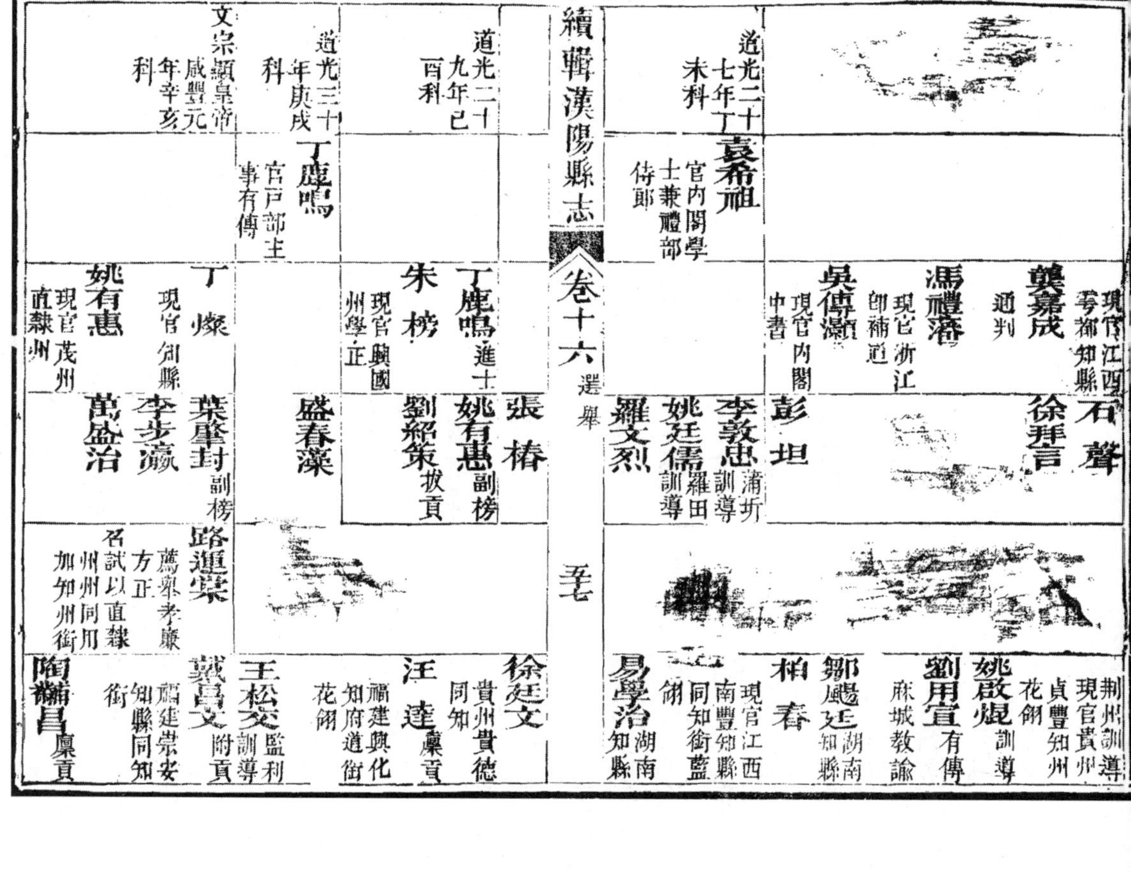

續輯漢陽縣志　卷十六　選舉　三七

道光二十七年丁未科
袁希祖　官內閣學士兼禮部侍郎
龔嘉成　通判
馮禮瀚　現官浙江郎補道
吳傳瀛　現官內閣中書
現官江西雩都知縣　石聲
徐拜言
彭坦
李敦忠　蒲圻訓導
姚廷儒　羅田訓導
羅文烈
荊州訓導
姚啟焜　訓導　現官貴州貞豐知州花翎
劉用宣　有傳　麻城教諭
鄒颺廷　湖南知縣
柏春
易學治　湖南知縣　現官江西南豐知縣同知銜藍翎

道光二十九年己酉科
張椿
徐廷文　貴州貴德同知
丁鹿鳴　進士
姚有惠　副榜
劉紹策　拔貢
朱榜　現官輿國州學正
汪達　稟貢　福建輿化知府道銜花翎
盛春藻
道光三十年庚戌科
丁鹿鳴　官戶部主事有傳
丁燦　現官知縣
葉肇封　副榜
李步瀛
王松交　監利訓導
路進榮　薦舉孝廉方正　名試以直隸州州同用加知州銜
戴昌文　附貢　福建崇安知縣同知銜
文宗顯皇帝咸豐元年辛亥科
姚有惠　現官茂州直隸州
萬盛治
陶鼎昌　稟貢

續輯漢陽縣志　卷十六　選舉　三六

咸豐二年壬子科
吳長清　現官湖南知縣
賓玉惠　訓導
文蔚祖　薦舉孝廉方正
現官江西靖安知縣
徐溥文　廣東陸豐知縣
汪學江　現官監利教諭
姚彬儒　優貢
徐允文　湖南知縣
劉廷襄　恩貢
吳啟賢　現官雲南江川知縣
張先鈞　恩賜
謝春
王大校　現官江西定南同知
咸豐八年戊午科並補行乙卯科
王遠翮
吳慶訪
馮國鈺　湖南知縣
哈承羲
丁文亨
蕭瑞清

咸豐九年己未科
劉世俌　有傳
張衍簡　副榜
光祿寺署正
黃教鎔　湖南知縣
劉世大　現官安陸訓導
劉作霖
嚴安邦
易蔭芝　廣西慶遠知府記名道
劉元霖　恩貢訓導
姚治清　縣丞
左先甲　恩貢教諭
易秀芝　有傳
楊文銓　訓導
今上同治元年壬戌科並補行辛酉科
蕭書　進士
吳慶祺　副榜
王士奇　湖南知縣同知銜
劉慶鎔　拔貢　現官陝西知縣有傳
孫大醇　江西甯都直隸州

同治二年癸亥科　蕭書 現官浙江中防同知

同治三年甲子科

孫承治 進士
胡兆泰 恩賜

李兆蘭 恩賜副榜
廖廷選
周明哲
龔寶泉
文國賓 訓導
方承楷 訓導

謝墀 現官甘肅合水知縣
周秉禮 附貢 湖南知縣同知銜
邱承棨 江西知縣同知銜花翎
馮禮莊 知州花翎候補府
劉世墀 安徽直隸州知州

同治六年丁卯科

同治七年戊辰科　孫承治 現官兵部郎中

張行簡
劉克廉 現官安陸府訓導
胡大經
徐[illegible]

許映鴻
吳兆復
管世銓
萬鵬
張壽祺

陳光烈 江蘇同知
蘇樹樟 訓導
孫紹何 江夏訓導
李國賓 鍾祥訓導
潘炳烈 訓導
吳觀棠 訓導 光祿寺署正銜
江錫鉁 訓導
戴紛 訓導
姚灝儒 訓導

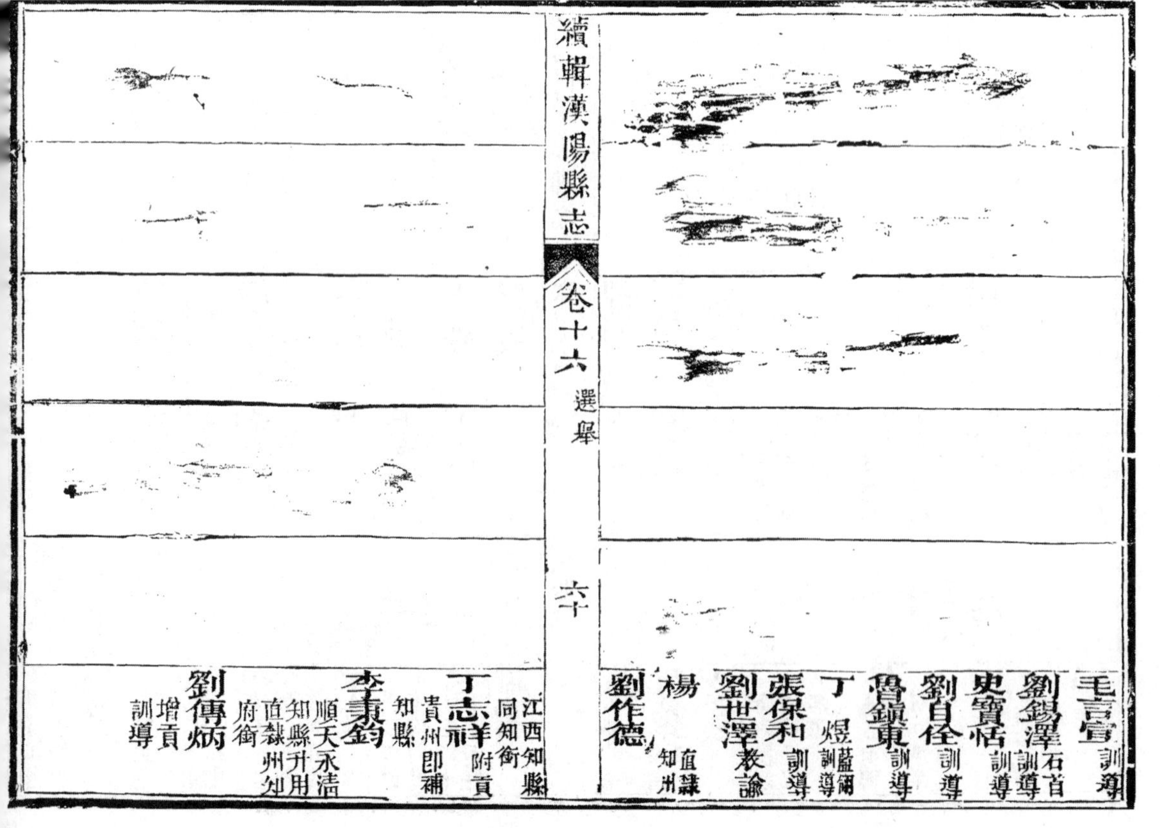

毛言宣 訓導
劉錫澤 石首訓導
史寶恬 訓導
劉自佺 訓導
魯鎮東 訓導
丁煜 藍翎訓導
張保和 訓導
劉世澤 教諭
楊　直隸知州
劉作德

丁志祥 附貢 江西知縣同知銜 貴州即補知縣
李壽鈞 順天永清知縣升用直隸州知府銜
劉傳炳 增貢訓導

武科

順治八年辛卯科鄉試

張邦甯 山西守備

順治十一年甲午科鄉試

易德謙 進士　易宗義　李以箴

順治十二年乙未科會試

李猶龍 有傳　黃之常 有傳　易德謙 山西守備

順治十七年庚子科鄉試

胡廷試　何敦厚　李實先　胡國棟 進士

劉鐸 進士

順治十八年辛丑科會試

胡國棟 淮安守備　劉鐸

康熙二年癸卯科鄉試

胡公望　屠大瑞　許上珍　勞定國

張鍔　楊燦　解大福

康熙五年丙午科鄉試

萬邦憲　孫克昌　陳正國 進士　李方坤

孟允 進士　尹于對　吳質寶　劉紹基

康熙六年丁未科會試

孟允

康熙八年己酉科鄉試

彭繼文 進士　馮儼　黃之鼎　於灝

吳爾瑾 游擊　劉國相　周銘常

康熙九年庚戌科會試

彭繼文 守備

康熙十一年壬子科鄉試

解斯和 解元進士　解斯儀　陳謀 進士　李志韓

康熙十二年癸丑科會試

陳正國 都司　解斯和 侍衛廣東守備

康熙十五年丙辰科會試

陳謀

康熙十七年戊午科鄉試

黃帝臣 解元　蘇曰亨 進士　解由進　易錫爵

康熙二十年辛酉科鄉試

黃鶴翔　黃鍾聲　周士忠　江文鐸

康熙二十一年壬戌科會試

蘇曰亨

康熙二十三年甲子科鄉試

黃經邦　閔騫　楊大經　張姚黃

康熙二十六年丁卯科鄉試

劉樹芬　徐成質遊擊　彭天秩進士

康熙三十二年癸酉科鄉試

陳培植

康熙三十五年丙子科鄉試

劉履圻進士　黃彥舉

康熙三十六年丁丑科會試

彭天秩

康熙三十八年己卯科鄉試

蘇門楫解元 進士　蘇門祐　朱相賡　金國俊

黃光　蘇門輝　徐永祚廣東 遊擊　黃正璜

徐成棟　姚焱

康熙四十一年壬午科鄉試

黃士錦　黃鼎鋕　吳世俊廣東 遊擊　石宮音進士

康熙四十二年癸未科會試

劉履圻四川 守備　蘇門楫侍衛

康熙四十四年乙酉科鄉試

黃元溥進士　蘇門穗　徐成貞直隸 總兵　張炎

周必達進士　楊大勲　李之佐

康熙四十五年丙戌科會試

蘇門輝甕陵 守備

康熙四十七年戊子科鄉試

李之秀　黃燦

康熙四十八年己丑科會試

石宮音　黃元溥侍衛 江南參將

康熙五十年辛卯科鄉試

蘇門祺　黃鼎鉌　劉再禧

康熙五十二年癸巳科鄉試

楊大烈　傅作霖　黃士奇

康熙五十三年甲午科鄉試

徐成貴

康熙五十四年乙未科會試

周必達

康熙五十六年丁酉科鄉試
丁國昌四川副將　鄔宏進江南都司
康熙五十九年庚子科鄉試
鄔　鵬　李之彪
雍正元年癸卯科鄉試
周棋志　劉昌禧
雍正二年甲辰科鄉試
戴一金　張宗房　傅作相進士
雍正四年丙午科鄉試

嚴健正解元　宋　儒　劉偉烈　廖維藩
雍正七年己酉科鄉試
韓一釆
雍正八年庚戌科會試
傅作相
雍正十年壬子科鄉試
楊　瓏進士　鄔宏遠進士　賀萬年　吳飛熊
漆　經
雍正十一年癸丑科會試

楊　瓏福建遊擊　鄔宏遠山西守備
雍正十三年乙卯科鄉試
唐　都　楊　琳　姚方昕進士　劉　鈞
乾隆元年丙辰科鄉試
潘　超　成平治　翁正相
乾隆四年己未科會試
姚方昕
乾隆六年辛酉科鄉試
張　雄都司　吳聖藩嘉慶元年預千叟宴恩賜衛千總

乾隆九年甲子科鄉試
鄔正華湖南遊擊　蕭鍾偉進士
乾隆十二年丁卯科鄉試
鄔正英浙江守備
乾隆十三年戊辰科會試
蕭鍾偉侍衛有傳
乾隆十五年庚午科鄉試
汪　沛　蕭鍾俊
乾隆十七年壬申科鄉試

龔嘉猷　王應泰　裴興國　陳廷魁

楊澄源

乾隆十八年癸酉科鄉試

崔　琅

乾隆二十四年己卯科鄉試

袁朝俊　康金門

乾隆二十五年庚辰科鄉試

徐　斌　馮賡唐　楊光著

乾隆二十七年壬午科鄉試

董兆慶

乾隆三十年乙酉科鄉試

賴汝傑　吳翰英

乾隆三十三年戊子科鄉試

李應艮　鄔大椿　蕭鍾英　劉朝臣

乾隆三十五年庚寅科鄉試

李應選

乾隆三十九年甲午科鄉試

王兆祥安徽守備

乾隆四十四年己亥科鄉試

劉光臨江南淮運千總

乾隆四十五年庚子科鄉試

張作楷

乾隆四十八年癸卯科鄉試

周光甲

乾隆五十三年戊申科鄉試

何大經

乾隆五十七年壬子科鄉試

何雲青

乾隆五十九年甲寅科鄉試

萬立本　許兆魁直隸參將副將銜

嘉慶三年戊午科鄉試

蘇世興

嘉慶五年庚申科鄉試

江必達進士　彭世傑進士　陳開第

嘉慶六年辛酉科會試

彭世傑四川守備　江必達

嘉慶九年甲子科鄉試

戴洪恩　周開甲

嘉慶十三年戊辰科鄉試

張景春

嘉慶十五年庚午科鄉試

王定邦 解元已東守備　龔萬年

嘉慶十八年癸酉科鄉試

王萬清

嘉慶二十一年丙子科鄉試

黃元吉

嘉慶二十三年戊寅科鄉試

林德銓 衛昌營千總

道光二年壬午科鄉試

江朝龍

道光五年乙酉科鄉試

王登瀛 進士

道光八年戊子科鄉試

劉傳忠 進士

道光九年己丑科會試

劉傳忠 衛守備

道光十一年辛卯科鄉試

陳大勳 撫標左營都司　胡繼昌

道光十二年壬辰科鄉試

王安國 衛千總

道光十四年甲午科鄉試

俞鳴鐘 督標千總

道光十六年丙申科會試

王登瀛 侍衛

道光十七年丁酉科鄉試

吳金彪 有傳　周邦煜 現官撫標都司

道光十九年己亥科鄉試

周邦照

道光二十年庚子科鄉試

蕭逢春 進士

道光二十一年辛丑科會試

蕭逢春 侍衛廣西參將有傳

道光二十四年甲辰科鄉試

吳金鏞宜昌守備石紹有

道光二十六年丙午科鄉試

晉楚雄

道光二十九年己酉科鄉試

劉遇霖

咸豐元年辛亥科鄉試

高安邦

咸豐九年己未科鄉試

同治三年甲子科鄉試

俞陽鍾

俞海鵬解元

同治六年丁卯科鄉試

秦占元

武功

楊　耀官湖南羅賓副將有傳

吳鎮遠官安慶衛守備

吳　壽現官武昌正衛守備

田得勝記名提督

李助發記名提督甘肅河州鎮總兵

孫承忠廣東督標叅將

蕭允友督標副將楊勇巴圖魯花翎

劉起鰲兩湖補用副將花翎

朱存義副將俊勇巴圖魯總兵銜

陳祥勝副將壯勇巴圖魯花翎

張棟祥副將花翎

湯　順副將力勇巴圖魯花翎

蕭　翊由武童歷保副將總兵銜剛勇巴圖魯花翎

彭忠國叅將花翎

姚萬順叅將花翎

趙玉明叅將花翎副將銜

姜㲾銀叅將

熊尙志　參將花翎
鍾立春　遊擊花翎
胡明貴　遊擊花翎
劉傳愈　遊擊花翎
劉得功　遊擊花翎
潘玉春　遊擊花翎
鄒光前　兩江補用遊擊參將銜花翎
侯明高　遊擊花翎
邱得勝　遊擊參將銜花翎

鍾本起　補用遊擊副將銜花翎
方元凱　宜昌中營遊擊藍翎
蕭光庸　都司花翎
吳萬餘　都司花翎遊擊銜
王保林　都司花翎遊擊銜
王興發　都司藍翎
李興泰　都司花翎
劉震坤　江南提標水師都司花翎
靳彪　都司藍翎

梅開先　都司花翎遊擊銜
王得華　都司花翎
屠鳳山　都司花翎
謝禮發　都司藍翎
劉傳煥　都司藍翎
楊之才　守備都司銜
張國佐　福建補用守備花翎
王得元　守備花翎
胡占魁　守備花翎

李勝鵬　守備花翎
萬德福　守備花翎
楊毅成　守備
鄧祖芝　守備都司銜
賀敢發　守備花翎
熊長發　守備花翎
吳錫堂　守備花翎
蔡得勝　督標守備都司銜花翎
羅載林　守備

鄧顯廷守備都司銜花翎
田起發守備都司銜花翎
楊光禧守備都司銜藍翎
張大勝守備花翎
王佐賢守備都司銜花翎
劉連陞守備
趙得勝守備都司銜
劉得勝守備都司銜藍翎
陳光廷守備花翎

劉　榮守備花翎
朱祥勝漢陽協補用守備花翎
徐　斌漢陽協儘先守備藍翎
周啟發漢陽協補用守備花翎
陳長壽守備花翎

續輯漢陽縣志卷之十七

恩蔭志叙

仕宦而榮及其親與子孫此人臣之厚幸亦朝廷推廣恩澤所以大慰臣工之心古者使祿足以奉其親卿大夫之子孫皆世其官覩若固然後世則又加渥矣夫竭智盡能人臣之常職而爲之上者體䘏之無不至綸綍之華施及前人任子之格擢及後嗣褥典濃恩周備若此則夫爲人臣者夙夜在公宜何如展其忠藎才猷以仰酬於萬一也哉

今以居官而被光寵者乃始登載其土官流寓得承世職亦附入焉非是者不錄若夫坊表酉遺采附於後爲閭里之光過者可以翚然而景行矣志

恩蔭

封贈

明

戴　愈以孫金貴贈大理寺卿
戴伯珍以子金貴贈大理寺卿
吳　徽以子縱貴封奉直大夫河南許州知州

吴世綱以子瓊貴贈登仕郎四川安岳縣主簿
吴　玠以子元卿貴贈文林郎貴州鎮遠縣知縣
吴　環以子元憲貴贈修職郎四川大竹縣教諭
吴元爵以子萬貴贈文林郎安徽蕪湖縣知縣
朱　鳳以子衣貴加御史服色進階武德將軍
朱　金以子寵貴加御史服色武畧將軍
伍　璘以子偉貴封文林郎南平縣知縣
王　教以子秩貴封吏部考功司主事
蔡　莊以子結貴初贈監察御史再贈浙江按察使

張元方以子緒貴贈登仕佐郎吏部司務
司
王　巽以子一麟貴贈中憲大夫鎮遠府知府
李　鍊以子宗魯貴封徵仕郎兵科給事中有傳祀
鄉賢
蕭　逵以孫丁泰貴加贈通奉大夫山西左布政使
劉　定以仲子體元貴封文林郎涫安縣知縣
王　鳳以子祐貴贈文林郎鳳翔府推官
李　彤以子世龍貴封文林郎安縣知縣

周　頌以子世臣貴封中憲大夫廣西兵備副使妻
劉氏封恭人
王　棟以孫儀貴贈中憲大夫雲南布政司參政妻
吴氏贈淑人
王國正以子儀貴贈中憲大夫雲南布政司參政妻
金氏贈淑人
吴宗顏以子極貴贈奉直大夫戶部廣東司郎中妻
倪氏贈宜人
秦季定以孫聚奎貴贈通議大夫順天府尹妻劉氏

贈淑人
秦　汰以子聚奎貴加贈通議大夫順天府尹妻楊
氏贈淑人
蕭　遜以孫鳴甲貴贈通奉大夫河南左布政司妻
湯氏贈夫人
蕭良譽以子鳴甲貴贈通奉大夫河南左布政司妻
尹氏贈夫人
吴道行以子嘉謨貴封文林郎新建縣知縣
龍　駕以子德正貴封東鄉縣知縣妻徐氏封孺人

戴國恩以子自成貴封中憲大夫直隸𥠖州府知府
妻陳氏封恭人
劉　鍷以子成治貴贈奉直大夫戶部江西司郎中
朱　芸以子祚宏貴贈中憲大夫
吳　相以子伯裔貴封文林郎貴州銅仁府推官妻
張氏贈孺人
王　瑚以子家賓貴封奉直大夫陜州知州
尹　岳以子時泰貴封文林郎黿白縣知縣
國朝
吳文仲以曾孫正治貴贈光祿大夫經筵講官禮部

尚書
吳有成以孫正治貴贈通議大夫刑部右侍郎
吳　嵒以子正治貴贈光祿大夫經筵講官禮部尚
書
熊　琪以曾孫仲龍貴贈光祿大夫
熊士章以孫伯龍貴贈中憲大夫仲龍貴贈光祿大
夫
熊鳴盛以子伯龍貴贈中憲大夫仲龍貴贈光祿大
夫
熊叔龍以子正節貴貤贈登仕郎醴陵縣儒學訓導
熊正笏以子祖旋貴貤贈文林郎義烏縣知縣
熊正符以子祖謨貴封登仕郎宜章縣儒學訓導
江東周以曾孫蘩貴贈光祿大夫太常寺卿
江　浩以孫蘩貴贈光祿大夫太常寺卿
江殿道以子蘩貴贈光祿大夫太常寺卿
李應橋以子昌祚貴贈中憲大夫大理寺少卿
李昌祺以孫俊有貴貤贈朝議大夫天津鹽運使司

運同
李必昇以子俊有貴贈朝議大夫天津鹽運使司運
同
李咸有拔貢生以子晒哲貴贈奉直大夫
李苟哲以子人龍貴贈奉政大夫
張士彥以子三異貴封文林郎陜西延長縣知縣
張三異以孫坦麟貴贈通議大夫鴻臚寺卿仍兼順
天府府尹事
張仲璜以子坦麟貴贈通議大夫鴻臚寺卿仍兼順

天府府尹事
盧應龍以子乾元貴封徵仕郎翰林院庶吉士
易繼勝以子道沛貴贈奉政大夫刑部山東清吏司
郎中
吳斯蕙以孫烱貴貤贈奉政大夫刑部廣西司郎中
吳　暄以子烱貴封奉政大夫工部虞衡司郎中
吳　曦以子允謨貴封中憲大夫直隸大名府知府
汪　廉以子以湆貴封奉直大夫吏部文選司主事
張之信以子雋昌貴貤贈登仕郎蘄水縣儒學訓導

項德勝以孫一經貴贈通議大夫貴州按察使司按
察使
項　壁以子一經貴贈通議大夫貴州按察使司按
察使
項鍾巖以子餘貴封奉政大夫江南徐州府邳睢靈
璧河務同知
項鍾建以子喻貴贈奉政大夫蘇州府同知
孫聿修以子章貴贈中憲大夫廣東惠州府知府
郭紹裔以子志道貴封中憲大夫廣東廣州府知府

徐茂若以孫永祐貴貤贈文林郎江南蘇州府吳江
縣知縣
徐宏勳以子永祐貴贈中憲大夫貴州鎮遠府知府
夏有璠以子治源貴贈奉直大夫雲南臨安府建水
州知州
鄧拱辰以子錦貴贈承德郎河南彰德府通判
徐　達以子克祺貴贈朝議大夫江南布政使司參
議通省驛傳鹽法道
吳自廸以子昭煜貴贈修職郎郧陽府敎授

吳自宏以孫緒永貴贈奉直大夫廣西橫州知州
吳世俊以子緒永貴贈奉直大夫廣西橫州知州
吳昭勳以子緒榮貴貤封登仕郎黃安縣儒學訓導
吳緒雯以子遠逵貴贈修職郎應山縣訓導
段　烱以孫汝霖貴貤贈文林郎湖南長沙府安化
縣知縣
段可法以子汝霖貴封文林郎湖南長沙府安化縣
知縣
萬餘祿以子世良貴贈文林郎江南江甯府六合縣

知縣
宗德裕以子紹彝貴贈文林郎廣東南雄府保昌縣
知縣
劉一泰以子家謨貴貤封修職郎湘陰縣儒學教諭
張大麒以子士一貴貤贈修職郎保康縣儒學教諭
鄭　璐以子佑人貴貤贈修職郎臨湘縣儒學教諭
胡善慶以子良顯貴貤贈修職郎祁陽縣儒學教諭
蕭濬軒以子兆麟貴貤贈修職郎浙江溫州府經歷
金　鵬以子祖謙貴貤贈修職郎江西南昌府武甯

縣縣丞
陳治要以子樹翰貴貤封登仕郎黃州府儒學訓導
胡世廼以孫延齡貴贈儒林郎翰林院編修
胡　謙以子延齡貴贈儒林郎翰林院編修
易惟乾以子廷望貴封文林郎
易本淮以孫元善貴贈資政大夫翰林院侍讀學士
加四級妻劉氏贈太夫人
易　楠以子元善貴贈資政大夫翰林院侍讀學士
加四級妻劉氏贈太夫人

易　棠以姪元善貴貤贈中憲大夫妻姚氏貤贈恭
人
劉可鈺以孫邦殿貴貤贈文林郎
劉經渭以子邦殿貴贈文林郎
劉邦澄以外孫易元善貴貤贈儒林郎左春坊左贊
善妻李氏貤贈安人
徐敬廷以孫成貞貴贈驃騎將軍都督僉事直隸正
定鎮總兵官
徐　迎以子成貞貴贈驃騎將軍都督僉事直隸正

定鎮總兵官
李　瀾以孫猶龍貴贈懷遠將軍
李魁芳以子猶龍貴贈懷遠將軍
鄔光宗以子宏進貴封武德將軍鳳陽衛常州幫領
運千總
王　璠監生以孫兆祥貴封武義都尉
王光祺監生以子兆祥貴封武義都尉
王兆澄生員以弟兆祥貴貤封武義都尉
袁天根乾隆庚辰舉人以孫應愔貴貤贈朝議大夫

湖南常德府知府妻黃氏貤贈恭人
袁家貽邑庠生以子應僖貴贈朝議大夫湖南常德府知府妻桂氏贈恭人
史　醕增貢生以孫佩瑲貴晉贈中憲大夫翰林院編修妻鄒氏贈太恭人
史光衡太學生以子佩瑲貴贈朝議大夫直隸永平府知府妻姚氏贈太恭人
史文瑛太學生以弟佩瑲貴貤贈朝議大夫直隸永平府知府妻甘氏貤封恭人

朱盛瀚以子紱貴貤封文林郎嘉魚縣教諭
朱容煇以子青選貴貤封文林郎湖南安福縣知縣
朱宏照以子華貴貤封奉直大夫四川成都水利同知
吳純昌太學生以孫世銓貴貤贈奉直大夫襄陽縣訓導鹽提舉銜妻張氏汪氏貤贈宜人
吳　瓚候選州同以子世銓貴贈奉直大夫襄陽縣訓導鹽提舉銜妻余氏封宜人
姚光漢以子模貴贈修職郎廣濟縣訓導妻曾氏蘇氏贈孺人
劉方行以孫傳瑩貴貤贈徵仕郎國子監學正妻馮氏貤贈七品孺人
劉正柏以子傳瑩貴贈徵仕郎國子監學正妻葉氏勅封七品孺人
劉傳懋以子世墀貴贈奉政大夫安徽直隸州知州妻馮氏贈宜人
劉傳燮以姪世墀貴貤封奉政大夫安徽直隸州知州妻張氏貤封宜人

燕純象國學生以孫光烇貴贈奉政大夫崇陽縣訓導五品銜
燕錦堂浙江平陽縣知縣以子光烇貴贈奉政大夫崇陽縣訓導五品銜
戴愼先國學生以孫昌文貴貤贈朝議大夫福建崇安縣知縣同知銜妻張氏吳氏蕭氏黃氏贈恭人
戴　俊國學生以子昌文貴贈朝議大夫福建崇安縣知縣同知銜妻孫氏孫氏孫氏贈恭人
戴逢芹以姪昌文貴貤贈奉政大夫福建崇安縣知縣

妻張氏贈宜人

劉元照以孫用宣貴贈奉直大夫麻城縣教諭妻裴氏贈宜人

劉簡廷以子用宣貴贈奉直大夫麻城縣教諭妻劉氏封宜人

洪錫録監生以子汝奎貴封奉直大夫晉朝議大夫江蘇知府

王有律以子士奇貴封中憲大夫江西甯都直隷州知州

陳元賓邑增生以子大勲貴贈武略騎尉妻劉氏贈宜人

陳大武以弟大勲貴貤贈武德騎尉妻李氏封宜人

易官善以子蔭芝貴封資政大夫廣西慶遠府知府加五級妻鄒氏封太夫人

石如葵以子意恭貴封奉直大夫浙江龍游縣知縣加三級妻陳氏封宜人

周東洛以孫邦煜貴貤贈昭武都尉

周之本邑庠生以子邦煜貴贈昭武都尉

葉廷芳以子繼雯貴封中憲大夫刑科給事中以曾孫名琛貴晉贈光祿大夫建威將軍兩廣總督體仁閣大學士妻汪氏孫氏封太恭人晉贈一品太夫人

葉繼雯刑科給事中以孫名琛貴晉贈光祿大夫建威將軍兩廣總督體仁閣大學士妻鄔氏贈一品太夫人

葉志詵兵部武選司郎中以子名琛貴封光祿大夫建威將軍兩廣總督體仁閣大學士妻　氏贈一品太夫人

葉志庠欽天監算學生以姪名琛貴贈資政大夫武顯將軍廣東巡撫妻孫氏贈太夫人

邱上勲國學生以曾孫樹棠貴贈榮祿大夫振威將軍妻官氏贈一品夫人

邱公俊以孫樹棠貴贈榮祿大夫振威將軍妻秦氏樂氏贈一品夫人

邱炎廣東高要縣丞以子樹棠貴贈榮祿大夫振威將軍妻胡氏薛氏贈一品夫人

邱樹德太學生以弟樹棠貴貤封朝議大夫妻鮑氏
貤封恭人
許翼廷以孫兆魁貴封武翼將軍直隸叅將妻胡氏
封淑人
許曉亭以子兆魁貴封武翼將軍直隸叅將妻張氏
封淑人
許文錦以弟兆魁貴封宣威將軍浙江都司妻祁氏
李氏封恭人
王鈺光湖南永貴通判以子大枚貴封資政大夫江

西定南同知加五級妻吳氏封太夫人
劉正照以孫世偉貴貤贈朝議大夫
劉傳韶邑庠生以子世偉貴封奉政大夫晉封朝議
大夫江西義甯州知州
林光耀以子德銓貴封武略佐郎鶴峯州衛昌營千
總
洪汝寬以弟汝奎貴貤封奉政大夫江蘇直隸州知
州妻汪氏蕭氏封宜人
柏中照廣東廣甯知縣以孫春貴貤贈奉政大夫江
西瑞昌縣知縣同知銜晉贈朝議大夫
柏遇龍江西廣信府照磨八品銜以子春貴誥贈奉
政大夫江西瑞昌縣知縣同知銜晉贈朝議大夫
馮華昇以曾孫禮藩貴贈榮祿大夫浙江鹽運使司
加四級
馮　彝以孫禮藩貴贈榮祿大夫浙江鹽運使司加
四級
馮作新以子禮藩貴贈榮祿大夫浙江鹽運使司加
四級

廕襲

明

戴淮以父金大理寺卿廕
蕭引莘以父艮有國子監祭酒廕

國朝

吳宗豐以父正治大學士廕
吳宗郃以父正治大學士廕
李必果以父昌祚大理寺卿廕
李能哲以曾祖昌祚大理寺卿廕

熊正笏以父伯龍國子監祭酒廕

羅天藪以父鳴序貴州黄平州知州殉難廕

徐大偉以父成貞雲南烏蒙總兵官廕

高明徵以父進庫鎮守廣東總兵官廕

張闓以父伯琮河南布政使司布政使廕

邱端以父樹棠山西巡撫廕

葉恩頤以父名琛廣東巡撫廕

吳彤以父江廣西永安州知州殉難廕

蕭修文以父逢春廣西叅將殉難廕

吳兆鼎以父長庚武昌府訓導殉難廕

魯宗望以祖唯江夏縣訓導殉難廕

宋梅以父贊元黄梅縣訓導殉難廕

附土司

唐崖長官司覃宗禹康熙四年以宣慰司改給長官

司遞襲至梓桂乾隆二年隸漢陽籍世襲把總梓

桂故以兄子光烈襲光烈故子世培襲世培故子

邦彥襲官麻城把總補用千總五品藍翎

忠孝安撫使田京前明長官田永豐子康熙八年襲

前職遞襲至田璋乾隆二年隸漢陽籍世襲千總

璋故長子世位襲世位故弟世海襲官荆州水師

守備

高羅安撫使田飛龍順治初襲遞襲至田昭乾隆二

年隸漢陽籍世襲千總昭故子永興襲

忠路安撫使覃承國前明宣慰司進孝子遞襲至楚

梓乾隆二年隸漢陽籍世襲千總官貴州提標叅

將卒姪章繡襲章繡卒子殿雄襲殿雄卒弟殿勇

襲

金峒安撫使覃世英康熙四十三年襲前職遞襲至

邦舜乾隆二年隸漢陽籍世襲千總邦舜故子廷

薦襲山東德州營叅將

按土司承襲各案自經兵燹全行燬佚現惟唐

崖司承襲之員在營効力有案可稽其忠孝高

羅兩司奉發田產每年雖復彙報而久未辦理

承襲故世職無可載入至忠路安峒兩司則自

咸豐七年收復漢邑後毫無稟報未識曾否改

隸他邑礙難登載故僅照舊志錄存俟攷

坊表附

五雲丹詔坊在城隍廟東爲朱鳳立今存

繡衣坊在鳳山門外爲御史朱寵立今存

集賢坊在府治東鼓樓爲歷科進士舉人立今廢

諫議坊在縣左給諫曾庭芝立今存

天官清德坊在府學東爲選司王秩立今存

尚書坊在府學西爲大司馬戴金立今存

褒德旌直坊在府學西爲李鍊李宗魯立今存

開府坊在鳳山門内爲都諫尹應元立今存

褒封天部坊在鳳山門内爲吏部王敎立今存

父子進士坊在元妙觀西爲張登高張季彥立今廢

世承天寵坊爲知府王一麟立今廢

三世魏科坊在鳳山門内爲舉人李芃等立今廢

中丞坊在府學西爲尹齊立今廢

榜眼坊在儒學西爲蕭良有立今廢

都憲尚書坊在府學西爲戴金立今廢

柏臺三家坊在府治西爲御史朱衣傳桂戴金立今

廢

進士坊在東門內爲朱衣立今廢

精忠遺蹟坊在府城隍廟內今存

孝子坊在漢鎮大智坊爲孝子黃儀黃金階立今廢

節孝坊在北鄉花果園爲庠生張大成妻曾氏立今

存

節孝坊在北鄉陳嶺岡爲陳儀彩之妻涂氏立今存

節孝坊在陳嶺岡爲監生周用吉之妻李氏立今存

貞節坊在陳嶺岡爲廩生周嘉琛之妻張氏及其女

孀婦立今存

續輯漢陽縣志卷之十八

鄉賢志敘 宦績附

士君子遭遇良時展其才用不獨聲施竹冊譽播四方也亦其所居閭里津津口頰矜式勿替者流風餘韻爲最永焉兹邑山水雄深所產俊乂皆瓌瑋英傑卓然以勳績表見大者銘於金石編於史宬次者亦於其踐職分猷之地謳吟不絕至於枌榆鄉井之閒聲望尤隆比其沒也大吏上其事於朝得從祀鄉賢聿昭寵異於是邦之人益相與流傳歌誦不置其有老成耆宿未邀斯典者亦羣奉其遺言往行尊爲矩矱嗟乎緇衣好善高山景行有心者皆然非獨出於鄉里之私也明矣今彙輯之得預從祀者居前他則按科第先後焉抑又推論之諸賢克副名實矣其有起家仕宦身都通顯楷模雖未彰於閭里勳望則已耀於州邦斯並國人所誇詡未可聽其姓字長湮也沿舊志例附釆宦績或郎古人冠蓋名里之意乎志鄉賢

明

戴景文字希敬邑人母羅氏景文育外家遂從其姓洪武二十七年癸酉以易經魁於鄉時會試不中式者亦授官景文以不任司牧辭遂授河南舞陽教諭歷九年弟子多所造就擢甯府世子伴讀以時進規浸與世子不合遂棄官歸講學授徒以經師自任幾三十年篤於行誼有古人風四世孫金貴始奏復姓崇祀鄉賢

陳禴成化壬辰進士任工部主事崇祀鄉賢

胡金成化甲辰進士任刑科給事中崇祀鄉賢

戴金字純夫別號龍山舉正德九年進士授蘇州府推官再補撫州世宗初擢廣西道監察御史獨立敢言與同官黃梅石金表儀朝著風采凝峻時人目之曰楚有二金臺中錚錚嘉靖五年巡視兩淮鹽政題明條約十餘事又請通鹽法以養民食疏曰憲宗皇帝嘗曰朝廷開中鹽糧本爲實邊儲省轉輸乃利國利民經久良法不許內外官員之家中納近年淮鹽價高實緣邊商報中之難查各邊鹽糧斗頭等則永樂閒淮鹽每引止納米二斗五

升成化以後開折正德末年漸至銀四錢五分嘉靖二年議增至七錢五分商人苦本色之難及包攬之害雖勉強上納而實非其情也況又被權勢占賣展轉增價至一兩以上乎兼之兩浙長蘆配搭商人照價中出減半發賣積等淮鹽而價已增倍科糧衙門兼有例外每鹽勸借米一斗官既重取於商商必重取於農其害大矣乞勅戶部復本折之規減長蘆之配以少甦淮鹽之苦凡節費省縮羨銀六十八萬以佐邊餉回道數月復出按四

川時雲南土舍安萬銓作亂會兵討平之芒部隴氏以爭承襲不明都指揮何卿主討之而設流官其酋隴政等益叛匿於是滇蜀皆擾朝議紛呶金乃與巡撫唐儀鳳會議處芒部七事一曰因地方以定土流言芒部異域苗性異類不必執改流之說拂其故性二曰順夷情以續絕世言隴勝乃隴壽所出爲部落推服當順其情以一官授之三曰尊威令以示懲戒言既改芒部爲鎮雄府今其官可復其名不必更四曰存四司以專責任言芒部延袤數百餘里難於約束當存四長官司分理之五曰明賞罰以定夷情言阿濟之罪可以功贖若以任者僞報沙保必欲究治恐失其心六曰嚴守備以塞禍源言畢節爲諸夷出沒之所川貴之藩籬也當命整飭威清兵備駐劄安莊以制安南一帶而於貴州添設僉事一員專制畢節等處七曰下重令以戒聯絡言諸夷姻婣往往相助以生釁怨若水西之於隴壽烏撒之於隴壽烏撒之於隴政而沙保犯畢節亦由水西誘引宜嚴飭之以離

其黨議下兵部尙書李承勳因力言用兵耗財爲非而授隴勝一官以收苗夷心設兵衛於畢節同參戎於永甯御史金之議皆可採九年革鎮雄府流官以隴勝爲通判滇蜀罷兵從金之畫也十年入爲大理卿兼副都御史出撫四川督木川人饑請帑金二十萬爲賑從之二十二年詔爲右都御史仍掌大理寺事明年甲辰遂任兵部尙書兼督團營是時北邊爲俺答所擾警報沓至世宗知金材故委焉金乃條奏備邊十二議曰別武材稽分

領實鈌伍選民兵修戰車撥養馬備關隘重墩臺
謹盤詰處降人養死士選士兵悉受命酌行之十
月薊州告急世宗諭金以盡力金對言敵無遠志
今曾銑遏其西維昂備其南鄭重制其東王儀擊
其北而翟鵬居中調度各鎮關口嚴兵分襲萬一
越關深入則畿輔當清野戒嚴團營之兵秣厲待
遣可保十全上皆從焉二十四年春復上言紫荊
密雲係國門之屛藩而宣大偏關又荊密之捍衛
請勅重臣躬往相度亟爲繕築上乃命侍郎路迎

兼僉都御史以往諸關遂成巨鎭金立朝未久言
者忌而攻之乃以閑住歸旋以疾卒詔賜祭葬金
喜爲古文詞熟典故兼精星象堪輿之學歷官中
外三十餘年多所稱述立身清苦當事明晰諸所
指劃利害爲法於世卓然名臣也所著有三難軒
集使蜀稿海防稿江西詩記官滁集棘署餘聞藏
於家祀鄉賢曾孫自成
傅桂字汝芳其先臨川人徙家漢陽正德甲戌進士
知陳留縣招集逋逃復藩府侵漁民業役法獄事

講求畫一縣以大治有議調桂劇縣者陳留人號
於巡按御史乃止不調擢雲南道御史嚴儲關陜
躬履塞垣巡按雲南督察官吏簡勵兵衛全活寃
獄竟以勞疾武宗南狩三上疏諫不報世宗新政
六上疏陳大計臺端重之未展其能而卒居鄉慕
大臣之道義居官慕王端毅恕之德望嘗曰使我
有希文之位置義田不難可以想其品矣祀鄉賢
子兆
朱衣字子宜武昌衛人生有雋才與弟表裏襄衮擅

名江漢表裏皆舉於鄉襄早卒衣中正德庚辰進
士辛巳殿試授江西道監察御史時茶陵張文毅
公治蒲圻廖學士道南沔陽童庶子承敘皆以文
章重於詞林衣遊其間甚相得也巡視西城卓有
政績清戎江北值大饑人相食以便宜賑濟全活
甚眾是時方爭大禮世宗召羣臣議闕下衣直言
與永嘉張相孚敬忤孚敬恨之嘉靖五年會推督
學畿內有得士聲益爲永嘉所嫉明年孚敬以兵
部侍郎掌都察院事反妖人李福達之獄遂罷衣

等御史十一人職家居二十年以器識德量薦者二十餘疏卒不獲召用衣與永嘉同榜從因公論乖違以招傾跌一擊不中沉淪泉石搆亭兆望題以未老鬢眉淹日月有時魂夢傍君王之句識者悲焉衣性篤於孝友立身醇潔里人有以私干者絕口不應尤工詩文郡志最爲典則至今稱之祀鄉賢

李芃成化庚子舉人性清謹不樂仕進閉門課讀寒暑一卷不輟而扶危濟困尤爲鄉里所頌祀鄉賢

李簡字惟賢正德庚午舉人除知巴縣多惠政以辟地功陞簡州牧未抵任道卒貧無以殮巴人爭賻之並爲經紀舟車資斧扶櫬歸後與父芃同祀鄉賢子世鰲

伍偉字艮臣童子時有能文之譽弱冠舉於鄉選建甯知縣聘爲江西分考得士如劉侍郎懋張方伯希舉皆國器也由知縣陞同知歷官三十年純德宏材未究其用學行爲鄉人師朱御史寵嘗給諫庭芝俱出其門著有魯齋小稿四書心會等編今皆不傳祀鄉賢

朱寵字德承千戶所人嘉靖甲辰進士知海門縣稱饒邑前令每以簠簋損名寵誓清介無染豪貴暴橫民患苦之寵置之法皆斂跡問桑麻興學校杜吏胥之奸革里甲之濫海門大治課績第一擢監察御史海門人爲祀名宦不忍其去也既入臺適分宜柄政縱孽子肆奸蔽政以賄成寵草疏欲劾之甫脫稿而父艱聞乃痛哭扼腕去國人謂其忠直可泣鬼神居鄉閉戶屏跡與斂山張緒講求姚

江之學家貧糧絕不顧終無能干以私者乙卯疾瘵藩司高其誼陰餽金五百爲殮具力疾却之其操倘如此寵與前御史衣並以品望標重於明世宗之時衣忤永嘉寵怒分宜皆不得竟其用雖所遇之人不同而蹉跎晚節困抑山林一也時人目衣曰東朱寵曰西朱稱別山漢水二先生祀鄉賢弟宇見文學

王秩一名斛字伯庸其先隨州人徙漢陽父教以太學生爲甘州經歷投劾歸夢鶴而生秩舉嘉靖甲

辰進士舉主華州王太史維楨甚愛秩以衣鉢門
生期之初令天長潔己愛民練達如老吏丁內艱
歸起補婺源益持風節莫敢撓適朱子廟火族人
有盜文公像謀襲博士者秩知之斷令宗子襲焉
時望雪至是大雪民歡呼以爲令君瑞歌謠善政
多至成帙已而內召將去民卽境內四公祠益秩
爲五歲尸祝之擢戶部主事改吏部留心人材極
力延訪歷員外考功郎中盡剔蠹政已未分校禮
闈得士咸爲名臣居部久部事倚之以辦而嚴當

父子竊權與錦衣陸炳中璫黃錦相表裏以所難
者強秩秩弗能忍遂決意去舉鄉人劉公應峯自
代升太常少卿乃調河東察議致政歸里居三十
載足不涉公庭口不挂時務孝友醇潔於人無忤
人亦莫敢忤卒之日囊無遺金人咸稱之祀鄉賢
子廷彥孫大縉皆貢士四世裔孫德沖康熙丁酉
舉人

曾廷芝字子先嘉靖癸丑進士知昌邑擢工科給事
中奏修河防議增屯田水利專設憲臣督理悉爲

世宗嘉納陝西宣府兩巡撫賑饑多侵牟權相庇
之廷芝獨不承意旨奮疏劾二臣遂被嗾出爲浙
江僉事益以守法不合謝疾久之楚撫按交推轂
起知漢州興革扶抑振勵士類復遷浙憲以歸居
鄉無惰行無衆言樂成後學賑困賙乏邑人賴焉
年八十有五卒追贈中順大夫祀鄉賢子文彥官
通判

蔡絬字國凝嘉靖癸丑進士知東鄉縣調臨海嚴明
果斷二邑皆立生祠擢江西道監察御史巡按廣

東蕩滌大憝海南清宴監試鄉闈一榜最稱得士
出歷藩臬以卓異薦陝西行太僕寺卿晉階正三
品告歸巡撫李禎疏薦有介不收諸鄉閭而身勞
課穡念日關諸里甲而力贊平徭之語稱實錄焉
祀鄉賢從弟幾

蕭良有字以占號漢沖世爲江西廬陵人曾祖樂甯
徙漢陽文寺山父逵以貢士官泰安州同知良有
生而穎異以神童名年十一爲郡諸生十二應省
試中副卷偉貌高論自監司以下皆愛重之嘉靖

甲子連江吳司馬文華督學試楚拔艮有及京山
李維楨蘄水朱期至列異等語人曰三少年皆奇
才可爲國家慶果於是科同中式艮有年僅十五
數上公車不第益肆志讀書與弟艮譽遊南監祭
酒許文穆國奇其文一時名士在留都者焦修撰
竑鄒光祿觀光劉主事廷蘭皆與納交而兩蕭之
名遂譟海內萬歷庚辰申文定時行主會試立限
字令以正文體得艮有爲第一是時江陵當國大
璫馮保欲以狀元私其子時行爭之不能得殿試

讀卷置艮有一甲二名江陵子懋修竟元矣江陵
愛艮有才而心愧之艮有與同榜顧端文憲成魏
主事允中遊以名節相期許江陵亦不善也適以
内艱歸一歲而江陵敗艮有起補編修纂會典進
修撰充經筵講官時爭以攻擊江陵爲事艮有獨
持之曰江陵非奸相也稍持權而驕耳今既反其
粃政收其廢賢足矣奈何復令聖主有辱大臣老
毋僇子名哉許文穆深是其言上疏止攻者楚人
得無波累而攻者側目艮有矣建儲議起艮有上

書於申文定以爲大臣所不可拂者人主之意而
尤不可失者天下人之心今日人心且何如也閣
下當力請冊立之期與主上定成約以爲社稷計
得則留不得則去毋負公論而履危機文定爽然
旋去國焉辛卯升中允管司業事壬辰八月進洗
馬充日講官撰進講章獨當上意癸巳遷諭德兼
侍講編纂章奏而王文肅錫爵再相主并封三王
之論艮有與詞林上疏固爭又同馮文敏琦詳於
文肅以會典條示之事乃止甲午遷庶子仍兼侍

讀乙未遂領國子祭酒慨然曰北李南陳遺規可
倣也杜干請嚴考課六館凜凜向風定京省取士
之法以實監中部議悉以爲當艮有在史局十五
年益負公輔之望自閣部卿寺以至臺省凡關國
家大計靡不咨諏於艮有者性善接士大夫於時
政多所指摘而人不能容給事葉繼美劾艮有侵
六部權旁及鄉人常吏部道立等不報艮有具疏
辯奉温旨遂再章乞歸養乃得報馳驛暫還而側
繼美籍公論尙譁然不平艮有家居八年而卒天

下皆以其未竟用爲惜也艮有天性孝友直諒文章操筆立成高風朗韻卓識大度久踐清華歷中外其立朝丰采彪炳史冊居鄉惠愛膾炙人口戊子甲午典試燕浙丙戌己丑分校禮闈取士數百人而孫太傅承宗朱少保國楨孫宗伯愼行陳司馬道亨張太僕輔之呂僉憲兆熊王僉憲司任陳大綬區中允大相尤以文行著稱焉所著玉堂文草幾百卷未行世而兵火僅存什一天啟初以講帷功贈禮部右侍郎廕一子賜祭葬祀鄉賢弟

艮譽子丁泰引萃

蕭艮譽字以孚別號漢潁生而端敏受業於伯兄萬歷丙子舉於鄉隨伯兄遊南雍祭酒許國司業張位皆器重之名譟吳越居然機雲軾轍也庚辰與伯兄俱成進士授戶部主事典試陝西歷官員外郎中知寧國府以公廉自誓加意教養權門要津懔不敢犯郡有旱澇禱之卽應與推官高安朱吾弼講學敬亭幷及民間疾苦又大會耆儒於永西書院作詩以紀其盛一時彬彬然號宛陵鄒魯艮譽惡道學標榜入京以卓異紀錄冢宰陸光祖孫鑨前後推舉陞河東提學副使再補廣西論文之外務以正學迪士士皆改趨焉告病歸久之起官河南參政丁父艱而卒年四十有七秦志稱艮譽操倘磊落了無梯磴可攀有大是非排衆而定進人之賢解人之難賙人之急憫人之苦率施於人之所不知朝野倚重如金玉焉尤負知人之鑑宣城湯司成賓尹方困諸生一睹其文卽以大魁期之且曰異日當以文名世吾兄衣鉢屬在子矣踰年

而賓尹果第世詫爲奇識陳溧陽名夏亦嘆曰漢潁知言哉知人哉一時李大參若愚吳太守嘉謨等皆受賞識終身稱弟子云著有過庭代對錄

李鍊字東泉太常宗魯之父性倜儻好節俠濟貧周乏家中落弗恤居恒不喜近貴人賢士大夫皆禮敬之以子宗魯貴贈如其官

李宗魯字學仲先世江南徙漢陽九眞山爲巨族宗魯始以文顯萬歷癸酉鄉試擬第一當事者疑其卷太奇抑而魁其曹明年遂成進士出田侍郎一

傳之門授中書舍人五載留心舊章尤精邊事朝士言與故者皆謟之萬歷八年擢兵科給事中以名節爲己任侍講經筵漸負物望考察軍政一意執法無所狥忤政府出爲浙江僉事政主嚴明吏畏民思建祠東湖以祀會浙兵變辱撫臣所守郡去會城七百里倉卒不及援亂已解而諸暴兵所過縣村殘破諸道使者約縱去宗魯獨嚴爲諭小有犯治以法兵遂不敢犯台紹秋毫嗣新督府至監司例謁會浙復民變縛直指辱藩臬宗魯邀救

諸亂民望旗幟舍戈呼曰李青天救我徐徐諭以利害直指乃得釋不意心反啣之具及救不論功其未及救擬失律張忠定佳允執不可曰此番定亂者何人乎遍調蒼梧兵備副使致仕歸自二十四歲登第三十四歲挂冠居林下三十年創義田設塾學賑貧乏撫弟與友之孤易簀時以勿忘爲善戒子若孫祀鄉賢子若愚

李若愚字知白號愚公少從張緒講學博聞强記文譽籍甚中萬歷己未進士授温州府推官平反殊死以下數十人辛未分校浙闈時冢宰趙南星總憲高攀龍推東南賢者首及之卓異赴考選値逆閹逮楊左媚璫者指爲楊璉死友遂觸閹忌謫常州教授尋遷國子監博士復遷刑部主事値江西積欠金花銀五十餘萬兩羣奸促閹言於部欲以立限督催中之乃行催一月如數解完莊烈帝踐祚諸賢上被抑始末擢禮部員外因旱陳言請誅魏黨許顯純等七錦衣以慰忠魂比顯純等伏誅甘霖大沛尋陞工部虞衡郎中轉營繕掌印庚午

主廣西鄉試調學武選出爲南瑞參政興利除害講學濬臺祠典江西拔貢試他如發賑保障偉績頁多巡撫解公將舉以自代遽告病歸講學睦族居鄉可風癸未召補太僕寺卿以老不赴晉大中大夫著有證學編太極圖義等諸書詳見王世顯行狀祀鄉賢子四人應橘中書見文學孫十人橘長子昌祚大理寺卿

李應橘字敬仲由明經選授中書祖宗魯曾居此職以故熟諳典章輯遜國遺事補外史所未備歷任

三載旋解官歸里著述自娛卒以子昌祚貴贈中憲大夫大理寺少卿康熙中與父若愚俱從祀

秦聚奎字仲默一字因應先世自南昌徙漢口生而岐嶷端重讀書里塾有黃冠摩其頂曰科第人也少嬰羸疾且殆每夕就枕覺有物匿榻側雞鳴始去病已卽不復來以此益自負神宗萬歷庚子舉於鄉辛丑成進士授績溪知縣調吳江邑多貴族遊閑公子聞兒奴客飲博夜聚一切以法繩之邑中肅然謗議羣起遂自請改教職不可移令盩厔

久之陞刑部主事值辛亥大計京邸官先是御史金明時巡按順天曾劾吏部侍郎王圖子寶坻知縣元抃及圖當佐察典明時懼有報復陰謀攻圖會祭酒湯賓尹庚戌分考亦與圖不合或疑給事王紹徽御史喬應甲等皆黨賓尹附明時於是尙書孫丕揚劾明時阻撓大計暗連賓尹諸人而聚奎素不滿孫王所爲疏謂明時阻撓大計殊無實指圖等巧欲中傷以肆其憤吏部並論撓察典聚奎復疏入神宗意頗動夜漏且盡持欲下者數四

翌日乃從閹擬令聚奎閑住而賓尹紹徽等凡七人皆去位聚奎歸且十年光宗卽位詔求直言放棄諸臣尙書周嘉謨特薦起光祿寺丞丁內艱熹宗天啟癸亥服闋入朝爲言官所攻移病去乙丑又起順天府丞踰年陞府尹時魏忠賢子良弼封侯開府議毀京兆之陰陽學以廣其居聚奎疏言皇上不惜茅土之封臣何敢愛尺寸之地但事關國體臣死不敢奉詔必欲請旨令璫給價度地而後與之寮屬懼禍及或謂休聚奎不從竟得請忠

賢黨人苛歛門稅聚奎復疏奏歛重民窮大觸忠賢怒奪職以歸初聚奎之建言於辛亥也與東林諸君子意見不同頗受譏刺及楊左摧敗王紹徽喬應甲皆以附璫致大官而聚奎乃與忠賢忤識者謂其前不妄附君子後不浼於小人孤行一意節概皎然雖漢之申屠蟠唐之白居易未能遠過也烈皇帝初以科臣薦徵拜太常光祿太僕諸卿皆不起得旨致仕優遊林下足不入公府齒不挂時事惟與蕭方伯丁泰吳太守極爲性命友訓子

延煜爲名孝廉卒年七十有五著有勿忘集還齋
稿閩見錄日記等編
謝燭字斗南性篤孝親没廬墓風雪不避萬歷戊午
以明經授江油令時奢酋作亂燭修城堞嚴守禦
一夕火光四起離縣僅十餘里衆謂城危士女奔
竄燭捧印端坐詰朝無事還者感泣賊平歸林下
十三年卒崇正時崇祀
張士彥字怲浩性孝友置義田延塾師以仁其族明
末驛苦撫兵彥鬻產置馬應之流寇起修水陸二

岩俾鄉得保妻孥以子三異貴贈中憲大夫
張京字省極先世家黃陂後遷漢陽柏泉里父以無
子禱於木蘭山眞武廟夢神指傍侍大將曰以爲
爾子乃生京爲諸生即以經濟節義自任萬歷戊
午舉於鄉授三原縣教諭屢遷至延安府同知洪
文襄時爲三邊總督器之薦擢洮岷兵備副使癸
酉闖賊陷秦列城皆潰京收殘卒轉徙兵間關
入蜀走重慶時張獻忠已破成都酉賊劉廷讓守
之川撫馬乾副總兵曾英襲取其城適京至約共
爲守順治三年張獻忠敗其黨孫可望李定國率
潰兵突至重慶曾英馬乾皆戰歿京走入山唐王
授京巡撫京乃收合餘燼規全蜀南中爭以詹
天顏范光炎爲川南川北兩巡撫事權不一終不
能有所爲桂王即位武岡爲
大淸兵所蹙時孫可望李定國僞奉永歷正朔思反
正京勸以勤王則推戴始眞孫李雖依違未行而
桂藩賓藉以牽制
大兵加京兵部尚書七年秦將袁韜武大定等各擁

重兵與楊展互爭雄長李乾德從而交煽之呂大
器田一蘅文安之以督師至俱不能約束齊一也
京以故巡撫居其間招集散亡聯絡諸將時王光
興郝永忠劉體元袁宗第托天寶譚宏譚詣譚文
等俱在川東京勸以耕閑田自給毋輕擾民民漸
復業兵勢遂盛所謂十三家兵也南與滇黔遥爲
聲援京亦結營江南岸順治九年内院洪駐長沙
經畧兩廣慮京撓其後遂繫京長子邦憲於獄遣
京幼子邦甯致書於京招之曰能倒戈相向即待

以元勳京覆書曰累朝厚德遺澤在人今雖避地西南昔之銅馬巨來猶思革心助順矧台臺爲先朝簡畀又旌麾在楚決不東征不穀堅貞盡瘁以捍牧圉撐住西川半壁妻子匪其所計陝西總督李國英亦爲間諜招之皆拒不納十四年平西王吳三桂由漢中奉命征滇蜀逕進烏撒重慶留偏師時孫可望已前降唯西山十三家倘結寨自固京贊文安之督體元宗第等合兵十二萬以水師圍重慶既而誼文交惡譚誼單舸至譚文營殺文

復懼文安之之討偕譚宏降於總督李國英安之率潰兵走入山寨總兵都督張宿給事中謝佩勸京亦去京曰若等善爲謀余年八十殉國已晚能不改衣冠見先帝地下於願足矣麾下兵皆散即有地可往人誰與守越日吳三桂兵至擁京去勸之降授以官皆不應遂賦絕命詩一首彌月悲歌待此時成仁取義有誰知衣冠不改生前志名姓空留死後疑破碎山河休葬骨顛連君父未舒眉魂兮莫認還鄉路直到朱陵禮舊碑遂悒悒而死

國朝

吳有成字大初其先新安人父仲依外氏遂占籍漢陽有成天性孝友贍族睦鄰多隱德萬歷間中官陳奉督楚礦稅急有成寓書其幕客多所保全康熙中從祀

吳正治字當世號賡菴順治己丑進士選庶吉士歷侍講出爲江西參議分守南昌歲暮吏既休沐單騎行部查刑獄凡非法淹繫者悉令釋去在任旬月劇盜盡平遷陝西按察使甫下車校閱舊案得

一紙其科罪皆法所不宥竟未理意必地方巨憝賄謀沉擱訪之果然庭鞫立寘重典百姓稱快尋擢工部侍郎調刑部康熙改元江南諸生二百餘人逋糧已完逮至盡擬監候時漢官例不敢奏正治強滿侍郎入白日第言之若詰責罪當坐我用是得放遣又議奏行赦款宜速丈量田地宜停狀外指扳宜禁私嫁條例宜酌皆切中時政丁外艱服闋補督捕侍郎專司逃人立法最嚴奸猾藉以肆毒一經妥扳里井騷動因率同官合詞陳請除

連坐十家之例陞都察院左都御史奏止北直四
州縣增設官兵進工部尚書改禮部凡朝貢慶賞
諸大典禮考據古今沿革事宜綱舉目備多所定
正拜武英殿大學士值秋審讞決一重案幾數十
人
聖祖顧問曰此囚尚可活乎咸對情實正治獨奏
皇上一念好生臣等敢不奉行德意退即細勘得可矜
狀遂從末減丙辰甲午主鄉會試得人稱盛舉博
學宏詞以彭孫遹名上遂首選而實未識面也

太祖高皇帝實錄成以總裁官加太子太傅後以病乞休
温旨慰留賜予便蕃屢疏陳請着以原官致仕年七十
四薨
賜祭葬謚文僖正治生平孝友接物敭歷四十年不爲
崖異之行取士薦賢一秉虛中子四人宗邵光祿
寺丞倜儻有材幹早卒宗勳國子監學正
熊伯龍字次侯號鍾陵其先進賢人祖士章隨父任
楚府典寶遂家漢陽與江夏郭正域任家相遊稱
名諸生父鳴盛天啟辛酉舉人不爲仕進生子三
次仲龍三叔龍伯龍其長也幼聰明過人下筆天
然風韻九歲遊泮庭訓嚴六經子史及諸大家文
旁搜強記文尤刻厲十一歲命作天下歸仁題三
易稿達旦始罷後會輒佳乃歎以粟粟遇名師宿
儒亟令請業又備江漢能文者二十二人朝夕磨
礲稱菁社聲譟東南開順治戊子貢入成均試第
一時傳其文陳溧水見之曰此吾故友也蓋溧水
向遊漢上有文章知契先未謁見至是始往故云
是科中順天舉人明年己丑進士榜眼及第授編

修伯龍以文自負在館中凡制用詔誥多出其手
典麗爲皇名儕燕許從無飲食交遊徵逐之習惟
以著述爲業砥礪名節爲心以是受
眷日隆歲甲午典浙江試其試錄敘云臣不敏竊窺人
於筆墨若懸衡然力倍臣者倘之數倍臣則臣倘
至地蓋謂以身取人也文不拘一格而諸體悉備
爲從來掄才所未有得士中狀元者三乙未史大
成甲辰嚴我斯庚戌蔡啟僔中探花者一張天植
令浙中猶歷數之提督順天學政虛公明潔相士

如神得人極盛歷遷侍讀學士及官祭酒識精法肅六館凜凜向風已酉年五十卒於京邸入館閣二十年中間乞假歸三年生平無他嗜好自少至老篤學不厭制藝衣被海內家絃戶誦奉爲矩矱

本朝制科以熊劉開風氣之首垂今二百餘年乾隆初

諭正文體猶首舉之可謂不朽之業矣詩古文詞晚年始出其集收入四庫全書中伯龍無書不讀尤熟於紀事本末一編歿時惟以不得澤及生民爲恨顧職在翰苑制冊文章與夫以人事

君遴拔人才諸事所謂鴻筆之人國之風雨不得以爲非事業也子正笏戊午舉人孫祖旋辛酉舉人義烏知縣祖旂廪生見文學

張三巽字魯如號禹木少偕兄苦志肄業長爲諸生負氣節敢言敢爲而居心坦易父歿兵燹遺命薄葬三巽曰遺命固然人子之心能安耶不敢儉兄弟相成以孝聞爲文未嘗立稿而經術湛深與熊劉齊驅中順治戊子鄉魁已丑成進士初任陝西延長縣值旱蝗露禱驅蝗捐資賠糧施粥平糶全活者眾延民爲建生祠後祀名宦陞任南陽郡丞時宛有拐河響賊庾從受多年負嵎三巽創議先剿後撫且請居前鋒遂密購鄉導由欹徑入四鼓啣枚斫柵擣其巢擒之及旦招諭羣黨分別脅從悉釋歸農歡呼滿野其他治績載南陽名宦錄任福建邵武丞例考上等郡人立祠在長虹橋陞任浙江紹興知府初任延長及南陽邵武時凡歷年大獄人所不能斷者一見即了多所平反有片言折獄之稱刊雪史初二編遠近傳播及守會稽治

聲愈著又刊雪史續編兄弟二四早歿餘俱高年友愛無閒人稱同胞四皓胞姪十有七人每分貺田三十餘畝永佐膏火修饗堂置祭田助婚喪周閭里惟日孜孜年八十有三卒祀鄉賢贈通議大夫所著有擬龍集詩詞

張仲璜字半玉號別麓三巽中子生而穎悟嗜學過目輒記弱冠旁搜博覽下筆驚人深爲同里熊公伯龍吳公正治所推重嘗相謂曰吾輩當讓此人出一頭地然卒數奇屢躓棘闈以明經授梧郡司

馬時父禹木春秋高不忍遠離辭不赴任父勉之乃留妻侍奉單車就道抵梧值流亡甫集爲政一以簡肅慈愛㷀貼而撫育之數月教化大行粵西有積盜盤踞山谷屢捕不獲制府知其能委任焉仲璜密行偵訪悉得其主名窟穴親裹糧入險阻搗其巢面縛五十餘人置之法盜風遂靖制府驚以爲神調值季務更多平反其居桂林時會廣儲告匱各官譁然仲璜徵聞其事急反梧預發常平米支給諸營士卒帖息旣而設法購補倉儲無缺

兩署府篆一攝蒼梧道又大蓉山伏莽蠢動由潯而下仲璜密有警偵飛檄蓉藤岑溪諸要害設伏守險以計擒其魁餘衆解散其經濟皆此類制府論功方擬疏薦會丁父艱力辭乃止解組時梧士民遮道泣送追隨至百里外哭拜不忍去立碑建祠請祀名宦歸里以不能奉親含殮憂毀骨立追服闋而病益深遂不能復任居家好施予族里親故有婚喪不能辦者悉量給之不責其償生平惟以著書爲事尤盡心於廿一史彈詞註搜羅考訂三易稿而成今行世餘詩古文未刻而流傳於外者人多珍之卒年七十餘贈通議大夫乾隆十一年崇祀鄉賢子五坦含羅田教諭坦宏庠生早卒坦麟康熙辛卯舉人內閣學士兼禮部侍郎江蘇江西巡撫坦聰康熙庚子副榜雲南路南知州坦熊康熙辛卯舉人雲南按察使司

江浩字肖峯幼失怙事母以孝稱有汪姓寄金三百兩遠出十餘載始歸仍以原封付之正浩家焚燬無餘時也明末荒歉捐資施賑全活甚衆康熙二

十八年從祀

江殷道字九同順治戊戌進士除高州推官歷蘇州督糧同知以卓異陞九江府晉分巡饒南九道副使籌策轉運兵餉無匱辛亥歲大饑捐貲賑粥全活無算省民船捐屯糧修學課士保障潯南多善政陞本省按察使未任卒子蔡藻芑我

江蘂字釆伯康熙壬子拔貢令靈寶邑爲秦豫衝途吳逆之叛轉輸絡繹人勞地荒積逋纍纍蘂下車廉得其苦繪圖請大吏入告得

旨允減歲額銀九千四百五十兩屢年虧額銀二萬七千八百有奇民困始蘇歡騰閭邑奏最擢監察御史先是會試邊省每脫科疏請會試復於南北中卷中分東南西南東北西北左中右中等號計卷數爲中額遠方僻省乃不致遺棄實釐敝之巡理長蘆鹺政通積引恤竈尤卓卓有稱累官都察院左副都御史生平敦氣誼喜施予推產讓諸弟倖人卽分給宗族親故獎掖士類不遺餘力年六十三卒崇祀鄉賢名宦士民復建專祠尸祝之

項誠字勗存其先徽州歙縣人父璘貿遷漢鎮因家焉誠以歲貢生循例由內閣中書授戶部郎中警敏有才凡所司錢穀額數支給運稛款項毫粒之分罔不默記大司農雅推重之一月三經保舉出爲四川順慶知府蒞事精明民不敢欺有婚姻搆訟十年不解誠片言折之調守成都御河久淤捐養廉貲疏濬以便舟楫商民咸悅壬子計典誠膺卓異御事矣猶力爭於巡撫活誣獄一人至京病卒成都士民請入祀名宦

李昌祚字文孫掉鞅文壇名動海內中順治壬辰進士選庶常時楚省旱甚昌祚與總憲趙開心連名籲請得
旨准減田租之半散館
授檢討
世祖章皇帝謂翰林官教養有年習知法度
授河南分守河北道御饑遺息爭訟清風勁節民歌思之遷浙江杭嘉湖道政聲卓著未三月
簡授大理寺少卿盡心平反一秉忠恕伸孝子復讎之

義辨愚民聚衆之誣引經折獄稱神明焉時宋荔裳以于七案株連繫獄禍且不測昌祚細心研鞫悉其蜚語所中皆伊姪挾嫌誣告爲之力請於
朝
恩准昭雪昌祚之力爲多蓋居官不立崖岸而嶽嶽不苟同者卽此可以概見旋晉正卿遽引疾歸卒之
日
恩賜祭葬入祀懷慶湖州兩郡名宦祠子必果官生恩監見文苑

允行著有巖齋筆談等書行世

葉繼雯字桐封號雲素宋時石林先生其遠祖也考
廷芳繼雯生庭訓綦嚴年十八補諸生食餼乾隆
丁酉科選拔貢生　朝考一等一名補通山教諭
丁外艱匍匐歸入門哭踊氣塞昏絕良久救之乃
蘇蔬食屏鹽酪者百日比葬攀柩哀號衰服半漬
血痕廬于墓者三年大母程太恭人没哀毀如喪
父時葬地未卜不寢于內五十年冬署蘄水教諭
五十一年邑大饑鬻產捐三千金佐賑施藥及棺

邑人繪像祀之歷任江夏等邑教諭所至皆爲士
林所矜式中戊午科鄉試舉人庚戌成進士授內
閣中書舍人僕直六載韜晦無知者會代擬奏草
爲阿文成所賞是時諸典禮大文字多繼雯撰進
王文端劉文清咸倚重焉充　文淵閣檢閱署侍
讀兼管　誥勅房稽查房中書科事務嘉慶戊午
庚申疊充順天鄉試同考官六年京察一等是秋
充山東副考官其年冬議修會典總裁引充纂修
復奏充總纂修官補軍機章京九年京察一等遷

蕭芝字昆田號嚴齋邑人幼穎異十歲能屬文十六
補茂才乾隆己卯省試第一庚辰成進士以庶吉
士授翰林院檢討充文淵閣校理內廷方畧館纂
修年三十四有聲輦下一時名士皆樂從之遊歲
丁酉歸持父服服闋以母太恭人年老請終養侍
親十年丙午母卒辛亥乃入都供職壬子授山東
道御史轉四川道御史嘉慶丙辰元年逢
國大慶正月初四日
上皇帝開千叟宴於甯壽宮芝年六十預焉拜

御製詩章鳩杖之賜己未科會試充同考官得趙敬襄
等十二人遷工科給事中轉吏科掌印給事中癸
亥
上幸翰林院以故翰林預宴復拜
御製味餘書室全集筆墨等件之賜甲子致仕乙丑冬
十月卒於家年八十八其官給事中也於嘉慶初
奏釋安南纍臣黎烱等四人歸國七年奏截留湖
南漕米接濟湖北是年冬又奏移兩淮鹽義倉穀
以接濟江西均豢

宗人府經歷司主事十年奏充會典館提調先後
在館二十餘年爲大學士戴文端所專任發凡起
例皆出其手徧引知名士分司之以是二百年
朝章國典綱目秩然悉歸囊括成書千一百卷在
事晉秩者三百餘人繼雯自辭議敘其不伐若此
又充 玉牒館纂修官先是撰擬 毓慶宮聯句
序稱
旨
上詢撰人姓名朱文正誤舉其字

上曰非中書葉某耶因 奬其學比彭文勤拜文綺之
賜嘗擬進勑越南國王文
上曰此必出葉某 召見劉太常鳳誥
上語之曰副汝典山東試者葉某也是好翰林今始官
宗人府主事聞者榮之十三年母孫太恭人卒毀
幾滅性奉櫬南歸行至韓莊閘濶擊舟裂繼雯抱
柩號哭聲振河岸漕督薩公彬圖疾呼弁兵護救
登岸繼雯鬚髮盡白抵里營葬卽廬居墓側楚督
汪公志伊遣人造廬手書致唁繼雯素服詣轅謝
卽返汪公追就河干古寺席地對語觀者環數千
人爭一識孝子方居憂園樹經年不華及釋服枯
木重榮巢燕互乳天香發於墓垣漢水澄淸彌月
鄉人以爲孝應六年入都調戶部廣東司主事充
方略館纂修官遷本部雲南司員外郎又遷四
川司郎中直軍機十七年恪勤周愼癸酉閏林逆
之變馳入城東華門已下鑰禁兵屯於外詫曰若
文官來何爲夜半大雷雨八旗諸叅領曰盍且退
對曰賊至雖不能武請以某爲牆多而殺一人

諸叅領嘖嘖曰奇男子是夕僵踣煩傷血被面凡
兩晝夜柴立不知疲越五日
車駕入城卽襆被宿會典館二十四年補山東道監察
御史二十五年三上封事皆關 國計
溫旨褒納擢刑科給事中以事左遷員外郎秋
仁宗賓天號慟深切獨居會典館百日乃歸道光元年補
禮部鑄印局員外郎旋以原品休致四年鄉人臚
舉孝行聞于 朝得
旨如所請未幾卒京邸繼雯治經尤深三禮論說必宗

紫陽終日凝然座擁圖史燕居無惰容視諸伯叔猶父無後者爲撫孤女親葬祭江南原籍近支有孤幼亦依以存立江南清節堂義塾皆爲手定規條至今奉行友朋風誼尤篤有友病挈醫策騎一晝夜走三百里視之在内閣京察當遷侍讀請于大學士以讓同舍劉君錫五著有讀禮雜記朱子外紀裕林館集四字義試帖詩校注韋蘇州元遺山集未及卒業以孫貴

誥贈光祿大夫建威將軍體仁閣大學士兩廣總督子

二志庠志銑皆有傳

易元善字石坪嘉慶壬戌進士授編修充日講起居注官充嘉慶丁卯貴州鄉試正考官已卯陝西鄉試副考官道光壬午會試同考官所得知名士爲多歷官翰林院侍讀學士教習庶吉士性方正不苟言笑見者謂謖謖如長松下風然其引接後進甚殷勤有持應舉詩文求質正者必爲剖別瑕瑜且指授以法度至娓娓不倦官都門數十載屢掌文衡而蕭然如寒素則其勵廉隅敦風槩爲可尚也已道光二十九年從祀鄉賢子學超道光戊子

順天鄉試舉人官湖南桂陽直隸州知州

官績 附

晉

朱伺字仲文安陸人張昌之亂伺恥與同縣求割安陸東界別爲灄陽遂爲灄陽人伺有武勇而訥率部黨滅昌後陳敏作亂陶侃署伺爲左甄破敏前鋒敏弟恢稱荆州刺史在武昌侃率伺進討破之敏恢既平以功封亭侯領騎督隨侃討杜弢有功夏口之戰射殺賊大帥數人賊於水邊作陣伺邀之箭中其脛氣色不變賊潰追擊之死者大半加威遠將軍建興中陳聲斷江抄掠伺邀聲弟斬之圍聲於董城其黨斬聲出降又平蜀賊龔高加廣威將軍領竟陵內史杜曾等陷楊口壘伺被傷賊養伺妻子百口遣人招伺不從還甑山卒晉書本傳

按朱伺晉書載安陸人而歸卒甑山又在今川邑故舊志屏而未錄然灄陽實今邑境故遵通志補入

宋

張錫字晛之其先京兆人曾祖山甫徙漢陽錫由進士知新州遷太常博士監染院詔選能吏知畿縣乃以錫知東明始至令其下曰吾所治者三恃力侍富恃贖歲終以治績聞爲監察御史丁謂貶崖州議還內地錫疏謂奸邪與天下棄之今復還近天下議由是徙雷州玉清昭應宮災連繫甚衆錫言天災反以罪人恐重天怒願修德以應之獄遂解後爲京東轉運使淄青濮鄆諸州人冒耕河壖地數起爭訟錫命籍其地收租絹歲二十餘萬訟者亦息屢遷龍圖閣直學士進翰林侍講學士判太常寺國子監卒贈尚書工部侍郎厚重清約雖貴奉養如少賤時讀書老而彌篤初舉廣文館進士考官任隨以爲第一及隨死無子屢賙其家

胡霖字作霖由鄉舉任潭州通判文章政事大著於時

明

程瑞洪武初知南豐州及本郡爲政廉謹不以一私自黷辨色即起視事日晏方罷隨事立剖庭無留牘

陳文通洪武中以國學生授廣東道御史考察江西湖廣河南官僚有聲擢廣東按察使以服色違制謫戍後二年起復彰德知府建文時靖難師南下文通閉門抗守文皇嘉其節方欲召用旋卒裔孫琬璽

江恕洪武中初令福清調崇明善判斷民不敢欺稱神君焉歷任台州知府

曹體仁洪武中以儒士官東平知州廉能慈惠有古循良風

計珩永樂中由明經歷官御史以直諫忤旨罷歸

張敏永樂中爲工部司務以才望出守曲靖軍民府有善政遠近懷服秩滿進陝西苑馬寺卿後致仕卒

易東字景暘成化丁酉舉人選新甯教諭性質直不苟歸田甘貧自守楚平蠻鎮遠侯顧溥延東訓其子士隆於講授外一無所干請後士隆繼父任威名操履有古名將風皆東所造就裔孫見龍萬歷壬子舉人道沛見後

彭楚豪字彥卿正德間以明經歷官知州心行醇樸蘊藉宏雅歸田三十餘年享壽九十有一食貧力學至老不衰

李世鰲字宇載萬歷壬午舉人學本實用不喜浮飾江夏郭文毅雅推服之初知來安以廉謹稱內署濬智井得大石覆白金盈瓮亟揜之曰此非貧吏所宜得擢守太倉州州煩劇號難治多橫强魚肉小民有武弁恃閹宦勢奪寡婢產誣及帷簿因私人屬鰲鰲佯諾庭訓時數其罪寘諸法自是豪猾

斂跡久之坐文毅門戶罷解纜時一道士附舟從人不可鰲納之行數日盜來劫不知其無有也舟中皆惶懼失措道士徐起出兩鈸於袖圓五寸許繫以銅索迭爲收放爛若電光擊數人於水餘乃散鰲扣之道士曰吾公部民感公廉所以報也長揖竟去鰲子自玉見文學

傳兆字以行嘉靖甲午舉人爲梁山令賦性耿介不營一私修郡志討論搜采其功居多

王家賓字獻廷萬歷己酉舉人父瑚卒廬墓三年性

剛介自持己丑考選當入南臺同邑魏黨潘士聞在垣中因捕糧事厄之出知陜州均徭薄斂以卓異舉會新撫檄建魏璫生祠投筆不署曰家賓楚人也死無以見楊大洪於地下遂被劾子士謙見懿行士乾孫戩俱見文學

劉體元字嗣卿幼聰敏涉目成誦年十三爲諸生有聲萬歷丙子中鄉試歷定興良鄉涫安三縣令皆有善政以廉州府同知致仕

常道立字五嶷萬歷庚戌進士除青陽令調祁門皆

清慎明允丁內艱起知固始報最陞吏部稽勳司調文選時選政倒置加意釐剔忤權貴降南直別駕晉温處道革陋弊禦倭寇諸郡服其神明轉甯海副使甫莅任卒

吳可敎字肩五性嗜學博綜淹雅以詩古文知名萬歷壬子舉鄉試除瑞金令興學校剔奸蠹賑饑償逋決獄無死刑莅官二載丁母憂哀毀成疾卒

吳嘉謨字績可與兄嘉言俱受業於蕭大叅良譽華亭董宗伯督楚學試漢陽愛李若愚及嘉謨拔第一因共下帷讀書萬歷丙午同舉於鄉丁未嘉謨成進士授知新建縣書其堂曰耐煩而勤其民如家捕平茶嶺保寺橋嵌山諸盜修築長豐圩隄二十餘里戊申大水拯溺萬人力請蠲賑邑乃忘災新學宮育異才姜曰廣萬燝譚貞默諸人皆受知焉以卓異召爲戶部主事遂由郎中出爲揚州知府自誓廉正人莫敢干入覲便道歸里病劇卒兄嘉言由貢士任臺州別駕勤吏事陞紹興府同知鄉里同稱孝友名賢子守中由恩貢仕黃安教諭

吳嘉言字蒙若由明經任臺州通判歷署臨海黃巖諸縣篆清峻愛民勤於吏事以督糧山海關功陞紹興府同知

王著字本誠嘉靖壬午舉人知南豐縣刁弊難理著一本公勤絕竿牘謝苞苴剖決如流郎重刱無後言者三年政聲卓越巡按御史薦諸朝方待擢遽移病歸

孫世恪字貞伯萬歷己酉舉人究心理學旁及天文風角兵律諸書無不淹貫初任長沙教授國子監

學正時傳熹宗將幸太學有期矣世恪獨曰帝座
未移期安可信已而果然楊漣劾魏忠賢疏甫上
祭酒蔡毅中率世恪等並參奏忠賢矯旨切責毅
中引疾去世恪亦丁艱歸崇正初工部主事轉南
京戶部郎中値寇警鄭尚書三俊集公卿僚屬諮
畫兵事咸唯諾不敢發一言世恪奮袂直前談論
亹亹洞古今適機宜三俊大悅欲薦之未果尋落
職閑住卒之日飲水七晝夜鼻垂玉筯人以比朱
文公云

李國祚字岷岳性豁達不事生產讀書觀大意萬歷
閒以明經授潛江訓導陞新甯令蜀中地僻民澆
輕生健訟國祚蒞任清里甲釐馬政理冤滯一時
奸猾震悚民閒有鐵耳公之號後改襄府相不就
龍相字立公萬歷壬子舉人教授成都陞龍川令時
鄒凹鼻鄒豹子等負隅倡亂梟猛不可敵相合兵
設奇討平之邑有毒草名鉤吻愚民相鬬不勝輒
采食以圖賴相懸賞募衆徧歷山谷掘去其根殆
盡廿澹泊歸田四十年布袍蔬食不異諸生時以

上壽終弟柱
龍柱天啟閒恩貢任成都訓導分考鄉闈稱得士陞
陸川令興學育才戢盜勤民安撫徭獞尤有聲
劉定勳字謙甫崇正庚辰進士任常熟令邑爲漕司
治所每歲終兌支旗丁橫肆恣睢莫敢誰何定勳
按法繩之衛弁斂跡僉解白糧一袪從來積弊調
繁吳江卒
宋灝字又素崇正壬午舉人授徐聞令以廉明威恕
自勵沒於官

王維祜字培梧飭躬端謹鄉里稱爲長者中萬歷己
卯鄉試任鳳翔司李洗冤大辟皆賴平反直指屬
媒孽某別駕維祜不順竟挂庇僚之議士民冤之
爭相走訴直指諒其無他乃以卓異聞陞石屏州
牧自矢曰地瘠官自清苗頑德可化遷汾州郡丞
旋擢安順軍民府蒞任數月解組歸
戴自成字哲之萬歷乙卯舉人選涇陽縣諭崇正辛
未成進士授刑部主事歷員外郎中錄審江南人
推平恕除守徽州一切以安靜治之己卯建陽軍

變巡方陳起龍委鎮兵諱勞瘁卒於仕
王一麟字景仁嘉靖已酉舉於鄉任臺州同知清戎伍勾逃亡兼司海防釐革冒破之弊盤查列郡逋完侵那數萬金請豁軍徒百數人又錄方孝孺後以示風厲晉鎮遠知府均賦簡訟苗彝帖然卒於官弟一鵬鵬子袗見文學
陳琬字廷珍成化丙午與從兄璽舉於鄉初爲睢州學正遷杭州教授性剛行潔董士以正士風爲之丕變璽官西充知縣

王廷彥由歲貢授荆州訓導博學篤行以孝稱尤介於取與在荆州日署內窖金掘得之麾而不顧後任者竟以此致奇禍人皆服其廉明
蕭逵字文谷爲諸生有聲與甑山張緒遊雅知性命之學家故饒嘗兩捐千金賑邑饑由明經同知泰安州多惠政以爭利害於上官不合拂衣歸賦詩讀書至老不倦卒年八十有五子良有良譽見鄉賢
蕭丁泰字吉甫少從父讀書京師爲顧憲成所賞中萬歷辛丑進士授行人擢兵部主事典陝西壬子試陞郎中轉參政兵備江陰進山西右布政移陝西左使天啟中魏忠賢竊柄羅織清流丁泰廉正無援乃謝官歸莊烈帝御極起陝西右布政使改山西左使再入覲以交盤茶馬事調廣東右使尋遷貴州左使丁泰立身清苦六任藩伯歷四省豐財節用支給邊儲皆得要領晚入黔省值水西叛與總督朱燮元調兵合議勦撫以勞瘁卒於官子驤彥

蕭驤彥字千里天啟丁卯拔貢考授通判崇正丁丑省親於黔總制朱燮元見之偉其幹畧以將材題請改授遊擊從都督范廷弼討苗中阿秀等計擒之擢參將屢立戰功加副總兵鎮守六廣河苗旋綏附獻賊據四川南掠貴州彥分部精兵與戰三戰三勝賊絕莫敢犯貴境陞貴州總兵官都督僉事掛平彝將軍印鎮守廣東未行而卒子延昭鶴慶知府廣昭貢生企昭見文學廣昭子元亮見後
蕭引萃字正子以父廕入太學仕都察院經歷陞戶

部郎中出爲尋甸知府未任降鹽運通判引疾天資儁異名重一時在部十年清理錢糧舊額吏胥莫能容其奸乃以考功令中傷之侍郎侯恂李待問力爭於朝得鐫級調任卒

衛士元字子仁中隆慶丁卯鄉試知平度高唐二州陞汀州府同知服官清正訟息民懷所蒞州郡皆稱頌之

吳崇字南紀萬歷己卯舉人知全州薄賦省刑以修築北駝城功撫軍戴金舉卓異陞平樂同知卒於

官

王儀字鳳來舉萬歷甲午鄉試授清城令陞兵馬指揮轉戶部主事歷員外郎中出爲平樂知府累遷雲南右叅政所至皆有聲績告歸林下十年以上壽卒子文林見文學

吳元卿字天寅索河人嘉靖己酉貢生知鎮遠縣清正自矢歲滿當代以士民籲留詔增秩留任萬歷中年近八旬請歸卒年八十有三

吳元仕字天義索河人嘉靖辛亥貢生授武宣縣令乙丑夏告請歸里當道慰留嘗批其牘尾云篤實爲政平易近民地方正喜得官安可引疾遽辭隆慶時入武宣名宦祠其紀實政有曰復狼兵陞平之月糧則優卹軍屬懲市棍袁沛之告訐則禁止暴亂辨黃秀才盜情之枉則疑獄明正武千戶踈情之罰則曠官儆仁里甲則撫字勞催科拙卽應値役者無秋毫之擾厚學校則課士勤作人遠致入成均者有春風之頌云云

吳嵩字中山索河人嘉靖癸卯舉人甲辰恩詔進士

除蕪湖令清慎自矢官吏指爲神君士民呼爲慈母以上等奏最濟於宦情解組歸惟以書史自娛卒年八十有八

劉一晉覲光之子少有膂力英勇過人明末隨李兵部鄺賊奮勇爭先屢著戰功授守備不仕歸

國朝

吳宗豐字揆俞康熙丁丑進士選庶吉士改補大同知縣性慈祥不輕事鞭扑嘗拈子爲政焉用殺作制藝以自惕徒步問民疾苦民不知爲長吏靡汝

州牧垦吏議未任宗豐博雅好學文有典則初罷以事謁上官語不及他惟出文稿請正詩亦清麗可誦歸之日廚無宿糧猶咏吟不輟其坦率類如此年八十二卒子廷俊貢生廷揚知縣

張如榜字憲卿早年苦志下帷督學水公拔列第一食餼爲漢庠名士登丙戌賢書以外艱公車未赴戊子同弟三異聯轡北上兩躓禮闈乃就選得粵東晉陵縣蒞任一年不事鞭扑民呼慈父以海逆之變部議解組聞命之日擔簦出城童叟爭攀轅

請留多泣下者後事白得另補如榜高蹈不出晦跡里門三十餘年足不入城市昆季怡怡樂善不倦逾九十之辰郡守戴公贈額以爲人中麟鳳云

張伯琮字璧九號鶴湄三異長子克承家學年二十中康熙丙午鄉舉考授中翰久之外補盱江同知蒞任三載以內艱歸服闋補滇臨安兩任同知上官器之留會城讞獄允協辦公刻期稱才吏焉其尤著者雲貴制府以剿撫魯魁山賊事委任不以兵力身入賊巢推誠置腹眾遂歸化秩滿擢福州知府未任丁父憂起補撫州絶餽送革陋弊勸農桑周補助六邑士民向風任內兩舉卓異

特放陝西榆林道捐俸墾荒彝漢夥耕如一家苦寒邊塞嘘作陽春晉河南臬司廉積案得情一空犴狴

尋奉

旨坐遷藩司會有鹽民亢琁拒捕事各持一說剿撫無定議伯琮談笑閒遂能員擒巨魁豁脅從於是四境帖然西征軍興勞費不貲悉中州籌畫遣解民不知役再護撫印課吏勤民著有豫省奏議老至

決計歸田優游林下賦詩見志年八十有五卒子七人天訓貢士象州知州坦讓舉人江西吉安府知府坦議陝西甘州府知府天謨康熙癸巳舉人江西奉新縣知縣坦諤康熙癸巳舉人見文學坦諫陝西漢中府同知閻廕生

張叔珽字方客學行俱優屢薦棘闈不售由明經授嶽州郡丞攝篆東流蠲除蘆課邑人德之例擢知府告病歸籍生平見善必爲宗族里黨頗蒙其惠年七十壽終有郯嘯集詩文行於世

張天訓字伊庭孝友承家儉勤律己博聞强記以明經任象州知州善政多端上官嘉其績調横州廉能勤敏竟不永世鄉里惜之

張坦快字居易少秉奇姿屢躓棘闈以明經任光祿寺署正頗著賢聲卒於京邸惜未竟其用

張顥睿字道存生而頴儁持己端方居家和藹由明經初任黔陽教諭陞安陸府教授學優行篤頗書上考陞授安肅知縣政績和平洗滌煩苛邑人感德而尸祝焉晚年雅志恬退告老家居四鄉子弟

飲食教誨多所成就年九十三無疾而終

張佐瑞字左人天資渾樸好義力學幼治母喪必合古禮由明經初任羅田教諭施州衛教授丁外艱補武昌府教授克端師範上憲嘉其績在任歸父訃匐匍歸里隻身廬墓著思親十二時諸語極悲切年八十卒於官署

張佳瑞字贊階生而英異十四補弟子員初授荆州府學訓導命修隄工勤勞盡瘁上官薦其能陞萬縣知縣勸農興學風俗丕變值大水疾疫勞來安集民間有女七八無歸佳瑞恩養之命鄉長擇配以嫁民甚感頌

譚鳳正字韶來順治己丑進士授大理寺右評事執法平允同列交相推重初喪父兩弟童稚正撫之成立季弟鳳祥見文學

易道沛字子然順治己丑進士初任高陽知縣調獲鹿所至詢民疾苦興利除害會歲歉捐俸賑卹并請蠲浮糧以甦積困奏最陞中書科中書轉刑部主事榷關滸墅有惠政擢本部郎中典試貴州公明嚴正得人稱盛子枚保安知州敕行人司行人

俱能世其家

李猶龍字君御中順治甲午武鄉試舉人乙巳成進士初任開封守備分防杞縣光固諸邑時寇氛四擾飄忽無常巡撫檄猶龍剿之身先士卒轉戰數十州縣直抵巢穴一舉而平以功授固原都司保障嚴密鼠竊斂跡調鎮北直拱極城久之致仕歸能詩善擘窠書晚年以此自娱人以是多之子志韓壬子武舉

李必昇字臣簡由歲貢授黔陽訓導邑雜苗彝學宮頹廢必昇蒞任即捐俸倡修集諸生講習其中文致一新以子俊有貴贈朝議大夫天津鹽運使司運同

江藻字用儀由歲貢知龍巖縣接壤漳平前明以地廣難治割節惠萬安二鄉附之名曰寄莊久之漳民取籽粒而以正供盡委於龍巖民甚苦之藻請於上官題免莊米四百四十餘石代賠舊逋三百餘兩以最擢守陸州俗重利輕信女已字人復用

厚聘寒前盟藻法懲理諭民俗頓改陞刑部員外轉工部營繕司郎中監修

太和殿工程奉差督理坐糧廳事文詞寒重孝友清剛浮沈通潞幾三十年解組歸年七十二卒

江芑字豐貽康熙庚辰進士初授汀州同知歲大水百姓漂沒死亡載道芑捐俸賑濟存活甚衆陞禮部員外郎轉刑部郎中以

御試優等擢監察御史掌河南道事興利除弊凡奏議多報可雍正甲辰補癸卯正科爲雲南正考官以家貧

賜帑金六百兩爲道里費出闈即授本省糧儲道旋陞按察使詳免白土軍丁糧數千兩後以分賠解任數十年潔已愛民家無儲蓄沒後各僚資助旅櫬乃得還所著制藝疏稿詩文並藏於家

江莪字青芷與兄芑同事帖括中康熙戊子副榜謁選得信陽知州民不戒於火莪卒屬以拜反風火止妖爲祟於民家莪牒神妖滅又以夢洗冤獄三辦軍糈傾家以濟丁內艱起補象州民獞雜處錯

制土霸覃姓不使跳梁喬寨村獞拒捕單騎往諭罪首讋服再調永康建義學聘宿儒陸襄爲師數年領鄉薦一人蓋前此絕無有者任滿陞奉天治中未赴卒

汪以涫字滌水順治戊戌進士選授定安知縣平易和惠政聲流溢行取擢吏部主事持衡不爽未幾卒

王世顯字亦世別號僊潛明漢陽知縣薦陞翰林修撰王叔英之八世孫也初叔英靖難死節止一幼

子逃匿故友胡定菴家遂蒙姓胡正統初弛方黃
黨禁其四世孫乃復姓王居漢之九眞山其先固
浙黃巖人父家模漢庠名士隱居講學尋社諸子
師事之天崇時世顯與從兄懷人爲清正醇粹之
文高棄旃陳百史嘗謂維挽風氣者必瑯琊昆弟
也己卯同領鄉薦海內號二王癸未獻賊破武昌
世顯與友熊鍾陵同上書於方左二帥恢復之其
他論文盟志同學雖多賢而於鍾陵尤兩相契結
順治戊戌成進士會墨至今選家以爲楷模庚子

授浙江永嘉令甫三月肅清吏弊軫恤民隱釋三
大冤獄邑有虎日出攫人獵者莫能制世顯曰令
不德所致也爲文告於城隍之神曩日虎死厥後
因一奸商鬻私捕得欲置之法奸商布賄上房恐
惠鹽院以借鹽課四十兩未清細故題叅罷任之
日百姓奔走哀號故趙制臺題復疏內有恐失民
望永厲官箴等語亦廉吏可爲而不可爲也兼以
老母請終養辭不復仕世顯學貫經史文探理奧
同學後進經其指授歷有法度康熙己酉纂修漢
陽府志今所存者惟此本年五十四卒所著有德
潛文集及時文稿行世弟世篤貢士任辰谿諭亦
有名世顯無子以弟次子啟封爲嗣任杞縣縣丞

華生甫字仲山本蒲姓其先成都人父曰華令豐潤
與勛戚安遠侯柳祚昌忤左遷漢陽經歷晚得生
甫恐及禍故以己名氏之後調陝西華亭死賊難
生甫遂籍漢陽少有雋才入
國朝舉順治丁酉鄉試二上春官不第謁選授閿鄉知
縣多惠政捐俸建麟經閣以訓士子人皆德之歷

十二年內陞中書舍人謝病歸

項一經字克贊順治己亥進士令建德問藩耿精忠
叛邑中不逞之徒竊發以應一經卒家健會營將
夜半縋城討平之行取授吏部主事晉郎中出典
浙試朗藻冰操一洗奔競之習外轉南汝道所轄
界連五省羣盗嘯聚殺人於途一經廉得其巢穴
佯清保甲爲名密擒渠魁寘極典餘黨悉遁信陽
民素悍而以力受役者尤排黨肆虐婚喪家弗飽
其欲不得舉經以遠近差爲定値勒於石仍極懲

横索者民感悅之久之遷貴州按察使引年歸子
翽
項翽字西喈倜儻有大志以明經授光祿寺丞夙夜寅恭撥欵侵牟有奸胥耤採辦上供優郡邑翽白堂上官重懲之正卿多公號廉靜不輕赴同官召嘗曰項君清俸所餘吾不可不食也遷刑部員外轉郎中詳愼獄訟至有爰書已具猶力爭之必更定乃已父一經致政歸翽請終養一經卒哀毁成疾遂不起遺命割腴田五百畝分給

族之貧乏者子鍾巖嘉興通判鍾建見懿行鍾巖子餘仝
項鍾巖字睦州由歲貢授嘉興通判歷運米至通軍旗蒙德在任八年以潔己惠民爲務性好施予歷久不倦後以公事解組軍民赴省泣懇題留不果抵家僅二三老友觴咏者近三十年絶不入城市尤喜奬進後學親戚故舊交口稱慕焉
項餘字予望少機敏與弟仝有僅何之目由國子生揀選河務同知初署淮安海防調管徐州府邳睢靈壁保固隄防頗著勞績雍正八年運河溢他工多衝決惟餘所司無恙總河高斌嘉其能將擢以不次遽疾卒仝字備五弱冠貢太學書畫兼妙能詩年二十九先卒識者兩惜之
楊燁字振西順治己亥進士授龍門令勤課藝革濫徵新譙樓浚城濠山寇李三崗肆虐率兵深入紅溪捕之寇潛逸民賴以安祀廣東名宦
江源字岷自順治辛丑進士除清河令聽斷明允邑有邪教惑民愚頑依附爲奸稱兵拒捕源多方捍

禦會歲暮備稍弛賊衆千餘突薄城下源亟募敢死士登陴固守閒遣人詣府請援旋就撲滅後以事去官貧不能歸邑人醵金資送之子本湄癸丑舉人見文學
王度由副榜知靈圻縣居嘗歎子產治鄭武侯治蜀得爲政大體及蒞官心存仁恕濟以嚴明吏民無敢軼繩外久而胥愛頌之以疾卒於署囊橐數襲百姓無不往哭焉
張宏傑字特人中康熙癸卯鄉試黔難未靖巡撫請

發幹員遂由內閣中書外補大定同知管郡守事下車卽捐資贖還難婦大定秋糧一萬有奇草萊於兵燹無徵者十七力請於上官得蒙蠲除民皆感悅烏蒙苗婦倡亂開誠撫綏終宏傑任不敢出陞知貴陽府未任丁外艱起補金華振興人文整飭彫弊一郡稱治久之謝病歸子天柱任江華訓導課士有方天相歲貢生

龔于蕃字南式康熙丙午舉人任武岡學正著讀書覽要數十餘條以教士士多遵守之九年以能陞

安邑令郡守性苛數以規例窘其屬于蕃弗能應守啣之時子湆孚以少年獲鄉舉省父於署幕友知守與于蕃不相能欲其子謁謝以解之于蕃曰我清白吏甯畏逼以吾子作私人具耶卒强項不從遂里議歸年八十一卒湆孚字萬初當于蕃對簿時力疾走數千里爲鳴冤於秋官事獲解後任均州學正亦有稱卒於官

陳國祝字如南康熙丁未進士授青浦令再補永清皆有循聲卓異陞兵馬司正指揮未幾乞歸性端肅以禮法自持讀書至老不輟年八十八卒子嘉訓隨州訓導嘉悅候選教諭孫穀辛卯副榜知永川知縣

魏晉疆字甸曾少豁達好經世之學康熙己酉舉人任黔陽教諭吳逆亂委督軍需轉輸無誤壬戌貴州同考得王夢麟周起渭樊祚興皆黔中名宿學使王方以能薦旋病卒

李俊有字甸四康熙庚辰以明經選授湖南永明教諭卓異薦陞江蘇贛榆知縣政聲彪炳調署海州

以丁艱去官起復後補直隸元城以清勤著署河務通判倡捐廉俸協修河工陞授天津鹽運司運同兼署鹽道除弊興利毅然不撓嘗革除銀匠茶果銀請免商人被水淹沒積欠捐修渠黃口堤工經費監修長蘆鹽志凡恤商惠竈諸大端備載以垂久遠復於都門置買房屋以爲邑中會館歲修之資至今賴之時七十卒著有祝其存稿

許之豫字謙次康熙辛酉副榜由荔浦令擢戶部主事監督大通倉廉幹出諸分司右差滿將議敘會

有懿之者遂致仕歸之豫博覽嗜學刻意爲聲詩古體規摹韓蘇語必生硬時人或未之許眞山王戢獨鑑賞以爲神肖云

彭俊字西叔由舉人選黃陂教諭康熙壬戌成進士授陽朔令調宣化潔己推誠案無留牘三年政績昭著行取入都以承審藩產案不准擢仍補咸恩邑偏在海隅俊極力整飭興學育才四境始有絃誦聲未幾改任長甯清商船緝海寇發奸摘伏民夜戶可不閉以勁直失上官意拂衣歸俊少出繼

於羅嗣母服闋後復本姓子世正邑庠生早卒年七十三乃得子祖繩

孫章字倬菴康熙己卯舉人歷刑部郎中出守惠州抵任革陋規免博羅夫役當差民感其德立祠祀之俗尚詛咒畜毒草以戕人悉嚴禁之建義學革考費均對讀擒巨盜其中平糶賑粥二法尤爲盡善總督趙宏燦以才守兼優薦陞左江道未至卒

余尚鈺字天質康熙庚辰進士初任桐柏丁外艱起補濟源政尚簡樸崇教恤民建啟運書院集諸生親課之寒者歲助膏火雖典貸不惜由是文教大興甲午充同考官公明尤爲一時所稱以老乞休歸

鄧元正由貢生知射洪縣禁濫派革供應課農儆惰懲治豪强設塘鋪稽察私鹽以通商引卒於任民感其德祀名宦

徐則裕字益齋由明經司訓崇陽時教諭奉裁訓兼諭職甫涖任闢講堂置東西舍宇月之三六九日集生童校藝授餐致腆誨飭愷切貧者資之膏火

居官三載費逾千金悉取給家財而贄幣脡脯諸陋規洗手不名一錢多士感激尸祝於學宮文昌閣未幾報最以詳復黜生何斌忤邑令謝病歸尋卒年四十有七

彭商賢字述菴康熙壬午舉人令莆田下車焚香告天以廉潔自矢木蘭陂爲一府水利所關傾圮不治商賢捐俸倡修之調詔安値旱午夜起禱跪赤日中竟日不食甘霖立沛詔人呼爲彭公雨丁外艱歸服闋補永豐痛抑豪猾捐恤窮黎以勞瘁卒

貧不能歸櫬士民爭賻助之

徐克祺字名儒歲貢生知晉甯遷刑部員外郎旋陟正有惡少夜殺人委怨家門同官擬罪其家祺疑焉密蹤跡得之誣乃白某千總杖奴致斃其父冀全子官挺身承招獄已具克祺力持不可卒獲改正外轉江南驛鹽僉事進濟東參議巡撫奏克祺攝龍江西新關篆有裕課通商之能請以陞銜酉任卒於官

吳允謨字嘉言由歲貢初任滕縣令滕民悍健訟尤

黠者多行刦於道允謨下車廉得數人置於法及撫綏馴良開誠如家人恩威並施民風遂變報最擢守大名捐俸建書院給膏火課士子歲祲以養廉賑饑者不給嘗便宜動帑黃河潰搆蓆棚棲瀕没家且日給以食前後全活甚眾康熙壬寅盜夜殺人勢洶洶將爲變允謨馳馬出署按轡與語令壯士伏於後出不意研之遂就縛久之卒於官

張沐字聖居幼繼世父後以貢官黃梅教諭陞襄陽授本生父母没請終養格於例每言及輒涕下爲人寬厚有容雖御臧獲亦不作暴氣厲色同官使酒嘗慢罵之置不校後病卒不能歸沐盡力周卹使返其櫬兩任廣文垂二十年興學課士克舉其職

吳炯字闇存由歲貢任衡陽訓導有文名善課士巡撫檄主石鼓書院捐學租爲寒士膏火引迪有方從遊稱盛循例授工部郎中監督寶源局覈算精詳人不敢欺以能出爲廣東糧驛道

恩賚盛渥炯下車七閱月修建倉廒整齊驛務茶果陋

規悉行革除兵民頌之以內艱歸起補金華知府旋丁父憂服闋補刑部廣西司郎中協辦安徽司事稿案經炯手輕重咸宜堂上官俱推服之炯才識甚敏以性勁直致不竟其用年六十一卒於任子四人

蕭元亮字節宜少有才幹胸無城府以歲貢初授安陸府訓導父艱服闋補訓武昌値歲大祲撫軍陳公詵減價糶米委元亮董其事出納公明賴以存活者無算太守章培基修葺學宮元亮竭誠綜理

一木一石不以私擾公總制楊公宗仁創立社倉檄元亮勸諭積穀備荒一時樂輸至數千石以保薦入都卒於潞河舟次

張彥昌字少文雍正癸卯進士試詩賦上等明年授懷來令邑界邊土不向學彥昌下車修葺學宮拔敦行通經士充講席已復時加啟牖士習一變禁釀令下點滴不得造酒家挾重貲私詣署彥昌正色拒之曰釀於未奉文之先者自貸汝何私請爲感之三年以罣悞去官事白補唐山未幾解組尋

卒於唐

蕭永域字界封由歲貢授國子監學正康熙戊辰充禮闈受卷官遺失試牘降京衛武學教授諸生多動戚子弟驕惰成習永域一一裁以義衆皆懾服任滿遷知詔安邑界閩粵民望海爲田船屬於詔稅輸於潮蠹甲因緣爲奸永域剔清宿弊民困頓甦勒石紀其績罷歸後杜門御埽至親罕覩其面年八十一卒子五人

王全璧字兩如少厲志於學由癸卯舉人公車不第檢發湖南以知縣改授瀏陽教諭勸課讀恤孤寒不計修脯庠生皆稱頌之會學宮朽壞璧捐俸以倡不數月而更新又署邑篆一切催科獄訟皆籍記以待新任絕不染指未幾卒於任

夏治源字東注家貧力學舌耕養母癸巳中
恩科鄉試癸卯成進士起家楚雄令尋陞師宗知州丁
內艱制府嘉其才守
特疏入告俾得解任治喪畢仍赴滇候補逾年授建水牧治源下車後寬平和易不名一錢三入省闈所

拔士多爲時名宦且實心任事絕不營私士民繪十政圖以紀其績一夕暴卒貧不能歸旅櫬在滇五年後例得按品給費紳士軍民佽助乃歸葬焉

楊繡字東麓性伉爽不事小節幼慕班定遠傅介子爲人年十八遊京師見知於徐將軍治都自備鞍馬隨戎伍克復川巫等處後徐公提督全楚隨征夏逆以功授都督管遊擊事初任汀洲右營調廣東添將歷潮陽羅寶副將繡果於任事不辭勞瘁愛惜士卒所至威惠並著後以積勞致疾卒

黃元溥字圯齋號子石十一歲入武庠馬步皆弓開十二力年十九中己丑武進士選侍衛康熙五十二年兩廣總督以海疆請員奉
旨補碣石鎮守備復調補福建將軍標守備六十年臺灣朱一貴叛元溥請往總督滿派隨征抵廈門修戰艦挑勇健散行糧又檄帶兵赴澎湖即配載隨金門鎮黃星赴澎湖晝夜巡防扼守事平提督施以勤於軍務議敘
題補詔安遊擊雍正八年擢守鎮江參將十二年以疾卒於官年四十四溥質樸純靜有儒將風惜未竟其用

易廷望字都人性英敏過目成誦年十二補博士弟子員順治辛卯舉於鄉授桂陽州學正時滇氛不靖四郊多壘廷望不以師儒自委率紳士登陴助守所籌畫皆有古名將風一日驚傳賊至城門晝閉四鄉難民攜婦孺呼號求入刺史恐有賊閒擬以矢石加之廷望急馳白總戎以死請令箭開門納之賊至村落皆被蹂躪而難民之入城者皆感泣曰非啟門納我我儕已橫死草野中矣刺史以他事赴省大吏即以廷望攝州篆勞來安集善政甚多保薦入
覲民於其去勒碑以紀其績旋以疾卒於家著有慧原文集裔孫元善官翰林侍讀學士寶善丁卯舉人慶善明經官善知縣

胡廷齡字幼籛祖世典父謙俱有世德齡生而純謹事父兄孝友㑹鬻產以償兄逋膳孀嫂孤姪授徒於外自處貧約乾隆甲子年五十舉於鄉戊辰成進士皆出沈文慤之門辛未授編修未一年乞休

歸里平生砥礪名節以介自守與人交樂易坦白不以先達自詡積學著書文集已刊詩存稿子志潔

徐永佑字天自幼負經濟康熙己酉舉於鄉壬辰成進士爲武英分校纂修子史精華授丹陽令浚徒揚運河決疑獄政成民化癸卯分校鄉闈得士如任啟運潘思榘皆江南名宿世稱知人調吳江攝長洲催科不擾而民賦已完爲四邑最引

見拜貂皮藥錠之賜擢蘇州守貴州苗變交雲貴總督尹文端公委用授平越府陞古州道從經畧大臣張廣泗理丹江古州安屯設練善後事宜乾隆六年以勞瘁得疾疾革猶喃喃向接任平越知府郡世泰述秋水經畧措施之意無一語及其私卒年六十子守基由拔貢授萬全令饒有父風

胡志潔字雪芳幼奉庭訓敦厚肫摯研窮經術乾隆庚午舉於鄉辛未成進士選鹽山令見北土蕭條收成涼薄且不善種藝他種因以楚省種番薯之

法刊示養民捐俸修書院教士後補米脂將樂教養俱如鹽山志潔幼抱利濟之志兩以丁憂俱不久於其任將樂亦未及三年卒於官皆不克展其才士論惜之著有玗亭詩集文集子二堘戊午鄉魁

熊天楷字芥圃爲人明決果幹遇事侃侃不怵於利害乾隆壬戌進士選直隸清豐知縣時江南訛言有叫生魂割髮辮者官吏以聞山東獲行路可疑者三人嚴刑訊之誣服爲妖妄圖財利謀不軌且言黨羽布在九華句容武當各山寺中一時京省楚豫逮者凡數十百人開州牧繫遊方僧道十餘人店主歇家指爲直隸行邪術之首五刑具而獄成李恭毅公湖爲太守疑所供黨羽姓名何以言人人殊檄天楷讞之天楷詢知畏刑誣服狀遂直白其枉制府具以聞奉

旨逮送軍機覆訊迄無左驗遂從天楷議釋之前所逮江南山東各犯亦依是案皆獲平反河決六堡州縣採辦竹楗料一時秫稭驟貴天楷以官項之羨

貸民俟申請賑恤符下而民無流亡者以大計歸補例價不敷不數日集事復遇偏災率先以社穀

路釗字景康號遠亭性孝友弱冠以五經補茂才乾隆庚辰舉於鄉大挑發河南任尉氏南陽知縣視民如子聽斷如神甲午充同考官所取皆知名士丁母憂歸百姓攜老幼送百里外攀轅泣涕不忍別其德政入人之深如此服闋發福建署侯官縣篆諸大吏倚爲腹心凡有疑獄無不委審平允林爽文滋事李襄毅侍堯帶赴厦門鞫海洋盜案脅

從疑似之人悉予昭雪存活無算補將樂以前候官時軍需貽項罷官邑人於四門設桶集錢代繳庫項數日皆投滿再三辭阻不受一錢邑人始各怏怏持去生平持已治民一以仁恕枉梏之刑從未一用所至政簡刑清民情悅服乙丑夏無疾而逝年七十七

路錞字鳴于兄釗在豫歷南陽尉氏令錞幼在兄署佐理燗吏事捐鹽大使發浙江補青村許村場擢諸暨縣調平湖薦擢杭州西海防同知性明敏和

正所至有治績未妄刑一人宰諸暨仲十餘年未伸之寃人情快之平湖水鄉多盜錞弭之海塘鉅工修防誠實課書院捐廉以資膏火制府阮賞錞廉靜篤實方擢之嘉慶十四年正月遽卒於西防任子文澤戊辰進士以知縣分發福建補浦城縣調常山縣

張坦麟字晝臣仲璜子康熙辛卯舉人起家戶部主事性勤敏綜核名實爲大司農張清恪伯行所知任保監督三遷至兩淮鹽運使勾稽隱漏運使陋規四萬九千兩奏明歸公

世宗憲皇帝察其廉謹擢江蘇布政司時江南虧空纍於他省耗羨輕於他省有着之虧不難於催而難於繳無着之虧不難於查而難於補操切太甚則挪掩之弊滋提捐數多則巧加之事起坦麟奏一省公務當合一省財賦計之一歲營辦當合一歲經費計之耗羨一清不惟應辦之公務有藉卽無着之虧空亦不必別爲議抵定耗加一以二成爲養廉每年提銀三十萬兩除貼辦公務養廉用銀十

九萬兩餘銀十萬兩零爲彌補虧空之用與督撫會議定制江蘇至今遵行旋署江蘇巡撫積弊釐剔擢內閣學士禮部侍郎改署江西巡撫甯都抗糧民變一示靖之復均江西各官養廉雍正八年丁母劉淑人憂奉

旨派在高堰工程處守制復赴浙江海塘督修塘務工竣奏請安葬遂歸

張坦熊字祥男號郎湖康熙辛卯舉人令浙桐廬摘伏懲姦屢刊定獄攝富陽令有吏金某姦佔乳婦

其夫具控坦熊治之且追部劄時杭州太守魏定國已批准矣忽又檄緩追坦熊曰魏公正人斷無二三其説仍追部劄且寢其後令仍作稟繳之或曰詳文辭直魏公不得不准另檄乃魏公意也疑之因往謁刺甫投而中門大開坦熊愈以爲魏守怒而揶揄之也及見魏公曰所不敢以常禮待君者敬君之能斷也其原控人已詣中丞批詳互異適君繳部劄至中丞疑乃釋君他日功名必在老夫上謂任仁和有田去丁匿之案有田者與有丁者互爭不已坦熊曰非攤丁於糧其爭不止乃委曲諭之丁遂攤入民帖然錢塘令膽怯未敢卽攤姦民之多事者揭竿罷市聲言毀署是日坦熊方聽訟錢塘令忽來神色沮喪曰以攤丁故衆士民已鬨入北新關太守往白中丞去矣坦熊治訟事如故內計中丞素强毅必發兵若有所傷大關政體遂揀役之老成者數名肩輿詣北新關行四五里見揭竿揚旗老少千餘人鳴鑼罷市稍緩石糞交加前行者欲止坦熊令仍呵殿姦民直前問何

人役曰仁和縣張鬧者齊聲曰好官來讓路坦熊見衆人相待以禮卽下坐胡牀問爾等何爲衆以未攤丁銀對坦熊曰仁邑已行錢塘宵有不攤之理爾等若此横肆不但不能攤首領且恐不保矣速匿鑼旗吾送爾出關遂押出北新關而回時中丞李聞事急坐堂皇召副將將兵千人令會坦熊往擒待之久不至命弁兵四五輩往催或曰張令逃矣公令副將并拏張令有老役前曰毋須頃見張令已押刁民出北新關矣公連聲曰此方是張郎湖坦熊至白其事李公稱善者再遂由縣令擢雲南按察使所至皆有善政其受知於
憲廟者李公爲之保薦也子莆乾隆丁卯舉人孫承鼎
庠生彭縣知縣

吳山鳳字于岡邑人太學生由縣丞遞捐知縣分發直隸補獲鹿令邑有九省衝途時金川用兵羽書旁午山鳳經理裕如擢涿州牧改河間府丞皆以幹才大府保薦乾隆三十五年
南巡恭辦供頓途次

召見放江西贛州府知府四十年補江西鹽道屢攝藩篆四十二年以失察屬員罷歸子應穀長蘆鹽知事

鄒召南字康仲號炎山祖履瑩順治乙丑進士榜明通河南光州子贄邑人易道沛家遂占籍漢陽召南生而穎敏端重雍正乙卯舉於鄉乾隆丁巳成進士丙寅選江南崑山令宅心仁恕所至興利除害不沾沾於簿書期會而職事無不舉者初至崑邑祲象將成倉穀多缺檄飭買補召南卽遣人赴

楚買足賑糶以濟中丞雅襄敏公褒爲縣令第一邑分地爲新陽誌久缺召南開局纂修書成沈文愨公謂其言簡事覈可爲分縣志法丁卯充同考官所拔多知名士已巳丁母憂服闋補建甯江以事罷官大府咯仍奏請發閩補長汀令調閩安令摘伏懲姦讞疑獄擒巨盜弭械鬬之源剔稽延之弊邑大治擢廈門同知蒞事明決而獄務從輕凡有可出者必出之無可出則竟日爲之不怡嘗舉歐陽文忠公訓誨以戒子弟曰吾求生而不得則死者與吾俱無憾汝曹獲遇當志之諸子恪守皆不失爲循吏乾隆癸未卒於廈門署年五十四子九長貽謨直隸知州貽謀九江通判試直隸正定知縣貽譽邳州直河巡檢玉楨羅田訓導貽詩另有傳貽惠貽譜監生

鄒貽詩字愚齋召南第八子幼工文擅書乾隆甲午京兆試卷寶東皐房薦未售以書法取四庫館謄錄議敘布政司經歷分發福建徐兩松中丞知其廉潔屢署邑篆常勤襄進征林爽文帶赴臺灣貽

詩建議乘新集之兵解嘉義之圍無人郡城老我師而張賊勢不聽丁未徐兩松渡臺灣貽詩仍居幕中報銷臺局勾稽無隱甲寅臺匪陳周全叛又隨伍春嵐制軍渡臺有潰卒七百人伍公欲駢戮之貽詩持不可斬倡謀數人餘悉宥之乙卯閩省虧空獄起時將軍魁倫與制府伍有夙怨繼督篆凡伍公所信任者皆欲捃摭細故以入其罪貽詩爲所中者數矣賴皆以才免桐城姚湘漪中丞陰左右之也嘉慶丁巳終養歸庚申復補麻沙縣丞

適有黠徒李凌魁者謀不軌貽詩發其姦伏法死
復捕獲盜僧行聚蓋制軍親捕未獲而拒傷員弁
者也上廉知其才方欲保題值海盜蔡牽登陸圍
臺郡復檄隨賽將軍東渡貽詩於海東吏險守備
疏密瞭如指掌將軍倚之如左右手奏陞知州仍
留臺鎮撫而阿制軍復以省會須才檄其內渡戊
辰回省題陞邵武同知旋擢福州府知府年餘卒
貽詩四次渡臺皆以明決曉暢聞惜所建議未能
盡用兩次清查虧空皆操縱有術不爲吏胥所蔽

而絜項有著平生摘伏懲姦於仇扳妄拏及奉行
過當者一一釐剔尤人所難子六人
朱容極字恆齋號建中乾隆戊午舉人乙丑中明通
榜授國子監學正改發山東以知縣用歷惠民利
津鉅野三縣令俱以興學校端士習爲務創邑志
立書院添膏火遇水旱偏災捐廉賑濟全活者以
萬計大計卓薦陞曹單同知丁憂歸旋卒弟容楷
貢生容揆監生鼎貴州平遠知州子六宏炳增生
性至孝雅庸生幼失怙恃督教諸弟皆能成立宏
煩映奎庠生映燕從九品豪俠好義重然諾於諸
兄嫂殮葬俱獨力任之盡哀盡禮旭升庠生映燕
子才琠庠生九歲有至性
胡文超字越萬癸酉舉人辛巳進士家素貧年四十
猶授徒於外制藝不苟落筆謁選授河南唐邑令
邑境廣遠外來游民錯居難治文超一以安恬處
之民亦帖服去猶思之子定球定琦彬孟皆庠生
黃之常字予先號克敦順治乙未進士原任福建鎮
海衛守備陞陝西鎮羌營遊擊加副將銜從征貴

州奮勇殺賊馬蹶折傷左股循例致仕子遊擊世
襲子經邦康熙甲子經魁孫光康熙己卯武舉任
甯夏衛守備署守禦所千戶歿於西路軍營
傅作相幼習儒補博士弟子繼而棄去學武雍正癸
卯中武舉庚戌成進士分發四川任龍場營守備
乾隆四年擢泰甯營都司六年擢建昌鎮中營遊
擊十二年派征大金川攻卡撒碉樓破之敘軍功
二等擢叅將補建昌旗木托營叅將涼山一帶蠻
賊素多事作相以威自重蠻人賓服調會川營叅

將輕裘緩帶雅歌投壺有太平邊將之風焉

張曇字東園號鶴川雲南廉訪坦熊子雍正壬子舉人性樂易躭書史工字畫少隨父官浙東與厲徵君鶚袁太史枚遊詩歌古文能道其胸臆絕不矜引僻典刺取新字宦閩中泉防同知泉爲海疆重地操切過甚則民心易動故疎節濶目不斤斤於簿書期會委採滇銅罶滇數載得銅運回復以其不由官程遂自投劾歸里曇少有文名詩歌古文字畫皆推重一時解組後四方延請衡文晚乃掌

光州書院生徒頗衆如胡雲坡吳香亭皆曾以文質之遂卒於光州有鳳棲山人詩稿

程秉禮乾隆丙子舉人

欽賜國子監學正生平寡言笑閉戶讀書日與子弟講求經史絕不干戶外事子大光由進士令陝西郃陽縣門閥鼎盛而秉禮恂恂退遜依然一老書生也凡里中慶弔必躬親之除夕有不能度歲者必暗贈不使人知暇日與二三老友談言行可爲法者終日不倦

蕭鍾偉號月舫乾隆庚辰武進士選充三等侍衛期滿放江南江陰營遊擊擢淮安城守營叅將陞徐州營副將躭文史喜賓客宦轍所至皆吳楚名勝文人會聚時際百年

化洽六字昇平大吏尹文端公李鶴峯侍郎總持風雅

翠華三次南巡鍾偉皆擁帚道周故所酬倡如錢竹汀王西莊顧景嶽王楚帆孫春臺皆一時名宿就中與夏醴谷吏相契合其澄江淮陰兩集皆所手定

韎韐從戎而能緩帶賦詩是

休明之盛事也弟鍾英一名鍾俊甲子武舉廣西都司亦能詩

嚴兆梅字燮芳號曙峯乾隆辛酉副榜考職州判揀發貴州實授羅斛州判屢攝州縣篆在黔凡十八年所蒞皆苗疆鋤惡安良積年漢猾如楊豹子黃仔肩譚石工左文秀或消弭於未萌或除惡於旣稔故所至民服而所去民思操行尤潔白苗礀有理直而爲人所累者餽之金力辭不受仍直其事

語人曰吾雖不受若金而其事本直若以不受金故而曲之是矯枉過直也至今民苗猶思之以老乞休優游林下十餘年子峻起監生

孫漢字倬雲號楚池意見通敏文章淵博乾隆甲子舉人乙丑進士選庶吉士改部掣得吏部補文選司去事於吏部案牘山積雲委者皆能瞭如指掌雖猾吏不能爲奸洊陞郎中冢宰倚之如左右手每歲

秋獮塞上必扈從隨行保舉御史有春生閣詩草行世

劉邦殿字鎮廷號雲圃性謙謹工制舉文字安和圓潤一時揣摩家舉以爲法爲人好義邑中有陳貞女邦殿約諸同人爲請旌且捐資刻其詩稿中乾隆庚寅舉人大挑揀發雲南補河西縣訪書院遺址捐廉修建仍歲捐膏火三百金以養士署恩樂縣縣新改流向日魯魁山土弁後有刁坦者仍收保頭錢山巔樹木版爲寨役倮倮數百人衛以刀仗莫敢誰何邦殿選練役乘夜掔捕解辦邊民以安於江川縣疏洱海口於陸涼州斷紛爭之地皆

實德在民告養回籍居家二十年而卒子自任自銓

丁國昌字禹言康熙丁酉科武舉官至四川副將射法冠一時百步外植香數炷射左中左射右中右力尤絕人能屈二指擘石臼起行數十步不隕北上途遇大盜負其力凌暴鄉里攫取人財物莫能誰何大澤中有牛百餘頭悉掠之旁村驅入澤鈐以火印則牛主瞠視莫敢問昌乃購一牛縱諸外誘之盜果攘去昌起率僕逐之盜騰躍走昌亦騰

躍而擒之擊盜立死盡驅所掠牛呼各牛主使持還眾羅拜去又嘗宿逆旅舍中重門扃固且下鑰所啖人肉也有少婦被掠縶其中昌乃以布二疋自裹所乘馬擲出垣外呼僕輿踰垣出星夜馳省請兵擒剿盡獲盜魁拔出被掠之婦昌行事近古俠烈其才武膽決北齊高敖曹彭樂之儔也遭時承平優遊麾下無所呈奇使當開邊出塞之秋飛而食肉其功名豈可量哉子時可武生孫人貴庠生乾隆乙卯科舉人

朱升鑰邑之藤絲岡人寄籍江夏乾隆庚午舉人庚辰大挑一等以知縣用籤分山東歷任鉅野安邱昌邑等縣陞雲南晉甯知州改授山西吉州知州所至循聲卓著去官歸里琴書外無一物族里咸嗟歎之

馮賡唐乾隆庚辰武舉人與孝感胡侍御紹鼎善胡以名進士擅少林技賡唐以武科能文時人兩奇之官兵部差官時某公子以父累繫獄賡唐謀脫其難解囊不足繼以稱貸坐是空乏未及差滿踉

蹡而歸殆亦宦海中所僅見者

鄔正淞字滄白鳳棲里人由優附生中乾隆癸卯科舉人揀選知縣就國子監監丞職補官後迴避改補太常博士俸滿外用補廣東潮州府海防同知調署粵閩南澳軍民海防同知皆值歲歉解囊助賑民以不飢書院學校城池營務無不修整海上文教昌而寇攘亦息軍民人士懷其惠爲設主於名宦祠生而祀之道光四年大府保奏以瓊州府知府陞用會澳門夷人方謀窺伺大府謂正淞練海疆夷務先以澳門同知奏調下車榜示曰中外一體事無大小秉公斷結胥役無得勒索所有夷費一切免去夷聞而畏且愛呼爲鄔青天奉約束唯謹凡三年染瘴疾將旋省就醫夷人如失父母留逾旬病益篤乃旋省夷與士民拜舟前灑泣乃會同士民詣署攀留呼入好諭之不散仍投牘請去次年猶浮海齎緻羽定其寓其得人心如此是年回籍其冬夷釁作矣庚寅冬起病再入粵復病逾年卒於粵東正淞事親以孝閨敦睦宗族仁洽

姻鄰服官中外四十餘年家中田租悉以分贍宗親子四廷琇候選吏目廷瑩太學生廷瑜早逝廷珵太學生孫四澍浙江嘉興府照磨道光十六年首捐辦賑者六次活數萬口又倡辦團練擊賊有功軍民請留任不果爲立碑紀其政其後大府保奏

賞加六品頂戴以縣丞補用履豐履晉候選從九履鼎

曾孫瑞海浙江候補縣丞

耶樹棠字景召南屏其號也先世籍閩之上杭後乃

遷漢陽父炎官廣東高要縣丞貧不能挈家留樹
棠母子僦居漢上九歲失母家益落天資雋穎讀
書數行並下文亦英岸成童偕兄省父相從解組
歸里父又卒貧益甚刻苦於學補諸生舉於鄉明
年嘉慶壬戌成進士以主事用分刑部勤於讞鞫
必得其情爲一部最十六年以知府揀發兩江權
徐州府河決爲災悉心振之築隄凡費帑數百萬
金無纖介虛縻者歷鎮江揚州江甯各郡十九年
江南大旱請帑勸分活人無算以其羨二萬金爲

息留備荒政士民勒石記之權江南鹽法道擢江
安蘇松督糧道時議減幫費丁情洶洶馭之迄無
事遷江西山西按察使山西江西布政使護江西
巡撫兼提督軍門高安民請開金礦疏言山附省
近開採人多恐啟奸增課有限貽害無窮請永遠
封禁
上是其議道光元年授山西巡撫太原城西汾水經焉
涉多河淤盛漲輒敗隄堰及民田廬乃別築隄濬
引河水復故道遂無患河東鹽池在條山北地窪
下三年秋霪雨水暴至親往履視奏言姚暹渠淺
狹上游夏縣李綽堰受水急宜別開河避其衝更
築新堰濬下游五姓湖洩之姚暹渠北有涑水亦
宜疏使入河得
旨允行六年冬入權刑部右侍郎八年正月拜真除九
年春調戶部侍郎總督倉場自起家至莅政皆風
裁峻整始入官即研究吏治絕朋酒燕衎之樂敭
歷中外三十年無私蓄無餘財爲省郎時有持千
金求解獄者拒不納與兄樹德終始相依視兄子

如已子讓產與之卒年六十有一
誥授榮祿大夫振威將軍妻汪氏當未遇時以紡績佐
讀及相隨節署不改儉素治家尤有法
誥封一品夫人子端別有傳
袁應惇字小江嘉慶辛酉拔貢壬戌　朝考以小京
官用籤分禮部儀制司甲子中順天鄉試舉人辛
未成進士補兵部武庫司主事轉武選司員外郎
遷車駕司郎中充丁丑科會試同考官武會試提
調則例館纂修京察記名

簡放湖南常德府知府甫抵湘東未及赴任卒應惇才
號爲精敏官郎署久於曹事最稱綜覈又留心經
世之務思以幹濟自表見始領專城遽先凋謝胸
中利器百不一施也子三善釆廩貢生道光乙未
順天鄉試挑取謄錄已亥湖北本省鄉試舉人候
選知縣

葉志詵字仲寅號東卿晚自號遂翁生有殊姿夙稱
慧業侍其父給諫公京師朝夕承庭訓於書無所
不窺閎覽博聞人罕測其涯涘屢躓棘闈咸爲扼

擘師翁覃溪學士劉石菴相國肆力金石文字凡
三代彝器及古篆籀源流參以圖籍貫穿六書搜
剔辨證剖釋無滯雖鄭夾漈趙明誠未能過也又
於秦漢印菽推其官制同異爲讀史者之一助最
後得周宣王時鼎庋諸金山以公同好徵詞人才
流賦詩紀事其嗜古如此嘉慶九年翰林進冊
特賞大緞荷包十六年恭值
仁宗巡幸五臺以軍機子弟不與　召試進獻畫冊頌冊
特拜文綺之　賜奉
旨入文穎館行走二十四年恭逢
六旬萬壽編千字文詩祝釐並邀
宸賞歷官國子監典簿兼署監丞博士典籍充國子監則
例館提調成則例若干卷尋充　國史館分校治
河分校仕至兵部武選司郎中清識秉正吏不能
上下手
宣宗時以經學著聞
諭授定郡王讀復充兵部則例館提調居京時有宦家女
鬻於他氏者以重金贖之視爲己之女孫待年爲

之擇配漢鎮翩遺藥店司會計者乾沒至巨萬志
詵爲彌縫而善遣之戊申乙酉楚大水漢陽西北
鄉隄卑且薄閘堰皆廢城東南瀕江田廬恒苦漲
繕隄則無力志詵會紳耆籌議首行捐資事乃畢
舉既成闔邑始獲奠安黃州郡郭西南青雲塔形
家謂全楚人文所繫歲久頹圮志詵白諸大府籌
費重修科目於是大振漢陽城西石榴花塔重脩
亦捐資助成以表清芬又約都人士首捐資採訪
節孝凡僻壤無不徧得千餘人爲之請題

旌表建坊他濟貧孤救飢困博施殆不勝計六十致仕就養粤東節署年且七秩圖史自娱摹石鼓文置漢陽學署粤東變作倉皇歸里生平文字古器蕩無一存矣同治二年卒於里第年八十有五所著則例若干卷　御覽集神農本草經贊金山鼎攷蘊奇錄已刊行壽年集上第錄稽古錄咏古錄識字錄平安館全集多未卒業以子貴

晉封光祿大夫建威將軍體仁閣大學士兩廣總督子二名琛名灃皆有傳

蕭德宣字春田少不羈年十二忽有悟援筆攜制藝一首徵引及左氏其父見之喜授古今文使誦之二十補諸生次年食餼爲學使鮑覺生侍郎所賞嘉慶癸酉舉於鄉甲戌成進士以知縣候選道光三年謁選得陝西之清澗至則疏种井新書院月集生徒課之勸民種樹數萬本屢斷疑獄皆奇中鄉閭分校榜首出其門權鳳縣察其地教匪初靖盜賊方起用嚴以整齊之他皆如清澗又屢斷疑獄相傳爲神明盜相戒不入境閭里至夜不閉戶觀察樂園嚴公中丞亮甫姚公當世名臣皆稱爲關中良吏第一丁外艱當途留主同州講席士閧之稿至居大父喪奉母歸喪畢又居母憂哀禮兼盡見者感動家居預修邑志極爲精覈郡大水姚小山觀察邀共振災募金二十餘萬設粥廠蓆棚所全活數萬人方伯少穆林公廉訪樸園粟公屢造門諮訪中丞楊公介堦采其勞勩薦諸

朝遂入都會已奉

命揀發直隸謁制府節相琦侯卽迎謂之曰聞若善決

獄且赴首邑訊四又屢斷疑獄補臨榆至則曰兩京鎖鑰古用武地今宜以文鎮撫之葺東濵書院額曰學海堂聚生徒試之夏旱步上角山禱焉方俯伏黑雲起頭上大雨如注後旱禱亦然民大悅移威縣焚淫祠邪像錢糧銀價日昂吝路加賦德宣獨不忍暇則課士廨中又移東明當糧艘孔道俗又健訟勢家尤驁甚持吏短長德宣馭之以威猛市一櫬自隨曰吾死且不畏豈變一官妄許者卽予杖絕不與勢家通始相與謗久變爲頌刑文

學士談藝卒之謁劉莘老祠弔馬東籬墓士民知觀感興起矣遷大名同知權海防同知未滿歲引疾歸遭亂轉徙遇疾卒德宣事親孝官秦中迎兩親至署備極家庭之樂為吏稱神君善因俗以為治嘗稱曰喪元氣者能吏也培元氣者循吏也聞者以為名言性灑落豪放銜觴高咏寵辱皆忘見者以為傲晚官直隸多用此齟齬有人倫鑒所識拔無不騰上速飛者詩文藁亂後什九散佚矣子書癸亥進士今官浙江同知

龔桓字雲階始為諸生有聲試輒冠其儕輩名益噪家居授徒勤於訓誘未嘗計脩脯力學潛修砥礪名行不妄與人交中嘉慶戊辰鄉試舉人甲戌成進士性懷澹泊折腰風塵非所樂也改就德安府學教授每與諸生講貫恆先器識後文藝於義利之辨尤析皆剔之以敦踐履去浮僞士久而翕然信之曰先生之言修身入德之門也庠序之風遂蒸蒸日上屢以卓異薦不就竟卒於官

栢中照字硯生號四花嘉慶丁卯舉人丁丑大挑一等以知縣用籤分廣東歷署高明惠來四會河源平遠等縣補廣甯縣所至皆有政聲廉幹勤能民頌之為神君嘉慶己卯道光戊子兩充鄉闈同考試官所得皆知名士以疾卒於官歸裝蕭然如寒素時粵人至今猶嗟歎之子三遇龍江西廣信府照磨八品銜映魁河南嵩縣巡檢樹藩廣西義甯龍勝司巡檢孫春現官江西南豐知縣同知銜

熊熿黃陂磯人天植長子天植深於學著書之餘開門授徒士論多歸之熿服膺庭訓躬行孝友起家

從九補河南阜甯縣大套司巡檢佐河事有勞調南岸馬頭司所轄隄最薄害屢及民建請別築城隄民始獲安堵名其隄曰熊公隄志不忘也遷海州直隸州同桃南通判補揚州通判擢蕭南同知著有下河議說及河工議說二書熿前後所涖目擊河工身親其事最久故於河事尤曉徹其書亦疏析明暢往往切中利害性最喜施濟道光元年疫作施藥活人無算沒則給櫬所耗數千金皆取之俸入及致仕歸橐中蕭然不名一錢晏如也年

八十卒
易官善字雪峯道光壬午優貢先是辛巳改元
詔舉孝廉方正大吏薦之及
廷試名列第二以知縣用丙辰籤發河南當道皆器之
權新野邑介秦楚之衝俗獷悍難治下車廉知土
豪高衢者以財雄一方恃勢豪横强奪人田及婦
女無敢忤者稍忤之即賄吏文致之法又其姻婭
多貴家有司亦頗顧忌由是惡益稔道路以目官
善條其不法聞於上開府程公月川嘉之衢百計

求緩頰不爲動卒置之法刋還所奪田近千頃婦
女百餘其人皆詣縣廷泥首泣曰非我公誰能再
造欲獻久之乃去相與生爲立祠政聲翕然播豫
州數千里未幾程公去竟以忤權貴左遷鹽場大
使乙未至長蘆受事辛壬之際海氛作佐海防事
爲節相訥公所知剡章上於
朝辛亥秋擢令吳橋治如新野畿輔徭役甲天下一邑
調發他邑協濟皆廉訪指派吏胥奉行因緣爲奸
民不勝擾是時粵逆稱亂軍饟派送無虛日官善
剴切申牘得如所請民無悉索之困邑人紀其事
於石粵逆擾畿甸旁邑交滄獻阜皆陷吳橋獨完
事平引疾歸子蔭芝除廣西象州牧迎養榕城卒
於桂林官善侍奉重闈最以孝稱他言行皆爲鄉
人推重居官尤磊落可紀云
邵端字正甫號小屏樹棠之子道光元年廕生朝考
一等光祿寺署正授掌醢署擢戶部廣東司郎中
兼貴州司行走井田科督催所八旗現審處則例
館纂修兩次任滿奏留二十八年因部案被議降

授江西都昌縣知縣値大水所以捍衛賑卹之者
咸有條理民賴之免於流亡咸豐二年調補龍泉
亦有惠政端起貴公子無豪縱習能悉心吏事所
至又以愷悌著聞庶幾無忝負荷者勅官戶部時
覃恩誥授朝議大夫妻王氏陳氏皆
誥封恭人子煥奎庠生承榮軍功議敘以知州歸江西
補用孫先瑞議敘縣丞先璐先瑛
史佩琀字仲和號鸞坡賓英敏性尤凋達少即以才
名諸生朗道光乙酉拔貢本科舉人癸巳成進士

授編修充國史館協修纂修目講起居注庚子科教習庶吉士丁酉科充廣西鄉試副考官所得士如順天府丞蔣霞舫達通政副使王少鶴拯爲一時名臣其尤著者也授江西道御史轉福建道調京畿道截取授直隸永平府知府地當山海關衝要戢外安内一以鎮靜處之民用大和至今輿誦猶能稱之未幾引疾退遊江左主金陵講席粵逆擾吳趨勸理戎務奉

旨賞戴花翎阻亂不能歸疾作終於京師佩璿制藝詩

賦無不工每出一篇都下紙貴獎借後進尤精月旦士赴兩闈試以文質者爲決取舍高下不失錙銖所選壬子直省鄉墨還醇操觚家咸奉爲圭臬又善談笑流連風景引滿高咏超然若遊八表之外也生平著作頗富兵燹佚去行世者惟分韻指南及桐陰小榭詩賦鈔而已子寶恬候選訓導

葉名琛字崑臣道光乙酉副貢生　武英殿校錄議敘教諭中式辛卯舉人乙未成進士授編修直清秘堂嘗撰禱雨文有驗

宣廟謂爲忠孝所感初　授陝西興安知府陞山西鴈平道調江西鹽法道擢按察使署布政使調雲南湖南江甯各布政使改調甘肅布政使所至興利剔弊察吏安氓口碑溢數省焉癸卯丁母憂由都門扶櫬旋里徒步數千里盡哀盡禮克率乃祖攸行丙午年服闋署順天府尹充順天武鄉試監射大臣　授廣東布政使擢廣東巡撫時值海疆不靖名琛與總督徐密爲調度勦撫兼施頓使外攘内安夷酋俯首事聞

子男爵世襲

賞戴花翎蓋異數也粵東立生祠尸祝之壬子年

簡授兩廣總督乙卯年

命以總督協辦大學士丙辰年　授體仁閣大學士先是因勦辦英德一帶匪徒凡厥渠魁殄戮罔遺

賞加太子少保又因督勦羅鏡逆匪其元惡大憝悉數擒斬全境以清充

欽差大臣嘗以邑中文風日盛學額太隘慨然捐廉俸二萬兩請廣文武學額永遠二名士林稱頌弗衰

旋以夷事復變浮海涉印度遂絶粒扼吭而卒無子以姪恩頤爲嗣

葉名澧字潤臣封公志詵之子相國名琛之弟道光丁酉科順天鄉試舉人欽天監算學生以例官內閣中書充本衙門撰文先後送　國史館及　玉牒館復充　玉牒館幫辦纂修官事竣奉
旨加侍讀銜屢充　誥勅房兼辦中書科事務二十九年以本省水災由戶部捐銀佐賑得紀録三十年冬署侍讀咸豐初元送　方畧館校對二年冬補

實五年冬補　文淵閣檢閱七年夏升侍讀是年以廣東捐紅單船經費奬敘子弟奉
旨賞戴花翎八年京察一等引
見有
旨加一級未幾相國歿於海上鄉里又陷賊不能歸乃納貲以道員分發浙江爲迎養計行至吳門感疾卒名澧家藏書史甲於輦下自天文經學百家著録無所不究覽詩最工識者重其風骨比之徐昌穀高蘇門篤於孝友在都中獨侍椿庭左右就養罔不如志嘗省母及兄雁門豫章且入黔跋涉萬里忘其勞瘁久居日下所識盡四方才俊然擇交愼其尤賢者終身心敬之因邵武張亨父得識山陽潘四農修書執弟子禮風義最重有東漢人節概焉又嘗撫故家女待年而嫁在官勤愼居京師凡善舉無不與同人竭力營之著有敦夙好齋詩初集十二卷續集十二卷敦夙好齋文集一卷筆記三卷讀易叢記二卷四聲疊韻譜未卒業

袁希祖字荀陔號寄生世居浙之上虞考贈公賈於

漢皋娶室生希祖遂附籍漢陽贈公早沒希祖甫八齡母倪太夫人撫之而泣曰孤貧不能就塾吾且以織佐汝誦久之貧益甚則又語之曰奚以謀生盍改業爲賈乃往依市肆晝則持籌夕則溫卷同列厭之且譖諸主人希祖歸泣請於太夫人曰兒不能爲賈人讀書養母兒志也時年已十六矣日夜淬厲於學治舉業益精敏出而應試學使拔置第一補弟子員先是太守夏公巳奇賞之因招入署中道光丁酉舉於鄉丁未捷南宮入詞苑庚

戊散館授編修充　武英殿　國史館纂修是年
大考二等四名五轉至侍講咸豐壬子充　日講
起居注官遷侍講學士戊午擢補內閣學士兼禮
部侍郎己未
簡放福建正考官歷署禮工戶刑兵部侍郎以靖共自
矢時權貴弄柄威福自擅未嘗折節下之至抗疏
斥為秦檜嚴嵩見者為悚慄疏入留中庚申夷釁
作都門戒嚴羣議主款撫希祖三上章爭之不得
六飛遂幸塞外辛酉七月

文宗升遐
今上即位按誅權貴竄逐其附麗者希祖獨以廉節勁
正岸然峙於朝列其年十一月十日疾作遽卒子
晉又殤其聘妻則江右蔡梅菴太史之女聞其耗
即衰絰入袁氏門矢志守貞以族人炳忠之子為
後

石意恭字小魯幼即能溺苦於學下筆為文倜儻若
天馬脫銜性尤孝友道光庚子科解元甲辰成進
士以知縣即用分發浙江權西安補龍游丁外艱
歸服除改發江蘇擢溧陽補嘉定其為政也善審
度時務專意撫字慈仁煦嫗有古循吏風於士林
培養尤至捐貲葺書院增膏火月課親校文藝訓
獎殷勤遇疑獄每多平反民以不冤愚氓訟鬩輒
曉譬使息紛爭牒訴由是遂稀所在士民交口稱
頌悅服出於中誠至今咨歎不絕獨臺臣意與之
左時有齟齬未能盡行其志云為人恬澹寡欲惟
喜購書他無長物公暇則手一編起居坐臥不少
釋人視之若蕭然儒生下帷溫卷時也嘗語其子

曰吾家世忠厚清白守此素風異日遺汝曹者惟
書籍耳慎勿染豪華氣卒年四十有五著作燬於
兵燹無一存者子二長麟邑庠生

丁鹿鳴號苹原燿南之子幼穎慧嗜學塾師皆許以
遠大補弟子員道光癸卯鄉試副貢生選授保康
學博邑僻在萬山中人
國朝未有科第鹿鳴集諸生課之相與切劘有王生相
善者遂與鹿鳴同登己酉賢書云庚戌成進士咸
豐壬子補行

殿試以主事用籤分戶部河南司癸丑充會試對讀官
寶鈔所監督甲寅粵賊犯楚乞假省親歸至信陽
遇楊慰農制軍奏
命赴楚剿賊佐其營務處駐師楊店賊上犯至孝感三
汊埠距營十五里隨營商旅皆驚竄軍無見糧士
有潰志鹿鳴姻親家居楊店饒積穀單騎赴之勸
其捐穀助餉又募之近村得四百石通夕碾運一
晝夜達營將士驩呼勇氣百倍次日賊至開營出
擊大捷僉曰非丁君莫辦且不測丁君宜膺上賞

鹿鳴力辭剡章會武漢皆復制府命先往安撫漢
口未至已丁父憂號泣治窀穸五年江漢復陷攜
家避穀城六年服除襄樊土寇起奉母入都迂道
達山西以疾卒旅邸鹿鳴孝友誠敬卒有父風崎
嶇寇難才用未展人咸惜之

劉世墀字彤陔幼穎慧能文年十七受知於前令趙
拔冠一軍補弟子員家世寒素侍重闈撫羣季皆
恃舌耕自給咸豐甲寅髮逆再陷漢陽乃投筆從
戎隨今侯相曾轉戰江右皖南歷數十寒暑以勞
績保敘諭滸升知縣留補安徽同治壬戌權蕪湖
事值邑新復賊氛密邇烽火相望瘡痍滿目世墀
督團練勇賑貧墾荒凡足以衛地方者毅然行之
不數月以母喪去官蕪之人攀轅卧轍不使去起
復後以直隸州知州需次皖省委辦廣德州開墾
事單車匹馬徧歷鄉陬雖盛暑酷寒不少甜卒爲
時疫所染差竣甫旋金陵遂以疾卒侯相憫其勤
奏請以軍營病故例議卹蓋異數也世墀天性豪邁慷
慨多大志思以經濟表見居官能自刻厲不染習

俗其在籍凡邑中盛舉能不避勞怨以求濟方邑
志甫議重輯即慨然解囊以贊之壯志未伸而中
道遽殞惜哉

續輯漢陽縣志卷之十九

忠義志敘

邑中致命遂志之侶前志所錄不啻挾顥氣垂耿光矣慨自咸豐以來嶺嶠豺貙挾驟勝之威凡四陷茲邑而邦之人結子弟爲團砦與之搏戰或值摧敗則肝腦塗地其恥爲之屈者亦蹈刃沈淵破家亡族相隨屬也明知糜軀無益然兩間綱維與忠孝大節不可自我而隳卒決然赴死地不少逭其後廓清摧陷復我邦族安知非鬼雄毅魄英爽籲天隱相援拯以復犟此再造之苞桑者乎然則陳俎豆薦椒荔殉難諸人今茲必欣慰於冥漠無疑也采其姓名並著於篇志忠義

宋

汪涯字萬頃賈似道宣撫江淮聞涯善屬文辟爲客元世祖圍武昌似道乞和師退欲作露布獻功涯瞋目曰啗人以利而退其師又兒弄主上何露布爲似道怒摘殺之其母聞之曰兒以直死可以下慰先人矣亦自沈

明

蕭鳴甲字爾升司成員有從子中萬歷甲辰進士令平湖歲荒鄰邑皆募賑鳴甲獨出公帑以應民感悅報最擢戶部主事歷正郎時璫焰甚熾魏廣微以同年欲引入其黨鳴甲正色拒之及廣微相以唧令督甘肅軍儲久之移四川右參政丁憂起補河南誘降流賊沈萬登擢右布政明年轉左尋引退未幾徵起原官入覲歸抵順德流賊突至與同里劉亮佐罵賊被殺時崇正十六年三月三日也亮佐以歲貢赴任雲南通判

胡維昌字曰俞萬歷乙卯舉人甲申左鎮跋扈劫掠鄉村公率眾禦之全活者甚眾卒爲亂兵所執罵不絕口而死

朱祚宏字叔恢監察御史文炳裔孫合水知縣芸子也舉萬歷戊午鄉試授梁山知縣時川東多事供億百出祚宏弼產三千金助之膺卓異調知江津下車即揭豪紳刁化神於獨撫置諸法化神進士曾官部郎匿盜藏奸恣爲不道至是邑境始安癸

未獻賊入川祚宏時遷知合州有禦寇功晉川東兵備副使鎮歸州乙未爲獻賊餘黨崔洪英所執不屈而死後二十年子國俊乃扶櫬以歸

謝湑培字應侯江夏人著籍漢陽天啓甲子舉人博學能文著述繁富癸未五月獻賊逼會城公受當事命守城朝夕盤詰維謹城陷被執不屈遇害

吳暢春字梅初漢陽人爲潛山天堂寨巡檢崇正八年流寇蔓延暢春謂天堂雖小鎮賊所必爭造器械積糗糧募勇敢士書誓死報國於衣裾閒史可

法備兵安慶知暢春賢馳札勞曰官有崇卑忠義無兩暢春太息曰士爲知己者死況國事孔棘乎賊犯乾坂督兵拒之中二矢闘益疾賊欲往金鐘潭開路先斷大權宵遁明年二月焚掠英山漸迫天堂寨暢春結草千束深夜舉火爲疑兵賊復驚退可法手書深嘉之暢春歎曰此一腔血故當爲知我者灑也丁丑春勁賊十餘萬漫入潛暢春再戰再捷相持久之賊伏發猶力闘手刃數賊力屈被執賊逼其降遂大罵而死事聞贈廸功郎祀潛山名宦子卿漢陽諸生

秦民湯漢陽人官榮縣知縣崇正十七年獻賊破城被執不屈射死

劉成治字廣如漢陽人崇正甲戌進士福王時歷官戶部郎中國破忻城伯趙之龍將出降入戶部封府庫成治憤手搏之之龍跳而免成治自經乾隆四十一年與民湯皆

賜謚節愍

王會篇字治徵崇正丙子舉人任武昌教授誨諸生以忠孝爲先貧者資以書籍筆楮獻賊將至或勸

遁去慨然曰官無尊卑食其祿者死耳城破遣子澹由濠出闔門三十餘口殉難澹甫十齡逃至黄州遇貧儒詢知泣曰此吾恩師子也留撫三年歸入府庠乾隆四十一年

予祀忠義祠

蕭賝字逸然湖廣漢陽人以武舉授黎靖中軍都司征峒苗有功歷陞至副總兵永歷在武岡行黎靖參將事守靖州武岡陷永歷奔至靖州諭令扈從

曠奏言扈蹕非臣職請以死捍靖追兵至當殺臣而後能進則大駕達柳州矣遂督標兵乘隍召部民勉以死守　大清兵至民潰曠短兵巷戰力盡死之曠雖武士志慕文雅頗讀書知大義云（見王船山先生所著永歷實錄死事傳）

劉士帥明季人武勇善射築堡禦賊以衛鄉里賊攻堡急矢發輒殪賊忽矢盡將出戰墮堡之濠中賊不敢近遥射之矢集如蝟被害

李壽廩生明季時為楚府儀賓張獻忠陷省城不屈

死

國朝

羅鳴序字懷彝康熙辛卯舉人雍正甲辰循例授知州試用黔省補麻哈知州兼攝黃平奉檄令移駐黃平新城時倉庫監獄皆在舊城鳴序知紅苗有叛志力請增兵甫中詳而古州苗已率衆圍新城因督兵力禦賊氛甚惡鳴序知勢不支乃以兩印交小吏王世超賫省又令舊城將庫銀瘞於他所城陷保玉皇閣與賊巷戰又不勝乃與幕客陳憲縊於閣上同時死者把總黃進忠及小吏數人生員祁震周大任兩家數十口時四月二十七也賊平得遺屍經略張公廣泗奏聞

賜葬祭贈叅議道蔭一子入監嘉慶時奉

旨給予雲騎尉世襲罔替

徐謐字析衷漢陽貢生捐知州授雲南鄧川牧有治聲以鹽課奏銷知四川漢州乾隆三十六年大小金川番酋索諾木僧格桑狙獗為亂大兵兩路進討既破美諾僧格桑遁入大金川西路將軍阻兵

昔嶺營木果木數月賊酋逞其狡謀潛由美臥溝號召新降番衆劫大營兵潰將軍被害官弁死者百餘人先是西路兵糧田登春轉運檄隨總督管糧站謐聞木果木軍潰議曰登春當西路之後有捷邏達美諾棄之則小金川全失況糧夫甚多足以守禦請招潰兵人予一梃環立柵城以壯軍勢總督可其議遂日給升斗米俾執梃守禦人心以定總兵朔帶兵來援與番人接戰傷臂回營不出兇番勢益張登春後五族亦為其鼓煽斷橋截文

報圍木城衆議以力不能支全師撤出謚力爭不可乃大呼曰糧尙餘數萬石棄之是齎盜糧也計焚之便總督允之大軍遂行謚獨留後舉火糧燼方行而賊已四面環擊矣且戰且走未十里火鎗及冠謚脫冠示同行者曰此冠被鎗吾其永存之語未畢額復中鎗墜馬遂殞初圍急時謚知木城必不能守將舊脫齒盛於荷囊交小吏寄家以示必死事聞贈道銜祭葬廕齋如例

吳華邑人居武昌充漢陽營守兵乾隆二十八年楚

兵調征金川隨將軍富屢立戰功遞擢授鄖陽營千總署房縣營守備嘉慶二年敎匪姚之富張漢潮擾漢南華帶兵進剿於南漳陣亡無子從祀昭忠祠

楊開林邑人嘉慶元年充漢陽營馬兵出師南漳拔擢外委隨將軍孫　於巴東陣亡無子從祀昭忠祠

謝鍾英衆人謝思焯之孫官安徽胡樂鎭巡檢道光十七年鎭大水居民咸遊釜底鍾英惻然冒水拯之値風雨暴至山漲驟發漂沒其子汝賢隨亡安徽巡撫色　以歿於王事奏請議卹得
旨贈八品銜入祀任所及原籍昭忠祠其子一體從祀廕一孫入監

吳江字雲峰始戰藝場屋不售援例以州吏目銓發廣西先後權蒼梧荔浦典史補新甯州吏目未至權桂平穆樂墟巡檢檄巡查潯州北河當古大藤峽之衝多伏莽嚴捕之咸斂迹所至皆以獲盜有聲遂奉調引

見回任候陞隨按察使勞宣
封越南由昇隆至富春往返萬里圖其山川而歸佐西延軍務有勞奏
旨以府經縣丞儘先補用道光三十年桂平金田賊起大府以永安州與桂平南藤縣壤相錯慮賊出沒檄江會同防堵旋檄權州事戢內奸禦外侮部署嚴整州民何洪基者素不軌捕置之法其黨銜之引逆酋羅大旺將潛師來襲時平樂同協戎引師扼永安要口江以其閒繕城修械調練守隘賊詗

有備未敢犯未幾羅大旺由藤縣竄入州境江飛
騎請兵饟與協戎集兵壯得六七百人設伏擊賊
有功而賊來愈多退入州城登陴堅守立望樓礮
臺爲固守計署中親友幕客及家丁皆分堞捍禦
賊圍六晝夜饟援皆絕又乏水禱神掘井至二丈
餘不得水賊肉薄環攻江自燃礮轟斃賊目及其
黨三百餘仍不退江乃解印授其子縋城詣省納
之賊縱火城破江與協戎巷戰死其妻劉亦詈賊
死署中從而死者二十八人時咸豐元年八月初

一日也事聞有
詔優䘏
賜祭葬
國史立傳准建專祠
予世襲如令與子彤廣西候補縣丞廕雲騎尉曁雲
南江川知縣寶賢四川候補縣丞
蕭逢春嫺武略果敢不羣幼入武庠道光庚子鄉試
亞元辛丑成進士
欽點二等侍衛揀發廣西都司粵匪興勦捕有勞績以

柳州前營遊擊陞用旋補賓州營叅將追賊竄湖
南帶勇追勦十餘次竭力衝殺陣次失利遂以身
殉事聞奉
旨照副將例賜䘏給雲騎尉世職襲次完時給予恩騎
尉世襲罔替妻嚴氏以死殉夫忠義萃於一門矣
吳長庚字少白先世歙人以鹺商徙漢陽其父好士
喜施遂落其產長庚少而穎異才尤藻麗年十四
入邑庠食餼用博士官待銓權安陸公安光化訓
導所至士林誦之弗衰道光乙未舉於鄉庚子會

試挑謄錄母老不欲爲外吏選補武昌府學訓導
崇陽鍾逆倡亂省垣戒嚴奉檄守城嘗指泮池水
曰度有不測吾死所也人謂微官何至是因指明
倫堂正色言曰此堂亦豈微乎人乃媿事母孝官
舍與漢口相望也母安之即承其意雖公車不第
未以介意也雖有治才當途亦知之凡城垣貢院
修敀諸工作多檄其董治又檄監江漢書院事皆
修舉廉聲益起俸滿當遷矣而奉母意輒逡巡以
謝咸豐二年粵逆將進犯武昌長庚欲遣子婦奉

母出城母固不可賊至長庚盡室居危城入則婉
愉出則講貫如平時城陷命奉母匿民舍則朝服
至明倫堂北面再拜退視長次二女及長子婦袁
次子婦胡仰藥死遷置樓上闔其扉諭諸子無死
以繼先祀然後自仰藥死次子兆豐亦仰藥死於
是子兆履兆隨孫女茅僕婦鄧亦相繼死纍纍然
尸陳地上者蓋有十焉壬子十二月四日事也次
年癸丑正月官軍復郛其諸子乃入治含斂面如
生制府張公以聞於
朝得

旨贈國子監學正銜
予祀昭忠祠給雲騎尉世職長庚治詩古文皆有著錄
多清綺溫婉才語嬋嫣乃臨大節則從容不擾嗟
乎何其沉毅果烈乃不可測哉
魯唯弱冠補弟子員矢廉隅明大義持己以敬處世
絕無矜躁氣中道光辛巳科鄉試選江夏縣學教
諭爲士林山斗咸豐二年十二月賊陷省城毅然
不受辱罵賊不輟口奮身躍泮池死三年奉

旨卹廕如例
汪大瑛前任浙江麗水縣縣丞議敘鹽提舉銜咸豐
二年髮逆圍省城帶勇督守二十餘日城陷被戕
七年奏聞
贈道銜廕如例
吳金彪由武生中道光丁酉科解元赴部分發漢陽
營委署本城三司把總咸豐二年十一月賊陷漢
城帶兵巷戰力竭陣亡總督張奏請從優議卹奉
旨給雲騎尉世職

左嶔從九品咸豐二年在湖北省督勇城陷巷戰身
殞奉
旨給雲騎尉世職
李光沅從九品咸豐二年在省城陣亡奉
旨照例議卹
熊樹本邑庠生咸豐二年賊擾漢郡奉府縣札督率
練勇防守城陷身死闔室殉難惟孫坦章隨母歸
舅家得免事聞得
卹廕如例

朱瀛候選縣丞其子作霖邑庠生值咸豐二年賊擾
漢郡城陷瀛與子奉府委率領勇丁禦賊被刺身
死闔門十口同時殉難
䘏廕如例
程元體份生咸豐二年賊竄漢隨府守城城陷與賊
巷戰陣亡子惇乾惇泰惇裕隨殉
䘏贈雲騎尉世職
汪傳懿字右文絅菴其號也先世籍江蘇吳縣祖蘭
官漢陽仁義司巡檢遂家焉父敦復子四傳懿次

居三敦復遊浙而没傳懿星奔扶櫬往返五千餘
里足跰且裂竟持喪歸兩兄傳德傳慶需次都中
母猶在無以為養則輟舉業治書記尤長儷體文
諸公爭羅致之江陵漢川安襄荆門賓爲恒遍援
例得從九銜年老卻聘居於家子家政佐江夏幕
以便養親日與二三老友徜徉湖山賦詩爲樂咸
豐二年粵逆圍長沙策之曰急施巴陵鄂可無虞
俄而賊陷岳陽無禦敵者賊得戰艘鼓行東下鄂
中大府議全軍保省垣傳懿嘆曰武漢脣齒無漢
陽亦無武昌矣有勸他徙者則厲聲曰吾無守土
責然義不忍偷活且又焉逃賊逼城家政牽衣跽
請避怒叱曰我當死汝當存宗祀不去吾即自刃
急麾僕擁家政出賊已斬關入傳懿啓門大罵賊
刃交下罵益厲賊殘其支體去鄰人得脫者隔戶
聞詈聲乃具述之是年十一月十三日事也年六
十有五家政以衣冠招魂葬焉大府上其事
詔䘏七品例
賜葬祭入祀昭忠祠復以子家政捐餉得同知銜

誥贈奉政大夫殉難住宅在城西門外蕭公祠巷內修
立碑座牆垣疊經本府縣題贈詩文扁額生平輯
駢體南鍼十六卷行於世著有筆耕牘稿汪氏支
譜子家政家達
潘壽平號殿一性情耿介不尚時趨棄儒納吏北藩
刑科充書吏黽勉矢公咸豐二年粵賊竄楚布政
司梁論辦理糧台事務頗勤謹臘月四日鄂城陷
挺身罵賊刺死長媳易氏聞變率子世寬世謙世
愷姪世阜妹煥姑同日自縊三年省垣克復長子

郡庠生拱辰稟請彙案

旌卹

向鴻字炳堃由漢陽營歷技戰功出師湖南廣東崇陽等處有勞績得藍翎六品頂戴咸豐三年出師黃州陣亡奉

旨從優照守禦所千總例議卹

王爕由俊秀從勦粵逆分發湖南咸豐二年奉檄委解道州火藥十二月初三駐紮甯遠縣屬與土匪接仗陣亡奉

旨給予雲騎尉世職

蕭景忠由本營額外屢著戰功署左哨頭司把總咸豐五年帶兵在汎屬沙口陣亡

朱贊元少孤事母以孝聞補漢陽縣府學附生道光丁酉選拔貢生庚子

恩科舉人權恩施縣教諭隸施郡道險遠贊元力興教化主講南郡書院捐金助寒俊膏火士翕然稱賢師癸卯選補黃梅教諭誨士一如恩施時遇災賑佐令尹撫卹不言其勞咸豐二年粵逆擾楚道黃梅贊元與令飽開運召募壯勇得三千人餉八千貫迎擊之白湖渡斬首虜數十賊走城以全三年鄰邑廣濟土匪變令往勦戰死贊元激厲團勇扼疆戰守十晝夜賊懼之不敢入九月賊犯東境宿松縣復率練勇往伏於險與李刺史合兵鏖戰斬賊數百賊褫氣九月賊大至竄屯黃梅縣署黃州府許賡藻檄令督黃梅團練十一月四日遂隨提督塔忠武公進復黃梅縣城斃賊無算獲糧千七百石以濟軍十二月十二日率勇隨副將劉富成剿

賊戰城外大河埠衆寡不敵官軍潰贊元見事急抽戈躍馬而前親突賊陣自辰至午斬殺過當賊環攻之刀矛叢貫其體傷凡二十五面膚無完者遂殞於陣勇丁姜宏烈偕死焉咸豐六年巡撫胡文忠始彙請

優卹有

詔加贈知府銜

賜祭葬卹賞銀

勅祀昭忠祠從祀忠義祠

陳艮臣蔡鎮柏林庄人咸豐五年投胡文忠公營派
辦軍需文案賞給六品頂戴八年隨統領湘營李
征皖連克太潛桐舒四城進勦三河鎮竭力堅守
糧盡援絕奮力衝殺傷重陣亡奉
旨給予雲騎尉世職附祀李續賓專祠並入祀昭忠祠
及祭葬如例
吳長泉索河人年十八應廣濟縣募數與賊戰皆捷
值賊薄城下血戰數晝夜力竭陣亡城圍賴以解
縣令李詳請議卹奉

旨給予雲騎尉世職
楊文明江蘇候補縣丞咸豐八年守禦江蘇溧水縣
賊攻城陷督勇巷戰力竭陣亡
卹給雲騎尉世職
張世謙任廣東肇慶府德慶州悅城鄉巡檢勤公愛
民以循良稱咸豐八年隨本府張承謙行營勦粵
匪接戰陣亡奉
旨照例議卹
馮明本江蘇候補知縣咸豐九年委辦六合縣防堵

子雲騎尉世職採事狀上
國史館編傳
李步周同知銜咸豐四年賊竄漢陽奉縣募勇固守
二月隨副將恒在江隄助戰賊勢猖獗同時陣亡
奉
旨照例議卹
柏樹藩舉人柏中照三子官廣西義甯縣龍勝司巡
檢咸豐五年苗勇滋事殉難奉
旨交部從優議卹世襲雲騎尉

李宗瀛從九品咸豐五年辦理團勇與賊戰於漢鎮
後湖眾寡不敵陣亡奉
旨賜卹
李滔太學生奉委募勇防守漢鎮咸豐五年七月賊
眾麕集接戰陣亡奉
旨照例賜卹
趙元泰從九品咸豐五年賊竄漢陽督團勇奮力堵
禦躬冒矢石亡於重圍奉
旨卹給雲騎尉世職

事宜城陷督勇巷戰陣亡

陳嘉猷從九品同治元年從征陝西屢著戰功嗣在臨潼縣交口隨同督隊接戰傷重陣亡奏

旨䘏給雲騎尉世職

劉用宣字楚堂大軍山人郡增生援例以訓導加五品銜粵寇壓境以儒生從戎屢著勞績咸豐十一年選授麻城教諭涖任後值賊大至輒促官紳督兵民擊退之同治四年四月賊眾麕集圍攻兩閱月城內饑疫斃者日以數百計晝夜防堵積勞受

傷身故奏

旨照五品官軍營病故例賜䘏加贈知府銜廕襲一子入監

徐奎字春藻由議敘同知報官陝西歷知岐山縣漢陰撫民廳西安清軍廳事愷悌和平有政聲上憲以循良稱去官攀轅臥轍千萬人建祠立碑同治二年在任辦理軍火積勞病故陝西巡撫張奏聞

恩贈知府銜廕一子入監肄業以州判用

易秀芝湖南補用知縣同知銜隨漕帥袁勒辦江北賊匪在營積勞病故奏

旨照例議䘏

劉世仲咸豐己未

恩科舉人揀選知縣性伉直磊落有大志尤潛心肄力於學凡十三經廿三史及周秦漢以下諸書靡不研究舉業之餘兼及天文歷法算學律呂音韻兵法奇門醫卜等書莫不通達曉暢癸丑楚中寇氛迭起忠義自誓里中土匪惡其言力與憤爭幾受害後從今侯相曾幕軍書旁午必披肝瀝膽寄爲

參贊動協機宜積勞成疾卒於皖垣營次侯相上其事於

朝奏

旨賜䘏加贈同知銜廕一子入監六月期滿以縣丞候選

劉慶餘字琪峯父有受敎學行工書屢試不售早卒慶餘生而雋穎少孤力學才速而藻贍長已驚異之貧甚傭書以自給某甲豪於財無子有女欲贅之力却不應補博士弟子食餼亂作轉徙客長沙

沔陽戚少雲太守奇其才延佐局事以從女妻之已而歸里劉冰如廉訪李香雪觀察交相延致同治時拔萃科將居期矣慶餘自度貧不願預試李觀察資之行遂登壬戌科拔貢　廷試二等以知縣用發往陝西適劉廉訪任糧道言於中丞劉公延入幕主治章奏未幾權神木地近邊與蒙古部落界故沙漠苦瘠地又遭逆回出没民益凋敝城堞卑圮募勇無幾費幾不能爲扞禦計慶餘至爲之勸耕植修樓櫓勸行團練招集丁壯守備稍稍

具矣民始有固志無何受代者至士民呈牒請留襄辦城防時悪氛漸偪慶餘毅然不以去位爲辭典衣捐錢二百緡製軍械守禦之具七年正月喧傳寇至矣或謂慶餘子無城守責盍去諸則正色荅曰臨難苟免吾弗之且令尹新至民情地勢猶未諳悉吾當佐之賊薄城乃率其中表陳聯勝把總登陴固守歷七晝夜不少懈賊焚南門入麾聯勝往禦衆寡不敵死之慶餘知不可爲步入縣學大成門廊下投繯以殉是月二十日子時事也大吏以聞于　朝奉
旨照知府例議卹入祀昭忠祠慶餘事後母孝與弟友愛尤摯爲人短小精悍詩歌甚豪宕居恒慨論時事忠義之氣勃發不可遏臨没竟踐其言益凛凛庶幾有烈丈夫之風者哉陳聯勝者亦漢陽人

胡大暹從九品咸豐五年賊竄漢鄉督帶團陣亡奏
旨卹給雲騎尉 補輯

殉難附

鹽運司知事曾在寬咸豐二年在省垣勦辦團練城陷殉難

南河候補未入流熊清咸豐二年丁艱在籍督辦鄉團追賊於邑之新灘口陣亡

廩貢生王會臣咸豐二年奉委守城十一月城陷被害

委辦軍火局員熊熙齡咸豐二年在省垣被害

生員王濟湘偕弟殿榮咸豐二年奉撫憲常札諭督

團守城城陷同殉難

生員胡韻居省城咸豐二年城陷隨母偕妻及子同投井死

生員程鴻咸豐二年奉委協同守城殉難

生員丁鳳鳴咸豐二年在城內團防局殉難

儒士吳兆豐兆履兆隨武昌訓導吳長庚子咸豐二年在省城隨父殉難

儒士黃文煜咸豐二年在省垣撫標隨辦軍務城陷被害

從九吳詵寄遇會垣咸豐二年城陷殉難

儒士周葰咸豐二年在省城偕婦同縊死

陳國相偕弟國祥咸豐二年省垣陷隨母及相子香同被害

周翼堂醫學訓科咸豐二年在城內團防局被害

劉潤堂咸豐二年在城內遇賊不屈被戕

曾元盛咸豐二年在省垣被害

華德才　焦玉林　吳士相　王家棻

焦鳳林　練心忠　練心恕　蕭光祖

黃　順　吳宗俊　魏輝旭　周有貴

閔　珊　周良龍　許明德　魏輝昶

涂邦祥　程大榮　吳　魁　余定貴

錢　從　哈志新　龔廣福　萬如意

鄧　脩　韓　大　毛　春　周　順

孫傳運　楊　貴　孫萬元　楊　光

李　全　毛洪升　周德培　李　相

易　運　冷開友　王有榮　萬傳宗

錢大華　羅　長　楊　桂　王世松

瞿大華　吳耀先　馮　亨　胡德滋
熊本仁　詹大有　鄭學海　曹明望
曹明得　金傳宗　譚宏中　劉世相
許元億　王巨卿　羅明松　羅行煒
黃廣德　黃廣順　萬　二　楊學澤
陳立魁　王聖斌　江勝祖　湯良傑
楊香保　姚汝金　熊大有　陳太勳
謝欽義　謝鎮義　唐正祥　唐正鳳
向志彬　文福與　唐必茂　葉文奎

林光裕　車心宗　張大益　徐兆春
朱正佩　李盈德　江乾堂　江印金
王大章　王士忠　胡承梅　魏開銓
阮慶福　劉運臣　李惠仁　李恕仁
陳青雲　楊如意　易大榮　舒三望
舒士望　李玉堂　李家宏　袁善長 俱民人
以上咸豐二年殉難
晏　陸　李如升　陳鳳山　陳　鑾
劉長林　龍凌高　徐全魁　華佩三

楊友信　楊玉智　楊四信　劉正明
蕭德勝　官得勝　張光侯　李鳳德
汪德茂　石　福　石　良　董　崇
張泰平　胡　運 俱勇丁
以上咸豐二年陣亡
文正策　陳明忠　張大茂　張大富
尹一椿　尹一元　胡聖聰　呂遠謨
項開第　胡敦厚　孫學玉　王　勤
以上咸豐三年殉難

生員龔崇禮咸豐四年在黃陂縣白果嘴遇賊不屈被害
監生高相玉咸豐四年在檀樹坳殉難
從九彭德洋偕弟德淦咸豐四年督帶團勇打仗陣亡
楊受瑚　楊運才　王永震　張啓發
蕭憲章　蔡　煥　吳天明　袁炳榮
張　元　冷　元　王克貴　沈　權
宋納生　余　要　黃有宏　王宜鼎

吳慶華　廖華明　朱錫林　朱錫文
許培順　王有釆　姚治鼎　杜萬興
杜萬元　陳傳楚　陶明意　盧正春
余　五　王恩太　王善友　熊勝遠
汪　權　戴艮懿　戴洪儒　夏家玉俱民人

以上咸豐四年殉難

龔訓謨　程鹵鳳　朱吉堂　朱介梵
朱德新　朱錫永　朱家棟　朱錫三
朱錫光　朱錫智　朱錫坰　朱天都

朱天爵　朱天才　朱錫允　朱次寬
朱德龍　朱博麐　楊家清　楊仁儀
楊之勇　楊之玉　楊之榮　楊之才
楊之明　楊之朋　楊之興　楊之松
楊明亮　楊明爽　楊明智　蕭開善
蕭賜彥　蕭海慶　蕭正昂　蕭新文
姚清泰　姚志鼎　姚國良　羅開純
姚必發　姚和治　羅德善　姚必仁
羅開珍　余崇明　蔡仁龍　蔡仁元

蔡有德　蔡傳富　蔡遠發　蔡應貴
蔡仁義　蔡有兆　熊家龍　熊本元
熊本富　高先典　高宗眞　高明連
高相玉　葉天仁　葉登寶　董昌進
董昌啟　董明伸　董克茂　向崇儒
向崇倫　向崇學　向崇官　陳育仁
陳育珍　陳育順　陳育清　陳育勤
陳育全　陳聲揚　陳大玉　陳文華
陳英梅　陳英先　陳必福　陳貴元

陳麟慶　段起榮　宗若瑚　宗若相
宗昌智　魯在義　袁思華　劉德壽
劉寶鐙　劉佑元　劉盛才　陸正春
李德銀　李應魁　李德勇　李勤恕
李連修　李祖訓　李之爽　李之瑀
李德寅　李德金　周正祺　周大光
周天榮　史開玉　王永泰　王治堂
王玉九　王振龍　王　武　王曜彥
王韶麟　劉德文　姜宗旺　陳文壽

張心悅　戴德際　謝維善　謝綱
戴德明　曾啓先　曾必爽　丁安賢
曾明友　涂祖訓　黃正元　郭聲顯
涂香　蘇傳善　吳昭寅　毛金本
徐成啓　萬光盛　萬大銀　姚必高
涂正連　吳慶富　彭德潛　吳以全
王必進　張治連　張世有　張正禮
戴天佑　楊家春　宗若浩　蔡有恬
玉紹林　李之善　李一成　李一倫

熊本浩　祝有能　王志堂　謝南剛
萬遵寅　蔡宏遠　俱勇丁

以上咸豐四年陣亡

生員劉家瑛進士劉銘本之父咸豐五年在漢鎮遇賊不屈被害

廩生孫秉恬咸豐五年七月偕其子寶殉難

監生王池咸豐五年髮逆擾四鄉偪其子等授僞官擒池刑拷不屈而死

監生包玉桂咸豐五年偕其子振銘同殉難

從九李永朝咸豐五年正月在漢鎮罵賊不屈被害

廖長熙舉人廖長亨之兄咸豐五年賊擾漢口熙方督團禦敵賊已入門利刃刺死並其屍骸殘焉

朱樹庠生朱春藻子咸豐五年隨其母陳氏殉難

萬懿咸豐五年七月在漢督集鄉團與賊相持三日潰圍被害

孫大緯舉人孫炳華之姪咸豐五年殉難

李勤愷咸豐五年被賊擄偪充書籍與官兵謀作內應機洩罵賊被害

賓宗懋訓導賓宗惠之兄也立志孝友咸豐五年賊陷四鄉懋謂惠曰家業何可輕擲子守死弗去弟率子姪遠避以延宗祀惠不忍懋強之行賊至罵不輟口被害人謂有趙孝代弟之義

石意寬知縣石意恭之弟也咸豐五年七月隨母殉難其僕何正國同被害

六品軍功宋家謙咸豐五年在漢鎮督帶團勇陣亡

六品軍功從九朱樹勳咸豐五年七月偕其弟燁子心純孫傳德同日殉難

宋廣亭業賈咸豐五年賊自濶川竄漢鎮縱火焚民居肆淫掠廣亭居尙未及火近鄰多走匿焉內一少女絕美賊排闥入窺見欲汚之廣怒奪賊刃刃賊賊懼出卽持他賊刃反刃廣斃初廣之刃賊也急麾女等出遂得脫鋒鏑之間奮不顧身全人名節是誠勇於義者矣

酉福春蔡坫河北屯人咸豐五年七月賊由德安下竄窺官兵隔水罔覺將偷渡暗襲之春密報知礮船堵截不得渡賊乃大趨東下春知其不悉行也

乃大呼官軍渡河襲殺無算賊恚甚擒春亂刃之遂遇害

從九胡大緒生員胡光漢之父咸豐五年七月在漢口督團禦賊荷戈防河三晝夜十八日賊由後湖突至知勢不敵投河殉難

從九徐國臣五品藍翎安徽府經歷文清之父咸豐五年督團在三山景地方打仗陣亡

廖士瑚歲貢廖廷選之父咸豐五年七月在漢口督團禦賊偕其幼孫國荃同被害

勞懋禧前邵文知縣勞必達之裔也咸豐伍年七月在漢口督團禦賊力竭被害其妻及子隨殉焉

徐振先業儒咸豐五年七月賊燬漢鎮偕其子家寶同逃遇賊於後湖偪脅不從父子同時與難

蕭光義拔貢蕭文熙之孫咸豐五年七月賊焚漢口其母路氏投水殉難光義偕其子介卿姪咏春及孫德同赴水死

廩生李　琛　　武生馮樹春

生員汪維騏　　武生吳集賢

生員朱　蓉　　監生黃安智

生員胡寶善　　監生李　熇

生員王其清　　監生張佳珩

生員左懋勳　　監生張國俊

生員汪　灐　　監生吳國樂

州同銜張光綬　　從九李　模

六品銜姚必還　　六品藍翎輸名全

布政司理問黃德修　　布政司理問銜張　堃

監生王鳴岐　　監生高輝遠

監生汪振鴻　從九俞守勤
監生邱希貴　從九周士珩
從九胡壽堂　從九段秉章
從九金際華　從九王　琮
從九程承奎　從九金天敘
從九周大燿　從九李儀元
六品軍功許　志　六品軍功羅三捷
六品軍功萬三構　七品軍功楊中元
監生吳榮藻偕弟銀藻及子人龍

六品軍功朱桂林偕子傳榮傳煋
監生吳國俊偕子士璋
八品銜衞應擯偕子長齡
王鑑堂偕子宏寬中年孫庚
郭萬全偕弟萬茂子至有
楊長明偕子大華大貴
劉長壽偕弟長慶長林
李正仁偕子壽保得保
趙鳴皋偕子本忠本禮

陳永太偕子濟元濟亨
何邦本偕姪宏義宏炳
李章榮偕弟章友及子傳仁
吳慶鎰偕弟慶麟及子
李賜弼偕弟賜奎及子文明文榜
王開選偕子祥元祥亨
李桂彬偕子芳榮及次子
李大榮偕子二九四九
蔡應富偕子三元四元

李正興偕孫傳宗　楊朝珍偕子安春
馬定魁偕子雙　胡安元偕子春官
王　幺偕子玉　柯鎖太偕子大乾
彭兆榮偕子大德　王光福偕子順
姚　大偕子必富　劉　山偕子喜
鄧長鰲偕姪元傑　楊復元偕弟幺
張正如偕弟正高　彭　旺偕弟臘
魏學連偕子文德　白敏忠偕子勤
劉光熙偕孫崇喜　張　松偕弟栻

李慶炳偕弟慶烶　羅正全偕子洪
黃　翔偕子必達　楊大元偕子平
魏炳南偕弟炳宗　呂恒順偕子喜
朱本溶偕子世祥　朱興蒔偕子德
俞其菁偕子爲城　宋廷饒偕子鈌
陳明輝偕弟明哲　聶　德偕子鴻
陳作新偕弟作驍　萬國全偕子望生
秦天榜偕子大成　江立順偕弟立太
黃元太偕子志豐　雷拾貞偕子致洪

陳用敬偕弟用信　汪大珩偕弟大璿
胡承棟偕弟承柏　張　鍾偕子齡
李廷春偕子永起　畢曰濤偕子恒貞
蔣萃峯偕子式武　黃良法偕子炳
宋茂林偕子二人　劉義德偕子得義
方義本　郭漢青　陳應貴　楊　武
王德和　王寶仁　鄧起懷　胡照美
吳協寅　劉昌華　劉昌元　劉昌秀
熊道錕　王柏交　謝祖嵋　胡光燿

趙本明　吳　興　曾大煉　馬仁治
張榮詔　張榮詵　張榮詮　康樂園
李宏興　魏宏發　李義興　王　森
焦新太　胡光冑　董正榮　王開運
吳開運　童大紳　吳詠風　金松濤
李良星　李爲保　李爲全　李爲茂
李思向　屈定泰　李文煇　文宏銑
陳春霖　萬盛澤　張澤鏞　彭啓泰
張錫麒　葉永安　史寶鑫　萬世才

周大元　曾光位　黃聖寶　熊天華
張弼顯　王　奇　劉國選　王德勝
張連生　劉元葆　張大有　羅正太
李有富　李有德　李光華　李興德
陳起貴　李世有　梅世德　毛雲秀
彭明揚　陳大能　陳如榮　潘廣貴
周士有　邰永連　張　天　吳大明
李烈序　朱博銀　馬二酉　馬三有
潘　二　馬定國　劉光鑑　羅正順

羅正興 何其經 李起善 李 想
甘 二 廖堂春 楊元綱 朱大元
蔡中秋 蔡 德 呂 喜 康世儀
康大茂 康 簡 王祥盛 文其昌
龍 望 陳啓貴 張文富 周世盛
徐 歡 陳三九 李漢岔 張 二
雷 玖 周榮順 王士連 周志中
王明漢 夏 二 華宗貴 羅 俊
賈 三 蔡志祥 李 二 魏 臘

傅 宗 王 連 傅 貴 艾明光
胡 德 汪六經 諶正祥 劉立明
張大朋 王 儀 萬光華 張文富
夏秀元 羅 春 劉方來 李宏先
譚本茂 呂正經 張七賢 余 相
楊初岔 魏祥茂 何二順 朱平範
尹天一 傅崇友 羅正茂 吳祥太
湯光全 劉齊恭 甘 俠 陳 三
魏 大 馬大才 劉 二 陳孔銀

嚴國近 劉 福 鄒志大 童友林
雷文潤 鄧家龍 毛大富 陸 二
熊兆貴 葉啓祥 趙 大 周廷清
胡大元 趙惇寅 黃得元 張開光
高傳興 劉公道 龔萬德 萬 大
毛啓寶 楊勝明 萬 運 李慶友
周正榮 吳仁仙 趙 花 朱大紀
劉名祥 馬仙華 郭萬有 葉光琪
謝 洪 曹世綱 王拔經 蕭雲貴

張大志 項 三 陳有仁 柯祥太
艾 大 羅玉佩 邱永清 楊富元
吳長福 張 大 張天灼 戚二長
陳錦春 王 幺 彭有元 尤得意
呂德生 况文正 王 簡 許義太
張世順 楊 幺 徐起亮 龔艮寅
黃 高 雲欣高 藍福昌 夏全福
周 元 蕭 順 黃和尚 黃錦標
徐 臘 葉萬喜 顏生祥 余錦章

王正才　沈如意　羅大林　蕭啓泰
許裕德　楊啓源　馬世貴　楊　元
盧新起　楊　望　張存貴　張大志
楊禮志　李傳章　蕭宏章　徐　星
戚恒太　曾　四　黃　旺　楊喜生
阮　望　謝德玉　李　三　董　賢
毛啓源　胡金安　周成祥　董順意
郭　左　余必達　許德全　楊元連
陳喜生　張　歡　阮　義　胡　鎖

蕭光照　張順生　蕭三九　湯如意
王清明　涂如鳳　余漢朝　吳　旺
吳光盛　阮士武　唐耀奇　李泰文
洪國清　鄧　臘　尹拭之　余小五
張　三　羅友文　羅　大　趙　蘇
袁有元　熊　大　劉華旨　李　士
陳　大　徐五十　邱　二　張大貴
羅翩圖　陳　庚　韓生美　鄧　從
李　順　楊正元　鄭　二　黃顯文

彭家興　朱　發　楊　保　劉　大
劉漢文　趙必有　宋廷鰲　許玉清
何中祥　謝文富　蔣德恕　周如意
許芝榮　萬　大　艾正榜　張安益
王長生　李大文　楊鴻禧　楊　超
曹世隆　吳爲玉　喻　全　陳相連
陳仁盛　陳光朝　張正綱　王　二
張文哲　羅光裕　陳裕元　高哲玉
祝福興　周應章　張茂義　徐　大

曹忠連　郭正芳　闞三元　屈　洪
蕭　春　栢材理　何　五　陳裕春
劉宏德　余光寅　陳三元　陳　亨
郭添喜　董　有　楊雲祥　劉　龍
吳　秀　吳耀琪　傅　考　吳　長
趙　祥　王三傳　楊承洪　李　響
鄧名忠　馮　大　魏揚秀　袁國仁
闞　二　黃金榮　王應魁　梅萬洪
黃順廣　李正彩　吳謙益　王文光

李茂元　魏學文　張名揚　陳　燿
李良高　王正宏　葉中五　李光生
趙萬鎰　陳啓華　張名祥　馬家福
楊如意　汪大珍　張萬義　陳裕金
蕭九銀　高哲偉　馬　二　甘　東
徐環之　黃正和　張靄之　屈大貴
惲　五　謝　大　傅民新　祝　燿
陳漢生　李大愷　蕭　大　魏定松
鄧大順　孫小山　錢　金　夏　春

顏得意　陳　春　王佐梅　袁大貴
白行業　姜啓耀　譚紹衣　畢重陽
張文元　程惟金　湯邦貴　向嘉猷
蘇祖品　廖士珖　郭志綱　張　鎰
張合啓　陳順興　龔　二　汪光典
王光瑞　周曉福　向以仁　夏　奇
陳有倫　張　望　夏天恒　周和尚
葛宗壽　周大金　李世順　昝　望
楊恩祥　劉桂堂　蕭大才　黃成文

李玉香　雷福榮　朱敘五　張正倫
蕭正華　管世鑾　熊錦元　李天壽
王天元　趙　毛　楊　想　廖　安
明兆榜　蔡知福　史　寶　史　春
江天桂　徐　尊　聞人臘　張　安
徐　宏　徐　安　錢小韻　熊宜鈞
吳永清　黎希任　夏惟中　劉裕儀
陳丙如　陳芝達　陳恕嵩　李恩定
陳超萬　王宏德　胡啓友　王大化

丁瀛洲　賽國執　王文朋　陳新太
邱文亮　黃在龍　楊正泰　楊惟善
李正江　艾　榮　徐克明　陳有貴
梅興順　王光順　周有順　萬家海
李錦芳　劉全保　鄒長生　張存炳
羅永太　倪明亮　文　長　蕭正義
邱永秀　黃明元　葉玉金　王盛有
胡大同　胡大烈　徐廣德　胡成春
余德仁　汪正坤　黃　甲　蔡全太

李之雨　毛泰康　戴　德　陳聲清
戴廷芳　陳大玉　王金元　黃金暹
陳桂元　羅明標　高家驥　郭寶善
陳三元　周懷仁　張振益　王有恒
劉德楷　楊明照　宗永壽　賈惟勤
易有清　王有杞　王有高　畢鈞圃
吳應先　邱宗保　李應山　張啓盛
張祥文　吳文錦　劉慶雲　程紹萬
彭士華　汪三喜　張承榮　楊正啓

孫　大　王東儒　王宏清　楊宗林
韓則恒　丁　先　王光德　夏德元
彭永言　李之才　金正椿　朱玉龍
朱大明　洪　大　王　定　洪　誠
吳正言　陳傳貫　葉心齋　許本志
黃體元　張映芳　張家祺　錢震南
魏學近　吳明順　程之棟　羅豐盛
劉中瑶　胡　耀　何啓宏　蕭光鏞
胡九峯　余光明　袁同茂　萬　懿

張榮贊　陳正揚　郭壽山　涂如龍
張合昌　王　寅　劉長發　王海五
陳世燦　羅元福　馮仁壽　郭耀先
張敦德　程大福　潘應梅　李春高
徐秀章　劉學鴻　曾　琪　蕭　暉
鄧萬順　徐　銘　李開泰　萬宗恒
易大迎　邱元魁　王復善　謝朝貴
洪天植　王映亭　李繼成　陳明煜
孫大年　趙　綱　陳宏瀛　丁源澄

王　英　王隆茂　胡　金　徐光煥
楊鳳儀　蕭德潤　何德壽　戚大相
黃正綱　李承坤　張繼焜　王啓太
熊錦標　張國城　陳光祖　魏定松
吳之湘　姚積玉　俞相雲　何元愷
俞相臣　廖光發　李之濱　李正明
沈瑞堂　王茂才　李至祥　李庚成
易開榜　劉德隆　王宜鼎　蕭正金
朱光隆　李正才　王厚光　曹啓賢

王大椿　李用聰　何世才　毛務本
劉昭義　劉華榮　魏輝有　彭朝恕
朱希榮　湯子仁　葉大受　吳士賢
顏兆豐　劉自新　張士貴　王大典
邱宗龍　甘榮厚　王大年　馬大坤
唐紹春　劉家興　畢　珊　郭正銀
衛德明　韓巨雲　劉文紀　陳自德
胡正剛　萬正明　周玉揚　陳玉秀
黃合義　陳國柱　張正明　畢　亨

王光福　蕭宏順　張長文　戴　鈺
陳有惠　胡大中　孫大喜　孫小喜
趙長松　趙長森　晁文鏞　陶天昌
姚本善　陳德先　周至中　郭正仁
李光儀　劉大貴　鄔玉枝　潘祥國
何宏義　傅　幺　彭祖香　余得明
王光德　韓六十　張　跛　梅萬發
余大和　李茂元　龔仁均　汪起貴
凌傳生　汪　德　宋琪實　袁廷貴

張宗義　劉正坤　劉恒厲　王爾龍
李小啟　高小華　周二八　陶光大
王　士　蔡崇發　饒　山　康萬鎰
周啟明　李　二　胡光燕　楊仕宏
蕭正年　萬彩雲　江宏發　張　琪
呂文煥　蕭　明　韓　長　沈明元
朱　香　夏明魁　張光太　王　年
吳大明　劉天喜　陳士元　胡祖烈
吳文榜　何得寶　杜　乾　俞致生

劉長春　尹林東　李大前　孫小啟
徐得義　張序東　甘　喜　許玉太
李茂林　張霜降　夏天福　李允發
舒長壽　饒有保　李如意　李　年
趙　喜　陳長壽　史　喜　毛雅圖
王太明　李宏源　張　儀　丁　德
謝琪林　劉小二　朱長太　余　旺
蔣德忠　夏　順　夏　二　高得意
李永先　吳起祖　黃正明　王佑梅

王國坪　孫正揚　吳　潤　楊傳盛
夏章富　張路九　張致德　楊家中
羅海峯　廖大生　劉　武　徐得起
張成名　蕭啓榮　李復太　江世學
蕭友國　劉祥林　徐明章　金宗貴
徐家照　陳大文　李公慶　陳開元
張一谷　李光寅　吳珊拔　王國定
胡起友　王　先　朱　伍　饒　福
陳大元　李友純　黃致和　羅　德

李啓大　王　德　黃明榮　蕭大榮
蔡秀書　謝得泉　董元起　蔡章書
楊益本　向　喜　許　雙　熊炳杰
陳　益　雷　花　胡　咬　黃　雙
言上林　彭光宗　張永成　雷　二
周光鎬　高天貴　陳傳楚　邱傳發
毛　士　曾成祥　盛起蛟　喻國有
王成志　庾炳南　夏永發　吳全官
姚家淦　陳佑啓　張光訓　李傳仁

馬家榜　方　鎰　朱蘭生　魏　五
胡成美　王定山　敖宗祥　丁先恒
蕭之學　彭厚才　楊衍官　陳德茂
楊三元　方柏壽　毛漢元　吳永盛
米明德　程體本　周德華　朱洄仙
查萃芝　王從新　陳至權　曹喜保
王成萱　馬安生　鄒清品　徐丹動
張兆典　劉玉先　袁大年　袁世武
袁順喜　楊　林　劉世桐　劉大華

趙大智　吳光盛　邱　山　鄭　山
張學明　何芝生　曾郁南　郭正章
劉志友　龔小壽　李金順　戴福生
彭在榮　陳啓發　王　大　康萬一
米廷鼇　陳用敬　蕭　宏　蕭正高
陳貴元　楊遠志　劉承啓　胡炎蓮
馬得順　王明綉　楊德正　孫大元
胡華林　萬大貞　孫二元　賀大玉
鍾起榮　楊上達　張　宗　羅大德

夏億大　楊世德　李榮貴　陶　二
馮正富　江啓太　劉文福　李開運
羅光明　梅開太　李全直　劉長凌
趙登瀛　張明則　倪長興　朱東意
鄧大全　吳致節　王　庚　祝繼昌
傅洪貴　張世順　白世貴　蕭德茂
周大元　張世太　李元芳　陳開桂
張登得　馬學章　楊大華　吳福臨
陳清福　孫正魁　蔡意章　熊　福

喻文煥　王　春　余　運　徐開佑
方正貴　龔　大　胡朝榮　施應宗
龔得勝　劉文金　王　宗　劉興發
華心齋　唐全元　謝谷華　楊建學
陳如意　陳德容　袁世高　張大年
李光淇　彭　富　余　順　李世準
王天喜　劉　旺　封存禧　陳大倫
趙魁林　雷　二　張合貴　葉澤禧
王　楷　張佳義　王振宏　丁裕含

曾錦萬　童有桂　沈　臚　楊大文
曾錦年　陳得意　楊　松　胡元保
劉三元　王升平　萬賢太　邱德純
錢國寶　萬　九　梅　三　趙人壽
周盡臣　洪全佑　曾錦華　樊　順
董錦華　何　望　唐　玉　朱　么
羅有元　劉大祥　劉小祥　夏明發
朱家章　程明燁　程明爔　程明煌
胡繼安　胡燁祖　李大長　李小長

李天漢　龔福海　龔鴉塗　王家樹
胡　全　王家彬　張恩澤　何大貴
張　成　張　應　蔡天合　陳文茂
陳　壽　王　雙　王士元　王　喜
潘揆宗　王世儀　王　全　陳增輝
張培第　曾本貴　曾　祥　謝立揆
李華南　劉世貴　湯文魁　張明祥
熊　德　曹大章　章正發　周正倫
吳　喜　祝方賓　嚴少林　劉志忠

會德鳳　譚必元　李聚賢　文明先
吳長鴻　羅代枝　熊大才　鍾小順
胡　運　胡　鏞　吳正葵　胡艮梅
吳崇應　湯光貴　范長春　呂有周
蕭忠榮　王珍士　余敬賢　黎鑾巷
洪　大　洪　二　練心情　羅生潤
黃雲昌　程　交　徐登瀛　韓　渤
吳先敏　左先寬　張金太　潘光龍
韓家欽　姚世有　汪仁培　江鳳軒

劉小長　王　璋　楊正卿　王壽椿
楊文鏊　戴昌運　俱民人
以上咸豐五年殉難
宋以本　王振春　李大生　李大壯
張德明　陳世鏞　賀元恕　王大貴
江有德　周大貴　杜朝楷　郭天諄
吳應緒　潘定國　丁正富　葉心志
孫祖連　楊明照　鄢則富　錢福善
姚本登　周家春　李大純　鄢則亮

劉照宏　李正元　熊德華　唐尚金
李文美　王正鳳　雷善國　謝采賢
吳興祥　劉才高　秦光華　廖華國
劉允元　丁漢先　劉允高　易有貞
劉正德　吳賢元　張　山　劉　士
廖華魁　廖元成　余傳盛　李士友
邱宗龍　張大成　左雲美　彭朝楷
張傳文　李士富　胡體順　蔡連迎
蔡知和　張光順　丁銑衡　喻相智

楊志富　曾　望　廖六年　吳　恒
王明鑣　龔濟善　向子敏　鄭雙九
陸德發　羅　武　汪心恕　屠德億
李運申　李　香　黃邦念　李光發
朱尚富　周玉印　徐德盛　劉昌發
胡高陞　萬　雙　劉其宗　徐己丑
萬國富　饒春貴　胡裕慶　湯癸未
劉應甫　王三構　王朝念　周世珍
徐戊辰　劉永才　王大德　張連元

唐　玉　李　光　高　升　王　斌
袁　福　趙國珍　陳　光　葉　望
楊　浩　胡紹定　陳　高　丁　彬
張　志　明元本　姚　恒　彭　悅
吳　浩　何子嚴　周　會　李　相
葉　福　蕭興富　畢　高　楊　炳
吳　楷　蕭興貴　汪　太　彭　文
吳　斌　唐乾元　劉　成　吳　春
會　元　江三元　彭　正　李　忠

陳　進　楊茂仁　周　順　孫　奎
程　亮　程　華　蕭　茂　劉　青
劉　光　張　圖　張　相　彭　奎
彭　台　張　升　應　洪　江三元
閔正保　陳石投　余萬隆以上殉難各役
藍翎六品銜屈作勇咸豐六年在九江府陣亡
把總舒致祥咸豐八年在三河鎮陣亡
藍翎千總宋得勝把總段必貴李大忠咸豐九年在
潛山陣亡

程　俊　阮高陞　賈連魁　錢光輝
孫占彪　周連陞　吳學成　闞高陞
蔡玉堂　張　德　倪其實　吳得發
鍾本大　韓　升　張　越　姚楚春
周名先俱勇丁
以上咸豐五年陣亡
朱家裕偕子功富　王正祐偕弟正禧
易尚賢偕姪法煥　蕭　洪偕子正綱
萬光漢偕子宗賢宗貝

陳其俊　羅昌運　晏道謙　柏家珍
楊正達　黃　旭　李振先　吳琴堂
姚正泰　嚴邦基　况嘉泰　范丹林
張啓坤　王之翰　曾榮昌　王桂齡
胡報元　曾登第以上殉難各書吏
陳　坦　張金魁　萬　太　張　英
郭開榜　楊　元　吳中驊　吳中騤
蕭正源　蕭明禮　羅　銘　劉　坤
黎啓煌　劉　松　熊高升　劉　元

藍翎外委余壽春咸豐九年在無爲州陣亡
精選中營守備蕭錦發咸豐十年在廬州陣亡
六品軍功吴正興李元生鄧忠友王洪勝咸豐十年
在廬州陣亡
從九徐瀰濱咸豐十年投効昌字營六月在霍山陣
亡
項朝相廩生項大文之叔奉母避難居孝昌咸豐十
年母卒值賊氛四擾未能歸里卜葬於孝邑之舒
鄭家灣十一年賊冦孝邑殺戮無算鄰人促其同
避相以母墓不忍離賊至日攜酒墓側駡賊被害
並其屍殘焉
藍翎守備丁亥彬同治元年在寧國府陣亡
外委江定邦同治元年在潁州府陣亡
陳傳錫　胡　文　宋得忠　劉家銘
謝得貴　高順獻　羅長勝　吴正起
曹全勝　朱國齊　方得勝　孫有才
胡元珍　陳洪勝　楚玉升　劉得勝
王定全　文開國　劉大貴　倪士發

杜宏升　呂得勝　熊得勝
以上均本邑勇丁在外省各屬陣亡
勇丁何賢璧精拳棒咸豐乙卯賊擾漢口璧力鬬刃
數賊賊衆麕至共刃之其鄰人劉近順胡光松張
士順李正與及子傳中同被害補輯

續輯漢陽縣志卷之二十

孝友志敘 懿行附

践孝友之行者忘孝友之名者也彼自動於天屬之愛導於性眞之不容已纏綿固結肫然油然藴懷來而縈寤寐自以爲未能副其實奚暇計及名譽哉然而閭里之人固已心焉數之翕然誦之父以飭其子長以訓其少曰某孝子也某弟弟也當法其行久且播之歌頌傳之圖畫是非慕善之心民彝共具而無容强致者耶若夫淸德令望珪璧

其躬嘉言可以廸後學美行可以植楷模里黨歸仁州邦誦義斯亦荀陳之流坊表人倫者也皆宜登錄爲簡冊光至若身居臧獲而操心制行守義純固雖患難不渝此亦有足多者後漢獨行之載守善斯其例矣連綴書之以次於後志孝友

明

王化字廷宣以貢士官孝豐敎諭力持正論士風頼之正德初漢陽火化以親柩在堂哭禱於神火遂止學使蔡潮以孝友感應表其門

陳訪模敦孝友重然諾事病父及庶母皆得其歡心里黨稱之

唐賓母病割左臂及胸肉爲羹救愈知縣董毅聞之旌其門

朱襄字子皐御史衣之弟母黄氏病臂癰襄割股爲湯飲之而愈母又病痰爲文告神請以身代病亦愈襄卒後鄉人祠焉

高應元萬歷初割股以愈母疾

曾松漢陽府吏也割股以愈母疾上官嘉之後官高

安主簿

居奏聖母盧氏病篤割股以進病尋愈

瞿成龍割股愈親戚稱其孝

劉樹範樹俊母李氏遇亂死節二子俱以身殉焉

鄧禹緒字雲起府學增生父正謙老年疾篤醫藥罔效緒引刀割股以羹進父病旋愈督學以純孝格天旌之

李昌祺字愛廬遇寇亂祺負母走避山中崎嶇萬狀不辭艱險卒免於亂

蕭士美江西人僑居漢陽文寺山萬歷十年父沐病泄士美割股和羹進之而愈

國朝

黃金階事親至孝母病禱神求代遂獲痊及母歿手刻像奉事如生前廬墓六年有白鵰來巢麥穗兩歧靈芝五莖之異有司日餽薪米學使王琯拔入膠庠康熙四十四年　旌

黃儀金階子父病泣跪醫前請救父歿貧不能葬守柩哀號三年如一日既葬廬墓三年夜有巨蟒護

其廬墓田所植瓜皆一蔕二實母何氏二十九守節至五十卒儀哀毀如居父喪觀者流涕因名其地曰孝子里雍正元年　旌

以上兩孝子坊原建漢鎮花樓下同治元年四月署知府周樂移建郭公堤鐘樓下因年久石爛易坊爲碑並誌顛末於右

王天一蔡甸人其父立功康熙初貿易滇黔有謂貿水西夷地利可什倍立功遂客水西離家二十餘載天一年漸長語及父輒流涕每欲往尋以道遠無資逢人哀訴會有秦商憐其誠攜往滇中因抵水西關隘險峻危殆者數矣艱苦萬狀竟達父所父以收債未畢尚無歸志天一勸懇婉切晝夜慟哭父心動乃扶持以還抵家二歲卒天一哀毀踰常未幾亦以疾終

曾思謀性至孝夏逆告警思謀獨與母行賊執其母思謀泣以身代賊刃傷其臂深寸許哀懇不已賊義而釋之母卒未葬鄰火延其室思謀撫棺呼痛家人掖之不肯去比火滅前後俱燼停柩之室獨

存思謀亦無恙既葬廬墓三年父公路遘疾思謀終夜默禱願促己壽以延父年已而父瘳思謀年三十一卒雍正九年　旌

李嘉杰字越凡母理氏早卒父娶後母頗不慈杰毫無怨懟朝夕侍母側孝養備至一日杰熟睡母以手扼其吭幾死賴救得免後母生一弟嘉杰待之如同胞弟亦友愛母持杖逐杰杰流涕弟亦泣涕跪母前求釋父卒弟亦卒杰以己子爲弟後乙卯杰亦卒母感悟哭之痛曰吾兒死吾孝順兒亦死

乎每對人言輒流泣

徐成質字鼎文少時事祖母李極孝會鄰居火父柩在堂將延住宅質計無所出橫臥火中會救得免柩亦無恙時以為孝感所致康熙己卯中鄉試由四川守備陞建武遊擊兼攝永甯江安營務開諭頑苗整肅戎政潔己恤軍不辭勞瘁以疾卒於烏蒙

賜金歸葬

李廷梓字皇柱漢口人性孝友父歿盡哀盡禮寢食

俱廢奉嫡母先意承歡家貧竭力以供甘旨母病衣不解帶朝夕奉湯藥禱神願以身代歿後哀毀骨立竭蹷營葬廬墓三年生母張因亂逃散廷梓遍訪於湖南江西備嘗艱苦後十年得之彝陵尼舍迎歸奉養十八年乃卒邑里稱孝無閒乾隆三年

旌

項大德字立上成都守項誠之次子生有夙慧四歲出就外傅五經成誦不遺一字十歲操筆為文日可數十藝每作詞賦沉酣庾鮑紙貴一時刊有梯青集二十歲以五經補博士弟子員歲科試輒冠軍司衡者手其卷歎曰國士國士立上之名幾徧大湖南北矣性孝友與兄大復出則連璧入為花萼其遊泮同時人多以雙丁兩到目焉壬戌侍母孫氏疾半載食寢俱廢以刀自割股肉雜藥以進時天寒肉裂自冬徂夏膿血腥臭人乃得知母卒而痛楚日甚傷痕潰處大如掌隨以神銷而死彌留題句聯匾見者流涕卒年二十六歲

吳士鏊字皤崖性至孝年十六父病籲天願以身代

及病篤割股以進遂霍然起人稱誠孝素喜施與鎮有被水火災者逐戶給資受惠者不知所自育嬰普濟二堂額外加捐衣被口糧以佐公賑里黨稱道不置以候選同知

誥封奉政大夫

吳遠忠祖居索河父緒承以軍功為橫州牧早卒母江夏總兵徐 女忠兄弟三人遠惠遠澤宦忠家居奉母每夜臥母榻前一切起居飲食痾癢抑搔不假婢僕必躬親之不宿私室者蓋三十餘年

母患眼漏眵淚流黏成痏忠以舌舐之冬月嚴寒則先以母衣自服待温始以衣母晚歲家中落忠年已近七旬或約腹日一食而奉母之甘旨無少缺焉

熊翔家本貧幼習儒業母年七十竭力奉母遇不能舉火日輒貸市脯湯餅以進母曰汝食乎則必曰已食於某所饑甚濤涎上湧則嚼蔥以止之夜聞母嗽必起具茶湯旦日母有所往必左右隨之乾隆二十六年科試入郡庠弟子從之者稍衆束脩有餘則分贍子弟自甘淡泊焉

劉臺國子生孝於繼母李氏親侍湯藥割股愈母病居平勸人行善家庭中融和之氣溢於眉睫母年九十臺年八十六俱以無疾終著有哀哀草子天鏡監生

李燿字炳南增生性純篤端方事親以孝聞母遘弱疾臥牀蓐燿晨昏侍之治湯藥覗飲食問寒燠五年無怠容每夕默禱於神乞減已算以延母壽一旦若有相之者母病遂霍然能步履後十二年而母始卒燿亦壽八十一子孫俱列膠庠以孝友世其德

蕭卓銘字警菴先世宦裔銘成童棄舉子業服賈孝親飲食起居無弗先意承志父珖病噎銘適外馳歸以所嗜進父欣然爲盡一盂延數月乃終仲弟卓鑑早卒聘妻潘女立志守貞銘迎歸守節數十年以子晶爲之嗣歿與弟合葬祖墓側以成其志撫季弟卓鏞成立分財推其饒者與之訓弟之子則不異已子也嫁諸妹贈遺極豐性慷慨戚黨中賴以舉火者數十家時有喪艱於殮者以自製之

櫬付之故義聞重於一時武昌漢陽修學署需費數千金銘獨肩之事聞大吏以額旌其義以長子曜議敘州同　封朝議大夫

姚光漢字倬章先世江西人遷漢陽父國鑑早故兄光治以哀殞光漢性誠慤事母孝母衰老得心疾左右就養終夜不寐母卒廬墓三年晨昏奉几筵如事生免喪祭必涕泣終身未嘗忘値母題　旌人欲並舉其孝者力辭之慷慨好施置田於祖墓

側給族人耕俾以自贍庚申歲饑設計輸賑且施藥以為災民棲止太守邑侯賢其事表門旌之弟光海孝友樂善亦如其兄時邑中人才蔚起而學額臨於孝黃二邑偕邑人鄧承逌請於邑侯裒行懇詳請增額事載學校志

陳經國人歲失怙母患癱躬滌汚穢服勤致養不敢告勞既又病噎醫不能痊遂割股肉和藥以進母病旋愈比長入武庠壯健魁梧而事親如嬰孩時戊戌冬歲歉經國室如懸磬雪夜拾遺金一封訪

失金人楊姓還之是亦人所難者子際昌武生

曾承孔字聖齋彭家邊人八歲父沒事繼母劉曲盡孝道母遘疾劇承孔焚香告天願以身代卜藥不兆乃祝曰無已割股乎是夜晴霽於後園竹林割股天忽風雷割畢而星月皎潔煎湯以進母遂愈承孔立品端潔戚黨皆矜式焉年七十卒

張承晉字子昭三歲喪父母胡氏習詩書嫻禮儀以節自矢承晉仰體意旨以禮自持未嘗失口於人失色於人也比長食餼於庠母患氣逆時間發承晉侍藥危坐終夜不敢入私室母呻吟則按摩抑搔必俟病已而後即安故宗族稱焉

劉盛照九眞山人乾隆初以孝聲聞於鄉里其行事不傳而至今婦孺言子之孝者必曰能如劉某否副榜萬滮剛有孝子行記其事

王友義字惟公幼失父事母以孝聞母寢疾割右股和藥以進當母病劇有傳以糞之甘辛卜病之安危者友義即私嘗之病少瘳則又嘗之三嘗而病愈居平好施予持公論人皆敬之孫思德貢生

王朝貴友義子亦以孝友聞義疾劇朝貴割股愈之事母愉色和聲融融如也嘗買舟有所適襄陽人王瑛叔姪附舟行先登岸遺金五百於艙中朝貴撿得之亟迴舟追至百里外付還時王瑛叔姪正以失金事互為猜疑朝貴至乃釋然欲謝以金不受乃以見得思義額奉之其取與不苟多類此

徐鋼黃陵磯人性謹飭口無擇言雖浮沈市井而樂與儒生游譚古來孝義廉節事母陳氏遘瘵疾遍延名醫不痊鋼以利刃截股肉一塊和藥進母母

病遂愈

劉文鳳參山人父蔡榮母周氏早卒繼母郭氏撫文鳳如已出父卒家僅中資喪葬後繼以饑饉廢斥殆盡文鳳依繼母居出必告返必面郭遘危疾易數醫皆束手文鳳於靜夜刲股肉二寸許血液淋漓裹帛即止初亦不覺痛楚和藥進郭疾頓愈文鳳創亦旋合紅斑宛在偶爲人所窺詰之乃得其隱後十餘年母始卒文鳳年六十餘賦性謹訥躬耕自給鄉黨稱爲善人

劉正芯龍霓山人進士劉順昌之裔孫性至孝閨門之中雝雝穆穆無畸絕之行而肫然藹然之情自然流露能令頑獷之人不言而化至今人猶稱謂不朽

劉經傑羊岵山人事嗣母戴冬以火溫其衾褥夏苦蚊蚋則爲扇驅之母以節著竭力爲之請旌於朝性好義歲歉捐資濟人建馬家義渡船以便行人年八十一卒

許璜年十三母劉氏病厥璜潛割左股煎湯奉母食之愈時値夏月傳搶以膏藥適解衣啟視赤肉徑寸許四圍之脹起者如環母與其兄固詰之乃悉其故母爲之大痛

張甯遠城頭山人目不知書孝出天性母詹氏遘疾村中無醫藥甯遠見母呻吟痛楚計無所出即割股煎湯以進母尋愈村人羣頌其孝

蔡五名傳習蔡坫人先世巨族至五已式微傭以給食年四十忽遘厲疾遂癱瘓孀母年七旬餘無以得食五跌坐地下筋攣足拳匍匐與曳以手代踵

號乞於市偶得食必先食母有餘方自食如是者數年忽於五通廟遇搖虎撑者曰子純孝吾爲爾起廢乃以藥一粒予之且爲針數處針畢即能立見者衆皆駭異遂相與追搖虎撑者已不復見五病既愈里中有設筵者五輒爲奔走計傭以取直或分酒肉必歸以遺母母年八十里黨醵錢爲治具稱慶小引有家徒四壁居然君子安貧客賜一臠必曰小人有母蓋錄其實也母卒越五年亦無疾而終

丐者張八名大榮居爹山陰有母老且病八丐而養之得食先奉母母未食不敢嘗或乞得錢益市珍物進母母食有餘則藏以待缺且積以儲絮衣爲母禦寒身鶉衣不蔽體朔風凜冽𪗋噤吟不能聲弗顧也積錢千文詣木客購棺木客感其孝以價倍蓰者給之或有市棺者以其材比量價値木客曰八以丐得錢能爲母備殮具雖持少錢猶當予之子逐利以活妻子者子胡爾也母卒衣衾棺木皆夙備村人歛而賻之八盡以治酒食祀母畢招

村人共食之八野居破篾蓬中村人有縣布於野而忘收者八即門送至其家其不苟取如是嘉慶初年六十餘卒於母墓側里人即其地葬之

李約漢鎮人家貧販果蔬爲業父亡母老且瞽性至孝終身不娶人問之則曰恐得婦不能盡心以事吾親也早起輒具湯爲母櫛沐滌溺器候母食竟乃擔籃赴市置鮮果歸淅炊飯母乃再出日旰市肯旨爲母脫飯夜篝燈誦古詞小說或述日間所聞新奇以侑母酒或不辨亦必忍饑市肴饌以歸奉母蓋三十年未嘗一日間也母七十餘壽終約年已五十矣葬畢一痛而絕

陳天授東陽坊人母早卒繼母任氏撫之年七歲即知孝養貿易歸必市果餌遺母母病侍湯藥衣不解帶年二十母患惡疾數月不瘳暗禱於神割股和藥以進母遂愈時當甚暑不去褻衣母問而知其故乃撫之大痛年四十四卒

閔貞字正齋其先廣濟人祖始遷漢陽幼孤思親不置遍求寫生者俱不肖因自習傳神之藝偶於市

中見一嫗酷似其母即延至家款留數日摹其形於絹素又見一叟有似其父者亦貌之持以示人有識其父母者咤曰子從何處得見爾父母耶何其神之似也貞因裝潢成幀與其婦朝夕進饌如事生焉一時閔孝子之名噪於大湖南北戊戌己亥開游京師翁覃溪閣學錢竹汀宮詹皆爲詩歌題其奉饌圖歲丁卯後藏班禪額爾德尼來朝

上命圖其狀時如意館供奉所繪無一得其彷彿者金

大司空壆貞應

詔至嵩祝寺貌之甫數筆其隨行之弟巴班第等皆歎
爲得神畫畢荷白金文綺之
賜貞畫倣陳洪綬衣褶有篆隸草書法而至行敦篤不
亞古人之刻木以奉親者藝術其餘事也其徒周
逢盛亦有畫名

戴古沅性至孝生事死葬盡哀盡禮同學舉之學使
吳　旌以庸行所難額

馮大從字仁裕八歲母卒事繼母以孝聞父歿後每
事必稟命而行母年八十餘病篤大從年已七十

跪進湯藥晝夜無倦母歿哀毀骨立天性純孝老
而彌篤年七十七卒子自遐孫必彥皆業儒

吳遠治性純孝父病劇割股療之愈族黨公呈學使
吳　給風維孝義額

汪必誠必相弟也事親以孝聞而未嘗務奇特承顏
順志得二人歡手足友于尤出至性必相捐賑助
餉諸義舉多爲誠力所贊成里黨中有貧乏者加
意周䘏無倦歷任刑部郎充　軍機章京願未竟
其用齎志以沒物論惜之

孫廷士邑儒士東武節婦許氏子也初東武隨外祖
程之亳州學署許氏偕行程卒東武繼亡許氏生
廷士甫六月去楚遠不能扶櫬歸遂葬於亳攜廷
士返漢陽終養翁姑苦守五十餘年事載節烈廷
士髫齡居大父母喪哀毀若成人以禮葬祭稍長
哭詢父墓母曰爾孫氏五代單傳不絕如綫待稍
壯告爾甫成人泣請始得顛末揮淚就道備歷艱
辛將抵亳值黃河漲舟覆流三十餘里舟人黃某
救甦匍匐泣尋得墓所培墳築廬居數月反楚奉

母自後率歲一往省焉母患寒喘廷士調護數十
年如一日母卒葬於鐵礮山北終喪廬墓寒暑無
間廷士痛父早逝兼傷母苦節乃構祠合祀於亳
孺慕烏私老而益篤有談及事父母者輒淚下如
雨亳牧李爲之示禁樵牧作歌誌美各大吏亦俱
褒以聯額庚申壬戌歲歉捐貲助賑事
聞予議敘他如任郵威鄉請增學額施棺櫬藥餌諸義
舉不具述嘉慶二十一年題
旌

蕭貧乾隆乙酉拔貢蕭因之子因充武英殿校錄在京患病貧年十五奔侍邸中傭書得貲以供藥餌父歿扶櫬南歸舟至道士洑大風覆舟貧抱柩漂流三十餘里遇同鄉李永隆舟救之貧兩手抱父柩不釋僵凍僅餘微息次日忽張目問曰吾父遺骸得免乎曰免矣乃央人掖至柩前再拜曰兒今從父地下矣言畢大慟而絕其聘室胡姑聞凶耗矢志守貞詳見節孝嘉慶十五年與貧同　旌

丁濟字伯康號廬舟邑庠生性純謹以孝友聞品端

嗜學窮究經史與子弟論古今孝義事必求其理之當年三十妻歿不復娶敎子燕春弟澍成立著有嘯秋山館詩稿丙子秋緣父疾侍湯藥不輟迨父愈而濟病已沈遂卒以子燕春官廩濟訓導

覃恩贈修職郎道光十三年同學公舉學使吳給以篤孝可嘉額復於十四年如例題　旌

劉正青方京之子父亡母晚患痿痹症十餘年不能起青衣不解帶滌溺澣垢溫衾扇枕者數十年村外演劇必負母往觀母八十五歲卒青哀減毀性遂失明年七十二歲卒前學憲王以篤孝可風額獎之道光二十九年　旌

楊致清字秀亭世居龍霓山麓父世勳母王氏節行詳列女門清生半歲而孤長見父衣履輒啼泣以不見父爲痛母患頭痛輾轉牀榻清親奉湯藥不私宿者八年忽得異人授以奇方而瘳人以爲孝思所感尤篤友愛鬻已產數百金代兄償負歲歉有飢寒溺女者清立予數十金賙之道光六年學使王額以誠孝堪欽二十九年題　旌

張文遷儒士孝行純篤道光二十九年題　旌子廩字奉先郡庠生承庭訓體先志奉二親不缺甘旨親疾焚香告天願以身代親歿廬墓三載永訣時囑葬先人墓側死可相依是能以孝繼孝者

李前明裴家山人父振儒節母雷氏家貧終身不娶曰得婦不賢反蹈不孝中年有諷明娶者母再三勸之堅辭不允因母衰老飲食起居未敢離左右也母病明割股二次和藥以進母病頓失後視創痕不禁淚下明雖年逾六旬朝夕依戀如嬰兒母

卒哀毁骨立尤敦友于弟前廷卒撫姪賜烈飲食
教誨至於成人明家畜一犬乃鄰犬所生鄰無食
豢犬明家犬乃飽食過鄰吐而哺之里人稱爲孝
養及物云年六十有二卒道光二十九年　旌
楊和德字履中居龍霓山陰父應珌母徐氏和其季
子也性至孝友兩兄運蹇無力養親甘旨之需和
獨任不與較父母疾親奉湯藥不私宿者十餘年
及卒哀慟如孺子然善視兩兄尤敦友愛無子以
姪爲嗣得孫四年七十三歲卒道光二十九年

旌
楊東彩開文養子性純孝父鍾愛母氏王屢遷怒撻
之彩跪受無愠色寒暑撲扇温被親有疾嘗湯藥
焚香郊外求延壽父沒泣血搶呼痛不欲生弟東
明東凱幼恃母勢凌彩彩以友愛感之竟使兩弟
化爲恭讓後兩弟相繼亡事母益謹母晚年目瞽
出入必彩扶掖而始快每夕進酒漿奉肥甘取給
傭賃親滌溺器不假妻女手頻呼萬一二字母死
痛幾絕竭力營葬或問萬一何彩曰吾穉年爲親
所養今赤貧所進衣食可稱甘煖乎親恩奚答萬
一鄉里遂呼爲萬一孝子道光二十九年　旌
戴開運字新亭弟開陽字燮亭皆孝子也宗族鄉黨
皆稱之父七十餘以壽終哭泣之哀如孺子然守
墓三年母年九十每夜坐榻前談古今忠孝節義
事及目前所聞見以娛之運婦楊氏伴姑同寢處
十餘年不宿私室母患目疾陽婦李氏以舌舐之
及母歿哀痛逾恒每春秋私祭未嘗不痛哭流涕
也後運折脛骨損膿血淋漓陽焚香以口吮之立

愈運婦病癰疽毒甚重陽婦亦以口吮之而愈人
謂孝友所感云道光二十九年　旌
李宏瑛天性純篤自幼即能孝於親及長尤能曲體
親心父先歿瑛哀毁幾滅性兄弟三人瑛獨養母
三十餘年先意承志甘旨無缺母年逾八旬歿瑛
廬墓三年朝夕上食呼號如事生焉歲時祭祀必
誠必親嘗攜子及僕居親墓虎忽至瑛挺身前行
曰吾自信無欺詐事豈懼虎哉虎三吼避去子僕
俱戰栗踣地而瑛坦步如常時焉道光二十九年

旌
汪宗沅字藥亭以孝聞父卒服賈養親家漸裕以膏腴產讓諸弟己取瘠田居擇其陋者每遠歸晨昏侍奉未嘗反私室膝下依依強艾如孺子時道光二十九年　旌
楊曉望幼孤家貧性耿介不苟取與事母至孝雖薄養能得歡心母卒不薙髮不沐浴廬墓三載喪滿始歸遠近稱之道光二十九年　旌
張鶴田　張我賢　李前桃　傅正綱　禹繼潞

舒文炳　韓德詮　陳廣文　李前緯　張金中
侯廷蛟　文勝祖　許宗元　劉邦卿　劉邦翰
以上各孝子均於道光戊申彙案題　旌因兵燹後事實缺如謹按名錄存
賀文彬壽母賀龔氏次子也性至孝甫十齡失怙哀毀若成人少長以家貧棄儒服賈甘旨之需必竭力以求得母歡庚午歲母病彬出求醫值比鄰不戒於火彬歸冒火求母忽旋風作火越屋母賴以無恙病亦頓愈蓋孝所格也母卒泣血廬墓踰歲時致祭必依神主哀痛終其身如一日同治二年題　旌
蔡志遠字高超襄陽訓導傳仁孫性樸誠不苟取與貧而能養視饍問寢有古孝子風母熊氏患疽臁血腥臭痛不可解志遠以舌舐之如是者數年後禱於九眞廟遇方士授九節菖蒲一洗即愈咸豐十年撫憲胡給至孝感神額獎之彙案題　旌
劉士掟康熙時人事父曲盡孝養父年八十病痢掟嘗穢進藥晝夜不離牀褥兩兄早逝撫三遺姪如

子同里有魏姓以歲歉欲賣未婚婦馮氏者掟聞之以柴米遺之並延馮氏至家度荒次歲豐稔始送馮歸魏完娶里黨稱之
曹善字復堂世居麥山下號大多山人少孤力學敦孝友母命省親金臺食梨而美緘以遺母越二年歸色香味如新摘適鄰媼三人乞餘片食之痼疾頓愈母病篤刲左臂療之即瘳弟曙服賈虧折數千金善不介意更婉慰之弟痰疾數年煎藥滌穢不以假人弟歿以次子禧珍嗣之長詩古文詞登

黄鶴樓有水落樓千尺江空笛一聲之句畢秋帆制軍聞之與訂忘分交又精篆隸工鐵筆法北平翁方綱序其印譜謂篆隸之精甲於天下乾隆五十八年阮芸臺相國作千言頌倩善書屏進呈乙覽故書名滿海內得片紙寸石者珍若圭璧焉壽七十五終長子居輔能嗣其學

丁澍字春畬家貧力學初服賈販米求餘利養親久之不廢舊業舟中猶手一編試輒冠軍嘉慶己卯以優行貢成均考取八旗教習道光十一年卒於

都歸葬故里自葦下泊江漢間咸稱孝友與伯兄濟號二難焉及門史觀察致昌爲繪負米讀書圖徧徵題詠海內名流傳其事長子暘候選同知次煜藍翎訓導燦咸豐辛亥舉人候選知縣

吳世銓字職衡道光丙戌歲貢生家世儒素硯田爲活七膺鄉薦不售乃絕意進取性至孝先意承志雖菽水能博親歡敦友于以家累逾萬金獨任其勞戊戌謁選得襄陽司訓毋老不忍遠離遵例陳情得歸養者十八年時母已壽逾九十銓亦屆七十餘孺慕之誠如嬰幼時生平慷慨好施遇人急難竭力佽助雖稱貸弗恤也尤耿直善排解里人貧季諸爲辛卯戊申巨浸爲患邑中哀鴻徧野倡同志集貲賑之又以邑居江河湖三水交滙之中隄防久廢豐歉莫必倡修江隄及永豐隄閘屏蔽內外居民賴以無虞然不好名每遇地方大事毅然自任不避勞怨事蕆不列名人亦無知其名者咸豐己未服闋仍以原缺選補抵任後値楚疆多事襄陽地當衝要髮逆兩窺捻氛三擾練團籌餉

晝夜勤勞事竣例得獎敘堅辭不受惟日勗士子敦品力學爲先教誨殷拳如居昔日講塾時先後權鄖縣咸甯兩學篆士林咸去後思同治甲子以疾卒於官年八十一子四長傳灝道光丙午舉人內閣中書

余雲章性至孝母先亡父金臺晚年畏寒雲章自爲溫衾不離左右歷數十寒暑無間父歿即墓側造廬置田朝夕奉事如生年六十餘卒

王承鵬沌口人少孤方七齡時母病危即知涕泣籲

天爲母祈壽長奉事尤謹凡事稟命而行至老弗倦至今里閭猶豔稱之

吳賢能儒士少失怙事母極孝問安視饍無少懈道光丙午年母患氣痛藥罔效能避母割股進之痛頓愈日以顯親爲志昕夕攻苦恐以母不及見爲憾數奇不遇先母卒聞者悲之

林枝棟性純孝父榮先病劇割左股肉杯許和藥進之疾卒不瘳迫切哀痛感及路人年七十卒

黃正釗廷槐子早孤事母孝母疾割左股以療之後

正釗疾其妻程氏亦割股拯之釗歿程氏矢志守節詳節孝

蘇祖訓蘇傳宗之義子宗早逝訓以石工餬口事母極孝家貧力不能娶母病瞽扶持浣濯皆訓躬親方髮逆滋擾漢鄉時值訓傭工在外聞警遄歸母已不見冒刃尋獲已餓病不能興訓負母行百餘里抵沔陽乞食以養母賴以存同治七年　旌

王大權山二里人父光漢早逝事母克孝家貧以貿營生值母病必星夜遄歸湯藥皆躬奉不假人手夜則焚香禱天露跪不起病愈不已母年八十餘益健人謂誠孝所感云同治七年　旌

懿行附

宋

張昌中處家以義歷世不分馮當世京嘗贈以詩云一水縈迴遶沌村子房苗裔此間存同居八世三千口可惜君恩未表門孫杓守漢陽嘉其義捐俸代之納稅事聞表其閭曰義門

明

王一鳳少遊郡庠聲譽藉甚父異早世母劉氏孀居即棄諸生侍養訓弟課子皆成名儒督學高其行檄縣榮以冠帶弟一麟子維祐

李瑜字廷和由明經歷官太僕寺丞以少卿致仕家居二十年雅意詩書不與外事郡邑大夫咸敬禮之天性篤摯事親孝蓄兩弟項瑄無間言瑄早卒項文學躬耕瑜官歸請於父道忠擇田宅之美者與瑄子條乃俾項子與己子焉厥後科名相繼居官皆有冰蘗聲識者推瑜貽謀獨善云裔孫芃芃子簡並見鄉賢

胡定字靜夫父廷傑中宏治己酉舉人定補郡諸生有聲次當貢不赴而隱家屢空晏如也少爲異母弟所侮至訟於官定惟哭不辨官召父老直其事責異母弟而慰遣之年八十餘卒

吳紘年十五喪父孺慕不忘家貧事孀嫂以禮縉紳賢者高其節約爲理學會屢徵鄉飲堅卧不出年九十卒孫嘉謨

胡遵義任漢鎮天啟元年知府周三錫以城無內附乃伐禹梁山之石周砌障牆遵義捐貲督功頗著勞績

王瑚字汝器少讀書周困扶危萬歷中兩次大水瑚

捐穀二千餘石備賑掩骼無算三請賓鄉飲皆婉卻之壽八十終子倘賓麻城教諭家賓國賓邑庠生

熊士章字文麓其先進賢人隨父任楚府典寶遂家漢陽補庠生與江夏郭正域任家相交最篤樂善好施至老不倦日坐市門見人有饑寒狀輒捐金與之即僞亦弗問年八十七卒子鳴盛

屠斯立字仁伯其先蘇州西洞庭人宋南渡後始占

籍漢陽中崇正癸酉鄉試初任成安令調江甯數之吳門訪族中派系立始祖元亮公墓碑置祭田設義塾造就宗黨子弟一時頽俗有所矜式

徐傑居湘陰鄉成宏閒頻年饑饉傑竭私橐買籽粒以周鄉里邑人聞於巡撫馮立石免差裔孫永祚廣東遊擊永祐古州道

江油然字元白弱冠補弟子員狀貌魁梧多膂力喜談方畧諳兵事崇正中寇氛日熾油然結鄉勇爲捍禦計適左帥部下惠登相有潰卒由豫將入境

焚掠甚慘然率數百人相持於後襄河凡六七日卒度不能入從他道去事平撫按嘉其功欲改授武階辭不就踰年卒子如繪

廖應魁漢口人混跡市廛留心詩史王府爭漢口地稞甚橫應魁挺身以辨至受拷掠終不肯誣服一辭人稱其勁正焉

熊士奇漢口人性慷慨不吝施與貧者貸無以償或質子女田宅輒爲之焚券曰無以小利折而骨肉奪而居食孫徵泰舉人

吳容字宏度索河人貢生天性孝友年舞勺父徽捐館哀毀若成人未冠遭兄喪適值母週甲進奉母强歡笑退則慘怛憂戚不可名狀與堂弟宇構公堂使子姪同居和順無閒言

劉寶明天啟人慷慨有志節弟賓及埰皆文學知名勸應試寶見時衰不樂仕進修偉美髯勇力過人時本鄉盜賊公行有羣盜夜劫鄰家寶往手舞大車盡殺之爲人捍災禦患事多類此

國朝

吳嵒字自玉爲人光明俊偉與人交心無城府讀書不求仕進事父母以孝聞親柩在殯鄰人不戒於火嵒搶地呼號猝反風柩乃得出弟早卒撫兩孤如己子宗黨不能自存者置義田贍之年七十八終子正治

吳燮歲貢生候選知縣居家孝友好善樂施居父母喪俱築室墓旁哀毀終制又繪望雲圖以寫哀思殁後里人嗟悼之謚曰純孝子山龍光祿寺署正

項璧字象明本彭氏父小塘冒舅氏項姓璧性質凝

重笑言不苟喜濟人急家故無餘資遇歲歉嘗行村野聞見無炊煙者卽以小銀封從門隙擲入受者多不知所從來子一經見官業一綸一緯俱庠生一紹縣丞

蕭箸齡字毖孫邑諸生方伯鳴甲子性仁厚年十歲爲賊所執傾重資獲免及長有告以誘賊者令圖報箸齡不可從兄某居燬於火卽割己宅與之一貧友悞賣婢於樂籍箸齡聞卽捐金贖歸其行事多人所難者子三人宏蔭垂蔭豐蔭皆諸生以文

名著

朱天慶字開子生而穎異善詩古文辭精書法年十二見知於學使蔡公順治甲午以明經授知縣職未任卒爲人孝友姊適胡世珍年十九茹貧守節天慶撫孤甥如己子獻賊之亂負母攜子而逃爲亂兵所獲兵刃其母以身左右翼蔽受創深寸許幾死母姊賴以全孤甥被掠不避烽火走九江穿重壘求得之壬辰歲大祲率郡邑士請蠲田租觸當事怒欲置之法天慶厲聲曰我死租可除賢於

生矣其生平抗節類如此

王士謙少時手骨俊整有至性乙酉賊陷城欲刃其父謙以身蔽之被數創忍死不釋賊感動去父歿與兄士乾廬墓三年有司旌之居恆淡泊自甘吟咏不輟順治丁酉舉於鄉授任邱令未任卒

鄒履益字裕也蒲圻光州牧應錫子贅邑刑部郎中易道沛家因籍漢陽幼力學爲諸生有名兄履恆重交遊喜施予宦貲罄於揮霍安置之不問晚年家益貧惟閉戶擁書足跡不入城市人有以升斗贈者堅拒不納里鄙高之卒年七十三子魯有邑庠生孫召南乾隆丁巳進士

孫聿修字思文新安人愛晴川山水奇秀遂占籍漢陽生而英卓揮霍近俠又不爲崖岸嶄絕之行閭里翕然稱長者舉鄉飲大賓以子皐貴贈如其官

孫皐字鳴九幼穎異刻苦誦讀康熙壬戌進士任內閣中書性至孝以父母老病不求仕進朝夕定省侍湯藥數十年不懈居喪不入內室春秋奠墓哀慟如初教諸弟成名友愛特至戚困乏者資給之

邑有旱澇首倡出粟賑濟晚年爲先人營葬得疾易簀之夕墓所工人於初昏見皐再拜墓前倏不見次早得訃共嗟異之

張博先字迪資號雪堂幼失怙其母王苦節自守教子嚴慈兼至先左右無違奉命唯謹補邑庠生有聲藝苑伯兄慎先卒禮事寡嫂孝弟聞於闔邑人士丁卯爲鄉飲大賓

嚴宏遠字小修遠安諸生年十四兄病亟爲文禱社壇祖祠願身代兄竟獲痊生平容止必端冠履必

整見者神肅晚以資深貢太學猶手一卷不置子可度太學生

項鍾建字同江刑部郎中翹次子年十五補郡諸生有聲屢薦不售循例需次部主事非其意也生平喜施予歲祲倡捐廩米以活餓者老友李庠韓貧而乏嗣買妾以贈所事師死遺孤女傾資爲嫁士族歲時周給不倦年三十五旅卒

彭啟賢字敬菴漢口人性孝友好學少孤侍繼母得歡心從兄商賢官閩父衰老不任遠涉啟賢身任甘旨無缺塾師傅某以苦學失目啟賢終身奉之子幼無歸婚教如己出嘗日持籌於市夜則篝火咿唔凡天文地理錢法鹽策之書罔不究覽邑中橋梁社倉普濟堂諸事經啟賢手悉公正無弊累致數千金人卽散去或購買奇書雖罄貲不惜年六十一卒前郡守郭公朝祚志其墓曰高士

鄭璐字皇士少習舉子業不就父喪後舉腴田健僕推與兄璸乃服賈以養母未幾母與兄相繼卒遺八歲子立人璐撫育逾所生時璐家益貧立人尚

餘田數畝或勸之賣以爲活璐曰豈可蕩兄子之產田値有盡抱孩無窮矣畢記其租稞所入迨立人長爲娶婦而歸之子佑人進士官臨潁璐教以潔己愛民從不及私垂沒屬子曰人當敦行立品苟得非久也年七十餘卒

汪如綸字圖示年十三食餼郡庠性孝友早失怙屢被兵燹一姊二弟三妹婚嫁皆身任無失時人

國朝從叔祖守九江以書招致愛匡廬勝概恣遊經年有終焉之志竟卒於署子洵澐扶櫬還

唐世華字熙載年十五入郡庠性孝友居父喪時鄰火延及前庭世華撫柩哀號不肯出火旋滅兄世暐官瀘溪訓導卒於任世華獨往扶櫬歸塾師朱澤祖貧而無子饔飧葬殮皆身任之與飲賓禮至八十二卒

李佑有字敷四歲貢生平生樂於爲善施藥周急三十年晚家漸貧猶力行不倦鄉里稱爲善士

吴曦邑庠生天性純篤教子弟存心忠厚偶過邑南陸官渡見橋毁不利往來修大石橋名曰慈渡又

修橋頭大堤若干丈施棺木五千四十八具有故人與其子允謨官同城曾貸八百金後其人解組過其廬而允謨没矣曦命孫檢其券還之其去復送之數十里信宿乃歸以子允謨官

誥封中憲大夫

張暹字汝昇少爲諸生喜交遊年三十許乃折節向學究心濂洛關閩之書深有所得居母喪不作佛事不入内室衰墨受弔凡鐃鼓吹俱不設既葬麻衣腰絰寢處苫塊三年如一日自是四方問禮者就正焉

胡大本字紫荆爲人質直好義年二十餘妻喪卽不復娶或勸之則曰吾已有二子安用滋累爲自此鰥居一室以大耋終

吴國琮字麟生性坦易樂施予鎮有罹水火災者必徧恤代謀無致失所咸稱盛德會祖母程年高抱恙國琮刲股肉和藥以進遂霍然起人以爲誠孝所感其子士鑒以例選同知膺

覃恩誥封奉政大夫

吴士錦字襄文少有至性父國琮好施予每爲勖勸之無吝意會其弟補博士弟子員士錦喜曰書香有起色矣其友愛誠篤如此會以新例應選主事並得封父母如其官階以微疴殞未盡其用

吴其鎏字甄士幼儁穎受書輒成誦無何父與伯兄皆喪乃棄儒爲商以養母孝行昭著且性喜推予爲人排患難歸旅櫬代償欠稞雖受累無怨言亦無德色持身儉約布衣蔬食妻兄官黔中以書招之其鎏抵署力勸賑饑緩税兵民感悦勒石稱頌

未幾旋里優游觴咏以終

朱蘊銑字實茂藩裔也性剛介有才氣甫弱冠養其父故中尉武城公棄舉子業經商數千里力致豐腆暮年課子孫隆冬盛暑不輟子盛淮字東侯天性孝友年雖壯父或小故加怒受之恬如昆弟析居田廬取其荒敝後諸季破産旋復周給重然諾好施予孫容極戊午舉人利津縣知縣諸孫列膠庠登賢書封誥有加而自視欿然

劉再傳字乃文黃陂縣籍入漢邑文庠性剛正居家

孝友康熙己酉冬有堂兄歲貢生養度白日爲羣盜所執倉卒奔救奮不顧身與羣盜抵鬭力護兄難遭害越一日而亡鄉黨歎其捐軀就義咸稱述不泯

吳暄太學生居鄉好行其德漢陽西門外石路長五里歲久圮壞巨石參差爲行者礙暄力修理康熙六十年以耆德爲鄉飲大賓雍正元年子炯官工部封奉政大夫二年八月炯授廣東糧驛道請假省親

世宗以炯父母高年具慶賜內府香色元青素緞各一疋

御書福字歸祝親壽其寵眷如此

吳濡龍字禹南行己端方體父好施歷久不懈選授事府主簿

黃元字禹揚官戶部福建司郎中以廉能著性孝友心切終養歸數月丁內艱人以爲誠孝所感好施予樂賓客著有詩稿文集長子德銘候選州同次子鍾候選通判其弟修忠字蔚岑由江省籍任湖北安陸府同知好善樂施清操敏練能體兄志時

稱二難

鄔光德字佑人雍正五年歲歉流民四集光德建蓆棚百間使得棲止出粟以助官賑曹莊瀕水捐築長堤數百丈設義渡建石橋置義塚隆冬施衣煮粥以拯貧民又捐田二十石銀數百兩爲普濟育嬰二堂費漢口市廛稠密一失火輒蔓延不止光德買民房當衝要折爲火路今大興巷大亨巷是也乾隆十二年以義行

旌門子明适能繼父志江夏沙湖濱江遇潦輒病涉明

适捐三千金築堤十里乾隆丁丑己丑漢口兩值大水光德爲浮梁以便行者糜千金不稍靳也歲歉屢捐糴爲粥井荷題　旌

胡世典字樺甫貴州都使司胡甯之曾孫爲人正直慷慨周急解紛

國初州縣鄉約有司皆待以禮地方鼠牙雀角多於是取決大徭役亦屬之經理里中以典老成公舉以充凡批發及民閒自訴者經其言多心服時吳逆倡亂差務費煩典皆取之私橐不累鄉鄰其子庠

生謙才幹明敏佐治公事亦揮金無吝色

江華孫字泰望號西崖藥子九歲依叔父藻以居生母賈課之嚴年十三補博士弟子學使薄有德以

國士器之貢入成均制行廉潔慷慨好義有素識不遠數千里至漢欲依至戚比至其戚以他故不能贍之舟人索值窘甚華孫與手釧以三十金贈之夜縋城而出比至其婦巳將投繯舟中矣至乃大喜過望又有戚串中不能婚嫁者數人華孫自計力不能贍遂治具邀合志者五人謀之杯酒閒事巳集其好義之舉大率類此曾券借李姓銀百金李誤付二百立命人送還李正以失銀捶楚其僕婢銀至事乃白平居修先墓敘家譜皆身任之不藉資於公田且精心學問披閱不問寒暑著有言志草試卷居稽隨筆十六卷子七人

江瑶藥之孫性穎異弱冠食餼旋貢成均選均州校官改來鳳俸滿陞江西奉新丞屢攝縣篆皆廉潔自持年六十乞致仕歸於族黨之不能婚嫁營葬者必肩任之題其堂曰五好言存心作事說話交

友總期擇其好者而行之也子三人孫七人年八十七卒

江中孚瑶子性誠慤事父先意承志繼母黃素多病湯藥晨夕不倦友于兄弟尤篤友誼家非素封而於里黨之嫁娶踰時及凡所委託者必多方曲全之屢困於有司祉門教子不復聞達

蕭一裕字貽樓庠生蕭成次子繼母傅氏性嚴肅裕承嚴以豫家庭之閒菽水雝雝舍側有黃姓者失身爲人奴裕以金贖之歲歉有邱姓將鬻其子裕

以已貲貧以謀生邱免於鬻里人以是多之年六十一卒

艾錦堂生三月喪父家貧業儒母中年雙瞽手足痺痿錦堂保持若嬰兒便溺如厠皆抱就之終身如一日母故哭泣年餘卒有詩集名定癡草

曾宗泰彭家灣人性好義乾隆辛丑創議建曾家灣石橋又設嘉魚義渡船二隻以利涉凡戚里中年長無力婚嫁及喪不能殮者輒貲助之他若施棺以掩露胔捐粟以賑貧乏鄉里號爲善士年八十

餘乃卒

曾德傳字學遠六歲喪母事繼母陳先意承志晨昏不閒母病湯藥親嘗坐榻前衣不解帶母卒哀毁骨立喪葬盡禮待異母昆弟友愛不異同產平生立行不苟善詩文惜年不永

彭瓚述字振緒居漢陰山下篤好詩書尤敦名節每論古忠孝節義事輒墮淚蓋其天資孝友觸而即動也有漢陰名賢合傳學者稱之娙萱子宗望皆補茂才年七十二卒

姚紹成性孝友事兄恭謹家貧紹成力穡居積少裕敦善不怠佃人困者免其租戚里貧者周其乏歲疫奔走里黨施棺木掩死者不計其數年六十七無疾卒没之日空中若有車馬聲似迎之者子培翔培翥皆太學生

姚培翔幼讀書未成去而學賈不屑屑於錐刀之末於事之有益於人者不憚竭力爲之歲暮以錢米分給里中乏者戊戌乙巳大旱輒假貸以食餓人至今婦孺猶樂道之

姚培翥字貞齋太學生居羊祜山爲人正直多義舉丁家嘴石子山二橋皆其所修行旅便之戚里貧者竭力資助晚年家雖落猶敦行不怠年七十四卒

朱鴻緒新安人父焕章母陳氏鴻緒甫生焕章賈於漢鎮六年客死鴻緒欲赴漢尋親柩母以其幼不許則號泣尸而祝之願已之速長也年十二忽治裝具布襪麻鞋辭母尋父母持之哭鴻緒亦哭觀者泣下比至漢尋見父柩露於義地而囊無長物

居其名歲歉或昏夜袖銀暗投人門隙或桃塡道路坎阱以便人行年六十餘子光煒孫瑗俱茂才

盧先蜀太學生性純謹慷慨好施或貸錢屆期不償弗索也爲子擇師誠而且敬子振新辛未進士任廣西令

徐鳳翽性好善樂施予每歲暮竭力助貧乏者或昏夜袖銀封暗投人家漢鎭八角亭義塚首施山地而不居其名年八十卒孫應標補茂才

柏志聖字撰一性友愛家雖分析以伯兄數遠遊志

續輯漢陽縣志卷二十　懿行　六

聖仍招其子女暨子婦同居以教以育季弟夫婦亦就養於家耗私財不計也戚黨有急難亦時周其乏課子弟敬師儒多長者之行孫中照中燦舉於鄉

彭采三本巨族以宗祠未備毅然興創采三家貧僅田二石悉捐以爲祠堂基雖貧乏以終不以爲意里人賢之

徐文奎字天章精岐黃淡泊誠靜喜施藥濟人歷八十年如一日前令胡以鄉宗耆碩四字額旌其門

歸櫬固未能也漢有恤其孝者醵之作勞稍有贏餘自計歸櫬不足將母有餘乃迎母至漢以養而父櫬遂葬漢邑鴻緒幼孤所歷皆人所不堪者故見人遠出不歸家無以養及孤兒不能就學者皆竭力任之而奉母極豐母以壽終鴻緒七十四而卒子廷桂議敘都司亦有長者風廷梓廩貢生

李承烜字明遠先世自江右遷沌陽幼穎慧善讀書歐陽率更小楷倣之逼肖持身以朱子家訓自厲復刊製千軸贈人教子孫以禮自持燕居終日危

續輯漢陽縣志卷二十　懿行　七

坐不少跛倚蕭崑田太史以理學目之里人有行竊者輒恐翁知弟珍三卒妻張氏守節承烜每於朔日奬勸卒以節著子樸鍾祥訓導因事親習岐黃親歿廬墓三年無笑容葬親於古孝子黃香墓側

萬楷後湘四里人束身禮法敦孝友平居置一冊自記其過刊刻勸善編如功過格太上感應篇者不一而足

張正國少孤貧制行端方秉心孝友利人濟物而不

子鈺字振南仰承父志力行善事年六十餘始生子蕭昆田給諫賀之曰寒士敦善行晚年獲吉昌可為鄉里勸也士紳路文澤龔桓等公舉善行前令方以鄉邦是式額旌其閭

裴興治字平階庠生以介自守取與不苟年二十餘喪妻不復娶或勸之曰恐不善事母躬自養親至老不朽

彭國琦字子正性端方謹飭少失怙每一憶及即之林莽深僻無人境放聲大哭以抒其慕終身弗輟

也節日奠祭則哀痛迫切不能自持師學香山書學卒更晝仿雲林皆得其自然之趣家非素封而濟人之急每典借為之沒時風雨驟至中庭老椿皆為之摧空中鏦錚若有甲馬聲云

劉代傳字紹宗植品端正慷慨好義幼孤克自樹立家中落隱於賈鄉曲有難處事輒排難解紛無不貼服齊賓客過從者座常滿里黨中待以舉火者甚夥議敘從九未仕卒妻顧氏守節三十餘年子家瑛邑庠生孫銘本進士鍊本庠生鎮本六品銜

李萬春幼貧困而不苟取予勤以治生家稍裕輒蠲有餘以濟貧乏歲歉鄉里侈言捐賑萬春獨以貴糴之粟賤售里人陰食其德而不知也年八十四卒子文兆孫章華猶踵其存

程相少嗜學居家孝友好善樂施嘗捐金修學宮施棺木埋枯骼久而不懈子定熙太學生孫立堉

雷坦健字履中號乾齋家世業儒健通經史工篆隸積學未遇年二十餘喪妻不更娶孑然一身茗碗罏香一吟一詠弟南翹編其詩於漢南詩約中署

存梗概鄉居三十年閉門教子潛心經術子沖霄早年遊庠邑人高其義請於學使茹古香以太璞完貞額旌之

張為炳字鎮軒太學生性勤儉立品端正見人有善必多方揚厲之素工醫術以利濟為事嘉慶十二年疏通太頭河港捐田開利水道而不求免糧總督汪志伊邑令裘行恕俱以大義可風褒之十五年重修白土禪林以存古蹟教授本里生徒多有入邑庠者詁經之書凡三種醫案險錄一卷左傳

類集十卷

朱瀚端方樂善乾隆戊戌乙巳施食以拯貧民備棺木以恤暴露自丙午至庚戌漢鎮屢患水災瀚設竹簰木艇義渡船以濟行人又修各處橋梁及五顯廟馬頭正街河街二道暨府縣學宫祠宇尊經閣之就圮者試院考棚棹凳號舍亦籌備完善前後共捐銀一萬六千六百餘兩大吏以　聞子議敘子正紀任戶部司務正紳教諭正繩業儒皆能繼父志遠近稱之

蘇見龍樂善好義水漲有節婦坟數處爲水所齧力爲捍禦培修捐資收暴骨掩露骸凡數千百塚歷年不倦嘉慶五年漢上四郡大水民流至者數萬漢鎮游民不得食者亦數萬十二月米驟貴道殣相望饑民恃衆強借十八日圍西門譁姓竟日不散縣令遣尉劉宣勢驅之不應太守劉斌召見龍往說之乃聽約見龍奔馳凡十七日說紳商巨賈共籌貲以賑之有汪秉衡者倡議以萬金爲開賑之用鹺商亦捐銀十萬爲平糶費徐賡載觀察子姪亦捐銀四千兩於是開廠煮粥以賑之民情帖然待麥熟授糧而歸全活者凡十餘萬人遠近德之年八十一卒子四人四子世興亦好義戊午武舉

李木忠漢鎮人好義樂施以豪俠自命少游巫峽見牛口以東八斗蓮花諸灘怪石嶙峋錯列江心石梁數道橫亘水底夏時水漲流飛似箭漩掣如風高浪大渦挾盛怒以與石鬭東下巨艑擨舞不當一稿葉長年三老挽招竿呼叫力爭稍一不慎人

船併裂冬日水淺懸崖千仞縴道峻極十里百折背百丈者猿攀蟻附高者淩雲霄俯者濡體足軰繩一斷舵折檣傾雖萬牛不能挽回而電逝飈飛即父子亦無從相顧也木忠目擊而心傷之乃捐數萬金備器具轉巨石劃頽岸石之橫據江流者焚以炎火沃以食醯摧其剛堅化爲劫燼然後連檣東下百里一瞬復刊木開路以備縴道曲者直之狹者廣之於是曲沱左右來往者櫂歌競發津鼓不停有司褒獎行路者皆拜德焉居平賑貧乏

恤孤寡施棺木掩暴露善行不一端然皆故常之舉不更表之獨表其巨者

黄振綱漢鎮人乾隆二十一年赴晴川課試暮歸路經永豐堤蹴一物包裹重疊遂於福圓菴涼亭啟視有銀數十金並字稿一紙知係某姓鬻女價不忍攜歸坐待至丙夜果有持火數人號泣而來問之數符遂以原物付之其人叩問姓名居址綱並不告至今邑人稱盛德焉

李志賢官橋人字遜齋監生性慷慨處世端方事親

色養倍至家貧好施與修橋梁葺廟宇置義渡終不懈過沔陽見暴骨惻然捐資合同志請於官擇地於漢陰厝數百塚族寒苦歲入有餘悉周之鄉人莫不高其義云

蕭紹維字國四忠厚簡樸積學未遇授徒於家子四人年未三十妻歿不更娶少子甫週歲抱置膝上剪燭繙經心迹清瑩如老頭陀或勸之續娶曰吾妻能盡婦道誓不負之且不願稚子衣蘆花也長子瑛增生孫德宣甲戌進士曾孫書同治壬戌癸亥鄉會聯捷說者以爲重義之報云

徐鎬字以忠居漢口事親以孝聞性好義凡修橋梁置義學施棺捨藥利濟於人之事無不踴躍奮往庚申歲祲倡議捐賑全活者以萬計甲戌饑亦如之邑中文風日盛學額過隘鎬創議請廣額倡其事者鄧丞逌陳士鳳孫廷士汪廉姚光海蕭卓銘袁應惇楊鳴鶴楊維謐盧振新蔣義彬柏中照程秉左禮陳恕雷聯奎李登書李本忠李炳忠凡十九人荷　兩院奏准廣額三名士風丕振子步青

庠生仰承親意捐江漢晴川兩書院膏火千金焉

田文煜世居漢陽敦孝友異母兄文燦早亡家政委長兄子培經理或問之曰兄大宗固應如此庶不析也戶內凡六十口應童試者一門十餘人鄉里推孝友焉

龔敏長涉教授書禾子幼業儒兼習岐黃鰥居四十年志行高潔勤於課子子桓甲戌進士任德安府教授

杜長庚字酉有貢生持身方正性豪俠施棺木五千

餘具里黨有爭競者一言解紛邑中公事踴躍倡首乾隆壬辰漢口堤鬮費鈌諸人束手長庚毅然捐貲八百金工遂成張司馬額其堂衆善獨肩乙巳獨賑太守尹錫以好善樂施額

舒自遠字達夫號方來性孝友慷慨好義老而愈篤每歲荒不惜千金以濟里黨嘉慶四年令陳贈以望重上庠額

王德謙字益齋蔡坫人性端方好施早孤與兄德融事孀祖母以孝聞後家稍優爲祖母請

旌建坊蔡坫楊柳堤草陽台陳家巷河堤橫亘里餘皆其所修葺繕廟宇書院數十年不少懈歲歉捐濟族黨賴之

龔之綸字大經貢生性樸誠事親孝兩弟相繼逝撫姪如子析居時不以腴田厚貲自利以新宅分諸姪而自處其陋者女弟適華氏早寡守節迎歸衣食於家族中向無宗祠乾隆丙子獨力建修費千金族親貧者時爲周濟歲饑則倍之有鬻身以活者委曲贖之後以好施家貲稍落而處之晏如也

子兆臨孫嘉亨皆有聲黌序

汪必相字秉衡慷慨識大義嘉慶元年白賊擾鄖襄等郡相倡衆募鄉勇卽漢鎮防衛邑賴安堵孝感縣屬之三汊埠時亦設兵相以其地與漢接壤復捐米一千五百石往助五年秋鄰境大饑流民四集相首捐萬金賑濟全活無算七年又捐米二萬石佐房竹軍餉事聞奉
旨加二品銜賞戴花翎

魯端聖字紹光國學生鳳棲里人少失怙事母孝比

長棄儒就賈勤儉持躬忠信待友家稍落周濟貧乏修寺觀造橋梁里人德之居恒率子弟以孝友和睦宗族有古人風年九旬容顏步履猶如少壯云

鍾學易年甫十四失怙侍二弟幼稚督訓成立孝友無閒性好施於要渡造船以便往來橋梁道路靡善不舉子之英之芳均能繼其志

江堂字殿明國子生性眞率敦孝友與兄析居後兄以他故累堂鬻產代賠不惜多金父歿哀毀並至

而事母益篤一切生事葬祭獨力仔肩不與兄較且爲兄酌立產業俾無凍餒之憂其族中貧病者歲有定助遇婚嫁更益以多金復爲其子延師誦讀殫心竭力必敬必誠其隆重斯文之意數十年如一日焉

葉廷芳派名成佺字客堯號松亭溧水庠生援例候選道以受分產業在漢口遂著籍漢陽性孝友書必觀孔孟學必守程朱不規規講說外自表襮而恆以躬修實踐刻勵於衾影雖燕居正衣冠無懈

容有弟三人析產後皆中落復與合爨同居每歲季冬念貧民無以卒歲懷碎金百數十封徧行閭巷俵散之不告姓名盡一月乃止歲以爲常喜吟咏著有花餘亭詩存孝感胡侍御紹鼎工詩及書與論交最篤每作書喜錄廷芳詩其傾倒若此則廷芳之詩夷猶恬曠風味可想矣江漢閒至今猶有藏侍御書爲兩家韻事者卒年五十有四子繼雯見鄉賢以曾孫名琛貴

晉贈兩廣總督光祿大夫建威將軍

宗器字亦道號霓麓居士邑庠生性嗜學經書子史靡不研究作文能自成機杼不落恆徑惜中年病痿未展所學事親以孝聞父葬所棺爲蟻傷器乃就居宅左搆一小屋停柩於中己之寢食居處於其閒者歷三載餘然後擇地改葬焉事孀母能先意承志尤孜孜以敬宗收族爲務其敘譜與季弟開智竭盡數十年心力而成年六十一無疾而逝有霓麓居士文編存

江德釗字鏡舫江堂之子幼好學苦心孤詣試輒前

茅數奇不遇乃援例以藩經歷候選性爽直喜施與嘗偕弟德錕於歲晚暗帶銀錢閒行遇里中貧之者由門隙潛給之受者亦莫測其所自來又修本鎮司巷大路及一切善舉無不踴躍提倡年四十一卒子清遠亦能繼父志

姚尚文字厚菴先世江西南康州學正名正乙者始遷楚居孝昌尚文復自孝昌遷漢幼嗜學究心性理居家以禮法自守屢困於有司乃於漢上築室以養親服田力穡種竹開池意致澹如性至孝父

卒母茹素終身疾革時向文進甘旨跪三日勸母加餐母曰吾固知爾孝心然無以姑息爲也向文伏地大痛不能起聞者悲之居平正襟危坐讀誦不輟雖屢空晏如也撫諸弟嚴而有恩置祭田以贍貧族嘗館某鉅公家欲薦之內自計曰以此進顧能行我志乎遂託故以去

劉述唐字祁公康熙時人郡廩生父瑛光邑庠生有隱德事親孝養葬恪盡子道授徒所得館穀置祭田以贍宗族少時鄉有爲盜誣者述唐約紳耆爲

之訴大憲怒唐挺身前曰此巨案枉殺數十無辜性命公忍乎大憲改容謝冤者得直敎子義方子復拱皆知名後裔最盛

劉復字式南康熙時人郡庠生事親孝而能敬每請業必拜弟某篤病助之療治脫妻簪珥以償藥貲與弟拱以祖宅義讓孤姪性廉介道遇遺金不拾訪其人還之長子良瑞字輯五仁厚友讓臨終囑子弟曰人當使人愛我勿令人畏我積學以布衣終因曾孫傅曾仕

貤贈中議大夫季弟良瑛乾隆甲午舉人

林士秀字賢採雍正時人幼失怙家貧甚兼母多病能曲盡孝養事從祖父母養葬無虧捐賑饑寒排解爭忿從善嫉惡鄉里賢之嘉慶十四年呈請學憲施以老成典型匾額　旌之子四孫春煦邑庠生

李春郁字彬如雍正時人好善樂施建修西門外頓家嶺清涼菴黃龍嘴祖師殿楊家嶺五顯廟數處居民至今賴之惟水洪口東岳菴敗壞而規模猶

存

林方顯字晦菴乾隆時人强毅有爲以文受知入武庠樂施與好義舉修祠宇置祭田重老成尊師儒見里中爭鬬者擕其人至家正容莊論以排解之無不首肯心服次日具酒食婉和之由是里中爭者悉化其未化者恒恐爲顯所知令人敬畏如此卒年八十一歲眼觀四代子四長子年九十歲次子年八十一歲三子年八十五歲四子光閏年八十二歲現存可謂人瑞其孫與曾孫約三十餘人

皆顯忠厚所留貽也

劉光宇國賓乾隆時人艮瑞季子敦孝友嘗析家貲讓其半於伯兄曰伯兄起家吾義不敢均分與人坦易無私視鄉族欣戚不啻在己見後輩賢能者奬勵之族有横逆至者人謂曷杖擊之光曰我與若祖上骨肉至親忍與若較曲直乎其妳我無閒類如此以文受知入武庠恥赴武闈終身課讀不倦嘗慕范文正願爲良醫語以醫藥活人數十年未嘗受謝曰吾濟人苦衷子孫必有食其報者以

孫傳曾仕　贈中議大夫

張鵬字國翼少孤棄儒就賈孝養孀母慈善濟人晚年入國學永訣時囑子孫曰居官無論久暫心宜如白日青天處境無論安危志宜如銅牆鐵壁已富已貴之後無賢嗣不可聯姻寡婦閨女之家雖至親不宜長往生平代人婚嫁救人水火不勝記憶汝曹勉之囑畢而逝時年七十有六子椿歲貢生候選訓導孫保和廪生候選訓導

李自振字公姓乾隆時人父母早逝弟幼弱教養成人一錢尺布不敢私積弟歿視姪如子析爨以艮産歸姪目取荒頓時有以横逆加者亦受而不校

李生桂字林一乾隆時人好讀書不求聞達事親色養兼至親歿哀毀終喪以孝聞輕財好義族貧難嫁娶者恒捐資助之長子懋春貢生次鄰春邑庠生孫行秩行己皆入泮

林志侗乾隆時人品端行方推爲一族長鋤强植弱敬宗收族族有舟子横甚一日有孀婦負米渡湖爲舟子所窘侗聞之馳往捽舟子面婦旣渡責舟

子負米滕行送抵歸家爲學甚刻苦年四十不遇卽輟志名場父母年踰大耋色養無少懈修譜牒立祠規置祭産族之人倚賴焉卒年六十七歲

林志旦字維東康熙時士選之子刻苦攻讀不售撫五歲孤姪至於成立因族祠譜牒皆擬倡義鳩宗人修纂每歲暮族戚之親而貧疏而賢者皆有分潤雍正時邑宰閻公賑賚本鄉聘請董其事惠溥民利閻公喜曰英識老成眞幹才也年六十八卒

劉方行字健齋邑北鄉鉅龍岡人考艮琨早卒母程

茹苦積勞兩目昏眊方行就養無方有需立應母自忘其爲無目人也至年九十六乃終宗族謂爲方行純孝所致云性嚴正不苟言笑庭內肅然里有忿鬩聞方行輒解不肖者至恐爲方行所知屢試必登前列肄業晴川文藝爲同舍推重晚而學益邃著達成堂稿四卷正體詩譜六卷行世嘉慶初元以孝廉方正應舉學使吳暄額品重儒林獎之

劉正柏字對泉少而績學能文與兄正棠弟正椿掉鞅文場名噪甚巳而兄弟相繼沒衰親日夕哀悼春秋又高正柏承顏之際委曲寬譬退自傷同氣凋零顧影弔形潸然淚下不覺貌癯骨立蓋純篤發於內心故肫摯若此自是瘁心力以撫諸孤教養成立數十年如一日其後從子傳炳傳烺次第遊於庠乃正柏僅以佾生列籍而巳遂息進取意惟敦本睦族聚子弟生徒終日講授兼以養壽焉年八十卒配葉氏慈惠勤儉常出奩貲爲諸姪脩脯之敬又分巳產以贍之鄉閭稱賢淑云

劉正性字成之敬之長子以諸生山斗一鄉制藝不落時蹊書法尤極遒宕侍母疾兩月不解帶事繼妣養葬無違禮父敬年逾八旬怯依膝下如孺子生平操守甚嚴不苟取與辛卯大歉有以數萬金託賑貧乏者不矜功利不避勞怨活萬餘人凡事關宗族梓里當爲者無不毅然爲之年八十三卒子二次子傳宣邑庠生孫登鰲郡庠生

劉正宰字方剑之子孝親恭兄析田產不爭多寡美惡凡族戚及粗相識有貧能讀者助脩金考費以濟之或延至其家飲食皆取給焉事母依依如赤子寒温暑凉無少閒每遠歸凡母牀榻衣履皆一一檢點適體然後就寢卒年四十八歲

劉正鰲字鶴山嘉慶時人性剛方事父孝甘旨無缺臨財一介不苟取雖屢空晏如也每與人稱素位而行章語當終身三復嘗授徒鄉閒其族多貧館穀無所得督課勤嚴弗懈也鄉多巨族易搆訟鰲與其父老約戒子弟勿生事卒能盡釋嫌怨遇人有過理責切直皆自愧服生平嚴慤無戲言惰容

人無不敬憚者積學以布衣終以子傅曾仕
贈中議大夫

劉正志方魁之子母沒守墓十月雖嚴寒不畏事叔
生養死葬爲其子若孫授室成家敬孀嬸三買其
子之田悉還之嘗捐田作義塜捐穀置義倉捐草
場田畝作祭費子二炎傳中乾隆戊子副榜

劉傳燧字子佩號左甫邑庠生　封徵仕郎方行之
孫正柏之子以舉人官國子監學正傳瑩者其季
弟也傳燧幼而至性孝友事父母服勞承志長治

家事力任其難季弟補官迎兩親就養都下傳燧
侍之以行在道調護尤謹歸赴鄉試畢聞季弟病
馳往視之走數千里忘其勞季弟疾劇假歸遂不
起哭之哀季弟無子以子世圭後之殤又以子世
堪後之經理後事懇款曲至親黨見其友愛無閒
存亡皆太息淚下道光己酉邑大水田舍淪胥食
指繁多家人謀析居傳燧曰父母在堂而吾兄弟
異財尙得爲人子乎且歲祲宜保聚以生也葺室
廬籌米鹽勞勩者數月卒賴以濟郡設賑村民咸
赴里有孤寡老幼無所棲又無籍於官將枕藉死
傳燧爲營棲止列名以請得賑活數十人精治舉
業試優等四膺房薦三晚讀程朱遺書有志正學
郡建崇正書院授學者小學及近思錄自學使龍
公建之實傳燧集同人請之蓋閔時俗騖祿利思
昌明正學以端趨向其所見偉矣他行事多爲里
中模範云卒年四十有四子世墀庠生以軍功保
舉署安徽蕪湖縣知縣擢同知世埰國學生世基
世堪庠生出後季父

馮魯五字嘉瑞太學生柏泉人甫冠而孤承遺訓端
品嚴行姑母孀貧迎家侍養長姊貞烈奉以終身
母年八十多病定省溫凊侍湯藥不離身里中貧
乏多借貸任其量力而償辛卯壬辰大歉鬻產以
給歷艱苦無怨里黨稱德門焉子二俱邑庠生

吳昭明字馨宜索河人有姪某爲族某服賈負欠族
某惡而辭之除夕呼姪聚飲詢及來事姪以直對
始聞而駭旣夷然曰明春自有周濟於是以祖遺
已分長河爲姪抵償始得服賈如初性友愛又極

勤愼每昏暮詣村中聞有書聲機聲者輒進而慰勞之若四壁寂寂或婦子嘻嘻輒扣扉面斥之里人咸生嚴憚焉

吳塏字爽亭國學生幼聰穎兄培弟塛先後入郡庠以家貧不能咸業儒棄而服賈非其志也性至孝少失恃事兩繼母逾於所生敦友于和順無閒性尤慷慨遇戚族困乏力不能贍必稱貸以賙之中年家屢躓仍好施不倦鄉閭稱盛德焉子四長世銓詳見孝友次世鍈候選州同四長春羅田敎諭

丁仁靜號震齋先世籍浙江上虞祖若父行賈漢臯著籍爲漢陽人少敏慧年十三則經史文選已博涉矣十四補弟子員名列第一旋食餼益修學不懈家素饒析産後與仲兄同居巳財逾萬金付仲兄司之出納俄而折閱仲欲盡以己所有償之仁靜堅不可一旦爲變人殊爽然也乾隆壬子鄉闈巳擬元矣復見遺以明經充貢就訓導職恒事慕遊客黃州觀察介岩吳公所爲所重課其子苾者十年後入詞垣官至閣學多見峯觀察在漢陽亦羅致之課其次子詩樵後亦成進士官比部皆曰不敢忘震齋先生師資之益遊記室久牋牘出傳誦殆徧晚乃家居訓宗黨睦鄉里賙空乏生平未道人短嘗途遇詬誶者將見犯絕不與校其人徐覺誤也逡巡遁但微笑而已四十後悼亡不再娶習達摩易筋經有驗年七十有九如健少年是年自元旦始每晝夜閱書必盡數卷至八月家藏卷軸悉覽一過忽稱不快翌日遂卒以孫鹿鳴貴貤贈承德郎戶部河南司主事

覃恩晉贈奉直大夫

丁丙佳郡庠生仁靜長子性至孝父病時兩弟偕遊於外親侍湯藥朝夕不倦遇人危急則必竭力救護終身無德色鄉里賢之姪鹿鳴成進士多賴其敎焉

丁耀南字心臣仁靜之仲子少隨仁靜讀書黃州觀察署與吳子苾方伯共研者十年旣補弟子員秋闈屢薦未售家貧恒藉筆耕奉親在賓館皆爲居停引重如宮保裕公中丞溫公尤以鍼芥相契者

也性至孝生則致養歿則致哀嘗謁母墓見蟻自墓出卽痛哭取蟻吞之乃擇地遷焉篤念本支敦睦尤至其爲人極誠無僞戚黨交遊推肝鬲相與大抵盛德足爲楷模云家訓悉以義方子鹿鳴官農曹貽書惟勗以上不負

國下不負民中不負身咸豐時粵賊陷沔鄂避居蔡[illegible]疾作歎曰五倫五事今更覺躬行未逮也遂卒以子鹿鳴貴

晉封奉直大夫戸部河南司主事

姚珣字琢菴邑廪生工制藝詩古文歲科試輒冠軍鄉試數膺鶚薦不售性耿介不苟取與尤愼交遊惟授徒自給門下多知名士年五十二卒子維臣邑庠生孫灝儒候選訓導

胡桂生原名秉成字懋修邑之循禮坊人幼穎異讀書數行倶下爲文精而敏入郡庠食餼歲科試必居優等鄉試屢膺房薦道光壬辰年舉歲貢遂不復應試爲人和易坦直不立崖岸然審取舍愼然諾不隨人俯仰里人有以事質者出一言以決之皆貼服雖販夫里婦見必稱先生問安否教授里中門徒之盛爲江漢最晨起先自讀書數十徧始卽席爲諸生講解根柢儒先不務新奇課文案頭常積三四十藝點竄塗改落筆如飛尤善啓發於單寒之士卻其脩脯加意成全之其弟子先後入郡邑學者六十餘人道光乙酉湖北鄉試門下士獲雋者二人就試江南者亦中一人其子亦於是科得選拔科第相望仕有至監司者而相見則勸勉諄諄如執經問業時也論者謂耆德人師有太邱蘇湖之風卒年七十有七有貽穀堂文集藏於家子兆春道光乙酉科拔貢乙未　恩科舉人佐胡文忠公戎幕以勞績擢湖南同知加鹽運同銜孫大文十四歲入邑庠早逝大經邑增生同治丁卯舉人

潘玉成字允甫漢鎭人性誠篤不苟言笑事親孝先意承志日置錢於篋恣取攜虛則潛益之待弟友愛兩爲娶婦鎖鑰付其管領不私一錢弟沒恤孤姪衣食婚嫁悉周至爲人謀極忠事有相持不下

楊芳字友香附貢生賦性孝友立品端方入邑庠後隨父任所潛心經史不預外事及父得疾致仕歸日侍左右不忍違雖中裂厠牏身親浣濯父歿盡哀禮鄉人稱之後以教讀爲業從遊者多得科第然操守極嚴言動不苟生平無一字入公門砥節礪名至老不懈壽八十三夫婦齊眉孫曾繞膝人以爲盛德云

丁尚斌字右文性古樸待人忠厚少不容於其叔然事之益謹家中落以勤儉致小康治家嚴肅有法人謂忠厚之報

年四十喪妻不復娶子七人能遵其敎家道日興

丁泌字衡泉有才識敦孝友家貧棄儒服賈敎子姪以義方戚友窮乏必周恤之遇地方義舉欣然樂從雖隣所積或繼以貸皆出於篤實之誠

龔兆臨字雨亭邑庠生天資穎異博通經史性至孝十齡失怙慟絕者再水漿不入口數日母晚年患雙瞽每夜焚香告天逢異人予一丸母服之目忽明與兄禹疇友愛尤篤析居後姪賜元宦遊秦蜀者捐囊以賑之有欠累者空乏不能償輒燔其劵時有典夥因貿訛其款浮於八十金玉成恐其事覆代償之亦不自於人易簀時召諸子曰吾生平無他守未與人搆一訟未負人一文未出一媟褻語三事堪自信耳卒年六十有五子炳烈邑庠生以佐胡文忠公戎幕保舉訓導懋加光祿寺署正鹽提舉銜

楊維謐字靜軒邑名進士家貧授徒自給然廉隅自飭同邑有攻許鹺商事約爲首許以重金酬楊正

色曰我輩讀書事功將在遠大發人之私而貪其利吾不爲也同人迫之堅弗從未幾事反覆且有身家不及保者始服楊之智且廉也後官直隷知縣有政聲公餘之暇親赴鄉鎮宣講

聖諭廣訓及四子書頑梗賴以化者多輕徭薄賦除莠安良凡有益於民者必爲之時人有關西之目後以疾歸父老攀轅不忍去而行李蕭然清風兩袖晏如也著有燕翼堂文詩集及醒世格言待梓子芳附貢生孫文銓歲貢生候選訓導

吳越家計咸以身任族戚貧乏時分潤之修譜牒條分縷析家中落授徒爲生從遊經其裁成無不獲雋端品敦行不苟取與而又不與人爲崖岸一時有澹臺子羽之目焉歲辛巳以孝廉方正薦力辭不就舉鄉飲大賓辭更堅著有廣益新編讀書輯略漱潤山房文集詩集待梓

姚金門字立齋世居桐崗立品端方居心友愛年十六失怙事母至孝歛食寒燠三十年無怠容母疾每夕默禱乞減已算以延母壽母卒停柩在家值

鄰家火虔誠格天反風滅火柩乃無恙歲歉遇族黨貧困輒捐貲濟之生四子長炳光邑庠生

蕭暄邑諸生少有聲庠序屢戰棘闈不售援例以縣丞分發福建歷任侯官馬平分縣以清勤稱有疾告歸生平輕財好義戚有負其銀近萬金者慨然對衆焚劵族則有欲入貲爲進取計者獨力任之其行事類如此子二次子斯瓛庠生

陳緗字筠書邑廩生事父以孝聞與昆季敦友讓授徒以端品正心爲訓擇交遊慎取與道光辛卯水災繼以大疫流亡餓莩相屬於道緗竭力不惜稱貸以濟族鄰賴以存活者衆歿後祭墓者至今不絕

劉成瓚字瑟堂湘三里歲貢生父德澤由歲貢任雲夢縣訓導著有望霞書屋稿行世卸篆後年逾七旬瓚年五十餘進盥進食不假手於奴僕親供使令如孩提之依戀有老萊遺風馬家雖不豐嘗以硯田所餘濟窮困性和平接後進無嚴厲色而持己莊肅人亦無敢慢者晚年館宦家必諄諄以端

品勵行先器識後文藝爲戒人以此愈尊仰之

吳以文字斗山邑庠生性孝友立品端方積學無間晚年好善著有勸善歌待梓里黨咸推重之其子含章孫大勛俱邑庠生

張廷筠字搢齋成童誦四子書即書居處恭執事敬與人忠三語榜於室謂爲學者當如是生平謙已愛人授徒不計脩脯遇貧窮尤加意訓誨里有爭釁一聞筠言糾紛悉釋

彭家駿字西孟慷慨好義村有橋頽壞重修之非二

千金不可里中人難其事駿獨任之橋成空所積
蓄尤敦孝友重然諾睦鄰卹患人稱盛德焉
李鶴聲字鳴齋積學未遇弱冠失怙教弟成名荒歉
發穀賑鄉里貸難償者焚券不索償大比量士緩
急助資斧壽至耆艾之日里黨增慟乙丙垂涕
熊璧字星二候選從九同知瑛次子也性甘淡泊雖
昆季尚繁華璧獨善體親心安居家園祭理祖塋
致親無內顧憂歲時之任省親居家儉接下寬待
人誠敘族睦里中咸目爲長厚君子遠近無閒言

七十一無病卒
洪錫錄字紀堂職監生始祖皖涇來遷爲人謹厚飭
樸自少至老如一日愼交遊重然諾於師儒尤加
禮敬事涉地方文教捐貲贊成惟恐後道光乙巳
郡守夏延請監脩府學及晴川書院費約而工覈
藏事例得獎敘堅不受年八十二卒初封奉直大
夫以次子汝奎保陞江蘇知府
晉封朝議大夫
王霞字海曙監生家素封慷慨好施與平時識力不

凡能於稠人廣眾閒鑒拔寒畯多方玉成之不啻
推赤心置人腹中也子名全嘉慶丁卯科優貢朝
幹京山訓導
蕭玉亭國學生恬澹寡營晚歲家中落惟以圖籍自
適不介介於米鹽瑣事遇人無賢愚一以誠意接
之鄉里稱爲長者云
易長馨字香谷府學廩生家貧力學淡然寡營靜中
端坐雖假寐不改常度性和緩或待以橫逆未嘗
有疾言遽色勤於課徒不施夏楚而涵育薰陶人
多自化有十悟書屋詩賦存稾藏於家

王洛書字疇九庠生幼穎異習經甚勤寒暑不輟久
之得瘵疾遇異人授以秘方三十後轉弱爲強平
居孝謹無子弟之過交遊不苟課生徒嚴而有法
成立甚眾
王大章字作哲世居沌口代傳忠厚詩書爲業望著
一鄉家中落竭力養親泛舲瀟湘以鹺務供甘旨
篤友于至老弗衰教子孫有法度列庠序者代不
乏人操行極堅不干公事里黨解紛難周貧乏近

黃德恕字心如太學生品行端方孝友純篤弟甫[齡?]
而卒以其子出繼終身不忍析居曲全氏節旌中
有二老年近古稀貧無所歸養之家各十餘年殮
棺安葬族黨義之修橋梁周貧乏敦本睦族仗義
疎財鄉有爭捐酒席貲財爲人息事解紛長子光
遠次光逵孫大文俱列膠庠僉曰忠厚之報

周家本號一齋邑廩生敎讀爲業精岐黃活人無算
於貧不取分文一生溫厚和平鄉黨稱善年七十
八卒

陳光裕霍家地人平日仗義疎財周恤窮困里人小
有忿怒必助金以解其事上下十餘里咸稱其德
孫陳經入邑庠卒年七十一歲

江光連字懷淸東江腦人業儒富經史事後母以孝
聞兄弟四友愛異常析產時厚薄不與較歲歉困
乏者周之精岐黃歲活數百人無德色殁後人猶
稱道弗衰

劉國棟字東木國學生湘二里人嘉慶初年侏儒故
鄉境習燒窯致掘毀墳塋鑿傷龍脈貽害匪輕如
鄉有許大章曹庄有黃大章性情肫樸相近品行
端方亦相仿彿時號漢南三章

陳萬鵬字凌雲事母至孝嘗爲母卜地南鄉見平塘
口地勢低窪田廬歷年歉收慨然邀同志募修永
豐堤閘並出己貲獨力捐修升官渡堤以護之頗
費心力又創立大生堂善局施醫藥板棺傾囊不
恤鄉里稱之以海疆議敘知府銜子光烈江蘇候
補通判

傅沛霖字又舟邑庠生工舉業性樂善道光辛卯壬
辰癸巳江河異漲災黎蝟集約監生傅斌傅敏胡
贊書生員甘偉烈等捐立自新堂施茶藥衣錢以
濟時疫道殣相望收買倒斃一萬三千餘口家貧
慎取與於公事尤一介不苟里人重之

傅敏字公甫與堂弟傅沛霖等立自新堂好施不倦
道光戊申己酉水災設義渡一百餘隻遷居民於
高阜嗣以歲饑棄子女者絡繹於途創立恤孤局
以收養之歷年餘各訪其家以歸又訪青年苦節
婦多無依倚者月給錢文以賙恤之人稱善舉焉

黃金挺馬等山皆係郡城來脈允宜培護經闔邑
紳士控憲屢禁屢犯棟義切公憤不辭艱辛上控
督憲百始結此案永禁燒窰勒有碑石今已六十
年來此禍不復作究性最嫉惡不阿曲排解紛難
喜直言恤貧濟困尊賢謙已鄉人奉若圭臬焉卒
年七十有二子振源孫映青俱名列膠庠

李瑞麟新灘口人通經籍待人至誠善必獎惡必懲
性嗜菊雅類淵明年七十三歲卒

曹居輔字少堂一字紹堂曹善之長子方正廉直孝
友性生幼孤家貧事母至孝母性畏蚊無帳不能
寐粵匪之難蓋扶母避走山谷負帳以出夜扶母
歸必設帳俟母寢自寢於牀前如是五閱月而肩
爲之穿其待弟有無與共不私一錢當粵匪之擾
鄉也友有以銀七百金託輔窖藏聽其有無者越
二載賊退令友自啓其窖而封識宛然其他廉正
多類此尤工篆隸鐵筆能世其學一時有大小歐
陽之目遺墨世爭寶之

魏秉鉞邑庠生秉性純和克敦孝友幼失怙恃聘妻

楊殤祖母存家貧不能再娶祖母癱患數載晨昏
冬夏及一切女流事鉞盡心扶持祖母歿安葬盡
禮蚤年入泮正天之所以酬鉞也惜年未及三十
而卒

楊稼軒性誠樸事母至孝年三十妻故遂不復娶以
醫藥濟世不取財物求保母壽母果壽至九十六
歲終稼軒八十後猶步履如飛亦壽至九十二歲
無疾而逝孫夔麐生

左承禮字蘋江道光癸巳歲貢生敦孝友一堂和順
雖兄弟異居而有無緩急罄囊不恤也屢膺鶚薦
不售授徒自給不計脩脯於貧苦者尤加意提撕
其門下士多顯達者性耿介不妄取與不苟言笑
樂推解力所弗贍竭心力以求濟嘗館鄧承道家
嘉慶二十年以合邑學額太隘承道毅然率同志
倡請加額又增置晴川書院膏火皆禮匡助而成
士林稱碩望焉年六十一卒

龔紹魁字申菴邑庠生家素封慷慨好施宗族鄰里
賴以舉火者不可數計性耿介排難解紛數語能

決人貲李諾馬晚年家中落而解推如故歿之日士林咸嗟惋之

許世炎橫山人妻蕭氏早亡有勸續娶者炎曰無後者宜然吾有子三何用貽蘆花戚也且吾妻孝敬內助之賢吾不忍負也遂終身不娶年八十二卒

李家先湘三里人娶妻喻氏生一子尚在襁褓喻亡時先年甫三十誓不再娶其子殤立姪爲嗣鄉里重其守義年五十歲卒

陶正謙字承益性謹慤不妄發一言敦孝友一堂雍

穆內外無閒尤重然諾戚族有緩急竭力佽助遇地方公事踴躍贊助鄉里稱長者焉子二長黼昌郡廩生江西靖安知縣

周達純性耿直事母能曲意承志母喜施與純雖力有未贍恆多方稱貸以應之咸豐乙卯寇至燔其居純憤詈不屈賊將加刃焉其鄉人羣起而呼曰此人孝友誠篤我輩願以身代賊義之乃釋

余燕字達齋精岐黃術家貧不苟取與偕同志剏立從善堂經畫之力獨多值兵燹後費不給慨然以身任之課徒以小學爲宗數十年不少倦其女歸於胡夫疾封股以療無忝厥父焉

呂遠來字鳳儀騰龍岡人天性眞摯遇父母疾衣不解帶號泣禱天病愈然後已其季弟遠燮與父操舟運載官鹽以事繫獄來奔赴公庭曰法由己犯與老父弱弟無涉也遂下來獄前令趙夢神謂因有孝子乃親錄囚遇赦得釋來兄弟五人早死者三孤寡皆來衣食之又代友人瘞母喪濟水災養貞節婦女三十餘口以全其操里黨稱之子步瀛

步雲皆武庠生

呂伯麟字雲閒歲貢生性孝友事繼母盡職人無閒言嘗謂人曰記言事父母下氣怡色柔聲吾輩讀書非鄉愚比但少失怙柔郎與嗔斥父母何異鄉里歎爲至言

焦惠恬字心今清癯骨立若不勝衣爲文有奇氣書追晉魏試郡邑有聲不售即絕意進取隱居事親課子以經史自娛慕胡昭任安之爲人怡情山水以布衣終子鴻邑廩生

馮錫珪字德夫邑庠生問學宏博尤留心體國經野之書銳然有用世志困諸生無所試以著述自娛性方正過里門五尺之童皆起敬鄉人有桀驁者見錫珪皆改貌斂容不敢肆所爲不善唯恐錫珪知之時人比爲太原王彥方云

馮燮字亘卿嗜學自立課程寒暑無間每雞鳴起篝燈對卷或止之曰屢試屢蹶是不可以已乎燮曰吾非徒以是讀書平旦之氣不可失也且一日不讀則此心無所著時人謂爲至理名言然卒不遇

齋志以沒姪禮藩浙江候補道禮荃花翎候補府

袁勲臣邑庠生性耿介不苟取與見人有不善必面斥之引誘後進孳孳不倦髮逆之亂避深山中奇窮饔飧不繼夷如也賊退告人曰我輩一遇盤錯率多改行易操吾忍飢待時今幸免夫

陳大鏞字東馨蔡坫人好施濟見義必爲與同人倡立樂善堂復於龔家渡捐置義渡船二隻以濟往來行人便之

孫兆麟字應三書農其號也考廷士自休甯來漢陽遂附籍焉祖東武客安徽亳州學舍而卒時廷士生甫六月祖母許氏既葬夫亳州攜廷士入楚因家漢陽後許氏及廷士均以節孝及孝行荷

旌表入祀忠孝節義祠兆麟少工文藝書法得名家矩矱試未售援例以同知候銓治家嚴肅宅心忠厚皆承其先訓率而行之事親孝廷士晚得末疾兆麟侍臥榻日夕不離衣不解帶者兩閱月既卒乃用遺命營葬大母墓側大父墓在亳州大母墓在江夏皆建祠合享兆麟繪同享圖冊徵鉅公名流

題咏盈帙姊妹四所適家多中落賙卹備至甥男女來依者以養以敎至於婚嫁皆身任之性尤慷慨重義輕財屢出重金爲戚友償逋其陷囹圄者百計營救所佽助拯援不下五十餘家矣道光辛卯水潦爲災捐緡二千貫設廠行糜粥爲之倡官吏遂相繼治賑全活者數十萬人邑考棚圮於水捐資獨修至學額賓興貢院有事增廣修治咸極力襄贊傾橐以助他修橋路施茶藥救生施棺各善舉按月協助未嘗稍懈年終度親友貧乏者先

量予餽贈尤體卹寒儒加之禮敬生平交際一主謙退人人飲其和教子孫無習爭競延塾師執禮尤恭終始不衰家有藏書盈三萬卷白首披覽無間寒暑著有同館詩賦題箋咸豐乙卯避兵長沙遘疾而卒子三人次子謀道光丁酉拔貢由內閣中書以佐籌餉有勞擢候補知府加道銜

余世烜黃陂磯人積學未售棄儒就醫兼善丹青性至孝早孤母年七十餘敬養備至嘗繪蟠桃爲母介壽自題云天夭灼灼露凝輝翠水澄鮮灌溉肥

但願瑤池容易熟年年乞取供庭闈愛日之誠達於楮墨母歿後每晨必攜食物至墓獻畢而歸遇風雨必繞墓呼親不置云

陳育仁庠生坦之三子性友愛兄弟四人析居後均窘之育仁承親意按月給錢米饮之數十年無倦志亦無德色其季弟早逝遺孤孀弱女喪葬婚嫁皆力任之妹適燕未逾年而寡遺腹得一子家尤貧育仁迎歸衣食之教勗成立爲之授室里中推長者焉

彭必昂湘二里人幼失怙遺腹生昂性恂謹事母以孝聞冬溫衾夏扇枕即褻牏必躬親洗滌恐以假手室人不似己之盡心也母八十昂亦六十有餘依戀猶如孩提里人比爲萊戲云

馮黼章字華黼沌口人性古樸敦孝友暮年娛親如嬰兒依戀之忱雖老萊弗過也撫兄弟之子如己子喜施與族鄰有困乏者必周卹之排難解紛尊師重儒同里有陳黼墅者梗概相彷彿子孫咸登仕版膺封誥時人稱雙黼焉

徐光縉字芴亭貢生候選訓導少績學以授徒自給舌耕垂六十年門下士多顯達者屢躓棘闈遂絕意進取生平砥節礪名不與外事然地方有盛舉毅然相助不辭勞瘁與修邑乘未及終事而卒士林惜之

彭商旻少孤事母克孝性慷慨識大義當髮逆蹂躪鄉里時輸巨資以助軍實年登期頤矍鑠不衰孫曾數十人五代同堂邑中稱人瑞焉

按孝友懿行二者皆爲庸德秉懿之好盡人可

勉不勝載也歷代史家列傳必其人已往久有定論者乃行採入志之體略與史同故此次編錄悉準史例以爲斷閱者定能諒之

義僕附

明

蕭効用諸生蕭堯寀僕也巨猾孫景三劫堯寀金捕之急聚衆夜至堯寀家手刃一老嫗遂誣堯寀殺人竟論死効用覓人代列寃狀密鑄刃佩腰間値巡按大讞左持狀右出刃大哭曰天乎殺老嫗者蕭効用非堯寀即就刎刎之再劃然有聲巡按大驚改其案命負之出氣猶未絕尋指畫一七字七者堯寀行呼也守者會意告曰若主得釋矣遂死景三卒坐罪

朱繼登蕭瞻聖乳媪之夫也瞻聖十餘歲獨行遇闖賊逸卒執而欲殺之哀號求免繼登匿傍舍聞聲赴賊所甘代死賊令之跪即跪且曰將軍萬勿殺我又殺兒也言竟刃下頭斷矣瞻聖得釋覓其屍瘞之

國朝

嚴發國學生孫圻僕圻父疾發割左股以進病者揮甌覆不成歛復烹右股人無知者隨命延醫者章

怡清時大水發跣足而涉創口爲風傷病者起而

發幾不救怡清憫其義百計療愈之後十二年卒

時圻父及怡清已亡臨絶諵諵言在其旁云